Inhaberkontrollverfahren

Frankfurter wirtschaftsrechtliche Studien

Herausgegeben von
Theodor Baums, Andreas Cahn und Katja Langenbucher

Band 99

PL ACADEMIC RESEARCH

Andreas Wieland

Inhaberkontrollverfahren

Die Anteilseignerkontrolle beim Erwerb bedeutender Beteiligungen an Unternehmen des Finanzsektors

PL ACADEMIC RESEARCH

Bibliografische Information der Deutschen Nationalbibliothek
Die Deutsche Nationalbibliothek verzeichnet diese Publikation in der Deutschen Nationalbibliografie; detaillierte bibliografische Daten sind im Internet über http://dnb.d-nb.de abrufbar.

Zugl.: Frankfurt (Main), Univ., Diss., 2012

D 30
ISSN 0723-0427
ISBN 978-3-631-63897-2

www.peterlang.de

Vorwort

Die vorliegende Arbeit wurde im Sommersemester 2012 von der rechtswissenschaftlichen Fakultät der Goethe-Universität in Frankfurt am Main als Dissertation angenommen. Die Druckfassung befindet sich auf dem Stand April 2012.

Bedanken möchte ich mich vor allem bei meinem Doktorvater Herrn Prof. Dr. Andreas Cahn für die Betreuung der Arbeit und die wertvollen Anregungen bei der Erstellung des Manuskripts. Herrn Prof. Dr. Dres. h.c. Theodor Baums gebührt mein Dank für die schnelle Erstellung des Zweitgutachtens. Den Herausgebern danke ich für die Aufnahme der Arbeit in diese Schriftenreihe.

Mein besonderer Dank gilt ferner der Internationalen Anwaltssozietät Shearman & Sterling LLP, insbesondere Herrn Rechtsanwalt Dr. Roger Kiem und Herrn Rechtsanwalt Dr. Hans Diekmann. Stets für mich wertvolle Ratgeber, haben sie mir die Gelegenheit gegeben, die notwendigen Kenntnisse und Erfahrungen zu sammeln, die das Fundament dieser Arbeit bilden. Die redaktionelle Durchsicht lag in den immer hilfsbereiten und zuverlässigen Händen meines Sekretariats um Frau Brigitte Becker.

Mein herzlichster Dank gebührt meiner Familie, insbesondere meiner Tochter Lara. Ihr ist diese Arbeit gewidmet.

Frankfurt am Main, im Juni 2012 *Andreas Wieland*

Inhaltsübersicht

Vorwort **V**

Inhaltsverzeichnis **IX**

Literatur- und Quellenverzeichnis **XXXV**

Abkürzungsverzeichnis **LXXXI**

Einleitung **1**

Gegenstand und Ziel der Bearbeitung **1**

Gang der Untersuchung **2**

1. Teil: Rechtlicher Rahmen, Ziele, Rechtfertigung und Bedeutung von Inhaberkontrollverfahren **5**

A. Nationale Regelungen 5

B. Europäische Grundlagen 24

C. Zielsetzung und Rechtfertigung 45

D. Systematische Einbettung in die Überwachung der Inhaberstruktur 56

E. Verhältnis zu anderen Anzeige- und Kontrollverfahren 100

F. Praktische Bedeutung 107

2. Teil: Anzeigepflichtige Erwerbstatbestände **125**

A. Der Begriff der bedeutenden Beteiligung 125

B. Erwerbsabsicht 199

C. Zeitpunkt der Anzeigepflicht 214

D. Anzeigepflichtige Personen 217

E. Erfasste Zielunternehmen 224

3. Teil: Ablauf, Durchführung und Verfahrensabschluss von Inhaberkontrollverfahren **235**

A. Zuständigkeit 235

B. Anwendbare Verfahrensvorschriften 239

C. Inhalt, Form und Sprache der zu übermittelnden Informationen, Dokumente und Erklärungen 240

D. Vollständigkeit und Eingangsbestätigung 259

E. Beurteilungszeitraum 261

F. Auswirkungen von Änderungen der übermittelten Information und der Transaktionsstruktur 263

G. Vollzugsverbot vor formeller Entscheidung 265

H. Beurteilungskriterien und Untersagungsgründe 269

I. Entscheidungsmöglichkeiten 325

J. Sonstige Aufsichtsmittel, Sanktionen und Rechtsfolgen 333

K. Rechtsschutz 335

L. Vertraulichkeit und Informationsfreiheitsgesetz 339

M. Verwaltungsgebühren 342

Zusammenfassung der wesentlichen Ergebnisse **345**

Inhaltsverzeichnis

Vorwort V

Inhaltsübersicht VII

Inhaltsverzeichnis IX

Literatur- und Quellenverzeichnis XXXV

I. Schrifttum XXXV

II. Rechtsquellen und Materialien LV

1. Europäische Richtlinien und Verordnungen LV
2. Beschlüsse, Mitteilungen und sonstige Verlautbarungen der Europäischen Kommission, des Europäischen Parlaments und der Lamfalussy-Ausschüsse LXI
3. Bundes- und Landesgesetze LXIII
4. Gesetzesmaterialien und Parlamentarische Drucksachen LXVIII
5. Rechtsverordnungen (Bund/Land) LXXII
6. Aufsichtsrechtliche Richtlinien, Merkblätter und sonstige Verlautbarungen LXXIV
7. Gerichtsentscheidungen LXXVI
8. Sonstige Quellen LXXVIII

Abkürzungsverzeichnis LXXXI

Einleitung 1

Gegenstand und Ziel der Bearbeitung 1

Gang der Untersuchung 2

1. Teil: Rechtlicher Rahmen, Ziele, Rechtfertigung und Bedeutung von Inhaberkontrollverfahren 5

A. Nationale Regelungen 5

I. Überblick 5

II. Kredit- und Finanzdienstleistungsinstitute: § 2c KWG/InhaberkontrollV 6

1. Gesetzeshistorie 6
2. Erfasste Zielunternehmen 8
3. Inhaberkontrollverordnung 10
4. Merkblatt der Bundesanstalt 10
III. Versicherungsunternehmen: § 104 VAG/InhaberkontrollV 11
1. Gesetzeshistorie 11
2. Erfasste Zielunternehmen 13
3. Inhaberkontrollverordnung 14
4. Merkblatt der Bundesanstalt 14
5. Abgrenzung zur Bestandsübertragung 14
IV. Kapitalanlagegesellschaften: § 2a InvG 15
1. Gesetzeshistorie 15
2. Erfasste Zielunternehmen 16
3. Anwendbarkeit der Inhaberkontrollverordnung 17
4. Investmentaktiengesellschaften 17
V. Zahlungs- und E-Geld-Institute: § 11 ZAG 17
1. Gesetzeshistorie 18
2. Erfasste Zielunternehmen 19
3. ZAG-Anzeigenverordnung 20
VI. Börsenträger: § 6 BörsG 20
1. Gesetzeshistorie 20
2. Erfasste Zielunternehmen 21
3. Konkretisierung durch Rechtsverordnungen 23

B. EUROPÄISCHE GRUNDLAGEN 23

I. Rechtsentwicklung bis zum Erlass der Beteiligungsrichtlinie (2007/44/EC) 23
1. Bankenrichtlinien 23
a) Zweite Bankrechtskoordinierungs-Richtlinie (89/646/EWG) 23
b) Bankenrichtlinien (2000/12/EG und 2006/48/EG) 26
2. Wertpapierdienstleistungs- und Finanzmarktrichtlinie 26

a) Wertpapierdienstleistungsrichtlinie (93/22/EWG) 26
b) Finanzmarktrichtlinie (2004/39/EG) 26
3. Versicherungsrichtlinien (92/49/EWG, 2002/83/EG, 2005/68/EG) 28
4. Wesentliche Weichenstellungen 28
a) Anzeigeverpflichtung durch den Erwerbsinteressenten 28
b) Zuständigkeit nationaler Aufsichtsbehörden 29
c) Vorlaufende Überprüfung des Erwerbsinteressenten 31
5. Aufsehenerregende Fälle unter dem bisherigen europäischen Regelungsrahmen 31
a) Der Fall Banco Santander/Champalimaud 31
b) Der Fall Unicredit/Hypo Vereinsbank Gruppe 32
c) Die Fälle BBVA/BLL und ABN AMRO/Banca Antonveneta 33
II. Beteiligungsrichtlinie (2007/44/EG) 33
1. Verfahren 34
2. Hauptziele 35
a) Überblick 35
b) Reduzierung und Berechenbarkeit der Verfahrensdauer 35
c) Abschließender Katalog von Beurteilungskriterien 36
d) Transparenz hinsichtlich der mit der Anzeige zu übermittelnden Informationen 37
e) Kooperation zwischen den nationalen Aufsichtsbehörden 37
3. Beteiligungsrichtlinie als Maximalstandard 37
4. Level-3-Leitlinien von CEBS, CEIOPS und CESR 38
a) Hintergrund und Rechtsnatur der CEBS/CEIOPS/CESR-Leitlinien 39
b) Inhalt der CEBS/CEIOPS/CESR-Leitlinien 40
c) Rezeption der CEBS/CEIOPS/CESR-Leitlinien 40
5. Stand der Umsetzung der Beteiligungsrichtlinie in den Mitgliedstaaten 41

III. OGAW IV-Richtlinie (2009/65/EC) 41
1. Überblick 41
2. Anpassungsbedarf des § 2a InvG an die europarechtlichen Vorgaben 42
IV. Zahlungsdiensterichtlinie (2007/64/EG) 42
V. Zweite E-Geld-Richtlinie (2009/110/EG) 43
VI. AIFM-Richtlinie 43
VII. Konsultation zur Anwendung der Beteiligungsrichtlinie 44

C. ZIELSETZUNG UND RECHTFERTIGUNG 44

I. Gründe und Ziele der Finanzaufsicht im Allgemeinen 44
1. Allgemeines 45
2. Aufsicht im Bank- und Finanzdienstleistungssektor 45
3. Aufsicht über Zahlungsinstitute 46
4. Investmentaufsicht 47
5. Aufsicht im Versicherungssektor 47
6. Aufsicht über Börsenträger 48
II. Adressaten der Finanzaufsicht 48
1. Eine regulierte Tätigkeit ausübende Unternehmen 48
2. Holdinggesellschaften 48
   a) Finanzholding-Gesellschaften 48
   b) Versicherungs-Holdinggesellschaften 49
   c) Gemischte Holdinggesellschaften 50
   d) Fehlen von Parallelregelungen im ZAG, InvG und BörsG 50
3. Inhaber bedeutender Beteiligungen 50
III. Spezifische Zwecke und Wirkungen der Inhaberkontrolle 50
1. Information und Transparenz 51
2. Zugangskontrolle und Gefahrenabwehr 51
3. Sicherung der Funktionsfähigkeit des Finanzsektors 53
4. Kunden- und Gläubigerschutz 53
5. Bekämpfung von Geldwäsche und Terrorismusfinanzierung 53

6. Sonstige Zwecke 54

7. Nicht: Schutz des Wettbewerbs 55

D. Systematische Einbettung in die Überwachung der Inhaberstruktur 55

I. Inhaber bedeutender Beteiligungen im Erlaubnisverfahren 55

1. Überblick 55

2. Prüfung der Eigentümerstruktur im Erlaubnisverfahren nach dem Kreditwesengesetz 55

a) Versagungsgründe im Zusammenhang mit der Inhaberstruktur 56

b) Übermittlungspflichten zur Inhaberstruktur im Erlaubnisverfahren 56

c) Aufhebung der Erlaubnis 57

3. Parallelvorschriften in anderen Aufsichtsgesetzen 57

II. Passivische Beteiligungsanzeigen 58

1. § 24 Abs. 1 Nr. 10 KWG 58

2. § 24 Abs. 1 Nr. 12 KWG 60

3. § 24 Abs. 1a Nr. 1 und Nr. 3 KWG 61

4. Parallelvorschriften in anderen Aufsichtsgesetzen 61

III. Informations- und Prüfungsduldungspflichten 62

1. Auskunftsrecht (§ 44b Abs. 1 Satz 1 Nr. 2 i.V.m. § 44 Abs. 1 Satz 1 KWG) 62

a) Entstehungsgeschichte; Zielsetzung 62

b) Kreis der Auskunftsberechtigten 63

c) Adressatenkreis 63

d) Inhalt und Umfang der Auskunftspflicht 64

e) Pflicht zur externen Prüfung von Unterlagen 64

2. Prüfungsrecht (§ 44b Abs. 2 KWG) 64

a) Eingriffsvoraussetzungen 65

b) Anordnung und Durchführung 65

3. Rechtsbehelfe; Zwangsmittel; Ordnungswidrigkeit 66

4. Parallelvorschriften in anderen Aufsichtsgesetzen 66

IV. Vertreterwechsel; Wechsel des persönlich haftenden Gesellschafters 66

1. § 2c Abs. 1 Satz 5 KWG 66
2. Ausnahmen 67
3. Parallelvorschriften in anderen Aufsichtsgesetzen 67

V. Erhöhung einer bedeutenden Beteiligung 67

1. § 2c Abs. 1 Satz 6 KWG 67
2. Verfahren 68
3. Parallelvorschriften in anderen Aufsichtsgesetzen 68

VI. Aufgabe/Reduzierung einer bedeutenden Beteiligung 68

1. § 2c Abs. 3 KWG 68
2. Parallelvorschriften in anderen Aufsichtsgesetzen 69

VII. Anzeige-, Erläuterungs- und Mitteilungspflichten des Prüfers 69

1. § 29 Abs. 3 Satz 3 KWG 69
2. § 29 Abs. 1 Satz 6 KWG 70
3. Parallelvorschriften in anderen Aufsichtsgesetzen 70

VIII. Behördliche Mitteilungen an Aufsichtsbehörden 71

1. § 8 Abs. 2 KWG 71
2. § 60a KWG 71

IX. Untersagung der Stimmrechtsausübung, Verfügungsverbot und Veräußerungsanordnung 71

1. § 2c Abs. 2 KWG 71
   a) Überblick über die Eingriffsvoraussetzungen 71
   b) Zeitlicher Anwendungsbereich des § 2c Abs. 2 Satz 1 Nr. 1 KWG 71
      aa) Überblick über die Problematik 72
      bb) Unzweifelhafte Konstellationen 72
      cc) Anwendbarkeit auch losgelöst von Inhaberkontrollverfahren 72
   c) Bindungswirkung durch Nichteinspruch? 74
   d) Ermessensausübung 75

e) Inhalt, Adressat und Wirkung des Stimmverbots 76
f) Anordnung einer Zustimmungspflicht für Anteilsverfügungen 77
g) Übertragung der Stimmrechte auf einen Treuhänder 78
h) Veräußerungsanordnung 80
2. Parallelvorschriften in anderen Aufsichtsgesetzen 81
X. Laufende materielle Anforderungen an Inhaber bedeutender Beteiligungen 81
XI. Finanzierungsverantwortung der Anteilseigner? 82
1. Überblick 82
2. Gesellschaftsrechtliche Ausgangslage 83
3. Finanzaufsichtsrechtliche Ausgangslage 84
4. Tatsächliche Stellung von Gesellschaftern in Krisensituation 85
5. Dilemma der systemrelevanten Unternehmen 86
a) Begriff der Systemrelevanz 86
b) Zwang zur staatlichen Stützung 86
c) Finanzmarkstabilisierungsgesetz und Rettungsübernahmegesetz 87
d) Restrukturierungsgesetz 88
6. Paradigmenwechsel durch § 2c Abs. 1b Satz 1 Nr. 6 KWG? 89
7. Mehrheitsgesellschafter von Mitgliedern im Einlagensicherungsfonds 90
8. Besonderheiten bei öffentlich-rechtlichen Instituten 91
XII. Inhaberkontrolle im Rahmen der Einlagensicherung 92
1. Überblick 92
2. Gesetzliche Einlagensicherung 92
a) Anwendungsbereich 92
b) Einbeziehung von Inhabern bedeutender Beteiligungen 93
3. Freiwillige Einlagensicherung 94
a) Anwendungsbereich 94

b) Einbeziehung von Inhabern bedeutender Beteiligungen 94

c) Besonderheiten beim Mehrheitserwerb 96

XIII. Bewertung 97

E. Verhältnis zu anderen Anzeige- und Kontrollverfahren 97

I. Kartellrechtliche Fusionskontrollverfahren 97

1. Überblick 97

2. Verhältnis zu aufsichtsrechtlichen Inhaberkontrollverfahren 98

II. Kontrollverfahren nach dem Außenwirtschaftsgesetz 98

1. Überblick 98

2. Verhältnis zu aufsichtsrechtlichen Inhaberkontrollverfahren 100

III. Anzeigepflichten nach dem Wertpapierhandelsgesetz 100

1. Überblick 100

2. Verhältnis zu aufsichtsrechtlichen Inhaberkontrollverfahren 101

IV. Sonstige Anzeigepflichten 101

1. Wertpapiererwerbs- und Übernahmegesetz 101

2. Aktiengesetz 102

3. Mitteilungspflichten nach der AIFM-Richtlinie 102

V. Sonderaufsicht über öffentlich-rechtliche Kreditinstitute 103

1. Überblick 103

2. Verhältnis zu aufsichtsrechtlichen Inhaberkontrollverfahren 104

F. Praktische Bedeutung 104

I. Gründe für die wachsende Bedeutung 104

1. Erweiterung des Kreises regulierter Unternehmen 104

2. Konsolidierung und Spezialisierung 105

3. Internationalisierung des Finanzsektors 107

4. Auftreten neuer Akteure mit neuen aufsichtsrechtlichen Herausforderungen 107

a) Private Equity Fonds und Finanzinvestoren 107

b) Sovereign Wealth Funds 108

c) Neue aufsichtsrechtliche Fragen 109

II. Inhaberkontrollverfahren als Vollzugsbedingung 110

III. Bisherige Untersagungsfälle in Deutschland 111

1. Überblick 111
2. Untersagung im Fall Cobra / Commerzbank 112
3. Beschluss des VG Frankfurt a.M. vom 11. April 2007 113
4. Untersagung im Fall NordfinanzBank AG (Urteile des VG Frankfurt a.M. vom 21. Februar 2008 und des VGH Kassel vom 6. Oktober 2010) 114
5. Der Fall BHF-Bank / LGT 115
6. Der Fall BHF / RHJ International 116
7. Der Fall KBL / Hinduja 117
8. Der Fall KBL / Precision Capital 118
9. Sonstige Maßnahmen nach § 2c KWG 118
10. Untersagungen im Versicherungswesen 118
11. Der Fall Deutsche Börse / NYSE Euronext 119

2. Teil: Anzeigepflichtige Erwerbstatbestände 121

A. Der Begriff der bedeutenden Beteiligung 121

I. Definition der bedeutenden Beteiligung 121

1. § 1 Abs. 9 Satz 1 KWG 121
2. Vergleichbare Definition in anderen Aufsichtsgesetzen 121
3. Bewertung der 10 %-Stimmrechtsschwelle 121
4. Einbeziehung von Kapitalanteilen 123
5. Das Kriterium des maßgeblichen Einflusses 124
6. Abgrenzung zur qualifizierten Beteiligung 124
   a) Qualifizierte Beteiligung in der Bankenrichtlinie 125
   b) Qualifizierte Beteiligung im Kreditwesengesetz 125
7. Gesetzliche Ausgangslage für die Ermittlung der Beteiligungshöhen 126

II. Berechnung der Gesamtzahl der Stimmrechte beziehungsweise des Kapitals (Nenner) 127

1.	Berechnung der Gesamtzahl der Stimmrechte		127
	a)	Abstrakte Betrachtungsweise	127
	b)	Berücksichtigung von Anteilen, die Stimm- oder Ausübungsverboten unterliegen	128
	c)	Berücksichtigung eigener Aktien	129
	d)	Behandlung stimmrechtsloser Vorzugsaktien	130
2.	Berechnung des Gesamtkapitals		130
	a)	Gesellschaftsrechtliche Betrachtungsweise	130
	b)	Insbesondere: Stille Beteiligungen und sonstige Hybridinstrumente	131
3.	Berechnung der Stimmrechte beziehungsweise des Gesamtkapitals bei Kapitalmaßnahmen		131
4.	Maßgeblicher Referenzzeitpunkt		132
5.	Informationspflicht des Erwerbsinteressenten		132
III.	**Berechnung der Beteiligungsquote (Zähler)**		**133**
1.	Anteilsinhaberschaft		134
2.	Aktienvertretende Zertifikate		134
3.	Abstrakte Betrachtungsweise		134
4.	Stimmrechtslose Vorzugsaktien		135
5.	Keine Verrechnung von Short- und Long-Positionen		135
IV.	**Zurechnung und mittelbare Beteiligungen**		**135**
1.	Überblick		135
2.	Umfang der Zurechnung		135
3.	Reichweite des Verweises auf das WpHG		135
4.	Zurechnung von Tochterunternehmen (§ 1 Abs. 9 Satz 1 KWG; § 22 Abs. 1 Satz 1 Nr. 1 WpHG)		136
	a)	Verhältnis von § 1 Abs. 9 Satz 1 KWG und § 22 Abs. 1 Satz 1 Nr. 1 WpHG	136
	b)	Begriff des Tochterunternehmens	136
	c)	Dynamische oder statische Verweisung auf § 290 HGB?	136
	d)	Bedeutung des “beherrschenden Einfluss”	137

e) Keine Zurechnung von über Minderheitsbeteiligungen gehaltenen Anteilen 138

f) Praktische Konsequenzen 139

5. Zurechnung über ein "gleichartiges Verhältnis" i.S.d. § 1 Abs. 9 Satz 1 KWG 140

6. "Im Zusammenwirken mit anderen Personen oder Unternehmen" gehaltene Anteile (§ 1 Abs. 9 Satz 1 KWG) 140

7. "Im Eigen- oder Fremdinteresse" gehaltene Anteile (§ 1 Abs. 9 Satz 1 KWG) 141

8. Halten für Rechnung des Erwerbsinteressenten (§ 22 Abs. 1 Satz 1 Nr. 2 WpHG) 141

a) Treuhand 142

b) Wertpapierdarlehen 142

9. Übertragung zur Sicherheit (§ 22 Abs. 1 Satz 1 Nr. 3 WpHG) 142

a) Sicherungsübereignung 142

b) Verpfändung von Anteilen 143

10. Nießbrauch (§ 22 Abs. 1 Satz 1 Nr. 4 WpHG) 143

11. Erwerbsrecht durch Willenserklärung (§ 22 Abs. 1 Satz 1 Nr. 5 WpHG) 144

a) Ursprünglicher Anwendungsbereich des § 22 Abs. 1 Satz 1 Nr. 5 WpHG 144

b) Anwendbarkeit bei Inhaberkontrollverfahren? 144

aa) Meinungsstand 144

bb) Stellungnahme 145

cc) Europarechtskonforme Auslegung 146

c) Call-Optionen 147

d) Wandelanleihen 148

e) Pflichtwandelanleihen 149

f) Finanzinstrumente i.S.d. § 25 und § 25aWpHG 149

12. Anvertrauen oder Bevollmächtigen (§ 22 Abs. 1 Satz 1 Nr. 6 WpHG) 151

13. Acting-in-concert (§ 22 Abs. 2 WpHG) 152

14. Sonderfälle 152

a) Stiftungen 152

b) Trust-Strukturen 153

15. Zurechnung von mittelbaren Kapitalbeteiligungen 153

a) Mutter-Tochter-Verhältnis 154

b) "Gleichartiges Verhältnis" i.S.d. § 1 Abs. 9 Satz 1 KWG 154

c) Treuhandverhältnisse 154

d) Abgestimmte Verhaltensweisen 154

e) Zurechnung entsprechend §§ 22 Abs. 1 bis Abs. 3a WpHG? 154

aa) Meinungsstand und praktische Relevanz 154

bb) § 22 Abs. 1 Satz 1 Nr. 3 WpHG 155

cc) § 22 Abs. 1 Satz 1 Nr. 4 WpHG 156

V. Dauer und Bilanzausweis der Beteiligung 156

1. Kein Erfordernis einer dauerhaften Beteiligung 156

2. Bilanzausweis 157

3. Verfahrensausgestaltung bei kurzfristig angestrebten Beteiligungen 157

4. Übertragung der in der Verwaltungspraxis zu §§ 21 ff. WpHG etablierten Erleichterungen 157

VI. Nicht zu berücksichtigende Stimmrechte oder Kapitalanteile 158

1. Im Zuge des Emissionsgeschäfts gehaltene Anteile 158

2. Ausnahmen im Rahmen der Finanzportfolioverwaltung (§ 22 Abs. 3a WpHG) 159

3. Nichtberücksichtigung des Handelsbestands (§ 23 Abs. 1 WpHG) 159

4. Nichtberücksichtigung des Abrechnungs- und Abwicklungsbestand (§ 23 Abs. 2 Nr. 1 WpHG) 160

5. Nichtberücksichtigung des Verwahrbestands (§ 23 Abs. 2 Nr. 1 WpHG) 160

6. Sonstige Nichtberücksichtigungstatbestände (§ 23 Abs. 3 und 4 WpHG) 161

7. Anwendbarkeit auf die Berechnung von Kapitalanteilen 161

VII. Regeln und Ausnahmen für Kapitalgesellschaften und Anleger von Investmentfonds (§ 32 Abs. 2 und Abs. 3 InvG) 162

1. Überblick 162
2. Anteile an Publikumfonds 162
3. Anteile an Spezialfonds 163
4. Ausnahme von der Eigenschaft als Tochterunternehmen 163
5. In ausländischen Sondervermögen gehaltene Anteile 163

VIII. Der Begriff des maßgeblichen Einflusses 164

1. Europarechtliche Grundlagen 164
2. Unterscheidung vom "beherrschenden Einfluss" 164
3. Verweis auf § 311 Abs. 1 HGB 165
4. Praktische Bedeutung 166
5. Kriterien zur Feststellung eines maßgeblichen Einflusses 167
   a) Möglichkeit des Einflusses auf die Geschäfts- und Finanzpolitik 167
   b) Vermutung des § 311 Abs. 1 Satz 2 HGB 168
   c) Maßgeblicher Einfluss in Beteiligungsketten 169
   d) Beteiligungserfordernis; maßgeblicher Einfluss auch ohne Anteilsinhaberschaft? 172
   e) Indizien; Heranziehung des IAS 28; DRS 8 172
   f) Berücksichtigung der konkreten Gesellschafterstruktur 173
   g) Bedeutung der Rechtsform und konkreten Organisationsverfassung 174
   h) Vertreter in der Geschäftsleitung 175
   i) Vertreter im Aufsichtsrat 175
   j) Insbesondere: Geschäftsbeziehungen und Bereitstellung technischer Informationen 177
   k) Insbesondere: Gesellschafterrechte und darüber hinausgehende Minderheitsrechte in Gesellschafterverträgen oder Investorenvereinbarungen 178
   l) Insbesondere: Stille Beteiligungen; Hybridinstrumente 179
   m) Insbesondere: Potentielle Stimmrechte 179

IX. Zurechnungspraxis in anderen Mitgliedstaaten 180

1.	Europäische Vorgaben	180
2.	Aufsichtspraxis in anderen Mitgliedstaaten	181
3.	Bewertung in den CEBS/CEIOPS/CESR-Leitlinien	182
4.	Praktische Konsequenzen	183
X.	**Bestimmung der bedeutenden Beteiligung bei Personenhandelsgesellschaften und Kommanditgesellschaften auf Aktien**	**183**
1.	Überblick	183
2.	Wechsel und Eintritt persönlich haftender Gesellschafter von Personenhandelsgesellschaften	185
	a) Anwendbarkeit der Inhaberkontrolle	185
	aa) Abgrenzung zum Erlaubnisverfahren	185
	bb) Abgrenzung zwischen Anteilseignerkontrolle und Geschäftsleiter kontrolle	187
	cc) Konsequenz: Durchführung eines Inhaberkontrollverfahrens	188
	dd) Abgrenzung zur Regelung des § 2c Abs. 1 Satz 5 KWG	189
	b) Bestimmung der bedeutenden Beteiligung	189
3.	Kommanditisten	190
4.	Kommanditgesellschaft auf Aktien	190
B.	**ERWERBSABSICHT**	**192**
I.	**Überblick**	**192**
II.	**Bezugspunkt der Erwerbsabsicht**	**192**
III.	**Der Begriff des "Erwerbs"**	**193**
1.	Grundsatz	193
2.	Einschränkende Auslegung?	193
3.	Stellungnahme	194
IV.	**Zeitpunkt der Bildung der Erwerbsabsicht**	**195**
1.	Rechtsgeschäftlicher Erwerb	196
	a) Überblick über den Meinungsstand	196
	b) Europarechtliche Grundlagen	197

c) Stellungnahme und Lösungsansatz 198
aa) Erwerbsentschluss 198
bb) Bezug zu einem hinreichend konkretisierten Erwerbsvorgang 198
cc) Signing als spätester Zeitpunkt für die Bildung der Erwerbsabsicht 199
d) Erwerbsabsicht und typische Stadien einer M&A-Transaktion 199
aa) Entscheidung zur Aufnahme von Verhandlungen 199
bb) Letter of Intent und andere Vorvereinbarungen 200
cc) Abgabe eines Non-binding Offers 200
dd) Entscheidung zur Durchführung einer Due Diligence 200
ee) Abschluss der Due Diligence 201
ff) Abgabe eines Binding Offers 201
gg) Interne Entscheidung der Leitungsorgane zum Erwerb in seiner konkreten Gestalt 202
hh) Gestufte Entscheidungsverfahren 202
e) Erwerbsabsicht bei mittelbarem Erwerb 203
f) Informelle Information der Bundesanstalt vom Erwerbsvorhaben 203
2. Gesetzliche Erwerbstatbestände 204
a) Insbesondere: Auf Rechtsgeschäft beruhender gesetzlicher Erwerb 204
b) Insbesondere: Erwerb durch Erbschaft 204
V. Bildung der Erwerbsabsicht in Sonderfällen 204
1. Kapitalmaßnahmen 204
2. Beteiligungsveränderungen ohne Zutun des Erwerbers 205
3. Optionen und Wandelschuldverschreibungen 205
4. Öffentliche Übernahmeangebote 206
C. ZEITPUNKT DER ANZEIGEPFLICHT 206
I. Überblick 206
II. Konkretisierung des Unverzüglichkeitsbegriffs 206

D. ANZEIGEPFLICHTIGE PERSONEN 209

I. Überblick 209

1. Europäische Ausgangslage 209

2. Kreis der Anzeigepflichtigen nach § 2c Abs. 1 Satz 1 KWG 209

II. Insbesondere: FMSA, SoFFin, AIDAs und Restrukturierungsfonds 210

1. Denkbare Anwendungsfälle 210

2. Verwaltungsstruktur, Organisation und Rechtsfähigkeit 211

3. Zuordnung der Anzeigepflichten 212

III. Personenhandelsgesellschaften 213

IV. BGB-Gesellschaften 213

1. Außengesellschaften 213

2. Innengesellschaften 214

V. Konzernunternehmen und Zwischengesellschaften 214

1. CEBS/CEIOPS/CESR-Leitlinien 214

2. Umsetzung in der Inhaberkontrollverordnung 214

E. ERFASSTE ZIELUNTERNEHMEN 216

I. Institute ohne Erlaubnis 216

II. Öffentlich-rechtliche Institute 217

III. Ausnahmen und befreite Institute 217

IV. Territorialer Anwendungsbereich 218

V. Anwendbarkeit auf inländische Zweigstellen ausländischer Gesellschaften? 218

1. Rechtliche Ausgangslage; Institutsfiktion 219

2. Meinungsstand 219

3. Zweigstellen von ausländischen Instituten mit Sitz im EU/EWR-Raum 219

4. Zweigstellen von Instituten mit Sitz in Drittstaaten, für die staatsvertragliche Gleichbehandlungsgebote bestehen 221

5. Zweigstellen von Instituten mit Sitz in sonstigen Drittstaaten 221

VI. Anwendbarkeit auf Finanzholding-Gesellschaften? 223

VII. Zielunternehmen im laufenden Erlaubnisverfahren 224

1. Behandlung des Erwerbsinteressenten im schwebenden Erlaubnisverfahren 224
2. Anzeigepflicht des Erwerbsinteressenten? 224

3. TEIL: ABLAUF, DURCHFÜHRUNG UND VERFAHRENSABSCHLUSS VON INHABERKONTROLLVERFAHREN 227

A. ZUSTÄNDIGKEIT 227

I. Internationale Zuständigkeit 227

II. Nationale Zuständigkeit 227

1. Doppelzuständigkeit von Bundesanstalt und Bundesbank 227
2. Aufgabenverteilung innerhalb der Bundesbank 228
3. Interne Zuständigkeitsverteilung bei der Bundesanstalt 228

III. Grenzüberschreitende Zusammenarbeit 229

1. Kooperation und Einbindung ausländischer Aufsichtsbehörden 229
2. Förmliche Anhörung ausländischer Behörden? 230
   a) § 8 Abs. 6 Satz 1 Nr. 1 KWG 230
   b) § 8 Abs. 6 Satz 1 Nr. 2 KWG 230
   c) Absehen von einer Anhörung 230

IV. Anzeigeadressaten außerhalb des KWG 231

B. ANWENDBARE VERFAHRENSVORSCHRIFTEN 231

I. KWG und InhKontrollV 231

II. Bundesverwaltungsverfahrensgesetz 231

C. INHALT, FORM UND SPRACHE DER ZU ÜBERMITTELNDEN INFORMATIONEN, DOKUMENTE UND ERKLÄRUNGEN 232

I. Überblick 232

II. Form 232

III. Sprache 233

IV. Prüfung von Unterlagen (§ 44b Abs. 1 Satz 2 KWG) 234

V. Empfangsbevollmächtigter 234

VI. Vorlagepflichten 234

1. Allgemeine Unterlagen und Erklärungen (§ 8 InhKontrollV) 234
a) Nachweis der Existenz 234
b) Gesellschaftsvertrag 235
c) Informationen über persönlich haftende Gesellschafter und gesetzliche und satzungsmäßige Vertreter 235
d) Beschreibung der geschäftlichen Aktivitäten 235
e) Liste der Gesellschafter und Personen mit kontrollierendem Einfluss 235
f) Behördliche Untersuchungen außerhalb der Finanzbranche 235
g) Erklärung zum beabsichtigten Austausch von Geschäftsleitern 236
2. Erklärungen und Unterlagen zur Zuverlässigkeit 236
a) Strafverfahren 236
b) Ordnungswidrigkeiten 237
c) Insolvenzverfahren 238
d) Aufsichtsrechtliche Maßnahmen 238
e) Erlaubnisentzug und Disqualifikation 238
f) Andere Zuverlässigkeitsprüfungen 239
3. Lebenslauf 239
4. Beteiligungsverhältnisse und Konzernzugehörigkeit 239
a) Konzernschaubild 239
b) Überblick über die Geschäftstätigkeit des Konzerns 240
c) Aufstellung der aufsichtspflichtigen Konzernunternehmen 240
d) Darstellung der Gesellschafterstruktur 240
5. Erwerbsinteressen 240
6. Finanzlage und Bonität des Anzeigepflichtigen 241
7. Finanzierung 241
8. Offenlegung sämtlicher Vereinbarungen 242
9. Geschäftsplan; Strategische Ziele und Pläne 243
a) Kontrollerwerb 243

b) Erwerb von 20 % oder eines maßgeblichen Einflusses 244

c) Erwerbsvorhaben unter 20 % und ohne maßgeblichen Einfluss 244

d) Bewertung 245

10. Anforderung weiterer Informationen 245

VII. Ausnahmen und Erleichterungen von den Vorlage- und Nachweispflichten 245

1. Bereits übermittelte Information 245

2. Personenspezifische Erleichterungen 246

b) Staaten und öffentlich-rechtliche Körperschaften 246

c) Regulierte Unternehmen 247

d) Erleichterungen für konzernangehörige Unternehmen 247

3. Unmöglichkeit 248

4. Unverhältnismäßigkeit 248

VIII. Bewertung 248

1. Orientierung an aufsichtsrechtlich problematischen Erwerbsvorhaben 248

2. Alternative: Zweistufiges Verfahren 249

3. Einführung eines generellen Befreiungstatbestands 250

D. VOLLSTÄNDIGKEIT UND EINGANGSBESTÄTIGUNG 250

I. Bedeutung der Eingangsbestätigung 250

II. Anknüpfungspunkt: Vollständigkeit der Anzeige 250

1. Formelles Verständnis der Vollständigkeit 250

2. Bewertung des Vollständigkeitserfordernisses 251

E. BEURTEILUNGSZEITRAUM 252

I. Beginn des Fristlaufs 252

II. Fristende 253

III. Fristdauer 253

IV. Fristhemmung 253

F. AUSWIRKUNGEN VON ÄNDERUNGEN DER ÜBERMITTELTEN INFORMATION UND DER TRANSAKTIONSSTRUKTUR 254

I. Aktualisierungspflicht **254**
II. Änderungen des Erwerbsvorhabens **255**
1. Mitteilungspflicht 255
2. Abgrenzung zur Aufgabe des ursprünglichen Vorhabens 255
3. Veränderung der Beteiligungshöhe 255

G. VOLLZUGSVERBOT VOR FORMELLER ENTSCHEIDUNG **256**

I. Praktische Bedeutung **256**
II. Rechtslage und Meinungsstand vor Neufassung des § 2c KWG **257**
III. Rechtslage nach Umsetzung der Beteiligungsrichtlinie **258**
1. Keine Vorgaben durch die Beteiligungsrichtlinie 259
2. Analyse des § 2c KWG (n.F.) 259

H. BEURTEILUNGSKRITERIEN UND UNTERSAGUNGSGRÜNDE **260**

I. Europäische Grundlagen **260**
1. Überblick über die Beurteilungskriterien 261
2. Untersagungsgründe 261
3. Anwendung der Beurteilungskriterien; Proportionalität 262
II. Umsetzung im deutschen Recht **263**
III. Darlegungs- und Beweislast **263**
1. Darlegungslast 263
2. Amtsermittlungsgrundsatz 263
3. Beweislast 263
IV. Untersagung aus formellen Gründen (§ 2c Abs. 1b Satz 2 KWG) **264**
V. Zuverlässigkeit (§ 2c Abs. 1b Satz 1 Nr. 1b KWG) **265**
1. Europäischer Zuverlässigkeitsbegriff 265
2. Umsetzung im deutschen Recht und Konkretisierung des Zuverlässigkeitsbegriffs 266
   a) Systematische Auslegung des § 2c Abs. 1b Satz 1 KWG 266
   b) Zuverlässigkeitsbegriff im Gewerberecht 267

	c)	Zuverlässigkeitsbegriff im KWG	267
	d)	Konturierung des Zuverlässigkeitsbegriffs in § 2c KWG durch Rechtsprechung und Praxis	268
3.	Personeller Anwendungsbereich der Zuverlässigkeitsprüfung		269
	a)	Natürliche Personen	269
	b)	Juristische Personen	270
	c)	Personengesellschaften	271
4.	Allgemeines; Prüfungsmaßstab		272
	a)	Prognoseentscheidung	272
	b)	Volle gerichtliche Überprüfbarkeit	273
	c)	Tatsachenbasis und Darlegungs- und Beweislast	274
	d)	Regelvermutung der Zuverlässigkeit	275
	e)	Anforderungsprofil	275
5.	Integrität		277
	a)	Verstöße gegen Straftatbestände	277
	b)	Ordnungswidrigkeiten	280
	c)	Verstöße gegen Aufsichtsrecht; aufsichtsrechtliche Maßnahmen und Verfahren; Tätigkeitsverbote	281
	d)	Verstöße gegen steuerrechtliche Vorschriften; Steuerschulden	283
	e)	Verstöße gegen sozialversicherungsrechtliche Pflichten	283
	f)	Wirtschaftliche Lage; Vermögensverfall	284
	g)	Kriminelle beziehungsweise nicht nachvollziehbare Beschaffung von Geldern	285
	h)	Fehlende wirtschaftliche Plausibilität der Investition	287
	i)	Krankhafte Störungen und Gründe im persönlichen Bereich	288
6.	Sachkunde und Erfahrung		288
	a)	Erfahrung und Sachkunde als Zuverlässigkeitselement nach der Beteiligungsrichtlinie	288

b) Sachkunde und Erfahrung als Teil der Zuverlässigkeit beziehungsweise "anderer Grund" i.S.d. § 2c Abs. 1b Satz 1 Nr. 1 1. Halbs. KWG 289

c) Bezugspunkt der Sachkunde und Erfahrung 289

d) Anforderungen an die Erfahrung und Sachkunde 290

e) Zulässigkeit einer persönliche Differenzierung 293

VI. Nichterfüllung von Aufsichtsanforderungen (§ 2c Abs. 1b Satz 1 Nr. 2 Alt. 1 KWG) 293

1. Überblick und Zweck 293

2. Anwendungsfälle 294

a) Überblick 294

b) Drohender Verstoß gegen Pflichten als übergeordnetes Unternehmen 294

c) Verstoß gegen Eigenmittelanforderungen auf Solo-Basis 295

3. Kausalität zwischen Erwerbsvorhaben und Verstoß 296

VII. Intransparentes Beteiligungsgeflecht (§ 2c Abs. 1b Satz 1 Nr. 2 Alt. 2 KWG) 297

1. Überblick und Zweck 297

2. Anwendungsfälle 298

VIII. Unzureichende Aufsicht über das Mutterinstitut (§ 2c Abs. 1b Satz 1 Nr. 3 KWG) 300

1. Überblick; Zweck 300

2. Anwendungsfälle 301

IX. Unzuverlässigkeit/Fehlende Eignung der künftigen Geschäftsleiter (§ 2c Abs. 1b Satz 1 Nr. 4 KWG) 301

1. Überblick; Zweck 301

2. Anwendungsbereich 302

X. Geldwäsche/Terrorismusfinanzierung (§ 2c Abs. 1b Satz 1 Nr. 5 KWG) 303

1. Überblick und Zweck 303

2. Anwendungsfälle 304

XI. Finanzielle Solidität des Erwerbsinteressenten (§ 2c Abs. 1b Satz 1 Nr. 6 KWG) 305

1. Überblick und Zweck 305

2. Anwendungsbereich 307

a) Verstoß gegen Eigenmittel- und Liquiditätsvorschriften 307

b) Fehlende Mittel für den Erwerb 308

c) Fähigkeit zur finanziellen Unterstützung des Zielinstituts? 309

aa) Auswertung der Leitlinien und Gesetzesmaterialien 309

bb) Stellungnahme 310

d) Erwerb zu Zerschlagungs- oder Spekulationszwecken 313

XII. Sonderfall: Untersagung aufgrund Beschluss der Kommission (§ 2c Abs. 4 KWG) 314

I. ENTSCHEIDUNGSMÖGLICHKEITEN 314

I. Überblick 314

II. Untersagung des Erwerbs 314

1. Eingriffsvoraussetzungen 314

2. Ermessensentscheidung; Ermessensreduzierung auf Null? 315

3. Verhältnismäßigkeit 316

a) Eignung 316

b) Erforderlichkeit 316

c) Angemessenheit 317

III. Ablauf des Beurteilungszeitraums ohne Untersagung des Erwerbs 319

IV. Anspruch auf Bescheidung der Nichtuntersagung 319

V. Nebenbestimmungen 320

1. Rechtsgrundlage 320

2. Beispiele 320

3. Insbesondere: Auflage zur Anzeige des Vollzugs oder Nichtvollzugs 321

VI. Formelle Anforderungen an die Entscheidung 321

1. Anhörung 321
2. Begründung 321
3. Rechtsbehelfsbelehrung 322

J. SONSTIGE AUFSICHTSMITTEL, SANKTIONEN UND RECHTSFOLGEN 322

I. Aufsichtsmittel nach § 2c Abs. 2 KWG 322
II. Bußgeld (z.B. § 56 KWG) 322
1. Rechtslage im Kreditwesengesetz 322
2. Parallelvorschriften 323
III. Zivilrechtliche Folgen 323

K. RECHTSSCHUTZ 324

I. Rechtsweg 324
II. Sofortige Vollziehbarkeit (§ 49 KWG) 324
III. Widerspruch 324
IV. Anfechtungsklage 324
V. Antrag auf Anordnung der aufschiebenden Wirkung 325
VI. Klage- bzw. Antragsbefugnis 325
VII. Sachliche und örtliche Zuständigkeit 326
VIII. Maßgeblicher Zeitpunkt für die Beurteilung der Untersagungsgründe im Rahmen der gerichtlichen Kontrolle 326

L. VERTRAULICHKEIT UND INFORMATIONSFREIHEITSGESETZ 327

I. Verschwiegenheitspflicht der Bundesanstalt 327
II. Informationsfreiheitsgesetz 327
1. Überblick 327
2. Beschränkung nach § 3 Nr. 1d IFG 328
3. Beschränkung nach § 3 Nr. 4 IFG; § 9 KWG 329
4. Beschränkung nach § 3 Nr. 4; Nr. 7 IFG 330
5. Verfahrensrechtliche Fragen 330

M. VERWALTUNGSGEBÜHREN 331

Zusammenfassung der wesentlichen Ergebnisse 333

1. Teil: Rechtlicher Rahmen, Ziele, Rechtfertigung und Bedeutung von Inhaberkontrollverfahren 333

A. Nationale Regelungen 333

B. Europäische Grundlagen 333

C. Zielsetzung und Rechtfertigung 334

D. Systematische Einbettung in die Überwachung der Inhaberstruktur 335

E. Praktische Bedeutung 336

2. Teil: Voraussetzungen und Durchführung von Inhaberkontrollverfahren 338

A. Begriff der bedeutenden Beteiligung 338

B. Erwerbsabsicht 341

C. Zeitpunkt der Anzeigepflicht 341

D. Anzeigepflichtige Personen 342

E. Erfasste Zielunternehmen 342

3. Teil: Ablauf, Durchführung und Verfahrensabschluss von Inhaberkontrollverfahren 343

A. Zuständigkeit 343

B. Anwendbare Verfahrensvorschriften 343

C. Inhalt, Form und Sprache der zu übermittelnden Informationen, Dokumente und Erklärungen 343

D. Vollständigkeit und Eingangsbestätigung 344

E. Entscheidungsfrist 344

F. Auswirkungen von Änderungen der übermittelten Informationen und der Transaktionsstruktur 345

G. Vollzugsverbot vor formeller Entscheidung 345

H. BEURTEILUNGSKRITERIEN UND UNTERSAGUNGSGRÜNDE 345

I. ENTSCHEIDUNGSMÖGLICHKEITEN 350

J. SONSTIGE AUFSICHTSMITTEL, SANKTIONEN UND RECHTSFOLGEN 350

K. RECHTSSCHUTZ 351

L. VERTRAULICHKEIT UND INFORMATIONSFREIHEITSGESETZ 351

M. VERWALTUNGSGEBÜHREN 351

Literatur- und Quellenverzeichnis

I. Schrifttum

Adler, Hans / Düring, Walther / Schmaltz, Kurt — Rechnungslegung und Prüfung der Unternehmen: Kommentar zum HGB, AktG, GmbHG, PublG nach den Vorschriften des Bilanzrichtlinien-Gesetzes, 6. Auflage, Stuttgart 1997 (zitiert: Adler/Düring/Schmaltz, Rechnungslegung).

Altmeppen, Holger / Roth, Günter H. — Gesetz betreffend die Gesellschaften mit beschränkter Haftung (GmbHG), Kommentar, 6. Auflage, München 2009 (zitiert: *Bearbeiter*, in: Roth/Altmeppen, GmbHG).

Assmann, Heinz-Dieter / Schneider, Uwe H. (Hrsg.) — Wertpapierhandelsgesetz: Kommentar, 5. Auflage, Köln 2009 (zitiert: *Bearbeiter*, in: Assmann/Schneider, WpHG).

Bachmann, Gregor — Das neue Restrukturierungsgesetz der Kreditinstitute, ZBB 2010, 459-471.

Bähr, Gunne W. (Hrsg.) — Handbuch des Versicherungsaufsichtsrechts, München 2011 (zitiert: *Bearbeiter*, in: Bähr, Versicherungsaufsichtsrecht).

Bähre, Inge Lore / Schneider, Manfred — KWG-Kommentar, 3. Aufl., München 1986 (zitiert: *Bearbeiter*, in: Bähre/Schneider, KWG).

Baumbach Adolf / Hueck Alfred — GmbH-Gesetz, 19. Auflage, München 2010 (*Bearbeiter*, in: Baumbach/Hueck, GmbHG).

Baumbach, Adolf / Hopt, Klaus J. — Handelsgesetzbuch, Kommentar, 34. Auflage, München 2010 (zitiert: *Bearbeiter*, in: Baumbach/Hopt, HGB).

Baums, Theodor / Sauter, Maike — Anschleichen an Übernahmeziele mit Hilfe von Aktienderivaten, ZHR 173 (2009), 454-503.

Beck, Heinz / Samm, Carl-Theodor / Kokemoor, Axel (Hrsg.) — Gesetz über das Kreditwesen, Kommentar mit Materialien und ergänzenden Vorschriften, Loseblattswerk, Stand: 146. Ergl., Stand: August 2010, Heidelberg (zitiert: *Bearbeiter*, in: Beck/Samm/Kokemoor, KWG).

Beckmann, Klaus / Scholtz, Rolf-Detlev / Vollmer, Lothar	Investment - Ergänzbares Handbuch für das gesamte Investmentwesen, Kommentar zu den Rechtsvorschriften einschließlich der steuerlichen Regelungen, Erläuterungen und Materialien der Kapitalanlagegesellschaften und der Unternehmensbeteiligungen, Loseblattwerk, Ergl. 07/10, Stand: Juli 2010, Berlin (zitiert: *Bearbeiter*, in: Beckmann/Scholtz/Vollmer, Investmentrecht).
Beck'scher Bilanzkommentar	Handels- und Steuerbilanz §§ 238 bis 339, §§ 342 bis 342e HGB mit IFRS-Abweichungen, hrsg. von Helmut Ellrott, Förschle, Gerhart, Michael Kozikowski, Norbert Winkeljohann, 7. Auflage, München 2010 (zitiert: *Bearbeiter*, in: Beck. Bil-Komm).
Bedkowski, Dorothea	Der neue Emittentenleitfaden der BaFin, BB 2009, 394-400.
Beisheim, Carsten	Die Beaufsichtigung von Finanzkonglomeraten, BKR 2010, 397-402.
Bellavite-Hövermann, Yvette	Anzeigen nach §§ 24 und 24a KWG - Ein kommentierter Leitfaden für die Praxis, Stuttgart 2001 (zitiert: *Bellavite-Hövermann*, Anzeigen nach §§ 24 und 24a KWG).
Berger, Hanno / Steck, Kai-Uwe / Lübbehüsen, Dieter	Investmentgesetz, Investmentsteuergesetz, München 2010 (zitiert: *Bearbeiter*, in: Berger/Steck/Lübbehüsen, InvG).
Boos, Karl-Heinz / Fischer, Reinfrid / Schulte-Mattler, Herrmann (Hrsg.)	Kreditwesengesetz - Kommentar zu KWG und Ausführungsvorschriften, 4. Auflage, München 2012 (zitiert: *Bearbeiter*, in: Boos/Fischer/Schulte-Mattler, KWG).
Brachmann, Harald	Zur Fremdfinanzierung im Versicherungsunternehmen, VW 2005, 1812-1813.
Brandi, Tim Oliver / Müller-Eising, Karsten	Neuauflage des Finanzmarktstabilisierungsgesetzes, BB 2012, 466-470.

Brogl, Frank A. — Zuverlässigkeit der Erwerber von Beteiligungen an Finanzdienstleistern i.S.v. § 2c Abs. 1a KWG, Anmerkung zu VG Frankfurt, Urteil vom 21.02.2008 – 1 E 5580/06, jurisPR-BKR 5/2008.

Brück Michael / Schalast, Christoph / Schanz, Kay-Michael — Das Finanzmarktstabilisierungsgesetz: Hilfe für die Banken – Systemwechsel im Aktien- und Insolvenzrecht?, BB 2008, 2526-2535.

Brückner, Heinz — Die Erlaubnis nach § 32 KWG für Personenhandelsgesellschaften, ZgesKW 1969, S. 412-414.

Bundesverband Öffentlicher Banken Deutschlands (Hrsg.) — Kreditwirtschaftlich wichtige Vorhaben der EU, 17. Auflage, Berlin/Brüssel 2009.

Burgard, Ulrich — Die Berechnung des Stimmrechtsanteils nach §§ 21 - 23 Wertpapierhandelsgesetz, BB 1995, 2069-2078.

Burgard, Ulrich — Die börsenrechtliche Zulässigkeit des Zusammenschlusses der Deutsche Börse AG mit der NYSE im Blick auf die Frankfurter Wertpapierbörse, WM 2011, 1973-1982; 2021-2034.

Busch, Torsten — Eigene Aktien bei der Stimmrechtsmitteilung – Zähler, Nenner, Missstand, AG 2009, 425-431.

Cahn, Andreas — Die Holding als abhängiges Unternehmen?, AG 2002, 30-35.

Cahn, Andreas — Grenzen des Markt- und Anlegerschutzes durch das WpHG, ZHR 162 (1998), 1-50.

Cahn, Andreas — Kapitalerhaltung im Konzern, Köln u.a. 1995 (zitiert: *Cahn*, Kapitalerhaltung im Konzern).

Cahn, Andreas — Kredite an Gesellschafter – zugleich Anmerkung zur MPS-Entscheidung des BGH, Der Konzern 2009, 67-80.

Cahn, Andreas — Probleme der Mitteilungs- und Veröffentlichungspflichten nach dem WpHG bei Veränderungen des Stimmrechtsanteils an börsennotierten Gesellschaften, AG 1997, 502-512.

Cahn, Andreas / Senger, Michael — Das Gesetz zur Regelung von öffentlichen Angeboten zum Erwerb von Wertpapieren und von Unternehmensübernahmen, Finanz Betrieb 2002, 277-295.

Christoph, Fabian — Die Anteilseignerkontrolle nach dem Börsengesetz – Auslegung und Zulässigkeit nach deutschem Grundgesetz und Europarecht –, WM 2004, 1856-1866.

Christoph, Fabian L. — Börsenkooperationen und Börsenfusionen: Organisationsrecht, Aufsichtsrecht, Kartellrecht, Berlin 2007 (zitiert: *Christoph*, Börsenkooperationen und Börsenfusionen).

Claussen, Carsten Peter — Bank- und Börsenrecht, 4. Auflage, München 2008 (zitiert: *Claussen*, Bank- und Börsenrecht).

Derleder, Peter / Knops, Kai-Oliver / Bamberger, Heinz Georg — Handbuch zum deutschen und europäischen Bankrecht, Berlin, Heidelberg, New York, 2. Auflage 2009 (zitiert: *Bearbeiter*, in: Derleder/Knops/Bamberger, Bankrecht).

Diekmann, Hans / Merkner, Andreas — Erhöhte Transparenzanforderungen im Aktien- und Kapitalmarktrecht – ein Überblick über den Regierungsentwurf zum Risikobegrenzungsgesetz, NZG 2007, 921-926.

Diekmann, Hans / Nolting, André — Aktienrechtsnovelle 2011, NZG 2011, 6-10.

Diekmann, Hans / Wieland, Andreas — Der neue aufsichtsrechtliche Rahmen für das E-Geld-Geschäft, ZBB 2011, 297-305.

Döge, Melanie — Fonds und Anstalt nach dem Finanzmarktstabilisierungsgesetz, ZBB 2009, 419-433.

Dreher, Meinrad — Die Kontrolle der Geschäftsleiter von Versicherungsunternehmen; ZVersWiss 2006, Supplement, 375-418.

Dreibus, Alexandra / Schäfer, Lars — Mitteilungspflichten über Stimmrechte gem. §§ 21, 22 WpHG bei inländischen Investmentfonds, NZG 2009, 1289-1293.

Dreier, Horst (Hrsg.) Grundgesetz – Kommentar, 2. Auflage, Tübingen 2006 (zitiert: *Bearbeiter*, in: Dreier, GG).

du Buisson, Joachim Die Reichweite der Erlaubnistatbestände Emissionsgeschäft und Eigenhandel für andere in § 1 Kreditwesengesetz (KWG), WM 2003, 1401-1412.

Ebenroth, Carsten Thomas/ Boujong, Karlheinz / Joost, Detlev / Strohn, Lutz (Begr./Hrsg.) Handelsgesetzbuch, Band 2, 2. Auflage, München 2009 (zitiert: *Bearbeiter*, in: Ebenroth/Boujong/Joost/Strohn, HGB).

Emmerich, Volker / Habersack, Mathias Aktien- und GmbH-Konzernrecht, 6. Aufl. 2010 (zitiert: *Bearbeiter*, in: Emmerich/Habersack, Konzernrecht).

Engert, Andreas Kapitalanlagegesellschaften sind keine Banken: Die Ausgliederung der kollektiven Vermögensverwaltung aus dem Kreditwesengesetz, Der Konzern 2007, 477-487.

Escher, Markus Bankaufsichtsrechtliche Änderungen im KWG durch das Vierte Finanzmarktförderungsgesetz, BKR 2002, 652-662.

Eyermann, Erich (Begr.) Verwaltungsgerichtsordnung – Kommentar, 13. Auflage, München 2010.

Fahr, Ulrich Die Umsetzung der Versicherungsrichtlinien der dritten Generation in deutsches Recht, VersR 1992, 1033-1047.

Fahr, Ulrich / Kaulbach, Detlef / Bähr, Gunnar W. Versicherungsaufsichtsgesetz - VAG - mit Finanzdienstleistungsaufsichtsgesetz, Kommentar, 4. Auflage, München 2007 (zitiert: *Bearbeiter*, in: Fahr/Kaulbach/Bähr, VAG).

Falkenhagen, Klaus Aktuelle Fragen zu den neuen Mitteilungs- und Veröffentlichungspflichten nach Abschnitt 4 und 7 des Wertpapierhandelsgesetzes, WM 1995, 1005-1009.

Fehling, Michael / Ruffert, Matthias (Hrsg.) Regulierungsrecht, Tübingen 2010 (zitiert: *Bearbeiter*, in: Fehling/Ruffert, Regulierungsrecht).

Findeisen, Klaus-Dieter / Sabel, Elmar / Klube, Jan Reduktion des Konsolidierungskreises durch das BilMoG? – Rangverhältnis der neuen Konsolidierungskriterien am Beispiel einer Leasinggesellschaft –, DB 2010, S 965-971.

Fischer, Reinfried / Klanten, Thomas (Hrsg.) Bankrecht – Grundlagen der Rechtspraxis, 4. Auflage, Köln 2010 (zitiert: *Bearbeiter*, in: Fischer/Klanten, Bankrecht).

Fischer zu Cramburg, Ralf Beaufsichtigung von Finanzkonglomeraten: EU-Kommission legt Änderungsvorschlag vor, NZG 2010, 1064.

Francioni, Reto / Müller, Roger / Hammen, Horst Börsenkooperationen im Labyrinth des Börsenrechts, Institute for Law and Finance, Working Paper Series No. 81, Frankfurt, 04/2008 (zitiert: *Bearbeiter*, in: Francioni/Müller/Hammen, Börsenkooperationen).

Frank, Johann Der Nießbrauch an Gesellschaftsanteilen, MittBayNot 2010, 96-104.

Frank, Wolfgang / Glatzl, Stefan / Beutel, Benjamin Aufsichtsrechtliche Meldepflichten: Ein Übersichtsleitfaden für Unternehmen der Finanzbranche, Frankfurt am Main 2008.

Friauf, Karl Heinrich Kommentar zur Gewerbeordnung, Gewerberechtlicher Teil, Loseblattwerk, 244. Ergl., Stand: Juli 2010 (zitiert: *Bearbeiter*, in: Friauf, GewO).

Fricke, Martin Die VAG-Novelle 2002 – Die VAG-Änderungen durch das Gesetz zur weiteren Förderung des Finanzplatzes Deutschland –, VersR 2002, 1078-1083.

Fuchs, Andreas (Hrsg.) Wertpapierhandelsgesetz (WpHG), Kommentar, München 2009, (*Bearbeiter*, in: Fuchs, WpHG).

Führer, Christian / Ina-Isabel Köhler — Empirische Analyse von Fusionen in der deutschen Versicherungswirtschaft; ZVersWiss 2006, 95. Band, 371-390.

Geibel, Stephan / Süßmann, Rainer (Hrsg.) — Wertpapiererwerbs- und Übernahmegesetz, Kommentar, 2. Auflage, München 2008 (zitiert: *Bearbeiter*, in: Geibel/Süßmann, WpÜG).

Gelhausen, Hans Friedrich / Deubert Michael / Klöcker, André — Zweckgesellschaften nach BilMoG: Mehrheit der Risiken und Chancen als Zurechnungskriterium, DB 2010, 2005-2011.

Gittermann, Stephan — Regulatorische Besonderheiten bei der Übernahme von Banken, in: Simon G. Grieser / Manfred Heemann (Hrsg,), Bankaufsichtsrecht – Entwicklungen und Perspektiven, Frankfurt am Main 2009, S. 998-1010 (zitiert: *Gittermann*, Übernahme von Banken).

Goette, Wulf — Einführung in das neue GmbH-Recht, München 2008.

Grigoleit, Hans Christoph / Rieder, Markus S. — GmbH-Recht nach dem MoMiG, Analyse – Strategie – Gestaltung, München 2009.

Groß, Wolfgang — Kapitalmarktrecht, Kommentar zum Börsengesetz, zur Börsenzulassungs-Verordnung, zum Wertpapierprospektgesetz und zum Verkaufsprospektgesetz, 4. Auflage, München 2009 (zitiert: *Groß*, Kapitalmarktrecht).

Gruson, Michael — Zur Subsidiarität der Gewährträgerhaftung bei öffentlich-rechtlichen Banken, WM 2003, 321-325.

Gruson, Michael / Reisner, Ralph (Hrsg.) — Regulation of Foreign Banks, Banking Law of Major Countries and the European Union, 4th edition, Newark/San Francisco 2003-2005 (zitiert: *Bearbeiter*, in: Gruson/Reisner, Regulation of Foreign Banks).

Günther, Marcus — Systemrelevanz von Finanzinstituten, WM 2010, 825-831.

Gurlit, Elke — Gläserne Banken- und Kapitalmarktaufsicht? – Zur Bedeutung des Informationsfreiheitsgesetzes des Bundes für die Aufsichtspraxis –, WM 2009, 773-780.

Haas, Ulrich — Eigenkapitalersetzende Gesellschafterdarlehen und Feststellung der Überschuldung oder Zahlungsunfähigkeit, NZI 1999, 209-214.

Habersack, Mathias / Mülbert, Peter O. / Schlitt, Michael (Hrsg.) — Handbuch der Kapitalmarktinformation, München 2008 (zitiert: *Bearbeiter*, in: Habersack/Mülbert/Schlitt, HdB. Kapitalmarktinformation).

Hammen, Horst — Analogieverbot beim Acting in Concert?, Der Konzern 2009, 18-23.

Hammen, Horst — Anmerkungen zu VG Frankfurt a.M., Urteil vom 21. Februar 2008 (1E 5580/06) WuB 2008, 584-586.

Hammen, Horst — Beteiligung an Gesellschaften, Beteiligungstransparenz und administrative Anteilseignerkontrolle in Deutschland, The Korean Journal of Securities Law, Vol. 10 No. 2 (2009), 471 ff. (eine leicht ergänzte Fassung abrufbar unter www.recht.uni-giessen.de/wps/fb01/dl/det/Hammen/10512/beteiligung-an-gesellschaften-beteiligungstransparenz-und-administrative-anteilseignerkontrolle-in-deutschland) (zitiert: *Hammen*, Anteilseignerkontrolle).

Hammen, Horst — Börsen- und kreditwesengesetzliche Aufsicht über börsenähnliche Handelssysteme, Wertpapierbörsen und Börsenträger, WM 2001, 929-940.

Hammen, Horst — Regulierung des Erwerbs von Unternehmensbeteiligungen durch Staatsfonds (Sovereign Wealth Funds) oder "Die begehrte Bedrohung", WM 2010, 1-8.

Happ, Wilhelm — Zum Regierungsentwurf eines Wertpapierhandelsgesetzes, JZ 1994, 240-246.

Hasselbach, Kai / Förster, Philipp — Private-Equity-Investitionen in Versicherungsunternehmen unter besonderer Berücksichtigung des § 104 VAG, VersR 2007, 1159-1164.

Heß, Kurt-Michael — Wird die Unzuverlässigkeit im Sinne des § 35 Abs. 1 Satz 1 GewO in der Rechtspraxis zu ausufernd angewandt?, GewArch 2009, 89-92.

Hirschmann, Jörn — Anteilseignerkontrolle im Versicherungs- und Kreditwirtschaftsrecht, Karlsruhe 2000 (zitiert: *Hirschmann*, Anteilseignerkontrolle).

Hölters, Wolfgang (Hrsg.) — Aktiengesetz, Kommentar, München 2011 (zitiert: *Bearbeiter*, in: Hölters, AktG).

Hoppenstedt, Dietrich H. — Konsequenzen nach der Finanzkrise, Kreditwesen 2010, 387-392.

Hüffer, Uwe — Aktiengesetz, Kommentar, 10. Auflage, München 2012 (zitiert: *Hüffer*, AktG).

Hutter, Stephan / Kaulamo, Katja — Das Transparenzrichtlinie-Umsetzungsgesetz: Änderungen der anlassabhängigen Publizität und das neue Veröffentlichungsregime für Kapitalmarktinformationen, NJW 2007, 471-478 und 550-556.

Immenga, Ulrich / Mestmäcker, Ernst-Joachim (Hrsg.) — Wettbewerbsrecht, Band 2: GWB – Kommentar zum deutschen Kartellrecht, 4. Auflage, München 2007 (zitiert: *Bearbeiter*, in: Immenga/Mestmäcker, Wettbewerbsrecht: GWB)

Jaletzke, Matthias / Veranneman, Peter — Finanzmarktstabilisierungsgesetz, Kommentar, München 2009 (zitiert: *Bearbeiter*, in: Jaletzke/Veranneman, FMStG).

Jarass, Hans D. / Pieroth, Bodo — Grundgesetz für die Bundesrepublik Deutschland, Kommentar, 10. Auflage, München 2009 (zitiert: *Bearbeiter*, in: Jarass/Pieroth, GG).

Karlsruher Kommentar zur Strafprozessordnung — mit GVG, EGGVG und EMRK, Hrsg. v. Rolf Hannich, 6. Auflage, München 2008 (zitiert: *Bearbeiter*, in: Karlsruher Kommentar StPO).

Kiem, Roger — Die Gewährträgerhaftung für öffentlich-rechtliche Kreditinstitute im Stresstest – Beobachtungen zu einem höchst aktuellen Auslaufmodell, in: Gedächtnisschrift für Michael Gruson, Berlin 2009, 247-263 (zitiert: *Kiem*, in: GS Gruson).

Kiem, Roger — Investorenvereinbarungen im Lichte des Aktien- und Übernahmerechts, AG 2009, 301-312.

Knack, Hans Joachim / Henneke, Hans-Günter (Hrsg.) — Verwaltungsverfahrensgesetz (VwVfG), 9. Auflage, Köln 2010 (zitiert: *Bearbeiter*, in: Knack/Henneke, VwVfG).

Koch, Christian / Reinicke, Thorsten — Zahlungsdiensteaufsichtsgesetz – ZAG, Inhalt des Gesetzes und Kurzkommentierung, Wiesbaden 2009 (zitiert: *Koch/Reinicke*, ZAG).

Kölbl, Angela — Die Haftung wegen existenzvernichtenden Eingriffs: gesicherte Erkenntnisse und Entwicklungen seit Trihotel, BB 2009, 1194-1201.

Kölner Kommentar zum Aktiengesetz — Hrsg. von Wolfgang Zöllner und Ulrich Noack (ab 3. Auflage), 3. Auflage, Köln u.a. 2004 ff.; 2. Auflage, Köln u.a. 1996 ff. (zitiert: *Bearbeiter*, in: KölnKomm-AktG).

Kölner Kommentar zum WpHG — Hrsg. von Heribert Hirte und Thomas J. M. Möllers, Köln, Berlin, München 2007 (zitiert: *Bearbeiter*, in: KölnKomm-WpHG).

Kopp, Ferdinand O. / Ramsauer, Ulrich — Verwaltungsverfahrensgesetz, Kommentar, 11. Auflage, München 2010 (zitiert: *Kopp/Ramsauer*, VwVfG).

Kopp, Ferdinand O. / Schenke, Wolf-Rüdiger — Verwaltungsgerichtsordnung, Kommentar, 16. Auflage, München 2009 (zitiert: *Kopp/Schenke*, VwGO).

Krauel, Wolfgang / Klie, Marcus — Lenkungsmöglichkeiten im Konzern unter besonderer Berücksichtigung des Aufsichtsrechts für Kreditinstitute und Versicherungen, WM 2010, 1735-1741.

Kümpel, Siegfried / Wittig, Arne — Bank- und Kapitalmarktrecht, 4. Auflage, Köln 2011 (zitiert: *Bearbeiter*, in: Kümpel/Wittig, Bank- und Kapitalmarktrecht).

Kümpel, Siegfried / Hammen, Horst / Ekkenga, Jens (Hrsg.) — Kapitalmarktrecht, Handbuch für die Praxis, Loseblattwerk, Ergl. 04/10, Stand: August 2010, Berlin (zitiert: *Bearbeiter*, in: Kümpel/Hammen/Ekkenga, Kapitalmarktrecht).

Kunz, Olaf — Die Geschäftsleiterkontrolle im Versicherungsaufsichtsgesetz, ZversWiss 2006, Supplement, 249-268.

Küting, Karlheinz / Seel, Christoph — Neukonzeption des Mutter-Tochter-Verhältnisses nach HGB – Auswirkungen des BilMoG auf die handelsrechtliche Bilanzierung, BB 2010, 1459-1464.

Lange, Oliver — Die Auswirkungen der Zurechnungsvorschriften des WpÜG auf Vorstandsmitglieder, Der Konzern 2003, 675-683.

Langenbucher, Katja — Bankaktienrecht unter Unsicherheit, ZGR 2010, 75-112.

Lebherz, Axel — Publizitätspflichten bei der Übernahme börsennotierter Unternehmen, WM 2010, 154-163.

Lehrl, Thorsten — Sachkunde – Zuverlässigkeit – persönliche Ausschlussgründe von Aufsichtsräten gemäß § 36 Abs. 3 KWG, BKR 2010, 485-500.

Leisner, Walter Georg — Unzuverlässigkeit im Gewerberecht (§ 35 Abs. 1 S. 1 GewO) (Ausuferungsgefahren - notwendiger Gewerbebezug), GewArch 2008, 225-232.

Leuering, Dieter — Zurechnung von Stimmrechten minderjähriger Aktionäre bei den gesetzlichen Vertretern, NZG 2010, 1285-1288.

Luz, Günther / Neus, Werner / Scharpf, Paul / Schneider, Peter / Weber, Max — Kreditwesengesetz (KWG), Kommentar zum KWG inklusive SolvV, LiqV, GroMiKV, MaRisk, Stuttgart 2009 (zitiert: *Bearbeiter*, in: Luz/Neus/Scharpf/Schneider/Weber, KWG).

v. Mangoldt, Hermann / Klein, Friedrich / Starck, Christian — Kommentar zum Grundgesetz: GG, 6. Auflage, München 2010 (zitiert: *Bearbeiter*, in: v. Mangoldt/Klein/ Starck, GG).

Maunz, Theodor / Dürig, Günter — Grundgesetz, Kommentar, Loseblattwerk, 58. Ergl., München 2010 (zitiert: *Bearbeiter*, in: Maunz/Dürig, GG).

Maurer, Hartmut — Allgemeines Verwaltungsrecht, 17. Auflage, München 2009 (zitiert: *Maurer*, Verwaltungsrecht).

Merkner, Andreas /Schmidt-Bendun, Rüdiger — Aktienrechtsnovelle 2011 – eine weitere Episode der Aktienrechtsreform in Permanenz, CFL 2011, 4-10.

Merkner, Andreas / Sustmann, Marco — Insiderrecht und Ad-Hoc-Publizität - Das Anlegerschutzverbesserungsgesetz „in der Fassung durch den Emittentenleitfaden der BaFin", NZG 2005, 729-738.

Merkner, Andreas / Sustmann, Marco — Vorbei mit dem unbemerkten Anschleichen an börsennotierte Unternehmen?, NZG 2010, 681-688.

Möller, Andreas — Das Vierte Finanzmarktförderungsgesetz - Der Regierungsentwurf -, WM 2001, 2405-2415.

Möllers, Thomas — Europäische Methoden- und Gesetzgebungslehre im Kapitalmarktrecht - Vollharmonisierung, Generalklauseln und *soft law* im Rahmen des Lamfalussy-Verfahrens als Mittel zur Etablierung von Standards, ZEuP 2008 (Heft 3) 480-505.

Möllers, Thomas M. J. / Wenninger, Thomas — Informationsansprüche gegen die BaFin im Lichte des neuen Informationsfreiheitsgesetzes (IFG), ZHR 170 (2006), 455-473.

Möllers, Thomas M. J. / Wenninger, Thomas G. — Das Anlegerschutz- und Funktionsverbesserungsgesetz, NJW 2011, 1697-1702.

Mönnig, Alexander — Die aufsichtsbehördliche Überwachung der Inhaber bedeutender Beteiligungen an Versicherungsunternehmen: eine kritische Analyse der betreffenden Vorschriften im Versicherungsaufsichtsgesetz unter besonderer Berücksichtigung der Parallelvorschriften im Kreditwesengesetz, Karlsruhe 2001 (zitiert: *Mönnig*, Überwachung der Inhaber bedeutender Beteiligungen an Versicherungsunternehmen).

Möschel, Wernhard — Bankenrecht im Wandel, Baden-Baden 2010 (zitiert: *Möschel*, Bankrecht im Wandel).

Müller, Jens-Peter — Die Anteilseignerkontrolle bei Banken, Ein Beitrag zum Bankaufsichtsrecht, Berlin 2004 (zitiert: *Müller*, Anteilseignerkontrolle).

Münchener Kommentar zum Aktiengesetz — Hrsg. von Wulf Goette und Mathias Habersack, Band 1 (§§ 1-75 AktG), Band 2 (§§ 76-117 AktG), Band 5 (§§ 278-328 AktG; SpruchG), 3. Auflage, München 2008 ff. (zitiert: *Bearbeiter*, in MünchKomm-AktG).

Münchener Kommentar zum Bürgerlichen Gesetzbuch — Hrsg. von Franz Jürgen Säcker und Roland Rixecker, Band 5: Schuldrecht Besonderer Teil III (§§ 707-853 BGB), 5. Auflage, München 2009 (zitiert: *Bearbeiter*, in: MünchKomm-BGB).

Münchener Handbuch des Gesellschaftsrechts — Band 2, Kommanditgesellschaft – GmbH & Co. KG – Publikums-KG – Stille Gesellschaft, 3. Aufl., München 2009 (zitiert: *Bearbeiter*, in: Münch. Hdb. GesR, Band 2).

Band 4, Aktiengesellschaft, hrsg. v. Michael Hoffmann-Becking, 3. Auflage, München 2007 (zitiert: *Bearbeiter*, in: Münch. Hdb. GesR, Band 4).

Münchener Kommentar zum Handelsgesetzbuch — Hrsg. von Karsten Schmidt, Band 4: Drittes Buch. Handelsbücher (§§ 238-342e HGB), 2. Auflage, München 2008 (zitiert: *Bearbeiter*, in: MünchKomm-HGB).

Münchener Kommentar zum Ver-sicherungsvertragsgesetz	Hrsg. von Theo Langheid und Manfred Wandt, Band 1: Systematische Darstellungen, Erläuterungen zum EGVVG, §§ 1-99 VVG, München 2010 (zitiert: *Bearbeiter*, in: MünchKomm-VVG).
Mutter, Christoph	Die Stimmrechtszurechnung nach § 22 WpHG bei Einschaltung eines Trusts, AG 2006, 637-650.
Neumann, Kerstin	Die Aufsicht über Finanzkonglomerate, Berlin, New York 1998 (zitiert: *Neumann*, Die Aufsicht über Finanzkonglomerate).
Nirk, Rudolf	Das Kreditwesengesetz, Einführung und Erläuterungen, 13. Auflage, Frankfurt am Main 2008 (zitiert: *Nirk*, Kreditwesengesetz).
Ohler, Christoph	Terrorismusbekämpfung mit Mitteln der Finanzaufsicht, Die Verwaltung 2008, 405-434.
Pannen, Klaus	Krise und Insolvenz bei Kreditinstituten, 3. Auflage, Köln 2010 (zitiert: *Pannen*, Krise und Insolvenz bei Kreditinstituten).
Partsch, René	Die Harmonisierung der Europäischen Finanzaufsicht, ZBB 2010, S, 72-76.
Pielow, Johann-Christian (Hrsg.)	Gewerbeordnung, Kommentar, München 2009 (zitiert: *Bearbeiter*, in: Pielow, GewO).
Posser, Herbert / Wolff, Heinrich Amadeus	Verwaltungsgerichtsordnung (VwGO): Kommentar, München 2008 (zitiert: *Bearbeiter*, in: Posser/Wolff, VwGO)
Post, Jörg-Uwe	Aufsicht über Unternehmensinhaber, in: Müller, Helmut (Hrsg.) / Bundesaufsichtsamt für das Kreditwesen, 100 Jahre materielle Versicherungsaufsicht in Deutschland: 1901-2001, Band I, Bonn 2001 (zitiert: *Post*, Aufsicht über Unternehmensinhaber).
Prölss, Erich R. (Begr.)	Versicherungsaufsichtsgesetz, 12. Auflage, München 2005 (zitiert: *Bearbeiter*, in: Prölss, VAG).

Reischauer, Friedrich / Kleinhans, Joachim — Kreditwesengesetz (KWG): Loseblattkommentar für die Praxis nebst sonstigen bank- und sparkassenrechtlichen Aufsichtsgesetzen sowie ergänzenden Vorschriften, begründet von Friedrich Reischauer und Joachim Kleinhans, Ergl. 6/2010, Stand: August 2010, Berlin (zitiert: Reischauer/Kleinhans, KWG bzw. – soweit der Bearbeiter ausgewiesen ist - *Bearbeiter*, in: Reischauer/Kleinhans, KWG).

Reschke, Hartmut — Finanzierungsleasing und Factoring – Zwei neue Erlaubnistatbestände im Kreditwesen, BKR 2009, 141-150.

Renz, Hartmut / Rippel, Julia-Christine — Die Informationspflichten gem. § 21 ff. WpHG und deren Änderungen durch das Risikobegrenzungsgesetz, BKR 2008, 309-315.

Rudolph, Bernd — Viertes Finanzmarktförderungsgesetz – ist der Name Programm?, BB 2002, 1036-1041.

Sachs, Michael (Hrsg.) — Grundgesetz, Kommentar, 5. Auflage, München 2009 (zitiert: *Bearbeiter*, in: Sachs, GG).

Schäfer, Frank A. / Hamann, Uwe — Kapitalmarktgesetze – Wertpapierhandelsgesetz, Börsengesetz mit BörsZulV, Wertpapierprospektgesetz, Verkaufsprospektgesetz, Wertpapiererwerbs- und Übernahmegesetz, Kommentar Band 2, 2. Auflage, 4. Ergl., Stand: November 2009, Stuttgart (zitiert: *Bearbeiter*, in: Schäfer/Hamann, Kapitalmarktrecht).

Schäfer, Lars — Corporate Governance bei Kapitalanlagegesellschaften – Fund Governance, Berlin 2009 (zitiert: *Schäfer*, Corporate Governance bei Kapitalanlagegesellschaften).

Schieber, Jörg — Die Aufsicht über die Finanzkonglomerate – Das Aufsichtsrecht der Finanzdienstleistungsinstitute zwischen Gruppen- und Einzelinstitutsaufsicht, Berlin 1997 (zitiert: *Schieber*, Aufsicht über Finanzkonglomerate).

Schiessl, Maximilian — Auf der Suche nach dem "Ankeraktionär" - "PIPE" Transaktionsmodelle und Organpflichten, AG 2009, 385-392.

Schimansky, Herbert / Bunte, Hermann-Josef / Lwowski, Hans-Jürgen (Hrsg.) — Bankrechts-Handbuch, 3. Auflage, München 2007 (zitiert: *Bearbeiter*, in: Schimansky/Bunte/Lwowski, Bankrechts-Hdb.).

Schmidt, Karsten — Die Personengesellschaft als Rechtsfigur des „Allgemeinen Teils", AcP 2009, S. 181-204.

Schmidt, Karsten / Lutter, Marcus (Hrsg.) — Aktiengesetz – Kommentar, I. Band, 2. Aufl., Köln 2010 (zitiert: *Bearbeiter*, in: K.Schmidt/Lutter, AktG).

Schmolke, Klaus Ulrich — Der Lamfalussy-Prozess im Europäischen Kapitalmarktrecht – eine Zwischenbilanz; NZG 2005, 912-919.

Schnabel, Kerstin / Korff, Matthias — Mitteilungs- und Veröffentlichungspflichten gemäß §§ 21 ff. WpHG und ihre Änderung durch das Transparenzrichtlinie-Umsatzungsgesetz – Ausgewählte Praxisfragen, ZBB 2007, 179-187.

Schneider, Uwe H. — Erweiterte Anzeigepflichten und aufsichtsrechtliche Beteiligungsverbote an Kreditinstituten, BB, 1989, 84-87.

Schneider, Uwe H. — Missbräuchliches Verhalten durch Private Equity, NZG 2007, 888-893.

Schoch, Friedrich — Aktuelle Fragen des Informationsfreiheitsrechts, NJW 2009, 2987-2994.

Scholz, Ingo — Das Übernahme- und Pflichtangebot bei der KGaA, NZG 2006, 445-449.

Schütz, Carsten / Bürgers, Tobias / Riotte, Michael (Hrsg.) — Die Kommanditgesellschaft auf Aktien, Handbuch, München 2004 (zitiert: *Bearbeiter*, in: Schütz/Bürgers/Riotte, Handbuch KGaA).

Schwark, Eberhard / Zimmer, Daniel (Hrsg.) — Kapitalmarktrechts-Kommentar, 4. Auflage, München 2010 (zitiert: *Bearbeiter*, in: Schwark/Zimmer, Kapitalmarktrechts-Kommentar).

Schwennicke, Andreas / Auerbach, Dirk — Kreditwesengesetz, Kommentar, München 2009 (zitiert: *Bearbeiter*, in: Schwennicke/Auerbach, KWG).

Seibt, Christoph H. (Hrsg.) — Beck'sches Formularbuch Mergers & Acquisitions, Mümchen 2008 (zitiert: *Bearbeiter*, in: Seibt, Formularbuch M&A).

Seibt, Christoph H. / Wollenschläger, Bernward — Unternehmenstransaktionen mit Auslandsbezug nach der Reform des Außenwirtschaftsrechts, ZIP 2009, 833-845.

Seibt, Christoph H. / Wunsch, Oliver — Investorenvereinbarungen bei öffentlichen Übernahmen, Der Konzern 2009, 195-214.

Sellmann, Christian — Chancen und Risiken des Bundesinformationsfreiheitsgesetzes – Eine "Gebrauchsanleitung" für (private) Unternehmen, WM 2006, 2293-2301.

Senger, Michael — Die Begrenzung von qualifizierten Beteiligungen nach § 12 Abs. 1 KWG, Institute for Law and Finance, WM 2003, 1697-1705.

Senger, Michael — Bankenaufsicht, Unternehmensverbindungen und Bankengruppen, Frankfurter Wirtschaftsrechtliche Studien Band 66, Frankfurt am Main 2004 (zitiert: *Senger*, Bankenaufsicht, Unternehmensverbindungen und Bankengruppen).

Seubert, Walter — Die Brüsseler „Verständigung" zu Anstaltslast und Gewährträgerhaftung, Frankfurt am Main 2005 (zitiert: *Seubert*, Die Brüsseler "Verständigung").

Spahlinger, Andreas / Wegen, Gerhard — Internationales Gesellschaftsrecht in der Praxis, München 2005 (*Bearbeiter*, in: Spahlinger/Wegen, Int. Gesellschaftsrecht).

Spindler, Gerald — Finanzmarktkrise und Wirtschaftsrecht, AG 2010, 601-617.

Spindler, Gerald / Stilz, Eberhard — Kommentar zum Aktiengesetz, München 2010 (zitiert: *Bearbeiter*, in: Spindler/Stilz, AktG).

Staudinger BGB – Kommentar zum Bürgerlichen Gesetzbuch mit Einführungsgesetz und Nebengesetzen, Buch 1, Allgemeiner Teil, §§ 134-163 (Allgemeiner Teil 4), Berlin 2003 (zitiert: *Bearbeiter*, in: Staudinger, BGB).

Stelkens, Paul / Bonk, Heinz Joachim / Sachs, Michael (Hrsg.) Verwaltungsverfahrensgesetz, 7. Auflage, München 2008 (zitiert: *Bearbeiter*, in: Stelkens/Bonk/Sachs, VwVfG).

Stoltenberg, Ulrich Erlaubnis nur für natürliche und juristische Personen?, ZgesKW 1989, 54-58.

Sustmann, Marco / Neuhaus, Martin / Wieland, Andreas Die Zukunft des Unternehmensbeteiligungsgesellschaftsgesetzes (UBGG) vor dem Hintergrund der anstehenden Umsetzung der AIFM-Richtlinie, CFL 2012, 78-90.

Szagunn, Volkard / Haug, Ulrich / Ergenzinger, Wilhelm Gesetz über das Kreditwesen, Kommentar, 6. Auflage, Stuttgart, Berlin, Köln 1997 (zitiert: *Bearbeiter*, in: Szagunn/Haug/Ergenzinger, KWG).

Tettinger, Peter J. / Wank, Rolf Gewerbeordnung – Kommentar, 7. Auflage, München 2004 (zitiert: *Bearbeiter*, in: Tettinger/Wank, GewO).

Thode, Bernd / Peres, Holger Anstaltslast und Gewährträgerhaftung bei kommunalen Sparkassen und Landesbanken, BB 1997, 1749-1752.

Tolkmitt, Ulrike / Schomerus, Thomas Finanzmarktstabilisierung contra Informationsfreiheit? Keine Einschränkung des Informationsfreiheitsgesetzes, NVwZ 2009, 568-571.

Voland, Thomas Rechtsschutz gegen Maßnahmen der Investitionskontrolle im Außenwirtschaftsrecht, EuZW 2010, 132-136.

Waigel, Christian Deutsche Bankenaufsicht und internationale Bankenaufsicht, in: Simon G. Grieser / Manfred Heemann (Hrsg,), Bankaufsichtsrecht – Entwicklungen und Perspektiven, Frankfurt am Main 2009, S. 40-58 (zitiert: *Waigel*, Deutsche und internationale Bankenaufsicht)

Weber-Rey, Daniela / Baltzer, Corinna Aktuelle Entwicklungen im Versicherungsaufsichtsrecht – Aufsicht über Rückversicherungen und an Versicherungen beteiligte Unternehmen –, WM 2006, 205-213.

Weber-Rey, Daniela / Guinoment, Pascal Rückversicherungsrecht im Umbruch – Bestandsaufnahme in Deutschland und europäische Reformtendenzen –, WM 2004, 661-666.

Weber-Rey, Daniela / Krecek, Thomas Aufsichtsrechtliche Aspekte der Übernahme von Versicherungsunternehmen, NVersZ 2000, 105-110.

Weitnauer, Wolfgang Die AIFM-Richtlinie und ihre Umsetzung, BKR 2011, 143-147.

Wieland, Andreas Unternehmen der "Realwirtschaft" als Adressaten des Bank- und Finanzaufsichtsrechts, BB 2012, 917-924 und 1108-1115.

Wilsing, Hans-Ulrich / Paul, Carsten A. Gläserne BaFin-Akten – Reaktionsmöglichkeiten der Praxis auf Verurteilung der BaFin zur Auskunftserteilung, BB 2009, 114-118.

Winter, Gerrit Die versicherungsaufsichtsrechtliche Aktionärskontrolle – kritische Überlegungen zu ihrer Reichweite, in: Bielefeld, Thomas (Hrsg.): Ein Leben mit der Versicherungswissenschaft - Festschrift für Helmut Schirmer, Karlsruhe 2005 (zitiert: *Winter*, in FS Schirmer).

Winter, Gerrit Öffentliches Übernahmeangebot bei Versicherungsunternehmen - Aufsichtsrechtliche Überlegungen, VersR 2000, 1453-1467.

Winter, Gerrit Versicherungsaufsichtsrecht – Kritische Betrachtungen, Karlsruhe 2007 (zitiert: *Winter*, Versicherungsaufsichtsrecht).

Winter, Gerrit Zielsetzungen der Versicherungsaufsicht; ZVersWiss 2005, 105-156.

Wittig, Arne Reform der Corporate Governance von Finanzinstituten als Reaktion auf die Finanzmarktkrise – Ein Überblick zu den aktuellen Überlegungen, WM 2010, 2337-2343.

Wolfers, Benedikt / Rau, Markus Enteignung zur Stabilisierung des Finanzmarktes: Das Rettungsübernahmegesetz, NJW 2009, 1297-1302.

Ziemons, Hildegard / Jaeger, Carsten (Hrsg.) Beck'scher Online-Kommentar GmbHG, 5. Edition, Stand: 1. Juli 2010, München (zitiert: *Bearbeiter*, in: BeckOK-GmbHG).

Zimmer, Daniel / Fuchs, Florian Die Bank in Krise und Insolvenz: Ansätze zur Minderung des systemischen Risikos, ZGR 2010, 597-661.

II. Rechtsquellen und Materialien

Im Folgenden werden im Manuskript zitierte Rechtsquellen, Gerichts- und Behördenentscheidungen und Verlautbarungen aufgeführt. Die Aufzählung erfolgt jeweils in chronologischer Reihenfolge. In der rechten Spalte findet sich die im Manuskript aus Gründen der Übersichtlichkeit zum Teil an Stelle des Vollzitats verwendete Kurzbezeichnung des Rechtsakts.

1. Europäische Richtlinien und Verordnungen

Rechtsakt	**Kurzbezeichnung**
Richtlinie 73/183/EWG des Rates vom 28. Juni 1973 zur Aufhebung der Beschränkungen der Niederlassungsfreiheit und des freien Dienstleistungsverkehrs für selbständige Tätigkeiten der Kreditinstitute und anderer finanzieller Einrichtungen, ABl. L 194/1.	–
Erste Richtlinie 77/780/EWG des Rates vom 12. Dezember 1977 zur Koordinierung der Rechts- und Verwaltungsvorschriften über die Aufnahme und Ausübung der Tätigkeit der Kreditinstitute, ABl. L 322/30.	Erste Bankrechtskoordinierungsrichtlinie
Siebente Richtlinie 83/349/EWG des Rates vom 13. Juni 1983 aufgrund von Artikel 54 Abs. 3 Buchstabe g des Vertrages über den konsolidierten Abschluss, ABl. L 193/1.	Siebente gesellschaftsrechtliche Richtlinie
Richtlinie 83/350/EWG des Rates vom 13. Juni 1983 über die Beaufsichtigung der Kreditinstitute auf konsolidierter Basis, ABl. L 193/18.	–
Richtlinie 85/611/EWG des Rates vom 20. Dezember 1985 zur Koordinierung der Rechts- und Verwaltungsvorschriften betreffend bestimmte Organismen für gemeinsame Anlagen in Wertpapieren (OGAW), ABl. L 375/3.	OGAW-Richtlinie
Richtlinie 86/635/EWG des Rates vom 8. Dezember 1986 über den Jahresabschluss und den konsolidierten Abschluss von Banken und anderen Finanzinstituten, ABl. L 372/1.	Bankbilanzrichtlinie

Rechtsakt	Kurzbezeichnung
Richtlinie des Rates der Europäischen Gemeinschaften vom 12. Dezember 1988 (88/627/EWG) über die bei Erwerb oder Veräußerung einer bedeutenden Beteiligung an einer börsennotierten Gesellschaft zu veröffentlichenden Informationen, ABl. L 348/62.	Transparenzrichtlinie I
Richtlinie 89/299/EWG des Rates vom 17. April 1989 über die Eigenmittel von Kreditinstituten, ABl. L 124/16.	EG-Eigenmittel-Richtlinie
Zweite Richtlinie 89/646/EWG des Rates vom 15. Dezember 1989 zur Koordinierung der Rechts- und Verwaltungsvorschriften über die Aufnahme und Ausübung der Tätigkeit der Kreditinstitute und zur Änderung der Richtlinie 77/780/EWG, ABl. L 386/1.	Zweite Bankrechtskoordinierungsrichtlinie
Richtlinie 92/30/EWG des Rates vom 6. April 1992 über die Beaufsichtigung von Kreditinstituten auf konsolidierter Basis, ABl. L 110/52.	–
Dritte Richtlinie des Rates zur Koordinierung der Rechts- und Verwaltungsvorschriften für die Direktversicherung (mit Ausnahme der Lebensversicherung) sowie zur Änderung der Richtlinien 73/239/EWG und 88/357/EWG (Dritte Richtlinie Schadensversicherung) vom 18. Juni 1992 (92/49/EWG), ABl. L 228/1.	Dritte Richtlinie Schadenversicherung
Richtlinie 92/96/EWG vom 10. November 1992 zur Koordinierung der Rechts- und Verwaltungsvorschriften für die Direktversicherung (Lebensversicherung) sowie zur Änderung der Richtlinie 79/267/EWG und 90/619/EWG, ABl. L 360/1.	Dritte Richtlinie Lebensversicherung
Richtlinie 92/121/EWG des Rates vom 21. Dezember 1992 über die Überwachung und Kontrolle der Großkredite von Kreditinstituten, ABl. L 29/1.	–
Richtlinie 93/6/EWG des Rates vom 15. März 1993 über die angemessene Eigenkapitalausstattung von Wertpapierfirmen und Kreditinstituten, ABl. L 141/1.	–

Rechtsakt	**Kurzbezeichnung**
Richtlinie 93/22/EWG des Rates vom 10. Mai 1993 über Wertpapierdienstleistungen, ABl. L 141/27.	Wertpapierdienstleistungs-richtlinie
Richtlinie 94/19/EG des Europäischen Parlaments und des Rates der Europäischen Union vom 30. Mai 1994 über Einlagensicherungssysteme, ABl. L 135/5.	Einlagensicherungs-Richtlinie
Richtlinie 95/26/EG des Europäischen Parlaments und des Rates vom 29. Juni 1995 zur Änderung der Richtlinien 77/80/EWG und 89/646/EWG betreffend Kreditinstitute, der Richtlinien 73/239/EWG und 92/49/EWG betreffend Schadensversicherungen, der Richtlinien 79/267/EWG und 92/96/EWG betreffend Lebensversicherungen, der Richtlinie 93/22/EWG betreffend Wertpapierfirmen sowie der Richtlinie 85/611/EWG betreffend bestimmte Organismen für gemeinsame Anlagen in Wertpapieren (OGAW) zwecks verstärkter Beaufsichtigung dieser Finanzunternehmen, ABl. L 168/7.	BCCI-Folgerichtlinie
Richtlinie 97/9/EG des Europäischen Parlaments und des Rates der Europäischen Union vom 3. März 1997 über Systeme für die Entschädigung der Anleger, ABl. L 84/22.	–
Verordnung Nr. 139/2004 des Rates vom 20. Januar 2004 über die Kontrolle von Unternehmenszusammenschlüssen, ABl. L 24/1.	Fusionskontrollverord-nung
Richtlinie 2000/12/EG des Europäischen Parlaments und des Rates vom 20. März 2000 über die Aufnahme und Ausübung der Tätigkeit der Kreditinstitute, ABl. L 126/1.	Bankenrichtlinie (2000/12/EG)
Richtlinie 2000/46/EG des Europäischen Parlaments und des Rates vom 18. September 2000 über die Aufnahme, Ausübung und Beaufsichtigung der Tätigkeit von E-Geld-Instituten, ABl. L 275/39.	E-Geld-Richtlinie
Richtlinie 2001/34/EG über die Zulassung von Wertpapieren zur amtlichen Börsennotierung und über die hinsichtlich dieser Wertpapiere zu veröffentlichenden Informationen vom 28. Mai 2001, ABl. L 184/1.	–

Rechtsakt	Kurzbezeichnung
Richtlinie 2002/83/EG des Europäischen Parlaments und des Rates vom 5. November 2002 über Lebensversicherungen, ABl. L 345/1.	Lebensversicherungs-richtlinie
Richtlinie 2002/87/EG des Europäischen Parlaments und des Rates vom 16. Dezember 2002 über die zusätzliche Beaufsichtigung der Kreditinstitute, Versicherungsunternehmen und Wertpapierfirmen eines Finanzkonglomerats und zur Änderung der Richtlinien 73/239/EWG, 79/267/EWG, 92/49/EWG, 92/96/EWG, 93/6/EWG und 93/22/EWG des Rates und der Richtlinien 98/78/EG und 2000/12/EG des Europäischen Parlaments und des Rates, ABl. L 35/1.	–
Richtlinie 2004/39/EG des Europäischen Parlaments und des Rates vom 21. April 2004 über Märkte für Finanzinstrumente, zur Änderung der Richtlinien 85/611/EWG und 93/6/EWG des Rates und der Richtlinie 2000/12/EG des Europäischen Parlaments und des Rates und zur Auf-hebung der Richtlinie 93/22/EWG des Rates, ABl. L 145/1.	Finanzmarktrichtlinie
Richtlinie 2004/109/EG des Europäischen Parlaments und des Rates vom 15. Dezember 2004 zur Harmonisierung der Transparenzanforderungen in Bezug auf Informationen über Emittenten, deren Wertpapiere zum Handel auf einem geregelten Markt zugelassen sind, und zur Änderung der Richtlinie 2001/34/EG vom 31. Dezember 2004, ABl. L 390/38.	Transparenzrichtlinie II
Richtlinie 2005/68/EG des Europäischen Parlaments und des Rates vom 16. November 2005 über die Rückversicherung und zur Änderung der Richtlinien 73/239/EWG, 92/49/EWG des Rates sowie der Richtlinien 98/78/EG und 2002/83/EG, ABl. L 323/1.	Rückversicherungs-richtlinie
Richtlinie 2006/48/EG des Europäischen Parlaments und des Rates vom 14. Juni 2006 über die Aufnahme und Ausübung der Tätigkeit der Kreditinstitute (Neufassung), ABl. L 177/1.	Bankenrichtlinie (2006/48/EG)

Rechtsakt	Kurzbezeichnung
Richtlinie 2007/44/EG des Europäischen Parlaments und des Rates vom 5. September 2007 zur Änderung der Richtlinie 92/49/EG des Rates sowie der Richtlinien 2002/83/EG, 2004/39/EG, 2005/68/EG und 2006/48/EG in Bezug auf Verfahrensregeln und Bewertungskriterien für die aufsichtsrechtliche Beurteilung des Erwerbs und der Erhöhung von Beteiligungen im Finanzsektor, ABl. L 247/1.	Beteiligungsrichtlinie
Richtlinie 2007/64/EG des Europäischen Parlaments und des Rates vom 13. November 2007 über Zahlungsdienste im Binnenmarkt, zur Änderung der Richtlinie 97/7/EG, 2002/65/EG, 2005/60/EG und 2006/48/EG sowie zur Aufhebung der Richtlinie 97/5/EG, ABl. L 319/1.	Zahlungsdiensterichtlinie
Richtlinie 2009/14/EG des Europäischen Parlaments und des Rates vom 11. März 2009 zur Änderung der Richtlinie 94/19/EG über Einlagensicherungssysteme im Hinblick auf die Deckungssumme und die Auszahlungsfrist, ABl. L 68/3.	–
Richtlinie 2009/65/EG des Europäischen Parlaments und des Rates vom 13. Juli 2009 zur Koordinierung der Rechts- und Verwaltungsvorschriften betreffend bestimmte Organismen für gemeinsame Anlagen in Wertpapieren (OGAW) (Neufassung), ABl. L 302/32.	OGAW IV-Richtlinie
Richtlinie 2009/110/EG des Europäischen Parlaments und des Rates vom 16. September 2009 über die Aufnahme, Ausübung und Beaufsichtigung der Tätigkeit von E-Geld-Instituten zur Änderung der Richtlinien 2005/60/EG und 2006/48/EG sowie zur Aufhebung der Richtlinie 2000/46/EG, ABl. L 267/7.	Zweite E-Geld-Richtlinie
Proposal for a Directive of the European Parliament and of the Council on Alternative Investment Fund Managers and amending directives 2003/41/EC and 2009/65/EC v. 27. Oktober 2010, 2009/0064 (COD).	–

Rechtsakt	Kurzbezeichnung
Verordnung (EU) Nr. 1093/2010 des Europäischen Parlaments und des Rates vom 24. November 2010 zur Errichtung einer Europäischen Aufsichtsbehörde (Europäische Bankenaufsichtsbehörde), zur Änderung des Beschlusses Nr. 716/2009/EG und zur Aufhebung des Beschlusses 2009/78/EG der Kommission, ABl. L 331/12.	–
Verordnung (EU) Nr. 1094/2010 des Europäischen Parlaments und des Rates vom 24. November 2010 zur Errichtung einer Europäischen Aufsichtsbehörde (Europäische Aufsichtsbehörde für das Versicherungswesen und die betriebliche Altersversorgung), zur Änderung des Beschlusses Nr. 716/2009/EG und zur Aufhebung des Beschlusses 2009/79/EG der Kommission, ABl. L 331/48.	–
Verordnung (EU) Nr. 1095/2010 des Europäischen Parlaments und des Rates vom 24. November 2010 zur Errichtung einer Europäischen Aufsichtsbehörde (Europäische Wertpapier- und Marktaufsichtsbehörde), zur Änderung des Beschlusses Nr. 716/2009/EG und zur Aufhebung des Beschlusses 2009/77/EG der Kommission, ABl. L 331/84.	–
Richtlinie 2011/65/EU des Europäischen Parlaments und des Rates vom 8. Juni 2011 über die Verwalter alternativer Investmentfonds und zur Änderung der Richtlinien 2003/41/EG und der Verordnungen (EG) Nr. 1060/2009 und (EU) Nr. 1095/2010, ABl. L 174/1.	AIFM-Richtlinie

2. Beschlüsse, Mitteilungen und sonstige Verlautbarungen der Europäischen Kommission, des Europäischen Parlaments und der Lamfalussy-Ausschüsse

Rechtsakt	Kurzbezeichnung
Europäische Kommission, Presseerklärung vom 20. Juli 1999, IP/99/551 ("Commission decides to open infringement procedure against Portugal over veto against BSCH participation in Grupo Mundial Confiança").	–
Europäische Kommission, EU-interne Investitionen im Finanzdienstleistungssektor, Mitteilung vom 21. Oktober 2005, C/2005/4080.	–
Commission Staff Working Document, Cross-border consolidation in the EU financial sector, 6. Oktober 2005, SEC (2005) 1398.	–
Europäische Kommission, Presseerklärung vom 14. Dezember 2005, IP/05/159 ("Freier Kapitalverkehr: Vertragsverletzungsverfahren gegen Italien wegen Vorschriften über den Erwerb von Beteiligungen an inländischen Banken") (abrufbar unter: www.europa.eu/rapid).	–
Europäische Kommission, Presseerklärung vom 8. März 2006, IP/06/276 ("Freier Kapitalverkehr: Kommission eröffnet Vertragsverletzungsverfahren gegen Polen im Zusammenhang mit UniCredit/HVB-Fusion")(abrufbar unter: www.europa.eu/rapid).	–
Europäische Kommission, Vorschlag für eine Richtlinie des Europäischen Parlaments und des Rates zur Änderung der Richtlinie 92/49/EWG des Rates sowie der Richtlinien 2002/83/EG, 2004/39/EG, 2005/68/EG und 2006/48/EG betreffend Verfahrensregeln und Bewertungskriterien für die aufsichtliche Beurteilung des Erwerbs und der Erhöhung von Beteiligungen im Finanzsektor vom 12. September 2006, KOM(2006) 507 endgültig.	BegrE Beteiligungsrichtlinie
Europäische Kommission vom 24. Januar 2007, IP/07/83 ("Freier Kapitalverkehr: Kommission bringt Vertragsverletzungsverfahren gegen Italien betreffend den Erwerb von Beteiligungen an inländischen Banken zum Abschluss") (abrufbar unter: www.europa.eu/rapid).	–

Committee on Economic and Monetary Affairs, Report on the proposal for a directive of the European Parliament and the Council amending Council Directive 92/29/EEC and Directives 2002/83/EC, 2004/39/EC, 2005/68/EC and 2006/48/EC as regards procedural rules and evaluation for the prudential assessment of acquisitions and increase of shareholdings in the financial sector vom 5. Februar 2007, A6-0027/2007.	Bericht des Ausschusses für Wirtschaft und Währung des Europäischen Parlaments zum Entwurf der Beteiligungsrichtlinie
Position of the European Parliament adopted at first reading on 13 March 2007 with a view to the adoption of Dirctive 2007/.../EC of the European Parliament and the Council amending Council Directive 92/29/EEC and Directives 2002/83/EC, 2004/39/EC, 2005/68/EC and 2006/48/EC as regards procedural rules and evaluation for the prudential assessment of acquisitions and increase of shareholdings in the financial sector vom 13. März 2007, EP-PC_TC1-COD(2006)0166.	Stellungnahme des Europäischen Parlaments (1. Lesung) zum Entwurf der Beteiligungsrichtlinie
Guidelines for the prudential assessment of acquisitions and increases in holdings in the financial sector required by directive 2007/44/EC, CEBS/2008/214, CEIOPS-3L3-19/08, CESR/08-543B (abrufbar unter www.c-ebs.org).	CEBS/CEIOPS/CESR-Leitlinien
Beschluss der Kommission vom 23. Januar 2009 zur Einsetzung des Ausschusses der europäischen Bankaufsichtsbehörden (2009/78/EG), ABl. L 25/23.	–
Europäischen Kommission, Presseerklärung vom 12. Juli 2010, IP/10/918 ("Kommission schlägt Maßnahmenpaket zur Stärkung von Verbraucherschutz und Verbrauchervertrauen im Finanzdienstleistungssektor vor").	–

3. Bundes- und Landesgesetze

Rechtsakt	Kurzbezeichnung
Bayerisches Gesetz über die öffentlichen Sparkassen (Sparkassengesetz – SpkG) vom 1. Oktober 1956 (GVBl. S. 187), zuletzt geändert durch § 15 des Gesetzes zur Anpassung von Landesgesetzen an das Bayerische BeamtenG vom 27. Juli 2009 (GVBl. S. 400).	SpkG-Bayern
Drittes Gesetz zur Änderung des Gesetzes über das Kreditwesen vom 20. Dezember 1984 (BGBl I S. 1693).	Drittes KWG-Änderungsgesetz
Gesetz zur Änderung des Gesetzes über das Kreditwesen und anderer Vorschriften über Kreditinstitute vom 21. Dezember 1992 (BGBl I S. 2211).	Viertes KWG-Änderungsgesetz
Drittes Gesetz zur Durchführung versicherungsrechtlicher Richtlinien des Rates der Europäischen Gemeinschaften vom 21. Juli 1994 (BGBl I S. 1630).	Drittes Durchführungsgesetz/EWG zum VAG
Gesetz zur Änderung des Gesetzes über das Kreditwesen und anderer Vorschriften über Kreditinstitute vom 28. September 1994 (BGBl I S. 2735).	Fünftes KWG-Änderungsgesetz
Gesetz zur Umsetzung von EG-Richtlinien zur Harmonisierung bank- und wertpapieraufsichtsrechtlicher Vorschriften vom 22. Oktober 1997 (BGBl I S. 2518).	Sechstes KWG-Änderungsgesetz
Gesetz zur weiteren Fortentwicklung des Finanzplatzes Deutschland (Drittes Finanzmarktförderungsgesetz) vom 24. März 1998 (BGBl I S. 529).	Drittes Finanzmarktförderungsgesetz
Einlagensicherungs- und Anlegerentschädigungsgesetz vom 16. Juli 1998 (BGBl I S. 1842), zuletzt geändert durch Art. 2 des Gesetzes zur Änderung des Einlagensicherungs- und Anlegerentschädigungsgesetzes und anderer Gesetze vom 25. Juni 2009 (BGBl I S. 1528).	–
Gesetz zur Kontrolle und Transparenz im Unternehmensbereich vom 27. April 1998 (BGBl I S. 786).	–

Rechtsakt	Kurzbezeichnung
Gesetz zur Änderung des Versicherungsaufsichtsgesetzes, insbesondere zur Durchführung der EG-Richtlinie 98/78/EG vom 27. Oktober 1998 über die zusätzliche Beaufsichtigung der einer Versicherungsgruppe angehörenden Versicherungsunternehmen sowie zur Umstellung von Vorschriften auf Euro vom 21. Dezember 2000 (BGBl I S. 1857).	–
Gesetz über die integrierte Finanzdienstleistungsaufsicht vom 22. April 2002 (BGBl I S. 1310).	FinDAG
Gesetz zur weiteren Fortentwicklung des Finanzplatzes Deutschland (Viertes Finanzmarktförderungsgesetz) vom 21. Juni 2002 (BGBl I S. 2010).	Viertes Finanzmarktförderungs-gesetz
Sparkassengesetz für Baden-Württemberg (SpG) in der Fassung vom 19. Juli 2005 (GBl.BW S. 587), zuletzt geändert durch Art. 1 Änderungsgesetz vom 10. 6. 2008 (GBl.BW S. 180).	SpkG-BW
Gesetz über die Bayerische Landesbank (Bayerisches Landesbank-Gesetz - BayLBG) vom 1. Februar 2003 (GVBl. S. 54, ber. S. 316, BayRS 762-6-F), zuletzt geändert durch § 1 des Gesetzes vom 27. Juli 2009 (GVBl. S. 397).	–
Gesetz über die NRW.BANK (NRW.BANK G) vom 16. März 2004 (Artikel 1 des Gesetzes zur Umstrukturierung der Landesbank Nordrhein-Westfalen zur Förderbank des Landes Nordrhein-Westfalen und zur Änderung anderer Gesetze vom 16. März 2004 (GV.NRW S.126)	NRW.Bank G
Gesetz zur Umsetzung aufsichtsrechtlicher Bestimmungen zur Sanierung und der Liquidation von Versicherungsunternehmen und Kreditinstituten vom 10. Dezember 2003 (BGBl I S. 2478).	–
Gesetz zur Modernisierung des Investmentwesens und zur Besteuerung von Investmentvermögen vom 15. Dezember 2003 (Investmentmodernisierungsgesetz) (BGBl I S. 2676).	Investmentmoderni-sierungsgesetz

Rechtsakt	Kurzbezeichnung
Gesetz zur Änderung des Versicherungsaufsichtsgesetzes und anderer Gesetze vom 15. Dezember 2004 (BGBl I S. 3416).	–
Gesetz zur Umsetzung der Richtlinie 2002/87/EG des Europäischen Parlaments und des Rates vom 16. Dezember 2002 (Finanzkonglomeraterichtlinie-Umsetzungsgesetz) vom 21. Dezember 2004 (BGBl I S. 3610).	Finanzkonglomeraterichtlinie-Umsetzungsgesetz
Gesetz zur Regelung des Zugangs zu Informationen des Bundes (Informationsfreiheitsgesetz – IFG) vom 5. September 2005 (BGBl I S. 2722).	Informationsfreiheitsgesetz; IFG
Gesetz zur Umsetzung der neugefassten Bankenrichtlinie und der neugefassten Kapitaladäquanzrichtlinie vom 17. November 2006 (BGBl I S. 2606).	Siebentes KWG-Änderungsgesetz
Achtes Gesetz zur Änderung des Versicherungsaufsichtsgesetzes, des Finanzdienstleistungsaufsichtsgesetzes und anderer Vorschriften vom 28. Mai 2007 (BGBl I S. 923).	–
Gesetz zur Umsetzung der Richtlinie über Märkte für Finanzinstrumente und der Durchführungsrichtlinie der Kommission (Finanzmarktrichtlinie-Umsetzungsgesetz) vom 16. Juli 2007 (BGBl I S. 1330).	Finanzmarktrichtlinie-Umsetzungsgesetz; FRUG
Gesetz zur Änderung des Investmentgesetzes und zur Anpassung anderer Vorschriften (Investmentänderungsgesetz) vom 21. Dezember 2007 (BGBl I S. 3089).	Investmentänderungsgesetz
Gesetz zur Begrenzung der mit Finanzinvestitionen verbundenen Risiken (Risikobegrenzungsgesetz - RisikoBegrG) vom 12. August 2008 (BGBl I S. 1666).	RisikoBegrG

Rechtsakt	**Kurzbezeichnung**
Gesetz zur Beschleunigung und Vereinfachung des Erwerbs von Anteilen an sowie Risikopositionen von Unternehmen des Finanzsektors durch den Fonds „Finanzmarktstabilisierungsfonds - FMS" (Finanzmarktstabilisierungsbeschleunigungsgesetz - FMStBG) vom 17. Oktober 2008 (BGBl I S. 1982, 1986), zuletzt geändert durch Art. 3 des Gesetzes zur Fortentwicklung der Finanzmarktstabilisierung vom 17. Juli 2009 (BGBl I S. 1980).	FMStBG
Gesetz zur Errichtung eines Finanzmarktstabilisierungsfonds (Finanzmarktstabilisierungsfondsgesetz – FMStFG) vom 17. Oktober 2008 (BGBl I S. 1982).	FMStFG
Gesetz zur Modernisierung des GmbH-Rechts und zur Bekämpfung von Missbräuchen (MoMiG) vom 23. Oktober 2008 (BGBl I S. 2026).	MoMiG
Sparkassengesetz Nordrhein-Westfalen (Sparkassengesetz - SpkG) vom 18. November 2008 (GV.NRW S. 696), zuletzt geändert durch Art. 3 Transparenzgesetz vom 17. Dezember 2009 (GV.NRW S. 950).	SpkG- NRW
Gesetzes zur Reform des Verfahrens in Familiensachen und in Angelegenheiten der Freiwilligen Gerichtsbarkeit (FGG-Reformgesetz – FGG-RG) vom 17. Dezember 2008 (BGBl I S. 2586).	FGG-Reformgesetz
Jahressteuergesetz 2009 vom 19. Dezember 2008 (BGBl I S. 2794).	–
Gesetz zur Umsetzung der Beteiligungsrichtlinie vom 12. März 2009 (BGBl I S. 470).	Beteiligungsrichtlinie-umsetzungsgesetz
Gesetz zur Fortentwicklung des Pfandbriefrechts vom 20. März 2009 (BGBl I S. 607).	–
Gesetz zur Rettung von Unternehmen zur Stabilisierung des Finanzmarktes (Rettungsübernahmegesetz – RettungsG) vom 7. April 2009 (BGBl I S. 725, 729).	–

Rechtsakt	Kurzbezeichnung
Gesetz zur Modernisierung des Bilanzrechts (Bilanzrechtsmodernisierungsgesetz – BilMoG) vom 26. Mai 2009 (BGBl I S. 1102).	Bilanzrechtsmodernisierungsgesetz; BilMoG
Gesetz zur Umsetzung der aufsichtsrechtlichen Vorschriften der Zahlungsdiensterichtlinie (Zahlungsdiensteumsetzungsgesetz) vom 25. Juni 2009 (BGBl I S. 1506).	Zahlungsdiensteumsetzungsgesetz
Gesetz zur Stärkung der Finanzmarkt- und der Versicherungsaufsicht (FMVAStärkG) vom 29. Juli 2009 (BGBl I S. 2305).	–
Gesetz zur Restrukturierung und geordneten Abwicklung von Kreditinstituten, zur Errichtung eines Restrukturierungsfonds für Kreditinstitute und zur Verlängerung der Verjährungsfrist der aktienrechtlichen Organhaftung (Restrukturierungsgesetz) vom 9. Dezember 2010 (BGBl I S. 1900).	Restrukturierungsgesetz
Gesetz zur Reorganisation von Kreditinstituten (Kreditinstitute-Reorganisationsgesetz – KredReorgG) vom 9. Dezember 2010 (BGBl I S. 1900).	KredReorgG
Gesetz zur Errichtung eines Restrukturierungsfonds für Kreditinstitute (Restrukturierungsfondsgesetz – RStruktFG) vom 9. Dezember 2010 (BGBl I S. 1921).	RStruktFG
Gesetz zur Umsetzung der Zweiten E-Geld-Richtlinie vom 1. März 2011 (BGBl. I S. 288)	–
Gesetz zur Stärkung des Anlegerschutzes und Verbesserung der Funktionsfähigkeit des Kapitalmarkts (Anlegerschtz- und Funktionsverbesserungsgesetz) vom 5. April 2011 (BGBl. I. S. 538).	–
Gesetz zur Umsetzung der Richtlinie 2009/65/EG zur Koordinierung der Rechts- und Verwaltungsvorschriften betreffend bestimmte Organismen für gemeinsame Anlagen in Wertpapieren (OGAW-IV-Umsetzungsgesetz – OGAW-IV-UmsG) vom 22. Juni 2011 (BGBl. I. S. 1126).	OGAW-IV-UmsG

Rechtsakt	Kurzbezeichnung
Zweites Gesetz zur Umsetzung eines Maßnahmenpakets zur Stabilisierung des Finanzmarktes (Zweites Finanzmarktstabilisierungsgesetz – 2. FMStG) vom 24. Februar 2012 (BGBl I S. 206).	2. FMStG

4. Gesetzesmaterialien und Parlamentarische Drucksachen

Dokument	Kurzbezeichnung
Entwurf eines Gesetzes über das Kreditwesen vom 25. Mai 1959, BT-Drucks. 3/1114.	–
Entwurf eines Gesetzes zur Änderung des Gesetzes über das Kreditwesen und andere Vorschriften über Kreditinstitute vom 8. Oktober 1992, BT-Drucks. 12/3377.	Begr. RegE zum Vierten KWG-Änderungsgesetz
Entwurf eines Dritten Gesetzes zur Durchführung versicherungsrechtlicher Richtlinien des Rates der Europäischen Gemeinschaften (Drittes Durchführungsgesetz/EWG zum VAG) vom 14. Januar 1994, BR-Drucks. 23/94.	–
Entwurf eines Dritten Gesetzes zur Durchführung versicherungsrechtlicher Richtlinien des Rates der Europäischen Gemeinschaften (Drittes Durchführungsgesetz/EWG zum VAG) vom 4. März 1994, BT-Drucks. 12/6959.	Begr. RegE zum Dritten Durchführungsgesetz/EWG zum VAG
Entwurf eines Gesetzes über den Wertpapierhandel und zur Änderung börsenrechtlicher und wertpapierrechtlicher Vorschriften (Zweites Finanzmarktförderungsgesetz) vom 27. Januar 1994, BT-Drucks. 12/6679.	Begr. RegE zum Zweiten Finanzmarktförderungsgesetz
Entwurf eines Gesetzes zur Umsetzung von EG-Richtlinien zur Harmonisierung bank- und wertpapieraufsichtsrechtlicher Vorschriften vom 6. März 1997, BT-Drucks. 13/7142.	Begr. RegE zum Sechsten KWG-Änderungsgesetz

Dokument	Kurzbezeichnung
Beschlussempfehlung und Bericht des Finanzausschusses zum Entwurf eines Gesetzes zur weiteren Fortentwicklung des Finanzplatzes Deutschland (Drittes Finanzmarktförderungsgesetz) vom 11. Februar 1998, BT-Drucks. 13/9874.	–
Entwurf eines Gesetzes zur weiteren Fortentwicklung des Finanzplatzes Deutschland (Viertes Finanzmarktförderungsgesetz) vom 18. Januar 2002, BT-Drucks. 14/8017.	Begr. RegE zum Vierten Finanzmarkförderungsgesetz
Entwurf eines Gesetzes zur Änderung des Versicherungsaufsichtsgesetzes und anderer Gesetze vom 24. Juni 2004, BT-Drucks. 14/3418.	–
Entwurf eines Gesetzes zur Umsetzung der Richtlinie 2002/87/EG des Europäischen Parlaments und des Rates vom 16. Dezember 2002 (Finanzkonglomeraterichtlinie-Umsetzungsgesetz) vom 12. August 2004, BT-Drucks. 15/3641.	Begr. RegE zum Finanzkonglomeraterichtlinie-Umsetzungsgesetz
Beschlussempfehlung und Bericht des Finanzausschusses (7. Ausschuss) zu dem Gesetzentwurf der Bundesregierung – Drucksache 15/3418 – Entwurf eines Gesetzes zur Änderung des Versicherungsaufsichtsgesetzes und anderer Gesetze vom 20. Oktober 2004, BT-Drucks. 15/3976.	Beschlussempfehlung Bericht des Finanzausschusses zum Versicherungsänderungsgesetz
Entwurf eines Gesetzes zur Umsetzung der Richtlinie 2004/109/EG des Europäischen Parlaments und des Rates vom 15. Dezember 2004 zur Harmonisierung der Transparenzanforderungen in Bezug auf Informationen über Emittenten, deren Wertpapiere zum Handel auf einem geregelten Markt zugelassen sind, und zur Änderung der Richtlinie 2001/34/EG (Transparenzrichtlinie-Umsetzungsgesetz – TUG) vom 4. September 2006, BT-Drucks. 16/2498.	–

Dokument	Kurzbezeichnung
Entwurf eines Gesetzes zur Umsetzung der Richtlinie über Märkte für Finanzinstrumente und der Durchführungsrichtlinie der Kommission (Finanzmarktrichtlinie-Umsetzungsgesetz) vom 12. Januar 2007, BT-Drucks. 16/4028.	Begr. RegE zum Finanzmarktrichlinie-Umsetzungsgesetz
Beschlussempfehlung des Finanzausschusses (7. Ausschuss) zu dem Gesetzentwurf der Bundesregierung - Drucksachen 16/4028, 16/4037 - Entwurf eines Gesetzes zur Umsetzung der Richtlinie über Märkte für Finanzinstrumente und der Durchführungsrichtlinie der Kommission (Finanzmarkt-Richtlinie-Umsetzungsgesetz) vom 28. März 2007, BT-Drucks. 16/4883.	–
Entwurf eines Gesetzes zur Umsetzung der Richtlinie über Märkte für Finanzinstrumente und der Durchführungsrichtlinie der Kommission (Finanzmarktrichtlinie-Umsetzungs-gesetz) vom 29. März 2007, BT-Drucks. 16/4899.	–
Entwurf eines Gesetzes zur Änderung des Investmentgesetzes und zur Anpassung anderer Vorschriften (Investmentänderungsgesetz) vom 11. Juni 2008, BT-Drucks. 16/5576.	Begr. RegE zum Investmentänderungsgesetz
Bericht des Finanzausschusses (7. Ausschuss) zu dem Gesetzentwurf der Bundesregierung – Drucksachen 16/7438, 16/7718 – Entwurf eines Gesetzes zur Begrenzung der mit Finanzinvestitionen verbundenen Risiken (Risikobegrenzungsgesetz) vom 26. Juni 2008, BT-Drucks. 16/9821.	Bericht Finanzausschuss zum RisikobegrG
Entwurf eines Gesetzes zur Umsetzung der Beteiligungsrichtlinie vom 13. Oktober 2008, BT Drucks. 16/10536.	Begr. RegE zum Gesetz zur Umsetzung der Beteiligungsrichtlinie
Entwurf eines Gesetzes zur Fortentwicklung des Pfandbriefrechts vom 1. Dezember 2008, BT-Drucks. 16/11130.	Begr. RegE zum Gesetz zur Fortentwicklung des Pfandbriefrechts

Dokument	Kurzbezeichnung
Entwurf eines Gesetzes zur Umsetzung der aufsichtsrechtlichen Vorschriften der Zahlungsdiensterichtlinie (Zahlungsdiensteumsetzungsgesetz) vom 16. Januar 2009, BT-Drucks. 16/11613.	Begr. RegE zum Zahlungsdiensteumsetzungs-gesetz
Begründung zur Verordnung über die Prüfung der Jahresabschlüsse der Kreditinstitute und Finanzdienstleistungsinstitute sowie die darüber zu erstellenden Berichte (Prüfungsberichtsverordnung – PrüfbV) vom 9. Februar 2009 (abrufbar unter: www.bafin.de).	–
Beschlussempfehlung und Bericht des Rechtsausschusses zum BilMoG vom 24. März 2009, BT-Drucks. 16/12407.	–
Bericht des Finanzausschusses (7. Ausschuss) zu dem Gesetzentwurf der Bundesregierung – Drucksachen 16/11613, 16/11640 – Entwurf eines Gesetzes zur Umsetzung der aufsichtsrechtlichen Vorschriften der Zahlungsdiensterichtlinie (Zahlungsdiensteumsetzungsgesetz) vom 26. März 2009, BT-Drucks. 16/12487.	–
Entwurf zu einem Gesetz zur Restrukturierung und geordneten Abwicklung von Kreditinstituten, zur Errichtung eines Restrukturierungsfonds für Kreditinstitute und zur Verlängerung der Verjährungsfrist der aktienrechtlichen Organhaftung (Restrukturierungsgesetz - RStruktG) vom 3. September 2010, BR-Drucks. 534/10.	Begr. RegE RStruktG; Gesetzesentwurf zum Restrukturierungsgesetz
Entwurf zu einem Gesetz zur Reorganisation von Kreditinstituten (Kreditinstitute-Reorganisationsgesetz – KredReorgG) vom 3. September 2010, BR-Drucks. 534/10.	Begr. RegE KredReorgG
Entwurf eines Gesetzes zur Umsetzung der Zweiten E-Geld-Richtlinie vom 27. September 2010, BT-Drucks. 17/3023.	–

Dokument	**Kurzbezeichnung**
Entwurf der Bundesregierung für ein Gesetz zur Umsetzung der Richtlinie 2009/65/EG zur Koordinierung der Rechts- und Verwaltungsvorschriften betreffend bestimmte Organismen für gemeinsame Anlagen in Wertpapieren (OGAW IV-Umsetzungsgesetz – OGAW-IV-UmsG) vom 31. Dezember 2010, BT-Drucks. 850/10.	Begr RegE OGAW-IV-UmsG

5. Rechtsverordnungen (Bund/Land)

Dokument	**Kurzbezeichnung**
Verordnung über den Inhalt der Prüfberichte zu den Jahresabschlüssen von Versicherungsunternehmen vom 3. Juni 1998 (BGBl I S. 1209).	–
Verordnung über die Prüfung der Jahresabschlüsse und Zwischenbeschlüsse der Kreditinstitute und Finanzdienstleistungsinstitute und über die Prüfung nach § 12 Abs. 1 Satz 3 des Gesetzes über Kapitalanlagegesellschaften sowie die darüber zu erstellenden Berichte (Prüfungsberichtsverordnung – PrüfbV) vom 17. Dezember 1998 (BGBl I S. 3690).	–
Verordnung über die Anzeigen und die Vorlage von Unterlagen nach dem Kreditwesengesetz (Anzeigenverordnung – AnzV) vom 19. Dezember 2006 (BGBl I S. 3245).	–
Verordnung über die Inhalte der Prüfungsberichte für Kapitalanlagegesellschaften, Investmentaktiengesellschaften und Sondervermögen (Investment-Prüfungsberichtsverordnung – InvPrüfbV) vom 15. Dezember 2008 (BGBl I S. 2467).	–
Hessische Börsenverordnung vom 16. Dezember 2008 (GVBl. I S. 1061).	–

Dokument	**Kurzbezeichnung**
Verordnung des Sächsischen Staatsministeriums für Wirtschaft und Arbeit für Erlaubnisverfahren und Verfahren zur Anzeige bedeutender Beteiligungen nach dem Börsengesetz (Sächsische Börsengesetz-Verfahrens-Verordnung – SächsBörsGVfVO) = Artikel 1 der Verordnung des Sächsischen Staatsministeriums für Wirtschaft und Arbeit zum Erlass von Durchführungsbestimmungen zum Börsengesetz (SächsischeBörsengesetz-Durchführungs-Verordnung – SächsBörsGDVO) vom 16. Januar 2009 (SächsGVBl. S. 52).	Sächsische Börsengesetz-Verfahrens-Verordnung
Verordnung über die Anzeigen und die Vorlage von Unterlagen nach dem Kreditwesengesetz (Anzeigenverordnung – AnzV) vom 19. Dezember 2006 (BGBl I S. 3245), zuletzt geändert durch Artikel 2 der Verordnung vom 20. März 2009 (BGBl I S. 562).	Anzeigenverordnung AnzV
Verordnung über die Anzeigen nach § 2c des Kreditwesengesetzes und § 104 des Versicherungsaufsichtsgesetzes (Inhaberkontrollverordnung - InhKontrollV) vom 20. März 2009 (BGBl I S. 562, ber. 688).	Inhaberkontrollverordnung; InhKontrollV
Verordnung zur weiteren Umsetzung der Beteiligungsrichtlinie vom 20. März 2009 (BGBl I S. 562).	–
Verordnung über die Prüfung der Jahresabschlüsse der Zahlungsinstitute sowie die darüber zu erstellenden Berichte (Zahlungsinstituts-Prüfungsberichtsverordnung – ZahlPrüfbV) vom 15. Oktober 2009 (BGBl I S. 3648).	Zahlungsinstituts-Prüfungsberichtsverordnung; ZahlPrüfbV
Verordnung über die Anzeigen und die Vorlage von Unterlagen nach dem Zahlungsdiensteaufsichtsgesetz (ZAG-Anzeigenverordnung – ZAGAnzV) vom 15. Oktober 2009 (BGBl I S. 3603).	ZAG-Anzeigenverordnung; ZAGAnzV
Verordnung über die Prüfung der Jahresabschlüsse der Kreditinstitute und Finanzdienstleistungsinstitute sowie die darüber zu erstellenden Berichte (Prüfungsberichtsverordnung - PrüfbV) vom 23. November 2009 (BGBl I S. 3793).	PrüfbV

6. Aufsichtsrechtliche Richtlinien, Merkblätter und sonstige Verlautbarungen

Dokument	Kurzbezeichnung
Bundesaufsichtsamt für das Kreditwesen, Verlautbarung vom 3. Juni 1993 (I 3-5-1/92), abgedruckt bei Reischauer/Kleinhans, KWG, Kz 281 Nr. 17 (S. 58).	–
Bundesaufsichtsamt für das Kreditwesen, Schreiben vom 27. Mai 1994, Gz. I 3 – 271 – 12/93 (abgedruckt bei Reischauer/Kleinhans, KWG, Anh 3 zu § 1 KWG).	–
Bundesaufsichtsamt für das Versicherungswesen, Hinweise zum Fremdmitteleinsatz durch Versicherungsunternehmen, Gz. Z 3 – 311/95, VerBAV 6/1995, S. 215.	
Bundesaufsichtsamt für das Versicherungswesen, Rundschreiben R 4/98 zu Allgemeinen Fragen der Versicherungsaufsicht vom 11. August 1998, VerBAV 10/98, 203 ff.	–
Bundesanstalt für Finanzdienstleistungsaufsicht, Jahresbericht 2002 vom 26. Mai 2003 (abrufbar unter www.bafin.de).	–
Bundesanstalt für Finanzdienstleistungsaufsicht, Rundschreiben 1/2007 (BA) – Beteiligungsanzeigen nach §§ 12a, 24 Abs. 1, 1a und 3a KWG i.V.m. §§ 7, 8 und 16 vom 5. Januar 2007 (BA 37-FR 2423/9995).	Rundschreiben 1/2007
Bundesanstalt für Finanzdienstleistungsaufsicht, Jahresbericht 2006 vom 10. Mai 2007 (abrufbar unter www.bafin.de).	–
Deutsche Bundesbank / Bundesanstalt für Finanzdienstleistungsaufsicht, Merkblatt über die Erteilung einer Erlaubnis zum Betreiben von Bankgeschäften gemäß § 32 Abs. 1 KWG (Stand: 31. Dezember 2007).	–
Richtlinie zur Durchführung und Qualitätssicherung der laufenden Überwachung der Kredit- und Finanzdienstleistungsinstitute durch die Deutsche Bundesbank (Aufsichtsrichtlinie – AufsichtsRL) vom 21. Februar 2008.	Aufsichtsrichtlinie; AufsichtsRL

Dokument	Kurzbezeichnung
Bundesanstalt für Finanzdienstleistungsaufsicht, Presseerklärung vom 21. August 2008: "Keine Verletzung von Meldepflichten bei Übernahmeverfahren Continental festgestellt".	–
Bundesanstalt für Finanzdienstleistungsaufsicht, Begründung zum Entwurf einer Verordnung zur Konkretisierung von Gesetzesänderungen durch das Gesetz zur Umsetzung der Beteiligungsrichtlinie im Kreditwesengesetz und im Versicherungsaufsichtsgesetz, 28. November 2008 (abrufbar unter www.bafin.de).	Begr. InhKontrollV
Bundesanstalt für Finanzdienstleistungsaufsicht, Schreiben zur Konsultation 17/2008 zu einem Entwurf der Verordnung zur Konkretisierung von Gesetzesänderungen durch das Gesetz zur Umsetzung der Beteiligungsrichtlinie im Kreditwesengesetz und im Versicherungsaufsichtsgesetz vom 28. November 2008 (abrufbar unter www.bafin.de).	–
Bundesanstalt für Finanzdienstleistungsaufsicht, Merkblatt – Hinweise zum Tatbestand des Emissionsgeschäfts der Bundesanstalt vom 7. Januar 2009.	–
Bundesanstalt für Finanzdienstleistungsaufsicht, Verfügung vom 7. April 2009, Gz. VA 37 – I2233 – 2009/0001 (abrufbar unter www.bafin.de).	–
Bundesanstalt für Finanzdienstleistungsaufsicht, Emittentenleitfaden (Stand: 28. April 2009) (abrufbar unter www.bafin.de).	Emittentenleitfaden
Bundesanstalt für Finanzdienstleistungsaufsicht, Jahresbericht 2008 vom 19. Mai 2009 (abrufbar unter www.bafin.de).	–
Bundesanstalt für Finanzdienstleistungsaufsicht, Merkblatt - Hinweise zu dem Verfahren sowie den Anzeigen nach § 2c KWG und § 104 VAG, jeweils in Verbindung mit der Inhaberkontrollverordnung (Stand: Juli 2009), BA 53, vom 22. Juli 2009.	–

Dokument	Kurzbezeichnung
Deutsche Bundesbank / Bundesanstalt für Finanzdienstleistungsaufsicht, Merkblatt über die Erteilung einer Erlaubnis zum Erbringen von Finanzdienstleistungen gemäß § 32 Abs. 1 KWG (Stand: Mai 2011).	–
Deutsche Bundesbank / Bundesanstalt für Finanzdienstleistungsaufsicht, Merkblatt über die Erteilung einer Erlaubnis zum Erbringen von Zahlungsdiensten gemäß § 8 Abs. 1 ZAG (Stand: 23. November 2009).	–
Bundesanstalt für Finanzdienstleistungsaufsicht, Merkblatt der Bundesanstalt zur Kontrolle von Mitgliedern von Verwaltungs- und Aufsichtsorganen gemäß KWG und VAG vom 22. Februar 2010.	–
Bundesanstalt für Finanzdienstleistungsaufsicht, Jahresbericht 2009 vom 25. Mai 2010 (abrufbar unter www.bafin.de).	–
Bundesanstalt für Finanzdienstleistungsaufsicht, Versicherungsaufsicht: Hinweise zur Fremdmittelaufnahme vom 17. November 2010 (abrufbar unter www.bafin.de).	
Bundesanstalt für Finanzdienstleistungsaufsicht, Jahresbericht 2010 vom 6. Juni 2011 (abrufbar unter www.bafin.de).	

7. Gerichtsentscheidungen

Europäische Gerichtsbarkeit

EuGH, Rechtssache C-233/10, Urteil v. 16. Dezember 2010, ABl. C 55/16 (Europäische Kommission / Königreich der Niederlande)

Verfassungsgerichtsbarkeit

BVerfG, Beschluss vom 27. April 1999 – 1 BvR 1613–94, NJW 1999, 3769 (= BVerfGE 100, 298)

Verwaltungsgerichtsbarkeit

BVerwG, Urteil vom 2. Februar 1982 – 1 C 146/80 = BVerwGE 65, 1

BVerwG, Urteil vom 26. März 1996 – 1 C 12/95, NJW 1997, 336 = BVerwGE 101, 24

BVerwG, Urteil vom 3. November 1984 – 3 C 17/92, NJW 1995, 3067 = BVerwGE 97, 79

BVerwG, Beschluss vom 14. Mai 1997 – 1 B 93/97, NVwZ-RR 1997, 621

BVerwG, Urteil vom 27. Februar 2008 – 6 C 11.07/12.07, WM 2008, 1359 ff. = BVerwGE 130, 262

BVerwG, Urteil vom 24. Februar 2010 – 8 C 10.09, ZIP 2010, 1170

VGH Mannheim, Beschluss vom 26. Juli 1993 – 14 S 1311/93, DVBl. 1993, 1221

VGH Kassel, Urteil vom 28. Mai 1990 – 8 UE 878/89, NVWZ-RR 1991, 146

VGH Kassel, Beschluss vom 13. Juni 2003 – 6 TG 951/03, VersR 2003, 1153

VGH Kassel, Beschluss vom 2. März 2010 – 6 A 1684/08, BeckRS 2010 46976

VGH Kassel, Urteil vom 6. Oktober 2010 – 6 A 2227/08

VG Frankfurt a.M., Beschluss vom 26. März 2003 – 1 G 1157/03, VersR 2003, 713

VG Frankfurt a.M., Beschluss vom 11. April 2007 – 1 G 755/07, BeckRS 2007 23136

VG Frankfurt a.M., Urteil vom 23. Januar 2008 – 7 E 328/06, NVwZ 2008, 1384

VG Frankfurt a.M., Urteil vom 21. Februar 2008 – 1 E 5580/06, WM 2008, 782

Zivilgerichtsbarkeit

BGH, Urteil vom 26. März 1984 – II ZR 14/84 = BGHZ 90, 370

BGH, Urteil vom 7. November 1994 – II ZR 270/93 = BGHZ 127, 336

BGH, Urteil vom 28. September 2000 – IX ZR 6/99 = BGHZ 127, 336

BGH, Beschluss vom 16. Juli 2001 – II ZB 23/00 = BGHZ 148, 291

BGH, Urteil vom 1. Juli 2002 – II ZR 380/00 = BGHZ 151, 204

BGH, Urteil vom 24. Februar 2003 – II ZR 385/99 = BGHZ 154, 88

BGH, Urteil vom 16. Juli 2007 – II ZR 3/04, NJW 2007, 2689

BGH, Urteil vom 28. April 2008 – II ZR 264/06, NJW 2008, 2437

OLG Stuttgart, Urteil vom 10. November 2004 – 20 U 16/03, NZG 2005, 432

OLG Frankfurt, Beschluss vom 25. Juni 2004 – WpÜG 5/03a, 6/03 und 8/03a, WM 2004, 1638

BGH, Urteil vom 16. März 2009 – II ZR 302/06, NZG 2009, 585

8. Sonstige Quellen

Dokument	Kurzbezeichnung
Freundschafts-, Handels- und Schifffahrtsvertrag vom 29. Oktober 1954 zwischen der Bundesrepublik Deutschland und den Vereinigten Staaten von Amerika (BGBl II 1956, S. 487).	–
Spanisches Gesetz 26/1988 vom 29. Juli 1988 über die Beaufsichtigung und Kontrolle von Kreditinstituten (*Ley 26/1988, de 29 de julio, sobre Disciplina e Intervención de las Entidades de Crédito*), B.O.E. no 182 vom 30. Juli 1988.	–
Financial Action Task Force, FATF 40 Recommendations, October 2003 (incorporating all subsequent amendments until October 2004) (abrufbar unter: www.fatf-gafi.org).	FATF 40-Empfehlungen
Anwendungshinweise des Bundesministeriums des Inneren zum Informationsfreiheitsgesetz vom 21. November 2005 – V 5a – 130250 (GMBl. S. 1346).	–
Europäische Zentralbank, ECB Legal Working Papers Series No. 6, June 2008, The legal implications of the prudential supervisory assessment of bank mergers and acquisitions under EU law (abrufbar unter: www.ecb.europa.eu).	EZB, Legal Working Paper Nr. 6
Allianz SE, Comments to CEBS/2008/40, CEIOPS-3L3-10-08, CESR/08-543 of 11 July 2008 Guidelines for the prudential assessment of acquisitions and increase of holdings in the financial sector required by the Acquisition Directive 2007/44/EC (abrufbar unter www.c-ebs.org).	–
International Working Group of Sovereign Wealth Funds (Hrsg.), Sovereign Wealth Funds, Generally Accepted Principles and Practices – "Santiago Principles", Oktober 2008 (www.iwgswf.org).	–
Prüfungsrichtlinien des Prüfungsverbandes deutscher Banken e.V. (Stand: 22. Oktober 2009).	–
Verband der Auslandsbanken in Deutschland e.V., Stellungnahme zur Konsultation 17/2008 vom 19. Dezember 2008 (abrufbar unter www.bafin.de).	–

Dokument	**Kurzbezeichnung**
Statut des Einlagensicherungsfonds des Bundesverbands deutscher Banken e.V. (Stand: Juni 2010) (abrufbar unter www.bankenverband.de).	Statut des Einlagensicherungsfonds
Prüfungsrichtlinien des Prüfungsverbandes deutscher Banken e.V. (Stand: 22. Oktober 2009).	Prüfungsrichtlinien des Prüfungsverbandes
Schweizer Bundesgesetz über die Banken und Sparkassen (Bankengesetz, BankG) vom 8. November 1934 (Stand: 1. Januar 2010) (abrufbar unter: www.admin.ch).	Schweizer BankG
Deutscher Rechnungslegungsstandard Nr. 8 (DRS 8), Bilanzierung von Anteilen an assoziierten Unternehmen im Konzernabschluss, Verabschiedung durch den Deutschen Standardisierungsrat (DSR) am 3. April 2001. Bekanntmachung der deutschsprachigen Fassung gemäß § 342 Abs. 2 HGB durch das Bundesministerium der Justiz am 29. Mai 2001, zuletzt geändert durch den Deutschen Standardisierungsrat am 5. Januar 2010.	–
Eckpunktepapier der Bundesregierung für die künftige Regulierung der Finanzmärkte vom 31. März 2010 (abrufbar unter www.bmj.de).	–
Financial Industry Regulatory Authority (FINRA), Manual (abrufbar unter: www.finra.org).	FINRA Manual
More consumer protection in financial services, in: Single Market News 2010, No. 58, S. 18 f.	–
The Geneva Association, Systemic Risk in Insurance, An analysis of insurance and financial stability, März 2010. (abrufbar unter: www.genevaassociation.org).	–
Wissenschaftlicher Beirat beim Bundesministerium für Wirtschaft und Technologie, Gutachten zur Reform von Bankenregulierung und Bankenaufsicht nach der Finanzkrise, April 2010 (abrufbar unter: www.bmwi.de).	–

Dokument	**Kurzbezeichnung**
Public consultation on the application of Directive 2007/44/EC as regards the acquisition and inrease of holdings in the financial sector, December 8, 2011 (abrufbar unter http://ec.europa.eu/internal_market/consultations/2011/acquisitions_en.htm).	Konsultations-Papier zur Anwendung der Beteiligungsrichtlinie
Feedback statement on the public consultation on the application of Directive 2007/44/EC as regards the acquisition and inrease of holdings in the financial sector (abrufbar unter http://ec.europa.eu/internal_market/consultations/2011/acquisitions_en.htm).	–

Zitierte Zeitungsartikel aus Tageszeitungen sind nicht separat im Literaturverzeichnis aufgeführt.

ABKÜRZUNGSVERZEICHNIS

a.A.	anderer Ansicht
a.a.O.	am angegebenen Ort
a.E.	am Ende
a.F.	alte Fassung
AIFM	Verwalter alternativer Investmentfonds
a.M.	am Main
abgedr.	abgedruckt
ABl.	Amtsblatt der Europäischen Union
abl.	ablehnend
Abs.	Absatz
AG	Aktiengesellschaft; Die Aktiengesellschaft (Zeitschrift)
AIDA	Abwicklungsanstalt (Anstalt in der Anstalt)
AktG	Aktiengesetz
Alt.	Alternative
Anh.	Anhang
Anm.	Anmerkung
AnzV	Verordnung über die Anzeigen und die Vorlage von Unterlagen nach dem Gesetz über das Kreditwesen (Anzeigenverordnung)
Art.	Artikel
Aufl.	Auflage
AWG	Außenwirtschaftsgesetz
AWV	Außenwirtschaftsverordnung
BaFin	Bundesanstalt für Finanzdienstleistungsaufsicht
BAKred	Bundesaufsichtsamt für das Kreditwesen
BAV	Bundesaufsichtsamt für das Versicherungswesen
BB	Der Betriebs-Berater
Bd.	Band
BeckRS	Rechtsprechungssammlung, abrufbar in Beck-Online
Begr.	Begründung
BGB	Bürgerliches Gesetzbuch
BGBl	Bundesgesetzblatt
BGH	Bundesgerichtshof
BGHZ	Entscheidungen des Bundesgerichtshofs in Zivilsachen
BilMoG	Bilanzrechtsmodernisierungsgesetz
BKR	Zeitschrift für Bank- und Kapitalmarktrecht
BMF	Bundesministerium der Finanzen

BörsG	Börsengesetz
BR	Bundesrat
BRAO	Bundesrechtsanwaltsordnung
BR-Drs.	Bundesrats-Drucksache
Bsp.	Beispiel, beispielsweise
BT	Bundestag
BT-Drucks.	Bundestags-Drucksache
Bundesanstalt	Bundesanstalt für Finanzdienstleistungsaufsicht
Bundesbank	Deutsche Bundesbank
BVerfG	Bundesverfassungsgericht
BVerfGE	Entscheidungen des Bundesverfassungsgerichts
BVerwG	Bundesverwaltungsgericht
BVerwGE	Entscheidungen des Bundesverwaltungsgerichts
BVwVfG	Bundesverwaltungsverfahrensgesetz
BW	Baden-Württemberg
BZRG	Gesetz über das Zentralregister und das Erziehungsregister (Bundeszentralregister)
bzw.	Beziehungsweise
ca.	circa
CEBS	Committee of European Banking Supervisors
CEIOPS	Committee of of European Insurance and Occupational Pensions Supervisors
CESR	Committee of European Securities Regulators
CONSOB	Commissione Nazionale per le Socièta e la Borsa
DB	Der Betrieb
ders.	derselbe
d.h.	das heißt
diff.	differenzierend
DiskE	Diskussionsentwurf
DNotZ	Deutsche Notar-Zeitschrift
DRS	Deutscher Rechnungslegungsstandard
DStR	Deutsches Steuerrecht
DVBl.	Deutsches Verwaltungsblatt
E	Entwurf
EAEG	Einlagensicherungs- und Anlegerentschädigungsgesetz vom 16. Juli 1998 (BGBl I 1998 S. 1842)
EBA	European Banking Authority

EdB	Entschädigungseinrichtung deutscher Banken GmbH
EdW	Entschädigungseinrichtung der Wertpapierhandelsunternehmen
EG	Europäische Gemeinschaft
EGV	Vertrag der Europäischen Gemeinschaft
Einl.	Einleitung
EIOPA	European Insurance and Occupational Pensions Authority
EMRK	Konvention des Europarates vom 4. November 1950 zum Schutze der Menschenrechte und Grundfreiheiten
Ergl.	Ergänzungslieferung
ESMA	European Securities and Markets Authority
etc.	et cetera
EU	Europäische Union
EuGH	Europäischer Gerichtshof
EUR	Euro
EUV	Vertrag der Europäische Union
EuZW	Europäische Zeitschrift für Wirtschaftsrecht
e.V.	eingetragener Verein
EWG	Europäische Wirtschaftsgemeinschaft
EWiR	Entscheidungen zum Wirtschaftsrecht
EWR	Europäischer Wirtschaftsraum
EZB	Europäische Zentralbank
f., ff.	folgende
FamFG	Gesetz über das Verfahren in Familiensachen und in den Angelegenheiten der freiwilligen Gerichtsbarkeit
FATF	Financial Task Force on Money Laundering
FAZ	Frankfurter Allgemeine Zeitung
FGG	Gesetz über die Angelegenheiten der freiwilligen Gerichtsbarkeit
FinDAG	Gesetz über die Finanzdienstleistungsaufsicht
FinDAGKostV	Verordnung über die Erhebung von Gebühren und die Umlegung von Kosten nach dem Finanzdienstleistungsaufsichtsgesetz
FKVO	Fusionskontrollverordnung
FMFG	Finanzmarktförderungsgesetz
FMSA	Finanzmarktstabilisierungsanstalt
FMStBG	Finanzmarktstabilisierungsbeschleunigungsgesetz
FMStG	Finanzmarktstabilisierungsgesetz
Fn.	Fußnote

FS	Festschrift
FSA	Financial Services Authority
FSMA	Financial Services and Market Act 2000
GaststG	Gaststättengesetz
GBl.BW	Gesetzblatt für Baden-Württemberg
GbR	Gesellschaft bürgerlichen Rechts
gem.	gemäß
GewArch	Gewerbearchiv
GewO	Gewerbeordnung
GG	Grundgesetz für die Bundesrepublik Deutschland
GmbH	Gesellschaft mit beschränkter Haftung
GmbHG	Gesetz betreffend die Gesellschaft mit beschränkter Haftung
grds.	grundsätzlich
GroMiKV	Großkredit- und Millionenkreditverordnung
GS	Gedächtnisschrift
GVBl.	Gesetz- und Verordnungsblatt
GV.NRW	Gesetz- und Verordnungsblatt für das Land Nordrhein-Westfalen
GWB	Gesetz gegen Wettbewerbsbeschränkungen
GwG	Geldwäschegesetz
GZ	Geschäftszeichen
Hdb.	Handbuch
HGB	Handelsgesetzbuch
h.L.	herrschende Lehre
h.M.	herrschende Meinung
Hrsg.	Herausgeber
Halbs.	Halbsatz
IAS	International Accounting Standard(s)
i.d.F.	in der Fassung
i.E.	Im Ergebnis
IFG	Informationsfreiheitsgesetz
IFRS	International Financial Reporting Standards
InhKontrollV	Inhaberkontrollverordnung
InsO	Insolvenzordnung
InvG	Investmentgesetz
i.S.d.	im Sinne des (der)

i.S.v.	im Sinne von
i.V.m.	in Verbindung mit
KG	Kommanditgesellschaft
KGaA	Kommanditgesellschaft auf Aktien
KölnKomm	Kölner Kommentar
KölnKomm-AktG	Kölner Kommentar zum Aktiengesetz
KOM	Kommission; Kommissionsdokumente
KOM end	Kommission, endgültig
KredReorgG	Kreditinstitute-Reorganisationsgesetz
krit.	kritisch
KWG	Gesetz über das Kreditwesen
LG	Landgericht
LiqV	Liquiditätsverordnung
lit.	litera
Ls.	Leitsatz
LuftVG	Luftverkehrsgesetz
M&A	Mergers & Acquisitions
MaRisk	Mindestanforderung an das Risikomanagement (Rundschreiben 15/20009 der Bundesanstalt vom 14. August 2009)
MittBayNot	Mitteilungen des Bayerischen Notarvereins, der Notarkasse und der Landesnotarkammer
MoMiG	Gesetz zur Modernisierung des GnbH-Rechts und zur Bekämpfung von Missbräuchen (MoMiG) vom 23. Oktober 2008
MünchHdb	Münchener Handbuch
MünchKomm	Münchener Kommentar
m.w.N.	mit weiteren Nachweisen
n.F.	neue Fassung
NJW	Neue Juristische Wochenschrift
Nr.	Nummer
NRW	Nordrhein-Westfalen
NVersZ	Neue Zeitschrift für Versicherung und Recht
NVwZ	Neue Zeitschrift für Verwaltungsrecht
NZG	Neue Zeitschrift für Gesellschaftsrecht
NZI	Neue Zeitschrift für Insolvenz und Sanierung

OLG	Oberlandesgericht
OVG	Oberverwaltungsgericht
OWiG	Gesetz über Ordnungswidrigkeiten
PrüfBV	Verordnung über die Prüfung der Jahresabschlüsse der Kreditinstitute und Finanzdienstleistungsinstitute und sowie die darüber zu erstellenden Berichte (Prüfungsberichtsverordnung – PrüfbV)
PrüfV	Verordnung über den Inhalt der Prüfungsberichte zu den Jahresabschlüssen von Versicherungsunternehmen (Prüfungsberichteverordnung)
PublG	Gesetz über die Rechnungslegung von bestimmten Unternehmen und Konzernen (Publizitätsgesetz)
RefE	Referentenentwurf
RegBegr	Regierungsbegründung
RegE	Regierungsentwurf
RG	Reichsgericht
RL	Richtlinie
Rn.	Randnummer
Rs.	Rechtssache
Rspr.	Rechtsprechung
RStruktG	Restrukturierungsgesetz
RStrukFG	Restrukturierungsfondsgesetz
S.	Satz, Seite
SächsGVBl.	Sächsisches Gesetz- und Verordnungsblatt
SachvPrüfV	Verordnung über die Prüfung des Jahresabschlusses und des Lageberichts von Versicherungsunternehmen, auf die § 341k des Handelsgesetzbuches nicht anzuwenden ist, durch einen unabhängigen Sachverständigen (Sachverständigenprüfverordnung)
SE	Societas Europaea
Sec.	Section
s.o.	siehe oben
SoFFin	Sonderfonds Finanzmarktstabilisierung
sog.	sogenannte(r)(s)
SolvV	Verordnung über die angemessene Eigenmittelausstattung von Instituten, Institutgruppen und Finanzholding-Gruppen (Solvabilitätsverordnung)

st.	ständige
StGB	Strafgesetzbuch
StPO	Strafprozessordnung
Tz.	Teilzeichen
u.a.	unter anderem
UAbs.	Unterabsatz
UmwG	Umwandlungsgesetz
Urt.	Urteil
v.	vom
v.a.	vor allem
VAG	Versicherungsaufsichtsgesetz
Var.	Variante
VerBAV	Veröffentlichungen des Bundesaufsichtsamtes für das Versicherungswesen
VersR	Versicherungsrecht
VerwArch	Verwaltungsarchiv
VG	Verwaltungsgericht
VGH	Verwaltungsgerichtshof
vgl.	vergleiche
VO	Verordnung
Vorb.	Vorbemerkung(en)
VVG	Gesetz über den Versicherungsvertrag
VW	Versicherungswesen (Zeitschrift)
VwGO	Verwaltungsgerichtsordnung
VwVfG	Verwaltungsverfahrensgesetz
WaffG	Waffengesetz
WM	Wertpapier-Mitteilungen
WpAIV	Verordnung zur Konkretisierung von Anzeigen,- Mitteilungs- und Veröffentlichungspflichten sowie der Pflicht zur Führung von Insiderverzeichnissen nach dem Wertpapierhandelsgesetz (Wertpapierhandelsanzeige- und Insiderverzeichnisordnung)
WPg	Die Wirtschaftsprüfung
WpHG	Wertpapierhandelsgesetz
WpÜG	Wertpapiererwerbs- und Übernahmegesetz
WuB	Entscheidungssammlung zum Wirtschafts- und Bankrecht

ZAG	Zahlungsdiensteaufsichtsgesetz
ZAGAnzV	ZAG-Anzeigenverordnung
z.B.	zum Beispiel
ZBB	Zeitschrift für Bankrecht und Bankwirtschaft
ZEuP	Zeitschrift für Europäisches Privatrecht
ZgesKW	Zeitschrift für das gesamte Kreditwesen
ZGR	Zeitschrift für Unternehmens- und Gesellschaftsrecht
ZHR	Zeitschrift für das gesamte Handelsrecht und Wirtschaftsrecht
Ziff.	Ziffer(n)
ZIP	Zeitschrift für Wirtschaftsrecht
ZPO	Zivilprozessordnung
z. Zt.	Zur Zeit
ZVersWiss	Zeitschrift für die gesamte Versicherungswissenschaft

Hinsichtlich der Literatur- und Quellennachweise wird ergänzend auf die im Literaturverzeichnis angegebenen Zitierangaben und Kurzbezeichnungen verwiesen.

Wegen der übrigen in dieser Arbeit verwendeten Abkürzungen wird auf *Kirchner/Butz*, Abkürzungsverzeichnis der Rechtssprache, 5. Auflage, Berlin 2003 verwiesen.

EINLEITUNG

GEGENSTAND UND ZIEL DER BEARBEITUNG

Wer eine bedeutende Beteiligung an einem inländischen Unternehmen des Finanzsektors erwerben will, muss diese Absicht den zuständigen Finanzaufsichtsbehörden anzeigen. Im Zuge der Anzeige hat der Erwerbsinteressent zum Zwecke der Prüfung des Vorhabens umfangreiche Informationen, Erklärungen und Unterlagen an die Aufsichtsbehörden zu übermitteln. Bei schwerwiegenden aufsichtsrechtlichen Bedenken gegen den Erwerbsinteressenten oder das Erwerbsvorhaben, insbesondere bei fehlender Zuverlässigkeit des Erwerbsinteressenten, kann die zuständige Finanzaufsichtsbehörde (in Deutschland die Bundesanstalt für Finanzdienstleistungsaufsicht) den beabsichtigten Erwerb innerhalb eines vorgegebenen Zeitraums untersagen.

Finanzaufsichtsrechtliche Inhaberkontrollverfahren sind beim beabsichtigten Erwerb bedeutender Beteiligungen an Kreditinstituten und Finanzdienstleistungsinstituten (§ 2c KWG) durchzuführen. Identische oder ähnliche Regelungen gelten auch für den geplanten Beteiligungserwerb an anderen beaufsichtigten Unternehmen des Finanzsektors wie Versicherungsunternehmen (§ 104 VAG), Kapitalanlagegesellschaften (§ 2a InvG), Zahlungs- und E-Geld-Instituten (§ 11 ZAG) und Börsenträgern (§ 6 BörsG).

Die Einführung der Inhaberkontrolle in Deutschland wurde maßgeblich durch europäische Rechtsvorhaben initiiert. Die nationalen Regelungen setzen zumeist die Vorgaben entsprechender europäischer Richtlinien ins deutsche Recht um. Sämtliche Vorschriften sind konzeptionell ähnlich ausgestaltet. Vor allem die Beteiligungsrichtlinie (2007/44/EG) und deren nationale Umsetzung im Jahr 2009 unter anderem im Kreditwesengesetz, Versicherungsaufsichtsgesetz und der Inhaberkontrollverordnung führten zuletzt zu einer grundlegenden Überarbeitung und Konkretisierung des bisher geltenden Rechtsrahmens.

Die jüngsten europäischen Harmonisierungsinitiativen haben dabei zu einer weiteren Vereinheitlichung der finanzaufsichtsrechtlichen Inhaberkontrollverfahren in den Mitgliedstaaten wie auch über die verschiedenen Finanzsektoren hinweg geführt. Die Richtlinien und deren Umsetzung haben aber auch durch eine höhere Regelungsdichte die Komplexität der Verfahren erhöht, teils überraschende Lücken gelassen und werfen neue Auslegungsfragen auf, die Aufsichtsbehörden und Erwerbsinteressenten vor erhebliche Schwierigkeiten bei der Rechtsanwendung stellen.

Den aufsichtsrechtlichen Inhaberkontrollverfahren kommt eine Schlüsselstellung beim Erwerb von Beteiligungen an Unternehmen des Finanzsektors zu. Die praktische Bedeutung von aufsichtsrechtlichen Anteilseignerkontrollverfahren hat in den letzten Jahren erheblich zugenommen. Dies spiegelt sich auch in einer in den letzten Jahren gestiegenen Anzahl von am Widerstand der Finanzaufsicht gescheiterten Erwerbsvorhaben wider. Verantwortlich hierfür sind unter anderem der immer weiter gezogene Kreis regulierter Unternehmen, die Konsolidierung des

Finanzsektors und dessen Internationalisierung sowie das Auftreten für den Finanzsektor neuer Akteure wie Private Equity-Sponsoren und Sovereign Wealth Fonds. Mit diesen Entwicklungen sind zugleich neue aufsichtsrechtliche Herausforderungen verbunden. Zuletzt haben die Finanzmarktkrise und die anschließenden Rettungsmaßnahmen und Regulierungsversuche die Bedeutung der Inhaberschaft von Unternehmen des Finanzsektors und deren Risiken in das öffentliche Bewusstsein gerückt.

Die genannten Entwicklungen werden zum Anlass genommen, die aufsichtsrechtlichen Inhaberkontrollverfahren im Finanzsektor genauer zu untersuchen. Ziel der Bearbeitung ist es, einen umfassenden Überblick über die rechtlichen und theoretischen Grundlagen von finanzaufsichtsrechtlichen Inhaberkontrollverfahren beim Erwerb von bedeutenden Beteiligungen im Finanzsektor und den damit verbundenen rechtlichen und praktischen Problemen zu geben.

GANG DER UNTERSUCHUNG

Die Bearbeitung gliedert sich in drei Abschnitte. Im ersten Teil werden der rechtliche Rahmen, die Ziele und Rechtfertigung sowie die praktische Bedeutung von aufsichtsrechtlichen Inhaberkontrollverfahren im Finanzsektor erläutert. Der zweite Teil beschäftigt sich mit den anzeigepflichtigen Tatbeständen und deren Voraussetzungen. Der dritte Teil erläutert Ablauf, Durchführung und Verfahrensabschluss von Inhaberkontrollverfahren.

Der erste Teil beginnt mit einem Überblick über die unterschiedlichen nationalen Rechtsquellen der Anteilseignerkontrollverfahren im Finanzsektor und deren europäische Grundlagen. Daran schließt sich eine Erörterung der Ziele und Rechtfertigung der finanzaufsichtsrechtlichen Inhaberkontrolle an. Es erfolgt eine Abgrenzung zu anderen Anzeige- und Genehmigungspflichten im Zusammenhang mit Beteiligungserwerben. Zudem werden die Inhaberkontrollverfahren beim Beteiligungserwerb als Aufsichtsinstrument in die Gesamtsystematik der Kontrolle und Beaufsichtigung von Inhabern bedeutender Beteiligungen an regulierten Unternehmen des Finanzsektors eingeordnet. Abschließend werden Entwicklungen und Hintergründe für die wachsende praktische Bedeutung der Vorschriften aufgezeigt und ein Überblick über die bisher in Deutschland bekannt gewordenen Untersagungsfälle gegeben.

Im zweiten Teil werden die anzeigepflichtigen Erwerbstatbestände und die mit der Durchführung verbundenen rechtlichen und praktischen Fragen erläutert. Die Darstellung beginnt mit einer Analyse der anzeigepflichtigen Tatbestände. Dazu werden der Inhalt und Bedeutungsgehalt des Begriffs „bedeutende Beteiligung" erläutert. Einen Schwerpunkt bildet dabei die Frage der Zurechnung durch Dritte gehaltener Stimmrechte und Kapitalanteile sowie die Auslegung des Merkmals "maßgeblicher Einfluss", der ebenfalls eine bedeutende Beteiligung begründet. Ein weiterer Schwerpunkt ist die Untersuchung des Zeitpunkts der Bildung der "Erwerbsabsicht" als die Anzeigepflicht auslösender Umstand und des Kreises anzeigepflichtiger Personen.

Im dritten Teil wird der Ablauf von Inhaberkontrollverfahren beschrieben und in diesem Zusammenhang ausgewählte Zweifelsfragen herausgearbeitet und untersucht. Schwerpunkt ist eine Analyse der zu übermittelnden Informationen, der Untersagungsgründe und des Verfahrensablaufs.

Die Darstellung des ersten Teils bezieht sich auf aufsichtsrechtliche Inhaberkontrollverfahren im gesamten Finanzsektor. Dieser umfasst Kredit- und Finanzdienstleistungsinstitute, Versicherungsunternehmen, Zahlungs- und E-Geld-Institute, Kapitalanlagegesellschaften und Börsenträger. Der zweite und dritte Teil orientieren sich schwerpunktmäßig am Leitbild des Verfahrens für den Beteiligungserwerb an Kredit- und Finanzdienstleistungsinstituten nach § 2c KWG und der Inhaberkontrollverordnung. Dies rechtfertigt sich aus der Vorbildwirkung der Vorschrift für Gesetzgeber, Finanzaufsicht, Rechtsprechung und Schrifttum in anderen Bereichen des Finanzsektors und der höchsten Regelungsdichte und praktischen Bedeutung im Vergleich zu den anderen Sektoren des Finanzbereichs. Bei der Untersuchung wird aber auch das einschlägige Schrifttum zu den Parallelvorschriften insbesondere des Versicherungsaufsichtsgesetzes berücksichtigt und ausgewertet. Wegen der Leitbildfunktion des § 2c KWG lassen sich die gewonnenen Erkenntnisse in der Regel auch auf die anderen Vorschriften des Finanzsektors übertragen. Auf besonders wichtige sektorspezifische Besonderheiten wird jeweils hingewiesen.

Eine Zusammenfassung der wesentlichen Ergebnisse und Thesen schließt die Bearbeitung ab.

1. TEIL: RECHTLICHER RAHMEN, ZIELE, RECHTFERTIGUNG UND BEDEUTUNG VON INHABERKONTROLLVERFAHREN

A. Nationale Regelungen

I. Überblick

Die Historie finanzaufsichtsrechtlicher Inhaberkontrollverfahren anlässlich des Erwerbs bedeutender Beteiligungen ist im deutschen Recht ist aus heutiger Sicht überraschend kurz. Die Vorschriften wurden erst zu Beginn der 90er Jahre des letzten Jahrhunderts erstmals in das deutsche Recht eingeführt. Anlass hierfür war der Erlass entsprechender europäischer Richtlinien, die ins deutsche Recht umgesetzt werden mussten. Zuvor kannte das deutsche Recht keine vergleichbare präventive Kontrolle von Inhabern beim Erwerb bedeutender Beteiligungen.

Anhand welcher Rechtsnormen der beabsichtigte Erwerb zu messen ist, hängt von der aufsichtsrechtlichen Kategorisierung des Zielunternehmens ab. Das folgende Schaubild gibt einen Überblick über die anwendbaren Regelungen in Abhängigkeit vom aufsichtsrechtlichen Status des Zielunternehmens.

Übersicht 1: Übersicht über die gesetzliche Regelungen zur Inhaberkontrolle in Abhängigkeit vom aufsichtsrechtlichen Status des Zielunternehmens

Aufsichtsrechtlicher Status	Anwendbare gesetzliche Vorschriften	Anwendbare untergesetzliche Vorschriften
Kreditinstitute	§§ 2c; 1 Abs. 9 KWG	Inhaberkontrollverordnung
Finanzdienstleistungs-institute	§§ 2c; 1 Abs. 9 KWG	Inhaberkontrollverordnung
Kapitalanlagegesellschaften	§§ 2a; 2 Abs. 20 InvG	–
Versicherungsunternehmen; Versicherungs-Holdinggesellschaften; Pensionsfonds	§§ 104; 7a Abs. 2 VAG	Inhaberkontrollverordnung
Zahlungsinstitute und E-Geld-Institute	§§ 11; 1 Abs. 10 ZAG	ZAG-Anzeigenverordnung
Börsenträger	§ 6 BörsG	Z.T. landesrechtliche Rechtsverordnungen

Im Folgenden werden die Vorschriften und deren gesetzeshistorische Entwicklung und Anwendungsbereich kurz vorgestellt und voneinander abgegrenzt.

II. Kredit- und Finanzdienstleistungsinstitute: § 2c KWG/InhaberkontrollV

Zentrale Normen für den beabsichtigten Erwerb einer bedeutenden Beteiligung an Kreditinstituten und Finanzdienstleistungsinstituten ist § 2c KWG. Der Begriff der bedeutenden Beteiligung wird in § 1 Abs. 9 KWG legal definiert und näher bestimmt.

1. Gesetzeshistorie

Die Anzeigepflicht wurde erstmals als damaliger § 2b KWG durch das Vierte KWG-Änderungsgesetz in das Kreditwesengesetz eingeführt.[1] Im Hinblick auf Einlagenkreditinstitute setzte § 2b KWG (a.F.) dabei eine entsprechende Verpflichtung aus den damaligen Artt. 1, 5 und 11 der Zweiten Bankrechtskoordinierungsrichtlinie aus dem Jahr 1989 in das deutsche Recht um.[2] Zuvor gab es im deutschen Bankaufsichtsrecht keine entsprechende Anzeigepflicht eines Erwerbsinteressenten.[3] § 2b KWG (a.F.) ist am 1. Januar 1993 in Kraft getreten.

Schon § 2b KWG sah die Pflicht des Erwerbsinteressenten vor, den Bankaufsichtsbehörden den beabsichtigen Erwerb einer bedeutenden Beteiligung an einem Kreditinstitut beziehungsweise deren Erhöhung über bestimmte Schwellen anzuzeigen. Die Vorschrift ist in ihrer Grundstruktur seitdem unverändert geblieben, hat aber nach ihrem erstmaligen Erlass zahlreiche und zum Teil auch wesentliche Änderungen, Erweiterungen und Konkretisierungen erfahren. Die Änderungen waren teils durch die Erfahrungen der nationalen Aufsicht mit der neuen Vorschrift und teils durch europäische Rechtsentwicklungen veranlasst.

Die ersten Änderungen im Jahr 1994 durch das Fünfte KWG-Änderungsgesetz[4] waren allerdings inhaltlich nur von untergeordneter Bedeutung. Wesentliche Änderungen erfuhr die Vorschrift erstmals durch das Sechste KWG-Änderungsgesetz vom 22. Oktober 1997,[5] durch das vor allem die Vorgaben der Wertpapierdienstleistungsrichtlinie ins deutsche Recht transponiert wurden.[6] Die durch das Sechste KWG-Änderungsgesetz novellierte Fassung bezieht nunmehr

---

1 Art. 1 des Gesetzes zur Änderung des Gesetzes über das Kreditwesen und anderer Vorschriften über Kreditinstitute v. 21. Dezember 1992 (BGBl. I S. 2211); *vgl.* Begr. RegE zum Vierten KWG-Änderungsgesetz, BT-Drucks. 12/3377, S. 27.

2 Zweite Richtlinie des Rates v. 15. Dezember 1989 zur Koordinierung der Rechts- und Verwaltungsvorschriften über die Aufnahme und Ausübung der Tätigkeit der Kreditinstitute und zur Änderung der Richtlinie 77/780/EWG (89/646/EWG), ABl. L 386/1. Zur Entwicklung des europäischen Rechtsrahmens *vgl.* ausführlich unter 1. Teil: B.

3 Begr. RegE zum Vierten KWG-Änderungsgesetz, BT-Drucks. 12/3377 v. 8. Oktober 1992, S. 26 f.; *Uwe H. Schneider*, BB 1989, 84 (84 f.).

4 Gesetz zur Änderung des Gesetzes über das Kreditwesen und andere Vorschriften über Kreditinstitute v. 28. September 1994 (BGBl. I S. 2735).

5 Gesetz zur Umsetzung von EG-Richtlinien zur Harmonisierung bank- und wertpapieraufsichtsrechtlicher Vorschriften v. 22. Oktober 1997 (BGBl. I S. 2518).

6 Richtlinie 93/22/EG des Rates v. 10. Mai 1993 über Wertpapierdienstleistungen (ABl. L 141/27).

nicht nur Kreditinstitute, sondern auch Finanzdienstleistungsinstitute in den Anwendungsbereich der Vorschrift ein. Ferner wurde unter anderem eine Untersagung des Erwerbs bei intransparenten Unternehmensverbindungen erleichtert sowie die Möglichkeit eingeführt, den Erwerb wegen Verstoßes gegen die Anzeigepflicht zu untersagen.

Schon im Jahre 1998 wurden die Inhaberkontrollvorschriften im Zuge des Dritten Finanzmarktförderungsgesetzes vom 24. März 1998 erneut überarbeitet.[7] Geändert wurde insbesondere die Definition der bedeutenden Beteiligung in § 1 Abs. 9 KWG. Die Aufsichtsmittel der Bankenaufsicht hat der Gesetzgeber durch die zusätzliche Möglichkeit, eine Verfügungsbeschränkung sowie die Zwangsveräußerung von Anteilen anzuordnen, wesentlich erweitert. Hinsichtlich der Feststellung der Unzuverlässigkeit des Erwerbsinteressenten wurden Beweiserleichterungen eingeführt und die Handlungsmöglichkeiten zur Sachverhaltsaufklärung durch die Aufsicht gestärkt. Anlass für die Änderungen waren die praktischen Erfahrungen seit Inkrafttreten der Vorschrift, die gezeigt hatten, dass der Zweck des § 2b KWG zuvor vielfach nicht erreicht werden konnte.[8]

Nur redaktionelle Änderungen erfuhr § 2b KWG durch das Gesetz über die integrierte Finanzdienstleistungsaufsicht vom 22. April 2002.[9] Eine weitere Überarbeitung erfolgte durch das Vierte Finanzmarktförderungsgesetz vom 21. Juni 2002,[10] in welche unter anderem die Erfahrungen der Aufsicht aus der letztlich gescheiterten Übernahme der Commerzbank durch die Investorengruppe Cobra eingeflossen sind.[11] Mit den in § 1 Abs. 9 Satz 1 KWG gemachten Ergänzungen wurde unter anderem klargestellt, dass Treuhandbesitz sowohl dem Treuhänder als auch dem Treugeber zuzurechnen ist.[12] Erweitert wurden auch die Prüfungsrechte der Aufsicht gegenüber Inhabern bedeutender Beteiligungen nach § 44b KWG.

Weiter Anpassungen erfolgten durch das Investmentmodernisierungsgesetz vom 15. Dezember 2003,[13] das Finanzkonglomeraterichtlinie-Umsetzungsgesetz vom

---

7 Gesetz zur weiteren Fortentwicklung des Finanzplatzes Deutschland (Drittes Finanzmarkförderungsgesetz) v. 24. März 1998 (BGBl. I S. 529).

8 Beschlussempfehlung und Bericht des Finanzausschusses zum Dritten Finanzmarktförderungsgesetz, BT-Drucks. 13/9874, S. 138.

9 Art. 2 des Gesetzes über die integrierte Finanzdienstleistungsaufsicht v. 22. April 2002 (BGBl. I S. 1310).

10 Art. 6 des Gesetzes zur weiteren Fortentwicklung des Finanzplatzes Deutschland (Viertes Finanzmarkförderungsgesetz) v. 21. Juni 2002 (BGBl. I S. 2010).

11 Zu den Änderungen durch das Vierte Finanzmarktförderungsgesetz *vgl. Escher*, BKR 2002, 652 (654 f); *Möller*, WM 2001, 2405 (2412). Zur Untersagung im Fall Cobra/Commerzbank *vgl.* 1. Teil: F. III. 2.

12 Begr. RegE zum Vierten Finanzmarktförderungsgesetz, BT-Drucks. 14/8017, S. 113.

13 Art. 10 des Gesetz zur Modernisierung des Investmentwesens und zur Besteuerung von Investmentvermögen (Investmentmodernisierungsgesetz) v. 15. Dezember 2003 (BGBl. I S. 2676).

21. Dezember 2004,[14] das Siebte KWG-Änderungsgesetz,[15] das Finanzmarktrichtlinie-Umsetzungsgesetz vom 16. Juli 2007[16] und das Investmentänderungsgesetz vom 21. Dezember 2007.[17] Durch das Investmentänderungsgesetz wurden Kapitalanlagegesellschaften aus dem Institutsbegriff des Kreditwesengesetzes herausgenommen und damit dem Anwendungsbereich der Inhaberkontrollvorschriften im Kreditwesengesetz entzogen und ins Investmentgesetz übernommen.[18] Durch das Finanzkonglomeraterichtlinie-Umsetzungsgesetz wurden die Anhörungsvorschriften in § 2b Abs. 3 KWG (a.F.) ergänzt. Ferner wurden E-Geld-Institute (§ 1 Abs. 3d Satz 3 KWG (a.F.)) in den Anwendungsbereich einbezogen. Durch das Siebte KWG-Änderungsgesetz wurde die Regelung im bisherigen § 2b KWG in § 2c KWG verschoben, ohne dass damit inhaltliche Änderungen der Vorschrift verbunden waren.

Die umfassendste Überarbeitung und Konkretisierung seit der erstmaligen Aufnahme ins Kreditwesengesetz erfolgte durch das Gesetz zur Umsetzung der Beteiligungsrichtlinie vom 12. März 2009.[19] Dazu hat der Gesetzgeber vor allem die Untersagungstatbestände erweitert, das Anzeigeverfahren stärker formalisiert und den Beurteilungszeitraum an die Vorgaben der Beteiligungsrichtlinie angepasst.

Durch das Gesetz zur Umsetzung der Zweiten E-Geld-Richtlinie wurden neben redaktionellen Änderungen E-Geld-Institute dem Anwendungsbereich des Kreditwesengesetzes wieder entzogen.[20]

2. Erfasste Zielunternehmen

Die Vorschrift des § 2c KWG ist heute auf Institute i.S.d. des Kreditwesengesetzes anwendbar. Nach der Legaldefinition in § 1 Abs. 1b KWG sind vom Institutsbegriff Kreditinstitute und Finanzdienstleistungsinstitute umfasst.[21]

---

14 Art. 1 des Gesetzes zur Umsetzung der Richtlinie 2002/87/EG des Europäischen Parlaments und des Rates v. 16. Dezember 2002 (Finanzkonglomeraterichtlinie-Umsetzungsgesetz) v. 21. Dezember 2004 (BGBl. I S. 3610).

15 Art. 1 des Gesetzes zur Umsetzung der neugefassten Bankenrichtlinie und der neugefassten Kapitaladäquanzrichtlinie v. 17. November 2006 (BGBl. I S. 2606).

16 Art. 3 des Gesetzes zur Umsetzung der Richtlinie über Märkte für Finanzinstrumente und der Durchführungsrichtlinie der Kommission (Finanzmarktrichtlinie-Umsetzungsgesetz) v. 16. Juli 2007 (BGBl. I S. 1330).

17 Art. 2 des Gesetzes zur Änderung des Investmentgesetzes und zur Anpassung anderer Vorschriften (Investmentänderungsgesetz) v. 21. Dezember 2007 (BGBl. I S. 3089).

18 Art. 2 Nr. 1a des Investmentänderungsgesetzes.

19 Art. 1 des Gesetzes zur Umsetzung der Beteiligungsrichtlinie v. 12. März 2009 (BGBl. I S. 470).

20 Art. 2 des Gesetzes zur Umsetzung der Zweiten E-Geld-Richtlinie v. 1. März 2011 (BGBl. I S. 288). *Vgl.* dazu Diekmann/Wieland, ZBB 2011, 297 ff.

21 *Vgl.* zum Anwendungsbereich im Einzelnen auch 2. Teil: E.

Der Begriff des Kreditinstituts ist in § 1 Abs. 1 Satz 1 KWG definiert. Danach sind Kreditinstitute alle Unternehmen, die Bankgeschäfte gewerbsmäßig oder in einem Umfang betreiben, der einen in kaufmännischer Weise eingerichteten Geschäftsbetrieb erfordert. Welche Aktivitäten als Bankgeschäfte zu qualifizieren sind, ist in § 1 Abs. 1 Satz 2 KWG näher aufgezählt. Erfasst werden vor allem das Einlagen- und das Kreditgeschäft als die klassischen Bankgeschäfte schlechthin. Aber auch Tätigkeiten wie das Diskontgeschäft, das Depotgeschäft und das Garantiegeschäft begründen die Kreditinstitutseigenschaft. Insoweit unterscheidet sich der im Kreditwesengesetz verwendete Begriff des Kreditinstituts vom Terminus des Kreditinstituts in der Bankenrichtlinie,[22] der zugleich enger und weiter ist. Dort ist die kumulative Tätigkeit im Einlagen- <u>und</u> Kreditgeschäft das konstituierende Merkmal für die Begründung der Eigenschaft als Kreditinstitut.[23] Als Bankgeschäfte qualifizieren auch einige Wertpapierdienstleistungen i.S.d. der Finanzmarktrichtlinie,[24] wie etwa das Finanzkommissionsgeschäft und das Emissionsgeschäft.[25] Erfasst wird ferner die Tätigkeit als zentraler Kontrahent (§ 1 Abs. 1 Satz 2 Nr. 11 KWG). Seit 30. April 2011 fallen E-Geld-Institute nicht mehr unter den Begriff des Kreditinstituts.[26]

Der Begriff des Finanzdienstleistungsinstituts knüpft an die gewerbsmäßige Erbringung von Finanzdienstleistungen an (§ 1 Abs. 1a Satz 1 KWG). Der Kreis der Finanzdienstleistungen umfasst gemäß § 1 Abs. 1a Satz 2 KWG vor allem die übrigen nicht bereits als Bankgeschäfte eingeordneten Wertpapierdienstleistungen i.S.d. der Finanzmarktrichtlinie, wie beispielsweise die Anlageberatung, das Platzierungsgeschäft, die Finanzportfolioverwaltung und den Eigenhandel. Abgedeckt sind ferner aber auch sonstige regulierte Finanzdienstleistungen wie das Factoring und das Finanzierungsleasing. Der Anwendungsbereich des § 2c KWG geht bezüglich der erfassten Zielunternehmen damit teilweise über die zwingenden europarechtlichen Vorgaben der Bankenrichtlinie und der Finanzmarktrichtlinie hinaus.

Vom Anwendungsbereich des § 2c KWG werden auch öffentlich-rechtliche Institute erfasst.[27] Nicht zum Kreis der für § 2c KWG relevanten Zielunternehmen

---

22 Richtlinie 2006/48/EG des Europäischen Parlaments und des Rates vom 14. Juni 2006 über die Aufnahme und Ausübung der Tätigkeit der Kreditinstitute (Neufassung) (ABl. L 177/1).

23 Art. 4 Nr. 1 Bankenrichtlinie. Dies entspricht im deutschen Recht dem Begriff des Einlagenkreditinstituts (*vgl.* § 1 Abs. 3d Satz 1 KWG).

24 Richtlinie 2004/39/EG des Europäischen Parlaments und des Rates v. 21. April 2004 über Märkte für Finanzinstrumente, zur Änderung der Richtlinien 85/611/EWG und 93/6/EWG des Rates und der Richtlinie 2000/12/EG des Europäischen Parlaments und des Rates und zur Aufhebung der Richtlinie 93/22/EWG des Rates (ABl. L 145/1).

25 Art. 4(2) lit. 2 Finanzmarktrichtlinie.

26 Art. 2 des Gesetzes zur Umsetzung der Zweiten E-Geld-Richtlinie hat dazu § 1 Abs. 1 Satz 2 Nr. 11 KWG (a.F.) gestrichen. *Vgl. Diekmann/Wieland*, ZBB 2011, 297 (299).

27 *Hirschmann*, Anteilseignerkontrolle, S. 32.

gehören dagegen Finanzunternehmen (§ 1 Abs. 3 KWG) und Finanzholding-Gesellschaften (§ 1 Abs. 3a Satz 1 KWG), gemischte Finanzholding-Gesellschaften (§ 1 Abs. 3a Satz 2 KWG) und sogenannte Anbieter von Nebendienstleistungen (§ 1 Abs. 3c KWG).[28]

3. Inhaberkontrollverordnung

Im Zuge der Verordnung zur weiteren Umsetzung der Beteiligungsrichtlinie vom 20. März 2009 hat die Bundesanstalt die Verordnung über die Anzeigen nach § 2c des Kreditwesengesetzes und § 104 des Versicherungsaufsichtsgesetzes (Inhaberkontrollverordnung – InhKontrollV) erlassen.[29] Soweit diese auf Erwerbsvorhaben mit Kreditinstituten und Finanzdienstleistungsinstituten als Zielunternehmen anwendbar ist, dienen hierfür §§ 24 Abs. 4, 2c Abs. 1 Satz 2 und 3 KWG als gesetzliche Ermächtigungsgrundlage.

Die Inhaberkontrollverordnung ergänzt § 2c KWG und enthält konkretisierende Verfahrensvorschriften. Sie macht insbesondere Vorgaben zu den vom Anzeigepflichtigen mit der Anzeige zur Verfügung zu stellenden Informationen, Dokumenten und Erklärungen sowie zur Sprache und Form der Anzeigen.[30]

Die Inhaberkontrollverordnung ersetzt die vor Erlass der Inhaberkontrollverordnung in der Anzeigenverordnung geregelten Verfahrensvorschriften für Erwerbsanzeigen.[31] Diese wurden mit Erlass der Inhaberkontrollverordnung aufgehoben.[32] Mit der Inhaberkontrollverordnung kommt der Gesetzgeber zugleich den Anforderungen der Beteiligungsrichtlinie nach, wonach die Mitgliedstaaten eine Liste zu veröffentlichen haben, in der die Informationen genannt werden, die für die Beurteilung des Erwerbsvorhabens erforderlich und den Aufsichtsbehörden zum Zeitpunkt der Anzeige zu übermitteln sind.[33]

4. Merkblatt der Bundesanstalt

Die Bundesanstalt hat in einem Merkblatt aus dem Juli 2009 ihre Verwaltungspraxis zu Inhaberkontrollanzeigen nach § 2c KWG weiter

---

28 *Vgl.* hierzu ausführlich 2.Teil: E.

29 BGBl. I S. 562, ber. 688. Dem Erlass der Inhaberkontrollverordnung ging eine durch die Bundesanstalt durchgeführte Konsultation voraus. *Vgl.* Konsultation 17/2008 zu einem Entwurf der Verordnung zur Konkretisierung von Gesetzesänderungen durch das Gesetz zur Umsetzung der Beteiligungsrichtlinie im Kreditwesengesetz und im Versicherungsaufsichtsgesetz v. 28. November 2008 (abrufbar unter: www.bafin.de).

30 *Vgl.* ausführlich 3. Teil: C.

31 Verordnung über die Anzeigen und die Vorlage von Unterlagen nach dem Kreditwesengesetz (Anzeigenverordnung – AnzV) v. 19. Dezember 2006 (BGBl. I S. 3245).

32 *Vgl.* Art. 2 der Verordnung zur weiteren Umsetzung der Beteiligungsrichtlinie v. 20. März 2009 (BGBl. I S. 562, ber. S. 688).

33 *Vgl.* Art. 5 Abs. 3 Beteiligungsrichtlinie (= Art. 19a Abs. 4 Bankenrichtlinie (n.F.)); Art. 3 Abs. 3 Beteiligungsrichtlinie (= Art. 10b Abs. 4 Finanzmarktrichtlinie (n.F.)).

konkretisiert.[34] Das Merkblatt soll die Vorbereitung der Anzeigen erleichtern. Es beschränkt sich im Wesentlichen darauf, die anwendbaren gesetzlichen Vorschriften einschließlich der Inhaberkontrollverordnung zusammenzufassen und an Hand einiger Beispiele zu erläutern.

Bei den Vorschriften des Merkblatts handelt es sich aber nicht um Außenrechtsnormen, die unmittelbar Rechte und Pflichten der Betroffenen begründen und Gerichte binden könnten. Allenfalls kommt eine Einordnung als norminterpretierende Verwaltungsvorschrift in Betracht. Es handelt sich also wenn überhaupt um Innenrechtsnormen, die nur über Art. 3 Abs. 1 GG und den Grundsatz der Selbstbindung der Verwaltung auch im Außenverhältnis Rechtswirkung entfalten können.[35]

III. Versicherungsunternehmen: § 104 VAG/InhaberkontrollV

Die Parallelnorm zu § 2c KWG hinsichtlich des beabsichtigten Erwerbs bedeutender Beteiligungen an Unternehmen des Versicherungssektors ist § 104 VAG. Der Begriff der bedeutenden Beteiligung ist für das Versicherungsaufsichtsgesetz in § 7a Abs. 2 Satz 3 VAG gesetzlich definiert.

1. Gesetzeshistorie

Die Vorschriften zur versicherungsaufsichtsrechtlichen Inhaberkontrolle wurden durch das Dritte Durchführungsgesetz zum Versicherungsaufsichtsgesetz vom 21. Juli 1994 erstmals in das deutsche Recht eingefügt.[36]

Die Einführung eines Anteilseigner-Kontrollverfahrens in das Versicherungsaufsichtsgesetz erfolgte dabei in Umsetzung von Art. 15 der Dritten Richtlinie Schadenversicherung,[37] Art. 14 der Dritten Richtlinie Lebensversicherung[38] und

---

34 *Bundesanstalt*, Merkblatt – Hinweise zu dem Verfahren sowie den Anzeigen nach § 2c KWG und § 104 VAG, jeweils in Verbindung mit der Inhaberkontrollverordnung (Stand: Juli 2009), BA 53, v. 22. Juli 2009.

35 *Vgl. Bonk/Schmitz*, in: Stelkens/Bonk/Sachs, VwVfG, § 1 Rn. 212 ff.; *Merkner/Sustmann*, NZG 2005, 729 (729 f.) (zum Emittentenleitfaden der Bundesanstalt).

36 Art. 1 des Dritten Gesetzes durch Durchführung versicherungsrechtlicher Richtlinien des Rates der Europäischen Gemeinschaften (Drittes Durchführungsgesetz/EWG zum VAG) v. 21. Juli 1994 (BGBl. I S. 1630). *Vgl. Deckers*, in: Bähr, Versicherungsaufsichtsrecht, § 30 Rn. 5.

37 Richtlinie 92/49/EWG v. 18. Juni 1992 zur Koordinierung der Rechts- und Verwaltungsvorschriften für die Direktversicherung (mit Ausnahme der Lebensversicherung) sowie zur Änderung der Richtlinie 73/239/EWG und 88/357/EWG (Dritte Richtlinie Schadenversicherung) (ABl. L 228/1).

38 Richtlinie 92/96/EWG v. 10. November 1992 zur Koordinierung der Rechts- und Verwaltungsvorschriften für die Direktversicherung (Lebensversicherung) sowie zur Änderung der Richtlinie 79/267/EWG und 90/619/EWG (Dritte Richtlinie Lebensversicherung) (ABl. L 360/1). Heute entspricht dies Art. 15 der Richtlinie 2002/83/EG des Europäischen Parlaments und des Rates v. 5. November 2002 über Lebensversicherungen (ABl. L 345/1).

später auch Art. 19 der Rückversicherungsrichtlinie.[39] Wie im Anwendungsbereich des Kreditwesengesetzes, gab es auch im Versicherungsaufsichtsrecht zuvor keine entsprechende Kontrolle der Inhaber bedeutender Beteiligungen an Versicherungsunternehmen beim Beteiligungserwerb.[40] Die Umsetzung erfolgte in Inhalt und Aufbau in enger Anlehnung an den damaligen § 2b KWG (heute: § 2c KWG).[41]

Die Vorschrift hat durch das Gesetz zur Änderung des Versicherungsaufsichtsgesetzes vom 21. Dezember 2000,[42] durch das Gesetz über die integrierte Finanzdienstleistungsaufsicht vom 22. April 2002[43] und durch das Vierte Finanzmarktförderungsgesetz[44] punktuelle Änderungen erfahren. Durch das Gesetz zur Umsetzung aufsichtsrechtlicher Bestimmungen zur Sanierung und Liquidation von Versicherungsunternehmen und Kreditinstituten vom 20. Dezember 2003[45] wurde der Anwendungsbereich auf Rückversicherungsunternehmen erweitert.[46] Weitere Änderungen im Detail erfolgten durch das Änderungsgesetz vom 15. Dezember 2004[47], durch das Finanzkonglomeraterichtlinie-Umsetzungsgesetz[48] und das Achte Gesetz zur Änderung des Versicherungsaufsichtsgesetzes vom 28. Mai 2007[49] sowie durch das FGG-Reformgesetz vom 17. Dezember 2008[50]. Zum

---

39 Richtlinie 2005/68/EG des Europäischen Parlaments und des Rates v. 16. November 2005 über die Rückversicherung und zur Änderung der Richtlinien 73/239/EWG, 92/49/EWG des Rates sowie der Richtlinien 98/78/EG und 2002/83/EG (ABl. L 323/1).

40 *Mönnig*, Überwachung der Inhaber bedeutender Beteiligungen an Versicherungsunternehmen, S. 5; *Post*, Aufsicht über Unternehmensinhaber, S. 361; *Gause*, in: MünchKomm-VVG, Einf. AufsichtsR, Rn. 156.

41 Begr. RegE zum Dritten Durchführungsgesetz/EWG zum VAG, BT-Drucks. 12/6959, S. 89; *Kollhosser*, in: Prölss, VAG, § 104 Rn. 1; *Deckers*, in: Bähr, Versicherungsaufsichtsrecht, § 30 Rn. 5.

42 *Vgl.* Art. 1 des Gesetzes zur Änderung des Versicherungsaufsichtsgesetzes, insbesondere zur Durchführung der EG-Richtlinie 98/78/EG v. 27. Oktober 1998 über die zusätzliche Beaufsichtigung der einer Versicherungsgruppe angehörenden Versicherungsunternehmen sowie zur Umstellung von Vorschriften auf Euro v. 21. Dezember 2000 (BGBl. I S. 1857).

43 Art. 3 des Gesetzes über die integrierte Finanzdienstleistungsaufsicht v. 22. April 2002 (BGBl. I S. 1310).

44 Art. 16 des Vierten Finanzmarktförderungsgesetzes v. 21. Juni 2002 (BGBl. I S. 2010); *vgl.* hierzu *Fricke*, VersR 2002, 1078 (1082).

45 Art. 1 Gesetz zur Umsetzung aufsichtsrechtlicher Bestimmung zur Sanierung und der Liquidation von Versicherungsunternehmen und Kreditinstituten v. 10. Dezember 2003 (BGBl. I S. 2478).

46 *Deckers*, in: Bähr, Versicherungsaufsichtsrecht, § 30 Rn. 6. Zur Rechtslage zuvor VG Frankfurt a.M., VersR 2003, 713 (714 f.); VGH Kassel, VersR 2003, 1153 (1154) sowie *Weber-Rey/Guinomet*, WM 2004, 661 (662 ff.).

47 Art. 1 Änderungsgesetz v. 15. Dezember 2004 (BGBl. I S. 3416).

48 Art. 2 Finanzkonglomeraterichtlinie-Umsetzungsgesetz v. 21. Dezember 2004 (BGBl. I S. 3610).

49 Art. 1 des Achten Gesetzes zur Änderung des Versicherungsaufsichtsgesetzes, des Finanzdienstleistungsaufsichtsgesetzes und anderer Vorschriften v. 28. Mai 2007 (BGBl. I S. 923).

wesentlichen Teil wurden durch diese Gesetze parallele Änderungen in § 1 Abs. 9 und § 2b KWG (a.F.) auch in den entsprechenden Vorschriften des Versicherungsaufsichtsgesetzes nachvollzogen.[51] Zum Teil wurde aber mit der Normierung versicherungsspezifischer und nicht vom EU-Recht vorgegebener Untersagungsgründe auch ein Sonderweg eingeschlagen.[52]

Wie im Kreditwesengesetz erfolgte eine umfassende Überarbeitung der Vorschrift durch das Beteiligungsrichtlinie-Umsetzungsgesetz.[53] Wie bei § 2c KWG hat der Gesetzgeber dazu in § 104 VAG insbesondere die Untersagungsgründe, die Entscheidungsfrist der zuständigen Behörden und die Verfahrensvorschriften an die Vorgaben der Beteiligungsrichtlinie angepasst. Die Anpassungen sind dabei weitgehend parallel zu den Änderungen in § 2c KWG erfolgt.

Eine technische Anpassung erfolgte zuletzt durch das Gesetz zur Umsetzung der Zweiten E-Geld-Richtlinie vom 1. März 2011.[54]

2. Erfasste Zielunternehmen

Das Inhaberkontrollverfahren nach § 104 VAG bezieht sich auf Versicherungsunternehmen als Zielunternehmen. Dies sind Unternehmen, die den Betrieb von Versicherungsgeschäften zum Gegenstand haben und nicht Träger der Sozialversicherung sind (*vgl.* § 1 Abs. 1 Nr. 1 VAG).

Erfasst werden auch Rückversicherungsunternehmen (*vgl.* § 121a Abs. 1 Satz 1 VAG) und Pensionsfonds (*vgl.* §§ 113 Abs. 1; 118 VAG). Ein Inhaberkontrollverfahren nach § 104 VAG ist ferner bezüglich des beabsichtigten Beteiligungserwerbs an Versicherungs-Holdinggesellschaften i.S.d. § 1b Abs. 1 Satz 1 VAG[55] durchzuführen (*vgl.* § 1b Abs. 2 1. Halbs. VAG).[56] Insoweit weicht die Rechtslage vom Kreditwesengesetz ab, wo vergleichbare Finanzholding-Gesellschaften als Zielunternehmen nicht in den Anwendungsbereich der

---

50 Art. 97 des Gesetzes zur Reform des Verfahrens in Familiensachen und in Angelegenheiten der Freiwilligen Gerichtsbarkeit (FGG-Reformgesetz – FGG-RG) v. 17. Dezember 2008 (BGBl. I S. 2586).

51 *Bähr*, in: Fahr/Kaulbach/Bähr, VAG, § 104 Rn. 1.

52 *Vgl. Weber-Rey/Baltzer*, WM 2006, 205 (212).

53 *Vgl.* Art. 2 des Gesetzes zur Umsetzung der Beteiligungsrichtlinie v. 12. März 2009 (BGBl. I S. 470).

54 Art. 3 des Gesetzes zur Umsetzung der Zweiten E-Geld-Richtlinie v. 1. März 2011 (BGBl. I S. 288).

55 Nicht aber für Versicherungs-Holdinggesellschaften i.S.d. § 104a Abs. 2 Nr. 4 VAG (*vgl.* BegrE InhKontrollV, S. 3). *Vgl.* zur Abgrenzung *Weber-Rey/Baltzer*, WM 2006, 205 (208 ff.).

56 Versicherungs-Holdinggesellschaften sind Unternehmen mit Sitz im Inland, deren Haupttätigkeit der Erwerb und das Halten von unmittelbaren oder mittelbaren Beteiligungen an Erst- oder Rückversicherungsunternehmen oder Pensionsfonds ist (*vgl.* § 1b Abs. 1 Satz 1 VAG). *Vgl.* hierzu auch 1. Teil: C. II. 2. b). Zur Einbeziehung von Versicherungs-Holdinggesellschaften kritisch *Winter*, Versicherungsaufsichtsrecht, S. 424.

Inhaberkontrolle fallen.[57] § 104 VAG ist grundsätzlich auch auf öffentlich-rechtliche Versicherungsunternehmen anwendbar.[58]

3. Inhaberkontrollverordnung

Hinsichtlich Form und Inhalt der Anzeigen ist auch für Anzeigen nach § 104 Abs. 1 Satz 1 VAG die Inhaberkontrollverordnung anwendbar.[59] Ermächtigungsgrundlage hierfür ist § 104 Abs. 6 VAG i.V.m. § 1b Abs. 2 und § 118 VAG.

Die Inhaberkontrollverordnung ersetzt zugleich die Hinweise zur Abgabe von Anzeigen im Rundschreiben R 4/98 des damaligen Bundesaufsichtsamts für Versicherungswesen.[60]

4. Merkblatt der Bundesanstalt

Das genannte Merkblatt der Bundesanstalt zu Inhaberkontrollanzeigen vom Juli 2009 findet auch auf Anzeigen nach § 104 VAG Anwendung und konkretisiert insoweit die Verwaltungspraxis der Bundesanstalt.[61]

5. Abgrenzung zur Bestandsübertragung

Vom Fall des Erwerbs einer bedeutenden Beteiligung ist im Versicherungssektor die sogenannte Bestandsübertragung abzugrenzen. Nach § 14 Abs. 1 Satz 1 VAG bedarf jeder Vertrag, durch den der Versicherungsbestand eines Unternehmens ganz oder teilweise auf ein anderes Unternehmen übertragen werden soll, der Genehmigung durch die Aufsichtsbehörden.

Die Bestandsübertragung erfasst also Fälle des sogenannten *Asset-Deals*, bei dem Versicherungsbeziehungen im Wege der Einzelübertragung auf den Erwerber übertragen werden. § 104 Abs. 1 Satz 1 VAG bezieht sich dagegen auf Fälle des Anteilserwerbs (*share deal*). Eine analoge Anwendung des § 14 VAG kommt beim

---

57 *Vgl.* hierzu 2. Teil: E. VI.

58 *Hirschmann*, Anteilseignerkontrolle, S. 32; *Gause*, in: MünchKomm-VVG, Einf. AufsichtsR, Rn. 156. Dies gilt allerdings nicht für öffentlich-rechtliche Versicherungsunternehmen des öffentlichen Dienstes oder der Kirchen, die ausschließlich die Alters-, Invaliditäts- oder Hinterbliebenenversorgung zum Gegenstand haben (*vgl.* § 1a Abs. 1 VAG). Nach *Deckers* sollen darüber hinaus inländische Zweigniederlassungen von Versicherungsunternehmen und Rückversicherungsunternehmen bei einem Anteilseignerwechsel ein Inhaberkontrollverfahren auslösen (*vgl. Deckers*, in: Bähr, Versicherungsaufsichtsrecht, § 30 Rn. 9).

59 § 1 InhKontrollV nennt ausdrücklich Versicherungsunternehmen, Pensionsfonds und Versicherungs-Holdinggesellschaften als vom Anwendungsbereich der Inhaberkontrollverordnung umfasst. Die Vorschriften der Inhaberkontrollverordnung gelten aber auch bezüglich Rückversicherungsunternehmen. Zwar wird auf diese in der Inhaberkontrollverordnung nicht ausdrücklich Bezug genommen. Rückversicherungsunternehmen fallen jedoch bereits unter die Definition "Versicherungsunternehmen".

60 *Bundesanstalt*, Verfügung v. 7. April 2009, Gz. VA 37 – I 2233 – 2009/0001; *vgl.* auch BegrE InhKontrollV, S. 3.

61 *Bundesanstalt*, Merkblatt - Hinweise zu dem Verfahren sowie den Anzeigen nach § 2c KWG und § 104 VAG, jeweils in Verbindung mit der Inhaberkontrollverordnung (Stand: Juli 2009), BA 53, v. 22. Juli 2009.

Erwerb einer bedeutenden Beteiligung auch im Fall der Mehrheitsübernahme oder des Erwerbs sämtlicher Anteile mangels Regelungslücke und Vergleichbarkeit nicht in Betracht.[62] Umgekehrt wird durch eine reine Bestandsübertragung keine Anzeigepflicht nach § 104 Abs. 1 Satz 1 VAG ausgelöst.

IV. Kapitalanlagegesellschaften: § 2a InvG

Für Kapitalanlagegesellschaft befindet sich die Parallelvorschrift zu § 2c KWG und § 104 VAG in § 2a InvG. Der Begriff der bedeutenden Beteiligung ist im Investmentgesetz in § 2 Abs. 20 InvG gesetzlich definiert.

1. Gesetzeshistorie

Bis Ende 2007 war der beabsichtigte Erwerb einer bedeutenden Beteiligung an Kapitalanlagegesellschaften noch im Kreditwesengesetz geregelt und durch § 2b KWG (a.F.) beziehungsweise 2c KWG erfasst. Im Zuge des Investmentänderungsgesetzes wurden Kapitalanlagegesellschaften durch Streichung des § 1 Abs. 1 Satz 2 Nr. 6 KWG (a.F.) aus dem Institutsbegriff des Kreditwesengesetzes ausgeklammert.[63] Stattdessen wurde eine Parallelvorschrift zugeschnitten auf Kapitalanlagegesellschaften als neuer § 2a in das Investmentgesetz aufgenommen. Dabei orientierte sich auch die Regelung des § 2a InvG in Aufbau und Inhalt zunächst weitgehend an § 2c KWG.[64] Auch die Definition des Begriffs bedeutende Beteiligung erfolgt weitgehend inhaltsgleich mit § 1 Abs. 9 KWG, auf den die Definition im Investmentgesetz teilweise verweist.

Wesentliche Änderungen erfuhr § 2a InvG im Zuge der Umsetzung der Beteiligungsrichtlinie.[65] Zwar adressiert die Beteiligungsrichtlinie Kapitalanlagegesellschaften nicht ausdrücklich. Allerdings hat die Beteiligungsrichtlinie indirekt für Kapitalanlagegesellschaften Relevanz. So verweist die im Jahr 2009 neu gefasste OGAW IV-Richtlinie – wie ihre Vorgängerfassung – auf die entsprechenden Vorschriften zur Inhaberkontrolle beim Erwerb qualifizierter Beteiligungen in der Finanzmarktrichtlinie.[66] Es ist daher folgerichtig, wenn der

---

62 *Vgl. Winter*, VersR 2000, 1453 (1457); zur Bestandsübertragung *vgl.* auch *Weber-Rey/Krecek*, NVersZ 2000, 105 (108 ff.).

63 Art. 1 des Gesetzes zur Änderung des Investmentgesetzes und zur Anpassung anderer Vorschriften v. 21. Dezember 2007 (BGBl. I S. 3089 ff.); *vgl.* dazu *Engert*, Der Konzern 2007, 477 ff.

64 Begr. RegE Investmentänderungsgesetz, BT-Drucks. 16/5576, S. 58 f.; zu § 2a InvG: *Köndgen*, in: Berger/Steck/Lübbehüsen, InvG, § 2a Rn. 2 ("verschlankte Version des geradezu monströsen § 2c KWG").

65 *Vgl.* Art. 4 des Gesetzes zur Umsetzung der Beteiligungsrichtlinie v. 12. März 2009 (BGBl. I S. 470) sowie Begr. RegE des Gesetzes zur Umsetzung der Beteiligungsrichtlinie, BT-Drucks. 16/10536, S. 23 f.

66 Richtlinie 2009/65/EG des Europäischen Parlaments und des Rates v. 13. Juli 2009 zur Koordinierung der Rechts- und Verwaltungsvorschriften betreffend bestimmte Organismen für gemeinsame Anlagen in Wertpapieren (OGAW) (Neufassung), ABl. L 302/32 (OGAW IV-Richtlinie). Die OGAW IV-Richlinie löst die bisherige OGAW-

nationale Gesetzgeber sich dazu entschlossen hat, im Zuge der Umsetzung der Beteiligungsrichtlinie auch die Vorschriften des Investmentgesetzes zu überarbeiten. Unter anderem wurde dazu der Verweis in § 2 Abs. 20 InvG auf das Wertpapierhandelsgesetz angepasst und der Schwellenwert für die Erhöhungsanzeige von 33 % auf 30 % der Stimmrechte oder des Kapitals in § 2a Abs. 1 Satz 4 InvG herabgesetzt.

Die Anpassungen des § 2a InvG im Zuge der Beteiligungsrichtlinie erfolgten aber anders als bei § 2c KWG und § 104 VAG zunächst nur punktuell. Insbesondere wurden die Untersagungsgründe in § 2a Abs. 2 InvG nicht an den erweiterten Katalog der Beurteilungskriterien in der Beteiligungsrichtlinie angepasst. Auch wurde die Frist der Aufsichtsbehörde zur Untersagung weiterhin mit drei Monaten ab Übermittlung vollständiger Anzeigeunterlagen bemessen.[67]

Mit dem Gesetz zur Umsetzung der OGAW IV-Richtlinie vom 22. Juni 2011 ist nunmehr eine weitgehende Anpassung des § 2a InvG an die Regelungen des § 2c KWG und des § 104 VAG erfolgt.[68]

2. Erfasste Zielunternehmen

§ 2a InvG ist auf Kapitalanlagegesellschaften anwendbar. Kapitalanlagegesellschaften sind Unternehmen, deren Geschäftsbereich darauf gerichtet ist, inländische Investmentvermögen in Form von Investmentfonds oder als Investmentaktiengesellschaft zu verwalten und Dienstleistungen oder Nebendienstleistungen nach § 7 Abs. 2 InvG zu erbringen (§ 6 Abs. 1 Satz 1 InvG).

Richtlinie 85/611/EWG ab. Der Verweis auf die Inhaberkontrollvorschriften der Finanzmarktrichtlinie war bisher in Art. 5e) der bisherigen OGAW-Richtlinie geregelt. *Vgl.* auch Begr. RegE des Gesetzes zur Umsetzung der Beteiligungsrichtlinie, BT-Drucks. 16/10536, S. 24. Zu den europarechtlichen Vorgaben für den Beteiligungserwerb an Kapitalanlagegesellschaften *vgl.* ausführlich 1. Teil: B. III. 1.

67 Die teilweise Abweichung von § 2a InvG gegenüber § 2c KWG und § 104 VAG war unter dem Gedanken einer sektorenübergreifenden Vereinheitlichung der Vorschriften zur Inhaberkontrolle bedauerlich. Die Beurteilung der Erwerbsvorhaben bezüglich Kapitalanlagegesellschaften unterscheidet sich trotz gewisser Besonderheiten im Detail nicht so weit von der Beurteilung vergleichbarer Erwerbsvorhaben im übrigen Finanzsektor, dass solche Abweichungen gerechtfertigt wären. Zwar konnten im Rahmen der Anwendung des § 2a Abs. 2 Halbs. 1 InvG im Wesentlichen dieselben Kriterien zur Anwendung gebracht werden, wie sie im Katalog des § 2c Abs. 1a Satz 1 KWG aufgezählt sind. Schon unter dem Gesichtspunkt der Bestimmtheit und Rechtsklarheit wäre aber eine gesetzliche Konkretisierung der Untersagungsgründe angezeigt gewesen. Darüber hinaus bestand auch aus europarechtlichen Gründen Anpassungsbedarf (*vgl.* 1. Teil: B. III. 2.).

68 Gesetz zur Umsetzung der Richtlinie 2009/65/EG zur Koor-dinierung der Rechts- und Verwaltungsvorschriften betreffend bestimmte Organismen für gemeinsame Anlagen in Wertpapieren (OGAW-IV-Umsetzungsgesetz – OGAW-IV-UmsG) vom 22. Juni 2011 (BGBl. I. S. 1126).

3. Anwendbarkeit der Inhaberkontrollverordnung

Anders als Kreditinstitute, Finanzdienstleistungsinstitute und Versicherungsunternehmen werden Kapitalanlagegesellschaften nicht vom Anwendungsbereich der Inhaberkontrollverordnung erfasst (*vgl.* § 1 InhKontrollV).

Ein speziell auf Kapitalanlagegesellschaften anwendbares Äquivalent zur Inhaberkontrollverordnung gibt es derzeit nicht. Hierfür fehlte es im Investmentgesetz auch nach Umsetzung der Beteiligungsrichtlinie zunächst an einer gesetzlichen Ermächtigungsgrundlage. Das OGAW IV-Umsetzungsgesetz sieht nunmehr in einem neuen § 2a Abs. 7 InvG eine entsprechende gesetzliche Ermächtigung vor.

Aus alledem folgt, dass die Anzeigen nach § 2a InvG derzeit grundsätzlich formfrei möglich sind. Die Praxis orientiert sich hinsichtlich der zu übermittelnden Informationen und deren Form im Regelfall an vergleichbaren Anzeigen nach § 2c KWG und § 104 VAG. Dies scheint grundsätzlich auch dem Erwartungshorizont der Bundesanstalt zu entsprechen, wobei sich diese die Freiheit nimmt, sowohl zugunsten wie zu Lasten von Erwerbsinteressenten von den Standards der Inhaberkontrollverordnung abzuweichen.

4. Investmentaktiengesellschaften

Besonderheiten bestehen für Investmentaktiengesellschaften i.S.d. § 96 Abs. 1 Satz 1 InvG. Nach § 99 Abs. 2 Nr. 1 InvG ist § 2a InvG nur insoweit anzuwenden, als der beabsichtigte Erwerb einer Beteiligung nur anzuzeigen ist, wenn die Schwelle von 50 % der Stimmrechte oder des Kapitals erreicht oder überschritten wird oder die Gesellschaft unter die Kontrolle des Erwerbers der Beteiligung gerät.[69] Dies trägt den Besonderheiten der Kapitalverfassung der Investmentaktiengesellschaft Rechnung, bei der zwischen stimmberechtigten Unternehmensaktien und zumindest im Grundsatz stimmrechtslosen Anlageaktien unterschieden wird (*vgl.* § 96 Abs. 1 Satz 2; Abs. 1(c) InvG).

V. Zahlungs- und E-Geld-Institute: § 11 ZAG

Bezüglich der 2009 mit dem Zahlungsdiensteaufsichtsgesetz neu ins deutsche Recht eingeführten Kategorie der Zahlungsinstitute sowie seit 30. April 2011 für E-Geld-Institute ist die Anzeigepflicht beim beabsichtigten Erwerb einer bedeutenden Beteiligung in § 11 ZAG niedergelegt. Der Begriff der bedeutenden Beteiligung und deren Berechung ist in § 1 Abs. 9 ZAG weitestgehend inhaltsgleich dem § 1 Abs. 9 KWG nachgebildet.

---

69 *Vgl.* dazu *Fischer/Steck*, in: Berger/Steck/Lübbehüsen, InvG, § 99 Rn. 7.

1. Gesetzeshistorie

Als Teil des Zahlungsdiensteumsetzungsgesetzes vom 25. Juni 2009 wurde das Zahlungsdiensteaufsichtsgesetz erlassen.[70] Das Zahlungsdiensteaufsichtsgesetz geht auf die Zahlungsdiensterichtlinie aus dem Jahr 2007 zurück.[71] Das Zahlungsdiensteaufsichtsgesetz schafft einen spezifischen Regulierungsrahmen für Unternehmen, die Zahlungsdienste erbringen. Erstmals werden auch Zahlungsunternehmen, die keine Kreditgeschäfte oder Finanzdienstleistungen erbringen, einer Regulierung unterworfen. Umgekehrt werden bestimmte Zahlungsdienste (wie beispielsweise das Girogeschäft und das Finanztransfergeschäft) aus dem Anwendungsbereich des Kreditwesengesetzes herausgenommen und einer auf Zahlungsdienstleister speziell zugeschnittenen Beaufsichtigung unterworfen. Der aufsichtsrechtliche Rahmen für Zahlungsinstitute enthält dabei viele Elemente, die auch aus dem Kreditwesengesetz bekannt sind. Die aufsichtsrechtlichen Anforderungen und die Kontrolldichte sind jedoch insgesamt geringer.

Die Beaufsichtigung des Zahlungssektors umfasst auch die Kontrolle und Beaufsichtigung von Inhabern bedeutender Beteiligungen an Zahlungsinstituten. Wie im Kreditwesengesetz bedarf der beabsichtigte Erwerb einer bedeutenden Beteiligung an Zahlungsinstituten der vorherigen Anzeige bei der Bundesanstalt und der Bundesbank (§ 11 ZAG). Allerdings hätte der europäische Rechtsrahmen nicht zur Einführung von Anteilseignerkontrollverfahren im Hinblick auf Zahlungsinstitute verpflichtet.[72] Dennoch erscheint die Entscheidung des nationalen Gesetzgebers aus aufsichtsrechtlicher Sicht und im Sinne sektorenübergreifend vereinheitlichter Anforderungen konsequent.

Im Übrigen verweist § 11 ZAG in weiten Teilen auf § 2c KWG. Dies gilt insbesondere für die Anzeigepflicht, den Beurteilungszeitraum der Behörde und die Untersagungsgründe. In einigen wenigen Details modifiziert § 11 ZAG aber auch § 2c KWG und berücksichtigt die Besonderheiten von Zahlungsinstituten.[73]

Im Zuge der Umsetzung der Zweiten E-Geld-Richtlinie[74] durch das Gesetz zur Umsetzung der Zweiten E-Geld-Richtlinie wurde der Regelungsrahmen für E-Geld-Institute grundlegend überarbeitet und der Beaufsichtigung von

---

70 Art. 1 des Gesetzes zur Umsetzung der aufsichtsrechtlichen Vorschriften der Zahlungsdiensterichtlinie (Zahlungsdiensteumsetzungsgesetz) v. 25. Juni 2009 (BGBl. I S. 1506).

71 Richtlinie 2007/64/EG des Europäischen Parlaments und des Rates v. 13. November 2007 über Zahlungsdienste im Binnenmarkt, zur Änderung der Richtlinie 97/7/EG, 2002/65/EG, 2005/60/EG und 2006/48/EG sowie zur Aufhebung der Richtlinie 97/5/EG (ABl. L 319/1).

72 *Vgl.* dazu ausführlich 1. Teil: B. IV.

73 *Koch/Reinicke*, ZAG, § 11.

74 Richtlinie 2009/110/EG des Europäischen Parlaments und des Rates v. 16. September 2009 über die Aufnahme, Ausübung und Beaufsichtigung der Tätigkeit von E-Geld-Instituten zur Änderung der Richtlinien 2005/60/EG und 2006/48/EG sowie zur Aufhebung der Richtlinie 200/46/EG, ABl. L 267/7. *Vgl.* dazu auch 1. Teil: B. V.

Zahlungsinstituten angenähert. Im Zuge dessen wurden E-Geld-Institute mit Wirkung zum 30. April 2011 in den Anwendungsbereich des Zahlungsdiensteaufsichtsgesetz integriert.[75] Als Folge ist § 11 ZAG auch auf E-Geld-Institute anwendbar.

2. Erfasste Zielunternehmen

Anwendungsbereich des § 11 ZAG ist der Erwerb einer bedeutenden Beteiligung an Instituten i.S.d. des Zahlungsdiensteaufsichtsgesetz. Institute i.S.d. des ZAG sind Zahlungsinstitute und E-Geld-Institute (§ 1 Abs. 2a ZAG). Der Begriff des Zahlungsinstituts ist in § 1 Abs. 1 Nr. 5 ZAG legal definiert und umfasst gewerbsmäßige Zahlungsdienstleister, mit Ausnahme von Kreditinstituten im Sinne der Bankenrichtlinie (also Unternehmen, die gewerbsmäßig sowohl im Einlagen- als auch im Kreditgeschäft tätig sind), E-Geld-Instituten, den Bund, die Länder, Gemeinden, Gemeindeverbände und mittelbaren Verwaltungsträger des Bundes oder der Länder, der Europäischen Zentralbank, der Bundesbank und anderer Zentralbanken des Europäischen Wirtschaftsraumes.[76] E-Geld-Institute sind Unternehmen, die das E-Geld-Geschäft betreiben, also E-Geld ausgeben, wobei auch hier Kreditinstitute und die vorgenannten öffentlich-rechtlichen Verwaltungsträger und Zentralbanken von der Definition des E-Geld-Instituts ausgenommen sind (§ 1 Abs. 1a Abs. 1 Nr. 5 i.V.m. § 1a Abs. 1 Abs. 2 ZAG).[77]

Die Anwendungsbereiche von § 2c KWG einerseits und § 11 ZAG andererseits schließen einander grundsätzlich aus. Einlagenkreditinstitute, die auch Zahlungsdienste erbringen oder E-Geld-Geschäft betreiben, fallen schon von vornherein nicht unter die Definitionen des Zahlungsinstituts (*vgl.* § 1 Abs. 1 Nr. 5 ZAG) und des E-Geld-Instituts (§ 1a Abs. 1 Nr. 5 ZAG). Aber auch sonst ist § 11 ZAG im Hinblick auf Zahlungsinstitute nicht auf Institute i.S.d. § 1 Abs. 1b KWG anwendbar. Dies ergibt sich aus § 1 Abs. 11 ZAG, wonach auf Zahlungsinstitute, die eine Erlaubnis gemäß § 32 Abs. 1 Satz 1 KWG haben, unter anderem § 11 ZAG nicht anzuwenden ist. Die materiellen Anforderungen des Zahlungsdiensteaufsichtsgesetzes sind dann, soweit erforderlich, im Rahmen des Verfahrens nach § 2c KWG zu berücksichtigen.[78]

Für E-Geld-Institute, die sogleich eine Erlaubnis nach § 32 Abs. 1 Satz 1 KWG haben, fehlt eine § 1 Abs. 11 ZAG entsprechende gesetzliche Regelung. Rechtfertigende Gründe für die gegenüber Zahlungsinstituten abweichende Behandlung von E-Geld-Instituten mit einer Erlaubnis nach § 32 Abs. 1 Satz 1 KWG sind nicht ersichtlich. Da auch die Gesetzesmaterialien die gegenüber Zahlungsinstituten abweichende Behandlung von E-Geld-Instituten nicht begründen, spricht vieles für ein gesetzgeberisches Versehen. Auch bei E-Geld-

---

75 Art. 1 des Gesetzes zur Umsetzung der Zweiten E-Geld-Richtlinie v. 1. März 2011 (BGBl. I S. 288). *Vgl.* dazu *Diekmann/Wieland*, ZBB 2011, 297 (299).

76 Der Begriff "Zahlungsdienste" ist in § 1 Abs. 2 ZAG gesetzlich definiert.

77 Zum Begriff des E-Gelds *vgl.* die Legaldefinition in § 1a Abs. 3 ZAG.

78 Begr. RegE zum Zahlungsdiensteumsetzungsgesetz, BT-Drucks. 16/11613, S. 69.

Instituten mit Erlaubnis nach § 32 Abs. 1 Satz 1 KWG ist daher § 11 ZAG nicht anzuwenden. Die für das E-Geld-Geschäft spezifischen Gesichtspunkte sind im Rahmen der Prüfung des Erwerbsvorhabens nach § 2c KWG zu berücksichtigen.

3. ZAG-Anzeigenverordnung

Gemäß § 11 Abs. 2 ZAG hat das Bundesministerium der Finanzen die Möglichkeit, mit Zustimmung des Bundesrates im Benehmen mit der Deutschen Bundesbank nähere Bestimmungen über die mit der Anzeige zu übermittelnden Unterlagen und Tatsachen zu treffen und kann diese Kompetenz auf die Bundesanstalt übertragen. Von dieser Möglichkeit hat das Finanzministerium durch Erlass von §§ 4 f. ZAGAnzV vom 15. Oktober 2009 Gebrauch gemacht.[79] Dabei verweisen §§ 4 f. ZAGAnzV in weiten Teilen auf die Inhaberkontrollverordnung. Die ZAG-Anzeigenverordnung stellt zudem eigene, am Vorbild der Inhaberkontrollverordnung entwickelte Formulare zur Verfügung.

VI. Börsenträger: § 6 BörsG

Auch die Absicht zum Erwerb einer bedeutenden Beteiligung an einem Börsenträger bedarf gemäß § 6 BörsG einer entsprechenden Anzeige durch den Erwerbsinteressenten. § 6 Abs. 1 Satz 1 BörsG verweist hinsichtlich des Begriffs der bedeutenden Beteiligung auf § 1 Abs. 9 KWG. Die Anzeige ist bei der Börsenaufsichtsbehörde einzureichen. Anders als die Marktaufsicht durch die Bundesanstalt, ist die Börsenaufsicht Ländersache.[80]

1. Gesetzeshistorie

Die Vorschrift wurde durch das Vierte Finanzmarktförderungsgesetz damals als § 3 BörsG (a.F.) neu in das Börsengesetz eingeführt und war maßgeblich durch die geplante, umstrittene und letztlich gescheiterte Fusion der Deutschen Börse AG mit der London Stock Exchange plc. Ende des Jahres 2000 geprägt.[81] Zuvor gab es keine Kontrolle der Anteilseigner von Börsenträgern.[82] Das Finanzmarktrichtlinie-Umsetzungsgesetz hat § 3 BörsG (a.F.) im Wesentlichen unverändert als § 6 BörsG (n.F.) übernommen. Die Vorschrift ist strukturell und dem Inhalt nach ebenfalls § 2c KWG nachgebildet.[83] Sie dient der Umsetzung von Art. 38 der Finanz-

---

79 Verordnung über die Anzeigen und die Vorlage von Unterlagen nach dem Zahlungsdiensteaufsichtsgesetz (ZAG-Anzeigenverordnung – ZAGAnzV) v. 15. Oktober 2009 (BGBl. I S. 3603).

80 *Vgl.* § 3 Abs. 1 Satz 1 BörsG. Im Fall der Frankfurter Wertpapierbörse ist die Börsenaufsicht beim Hessischen Ministerium für Wirtschaft, Verkehr und Landesentwicklung angesiedelt.

81 *Vgl. Christoph*, WM 2004, 1856 (1857); *Burgard*, WM 2011, 1973 (1975).

82 *Groß*, Kapitalmarktrecht, § 6 Rn. 1; *Beck*, in: Schwark/Zimmer, Kapitalmarktrechts-Kommentar, § 6 BörsG Rn. 1.

83 Begr. RegE zum Vierten Finanzmarktförderungsgesetz, BT-Drucks. 14/8017, S. 73 verweist deshalb ausdrücklich zur Begründung der Neuregelung auf die Gesetzesmaterialien zu § 2b KWG (a.F.) und § 104 VAG; *Ledermann*, in: Schäfer/Hamann, Kapitalmarktrecht, § 3 BörsG Rn. 2; *Christoph*, WM 2004, 1856 (1857).

marktrichtlinie.[84] Die Umsetzung ins deutsche Recht geht allerdings über die Anforderungen des Art. 38 deutlich hinaus.[85]

§ 6 BörsG hat in der Folge nur wenige Änderungen erfahren. Durch Gesetz vom 17. Dezember 2008 (BGBl I S. 2586) wurde § 6 Abs. 4 Satz 7 BörsG geändert. Obwohl das Gesetz zur Umsetzung der Beteiligungsrichtlinie einzelne Vorschriften des Börsengesetzes abgeändert hat, wurde § 6 BörsG im Zuge der Umsetzung der Beteiligungsrichtlinie unverändert gelassen. So wurden ohnehin bereits bestehende Unterschiede zu den Regelungen des § 2c KWG, § 104 VAG und § 2a InvG weiter verstärkt. Beispielsweise wird im Rahmen des Börsengesetzes eine Erhöhungsanzeige erst bei 33 % und nicht schon bei 30 % der Stimmrechte oder des Kapitals wie im Kreditwesengesetz, Versicherungsaufsichtsgesetz und Investmentgesetz ausgelöst (§ 6 Abs. 6 Satz 6 BörsG). Auch die Fassung der Untersagungsgründe weicht von den Regelungen in § 2c KWG und § 104 VAG ab (§ 6 Abs. 2 Satz 1 BörsG). Als börsenrechtliche Besonderheit kommt eine Untersagung auch dann in Betracht, wenn Tatsachen die Annahme rechtfertigen, dass die Durchführung und angemessene Fortentwicklung des Börsenbetriebs beeinträchtigt wird (sogen. Börsenbetriebspflicht nach § 5 Abs. 1 Satz 2 BörsG; *vgl.* § 6 Abs. 2 Satz 1 Nr. 2 BörsG).[86] Die Frist der Börsenaufsichtsbehörde zur Untersagung des Erwerbs beträgt nach § 6 Abs. 2 Satz 1 BörsG nur einen Monat, während im Kreditwesengesetz, Versicherungsaufsichtsgesetz und Investmentgesetz deutlich längere Entscheidungsfristen vorgesehen sind.

Der Gesetzgeber hat damit die Möglichkeit verpasst, im Zuge der Umsetzung der Beteiligungsrichtlinie die Inhaberkontrolle von Börsenträgern an die Vorschriften im übrigen Finanzsektor anzugleichen. Bestehende Unterschiede wurden sogar weiter vertieft, ohne dass hierfür – mit Ausnahme der Besonderheit der Sicherung der Börsenbetriebspflicht - eine sachliche Rechtfertigung erkennbar wäre. Offen zu Tage treten die Unterschiede vor allem in Fällen, in denen der Börsenträger zugleich Institute i.S.d. § 1 Abs. 1b KWG hat und der Beteiligungserwerb zugleich der Inhaberkontrolle nach § 2c KWG unterliegt.[87]

2. Erfasste Zielunternehmen

§ 6 BörsG ist auf Träger einer Börse anzuwenden. Der Begriff "Börse" wurde durch das Finanzmarktrichtlinie-Umsetzungsgesetz erstmals im Börsengesetz definiert. Börsen sind nach der Legaldefinition teilrechtsfähige Anstalten des öffentlichen Rechts, die nach Maßgabe des Börsengesetzes multilaterale Systeme

---

84 *Beck*, in: Schwark/Zimmer, Kapitalmarktrechts-Kommentar, § 6 BörsG Rn. 2, 18; *Groß*, in: Ebenroth/Boujong/Joost/Strohn, HGB, Rn. IX105; *Burgard*, WM 2011, 1973 (1974).

85 *Vgl.* zu Art. 38 der Finanzmarktrichtlinie und den daraus resultierenden europarechtlichen Bedenken 1. Teil: B. I. 2. b).

86 *Vgl. Burgard*, WM 2011, 1973 (1975 ff.).

87 Dies trifft z.B. auf den Erwerb einer bedeutenden Beteiligung an der Deutsche Börse AG zu, zu deren Gruppe eine Reihe von in- und ausländischen Kreditinstituten und Finanzdienstleistungsunternehmen zählen.

regeln und überwachen, welche die Interessen einer Vielzahl von Personen am Kauf und Verkauf von zum Handel zugelassenen Wirtschaftsgütern und Rechten innerhalb des Systems nach festgelegten Bestimmungen in einer Weise zusammenbringen oder das Zusammenbringen fördern, die zu einem Vertrag über den Kauf des Handelsobjektes führen (§ 2 Abs. 1 BörsG). Rechtlich handelt es sich dabei um einen Fall der Beleihung.[88]

Von der Börse selbst ist der Träger der Börse zu unterscheiden. Darunter versteht man die diejenigen Personen, welche die personellen, finanziellen und organisatorischen Mittel für die Durchführung des Börsenhandels zur Verfügung stellen.[89] So ist die Deutsche Börse AG Trägerin der öffentlich-rechtlichen Anstalt FWB Frankfurter Wertpapierbörse, die Eurex Frankfurt AG ist Trägerin der öffentlich-rechtlichen Anstalt Eurex Deutschland und die European Energy Exchange AG ist Trägerin der European Energy Exchange als Warenbörse für den börslichen Handel mit Strom.[90]

§ 6 BörsG umfasst nur Beteiligungsveränderungen an Börsenträgern. Kooperationen auf Börsenebene, wie etwa der Zusammenschluss von Börsen, werden dagegen von § 6 BörsG nicht erfasst.[91]

Sogenannte multilaterale Handelssysteme werden nicht von § 6 BörsG erfasst.[92] Vom deutschen Gesetzgeber als Finanzdienstleistungsinstitute i.S.d. § 1 Abs. 1a Satz 2 Nr. 1b KWG eingeordnet, richtet sich für Betreiber multilateraler Handelssysteme das Inhaberkontrollverfahren nach § 2c KWG. Da es denkbar ist, dass Börsenträger zugleich Finanzdienstleistungsinstitute sind[93], können Inhaberkontrollverfahren nach dem Kreditwesengesetz und dem Börsengesetz parallel zur Anwendung kommen. In der Praxis greift zwar zumeist die gesetzliche Ausnahme nach § 2 Abs. 6 Satz 1 Nr. 16 KWG, wonach Betreiber organisierter Märkte, die neben dem Betrieb eines multilateralen Handelssystems keine anderen Finanzdienstleistungen i.S.d. § 1 Abs. 1a Satz 2 KWG erbringen, nicht als Finanzdienstleistungsinstitute gelten. Trotzdem bleibt § 2c KWG anwendbar. Nach § 2 Abs. 12 Satz 1-2, Satz 4 KWG greift im Hinblick auf Träger einer inländischen Börse, die außer dem Freiverkehr (der kein organisierter Markt sondern ein multilaterales Handelssystem ist) als einzige Finanzdienstleistung ein multilaterales Handelssystem im Inland betreiben, die Rückausnahme, wonach unter anderem die

---

88 *Burgard*, WM 2011, 1973 (1977).

89 *Groß*, Kapitalmarktrecht, Vorbem. BörsG, Rn. 24; *Burgard*, WM 2011, 1973 (1977).

90 *Groß*, Kapitalmarktrecht, Vorbem. BörsG, Rn. 24.

91 *Vgl.* zur aufsichtsrechtlichen Zulässigkeit von Kooperationen auf Börsenebene *Müller*, in: Francioni/Müller/Hammen, Börsenkooperationen, S. 12 f.

92 *Groß*, Kapitalmarktrecht, § 6 Rn. 5; *Christoph*, WM 2004, 1854 (1856).

93 *Kümpel*, in: Kümpel/Hammen/Ekkenga, Kapitalmarktrecht, Kennz. 060, Rn. 229; *Hammen*, WM 2001, 929 (940); a.A. *Christoph*, Börsenkkooperationen und Börsenfusionen, S. 279 m.w.N.

Anzeigepflichten nach § 2c Abs. 1 und Abs. 4 KWG und die Befugnisse der Bundesanstalt nach § 2c KWG entsprechend gelten.[94]

3. Konkretisierung durch Rechtsverordnungen

Durch § 6 Abs. 7 BörsG werden die Landesregierungen ermächtigt, durch Rechtsverordnung nähere Bestimmungen über Art, Umfang und Zeitpunkt der Erwerbsanzeigen zu erlassen, wobei die Landesregierung die Ermächtigung durch Rechtsverordnung auf die Börsenaufsichtsbehörde übertragen kann. In einigen Bundesländern wie beispielsweise Hessen und Sachsen wurde von der Verordnungsermächtigung Gebrauch gemacht.[95] Umfang und Detaillierungsgrad der aufgrund dieser Rechtsverordnungen beizubringenden Nachweise und Informationen sind im Vergleich zur Inhaberkontrollverordnung allerdings geringer.

B. Europäische Grundlagen

Wie bereits angedeutet hat ein Großteil der nationalen Vorschriften zur Anteilseignerkontrolle beim Erwerb bedeutender Beteiligungen ihre Wurzeln im europäischen Recht. Die in seit dem Jahr 1989 erlassenen sektorenspezifischen Richtlinien verstreuten Anzeigepflichten wurden durch die Beteiligungsrichtlinie im Jahr 2007 umfassend überarbeitet und vereinheitlicht.

I. Rechtsentwicklung bis zum Erlass der Beteiligungsrichtlinie (2007/44/EC)

Bis zum Erlass der Beteiligungsrichtlinie haben sich die europarechtlichen Grundlagen wie im Folgenden näher beschrieben entwickelt.

1. Bankenrichtlinien

a) Zweite Bankrechtskoordinierungs-Richtlinie (89/646/EWG)

Bereits im Jahr 1973 wurde gestützt auf die primärrechtliche Niederlassungs- und Dienstleistungsfreiheit mit der Richtlinie 73/183/EWG begonnen, auf europäischer Ebene über den Erlass von Richtlinien Hemmnisse für den grenzüberschreitenden Verkehr von Bankdienstleistungen abzubauen und eine Mindestharmonisierung der aufsichtsrechtlichen Vorschriften für Banken zu erreichen.

---

94 Zur Einordnung des § 2 Abs. 12 KWG als Rückausnahme zu § 2 Abs. 6 Satz 1 Nr. 16 KWG *vgl. Schäfer*, in: Boos/Fischer/Schulte-Mattler, KWG, § 2 Rn. 106 ff; Reischauer/Kleinhans, KWG, § 2 Rn. 86. § 2 Abs. 12 KWG dient der Umsetzung von Art. 5 Abs. 2 der Finanzmarktrichtlinie (*vgl.* Begr. RegE zum Finanzmarktrichlinie-Umsetzungsgesetz, BT-Drucks. 16/4028, S. 93, die allerdings nur auf Artt. 12 und 13 der Finanzmarktrichtlinie und nicht auf die damals in Art. 10 Abs. 3 geregelten Vorschriften zur Inhaberkontrolle Bezug nimmt).

95 § 3 Hessische Börsenverordnung v. 16. Dezember 2008 (GVBl. I S. 1061); § 3 Sächsische Börsengesetz-Verfahrens-Verordnung v. 16. Januar 2009 (SächsGVBl. I S. 52).

In der Folge wurde eine Reihe von weiteren Richtlinien erlassen, die aufbauend auf den folgenden drei Grundprinzipien einen europäischen Binnenmarkt für Banken herstellen wollten:

(1) die Mindestharmonisierung des aufsichtsrechtlichen Rahmens in den Mitgliedstaaten,

(2) die gegenseitige Anerkennung nationaler Zulassungen und der Bankenaufsichtssysteme, sowie

(3) den Grundsatz der primären Aufsicht über grenzüberschreitend agierende Kreditinstitute durch die Aufsichtsbehörden des sogenannten Herkunftsmitgliedstaats bei gleichzeitiger Kooperation mit den Aufsichtsbehörden des Aufnahmemitgliedstaates.[96]

Zu nennen ist insbesondere die Erste Bankrechtskoordinierungsrichtlinie (77/780/EWG),[97] die noch heute gültige Grundprinzipien wie die europäische Definition des Begriffs "Kreditinstitut" festlegte und die wesentliche Zulassungsvorschriften harmonisierte. Die Konsolidierungs-Richtlinie (83/350/EWG)[98] hat erste grundsätzliche Regelungen zur Aufsicht über Bankengruppen auf konsolidierter Basis eingeführt.

Mit der Zweiten Bankrechtskoordinierungs-Richtlinie (89/646/EWG)[99] wurden dann im Jahr 1989 erstmals europaweit harmonisierte Regeln zur Inhaberkontrolle bei Kreditinstituten eingeführt. In Art. 11 der Zweiten Bankrechtskoordinierungs-Richtlinie wurde eine Mitteilungspflicht für den beabsichtigten Erwerb einer qualifizierten Beteiligung eingeführt. Die Vorschrift ähnelte in ihrer Grundstruktur bereits den heute gültigen europäischen Vorgaben und blieb bis ins Jahr 2007 weitgehend unverändert. Der Begriff der qualifizierten Beteiligung wurde in Art. 1 Nr. 11 der Zweiten Bankrechtskoordinierungs-Richtlinie bereits als direktes oder indirektes Halten von 10 % oder mehr des Kapitals oder der Stimmrechte oder der Möglichkeit zur Wahrnehmung eines maßgeblichen Einflusses auf die Geschäftsführung eines Unternehmens definiert. Entsprechende Anzeigepflichten wurden den Mitgliedstaaten auch für das Erreichen, Überschreiten oder Unterschreiten von 20 %, 33 %, 50 % und den Kontrollerwerb sowie für die Aufgabe der Kontrolle

---

96 *Vgl.* zur Entwicklung des europäischen Bankrechts und den Grundprinzipien etwa *Gruson*, in: Gruson/Reisner, Regulation of Foreign Banks, Band 2, § 5.01[4] und § 5.02[1]; *Ohler*, in: Derleder/Knops/Bamberger, Bankrecht, § 76 Rn. 4 ff.; *Bundesverband Öffentlicher Banken Deutschlands*, Kreditwirtschaftlich wichtige Vorhaben der EU, S. 14 ff.

97 Erste Richtlinie 77/780/EWG des Rates v. 12. Dezember 1977 zur Koordinierung der Rechts- und Verwaltungsvorschriften über die Aufnahme und Ausübung der Tätigkeit der Kreditinstitute (ABl. L 322/30).

98 Richtlinie 83/350/EWG des Rates v. 13. Juni 1983 über die Beaufsichtigung der Kreditinstitute auf konsolidierter Basis (ABl. L 193/18).

99 Zweite Richtlinie 89/646/EWG des Rates v. 15. Dezember 1989 zur Koordinierung der Rechts- und Verwaltungsvorschriften über die Aufnahme und Ausübung der Tätigkeit der Kreditinstitute und zur Änderung der Richtlinie 77/780/EWG (ABl. L 386/1).

oder qualifizierten Beteiligung vorgeschrieben (Art. 11 Abs. 3 der Zweiten Bankrechtskoordinierungs-Richtlinie).

Die Mitgliedstaaten hatten ihren nationalen Behörden das Recht einzuräumen, binnen drei Monaten ab der Unterrichtung über den beabsichtigten Erwerb Einspruch zu erheben, wenn sie die Überzeugung gewannen, dass der Erwerber den im Interesse der Gewährleistung einer soliden und umsichtigen Führung des Kreditinstituts zu stellenden Ansprüchen nicht genügte. Für den Fall eines Kontrollerwerbs durch ein Kreditinstitut war ferner eine verpflichtende Konsultation mit den zuständigen Behörden anderer betroffener Mitgliedstaaten vorzusehen.

Die Zweite Bankrechtskoordinierungs-Richtlinie enthielt keine spezifischen Kriterien für die Beurteilung des Erwerbsvorhabens. Zudem war dort das Verfahren nur bruchstückhaft vorgegeben. Deshalb verfügten die Mitgliedstaaten und deren nationale Aufsichtsbehörden über einen beträchtlichen Spielraum zur Ausgestaltung des Verfahrens und hinsichtlich der Gründe für die Ablehnung eines Erwerbsvorhabens.[100]

Nach der Zweiten Bankrechtskoordinierungs-Richtlinie mussten die Mitgliedstaaten auch entsprechende Passivanzeigen durch die Kreditinstitute selbst vorsehen (Art. 11 Abs. 4 der Zweiten Bankrechtskoordinierungs-Richtlinie). Ferner verpflichtete die Zweite Bankrechtskoordinierungs-Richtlinie die Mitgliedstaaten dazu, den Aufsichtsbehörden das Recht einzuräumen, die erforderlichen Maßnahmen zu ergreifen, um einen Zustand zu beenden, bei dem der von Inhabern qualifizierter Beteiligungen ausgeübte Einfluss sich zum Schaden einer umsichtigen und soliden Geschäftsführung des Instituts auswirken könnte (Art. 11 Abs. 5 der Zweiten Bankrechtskoordinierungs-Richtlinie).

Hervorzuheben ist, dass die Zweite Bankrechtskoordinierungs-Richtlinie den Mitgliedstaaten noch anheim stellte, darüber hinaus gehende strengere Vorschriften zu erlassen.[101] Von dieser Möglichkeit hatten einige Mitgliedstaaten auch Gebrauch gemacht. Als Beispiel ist Spanien zu nennen, wo nach alter Rechtslage eine das Inhaberkontrollverfahren auslösende *participación significativa* bereits beim beabsichtigten Erwerb einer direkten oder indirekten Beteiligung von 5 % des Kapitals oder der Stimmrechte angenommen wurde.[102] Auch in Italien lag die

---

100 BegrE Beteiligungsrichtlinie, KOM(2006) 507 endgültig, S. 3.

101 9. Erwägungsgrund der Zweiten Bankrechtskoordinierungs-Richtlinie.

102 Art. 56.1 des Gesetzes 26/1988 v. 29. Juli 1988 über die Beaufsichtigung und Kontrolle von Kreditinstituten (*Ley 26/1988, de 29 de julio, sobre Disciplina e Intervención de las Entidades de Crédito*), B.O.E. no 182 v. 30. Juli 1988; *vgl.* zur Rechtslage vor Umsetzung der Beteiligungsrichtlinie auch *Sebastián/Pereda*, in: Gruson/Reisner, Regulation of Foreign Banks, Band 3, § 15.03[2][a].

Schwelle für die Zustimmungspflicht der Banca d'Italia zu einem Erwerbsvorhaben im Bankensektor bis zur Umsetzung der Beteiligungsrichtlinie bereits bei 5 %.[103]

b) Bankenrichtlinien (2000/12/EG und 2006/48/EG)

Im Jahr 2000 ging die Zweite Bankrechtskoordinierungs-Richtlinie zusammen mit sechs weiteren Richtlinien in der Bankenrichtlinie (2000/12/EG) auf.[104] Ziel dieser Konsolidierung war es, die Übersichtlichkeit und Transparenz der bisher in einzelnen Richtlinien erlassen Vorschriften durch Zusammenführung in einer einzelnen Richtlinie zu erhöhen.[105] Die bisherigen Regelungen zur Inhaberkontrolle wurden dabei nahezu unverändert als Art. 16 in die neue Bankenrichtlinie aufgenommen. Die Möglichkeit der Mitgliedstaaten, strengere als die in der Bankenrichtlinie (2000/12/EG) aufgeführten Vorschriften zu erlassen, blieb erhalten.[106]

Auch als anlässlich der Einführung der Basel II-Übereinkunft zusammen mit der neu gefassten Kapitaladäquanzrichtlinie die Bankenrichtlinie (2000/12/EG) aufgehoben und in der Bankenrichtlinie (2006/48/EG) neu gefasst wurde, blieben die Vorschriften zur Inhaberkontrolle inhaltlich unverändert und wurden als Artt. 19 bis 21 in die neue Bankenrichtlinie (2006/48/EG) übernommen.[107]

2. Wertpapierdienstleistungs- und Finanzmarktrichtlinie

a) Wertpapierdienstleistungsrichtlinie (93/22/EWG)

Ein aufsichtsrechtliches Inhaberkontrollverfahren für Wertpapierfirmen wurde erstmals im Zuge der Wertpapierdienstleistungs-Richtlinie 93/22/EWG im Jahr 1993 ins Europäische Recht eingeführt.[108] Dabei war die Regelung in Art. 9 der Richtlinie inhaltsgleich mit der Vorschrift der zweiten Bankrechtkoordinierungs-Richtlinie und später der Bankenrichtlinien.

b) Finanzmarktrichtlinie (2004/39/EG)

Im Jahr 2004 wurde die Wertpapierdienstleistungs-Richtlinie durch die Finanzmarktrichtlinie (2004/39/EG) abgelöst. Dabei wurden auch die Vorschriften

---

103 *Scassellati-Sforzolini/Zadra*, in: Gruson/Reisner, Regulation of Foreign Banks, Band 3, § 9.03[2].

104 Richtlinie 2000/12/EG des Europäischen Parlaments und des Rates v. 20. März 2000 über die Aufnahme und Ausübung der Tätigkeit der Kreditinstitute (ABl. L 126/1).

105 *Gruson*, in: Gruson/Reisner, Regulation of Foreign Banks, Band 2, § 5.02[1][b].

106 *Vgl.* 12. Erwägungsgrund Bankenrichtlinie (2000/12/EG); *Gruson*, in: Gruson/Reisner, Regulation of Foreign Banks, Band 2, § 5.03[3][a].

107 Dies gilt auch für den Vorbehalt, der den Mitgliedstaaten weiterhin erlaubte, strengere als die in der Richtlinie vorgesehenen Vorschriften zu erlassen. *Vgl.* 15. Erwägungsgrund Bankenrichtlinie (2006/48/EG).

108 Richtlinie 93/22/EWG des Rates v. 10. Mai 1993 über Wertpapierdienstleistungen (ABl. L 141/27).

zur aufsichtsrechtlichen Inhaberkontrolle inhaltsgleich in die Finanzmarktrichtlinie übernommen.[109]

Die Finanzmarktrichtlinie ist auf sogenannte Wertpapierfirmen anwendbar. Wertpapierfirma i.S.d. Finanzmarktrichtlinie ist jede juristische Person, die im Rahmen ihrer üblichen beruflichen oder gewerblichen Tätigkeit gewerbsmäßig eine oder mehrere Wertpapierdienstleistungen für Dritte erbringt und/oder eine oder mehrere Anlagetätigkeiten ausübt.[110] Was unter Wertpapierdienstleistungen und Anlagetätigkeiten zu verstehen ist, definiert die Finanzmarktrichtlinie unter Verweis auf ihren Anhang I.[111] Erfasst werden die Annahme und Übermittlung von Aufträgen, die ein oder mehrere Finanzinstrument(e) zum Gegenstand haben, die Ausführung von Aufträgen im Namen von Kunden, der Handel für eigene Rechnung, die Portfolio-Verwaltung, die Anlageberatung, die Übernahme der Emission von Finanzinstrumenten und/oder Platzierung von Finanzinstrumenten mit fester Übernahmeverpflichtung, die Platzierung von Finanzinstrumenten ohne feste Übernahmeverpflichtung und der Betrieb eines multilateralen Handelssystems (MTF). Damit wird deutlich, dass § 2c KWG nicht nur der Umsetzung der Bankenrichtlinie dient, sondern auch die Vorschriften der Finanzmarkt-Richtlinie ins deutsche Recht umsetzt.

Eine gesonderte Regelung trifft Art. 38 der Finanzmarktrichtlinie für Anteilseignerveränderungen an Trägern und Betreibern eines geregelten Marktes. Diesbezüglich weicht der Richtliniengeber von dem aus der Bankenrichtlinie bekannten Regelungsschema ab. Die Finanzmarktrichtlinie fordert eine Untersagungsmöglichkeit nur bei beabsichtigten Änderungen der Mehrheitsbeteiligung, sofern objektive und nachweisbare Gründe für die Vermutung vorliegen, dass die solide und umsichtige Verwaltung des geregelten Marktes gefährdet wird. Im Übrigen verfolgt die Richtlinie vor allem eine Marktregulierung dadurch, dass die Beteiligungsverhältnisse der Aufsichtsbehörde und dem Markt transparent gemacht werden müssen.[112] Daher sind vereinzelt Bedenken gegen die Vereinbarkeit von Teilen des § 6 BörsG mit den europarechtlichen Vorgaben

---

109 Art. 10 Abs. 3 und Abs. 4 Finanzmarktrichtlinie.

110 Art. 4 Abs. 1 Nr. 1 Finanzmarktrichtlinie.

111 Art. 4 Abs. 1 Nr. 2 Finanzmarktrichtlinie.

112 Nach Art. 38 Abs. 1 der Finanzmarktrichtlinie ist geboten, dass Personen, die "direkt oder indirekt tatsächlich wesentlichen Einfluss auf die Verwaltung des geregelten Marktes" und damit die Börse "nehmen können", die zu diesem Zweck erforderliche Eignung besitzen müssen. Nach Art. 38 Abs. 3 der Finanzmarktrichtlinie hat die zuständige Behörde die Genehmigung zu vorgeschlagenen Änderungen der Mehrheitsbeteiligung des geregelten Marktes und/oder des Marktbetreibers zu verweigern, wenn objektive nachweisbare Gründe für die Vermutung vorliegen, dass sie die solide und umsichtige Verwaltung des geregelten Marktes gefährden. Ansonsten besteht nach Art. 38 Abs. 2 der Finanzmarktrichtlinie bei Veränderungen wesentlicher Beteiligungen lediglich eine Anzeigepflicht des Börsenbetreibers gegenüber der Behörde und sind die Inhaber wesentlicher Beteiligungen und etwaige Veränderungen zu veröffentlichen.

geäußert worden; andere mahnen jedenfalls eine enge, europarechtskonforme Auslegung des § 6 BörsG an.[113]

3. Versicherungsrichtlinien (92/49/EWG, 2002/83/EG, 2005/68/EG)

Im Versicherungsbereich wurden den Mitgliedstaaten die Einführung von Inhaberkontrollverfahren durch Art. 15 der Dritten Richtlinie Schadenversicherung (92/49/EWG)[114] und Art. 14 der Dritten Richtlinie Lebensversicherung (92/121/EWG) auferlegt. Die Vorschriften gingen im Lebensversicherungsbereich im Zuge der Konsolidierung verschiedener Richtlinien in Art. 15 der Lebensversicherungs-Richtlinie (2002/83/EG) über. Für Rückversicherungsunternehmen wurden entsprechende Anzeigepflichten beim beabsichtigten Erwerb oder der Veräußerung von qualifizierten Beteiligungen durch Art. 19 der Rückversicherungsrichtlinie vorgeschrieben. Inhaltlich erfolgte auch hier eine Orientierung an den Bankenrichtlinien.

4. Wesentliche Weichenstellungen

Die zweite Bankrechtskoordinierungs-Richtlinie und die Folge- und Parallelrichtlinien haben wesentliche Weichenstellungen getroffen, die für die weitere Rechtsentwicklung aufsichtsrechtlicher Inhaberkontrollverfahren in der Europäischen Union bestimmend waren.

a) Anzeigeverpflichtung durch den Erwerbsinteressenten

Verfahrenstechnisch hat sich das europäische Recht dafür entschieden, den Erwerbsinteressenten selbst zu verpflichten, den beabsichtigten Erwerb anzuzeigen und um aufsichtsrechtliche Freigabe zu ersuchen.

Denkbar wäre auch ein Ansatz gewesen, bei dem die beaufsichtigte Zielgesellschaft den beabsichtigten Anteilserwerb anzuzeigen, Informationen über den Erwerb zu übermitteln und eine entsprechende Bewilligung durch die Aufsicht einzuholen hat. Bekannt ist dieser Ansatz unter anderem aus dem Schweizer Recht, wo bei ausländisch beherrschten Banken für den beabsichtigten Inhaberwechsel das regulierte Institut eine Zusatzbewilligung bei der Eidgenössischen Finanzmarktaufsicht (FINMA) einholen muss.[115] In den Vereinigten Staaten sieht zum Beispiel das Regelwerk der Financial Industry Regulatory Authority (FINRA) im Falle des Erwerbs von mindestens 25 % der Anteile an einem US-Broker/Dealer vor, dass das lizenzierte Unternehmen selbst eine *Change-of-control Application* einzureichen hat.[116]

---

113 *Christoph,* WM 2004, 1856 (1864 ff.) schließt daraus auf eine teilweise Europarechtswidrigkeit des § 6 BörsG; für eine enge europarechtskonforme Auslegung *Beck,* in: Schwark/Zimmer, Kapitalmarktrechts-Kommentar, § 6 BörsG Rn. 18; dagegen *Burgard,* WM 2011, 1973 (1974).

114 *Vgl.* hiezu *Fahr,* VesR 1992, 1033 (1043).

115 *Vgl.* Art. 3ter Schweizer BankG.

116 *Vgl.* FINRA Manual, NASD Rules, Rule 1017(a)(4).

Für den auf EU-Ebene gewählten Ansatz spricht vor allem die Sachnähe des Erwerbsinteressenten. Bei aufsichtsrechtlichen Inhaberkontrollverfahren geht es vor allem um die Beurteilung der Eignung und Zuverlässigkeit des Erwerbers. Daher ist es auch folgerichtig, den Erwerber und nicht das Zielunternehmen einer Anzeigepflicht zu unterwerfen. Bei den im Zuge der Anzeige abgefragten Informationen handelt es sich in erster Linie um Informationen über den Erwerber und dessen Absichten und Pläne im Zusammenhang mit dem Beteiligungserwerb. Diese Informationen liegen dem Zielunternehmen zum Zeitpunkt der Bildung der Erwerbsabsicht meist gar nicht vor. Regelmäßig ist die beaufsichtigte Zielgesellschaft in den Beteiligungserwerb selbst gar nicht oder nur eingeschränkt involviert. Dies ist insbesondere bei einer Veräußerung von bestehenden Anteilen an einem Institut der Fall, bei der das Zielunternehmen typischerweise nicht Partei der Veräußerung sondern Objekt der Transaktion ist, und allenfalls im Rahmen einer etwaigen *Due Diligence* in den Verkaufsprozess einbezogen wird. Auch aus diesem Grund erscheint es sachgerechter, den Erwerbsinteressenten und nicht das Zielunternehmen zum Hauptbeteiligten des Inhaberkontrollverfahrens zu machen. Schließlich sprechen auch Sanktionsaspekte für die Anknüpfung der Anzeigepflicht beim Erwerbsinteressenten. Soweit die aufsichtsrechtliche Freigabe von der ordnungsgemäßen Erfüllung der Anzeigepflicht abhängt, könnte das beaufsichtigte Institut den Beteiligungserwerb durch die mangelhafte Erfüllung der Anzeigepflicht vereiteln oder jedenfalls behindern. Dies erscheint nicht sachgerecht.

b) Zuständigkeit nationaler Aufsichtsbehörden

Eine zweite Grundentscheidung des europäischen Rechts ist es, die Prüfung des Inhaberwechsels auch bei grenzüberschreitenden Erwerbsvorgängen den nationalen Aufsichtsbehörden des Zielinstituts zu überlassen.

Dies erscheint vor dem Hintergrund des Prinzips der Aufsicht durch den Herkunftsstaat konsequent.[117] Andererseits fügt sich dies beim Beteiligungserwerb durch beaufsichtigte Unternehmen auch nicht völlig widerspruchsfrei ins europäische System der Finanzaufsicht ein. So kann ein in einem Mitgliedstaat zugelassenes Institut ohne weitere materielle Hindernisse und ohne Genehmigung der Behörden des Aufnahmestaates mittels der Regelungen zum Europäischen Pass grenzüberschreitend in einem anderen Mitgliedstaat tätig werden. Dies gilt auch dann, wenn das Institut im anderen Mitgliedstaat eine Niederlassung errichten will.[118] Der grenzüberschreitende Beteiligungserwerb ist dagegen mit der obligatorischen Durchführung eines Inhaberkontrollverfahrens Gegenstand viel umfangreicherer aufsichtsrechtlicher Hürden.[119]

Von seiner aufsichtsrechtlichen Behandlung ist der Sachverhalt des Beteiligungserwerbs durch den europäischen Gesetzgeber damit stärker an das

---

117 *Vgl.* zum Herkunftsstaatsprinzip 1. Teil: B. 1. a).

118 *Vgl.* zum Verfahren bei Kreditinstituten Artt. 25 ff. Bankenrichtlinie.

119 *Vgl. Hirschmann,* Anteilseignerkontrolle, S. 81, wonach das Prinzip der Herkunftslandaufsicht ausgehebelt wird.

bankaufsichtsrechtliche Erlaubnisverfahren angenähert als an das Verfahren des Europäischen Passes. Gemessen an den durch einen Beteiligungserwerb aufgeworfenen aufsichtsrechtlichen Fragen erscheint dies nicht zwingend. Jedenfalls für den Erwerb einer bedeutenden Beteiligung durch in der Gemeinschaft regulierte Unternehmen wären durchaus stärkere Parallelen zu den Regelungen des Europäischen Passes denkbar. Handelt es sich beim Erwerbsinteressenten um ein reguliertes Unternehmen, ist ja bereits durch harmonisiertes europäisches Recht sichergestellt, dass der Erwerbsinteressent eine Eignungs- und Zuverlässigkeitsprüfung durchlaufen hat. Ferner unterliegt er als reguliertes Unternehmen im Herkunftsstaat einer Aufsicht auf konsolidierter Basis einschließlich Einbeziehung der Auslandsbeteiligungen.

In praktischer Hinsicht führt der durch den Richtliniengeber gewählte Ansatz dazu, dass dieselbe Transaktion Inhaberkontrollverfahren in mehreren Jurisdiktionen und mit mehreren Aufsichtsbehörden auslösen kann. Dies resultiert aus dem Umstand, dass auch indirekte Beteiligungsvorhaben Anzeigepflichten auslösen können, mit der Folge dass etwa der Erwerb einer Holdinggesellschaft mit regulierten Tochtergesellschaften in verschiedenen Ländern des EU/EWR-Raums in sämtlichen betroffenen Ländern Anzeigepflichten auslöst.[120] Dies stellt die beteiligten Parteien vor beträchtliche organisatorische, personelle und logistische Herausforderungen und ist bei der Zeitplanung der Transaktion zu berücksichtigen.

Ausgehend hiervon erscheint es rechtspolitisch sachgerecht, das bestehende Herkunftsstaatsprinzip im Hinblick auf die Anteilseignerkontrolle wenigstens insoweit zu ergänzen, als ein in einem Mitgliedstaat zugelassenes Kreditinstitut, Versicherungsunternehmen, Zahlungs- oder E-Geld-Institut oder zugelassene Wertpapierfirma ohne weitere Prüfung in jedem anderen Mitgliedstaat als zuverlässig und geeignet im Sinne der Anteilseignerkontrolle gilt.[121] Die europäischen Richtlinien schreiben den Mitgliedstaaten zurzeit allerdings nicht vor, eine derartige Vermutung in ihrem nationalen Recht vorzusehen.[122]

---

120 *Vgl.* ausführlich 2. Teil: A. IX.

121 So bereits *Hirschmann*, Anteilseignerkontrolle, S. 82.

122 *Vgl.* allerdings den 5. Erwägungsgrund der Beteiligungsrichtlinie, wonach im Fall von in der Europäischen Union zugelassenen und beaufsichtigten Erwerbern die Beurteilung der Zuverlässigkeit erleichert werden soll. *Vgl.* außerdem die CEBS/CEIOPS/CESR-Zeitlinien, Rn. 47 ff., wonach u.a. für in einem Mtgliedstaat zugelassene Unternehmen des Finanzsektors die Zuverlässigkeit und Eignung im Rahmen der Anteilseignerkontrolle vermutet werden soll. Der deutsche Gesetzgeber hat dagegen von einer gesetzlichen Vermutung abgesehen und verzichtet bei in der EU/EWG zugelassenen Einlagenkreditinstituten, Wertpapierhandelsunternehmen, E-Geld-Instituten, Vesicherungsunternehmen und Pensionsfonds nur auf die sonst in der Regel zwingende Übermittlung von Informationen zur Zuverlässigkeit und Sachkunde (*vgl.* § 16 Abs. 2 Satz 1 Nr. 7 InhKontollV).

c) Vorlaufende Überprüfung des Erwerbsinteressenten

Eine weitere wesentliche Weichenstellung des europäischen Gesetzgebers ist die Entscheidung für ein vorlaufendes Überprüfungsverfahren. Die in den Richtlinien vorgesehenen Regelungen begnügen sich nicht damit, dass die Behörden der Mitgliedstaaten das Erwerbsvorhaben erst nach dessen Vollzug auf seine aufsichtsrechtliche Unbedenklichkeit überprüfen. Bereits im Vorfeld des Beteiligungserwerbs sollen die zuständigen Behörden präventiv die vom Erwerbsvorhaben ausgehenden Gefahren ermitteln und falls notwendig den Vollzug des Erwerbs verhindern können. Dies vermeidet, dass die Aufsichtsbehörden vor vollendete Tatsachen gestellt werden und ermöglicht, vom Erwerb ausgehende Gefahren von vornherein auszuschließen.

Aber auch aus der Sicht des Erwerbsinteressenten hat eine vorlaufende Befassung der Finanzaufsicht mit dem Erwerbsvorhaben noch vor Vollzug des Erwerbs Vorteile. Diese Verfahrensausgestaltung stellt sicher, dass der Erwerbsinteressent bereits vor dem Vollzug der Maßnahme von aufsichtsrechtlichen Bedenken Kenntnis erlangt. Dem Erwerbsinteressenten wird so Gelegenheit gegeben, aufsichtsrechtliche Bedenken bei der Gestaltung des Erwerbsvorhabens noch rechtzeitig zu berücksichtigen oder auszuräumen.

5. Aufsehenerregende Fälle unter dem bisherigen europäischen Regelungsrahmen

Die Regelungen zur Erwerbskontrolle haben schon bald nach ihrem Erlass praktische Bedeutung gewonnen. Die öffentliche Diskussion wurde dabei von einer Reihe spektakulärer Übernahmeversuche im Bankenbereich geprägt, deren Handhabung durch die nationalen Bankaufsichtsbehörden die Funktionsfähigkeit des bisherigen Regelungsrahmens gerade in grenzüberschreitenden Fällen infrage gestellt hat.

Es entstand in einer Reihe von Verfahren der Eindruck, dass die aufsichtsrechtlichen Inhaberkontrollverfahren und die Ausgestaltung der Verfahren durch nationale Aufsichtsbehörden als Hebel benutzt wurden, politisch nicht gewollte Übernahmen inländischer Banken durch ausländische Institute zu verhindern.[123]

a) Der Fall Banco Santander/Champalimaud

Bereits im Jahr 1999 hatte die Europäische Kommission ein Vertragsverletzungsverfahren gegen Portugal angestoßen.[124] Damals hatte die Regierung in Lissabon versucht, den Kauf der Champalimaud-Finanzgruppe durch die spanische Banco Santander zu blockieren, obwohl Brüssel die Übernahme wettbewerbsrechtlich genehmigt hatte. Die Behörden Portugals hatten sich dabei formell auf das lokale Bankaufsichtsrecht berufen. Tatsächlich gewann nicht nur der zurückgewiesene Erwerber den Eindruck, dass vor allem der Schutz des

---

123 so auch *Deckers*, in: Bähr, Versicherungsaufsichtsrecht, § 30 Rn. 7.

124 Europäische Kommission, Presseerklärung v. 20. Juli 1999, IP/99/551.

heimischen Finanzmarktes vor ausländischen Erwerbern die Blockade des Erwerbs motivierte. Das Vertragsverletzungsverfahren wurde erst eingestellt, als Lissabon auf Druck der Kommission drei Monate später den Widerstand gegen die Übernahme aufgab.[125]

b) Der Fall Unicredit/Hypo Vereinsbank Gruppe

Ein wichtiger Impuls für die Überarbeitung der aufsichtsrechtlichen Inhaberkontrollverfahren und den späteren Erlass der Beteiligungsrichtlinie waren die Erfahrungen aus der Übernahme der Hypo Vereinsbank Gruppe durch die italienische Großbank UniCredit.

Bereits 1999 hatte UniCredit 52,9 % der polnischen Bank Pekao SA erworben. Als Ergebnis der im Juni 2005 bekanntgegebenen Pläne zur Übernahme der Hypo Vereinsbank sollte UniCredit indirekt auch die Kontrolle über eine weitere polnische Bank, die BPH, bekommen. Obwohl im Oktober 2005 die EU-Kommission den Zusammenschluss als wettbewerbsrechtlich unbedenklich einordnete und freigab, konnte die Transaktion zunächst wegen des Widerstands der polnischen Aufsichtsbehörden nicht vollzogen werden. Nach polnischem Recht bedurfte nämlich der Vollzug der Transaktion der Freigabe durch die polnische Zentralbank.

Die polnische Zentralbank entschied aber über Monate hinweg nicht über das anhängige Genehmigungsverfahren. Inhaltlicher Streitpunkt war dabei die Frage, inwieweit die polnische Bankenaufsichtsbehörde eine Klausel aus dem Privatisierungsvertrag der Bank Pekao im anhängigen Inhaberkontrollverfahren berücksichtigen durfte. Als UniCredit 1999 eine Mehrheitsbeteiligung an der Pekao übernahm, wurde nach Angaben der polnischen Regierung eine Wettbewerbsverbotsklausel in den Privatisierungsvertrag aufgenommen, "um den polnischen Markt für Bankdienstleistungen wettbewerbsfähig zu halten". Die Klausel führte nach Auffassung der polnischen Regierung dazu, dass UniCredit grundsätzlich nicht in Wettbewerber der Bank Pekao auf dem polnischen Markt investieren durfte. In der Folge übte die polnische Regierung erheblichen Druck auf die Zentralbank aus, den Erwerb zu untersagen und forderte die UniCredit zum Verkauf der BPH auf.

Daraufhin hatte die Europäische Kommission am 8. März 2006 ein Vertragsverletzungsverfahren gegen Polen eingeleitet. Nach Ansicht der Kommission war insbesondere die Wettbewerbsstruktur des polnischen Bankdienstleistungsmarkts durch das Gemeinschaftsrecht bereits hinreichend geschützt und konnte damit nicht zur Untersagung des Erwerbs durch die polnische Finanzaufsicht herangezogen werden.[126] Die Verhandlungen zwischen UniCredit und der polnischen Regierung gingen währenddessen weiter. Anfang April 2006 gab die Hypo Vereinsbank schließlich dem Druck Warschaus nach und einigte sich

---

125 Frankfurter Allgemeine Zeitung v. 28. April 2005, S. 11.

126 Europäische Kommission, Presseerklärung v. 8. März 2006, IP/06/276.

darauf, 200 der 460 Zweigstellen der BPH und einen Teil des Fonds-Geschäfts abzugeben. Noch am selben Abend billigte dann auch die polnische Bankenaufsicht die indirekte Übernahme von BPH durch UniCredit im Zuge des Erwerbs der Hypo Vereinsbank.[127]

c) Die Fälle BBVA/BLL und ABN AMRO/Banca Antonveneta

Im Dezember 2005 hatte die Europäische Kommission ein Vertragsverletzungsverfahren gegen Italien wegen deren Vorschriften über den Erwerb von Beteiligungen an inländischen Banken eröffnet.[128] Zuvor waren im Laufe des Jahres 2005 zwei Übernahmen italienischer Banken durch nicht-italienische EU-Banken am Widerstand der italienischen Notenbank gescheitert. Die spanische Banco Bilbao Vizcaya Argentaria (BBVA) wollte die Banca Nazionale del Lavoro (BLL) übernehmen, wurde jedoch durch die italienische Notenbank an diesem Vorhaben gehindert. Auch der Übernahmeversuch der niederländischen ABN AMRO bezüglich der Banca Antonveneta wurde durch die italienische Notenbank blockiert. Die zugrunde liegenden Vorschriften des italienischen Bankengesetzes von 1993 und der *Instruzioni di Vigilanza per le Banche*, die sich auf Art. 2359 des italienischen bürgerlichen Gesetzbuches (*Codice civile*) und den Beschluss eines interministeriellen Ausschusses stützten, gerieten daraufhin in das Kreuzfeuer der Kommission. Die Kommission hatte dabei vor allem die fehlende Verfahrenstransparenz der Vorschriften sowie den Mangel an spezifischen Kriterien für die Beurteilung der Genehmigungsfähigkeit eines Beteiligungserwerbs gerügt. Dies könne dazu führen, dass die Aufsichtsbehörde die Genehmigung aus undurchsichtigen Gründen wie der "Stabilität der Unternehmensführung" verweigere.[129] Als Ergebnis würden Investoren aus anderen Mitgliedstaaten im Widerspruch zu den Vorschriften des EG-Vertrages über den freien Kapitalverkehr (Art. 56) und die Niederlassungsfreiheit (Art. 43) von Investitionen im italienischen Banksektor abgeschreckt.

Erst nach darauf folgenden Änderungen Italiens am nationalen Regulierungsrahmen für Aufsichtsentscheidungen im Falle des Erwerbs von Beteiligungen an italienischen Banken seitens anderer EU-Banken hat die Kommission den Fall 2007 zu den Akten gelegt.[130]

II. Beteiligungsrichtlinie (2007/44/EG)

Eine grundlegende Überarbeitung der seit ihrer jeweiligen Einführung weitgehend unveränderten europäischen Bestimmungen zur Erwerbskontrolle erfolgte auf europäischer Ebene erst im Jahr 2007 durch die Beteiligungsrichtlinie 2007/44/EG. Als Änderungsrichtlinie überarbeitet und ergänzt die Beteiligungsrichtlinie die

---

127 Börsen-Zeitung v. 6. April 2006, S. 3 ("Unicredit einigt sich mit Polens Regierung").

128 Europäische Kommission, Presseerklärung v. 14. Dezember 2005, IP/05/1595.

129 Europäische Kommission, Presseerklärung v. 14. Dezember 2005, IP/05/1595.

130 Europäische Kommission, Presseerklärung v. 24. Januar 2007, IP/07/83.

relevanten Bestimmungen der Bankenrichtlinie, Finanzmarktrichtlinie und der Richtlinien im Versicherungsbereich.

1. Verfahren

Der Erlass der Beteiligungsrichtlinie stand zwar ganz unter dem Eindruck der vorgenannten Vertragsverletzungsverfahren.[131] Diese öffentlichkeitswirksamen Fälle waren jedoch nicht der alleinige Anlass für die Überarbeitung der bisherigen Vorschriften.

Bereits bei seinem Treffen im September 2004 konstatierte der Rat für Wirtschaft und Finanzen einen nur unzureichenden Fortschritt bei der grenzüberschreitenden Konsolidierung des Finanzsektors. Er betraute daher die Kommission damit, potentiellen Hindernissen bei grenzüberschreitenden Erwerbsvorgängen im Finanzsektor nachzugehen. Als Ergebnis dieses Mandats legte die Kommission im Oktober 2005 ein Arbeitspapier zur grenzüberschreitenden Konsolidierung im EU-Finanzsektor vor.[132] In ihrem Arbeitspapier kam die Kommission zu dem Schluss, dass im beobachteten Zeitraum zwischen 1999 und 2004 der Anteil der grenzüberschreitenden Transaktionen im Finanzsektor deutlich hinter anderen grenzüberschreitenden Transaktionen in anderen Wirtschaftsbereichen zurückgeblieben war. Bei den wenigen grenzüberschreitenden Transaktionen im Finanzbereich seien typischerweise nur kleinere Zielgesellschaften oder nur Minderheitsanteile Gegenstand des Erwerbs gewesen. Als ein wesentlicher Grund für diese Entwicklung wurde die unzureichende Ausgestaltung der Inhaberkontrollverfahren ausgemacht.

Nahezu gleichzeitig verlautbarte die Kommission eine Kommunikation zu innergemeinschaftlichen Investitionen im Finanzdienstleistungssektor.[133] Darin ermahnte die Europäische Kommission die Mitgliedstaaten, die Grundfreiheiten im Zusammenhang mit grenzüberschreitenden Investitionen im Finanzsektor zu achten. Die Kommission forderte eine strikte Verhältnismäßigkeit hinsichtlich Beschränkungen dieser Freiheiten ein. Die Kommission betonte in ihrer Kommunikation ferner, dass eine volle Transparenz aller Entscheidungen angezeigt sei.

In der Folge begannen die Vorarbeiten zu einer Überarbeitung der europäischen Vorschriften zur Inhaberkontrolle. Im September 2006 legte die Europäische Kommission schließlich einen Vorschlag zur Überarbeitung der Verfahrensregeln und Bewertungskriterien für die aufsichtsrechtliche Beurteilung des Erwerbs und der Erhöhung von Beteiligungen im Finanzsektor vor.[134] Am 5. September 2007

---

131 *Vgl.* dazu Börsen-Zeitung v. 1. März 2006, S. 6 ("Das darf nie wieder passieren" – Brüssel setzt Verfahren gegen Polen nach Fusionsblockade Unicredit/HVB fort"); Börsen-Zeitung v. 8. September 2006, 8 ("Brüssel will Bankenfusionen beschleunigen").

132 Commission Staff Working Document, Cross-border consolidation in the EU financial sector, 26. Oktober 2005, SEC (2005) 1398.

133 Europäische Kommission, EU-interne Investitionen im Finanzdienstleistungssektor, Mitteilung v. 21. Oktober 2005, C/2005/4080.

134 BegrE Beteiligungsrichtlinie, KOM(2006) 507 endgültig.

beschlossen das Europäische Parlament und der Rat der Europäischen Union schließlich die endgültige Fassung der Beteiligungsrichtlinie.[135]

2. Hauptziele

a) Überblick

Hauptziele der Beteiligungsrichtlinie sind die Erhöhung der Rechtssicherheit, Klarheit und Vorhersehbarkeit des Beurteilungsprozesses und der Entscheidungen bei aufsichtsrechtlichen Inhaberkontrollverfahren im Zuge des Erwerbs von Beteiligungen im Banken-, Versicherungs- und Wertpapiersektor.[136]

Wie ausgeführt enthielten die europäischen Vorgaben bis zum Erlass der Beteiligungsrichtlinie weder detaillierte Kriterien für eine aufsichtsrechtliche Beurteilung des beabsichtigten Erwerbs einer qualifizierten Beteiligung noch detaillierte Vorgaben für ihre Anwendung.[137] Ziel der Beteiligungsrichtlinie ist eine stärkere gemeinschaftsweite Harmonisierung des Verfahrens und der aufsichtsrechtlichen Beurteilung.[138] Die Richtlinie war bis zum 21. März 2009 in nationales Recht umzusetzen.[139] Der Regelungsansatz ist dabei sektorenübergreifend und harmonisiert die Vorschriften für Banken, Wertpapierfirmen und Versicherungen.

b) Reduzierung und Berechenbarkeit der Verfahrensdauer

Die Beteiligungsrichtlinie reduziert die bis dahin geltende Dreimonatsfrist für das aufsichtsrechtliche Einschreiten gegen ein angezeigtes Erwerbsvorhaben oder die beabsichtigte Erhöhung einer bedeutenden Beteiligung. Der nationale Beurteilungszeitrahmen beträgt nunmehr innerhalb des europäischen Wirtschaftsraums grundsätzlich maximal 60 Arbeitstage.

Für die Nachforderung von Unterlagen kann der Fristlauf durch die nationalen Behörden nur einmalig unterbrochen werden, und zwar bei Erwerbsinteressenten aus dem EU/EWG-Raum für maximal 20 Arbeitstage und bei Erwerbern aus Drittstaaten oder bei nichtregulierten Personen oder Unternehmen für maximal 30 Arbeitstage.[140]

---

135 Richtlinie 2007/44/EG des Europäischen Parlaments und des Rates v. 5. September 2007 zur Änderung der Richtlinie 92/49/EG des Rates sowie der Richtlinien 2002/83/EG, 2004/39/EG, 2005/68/EG und 2006/48/EG in Bezug auf Verfahrensregeln und Bewertungskriterien für die aufsichtsrechtliche Beurteilung des Erwerbs und der Erhöhung von Beteiligungen im Finanzsektor (ABl. L 247/1).

136 BegrE Beteiligungsrichtlinie, KOM(2006) 507 endgültig, S. 2; 2. Erwägungsgrund der Stellungnahme des Europäischen Parlaments (1. Lesung) zum Entwurf der Beteiligungsrichtlinie vom 13. März 2007, EP-PC-TC1-COD(2006)0166, S. 2.

137 2. Erwägungsgrund Beteiligungsrichtlinie.

138 6. Erwägungsgrund Beteiligungsrichtlinie.

139 Art. 7 UAbs. 2 Beteiligungsrichtlinie.

140 Art. 1 Nr. 3 (Art. 15a Dritte Richtlinie Schadenversicherung); Art. 2 Nr. 3 (Art. 15a Lebensversicherungsrichtlinie); Art. 3 Nr. 3 (Art. 10a Finanzmarktrichtlinie); Art. 4 Nr. 2 (Art. 19 Rückversicherungsrichtlinie); Art. 5 Nr. 2 (Art. 19 Bankenrichtlinie) Beteiligungsrichtlinie.

Bemerkenswert ist, dass der ursprüngliche Richtlinienentwurf der Kommission noch einen deutlich kürzeren Beurteilungszeitraum von maximal 30 Arbeitstagen vorsah.[141] Erst im Zuge des weiteren parlamentarischen Prozess wurde vor allem auf Initiative des Europäischen Parlaments der Beurteilungszeitraum auf 60 Arbeitstage ausgedehnt.[142] Letztlich hat die Beteiligungsrichtlinie damit einen ihrer hauptsächlichen Beweggründe, nämlich die deutliche Verkürzung der Verfahrensdauer, weitgehend verfehlt.

c) Abschließender Katalog von Beurteilungskriterien

Den nationalen Aufsichtsbehörden wird erstmals ein abschließender Katalog von fünf konkreten Beurteilungskriterien vorgegeben, anhand derer der beabsichtigte Erwerb und die Eignung des Erwerbsinteressenten und die finanzielle Solidität des beabsichtigten Erwerbs zu prüfen ist.

Maßgeblich für die Beurteilung sind:

(1) Die Zuverlässigkeit des Erwerbsinteressenten,

(2) die Zuverlässigkeit und Erfahrung der Geschäftsleiter des Zielunternehmens,

(3) die finanzielle Solidität des Erwerbsinteressenten,

(4) der Umstand, ob das Zielunternehmen in der Lage sein und bleiben wird, den Aufsichtsanforderungen der maßgeblichen sektoralen Richtlinien zu genügen, einschließlich der Transparenz der Gruppenstruktur, sowie

(5) der Umstand, ob ein hinreichender Verdacht besteht, dass im Zusammenhang mit dem beabsichtigten Erwerb Geldwäsche oder Terrorismusfinanzierung stattfindet, stattgefunden hat oder diese Straftaten versucht wurden beziehungsweise der beabsichtigte Erwerb das Risiko eines solchen Verhaltens erhöhen könnte.[143]

Damit soll der Spielraum der Mitgliedstaaten und nationalen Behörden bei der Überprüfung der Erwerbsvorhaben erheblich eingeschränkt werden. Gleichzeitig dient die höhere Regelungsdichte aus Sicht der Marktteilnehmer der Rechtssicherheit, Klarheit und Vorhersehbarkeit der behördlichen Entscheidungen.[144]

---

141 *Vgl.* BegrE Beteiligungsrichtlinie, KOM(2006) 507 endgültig.

142 Bericht des Ausschusses für Wirtschaft und Währung des Europäischen Parlaments zum Entwurf der Beteiligungsrichtlinie v. 5. Februar 2007, A6-0027/2007, der zwischenzeitlich eine Bearbeitungszeit von 47 Arbeitstagen vorsah, die auf maximal 77 Arbeitstage verlängerbar sein sollte und bei Dokukmentennachforderungen nochmals um jeweils 10 Arbeitstage verlängerbar sein sollte.

143 Art. 1 Nr. 3 (= Art. 15b Abs. 1 Dritte Richtlinie Schadenversicherung); Art. 2 Nr. 3 (= Art. 15b Abs. 1 Lebensversicherungsrichtlinie); Art. 3 Nr. 3 (= Art. 10b Abs. 1 Finanzmarktrichtlinie); Art. 4 Nr. 2 (= Art. 19a Abs. 1 Rückversicherungsrichtlinie); Art. 5 Nr. 2 (=Art. 19a Abs. 1 Bankenrichtlinie) Beteiligungsrichtlinie.

144 BegrE Beteiligungsrichtlinie, KOM(2006) 507 endgültig, S. 4 f.

d) Transparenz hinsichtlich der mit der Anzeige zu übermittelnden Informationen

Jeder Mitgliedstaat hat zudem eine Liste mit denjenigen Informationen und Erklärungen zu veröffentlichen, die mit der Anzeige bei den Aufsichtsbehörden einzureichen sind.[145] Auch dies soll die Berechenbarkeit und Transparenz der Verfahren erhöhen. Zugleich ist diese Vorgabe aber auch ein Mittel zur Reduzierung der Verfahrensdauer, bedenkt man, dass der Lauf des Beurteilungszeitraums an die Vollständigkeit der Anzeige gekoppelt ist.[146] Gleichzeitig besteht jedoch die Gefahr, dass bei einem umfangreichen Katalog von Informationen und Erklärung die notwendige Vorbereitungszeit verlängert und damit der Fristbeginn für den Lauf des Beuteilungszeitraums hinausgezögert wird.

e) Kooperation zwischen den nationalen Aufsichtsbehörden

Die Richtlinie überarbeitet und erweitert ferner die Vorgaben zur grenzüberschreitenden Zusammenarbeit der nationalen Aufsichtsbehörden, wobei das Letztentscheidungsrecht weiterhin bei der Aufsichtsbehörde des zu übernehmenden Unternehmens verbleibt.[147]

3. Beteiligungsrichtlinie als Maximalstandard

Die Beteiligungsrichtlinie zielt nicht nur auf eine noch stärkere Harmonisierung der nationalen Vorschriften. Sie legt umgekehrt auch Maximalanforderungen fest. Den Mitgliedstaaten ist es seit Ablauf der Umsetzungsfrist verwehrt, strengere Anforderungen an die Anzeige eines direkten oder indirekten Erwerbs von Stimmrechten oder Kapital und die Genehmigung eines derartigen Erwerbs zu stellen.[148]

Die Beteiligungsrichtlinie vollzieht damit einen Paradigmenwechsel. Die Vorgängerrichtlinien rückten im Zusammenhang mit dem Erwerb qualifizierter Beteiligungen gedanklich vor allem die präventive Gefahrenabwehr im Zusammenhang mit Erwerbsvorhaben in den Vordergrund. Folgerichtig stellten die

---

145 Art. 1 Nr. 3 (= Art. 15b Abs. 4 Dritte Richtlinie Schadenversicherung); Art. 2 Nr. 3 (= Art. 15b Abs. 4 Lebensversicherungsrichtlinie); Art. 3 Nr. 3 (= Art. 10b Abs. 4 Finanzmarktrichtlinie); Art. 4 Nr. 2 (= Art. 19a Abs. 4 Rückversicherungsrichtlinie); Art. 5 Nr. 3 (= Art. 19a Abs. 4 Bankenrichtlinie) Beteiligungsrichtlinie.

146 Zum Teil hatten nationale Aufsichtsbehörden in der Vergangenheit bei jeder Nachforderung von Dokumenten den Beurteilungszeitraum neu beginnen lassen.

147 Art. 1 Nr. 3 (= Art. 15c Dritte Richtlinie Schadenversicherung); Art. 2 Nr. 3 (= Art. 15c Lebensversicherungsrichtlinie); Art. 4 Nr. 4 (= Art. 20 Rückversicherungsrichtlinie); Art. 5 Nr. 3 (= Art. 19b Bankenrichtlinie) Beteiligungsrichtlinie.

148 6. Erwägungsgrund Beteiligungsrichtlinie; *sowie* Art. 1 Nr. 3 (= Art. 15a Abs. 7 Dritte Richtlinie Schadenversicherung); Art. 2 Nr. 3 (= Art. 15a Abs. 7 Lebensversicherungsrichtlinie); Art. 3 Nr. 3 (= Art. 10a Abs. 7 Finanzmarktrichtlinie); Art. 4 Nr. 2 (= Art. 19 Abs. 8 Rückversicherungsrichtlinie); Art. 5 Nr. 2 (= Art. 19 Abs. 8 Bankenrichtlinie) Beteiligungsrichtlinie. EZB, Legal Working Paper Nr. 6, S. 48 f. Zur Rechtslage vor Umsetzung der Beteiligungsrichtlinie *Winter*, Versicherungsaufsichtsrecht, S. 242.

Vorgängerrichtlinien es den Mitgliedstaaten frei, strengere nationale Vorschriften zu erlassen und damit das nationale Schutzniveau weiter zu erhöhen. Nunmehr tritt daneben die Erkenntnis, dass niedrigere Anzeigeschwellen und strengere Verfahrensvorschriften und Prüfungskriterien auch eine die Grundfreiheiten beschränkende Wirkung entfalten können.

Aus dem sechsten Erwägungsgrund der Beteiligungsrichtlinie wird deutlich, dass dieses Verbot umfassend zu verstehen ist. So ist es den Mitgliedstaaten künftig untersagt, den Begriff der qualifizierten Beteiligung als maßgeblichen Ansatzpunkt für Inhaberkontrollverfahren weiter zu definieren, als in den betreffenden Richtlinien vorgesehen. Folgerichtig waren beispielsweise Mitgliedstaaten wie Spanien und Italien gezwungen, ihre bisherigen 5 %-Schwellen für die Anteilseignerkontrolle aufzugeben. Ein Mitgliedstaat kann künftig die Durchführung von Erwerbskontrollverfahren also nicht generell vom beabsichtigten Erwerb einer Beteiligung von unter 10 % des Kapitals oder der Stimmrechte abhängig machen. Die Mitgliedstaaten dürfen zudem keine anderen als die in der Beteiligungsrichtlinie aufgeführten Untersagungsgründe für die Beurteilung heranziehen.

Die Beteiligungsrichtlinie macht nur wenige Ausnahmen vom Grundsatz, dass durch sie Maximalstandards festgelegt werden. So sind die Mitgliedstaaten nicht gehindert, Informationspflichten für den Erwerb von Beteiligung unterhalb der 10 %-Schwelle vorzusehen. Allerdings darf ein Mitgliedstaat für diesen Zweck nicht mehr als eine einzige zusätzliche Schwelle unterhalb von 10 % festlegen.[149] Die Erwägungsgründe der Beteiligungsrichtlinie stellen zudem ausdrücklich klar, dass die Behörden der Mitgliedstaaten nicht daran gehindert sind, allgemeine Leitlinien zur Frage festzulegen, ab welcher Höhe davon auszugehen ist, dass mit der betreffenden Beteiligungen ein maßgeblicher Einfluss ausgeübt wird.[150]

Selbstverständlich sind die Mitgliedstaaten und deren Behörden auch darüber hinaus nicht gehindert, das Verfahren und die für die Beurteilung möglicher Untersagungsgründe zu übermittelnden Informationen weiter zu konkretisieren. Hinsichtlich der zu übermittelnden Informationen macht die Beteiligungsrichtlinie selbst den Mitgliedstaaten nur generelle formelle und qualitative Vorgaben. Allerdings sind nationale Konkretisierungen und Verfahrensvorschriften stets kritisch darauf zu überprüfen, ob sie dem Verhältnismäßigkeitsgrundsatz entsprechen und nicht den Beteiligungserwerb über die Beteiligungsrichtlinie hinaus in unzulässiger Weise erschweren.

4. Level-3-Leitlinien von CEBS, CEIOPS und CESR

Auf europäischer Ebene hat die Beteiligungsrichtlinie weitere Konkretisierung durch eine gemeinsame Richtlinie der sogenannten Level-3-Ausschüsse der EU-Regulierungsbehörden erfahren.

---

149 6. Erwägungsgrund Beteiligungsrichtlinie. Der deutsche Gesetzgeber hat von dieser Möglichkeit keinen Gebrauch gemacht.

150 6. Erwägungsgrund Beteiligungsrichtlinie.

a) Hintergrund und Rechtsnatur der CEBS/CEIOPS/CESR-Leitlinien

Am 18. Dezember 2008 haben das Committee of European Banking Supervisors (CEBS), das Committee of European Insurance and Occupational Pensions Supervisors (CEIOPS) und das Committee of European Securities Regulators (CESR) gemeinsame Leitlinien für die aufsichtsrechtliche Beurteilung des Erwerbs und der Erhöhung von Beteiligungen im Finanzsektor gemäß Richtlinie 2007/44/EG erlassen.[151] Die genannten Ausschüsse wurden im Zusammenhang mit der Einführung des sogenannten Lamfalussy-Verfahrens errichtet.[152]

Die auf dieser Grundlage entwickelten CEBS/CEIOPS/CESR-Leitlinien haben als Rechtsakt auf Level-3-Ebene keinen bindenden Norm-Charakter.[153] Ihre normative Kraft entfalten diese Vorschriften erst durch die Berücksichtigung bei der Umsetzung der Beteiligungsrichtlinie in nationales Recht beziehungsweise in der Verwaltungspraxis der nationalen Behörden. Wegen der Prominenz der Besetzung der Level-3-Ausschüsse und dem konsensualen Erlassverfahren kommt den Leitlinien aber eine besondere Legitimität bei Auslegung und Anwendung

---

151 *Vgl.* Guidelines for the potential assessment of acquisitions and increases in holdings in the financial sector required by directive 2007/44/EC, CEBS/2008/214, CEIOPS-3L3-19/08, CESR/08-543B.

152 *Vgl.* zum Lamfalussy-Verfahren z.B. *Schmolke*, NZG 2005, 912 ff.; *Röhl*, in: Fehling/Ruffert, Regulierungsrecht, § 18 Rn. 118. Die Ausschüsse arbeiteten gemeinsame Empfehlungen zu Auslegungsfragen aus, verglichen die Praxis der Regulierungsbehörden und sollten so zu einer einheitlichen Anwendung des Gemeinschaftsrechts und einer gemeinschaftsweiten Harmonisierung der Aufsichtspraxis beitragen. Darüber hinaus entwarfen sie gemeinsame Standards für nicht von EU-Vorschriften erfasste Bereiche und arbeiteten Peer-Review-Verfahren aus. Die oben genannten Expertenausschüsse der drei Finanzsektoren setzten sich aus Vertretern der nationalen Aufsichtsbehörden und jeweils einem Vertreter der Kommission zusammen. Mit Wirkung zum 1. Januar 2011 wurden CESB, CEIOPS und CESR durch drei neue europäische Aufsichtsbehörden – die European Banking Authority (EBA), die European Insurance and Occupational Pensions Authority (EIOPA) und die European Securities and Markets Authority (ESMA) ersetzt. *Vgl.* Verordnung (EU) Nr. 1093/2010 des Europäischen Parlaments und des Rates vom 24. November 2010 zur Errichtung einer Europäischen Aufsichtsbehörde (Europäische Bankenaufsichtsbehörde), zur Änderung des Beschlusses Nr. 716/2009/EG und zur Aufhebung des Beschlusses 2009/78/EG der Kommission, ABl. L 331/12; Verordnung (EU) Nr. 1094/2010 des Europäischen Parlaments und des Rates vom 24. November 2010 zur Errichtung einer Europäischen Aufsichtsbehörde (Europäische Aufsichtsbehörde für das Versicherungswesen und die betriebliche Altersversorgung), zur Änderung des Beschlusses Nr. 716/2009/EG und zur Aufhebung des Beschlusses 2009/79/EG der Kommission, ABl. L 331/48; Verordnung (EU) Nr. 1095/2010 des Europäischen Parlaments und des Rates vom 24. November 2010 zur Errichtung einer Europäischen Aufsichtsbehörde (Europäische Wertpapier- und Marktaufsichtsbehörde), zur Änderung des Beschlusses Nr. 716/2009/EG und zur Aufhebung des Beschlusses 2009/77/EG der Kommission, ABl. L 331/84. *Vgl.* hierzu *Partsch*, ZBB 2010, 72 ff.; *Wittig*, in: Kümpel/Wittig, Bank- und Kapitalmarktrecht, Rn. 1.87 ff.

153 *Schmolke*, NZG 2005, 912, 913; *Röhl*, in: Fehling/Ruffert, Regulierungsrecht, § 18 Rn. 120; *Möllers*, ZEuP 2008, 480 (490 ff.).

europäischen Sekundärrechts zu.[154] Die CEBS/CEIOPS/CESR-Leitlinien sollen ein sektorübergreifendes und gemeinsames europäisches Verständnis für die Kriterien schaffen, welche die Aufsichtsbehörden im Rahmen eines Beteiligungserwerbs prüfen müssen, und den Informationsaustausch zwischen den Behörden verbessern.[155]

b) Inhalt der CEBS/CEIOPS/CESR-Leitlinien

Die CEBS/CEIOPS/CESR-Leitlinien konkretisieren die durch die Beteiligungsrichtlinie vorgegebenen Beurteilungskriterien. Festgelegt werden zudem die Grundsätze für die Kooperation der beteiligten Aufsichtsbehörden. Die CEBS/CEIOPS/CESR-Leitlinien enthalten ferner eine erschöpfende und harmonisierte Liste an Informationen und Erklärungen, welche ein Erwerbsinteressent in seiner Erwerbsanzeige zur Verfügung stellen soll.

c) Rezeption der CEBS/CEIOPS/CESR-Leitlinien

Da die CEBS/CEIOPS/CESR-Leitlinien im Dezember 2008 verabschiedet wurden, bestand für die nationalen Gesetzgeber noch die Gelegenheit, diese bei der Umsetzung der Beteiligungsrichtlinie in nationales Recht einfließen zu lassen.

In Deutschland wurde der Inhalt der CEBS/CEIOPS/CESR-Leitlinien in den Regelungen der Inhaberkontrollverordnung berücksichtigt.[156] Auch in vielen anderen Mitgliedstaaten erfolgte die Umsetzung der Beteiligungsrichtlinie und deren verfahrensrechtliche Konkretisierung in enger Anlehnung an die CEBS/CEIOPS/CESR-Leitlinien. So nimmt beispielsweise die Begründung der Österreichischen Eigentümerkontrollverordnung ausdrücklich auf die CEBS/CEIOPS/CESR-Leitlinien Bezug.[157] Über die Vorschriften der Beteiligungsrichtlinie hinaus bieten daher die CEBS/CEIOPS/CESR-Leitlinien eine gute Orientierungsmöglichkeit für das Verfahren und die bei Erwerbsanzeigen in anderen Mitgliedstaaten zu übermittelnden Informationen.

---

154 *Vgl. Röhl*, in: Fehling/Ruffert, Regulierungsrecht, § 18 Rn. 120.

155 *Bundesanstalt*, Jahresbericht 2008, S. 44.

156 *Bundesanstalt*, Jahresbericht 2008, S. 72 ; BegrE InhKontrollV, S. 2 f.; *Bundesanstalt*, Schreiben zur Konsultation 17/2008 zu einem Entwurf der Verordnung zur Konkretisierung von Gesetzesänderungen durch das Gesetz zur Umsetzung der Beteiligungsrichtlinie im Kreditwesengesetz und im Versicherungsaufsichtsgesetz v. 28. November 2008.

157 *Vgl.* Begründung zur Österreichischen Verordnung der Finanzmarktaufsichtsbehörde über die Informationen, die ein Anzeigepflichtiger der einen Erwerb, eine Erhöhung, eine Aufgabe oder eine Herabsetzung einer qualifizierten Beteiligung an einem Kreditinstitut, an einem Versicherungsunternehmen, an einer Wertpapierfirma oder an einem Wertpapierdienstleistungsunternehmen beabsichtigt, der FMA vorzulegen hat (Eigentümerkontrollverordnung – EKV), S. 4 (abrufbar unter www.fma.gv.at).

5. Stand der Umsetzung der Beteiligungsrichtlinie in den Mitgliedstaaten

In einem Großteil der Mitgliedstaaten wurde die Beteiligungsrichtlinie mittlerweile in nationales Recht umgesetzt. In den übrigen Mitgliedstaaten hat die Kommission im November 2009 Maßnahmen zur Erzwingung der Umsetzung eingeleitet.[158] So hatten mit Stand November 2009 Griechenland, die Niederlande, Polen und Portugal noch keine Schritte zur Umsetzung der Beteiligungsrichtlinien in innerstaatliches Recht unternommen. In Spanien und Italien erfolgte die Umsetzung nach Auffassung der Kommission nur teilweise. Dem Vereinigten Königreich wurde seitens der Kommission vorgeworfen, die Richtlinie bislang noch nicht für Gibraltar umgesetzt zu haben.[159] Gegen Portugal, Polen und Griechenland hat die Kommission im Frühjahr 2010 schließlich Vertragsverletzungsverfahren eingeleitet.[160] Ein Vertragsverletzungsverfahren gegen die Niederlande wegen der nicht rechtzeitigen Umsetzung der Beteiligungsrichtlinie wurde durch den EuGH mittlerweile mit einer Verurteilung der Niederlande abgeschlossen.[161]

III. OGAW IV-Richtlinie (2009/65/EC)

1. Überblick

Über den Verweis in Art. 11 der OGAW IV-Richtlinie (2009/65/EC) aus dem Jahr 2009 sind die Vorschriften der Finanzmarktrichtlinie auf den Erwerb und die Veräußerung qualifizierter Beteiligungen an Verwaltungsgesellschaften i.S.d. der OGAW IV-Richtlinie entsprechend anwendbar. Art. 11 der OGAW IV-Richtlinie verweist umfassend auf die durch die Beteiligungsrichtlinie neugefassten Artt. 10, 10a und 10b der Finanzmarktrichtlinie, die nicht nur die anzeigepflichtigen Tatbestände regeln, sondern auch die Beurteilungskriterien und den Beurteilungszeitraum und dessen Berechnung festlegen. Die OGAW IV-Richtlinie ersetzt die bisherige OGAW-Richtlinie 85/611/EWG. Eine Verweisung auf die Vorschriften zur Inhaberkontrolle in der Finanzmarktrichtlinie war zuvor bereits in Art. 5 lit. e) der bisherigen OGAW-Richtlinie enthalten.[162]

---

158 Europäische Kommission, Presseerklärung v. 20. November 2009, IP/09/1760.

159 Der aktuelle Umsetzungsstand ist abrufbar unter: http://eur-lex.europa.eu/LexUriServ/LexUriServ.do?uri=CELEX:32007L0044:DE:NOT.

160 Rechtssache C-208/10, ABl. C 179/24 (Europäische Kommission / Portugiesische Republik); Rechtssache C-232/10, ABl. C 209/21 (Europäische Kommission / Republik Polen); Rechtssache C-248/10, ABl. C 209/26 (Europäische Kommission / Griechische Republik).

161 EuGH, Rechtssache C-233/10, Urteil v. 16. Dezember 2010, ABl. C 55/16 (Europäische Kommission / Königreich der Niederlande).

162 *Vgl. Köndgen*, in: Berger/Steck/Lübbehüsen, InvG, § 2a Rn. 2.

2. Anpassungsbedarf des § 2a InvG an die europarechtlichen Vorgaben

Den europäischen Vorgaben der neuen OGAW IV-Richtlinie und deren Verweisung auf die Vorschriften der Finanzmarktrichtlinie wurde § 2a InvG zunächst nicht vollständig gerecht.[163]

Das Gesetz zur Umsetzung der OGAW IV-Richtlinie vom 22. Juni 2011 passt § 2a InvG über die bisherigen Änderungen hinaus nunmehr umfassend an das Vorbild des § 2c KWG an.[164]

IV. Zahlungsdiensterichtlinie (2007/64/EG)

Wie bereits angedeutet, verpflichtet die Zahlungsdiensterichtlinie die Mitgliedstaaten nicht, eine Anzeigepflicht des Erwerbers beim beabsichtigten Erwerb einer qualifizierten Beteiligung an einem Zahlungsinstitut einzuführen.

Nach der Zahlungsdiensterichtlinie sind nur nationale Regelungen vorzusehen, wonach im Erlaubnisverfahren Informationen über die Inhaber qualifizierter Beteiligungen beizubringen sind und der Nachweis geführt werden muss, dass diese im Interesse einer soliden und umsichtigen Führung des Zahlungsinstituts zu stellenden Ansprüchen genügen (Artt. 5 Satz 1 lit. h), 10 Abs. 6 Zahlungsdiensterichtlinie). Die Durchführung von Inhaberkontrollverfahren beim beabsichtigten Erwerb einer qualifizierten Beteiligung an einem bestehenden Zahlungsinstitut ist

---

163 Evident war dies bei der Frage des Beurteilungszeitraums von drei Monaten in § 2a Abs. 2 InvG (a.F.), der nach Art. 10a Abs. 1 UAbs. 2 der Finanzmarktrichtlinie grundsätzlich höchstens 60 Arbeitstage betragen darf und damit in § 2a Abs. 2 InvG (a.F.) zu lang bemessen war. Als einzigen Untersagungsgrund nannte § 2a Abs. 2 InvG , dass der Anzeigepflichtige den im Interesse der Gewährung einer soliden und umsichtigen Führung der Kapitalanlagegesellschaft zu stellenden Ansprüchen nicht genügt. Zwar ließen sich die Beurteilungskriterien der überarbeiteten Finanzmarktrichtlinie unter diese weit gewählte Formulierung subsumieren. Dennoch warf die Diskrepanz zur Finanzmarktrichtlinie und deren Umsetzung in § 2c Abs. 1b KWG und § 104 Abs. 1b VAG europarechtliche Bedenken auf. Gemäß Art. 11 Abs. 1 OGAW IV-Richtlinie i.V.m. Art. 10b Abs. 4 Finanzmarktrichtlinie haben die Mitgliedstaaten auch für Verwaltungsgesellschaften i.S.d. der Finanzmarktrichtlinie eine Liste zu veröffentlichen, in der die Informationen genannt werden, die für die Beurteilung des Erwerbsvorhabens erforderlich und im Zuge der Anzeige an die Aufsichtsbehörden zu übermitteln sind. Dem war der deutsche Gesetzgeber in Bezug auf Kapitalanlagegesellschaften als Zielunternehmen zunächst nicht nachgekommen. Insbesondere ist die Inhaberkontrollverordnung nicht auf Kapitalanlagegesellschaften anwendbar. Auch insoweit bestand daher Umsetzungsbedarf.

164 Gesetz zur Umsetzung der Richtlinie 2009/65/EG zur Koordinierung der Rechts- und Verwaltungsvorschriften betreffend bestimmte Organismen für gemeinsame Anlagen in Wertpapieren (OGAW-IV-Umsetzungsgesetz – OGAW-IV-UmsG) v. 22. Juni 2011 (BGBl. I S. 1126). Es fehlt allerdings noch immer an einer Rechtsverordnung, welche vergleichbar der Inhaberkontrollverordnung die Einzelheiten der zu übermittelnden Informationen und Dokumente auflistet.

jedoch nicht vorgeschrieben. Dies erscheint in sich und im Vergleich zu den Vorschriften für andere Unternehmen des Finanzsektors widersprüchlich.[165]

V. Zweite E-Geld-Richtlinie (2009/110/EG)

Die Zweite E-Geld-Richtlinie schreibt im Hinblick auf Inhaber bedeutender Beteiligungen an E-Geld-Instituten grundsätzlich eine mit den Vorschriften der Beteiligungsrichtlinie vergleichbare Inhaberkontrolle vor (Art. 3 Abs. 3 Zweite E-Geld-Richtlinie). Die Zweite E-Geld-Richtlinie erlaubt es den Mitgliedstaaten allerdings, E-Geld-Institute, die andere Geschäftstätigkeiten als die Ausgabe von E-Geld im Rahmen der geltenden gemeinschaftlichen und nationalen Rechtsvorschriften durchführen, von den Verpflichtungen ganz oder teilweise freistellen oder die zuständigen Behörden zu ermächtigen, diese freizustellen (Artt. 3 Abs. 3 UAbs. 6 i.V.m. 6 Abs. 1 lit. e) Zweite E-Geld-Richtlinie). Der deutsche Gesetzgeber hat von der Freistellungsmöglichkeit keinen Gebrauch gemacht, da die Ausweitung der Aktivitäten eines E-Geld-Instituts auf Geschäftsfelder, die nicht unter Erlaubnisvorbehalt stehen, das Risiko eines schädlichen Einflusses unzuverlässiger Anteilseigner nicht reduziere.[166]

VI. AIFM-Richtlinie

Die Richtlinie über die Verwalter alternativer Investmentfonds (AIFM-Richtlinie)[167] schreibt den Mitgliedstaaten künftig vor, eine Erlaubnispflicht für Verwalter alternativer Investmentfonds (AIFM) vorzusehen. Unter den Begriff des Alternativen Investmentfonds fallen unter anderem Private Equity-, Hedge-, Infrastruktur- und Immobilienfonds, und zwar unabhängig von deren Rechtsform und Struktur (offen oder geschlossen).[168] Im Rahmen des Erlaubnisantrags sind auch Informationen über die Inhaber qualifizierter Beteiligungen an AIFM beizubringen. Diese müssen "der Notwendigkeit, die solide und umsichtige Führung des AIFM zu gewährleisten, in geeigneter Weise Rechnung" tragen.[169] Die Mitgliedstaaten sollen nach der AIFM-Richtlinie nicht verpflichtet sein, den nachträglichen Erwerb einer bedeutenden Beteiligung an einem AIFM einer entsprechenden Anzeigepflicht zu unterwerfen. Auch dies erscheint inkonsequent.

---

165 Insofern ist es zu begrüßen, dass der deutsche Gesetzgeber auch bezogen auf Zahlungsinstitute eine Inhaberkontrolle vorsieht (*vgl.* § 11 ZAG).

166 Begr. RegE zum Gesetz zur Umsetzung der Zweiten E-Geld-Richtlinie, BT-Drucks. 17/3023, S. 45.

167 Richtlinie 2011/65/EU des Europäischen Parlaments und des Rates v. 8. Juni 2011 über die Verwalter alternativer Investmentfonds und zur Änderung der Richtlinien 2003/41/EG und der Verordnungen (EG) Nr. 1060/2009 und (EU) Nr. 1095/2010, ABl. L 174/1; *Weitnauer*, Die AIFM-Richtlinie und ihre Umsetzung, BKR 2011, 143 ff.

168 *Weitnauer*, Die AIFM-Richtlinie und ihre Umsetzung, BKR 2011, 143 (144); *Sustmann/Neuhaus/Wieland*, CFL 2012, 78 (82).

169 *Vgl.* Art. 7 Abs. 2 lit. b); Art. 8 Abs. 1 lit. d) AIFM-Richtlinie.

VII. Konsultation zur Anwendung der Beteiligungsrichtlinie

Zum Jahreswechsel 2011/2012 hat die Europäische Kommission eine Konsultation zur bisherigen Anwendung der Beteiligungsrichtlinie durchgeführt.[170]

Grundsätzlich wurde in den Stellungnahmen hierzu die Beteiligungsrichtlinie als Schritt in die richtige Richtung gewürdigt. Zur bisherigen Anwendungspraxis der Beteiligungsrichtlinie gab es jedoch auch vielfältige Kritik. Von Unternehmensseite wurden vor allem einige Unklarheiten bei der Anwendung des Begriffs "qualifizierte Beteiligung", eine verbesserungsfähige Kooperation der Aufsichtsbehörden, eine unnötig lange Verfahrensdauer bei Erwerbsvorhaben durch regulierte Unternehmen und bei gruppeninternen Erwerbsvorgängen und Unklarkeiten und überzogene Anforderungen bei den zu übermittelnden Informationen kritisiert.[171]

Zum Teil wurde auch für eine Erweiterung des Anwendungsbereichs der europäischen Vorschriften zur Inhaberkontrolle auf andere Akteure des Finanzmarkts plädiert.[172]

C. Zielsetzung und Rechtfertigung

Die Inhaberkontrolle regulierter Unternehmen ist ein Element der besonderen öffentlich-rechtlichen Aufsicht über die Akteure des Finanzsektors. Im Folgenden wird ein Überblick über die aufsichtsrechtlichen Ziele und Hintergründe der Anteilseignerkontrollverfahren gegeben.

I. Gründe und Ziele der Finanzaufsicht im Allgemeinen

Die Gründe und Ziele der Aufsicht über die Finanzbranche sind über die einzelnen Sektoren hinweg weitgehend identisch, weisen aber teils unterschiedliche Schwerpunkte auf.

---

170 *Vgl.* Public consultation on the application of Directive 2007/44/EC as regards the acquisition and inrease of holdings in the financial sector, December 8, 2011 (abrufbar unter http://ec.europa.eu/internal_market/consultations/2011/acquisitions_en.htm).

171 *Vgl.* Feedback statement on the public consultation on the application of Directive 2007/44/EC as regards the acquisition and inrease of holdings in the financial sector (abrufbar unter: http://ec.europa.eu/internal_market/consultations/2011/acquisitions_en.htm).

172 So etwa die Stellungnahmen der Deutsche Bank. Inbesondere Betreiber regulierter Märkte und Zentrale Kontrahenden sind – anders als im deutschen Recht – grundsätzlich nicht von den europäischen Vorschriften zur Inhaberkontrolle erfasst.

1. Allgemeines

Die Hauptziele der Finanzaufsicht lassen sich wie folgt zusammenfassen:

(1) Die Sicherung der Funktionsfähigkeit, Stabilität und Effizienz der Finanzmärkte und der damit eng verbundene Schutz in das Vertrauen der Finanzmärkte,[173]

(2) der Schutz von Kunden und Gläubigern, und

(3) die Vermeidung des Missbrauchs des Finanzmarkts zu kriminellen Zwecken einschließlich der Geldwäsche und der Finanzierung terroristischer Aktivitäten.[174]

§ 4 Abs. 4 FinDAG stellt klar, dass die Bundesanstalt für Finanzdienstleistungsaufsicht ihre Aufgaben und Befugnisse im Rahmen der Finanzaufsicht nur im öffentlichen Interesse wahrnimmt.

2. Aufsicht im Bank- und Finanzdienstleistungssektor

Die mit der Aufsicht verbundenen Grundrechtseingriffe (insbesondere Art. 12 GG, bei juristischen Personen i.V.m. Art. 19 Abs. 3 GG) rechtfertigen sich im Bereich des Bank- und Finanzsektors vor allem aus den beiden Grundzielen der Bankenaufsicht: der Sicherung der Funktionsfähigkeit des Finanzsektors und dem Gläubigerschutz.

So heißt es schon in der Regierungsbegründung zum Entwurf des Kreditwesengesetzes von 1961 zum Zweck der Bankenaufsicht: "Die Bankenaufsicht soll durch vorbeugende Überwachung allgemein das Entstehen von Schäden im Kreditwesen und von Verlusten der Institutsgläubiger verhindern, also vorwiegend gefahrenabwehrend wirken."[175]

Weiterhin zielt die Bankenaufsicht darauf, den Finanzsektor insgesamt wegen dessen gesamtwirtschaftlicher Sonderstellung funktionsfähig zu halten.[176] Damit trägt die Bankenaufsicht dem Umstand Rechnung, dass wesentliche Zweige der Volkswirtschaft auf das Kreditgewerbe als Kreditgeber und Geldsammelstelle angewiesen sind und Störungen in diesem Wirtschaftszweig leicht auf die gesamte Volkswirtschaft übergreifen können.[177] Da Kreditinstitute vorwiegend mit fremden Geldern arbeiten, treffen Liquiditätsschwierigkeiten einen weitaus größeren Gläu-

---

173 *Röhl*, in: Fehling/Ruffert, Regulierungsrecht, § 18 Rn. 13.

174 *Röhl*, in: Fehling/Ruffert, Regulierungsrecht, § 18 Rn. 16; *Ohler*, Die Verwaltung 2008, 405 ff.

175 Begr. RegE zum Gesetz über das Kreditwesen, BT-Drucks. 3/1114.

176 *Vgl. Neus*, in: Luz/Neus/Scharpf/Schneider/Weber, KWG, Einf. 34 ff.; Wissenschaftlicher Beirat beim Bundesministerium für Wirtschaft und Technologie, Gutachten zur Reform von Bankenregulierung und Bankenaufsicht nach der Finanzkrise, S. 12 f.

177 So schon der sogen. Ruland-Bericht zu BT-Drucks. 3/2563, abgedruckt bei Reischauer/Kleinhans, KZA 580; *Röhl*, in: Fehling/Ruffert, Regulierungsrecht, § 18 Rn. 14.

bigerkreis als bei den meisten anderen Wirtschaftsunternehmen. Wegen der engen Vernetzung der Kreditinstitute untereinander droht die Schwäche eines Kreditinstituts sich auch auf andere Institute und deren Gläubiger auszudehnen. Dies gilt insbesondere für systemrelevante Institute.[178] Es droht die Gefahr eines Domino-Effekts mit Auswirkungen auf die Funktionsfähigkeit des gesamten Bankenapparats und einer daraus resultierenden Störung der gesamten Volkswirtschaft.[179] Schon unterhalb dieser Schwelle drohen Verwerfungen im Finanzsektor, sich durch eine daraus resultierende Kreditverknappung negativ auf die Volkswirtschaft auszuweiten. Dass sich die Aufsicht dabei nicht nur auf klassische Einlagenkreditinstitute beschränken darf, wird an den Konsequenzen des Zusammenbruchs der US-Investmentbanken Bear Stearns und Lehman Brothers offenbar, die nicht im Einlagengeschäft tätig waren.

Die traditionellen Grundziele der Banken- und Finanzdienstleistungsaufsicht werden durch eine Reihe weiterer Ziele ergänzt. Zu nennen sind hier vor allem die Bekämpfung der Geldwäsche und Terrorismusfinanzierung,[180] aber auch der Anleger- und Verbraucherschutz[181] und gerade im europäischen Kontext die Vermeidung von Wettbewerbsverzerrungen durch Schaffung eines einheitlichen *Level-playing-field.* [182]

3. Aufsicht über Zahlungsinstitute

Die Beaufsichtigung von Zahlungsinstituten wird von ähnlichen Motiven getragen wie die Bankenaufsicht. Hier rechtfertigt sich die Regulierung aus dem Schutz der Nutzer von Zahlungsdienstleistern und der zentralen volkswirtschaftlichen Bedeutung eines reibungslosen und kosteneffizienten elektronischen Zahlungsverkehrs. Durch die Harmonisierung des rechtlichen Rahmens auf europäischer Ebene sollen Wettbewerbsverzerrungen vermieden und ein einheitlicher Binnenmarkt für Zahlungsdienste geschaffen werden.[183] Auch die Vermeidung von Geldwäsche und Terrorismusfinanzierung ist eines der zentralen Anliegen der Regulierung von Zahlungsinstituten.[184]

---

178 Zum Begriff der Systemrelevanz *vgl.* 1. Teil: D. XI. 5. a).

179 *Vgl.* dazu etwa *Möschel*, Bankenrecht im Wandel, S. 28 f.

180 *Vgl. Fischer*, in: Boos/Fischer/Schulte-Mattler, KWG, Einf. KWG, Rn. 122.

181 *Vgl.* dazu *Fischer*, in: Boos/Fischer/Schulte-Mattler, KWG, Einf. KWG, Rn. 124 ff; *ders.* in: Schimansky/Bunte/Lwowski, Bankrechts-Hdb., § 125 Rn. 20. *Vgl.* auch Wissenschaftlicher Beirat beim Bundesministerium für Wirtschaft und Technologie, Gutachten zur Reform von Bankenregulierung und Bankenaufsicht nach der Finanzkrise, S. 11, wonach im Anlegerschutzsogar das "traditionell wichtigste Ziel der Bankenregulierung und Bankenaufsicht" liege.

182 *Senger*, Bankaufsicht, Unternehmensverbindungen und Bankengruppen, S. 39 f.; *Möschel*, Bankenrecht im Wandel, S. 77 ff.

183 1. Erwägungsgrund der Zahlungsdiensterichtlinie.

184 Begr. RegE Zahlungsdiensteumsetzungsgesetz, BT-Drucks. 16/11613, S. 93 f.; *Ohler*, Die Verwaltung 2008, 405 (417 f.).

4. Investmentaufsicht

Das Ziel der Aufsicht über Kapitalanlagegesellschaften liegt primär in der Sicherstellung eines wirksamen und einheitlichen Anlegerschutzes, insbesondere vor dem Hintergrund der besonderen Verantwortung der Kapitalanlagegesellschaften als Treuhänderin der ihr anvertrauten Anlagergelder.[185] Dabei erfolgt der Anlegerschutz auch im Rahmen der Investmentaufsicht in erster Linie im öffentlichen Interesse an der Funktionsfähigkeit des Finanzsystems.[186] Ergänzend wird die Attraktivität des Finanzplatzes Deutschland gerade im Investmentrecht immer wieder als Ziel einer sachgerechten und effizienten Aufsicht genannt.[187] Auch Geldwäsche und Terrorismusfinanzierung sollen bekämpft werden.

5. Aufsicht im Versicherungssektor

Die Versicherungsaufsicht zielt traditionell primär auf den Schutz der Belange der Versicherten im Sinne eines Gläubiger- und Verbraucherschutzes.[188] Eine besondere Bedeutung hat dabei die Sicherung der dauernden Erfüllbarkeit der Versicherungsverträge.

Nicht zuletzt die enormen Beträge der durch Versicherer verwalteten Vermögen und die zunehmende Überschneidung von Bank- und Versicherungsgeschäft beziehungsweise funktionale Vergleichbarkeit bestimmter Bank- und Versicherungsprodukte (etwa im Bereich der Altersvorsorge oder im Kreditversicherungs- und Derivatebereich) rücken aber auch die Sicherung der Stabilität des Versicherungswesens beziehungsweise des Finanzsystems insgesamt zunehmend als einen der Hauptzwecke der Versicherungsaufsicht in den Mittelpunkt.[189] Vor allem aus diesem Grund hat der Gesetzgeber trotz teilweise massiver Kritik der Versicherungsbranche einen Großteil der Stabilisierungsgesetzgebung im Zuge der Finanzkrise nicht auf Banken- und Finanzdienstleistungsinstitute beschränkt, sondern auch Versicherungsunternehmen einbezogen.

---

185 *Beckmann*, in: Beckmann/Scholtz/Vollmer, Investmentrecht, Einl. Rn. 76 ff. m.w.N.; *Engert*, Der Konzern 2007, 477 (478 f.).

186 *Schäfer*, Corporate Governance bei Kapitalanlagegesellschaften, S. 218 f.

187 *Beckmann*, in: Beckmann/Scholtz/Vollmer, Investmentrecht, Einl. Rn. 79 ff. m.w.N.; *Engert*, Der Konzern 2007, 477 (479).

188 *R. Schmidt/Präve*, in: Prölss, VAG, Vorbem. Rn. 56 ff.; *Röhl*, in: Fehling/Ruffert, Regulierungsrecht, § 18 Rn. 29 (jeweils auch zu den im Vergleich zur Bankenaufsicht historisch bedingten unterschiedlichen Schwerpunkten); *Winter*, ZVersWiss 2005, 105 (111 ff.).

189 *Winter*, in: FS Schirmer, 639 (641 f.); *ders.*, Versicherungsaufsichtsrecht, S. 240 f.; *ders.* ZVersWiss 2005, 105 (143 ff.); *Röhl*, in: Fehling/Ruffert, Regulierungsrecht, § 18 Rn. 30. *Vgl.* auch *R. Schmidt/Präve*, in: Prölss, VAG, Vorbem. Rn. 69; *Bürkle*, WM 2005, 1496, 1500, die darin nur ein "Subziel" der Versicherungsaufsicht sehen wollen. Zur Systemrelevanz von Versicherungsunternehmen *vgl. The Geneva Association*, Systemic Risk in Insurance – An analysis of insurance and financial stability (abrufbar unter: www.genevaassociation.org).

6. Aufsicht über Börsenträger

Die Börsenaufsicht dient vor allem der Herstellung effizienter Kapitalmärkte und dem Schutz der Marktteilnehmer. Der Börsenträger ist dabei als Beliehener Träger öffentlicher Verwaltung.[190] Der Börsenträger ist nicht nur berechtigt, sondern auch verpflichtet, die Börse zu betreiben, und hat der Börse die zur Durchführung und angemessenen Fortentwicklung des Börsenbetriebs erforderlichen finanziellen, personellen und sachlichen Mittel zur Verfügung zu stellen (*vgl.* § 5 Abs. 1 BörsG). Dabei treffen den Börsenträger umfangreiche Organisationspflichten (*vgl.* § 5 Abs. 4 BörsG). Vor diesem Hintergrund rechtfertigt sich auch die Aufsicht über die Börsenträger.[191]

II. Adressaten der Finanzaufsicht

Mit der Anteilseignerkontrolle wird der Adressatenkreis der Finanzaufsicht erweitert.

1. Eine regulierte Tätigkeit ausübende Unternehmen

Primär setzt die Finanzaufsicht bei den Unternehmen an, welche die regulierte Tätigkeit ausüben. Primärer Adressat der Finanzaufsicht sind also je nach Aufsichtsgesetz die Kredit- und Finanzdienstleistungsinstitute, die Zahlungs- und E-Geld-Institute, Kapitalanlagegesellschaften, Versicherungsunternehmen und Pensionsfonds sowie Börsenträger.

2. Holdinggesellschaften

Eine partielle Erweiterung erfährt der Adressatenkreis der Beaufsichtigung durch die Einbeziehung bestimmter Holding-Gesellschaften, die selbst keine erlaubnispflichtige Tätigkeiten ausüben. Die Einbeziehung folgt vor allem aus dem Gedanken der konsolidierten Aufsicht über Unternehmensgruppen. Zu nennen sind insbesondere Finanzholding-Gesellschaften und Versicherungs-Holdinggesellschaften.

a) Finanzholding-Gesellschaften

Im Kreditwesengesetz betrifft dies Finanzholding-Gesellschaften i.S.d. § 1 Abs. 3a KWG, die an der Spitze von Finanzholding-Gruppen stehen. Dabei handelt es sich – vereinfacht - um Finanzunternehmen (*vgl.* § 1 Abs. 3 KWG), Zahlungsinstitute oder E-Geld-Institute, deren Tochterunternehmen ausschließlich oder hauptsächlich Institute (darunter mindestens ein Einlagenkreditinstitut oder Wertpapierhandelsunternehmen), Finanzunternehmen, Anbieter von Nebendienstleistungen, E-Geld-Institue oder Zahlungsinstitute sind und die selbst weder Tochterunternehmen eines Instituts oder Finanzholding-Gesellschaft sind (*vgl.* § 1 Abs. 7b bzw. 7d KWG). Bedeutung hat die Finanzholding-Gesellschaft dabei primär im Zusammenhang mit den Anforderungen an die Eigenmittel-

---

190 *Groß*, Kapitalmarktrecht, § 5 BörsG Rn. 3; *Burgard*, WM 2011, 1973 (1977).

191 *Vgl. Beck*, in: Schwark/Zimmer, Kapitalmarktrechts-Kommentar, § 6 BörsG Rn. 17; krit. *Rudolph*, BB 2002, 1036 (1039).

ausstattung und Großkreditgrenzen von Finanzholding-Gruppen (§§ 10a Abs. 3; 10 Abs. 1 Satz 1; 13b KWG). Primärer Adressat der aufsichtsrechtlichen Verpflichtungen bleibt aber im Regelfall das ranghöchste Einlagenkreditinstitut oder Wertpapierhandelsunternehmen der Gruppe als übergeordnetes Unternehmen (*vgl.* § 10a Abs. 3 Satz 4; Abs. 12 KWG; § 13b Abs. 4 Satz 1 KWG).

Im Zuge der Finanzkrise wurden die Eingriffsbefugnisse der Bundesanstalt gegenüber Finanzholding-Gesellschaften deutlich erweitert.[192] Die Bundesanstalt kann seit dem Jahr 2009 Finanzholding-Gesellschaften zu übergeordneten Unternehmen erklären, sofern dies aus bankaufsichtsrechtlichen Gründen erforderlich ist (*vgl.* § 10a Abs. 3 Satz 7 KWG) und erwirbt damit grundsätzlich alle Befugnisse, die ihr gegenüber einem Institut als übergeordneten Unternehmen und dessen Organen zustehen (*vgl.* § 10a Abs. 3 Satz 8 KWG). Zugleich wurden auch die Eingriffsbefugnisse nach §§ 44 ff. KWG ausgedehnt.[193]

b) Versicherungs-Holdinggesellschaften

Vergleichbar mit Finanzholding-Gesellschaften erweitert das Versicherungsaufsichtsgesetz den Adressatenkreis der Aufsicht partiell auf Versicherungs-Holdinggesellschaften.[194]

Dabei handelt es sich um Unternehmen mit Sitz im Inland, deren Haupttätigkeit der Erwerb und das Halten von unmittelbaren oder mittelbaren Beteiligungen an Versicherungsunternehmen oder Pensionsfonds ist (*vgl.* § 1b VAG).[195] Das Versicherungsaufsichtsgesetz zählt im Einzelnen auf, welche Vorschriften auf Versicherungs-Holdinggesellschaften anwendbar sind (*vgl.* § 1b Abs. 2 bis Abs. 5 VAG).[196]

---

192 *Vgl.* Art. 2 des Gesetzes zur Fortentwicklung des Pfandbriefrechts v. 20. März 2009 (BGBl. I S. 607).

193 *Vgl.* zu den Eingriffsbefugnissen § 2b Abs. 2 KWG (Abberufung von Geschäftsleitern), § 6 Abs. 3 Satz 2 KWG (Allgemeine Anordnungsbefugnis), § 8 Abs. 2 KWG (Mitteilung in Steuersachen), § 12a Abs. 1 (Pflichten bei der Begründung von Unternehmensbeziehungen), § 24 Abs. 3 und Abs. 3 a KWG (Anzeigepflichten), § 25c Abs. 1 (Interne Sicherungsmaßnahmen), § 25j Abs. 2 KWG (Geldwäsche), § 36 Abs. 3 KWG (Zuverlässigkeit der Mitglieder des Verwaltungs- oder Aufsichtsorgans), § 44 Abs. 2 KWG (Auskunfts- und Duldungspflichten), § 44 Abs. 4, 5 KWG (Duldung von Vertretern der Bundesanstalt in Haupt- und Gesellschafterversammlungen und Sitzungen der Aufsichtsorgane; Mitteilungspflicht über Versammlungen und Sitzungen), §§ 45 Abs. 2 KWG, 45a (Maßnahmen bei unzureichenden Eigenmitteln, Liquidität; Untersagung der Ausübung von Stimmrechten), § 46b (Insolvenzantrag).

194 Ausführlich *Winter*, Versicherungsaufsichtsrecht, § 8.

195 Abweichend hiervon wird der Begriff Versicherungs-Holdinggesellschaft in § 104a Abs. 2 Nr. 4 VAG verwandt. *Vgl.* zur Unterscheidung *Weber-Rey/Baltzer*, WM 2006, 205 (208 ff.).

196 Hervorzuheben ist insbesondere das Erfordernis der Zuverlässigkeit und fachlichen Eignung für Geschäftsleiter von Versicherungs-Holdinggesellschaften (*vgl.* § 1b Abs. 2 i.V.m. § 7a Abs. 1 Satz 1 VAG) sowie eine Reihe von Anzeigepflichten (*vgl.* § 1b Abs. 2 i.V.m. § 13d Nr. 1 bis 5 und 12; § 104 VAG). Bei unzureichender Solvabilität, kann die

c) Gemischte Holdinggesellschaften

Zu nennen sind ferner gemischte Finanzholding-Gesellschaften (§ 1 Abs. 3a Satz 2 KWG; § 104k Nr. 3 VAG), die an der Spitze von Finanzkonglomeraten stehen und insofern ebenfalls einer eingeschränkten Aufsicht unterliegen (*vgl.* z.B. §§ 10b; 13d KWG; 104k ff. VAG).[197]

d) Fehlen von Parallelregelungen im ZAG, InvG und BörsG

Entsprechende Parallelregelungen für Holding-Gesellschaften finden sich im Zahlungsdiensteaufsichtsgesetz, Investmentgesetz oder Börsengesetz nicht. Die Kategorien einer "Kapitalanlageholding-Gesellschaft", "Zahlungsinstitutsholding-Gesellschaft" oder "Börsenträger-Holdinggesellschaft" sind diesen Gesetzen fremd.

3. Inhaber bedeutender Beteiligungen

Der Adressatenkreis der Finanzaufsicht wird durch die partielle Kontrolle der Inhaber bedeutender Beteiligungen seit Beginn der neunziger Jahre noch weiter gezogen. Dies resultiert aus der Erkenntnis, dass von Inhabern, die einen nennenswerten Einfluss auf die Geschäfts- und Finanztätigkeit von regulierten Unternehmen des Finanzsektors ausüben können, auch Gefahren für die Solidität des regulierten Unternehmens ausgehen und dessen Beaufsichtigung erschweren können. Zudem sind Unternehmen des Finanzsektors wegen ihrer Schlüsselstellung bei der Bekämpfung von Geldwäsche und Terrorismusfinanzierung und ihrem Zugang zu internationalen Finanzströmen besonders für solche Aktivitäten anfällig.

Dennoch ist die Einführung von Anteilseignerkontrollverfahren insofern bemerkenswert, als auch Anteilseigner, die keine beaufsichtigten Geschäfte betreiben oder beaufsichtigte Unternehmen kontrollieren in die Beaufsichtigung mit einbezogen und sogar unmittelbar zu Adressaten der Beaufsichtigung gemacht werden.[198]

III. Spezifische Zwecke und Wirkungen der Inhaberkontrolle

Die Beaufsichtigung der Inhaber bedeutender Beteiligungen erfüllt allerdings nur eine Hilfsfunktion. Sie soll die effektive Beaufsichtigung des regulierten Zielunternehmens sicherstellen und aus dem Kreis der Eigner herrührende Gefahren vermeiden.

Aufsichtsbehörde die erforderlichen Maßnahmen auch gegenüber der jeweiligen Versicherungs-Holdinggesellschaft anordnen (*vgl.* § 1b Abs. 3 i.V.m. § 104h VAG).

197 *Vgl.* zur Beaufsichtigung von Finanzkonglomeraten *Beisheim*, BKR 2010, 397 ff. Zu den aktuellen Reformbestrebungen Änderungsvorschlag der Europäischen Kommission zur Finanzkonglomerate-Richtlinie v. 16. August 2010, KOM(2010) 433 endgültig sowie *Fischer zu Cramburg*, NZG 2010, 1064.

198 *Winter*, in FS Schirmer, 639 (641); *ders.* Versicherungsaufsichtsrecht, S. 240 f.; *Wieland*, BB 2012, 1108 (1109).

1. Information und Transparenz

Wesentlicher Zweck der finanzaufsichtsrechtlichen Anzeigepflicht des geplanten Erwerbs einer bedeutenden Beteiligung ist zunächst die Offenlegung der tatsächlichen Machtverhältnisse am regulierten Zielunternehmen gegenüber der Aufsicht. Die Anzeigepflicht dient dazu, die Aufsichtsbehörden über bevorstehende Änderungen der Beteiligungsverhältnisse an den beaufsichtigten Zielunternehmen frühzeitig zu informieren.[199] Zugleich erhält die Aufsicht durch die Übermittlung von Dokumenten und Erklärungen als Teil der Anzeige wichtige Erkenntnisse für die laufende Beaufsichtigung des Zielunternehmens und die Beaufsichtigung der Inhaber bedeutender Beteiligungen.

2. Zugangskontrolle und Gefahrenabwehr

Durch die Anzeige soll die Bundesanstalt in die Lage versetzt werden, die aufsichtsrechtlichen Anforderungen an gegenwärtige und künftige Inhaber bedeutender Beteiligungen präventiv zu überprüfen und auf Grundlage der übermittelten Informationen über den Erwerbsinteressenten und den geplanten Erwerb der bedeutenden Beteiligung bei Vorliegen von Untersagungsgründen zu untersagen.[200] Durch diese Zugangskontrolle soll das Zielinstitut nach der Gesetzesbegründung vor ungeeigneten und unzuverlässigen Anteilseignern geschützt werden, die durch die Verfolgung und Durchsetzung sachfremder Interessen die wirtschaftliche Existenz des Zielunternehmens gefährden könnten.[201]

Gefahren für die Funktionsfähigkeit des betreffenden Zielunternehmens einschließlich der Solvenz des Zielunternehmens infolge von wesentlichen Veränderungen im Gesellschafterbestand sollen frühzeitig erkannt und vermieden werden.[202] Gefahren drohen von Seiten der Anteilseigner vor allem durch

---

199 Zu § 2c KWG: *Kobabe*, in: Luz/Neus/Scharpf/Schneider/Weber, KWG, § 2c Rn. 1; *Schäfer*, in: Boos/Fischer/Schulte-Mattler, KWG, § 2c Rn. 2; zu § 104 VAG: Begr. RegE zum Dritten DurchführungsG/EWG zum VAG, BT-Drucks. 12/6959, S. 89; *Kollhosser*, in: Prölss, VAG, § 104 Rn. 3; *Weber-Rey*, in: Habersack/Mülbert/Schlitt, HdB. Kapitalmarktinformation, § 23 Rn. 173; zu § 2a InvG: *Köndgen*, in: Berger/Steck/Lübbehüsen, InvG, § 2a Rn. 1; zu § 6 BörsG (n.F.): *Beck*, in: Schwark/Zimmer, Kapitalmarktrechts-Kommentar, § 6 BörsG Rn. 1; *Christoph*, WM 2004, 1856 (1860); *Burgard*, WM 2011, 1973 (1974). Vgl. auch *Neumann*, Die Aufsicht über Finanzkonglomerate, S. 196.

200 Begr. RegE zum Vierten KWG-Änderungsgesetz, BT-Drucks. 12/3377, S. 27; *Winter*, ZVersWiss 2005, 105 (142); *Mönnig*, Überwachung der Inhaber bedeutender Beteiligungen an Versicherungsunternehmen, S. 188 f.

201 Zu § 2c KWG: Beschlussempfehlung und Bericht des Finanzausschusses zum Dritten Finanzmarktförderungsgesetz, BT-Drucks. 13/9874, S. 138; VG Frankfurt a.M., WM 2008, 782 (782); *Vgl.* VGH Kassel, ZIP 2010, 2234 (2239); *Kobabe*, in: Luz/Neus/Scharpf/ Schneider/Weber, KWG, § 2c Rn. 1; zu § 104 VAG: *Kollhosser*, in: Prölss, VAG, § 104 Rn. 3; *Bähr*, in: Fahr/Kaulbach/Bähr, VAG, § 104 Rn. 3; zu § 2a InvG: *Köndgen*, in: Berger/Steck/Lübbehüsen, InvG, § 2a Rn. 1.

202 Zu § 2c KWG: Begr. RegE zum Vierten KWG-Änderungsgesetz, BT-Drucks. 12/3377, S. 27; VGH Kassel, ZIP 2010, 2234 (2239); *Kobabe*, in: Luz/Neus/Scharpf/Schneider/Weber, KWG, § 2c Rn. 1; *Hammen*, Anteilseignerkontrolle, S. 1 (13); zu § 104 VAG:

unzuverlässige Anteilseigner. Eine weitere Gefahr ist der Abzug von haftenden Eigenkapital oder Liquidität etwa als Folge einer Einbindung des regulierten Zielunternehmens in eine undurchsichtige Konzernstruktur oder als Folge der fehlenden wirtschaftlichen Solidität des Erwerbsinteressenten.[203] Schließlich drohen intransparente Beteiligungsgeflechte oder die mangelnde Kooperation der für den Erwerbsinteressenten zuständigen Behörden im Herkunftsstaat die Aufsicht über das Zielinstitut zu erschweren.

Durch die Wahl der Eingangschwelle von 10 % der Stimmrechte oder des Kapitals bzw. der Möglichkeit, einen maßgeblichen Einfluss ausüben zu können, wird deutlich, dass der Gesetzgeber diese Gefahren auch bei Anteilseignern für gegeben hält, die keinen beherrschenden Einfluss auf das regulierte Zielunternehmen ausüben können.[204] Dem Gesetzgeber kommt es also darauf an, nicht nur rechtlich abgesicherte, sondern auch faktische Einflussmöglichkeiten auf die Geschäftsleitung, den Aufsichtsrat und die Hauptversammlung der regulierten Zielgesellschaft zu erfassen und einer präventiven aufsichtsrechtlichen Kontrolle zu unterziehen.[205] Bei der Inhaberkontrolle handelt es daher um ein Instrument der abstrakten Gefahrenabwehr. Die bloße Inhaberschaft einer bedeutenden Beteiligung und die damit verbundene abstrakte Möglichkeit, diese zu schädlichen Zwecken einzusetzen, rechtfertigt bei unzuverlässigen Erwerbsinteressenten bereits den Eingriff der Finanzaufsicht.[206] Dies kommt im Gesetz nicht zuletzt darin zum Ausdruck, dass es für einen Eingriff der Aufsicht bereits genügt, dass "Tatsachen die Annahme rechtfertigen", dass eine der Eingriffstatbestände erfüllt ist (*vgl.* etwa § 2c Abs. 1b Satz 1 KWG). Im Ergebnis wird dadurch die Darlegungslast für das Nichtvorliegen der Eingriffstatbestände auf den Erwerbsinteressenten bzw. Inhaber der bedeutenden Beteiligung verlagert.[207] Der Nachweis einer konkreten Gefahr für die Schutzgüter der Finanzaufsicht ist für Eingriffsmaßnahmen nicht erforderlich.

Der Charakter der Anteilseignerkontrolle als Instrument der abstrakten Gefahrenabwehr begrenzt zugleich das Handlungsermessen der Aufsicht. Insbesondere darf es bei der Anteilseignerkontrolle nicht darum gehen, im Sinne eines Auswahlverfahrens von mehreren Erwerbsinteressenten den aus Sicht der Aufsicht besten und aufsichtsrechtlich am unbedenklichsten erscheinenden Anteilseigner zu ermitteln.

Begr. RegE zum Dritten Durchführungsgesetz/EWG zum VAG, BT-Drucks. 12/6959, S.89; *Bähr*, in: Fahr/Kaulbach/Bähr, VAG, § 104 Rn. 3; *Deckers*, in: Bähr, Versicherungsaufsichtsrecht, § 30 Rn. 2; allgemein: *Hirschmann*, Anteilseignerkontrolle, S. 7; zu § 2a InvG: *Köndgen*, in: Berger/Steck/ Lübbehüsen, InvG, § 2a Rn. 1; zu § 6 BörsG: *Christoph*, WM 2004, 1856 (1860).

203 *Hirschmann*, Anteilseignerkontrolle, S. 9.

204 *Vgl.* zur Wahl der Eingangsschwelle von 10 % der Stimmrechte oder des Kapitals ausführlich 2. Teil: A. I. 3. und A. I: 4.

205 *Vgl. Deckers*, in: Bähr, Versicherungsaufsichtsrecht, § 30 Rn. 3 (zu § 104 VAG).

206 *Vgl. Deckers*, in: Bähr, Versicherungsaufsichtsrecht, § 30 Rn. 4 (zu § 104 VAG).

207 *Vgl.* dazu ausführlich 3. Teil: H. III.

3. Sicherung der Funktionsfähigkeit des Finanzsektors

Durch die Anteilseignerkontrolle sollen der Finanzsektor und dessen Funktionsfähigkeit als Institution geschützt und das Vertrauen in die Stabilität und Redlichkeit der Märkte gestärkt werden.[208] Damit kommt auch bei der Anteilseignerkontrolle die besondere Rolle des Finanzsektors für die Stabilität und Funktionsfähigkeit der Volkswirtschaft zum Ausdruck.

4. Kunden- und Gläubigerschutz

Durch die Inhaberkontrolle und den damit verbundenen Schutz des Zielunternehmens sollen indirekt auch Belange der Kunden und Gläubiger geschützt werden.[209] Besonders betont wird der Aspekt des Kunden- und Gläubigerschutzes im Versicherungsrecht, wo im Gesetz ausdrücklich klargestellt wird, dass der Anzeigepflichtige über angemessene geschäftliche Pläne für die Fortsetzung und Entwicklung der Geschäfte des Versicherungsunternehmens verfügen muss und die Belange der Versicherten oder der berechtigten Interessen der Vorversicherer zu wahren sind.[210]

Auch bei der Inhaberkontrolle handelt die Bundesanstalt allerdings allein im öffentlichen Interesse (*vgl.* § 4 Abs. 4 FinDAG). Damit kommt zum Ausdruck, dass der Aspekt des Kunden- und Gläubigerschutzes eng mit dem Gesichtspunkt der Funktionssicherung verbunden ist. Ein effektiver Kunden- und Gläubigerschutz ist zugleich geeignet, das Vertrauen in das Finanzsystem zu stärken und wirkt damit systemstabilisierend.[211]

5. Bekämpfung von Geldwäsche und Terrorismusfinanzierung

Eines der zentralen Anliegen der Anteilseignerkontrolle ist die Verhinderung und Bekämpfung von Geldwäsche und Terrorismusfinanzierung.[212] Zum Teil wird darin

---

208 *Vgl. vor allem Winter*, ZVersWiss 2005, 105 (142; 155); *Hirschmann*, Anteilseignerkontrolle, S. 7 f.; auch VGH Kassel, ZIP 2010, 2234 (2239); zu § 6 BörsG: *Christoph*, WM 2004, 1856 (1860); *Burgard*, WM 2011, 1973 (1974).

209 Zu § 104 VAG: Begr. RegE zum Dritten DurchführungsG/EWG zum VAG, BT-Drucks. 12/6959, S. 89; *Weber-Rey/Krecek*, NVersZ 2000, 105 (105); *Bähr*, in: Fahr/Kaulbach/Bähr, VAG, § 104 Rn. 3; *Deckers*, in: Bähr, Versicherungsaufsichtsrecht, § 30 Rn. 2; zu § 2c KWG: Begr. RegE zum Vierten KWG-Änderungsgesetz, BT-Drucks. 12/3377, S. 27; VGH Kassel, ZIP 2010, 2234 (2239); *Schäfer*, in: Boos/Fischer/Schulte-Mattler, KWG, § 2c Rn. 2a; *Kobabe*, in: Luz/Neus/Scharpf/Schneider/Weber, KWG, § 2c Rn. 1; *Hammen*, Anteilseignerkontrolle, S. 1 (13); zu § 6 BörsG: *Christoph*, WM 2004, 1856 (1860); *Burgard*, WM 2011, 1973 (1974); allgemein: *Hirschmann*, Anteilseignerkontrolle, S. 7 f.

210 *Vgl.* § 104 Abs. 1b Satz 1 Nr. 1 2. Halbs.

211 *Hirschmann*, Anteilseignerkontrolle, S. 8.

212 *Ohler*, Die Verwaltung 2008, 405 (419 ff.). Zu § 2c KWG: Beschlussempfehlung und Bericht des Finanzausschusses zum Dritten Finanzmarktförderungsgesetz, BT-Drucks. 13/9874, S. 138; *Vgl.* VGH Kassel, Urteil vom 6. Oktober 2010, 6 A 2227/08; VG Frankfurt a.M., WM 2008, 782 (782); *Kobabe*, in: Luz/Neus/Scharpf/Schneider/Weber, KWG, § 2c Rn. 1; *Haug*, in: Szagunn/Haug/Ergenzinger, KWG, § 2b Rn. 2; *Schäfer*, in: Boos/Fischer/Schulte-Mattler, KWG, § 2c Rn. 2a; *Nirk*, Kreditwesengesetz, S. 45;

sogar der Hauptzweck gesehen. Die Vorschriften tragen damit nicht zuletzt den Empfehlungen der Financial Task Force on Money Laundering (FATF) Rechnung. Als Teil der FATF-Empfehlungen sollen die Finanzaufsichtsbehörden die notwendigen rechtlichen und regulatorischen Maßnahmen ergreifen, um zu verhindern, dass "Kriminelle und deren Mittäter und Gehilfen unmittelbar oder wirtschaftlich eine bedeutende oder kontrollierende Beteiligung an Unternehmen des Finanzsektors halten oder eine Geschäftsleitungsfunktion innehaben".[213]

Hintergrund hierfür ist, dass Unternehmen des Finanzsektors als Geldsammel- und Übermittlungsstellen besonders anfällig für ihren Missbrauch zur Einschleusung inkriminierter Gelder in den Wirtschaftskreislauf sind. Ihnen kommt bei der Bekämpfung der Geldwäsche und Terrorismusfinanzierung daher eine zentrale Rolle zu. So sind sie Adressaten der geldwäscherechtlichen Identifizierungspflichten (*Know your customer*) und verpflichtet, verdächtige Transaktionen zur Anzeige zu bringen (*vgl.* z.B. § 2 Abs. 1 Nr. 1 bis Nr. 6 GwG; § 3 GwG; § 11 GwG). In den Händen der falschen Personen oder Unternehmen könnten diese Kontrollmechanismen umgangen werden.

6. Sonstige Zwecke

Im Hinblick auf Börsenträger ist Ziel der Anteilseignerkontrolle zudem, die Funktionsfähigkeit der Börse, insbesondere im Hinblick auf die Durchführung und angemessene Fortentwicklung des Börsenbetriebes (sogenannte Betriebspflicht gemäß § 5 Abs. 1 BörsG) zu sichern.[214] Dies ist allerdings eine Besonderheit des Börsenrecht und dem Umstand geschuldet, dass Börsenträger als Beliehene mit einer öffentlich-rechtlichen Aufgabe betraut sind.

Hammen, Anteilseignerkontrolle, S. 1 (13); zu § 104 VAG: Begr. RegE zum Vierten Finanzmarktförderungsgesetz, BT-Drucks. 14/8017, S. 71; *Deckers*, in: Bähr, Versicherungsaufsichtsrecht, § 30 Rn. 2; *Winter*, Versicherungsaufsichtsrecht, S. 238; *ders.* ZVersWiss 2005, 105 (142); *Mönnig*, Überwachung der Inhaber bedeutender Beteiligungen an Versicherungsunternehmen, S. 14 ff.; *Weber-Rey*, in: Habersack/Mülbert/Schlitt, HdB. Kapitalmarktinformation, § 23 Rn. 173; *Weber-Rey/Krezek*, NVersZ 2000, 105 (106); *Kollhosser*, in: Prölss, VAG, § 104 Rn. 3; *Bähr*, in: Fahr/Kaulbach/Bähr, VAG, § 104 Rn. 3; *Präve*, in: Prölss, VAG, § 7a Rn. 27; zu § 6 BörsG: *Burgard*, WM 2011, 1973 (1974).

213 *Vgl.* Empfehlung 23 Abs. 1 Satz 2 der FATF 40-Empfehlungen (abrufbar unter: www.fatf-gafi.org).

214 Begr. RegE zum Vierten Finanzmarktförderungsgesetz, BT-Drucks. 14/8017, S. 73; *Kümpel*, in: Kümpel/Hammen/Ekkenga, Kapitalmarktrecht, 060 Rn. 230; *Hammen*, Anteilseignerkontrolle, S. 1 (13); *Beck*, in: Schwark/Zimmer, Kapitalmarktrechts-Kommentar, § 6 BörsG Rn. 13; 17; *Christoph*, WM 2004, 1856 (1858 f.); *Burgard*, WM 2011, 1973 (1976 ff.), der darin den "übergeordneten Sinn und Zweck der börsenrechtlichen Anteilseignerkontrolle" sehen will; krit. *Rudolph*, BB 2002, 1036 (1039). Zur Betriebspflicht *vgl.* etwa *Christoph*, Börsenkooperationen und Börsenfusionen, S. 150 ff.

7. Nicht: Schutz des Wettbewerbs

Keinesfalls darf die Anteilseignerkontrolle als Instrument zum Schutz des Wettbewerbs verstanden werden.[215] Hierzu sind allein die europäischen und nationalen Kartellbehörden berufen. Wettbewerbspolitische Überlegungen haben daher bei der finanzaufsichtsrechtlichen Inhaberkontrolle außer Betracht zu bleiben.[216]

D. Systematische Einbettung in die Überwachung der Inhaberstruktur

Das aufsichtsrechtliche Anteilseignerkontrollverfahren beim Erwerb einer bedeutenden Beteiligung ist eines von mehreren Elementen der Beaufsichtigung der Inhaberstruktur regulierter Gesellschaften des Finanzsektors.

I. Inhaber bedeutender Beteiligungen im Erlaubnisverfahren

Bereits im Erlaubnisverfahren spielen Inhaber bedeutender Beteiligungen am die Lizenz beantragenden Rechtsträger eine zentrale Rolle.

1. Überblick

Bevor Unternehmen im Inland gewerblich Bankgeschäfte, Finanzdienstleistungen, Investmentgeschäfte, Zahlungsdienste, das E-Geld-Geschäft oder Versicherungsgeschäfte betreiben oder als Träger einer Börse agieren dürfen, müssen sie eine Erlaubnis der zuständigen Aufsichtsbehörden einholen.[217]

Im Rahmen des Erlaubnisverfahrens sind umfangreiche Informationen über die Inhaber bedeutender Beteiligungen offenzulegen. Dies gilt unabhängig davon, ob es sich um Erlaubnisverfahren nach dem Kreditwesengesetz, Versicherungsaufsichtsgesetz, Zahlungsdiensteaufsichtsgesetz, Investmentgesetz oder Börsengesetz handelt.

Im Hinblick auf die Eigentümerstruktur hat die Aufsicht das Recht oder im Einzelfall sogar die Pflicht, bei Vorliegen von Versagungsgründen die Erlaubnis zu verweigern. Dabei sind die Versagungsgründe im Erlaubnisverfahren im Hinblick auf die Eigentümerstruktur weitgehend parallel zu den Untersagungsgründen bei der Erwerbskontrolle ausgestaltet.

2. Prüfung der Eigentümerstruktur im Erlaubnisverfahren nach dem Kreditwesengesetz

Die Rolle der Inhaber bedeutender Beteiligungen im Erlaubnisverfahren wird exemplarisch an der Rechtslage im Kreditwesengesetz erörtert.

---

215 *Haug*, in: Szagunn/Haug/Ergenzinger, KWG, § 2b Rn. 2; *Hirschmann*, Anteilseignerkontrolle, S. 8; *Schäfer*, in: Boos/Fischer/Schulte-Mattler, KWG, § 2c Rn. 5.

216 *Vgl.* zu den zulässigen Untersagungsgründen ausführlich 3. Teil: H.

217 *Vgl.* § 32 Abs. 1 KWG, § 7 Abs. 1 Satz 1 InvG, § 8a Abs. 1 ZAG, § 8 Abs. 1 ZAG, § 5 Abs. 1 VAG und § 4 Abs. 1 BörsG.

a) Versagungsgründe im Zusammenhang mit der Inhaberstruktur

Die Bundesanstalt hat eine Erlaubnis zwingend zu versagen, wenn Tatsachen die Annahme rechtfertigen, dass der Inhaber einer bedeutenden Beteiligung beziehungsweise deren gesetzliche oder satzungsmäßige Vertreter nicht zuverlässig sind oder aus anderen Gründen nicht den im Interesse einer soliden und umsichtigen Führung zu stellenden Ansprüchen genügen (*vgl.* § 33 Abs. 1 Satz 1 Nr. 3 KWG).

Weitere Versagungsgründe, die die Bundesanstalt auf Grundlage einer Ermessensentscheidung berechtigen, die Erlaubnis zu verweigern, sind in § 33 Abs. 3 KWG aufgeführt. Im Zusammenhang mit der Eigentümerstruktur kann die Bundesanstalt die Erteilung der beantragten Erlaubnis insbesondere verweigern, wenn

(1) durch die Struktur des Beteiligungsgeflechts oder mangelhafter Transparenz eine wirksame Aufsicht beeinträchtigt wäre (§ 33 Abs. 3 Satz 2 Nr. 1 KWG),

(2) eine wirksame Aufsicht durch die Vorschriften eines Drittstaats beeinträchtigt wäre (§ 33 Abs. 3 Satz 2 Nr. 2 KWG),

(3) das Mutterunternehmen im Drittstaat nicht wirksam beaufsichtigt wird beziehungsweise die Aufsicht nicht zu einer befriedigenden Zusammenarbeit bereit ist (§ 33 Abs. 3 Satz 2 Nr. 3 KWG), oder

(4) im Antragsverfahren keine ausreichenden Angaben oder Unterlagen überreicht wurden (§ 33 Abs. 3 Satz 3 KWG).

b) Übermittlungspflichten zur Inhaberstruktur im Erlaubnisverfahren

Mit den Versagungsgründen korrespondiert eine Pflicht des Antragstellers, im Erlaubnisverfahren der Aufsichtsbehörde diejenigen Informationen zur Verfügung zu stellen, die diese in die Lage versetzen, das Vorliegen von Untersagungsgründen zu prüfen. Nach § 32 Abs. 1 Satz 2 Nr. 6 KWG hat der Erlaubnisantrag, sofern am Institut bedeutende Beteiligungen gehalten werden, Angaben über die Inhaber bedeutender Beteiligungen und die Höhe dieser Beteiligungen zu enthalten. Ferner sind die für die Beurteilung der Zuverlässigkeit dieser Inhaber und deren gesetzlicher oder satzungsmäßiger Vertreter oder persönlich haftenden Gesellschafter erforderlichen Angaben zu machen. Hinsichtlich des Erlaubnisverfahrens für Kreditinstitute (nach dem Gesetz nicht aber für Finanzdienstleistungsinstitute, *vgl.* § 32 Abs. 1 Satz 4 KWG) sind bezüglich der Inhaber bedeutender Beteiligungen Einzel-Jahresabschlüsse und Konzernabschlüsse der letzten drei Geschäftsjahre nebst etwaigen Prüfungsberichten sowie ein Überblick über die Konzernstruktur vorzulegen.

Die einzureichenden Unterlagen werden durch § 14 Abs. 5 und Abs. 6 AnzV weiter konkretisiert. Rechtsgrundlage hierfür ist § 32 Abs. 2 Satz 3 KWG i.V.m. § 24 Abs. 4 KWG. Form und Inhalt der einzureichenden Dokumente werden außerdem durch Merkblätter der Deutschen Bundesbank und der Bundesanstalt näher erläutert.[218] Danach bedarf es für die Zuverlässigkeitsprüfung insbesondere der Übermittlung sogenannter Straffreiheitserklärungen und bestimmte inhaltliche Vorgaben erfüllende Lebensläufe der betreffenden Personen. Der Lebenslauf hat alle persönlichen Daten, eine eingehende Darstellung der fachlichen Vorbildung mit Angabe aller vorher ausgeübten Tätigkeiten einschließlich der Namen der Unternehmen bei denen eine Tätigkeit bestand, zu enthalten. Ferner sind Nebentätigkeiten anzugeben. Zur Beurteilung der Qualifikationsanforderungen sind außerdem die bisherigen Aufgabengebiete einschließlich der ausgeübten Entscheidungskompetenzen und der unterstellten Geschäftsbereiche beziehungsweise der eingeräumten Vertretungsmacht zu beschreiben.[219] Die Lebensläufe sind eigenhändig zu unterzeichnen (*vgl.* § 14 Abs. 5 Satz 2 AnzV).

Hinsichtlich der weiteren zu übermittelnden Informationen verweist nunmehr § 14 Abs. 5 AnzV ergänzend auf die Vorschriften der Inhaberkontrollverordnung. Dadurch wird nicht nur hinsichtlich der Untersagungsgründe sondern auch bezüglich der zu übermittelnden Informationen und Erklärungen eine weitgehende Parallelität der Inhaberkontrolle im Erlaubnisverfahren und beim Erwerb bedeutender Beteiligungen erreicht.

c) Aufhebung der Erlaubnis

Die Bundesanstalt hat die Befugnis, bei Vorliegen von Versagungsgründen die Erlaubnis des Instituts später wieder aufzuheben (§ 35 Abs. 2 Nr. 3 i.V.m. § 33 Abs. 1 Satz 1 Nr. 1 bis 8 und Abs. 3 Nr. 1 bis 3 KWG). Auch die fehlende Zuverlässigkeit der Inhaber bedeutender Beteiligungen kann daher zum Anlass genommen werden, die Erlaubnis des Instituts selbst zu entziehen.[220]

Dies ist nicht ohne praktische Relevanz. So hatte die Bundesanstalt im Jahr 2008 die Erlaubnisentziehung eines Portfolioverwalters unter anderem darauf gestützt, dass ein bedeutender Gesellschafter nicht zuverlässig sei.[221] Der Gesellschafter hatte kurz zuvor nach einer Anhörung zur Erlaubnisaufhebung die eigene Erlaubnis zum Erbringen von Finanzdienstleistungen aufgegeben.

3. Parallelvorschriften in anderen Aufsichtsgesetzen

Strukturgleiche Vorschriften zur Kontrolle der Eigentümerstruktur im Rahmen des Erlaubnisverfahrens und zur Versagung eines Erlaubnisantrags finden sich auch in den anderen Aufsichtsgesetzen des Finanzsektors. Die Verwaltungspraxis wird zudem teilweise in Rundschreiben oder Merkblättern konkretisiert.

---

218 *Vgl. Bundesbank/Bundesanstalt*, Merkblatt über die Erteilung einer Erlaubnis zum Betreiben von Bankgeschäften gemäß § 32 Abs. 1 KWG (Stand: 31. Dezember 2007); *Bundesbank/Bundesanstalt*, Merkblatt über die Erteilung einer Erlaubnis zum Erbringen von Finanzdienstleistungen gemäß § 32 Abs. 1 KWG (Stand: Mai 2011).

219 *Vgl.* § 14 Abs. 6 i.V.m. § 5 Abs. 1 Satz 1 Nr. 1 AnzV.

220 Zu Fragen des Auswahlermessens *vgl.* 3. Teil: I. II. 2.

221 *Vgl. Bundesanstalt*, Jahresbericht 2008, S. 138.

Übersicht 2: Inhaberkontrolle im Erlaubnisverfahren außerhalb des KWG

Aufsichtsgesetz	Relevante Normen
Versicherungsaufsichtsgesetz	• § 8 Abs. 1 Satz 1 Nr. 2; Satz 2-3 VAG • § 5 Abs. 5 Nr. 6; Nr. 6a VAG • Rundschreiben R 4/98, das die erforderlichen Angaben zu Inhabern einer bedeutenden Beteiligung näher konkretisiert
Investmentgesetz	• § 7b Nr. 4-6 InvG • § 7a Nr. 5-6 InvG
Zahlungsdiensteaufsichtsgesetz	• § 9 Nr. 4; Nr. 7 ZAG • § 8 Abs. 3 Nr. 8 ZAG • Merkblatt der Deutschen Bundesbank über die Erteilung einer Erlaubnis zum Erbringen von Zahlungsdiensten gemäß § 8 Abs. 1 ZAG (Stand: 23. November 2009) • § 9a Nr. 3 i.V.m. § 9 Nr. 4; 7 ZAG • § 8a Abs. 3 Satz 1 i.V.m. § 8 Abs. 3 Nr. 8 ZAG
Börsengesetz	• § 4 Abs. 3 Nr. 3 BörsG • § 4 Abs. 2 Satz 2 Nr. 4; Nr. 5 BörsG

II. Passivische Beteiligungsanzeigen

Mit der Anzeigepflicht des Erwerbers bedeutender Beteiligungen korreliert eine Anzeigepflicht der regulierten Zielgesellschaft hinsichtlich der Beteiligungsstruktur. Aufsichtsrechtlich spricht man in diesem Zusammenhang von passivischen Beteiligungsanzeigen oder kurz Passivanzeigen. Dabei unterscheidet man wiederum passivische Einzelanzeigen und passivische Sammelanzeigen. Passivische Einzelanzeigen sind in der Regel anlassbezogen, während passivische Sammelanzeigen periodisch und anlassunabhängig abzugeben sind.

1. § 24 Abs. 1 Nr. 10 KWG

Für Kredit- und Finanzdienstleistungsinstitute ist die Passivanzeigepflicht in § 24 Abs. 1 Nr. 10 KWG geregelt. Danach sind sowohl der Erwerb als auch die Aufgabe einer bedeutenden Beteiligung, das Erreichen, das Über- oder das Unterschreiten der Beteiligungsschwellen von 20 %, 30 % und 50 % der Stimmrechte oder des Kapitals sowie die Tatsache, dass das Institut Tochterunternehmen eines anderen Unternehmens wird oder nicht mehr ist, der Bundesanstalt und der Bundesbank anzuzeigen. Die Anzeige hat durch das Institut unverzüglich nach der Kenntniserlangung von der bevorstehenden Änderung der Beteiligungsverhältnisse zu erfolgen.

Die Regelung zu Passivanzeigen wurde im Jahre 1992 durch die Vierte KWG-Novelle in das deutsche Recht eingeführt. Die Vorschrift setzte dabei entsprechende Regelungen in der Zweiten Bankenkoordinierungs-Richtlinie (heute der Bankenrichtlinie und der Finanzmarktrichtlinie) um.[222] Die passivische Anzeigepflicht bildet dabei das Gegenstück zur Anzeigepflicht des Erwerbsinteressenten nach § 2c Abs. 1 Satz 1 KWG. Regelmäßig wird das Zielunternehmen zeitnah von geplanten Veränderungen im Anteilseignerkreis erfahren. Die unverzügliche Weiterleitung dieser Informationen an die Aufsichtsbehörden versetzt diese in die Lage, die Anzeigepflicht des Erwerbers gegebenenfalls nachzuhalten, beziehungsweise bei Verstößen mit aufsichtsrechtlichen Mitteln zu reagieren.[223] Seit 1992 hat die Vorschrift, meist parallel zu § 2c KWG, immer wieder Änderungen erfahren. Hervorzuheben sind die Erweiterung des Anwendungsbereichs auf Finanzdienstleistungsinstitute durch die Sechste KWG-Novelle sowie die Herabsetzung der Anzeigeschwelle von 33 % auf 30 % im Zuge der Umsetzung der Beteiligungsrichtlinie.[224]

Auf Grundlage der Ermächtigung in § 24 Abs. 4 KWG spezifiziert § 8 AnzV[225] die anzeigepflichtigen Vorgänge weiter. Anzeigepflichtig sind danach auch Änderungen der Beteiligungsverhältnisse dadurch, dass unmittelbar gehaltene Anteile ganz oder teilweise auf ein zwischengeschaltetes Unternehmen übertragen werden oder sich bei ganz oder teilweise mittelbar gehaltenen Anteilen die Anzahl oder die Identität der zwischengeschalteten Unternehmen verändert oder die Anteile nunmehr ganz oder teilweise vom Anteilseigner selbst gehalten werden.

Für diese so genannten Einzelanzeigen über passivische Verhältnisse ist das Formular "passivische Beteiligungsanzeige" nach Anlage 5 der Anzeigenverordnung einzureichen. Gemäß § 8 Abs. 3 AnzV i.V.m. § 7 Abs. 4 Satz 3 AnzV ist bei komplexen Beteiligungsstrukturen für die Anzeige zusätzlich das Formular "Anlage für komplexe Beteiligungsstrukturen" nach Anlage 4 der Anzeigenverordnung beizufügen. Komplexe Beteiligungsstrukturen liegen nach § 7 Abs. 4 Satz 4 AnzV insbesondere bei Treuhandverhältnissen vor sowie bei Beteiligungen, die gleichzeitig mittelbar und unmittelbar über ein oder mehrere Tochterunternehmen oder ein gleichartiges Verhältnis oder über mehrere Beteiligungsketten gehalten werden.

---

222 Begr. RegE zum Vierten KWG-Änderungsgesetz, BT-Drucks. 12/3377, S. 37; *Bellavite-Hövermann*, Anzeigen nach §§ 24 und 24a KWG, § 24 Rn. 51.

223 Begr. RegE zum Vierten KWG-Änderungsgesetz, BT-Drucks. 12/3377, S. 37; *Braun*, in Boos/Fischer/Schulte/Mattler, KWG, § 24 Rn. 110.

224 Art. 1 Nr. 7 des Gesetzes zur Umsetzung der Beteiligungsrichtlinie v. 12. März 2009 (BGBl. I S. 470).

225 Verordnung über die Anzeigen und die Vorlage von Unterlagen nach dem Kreditwesengesetz (Anzeigenverordnung – AnzV) v. 19. Dezember 2006 (BGBl. I S. 3245), zuletzt geändert durch Art. 2 der Verordnung zur weiteren Umsetzung der Beteiligungsrichtlinie v. 20. März 2009 (BGBl. I S. 562).

Bei der Auslegung und Anwendung der Vorschriften zu den Passivanzeigen ist ferner Rundschreiben 1/2007 (BA) der Bundesanstalt zu beachten.[226] Das Rundschreiben enthält vor allem Erläuterungen zur Berechnung der Beteiligungshöhen sowie eine Reihe von Erleichterungen zum Kreis der Anzeigepflichtigen, insbesondere bei Beteiligungskaskaden und Unternehmensgruppen.

2. § 24 Abs. 1 Nr. 12 KWG

Häufig wird ein nach § 24 Abs. 1 Nr. 10 KWG anzeigepflichtiger Vorgang gleichzeitig das Entstehen, die Änderung oder die Beendigung einer sogenannten engen Verbindung zu einer anderen natürlichen Person oder einem Unternehmen begründen. Dies löst nach § 24 Abs. 1 Nr. 12 KWG ebenfalls eine Passivanzeigepflicht aus.

Diese Anzeigepflicht wurde mit der Sechsten KWG-Novelle eingeführt und beruht auf der BCCI-Folgerichtlinie.[227] Hintergrund der BCCI-Folgerichtlinie waren Unregelmäßigkeiten im Zusammenhang mit der Bank of Credit and Commerce International (BCCI), deren anschließender Zusammenbruch und die darauf folgende Schließung durch die Aufsichtsbehörden. In Zuge dessen kamen auch sogenannte “enge Verbindungen” in den Fokus der Aufsicht. Die Anzeigepflicht soll die Bundesanstalt in die Lage versetzen, sich davon zu überzeugen, dass nach Erteilung der Erlaubnis keine engen Verbindungen geknüpft werden, die eine Aufhebung der Erlaubnis der Zielgesellschaft nach § 35 Abs. 2 Nr. 3 KWG rechtfertigen.[228]

Die Vorschrift schließt damit vor allem an § 33 Abs. 3 Satz 1 Nr. 1 KWG an, wonach die Bundesanstalt im Erlaubnisverfahren eine Lizenz unter anderem versagen darf, wenn der Antragsteller in einer engen Verbindung zu einem Unternehmen oder einer Person steht, welche durch die Struktur des Beteiligungsgeflechts oder mangelhafte wirtschaftliche Transparenz eine wirksame Aufsicht über den Antragsteller beeinträchtigen würde.

Der Begriff der engen Verbindung ist in § 1 Abs. 10 KWG definiert. Der Begriff ist teils weiter, teils enger als der Begriff der bedeutenden Beteiligung. Einerseits umfassen der Begriff der engen Verbindung und damit auch die Anzeigepflicht nach § 24 Abs. 1 Nr. 12 KWG auch Schwestergesellschaften und aktive Beteiligungen des Anzeigepflichtigen. Andererseits entsteht eine enge Verbindung erst durch das unmittelbare oder mittelbare Halten durch ein oder mehrere Tochterunternehmen von mindestens 20 % des Kapitals oder der Stimmrechte. Eine direkte oder indirekte 20 %-Beteiligung am Anzeigepflichtigen begründet daher

---

226 *Bundesanstalt*, Rundschreiben 1/2007 (BA) – Beteiligungsanzeigen nach §§ 12a, 24 Abs. 1, 1a und 3a KWG i.V.m. §§ 7, 8 und 16 v. 5. Januar 2007 (BA 37-FR 2423/9995).

227 Art. 2 Abs. 2 UAbs. 3 der BCCI-Folgerichtlinie (95/26/EG).

228 *Vgl.* Begr. RegE zum Sechsten KWG-Änderungsgesetz, BT-Drucks. 13/7142, S. 96.

sowohl eine passivische bedeutende Beteiligung wie auch zusätzlich eine passivische enge Verbindung.[229]

Da die passivische Beteiligungsanzeige der engen Verbindung ebenfalls mittels des Formulars nach Anlage 5 zur Anzeigenverordnung zu erfolgen hat, kann diese Anzeige zusammen mit der Anzeige der Begründung einer bedeutenden Beteiligung durch zusätzliches Markieren an den vorgesehen Stellen in Abschnitt 1 des Formulars erfolgen. Dies wird auch durch die Erläuterungen zu Anlage 5 der Anzeigenverordnung klargestellt, wonach eine Mehrfachauswahl in diesem Abschnitt zulässig ist. Weitere Einzelheiten sind in Rundschreiben 1/2007 (BA) aufgeführt. Die Bundesanstalt verzichtet derzeit unter anderem auf die Anzeige von Schwesterverhältnissen.[230]

3. § 24 Abs. 1a Nr. 1 und Nr. 3 KWG

Kredit- und Finanzdienstleistungsinstitute müssen der Bundesanstalt und der Deutschen Bundesbank einmal jährlich eine Sammelanzeige über ihre engen Verbindungen zu anderen Personen oder Unternehmen und die Namen und die Anschrift der Inhaber einer bedeutenden Beteiligung an dem anzeigenden Institut übermitteln (§ 24 Abs. 1a Nr. 1 und Nr. 3 KWG). Durch die passivische Sammelanzeige erhalten die Behörden anlassunabhängig einmal jährlich einen aktualisierten Status Quo der passivischen Beteiligungsverhältnisse.[231]

Nach § 8 Abs. 2 AnzV ist diese Anzeige mittels des Formulars "passivische Beteiligungsanzeige" bis zum 15. Juni des Folgejahres mit dem Stichtag 31. Dezember des Vorjahres einzureichen. Auch bei der Auslegung und Anwendung der Regeln zu den passivischen Sammelanzeigen ist zudem Rundschreiben 1/2007 (BA) zu beachten.

4. Parallelvorschriften in anderen Aufsichtsgesetzen

Außerhalb des Bank- und Finanzdienstleistungssektors bestehen – mit Unterschieden im Detail – ebenfalls entsprechende Passivanzeigepflichten der Zielgesellschaft.

So normiert § 13d Nr. 4 und Nr. 4a VAG eine entsprechende Pflicht für Versicherungsunternehmen, das Entstehen, bestimmte Änderungen und die Beendigung passivischer bedeutender Beteiligungen beziehungsweise enger Verbindungen anzuzeigen. Jährliche passivische Sammelanzeigen sind in § 13d Nr. 5 VAG vorgesehen. Weitere Vorgaben zu Form und Inhalt der Passivanzeigen macht Rundschreiben R 4/98.[232]

---

229 *Vgl. Bundesanstalt*, Rundschreiben 1/2007, Ziffer 5.

230 *Vgl. Bundesanstalt*, Rundschreiben 1/2007, Ziffer 3.1.

231 *Bellavite-Hövermann*, Anzeigen nach §§ 24 und 24a KWG, § 24 Rn. 60.

232 *Bundesaufsichtsamt für das Versicherungswesen*, Rundschreiben R 4/98 zu Allgemeinen Fragen der Versicherungsaufsicht v. 11. August 1998, VerBAV 1998, 203 ff.

Für Kapitalanlagegesellschaften finden sich Regelungen zu Passivanzeigeverpflichtungen in § 19c Abs. 1 Nr. 9[233] und Abs. 2 Nr. 1 und Nr. 3 InvG.

§ 29 Abs. 1 Nr. 4 und Nr. 8 ZAG enthält Parallelvorschriften für Zahlungsinstitute und E-Geld-Institute. Die näheren Einzelheiten der Passivanzeigepflichten sind in § 11 ZAGAnzV geregelt. In § 11 Abs. 2 ZAGAnzV hat der Verordnungsgeber auch von der Ermächtigung gemäß § 29 Abs. 2 Satz 1 ZAGAnzV Gebrauch gemacht, jährliche passivische Sammelanzeigen vorzusehen.

Abweichend hiervon schreibt das Börsengesetz für Börsenträger lediglich vor, aktuelle Angaben zur Eigentümerstruktur einschließlich der Inhaber bedeutender Beteiligungen und deren Beteiligungshöhe auf dessen Internetseite zu veröffentlichen (§§ 5 Abs. 2 i.V.m. § 4 Abs. 2 Satz 2 Nr. 4 BörsG).[234] Eine Passivanzeigepflicht gegenüber den Aufsichtsbehörden besteht nicht. Jedoch ist eine Information der Aufsichtsbehörden durch den Börsenträger im Rahmen des Dialogs mit den Aufsichtsbehörden auch hier ratsam.

III. Informations- und Prüfungsduldungspflichten

Eines der zentralen Instrumente vor allem der laufenden Inhaberkontrolle ist ein Informationsrecht der Aufsichtsbehörden gegenüber Inhabern bedeutender Beteiligungen, das mit entsprechenden Auskunfts-, Vorlage- und Duldungspflichten der Betroffenen korrespondiert.

1. Auskunftsrecht (§ 44b Abs. 1 Satz 1 Nr. 2 i.V.m. § 44 Abs. 1 Satz 1 KWG)

Rechtsgrundlage für die Auskunftspflicht ist § 44b Abs. 1 i.V.m. § 44 Abs. 1 Satz 1 KWG.

a) Entstehungsgeschichte; Zielsetzung

§ 44 b KWG wurde zusammen mit § 2b KWG (a.F.) im Zuge des Vierten KWG-Änderungsgesetzes in das Kreditwesengesetz aufgenommen und hat seit seiner erstmaligen Einführung einer Reihe von Erweiterungen des Anwendungsbereichs und Änderungen inhaltlicher Art erfahren.[235] Hauptzielsetzung der Norm war bei der Einführung laut Gesetzesbegründung die Bekämpfung der Geldwäsche.[236] Die Vorschrift hat sich aber in der Zwischenzeit zu einer der wesentlichen Säulen einer umfassenden Inhaberkontrolle entwickelt.

---

233 Insoweit unzutreffend *Köndgen*, in: Berger/Steck/Lübbehüsen, InvG, § 2a Rn. 5, wonach für Kapitalanlagegesellschaften keine Passivanzeigepflicht entsprechend § 24 Abs. 1 Nr. 10 KWG bestehe.

234 Die Vorschrift wurde in Umsetzung von Art. 38 Abs. 2 lit. a der Finanzmarktrichtlinie ins deutsche Recht eingeführt. *Vgl. Groß*, Kapitalmarktrecht, § 5 BörsG Rn. 8.

235 Zur Entstehungsgeschichte des § 44b KWG ausführlich *Samm*, in: Beck/Samm/Kokemoor, KWG, § 44b Rn. 4 ff.; *Braun*, in: Boos/Fischer/Schulte-Mattler, KWG, § 44b Rn. 3.

236 Begr. RegE zum Vierten KWG-Änderungsgesetz, BT-Drucks. 12/3377, S. 42; *Braun*, in: Boos/Fischer/Schulte-Mattler, KWG, § 44b Rn. 2.

b) Kreis der Auskunftsberechtigten

Auskunftsberechtigt sind nach § 44b Abs. 1 Satz 1 KWG die Bundesanstalt und die Bundesbank.

c) Adressatenkreis

Nach § 44b Abs. 1 Satz 1 Nr. 2 i.V.m. § 44 Abs. 1 Satz 1 KWG unterliegen Inhaber bedeutender Beteiligungen gegenüber der Bundesanstalt und ihren Hilfspersonen einer Auskunftspflicht und Pflicht zur Vorlage von Unterlagen.

Auch Unternehmen, die von Inhabern einer bedeutenden Beteiligung kontrolliert werden, können seitens der Aufsichtsbehörden zur Auskunft über deren Geschäftsangelegenheiten aufgefordert werden (§ 44b Abs. 1 Satz 1 Nr. 2 i.V.m. § 44 Abs. 1 Satz 1 KWG).[237]

Der Kreis der Auskunftspflichtigen ist zudem erweitert um Personen und Unternehmen, die ein Inhaberkontrollverfahren einleiten (§ 2c Abs. 1 KWG) oder im Rahmen eines Erlaubnisantrags als Inhaber einer bedeutenden Beteiligung genannt sind (§ 44b Abs. 1 Satz 1 Nr. 1 KWG i.V.m. § 32 Abs. 1 Satz 2 Nr. 6 KWG). Außerdem sind solche Personen und Unternehmen erfasst, bei denen seitens der Bundesanstalt der auf Tatsachen beruhende Verdacht besteht, dass diese als Inhaber einer bedeutenden Beteiligung oder ein von diesen kontrolliertes Unternehmen einzuordnen sind (§ 44b Abs. 1 Satz 1 Nr. 3 KWG). Ferner umfasst der auskunftspflichtige Adressatenkreis mit den vorgenannten Personen nach § 15 AktG verbundene Unternehmen (§ 44b Abs. 1 Satz 1 Nr. 4 KWG).

Die Bundesanstalt ist damit in die Lage versetzt, bereits vor dem Erwerb einer Beteiligung wie auch bei Verdachtsfällen über Missstände von sich aus Sachverhaltsermittlungen zu betreiben. Dabei vermeidet die weite Fassung des Adressatenkreises mögliche Streitfälle darüber, ob es sich tatsächlich um bedeutende Beteiligungsinhaber handelt und damit der Aufsichtsbehörde die Rechte nach § 44b KWG zustehen.[238]

---

237 In diesem Sinne auch *Braun*, in: Boos/Fischer/Schulte-Mattler, KWG, § 44b Rn. 4. Zwar gibt der Wortlaut des § 44b Abs. 1 Satz 1 Nr. 2 KWG dies nicht ohne weiteres her. Es heißt ja nicht "Auskunftspflichtig sind die Inhaber einer bedeutenden Beteiligung an einem Institut und *die* von ihm kontrollierten Unternehmen" sondern "... die Inhaber einer bedeutenden Beteiligung an einem Institut und *den* von ihnen kontrollierten Unternehmen". Grammatikalisch könnte es also lediglich um eine nähere Beschreibung des Inhalts der bedeutenden Beteiligung (am Institut und an den vom Institut kontrollierten Unternehmen), nicht aber um eine Ausweitung des Adressatenkreises (Auskunftspflichtig sind der Inhaber der bedeutenden Beteiligung und die von ihm kontrollierten Unternehmen) gehen. Allerdings macht der Plural "von ihnen" stutzig. Wenn sich dies auf das Institut bezöge, müsste es "von ihm" heißen.

238 *Braun*, in: Boos/Fischer/Schulte-Mattler, KWG, § 44b Rn. 6.

d) Inhalt und Umfang der Auskunftspflicht

Die Auskunftspflicht betrifft "alle Geschäftsangelegenheiten". In diesem Zusammenhang haben Inhaber bedeutender Beteiligungen auch von der Bundesanstalt angeforderte Unterlagen vorzulegen.

Inhaltliche Beschränkungen (etwa auf die Angaben nach § 32 Abs. 1 Satz 1 Nr. 6 KWG) bestehen auf der Tatbestandsebene nicht.[239] Das Informationsrecht der Bundesanstalt ist also verdachts- und anlassunabhängig.[240] Die Informationspflicht ist auch nicht auf Sachverhalte beschränkt, die sich unmittelbar auf das Verhältnis zwischen dem Beteiligungsinhaber und der regulierten Gesellschaft beziehen.

Allerdings unterliegt die Bundesanstalt bei der Ermessensausübung dem Verhältnismäßigkeitsgrundsatz, dem vor dem Hintergrund des weiten personellen und sachlichen Anwendungsbereichs eine besondere Bedeutung zukommt. Daraus folgt insbesondere, dass die angeforderten Informationen im Hinblick auf das Ziel einer effektiven Eigentümerkontrolle zumindest geeignet und erforderlich sein müssen.[241] Auskünfte und Unterlagen zu Vorgängen, die keinerlei Zusammenhang zur Eignung als Inhaber des Instituts stehen, dürfen von der Aufsicht daher nicht angefordert werden.[242]

e) Pflicht zur externen Prüfung von Unterlagen

Im Rahmen von Inhaberkontrollverfahren kann die Bundesanstalt zudem verlangen, dass der Vorlagepflichtige die nach § 2c Abs. 1 Satz 2 KWG einzureichenden Unterlagen auf seine Kosten durch einen von der Bundesanstalt zu bestimmenden Wirtschaftsprüfer prüfen lässt (*vgl.* § 44b Abs. 1 Satz 2 KWG). Entgegen dem etwas missverständlichen Wortlaut besteht außerhalb von § 2c KWG-Verfahren allerdings keine weitergehende Pflicht nach § 44b Abs. 1 Satz 2 KWG, eine Prüfung von Unterlagen zu veranlassen.[243] Die Aufsichtsbehörde wird eine Prüfung durch einen Wirtschaftsprüfer nur dann anordnen, wenn sie begründete Zweifel an der Richtigkeit, Vollständigkeit beziehungsweise Plausibilität der übermittelten Informationen hat.[244]

2. Prüfungsrecht (§ 44b Abs. 2 KWG)

Die Bundesanstalt und die Bundesbank können bei Inhabern bedeutender Beteiligungen und den sonstigen in § 44b Abs. 1 Satz 1 KWG genannten Personen

---

239 Die vor den Änderungen durch das Sechste KWG-Änderungsgesetz bestehenden inhaltliche Beschränkung auf die Vorlage von Unterlagen nach § 32 Abs. 1 Satz 2 Nr. 6c bis 6e KWG wurde aufgehoben.

240 *Hirschmann*, Anteilseignerkontrolle, S. 175.

241 *Braun*, in: Boos/Fischer/Schulte-Mattler, KWG, § 44b Rn. 7 f.; *Schmitz*, in: Luz/Neus/Scharpf/Schneider/Weber, KWG, § 44b Rn. 5; *Samm*, in: Beck/Samm/Kokemoor, KWG, § 44b Rn. 13; *Hirschmann*, Anteilseignerkontrolle, S. 176.

242 *Braun*, in: Boos/Fischer/Schulte-Mattler, KWG, § 44b Rn. 8.

243 So auch *Schmitz*, in: Luz/Neus/Scharpf/Schneider/Weber, KWG, § 44b Rn. 16.

244 *Schmitz*, in: Luz/Neus/Scharpf/Schneider/Weber, KWG, § 44b Rn. 19.

und Unternehmen Prüfungen vornehmen (§§ 44b Abs. 1 Satz 1 i.V.m. 44 Abs. 1 Satz 2 KWG).

a) Eingriffsvoraussetzungen

Die Eingriffsvoraussetzungen für die Anordnung einer Prüfung sind deutlich enger als für das Auskunfts- und Vorlageverlangen nach § 44b Abs. 1 Satz 1 KWG. Zu Prüfungsanordnungen ist die Bundesanstalt nur befugt, wenn Anhaltspunkte für einen Untersagungsgrund nach § 2c Abs. 1b Satz 1 Nr. 1 bis 6 KWG vorliegen (*vgl.* §§ 44b Abs. 2 Satz 1 i.V.m. 44 Abs. 1 Satz 2 KWG).

In zeitlicher Hinsicht darf der Verweis auf die Untersagungsgründe in § 2c Abs. 1b Satz 1 Nr. 1-6 KWG nicht dahingehend missverstanden werden, dass Prüfungsanordnungen nur während eines Inhaberkontrollverfahrens nach § 2c KWG zulässig wären. Vielmehr sind Maßnahmen nach § 44b Abs. 2 KWG auch und gerade nach Abschluss des Inhaberkontrollverfahrens zulässig. Die Frage, ob Anhaltspunkte für einen Untersagungsgrund i.S.d. § 2c Abs. 1b Satz 1 Nr. 1-6 KWG vorliegen, ist ebenfalls nicht beschränkt auf anfängliche Untersagungsgründe zum Zeitpunkt der Durchführung des Inhaberkontrollverfahrens. Vielmehr rechtfertigt auch der spätere Verdacht von Missständen – etwa Anhaltspunkte für den Missbrauch des Instituts durch den Inhaber zu Geldwäscheaktivitäten – eine Prüfungsanordnung.

Eine Beschränkung des Prüfungsumfangs auf bestimmte Unterlagen besteht im Rahmen des § 44b Abs. 2 Satz 1 KWG nicht. Grenzen des Ermessens sind auch hier der Zweck einer effektiven Inhaberkontrolle und der Verhältnismäßigkeitsgrundsatz.[245] Soweit ersichtlich, machen die Aufsichtsbehörden nur zurückhaltend von der Befugnis nach § 44b Abs. 2 Satz 1 KWG Gebrauch.

b) Anordnung und Durchführung

Die Prüfung kann durch die Bundesanstalt selbst oder die Bundesbank durchgeführt werden.[246] Die Prüfungsanordnung ergeht aber durch die Bundesanstalt (§ 7 Abs. 2 Satz 4 KWG).[247] Regelmäßig bedienen sich die Behörden bei der Durchführung von Prüfungen Dritter als Hilfspersonen (*vgl.* § 4 Abs. 3 FinDAG). Zumeist handelt es sich dabei um Wirtschaftsprüfungsgesellschaften.[248] Diese haben wie auch die Behörden nach § 44 Abs. 1 Satz 3 KWG das Recht, zu Prüfungszwecken die Geschäftsräume des Instituts innerhalb der üblichen Betriebs- und Geschäftszeiten zu betreten und zu besichtigen. Durchsuchungs- und Sicherstellungsrechte, wie sie den Aufsichtsbehörden nach § 44c KWG eingeräumt sind, bestehen aber nicht.[249]

---

245 *Samm*, in: Beck/Samm/Kokemoor, KWG, § 44b Rn. 21; Reischauer/Kleinhans, KWG, § 44b Rn. 3.

246 *Braun*, in: Boos/Fischer/Schulte-Mattler, KWG, § 44b Rn. 13.

247 Zum Verfahren *vgl. Schmitz*, in: Luz/Neus/Scharpf/Schneider/Weber, KWG, § 44b Rn. 28.

248 *Schwirten*, in: Boos/Fischer/Schulte-Mattler, KWG, 3. Aufl., § 4 FinDAG Rn. 6; *Schmitz*, in: Luz/Neus/Scharpf/Schneider/Weber, KWG, § 44b Rn. 26.

249 *Samm*, in: Beck/Samm/Kokemoor, KWG, § 44b Rn. 19.

Mit dem Prüfungsrecht korrespondiert eine Duldungspflicht des Adressaten (§ 44b Abs. 2 Satz 2 KWG). Die Kosten für die Prüfung sind der Behörde durch das betroffene Unternehmen zu erstatten und auf Verlangen der Bundesanstalt vorzuschießen (§ 51 Abs. 3 Satz 1 KWG).

3. Rechtsbehelfe; Zwangsmittel; Ordnungswidrigkeit

Gegen das Auskunfts- oder Vorlageersuchen beziehungsweise die Prüfungsanordnung stehen den Betroffenen die gegen Verwaltungsakte statthaften allgemeinen Rechtsbehelfe zur Verfügung.[250] Widerspruch und Anfechtungsklage haben gemäß § 49 KWG keine aufschiebende Wirkung.

Auskunftspflichtige haben unter den Voraussetzungen des § 44b Abs. 3 KWG ein Auskunftsverweigerungsrecht. Die Bundesanstalt kann zur Erzwingung der Maßnahmen nach § 44b KWG Zwangsgelder nach § 17 FinDAG verhängen. Verstöße gegen § 44b Abs. 1 Satz 1 und Satz 2 KWG sind als Ordnungswidrigkeiten (§ 56 Abs. 3 Nr. 9 KWG) mit Bußgeld bis zu 150.000 Euro (§ 56 Abs. 5 KWG) bewehrt.

4. Parallelvorschriften in anderen Aufsichtsgesetzen

Parallele Auskunfts-, Vorlage- und Prüfungsduldungspflichten bezogen auf Inhaber bedeutender Beteiligungen finden sich auch in den anderen Aufsichtsgesetzen (*vgl.* § 19g InvG; § 83 Abs. 5a; 5b VAG). So kann das Auskunftsrecht gegenüber Inhabern einer bedeutenden Beteiligung an einer Kapitalanlagegesellschaft etwa von der Bundesanstalt zur Prüfung genutzt werden, ob durch Anteilseigner versucht wird, auf die Geschäftsleitung einer Kapitalanlagegesellschaft in einer Weise Einfluss zu nehmen, welche die Fondsverwaltung im Anlegerinteresse gefährdet.[251]

Dagegen sieht das Zahlungsdiensteaufsichtsgesetz keine entsprechenden Auskunfts-, Informations- und Prüfungsduldungspflicht vor (*vgl.* § 14 ZAG).

IV. Vertreterwechsel; Wechsel des persönlich haftenden Gesellschafters

1. § 2c Abs. 1 Satz 5 KWG

Gemäß § 2c Abs. 1 Satz 5 KWG hat jeder Inhaber einer bedeutenden Beteiligung der Bundesanstalt und der Deutschen Bundesbank anzuzeigen, wenn diese einen neuen gesetzes- oder satzungsmäßigen Vertreter oder neuen persönlich haftenden Gesellschafter bestellt hat. Die Veränderung ist unverzüglich nach der Bestellung schriftlich anzuzeigen. Den Anträgen sind die für die Zuverlässigkeitsbeurteilung wesentlichen Tatsachen beizufügen. § 18 Satz 1 InhKontrollV konkretisiert Form und Inhalt der zu übermittelnden Informationen und Erklärungen.

---

250 *Schmitz*, in: Luz/Neus/Scharpf/Schneider/Weber, KWG, § 44b Rn. 31.

251 *Schäfer*, Corporate Governance bei Kapitalanlagegesellschaften, S. 215 f.

2. Ausnahmen

§ 18 Satz 2 InhKontrollV enthält unter anderem für dort näher aufgeführte inländische öffentlich-rechtliche Körperschaften und Unternehmen Ausnahmen von der Anzeigepflicht nach § 2c Abs. 1 Satz 5 KWG.

Insbesondere ist eine Anzeige entbehrlich, wenn der Inhaber der bedeutenden Beteiligung selbst ein zugelassenes Kreditinstitut oder Finanzdienstleistungsinstitut, Versicherungsunternehmen oder Pensionsfonds, Kapitalanlagegesellschaft oder Investmentaktiengesellschaft mit Sitz im Inland ist. Finanzholding-Gesellschaften, Versicherungs-Holdinggesellschaften, und gemischte Finanzholding-Gesellschaften sind nur befreit, wenn der Bundesanstalt bereits entsprechende Unterlagen vorliegen. Die Ausnahmen sollen Doppelanzeigen vermeiden.[252] Entsprechendes sollte daher auch für Zahlungsinstitute und E-Geld-Institute gelten. Eine gesetzliche Ausnahme besteht ferner für Bund, Länder und Gemeinden sowie für Zentralregierungen, Zentralbanken und Gebietskörperschaften des EU/EWR-Raums.

3. Parallelvorschriften in anderen Aufsichtsgesetzen

Entsprechende Anzeigepflichten befinden sich auch in den anderen relevanten Aufsichtsgesetzen (*vgl.* § 104 Abs. 1 Satz 3 VAG; § 11 Abs. 1 Satz 2 ZAG i.V.m. § 2c Abs. 1 Satz 5 KWG; § 6 Satz 5 BörsG). Dagegen fehlt im Anwendungsbereich des Investmentgesetzes derzeit eine entsprechende Vorschrift.

V. Erhöhung einer bedeutenden Beteiligung

Die Anzeigepflicht beim erstmaligen Erwerb einer bedeutenden Beteiligung wird durch Anzeigepflichten bei der Erhöhung bedeutender Beteiligung über bestimmte Schwellen ergänzt.

1. § 2c Abs. 1 Satz 6 KWG

Inhaber bedeutender Beteiligungen sind verpflichtet, die Absicht zur Erhöhung der bedeutenden Beteiligung der Bundesanstalt und der deutschen Bundesbank unverzüglich anzuzeigen, wenn dadurch die Schwellen von 20 %, 30 % oder 50 % der Stimmrechte oder des Kapitals erreicht oder überschritten werden sollen oder dass Institut unter die Kontrolle des Beteiligungsinhabers kommt (§ 2c Abs. 1 Satz 6 KWG).

Die Anzeigepflicht beruht auf den Vorgaben der Bankenrichtlinie.[253] Die bisher zwingende Schwelle von 33 % wurde im Zuge der Umsetzung der Beteiligungsrichtlinie auf 30 % herabgesetzt.[254] Der Begriff der Kontrolle ist in § 1 Abs. 8 KWG gesetzlich definiert.

---

252 BegrE InhKontrollV, S. 12.

253 Art. 19 Abs. 1 Satz 1 Bankenrichtlinie (n.F.).

254 Die Mitgliedstaaten haben allerdings das Recht, anstelle der Schwelle von 30 % eine Schwelle von einem Drittel vorzusehen (*vgl.* Art. 19 Abs. 1 Satz 2 Bankenrichtlinie (n.F.)).

Die Anzeigepflicht rechtfertigt sich aus dem Umstand, dass mit einer Erhöhung der Beteiligung auch die Einflussnahmemöglichkeiten auf das Zielunternehmen und die damit verbundenen Gefahren steigen.

2. Verfahren

Auf den Sachverhalt der Erhöhung sind wie auf den erstmaligen Erwerb die Vorschriften des Abschnitts 2 der Inhaberkontrollverordnung anwendbar. Wie der Erwerb der bedeutenden Beteiligung, ist auch die Erhöhung mit dem Formular "Erwerb-Erhöhung" anzuzeigen (§ 6 Abs. 1 Satz 1 InhKontrollV). Das Verfahren ähnelt also weitgehend dem Verfahren bei der erstmaligen Begründung einer bedeutenden Beteiligung. Wie beim erstmaligen Erwerb kann die Bundesanstalt der Erhöhung innerhalb des in § 2c Abs. 1a KWG näher bestimmten Zeitraums aus den in § 2c Abs. 1b Satz 1 und Satz 2 KWG genannten Gründen untersagen. Es findet im Fall der Beteiligungserhöhung eine vollumfängliche Überprüfung des Erwerbsvorhabens statt.

3. Parallelvorschriften in anderen Aufsichtsgesetzen

Entsprechende Parallelvorschriften finden sich in § 104 Abs. 1 Satz 6 VAG, § 2a Abs. 1 Satz 4 InvG, § 11 Abs. 1 Satz 2 ZAG i.V.m. § 2c Abs. 1 Satz 6 KWG und in § 6 Abs. 1 Satz 6 BörsG.

Bei den vom Versicherungsaufsichtsgesetz erfassten Zielgesellschaften sind ferner die Vorgaben der Inhaberkontrollverordnung zu beachten. Bei Zahlungsinstituten sind die Verfahrensvorschriften in § 4 ZAGAnzV zu berücksichtigen. § 6 Abs. 1 Satz 6 BörsG sieht noch die Schwelle von 33 % anstelle der 30 %-Schwelle vor.

VI. Aufgabe/Reduzierung einer bedeutenden Beteiligung

Anzeigeverpflichten bestehen auch bei der Aufgabe bzw. Reduzierung von bedeutenden Beteiligungen.

1. § 2c Abs. 3 KWG

Spiegelbildlich zur Erhöhung ist auch die Absicht zum Absenken einer bedeutenden Beteiligung unter die Schwelle von 20 %, 30 % oder 50 % sowie die Aufgabe der Kontrolle und die Aufgabe der bedeutenden Beteiligung als solche der Bundesanstalt und der Deutschen Bundesbank anzuzeigen (§ 2c Abs. 3 Satz 1 KWG). Auch diese Anzeigepflicht geht auf die Bankenrichtlinie zurück.[255]

Die Anzeigepflicht bezweckt, ebenso wie die Anzeigepflicht beim Erwerb oder der Erhöhung einer bedeutenden Beteiligung, die Aufsichtsbehörde frühzeitig über Beteiligungsveränderungen zu informieren. Die Bundesanstalt hat aber, anders als beim Beteiligungserwerb oder der -erhöhung, keine Befugnis, dem Veräußerer das Abstoßen der Beteiligung zu untersagen.[256] Der Veräußerer ist allerdings dadurch

---

255 *Vgl.* Art. 21 Abs. 2 Bankenrichtlinie (n.F.).

256 Reischauer/Kleinhans, KWG, § 2c Rn. 26; *Schäfer*, in: Boos/Fischer/Schulte-Mattler, KWG, § 2c Rn. 25.

mittelbar betroffen, dass der Erwerbsinteressent je nach Lage des Einzelfalls den beabsichtigten Erwerb gemäß § 2c Abs. 1 Satz 1, Abs. 3 KWG anzuzeigen und die Bundesanstalt die Befugnis hat, bei Vorliegen von Untersagungsgründen den Erwerb zu untersagen.

Gemäß § 17 Abs. 1 Satz 1 InhKontrollV ist die Anzeige auf dem Formular "Aufgabe-Verringerung" anzuzeigen. Der Erwerber hat insbesondere zu erklären, auf wen die Kapital- oder Stimmrechtsanteile übertragen werden (§ 17 Abs. 2 Satz 1 InhKontrollV).

2. Parallelvorschriften in anderen Aufsichtsgesetzen

Auch für Veräußerungsanzeigen gibt es entsprechende Parallelvorschriften im Versicherungsaufsichtsgesetz, Zahlungsdiensteaufsichtsgesetz, Investmentgesetz und Börsengesetz (*vgl.* § 104 Abs. 3 VAG; § 2a Abs. 6 InvG; § 11 Abs. 1 Satz 2 ZAG i.V.m. § 2c Abs. 3 KWG; § 6 Abs. 5 BörsG). Besonderheiten bestehen für Investmentaktiengesellschaften, bei denen nur das Unterschreiten der 50 %-Schwelle oder die Aufgabe der Kontrolle anzuzeigen ist (§ 99 Abs. 2 Nr. 2 InvG).

Die Vorschriften der Inhaberkontrollverordnung sind nur auf die vom Versicherungsaufsichtsgesetz erfassten Gesellschaften anwendbar. Im Rahmen des Zahlungsdiensteaufsichtsgesetzes ist § 5 ZAGAnzV zu berücksichtigen. Im Börsengesetz besteht anstelle der 30 %-Schwelle auch bei den Veräußerungsanzeigen eine 33 %-Schwelle.

VII. Anzeige-, Erläuterungs- und Mitteilungspflichten des Prüfers

1. § 29 Abs. 3 Satz 3 KWG

Soweit der Inhaber einer bedeutende Beteiligung mit dem Institut in einer engen Verbindung i.S.d. § 1 Abs. 10 KWG steht, treffen die Prüfer des Jahresabschlusses des Instituts bestimmte die Inhaberstruktur betreffende Anzeige-, Erläuterungs- und Mitteilungspflichten, sofern dem Prüfer die zugrunde liegenden Tatsachen im Rahmen der Prüfung des Instituts bekannt geworden sind (*vgl.* § 29 Abs. 3 Satz 3 KWG).[257] Eine eigenständige Prüfungs- und Nachforschungspflicht des Prüfers beim Unternehmen, mit dem das Institut in enger Verbindung steht, besteht nicht.[258]

Ausgelöst wird die Anzeigepflicht durch das Bekanntwerden von Tatsachen über die Person, mit der das Institut in enger Verbindung steht, welche die Einschränkung und Untersagung eines Bestätigungsvermerks rechtfertigen, den Bestand gefährden oder deren Entwicklung wesentlich beeinträchtigen können. Ferner sind Umstände anzuzeigen, die einen Verstoß gegen die Zulassungs-

---

257 § 29 Abs. 3 Satz 3 KWG wurde im Zuge des Finanzmarktrichtlinie-Umsetzungsgesetzes v. 19. Juli 2007 ins Kreditwesengesetz aufgenommen.

258 Bericht des Finanzausschusses zum Finanzmarktrichtlinie-Umsetzungsgesetz, BT-Drucks. 16/4899, S. 42; *Scharpf/Schaber*, in: Luz/Neus/Scharpf/Schneider/Weber, KWG, § 29 Rn. 61.

voraussetzungen begründen oder schwerwiegende Verstöße gegen Gesetz, Satzung oder Gesellschaftsvertrag erkennen lassen. In zeitlicher Hinsicht ist der Prüfer verpflichtet, die Bundesanstalt und die Bundesbank unverzüglich über die Tatsachen in Kenntnis zu setzen. Auf Verlangen der Bundesanstalt oder der Deutschen Bundesbank hat der Prüfer die mitgeteilten Tatsachen zu erläutern (§ 29 Abs. 3 Satz 2 und Satz 3 KWG).

2. § 29 Abs. 1 Satz 6 KWG

Auch der Prüfungsbericht (§ 29 Abs. 1 Satz 6; Abs. 4 KWG) hat Angaben über die Inhaber bedeutender Beteiligungen zu enthalten.

Ursprünglich sah die Prüfungsberichtsverordnung in ihrem Anwendungsbereich sogar einen sogenannten Bericht über bedeutende Beteiligungen vor. Die Inhaber bedeutender Beteiligungen waren nach der alten Prüfungsberichtsverordnung[259] unter Nennung der Gesellschaft bekannter Anteile nach dem Stand am Bilanzstichtag anzugeben (§ 6 PrüfbV (a.F.)). Änderungen während des Berichtszeitraums waren gesondert darzulegen. Ferner war durch den Prüfer über die Einhaltung der aufsichtsrechtlichen Anzeigepflichten durch den Beteiligungsinhaber in den bekannt gewordenen Fällen zu berichten.

Im Zuge der Neufassung der Prüfungsberichtsverordnung[260] wurden die Vorschriften zur Berichterstattung über den Gesellschafterkreis überarbeitet. Nunmehr ist über Veränderungen der Gesellschafterverhältnisse nur noch allgemein im Rahmen der Darstellung der rechtlichen, wirtschaftlichen und organisatorischen Grundlagen zu berichten (*vgl.* § 8 Abs. 2 PrüfbV (n.F.)).[261] Weiterhin erfasst der Prüfungsbericht allerdings Aussagen zur Einhaltung der Anzeigepflichten durch das Institut (§ 29 Abs. 1 Satz 2 i.V.m. § 24 KWG).

3. Parallelvorschriften in anderen Aufsichtsgesetzen

Entsprechende Mitteilungs- und Auskunftspflichten treffen den Prüfer auch im Anwendungsbereich des Investmentgesetzes (§ 19f Abs. 2 Satz 3 InvG i.V.m. § 29 Abs. 3 Satz 3 KWG; § 8 Abs. 2 Nr. 2 InvPrüfbV) und des Zahlungsdiensteaufsichtsgesetzes (§ 18 Abs. 2 Satz 3 ZAG; § 8 Abs. 2 Nr. 2 ZahlPrüfbV). Weniger umfangreich ist der Pflichtenkreis des Prüfers im Anwendungsbereich des Versicherungsaufsichtsgesetz (*vgl.* § 57 Abs. 1 Satz 4 VAG; § 4 Abs. 1 Nr. 2 SachvPrüfV; § 4 Nr. 3 PrüfV).

---

259 *Vgl.* Verordnung über die Prüfung der Jahresabschlüsse und Zwischenbeschlüsse der Kreditinstitute und Finanzdienstleistungsinstitute und über die Prüfung nach § 12 Abs. 1 Satz 3 des Gesetzes über Kapitalanlagegesellschaften sowie die darüber zu erstellenden Berichte (Prüfungsberichtsverordnung – PrüfbV) v. 17. Dezember 1998 (BGBl. I S. 3690).

260 *Vgl.* Verordnung über die Prüfung der Jahresabschlüsse der Kreditinstitute und Finanzdienstleistungsinstitute sowie die darüber zu erstellenden Berichte (Prüfungsberichtsverordnung - PrüfbV) v. 23. November 2009 (BGBl. I S. 3793).

261 Die Begründung zur Prüfungsberichtsverordnung v. 9. Februar 2009 geht nicht auf die spezifischen Hintergründe dieser Änderungen ein.

VIII. Behördliche Mitteilungen an Aufsichtsbehörden

1. § 8 Abs. 2 KWG

Auch sonst stehen Inhaber bedeutender Beteiligungen beziehungsweise deren gesetzliche oder sonstigen Vertreter im besonderen aufsichtsrechtlichen Fokus. So lockert § 8 Abs. 2 KWG das Steuergeheimnis gegenüber der Bundesanstalt. Werden gegen die genannten Personen Steuerstrafverfahren eingeleitet oder nur aufgrund einer Selbstanzeige nach § 371 AO nicht eingeleitet, dürfen die Steuerbehörden die Bundesanstalt über den Sachverhalt unterrichten. Entsprechendes gilt auch, wenn sich das Verfahren gegen Personen richtet, die das Vergehen als Bedienstete eines Inhabers einer bedeutenden Beteiligung eines Instituts begangen haben.

2. § 60a KWG

Die Staatsanwaltschaften und Gerichte treffen im Zusammenhang mit Strafverfahren gegen Inhaber bedeutender Beteiligungen oder deren Vertreter detaillierte Mitteilungspflichten gegenüber der Bundesanstalt (*vgl.* § 60a KWG).

IX. Untersagung der Stimmrechtsausübung, Verfügungsverbot und Veräußerungsanordnung

1. § 2c Abs. 2 KWG

Nach § 2c Abs. 2 KWG kann die Bundesanstalt dem Inhaber einer bedeutenden Beteiligung an einem Institut sowie den von ihm kontrollierten Unternehmen unter bestimmten Voraussetzungen die Ausübung der Stimmrechte untersagen und anordnen, dass sie über die Anteile nur mit ihrer Zustimmung verfügen dürfen.

a) Überblick über die Eingriffsvoraussetzungen

Die genannte Befugnis besteht zum einen in Fällen, in denen der Inhaber der bedeutenden Beteiligung seiner Pflicht nach § 2c Abs. 1 Satz 1 KWG zur vorherigen Unterrichtung der Bundesanstalt und der Deutschen Bundesbank nicht nachgekommen ist und diese Unterrichtung innerhalb einer von der Bundesanstalt gesetzten Frist auch nicht nachgeholt hat (§ 2c Abs. 2 Satz 1 Nr. 2 KWG). Ferner sind auf der Tatbestandsseite die Voraussetzungen für ein Einschreiten der Bundesanstalt gegeben, falls die Beteiligung entgegen einer vollziehbaren Untersagung nach § 2c Abs. 1b Satz 1 oder Satz 2 KWG erworben oder erhöht worden ist (§ 2c Abs. 2 Satz 1 Nr. 3 KWG). Die beiden genannten Eingriffstatbestände setzen also an rein formellen Verstößen gegen die Anzeigepflicht oder eine Untersagungsverfügung an.

Zudem kann das Stimmausübungsverbot angeordnet werden, wenn die Voraussetzungen für eine Untersagungsverfügung nach Abs. 1b Satz 1 oder Satz 2 vorliegen (§ 2c Abs. 2 Satz 1 Nr. 1 KWG). Der Tatbestand nimmt damit Bezug auf die Untersagungsgründe für den Erwerb einer bedeutenden Beteiligung.

b) Zeitlicher Anwendungsbereich des § 2c Abs. 2 Satz 1 Nr. 1 KWG

Der zeitliche Anwendungsbereich und damit die Reichweite des § 2c Abs. 2 Satz 1 Nr. 1 KWG ist nicht zweifelsfrei.

aa) Überblick über die Problematik

In zeitlicher Hinsicht ist fraglich, ob nur Konstellationen im Zusammenhang mit der Durchführung eines Inhaberkontrollverfahrens erfasst werden oder ob Abs. 2 Satz 1 Nr. 1 KWG auch losgelöst von der Durchführung eines Inhaberkontrollverfahrens der Aufsicht das Recht einräumt, die Stimmrechtsausübung zu untersagen und die Verfügung über die Anteile an ihre Zustimmung zu binden. Im letzteren Fall würde die Eingriffsbefugnis aus § 2c Abs. 2 Satz 1 Nr. 1 KWG zu einem aufsichtsrechtlichen Mittel der fortlaufenden Beaufsichtigung von Inhabern bedeutender Beteiligungen unabhängig von der konkreten Erwerbssituation. Über § 2c Abs. 2 Satz 1 Nr. 1 KWG würden damit auch die negativ formulierten Untersagungsgründe in § 2c Abs. 1b Satz 1 KWG zu dauerhaft durch Inhaber bedeutender Beteiligungen einzuhaltenden materiellen Anforderungen aufgewertet.

bb) Unzweifelhafte Konstellationen

Erfasst von § 2c Abs. 2 Satz 1 Nr. 1 KWG wird unzweifelhaft die Konstellation, bei der zwar eine Anzeige eingereicht wurde (sonst § 2c Abs. 2 Satz 1 Nr. 2 KWG), die Überprüfung des Erwerbsvorhabens durch die Bundesanstalt noch nicht abgeschlossen wurde, der Anzeigepflichtige aber dennoch die Transaktion bereits vollzogen hat.[262] Eine Untersagung des Erwerbs durch die Bundesanstalt nach § 2c Abs. 1b Satz 1 KWG würde nach erfolgtem Vollzug des Beteiligungserwerbs ins Leere laufen.

cc) Anwendbarkeit auch losgelöst von Inhaberkontrollverfahren

Fraglich ist, ob die Vorschrift auch nach Abschluss des Inhaberkontrollverfahrens eingreift. Denkbar sind Fälle, in denen sich nachträglich herausstellt, dass bereits zum Zeitpunkt des Inhaberkontrollverfahrens ein Untersagungsgrund bestand oder nachträglich einer der in § 2c Abs. 1b Satz 1 KWG genannten Umstände eingetreten ist (z.B. die Unzuverlässigkeit des Inhabers).

Der Wortlaut des § 2c Abs. 2 Satz 1 Nr. 1 KWG ("Voraussetzungen für eine Untersagungsverfügung") ist insofern offen. Die Vorschrift kann unproblematisch auch so gelesen werden, dass nur auf die materiellen Eingriffsvoraussetzungen des § 2c Abs. 1b Satz 1 KWG unabhängig von der Durchführung eines Inhaberkontrollverfahrens abgestellt wird.

Auch die systematische Stellung des § 2c Abs. 2 Satz 1 KWG ist für die Auslegungsfrage nicht weiterführend. Einerseits adressiert § 2c KWG insgesamt primär Fragen im Zusammenhang mit den Voraussetzungen und der Durchführung des Inhaberkontrollverfahrens selbst. Anderseits deutet bereits die gesetzliche Überschrift der Vorschrift ("Inhaber bedeutender Beteiligungen") durchaus auf ein weitergehendes Verständnis des zeitlichen Anwendungsbereichs hin.

Für ein weites, von der Durchführung eines Inhaberkontrollverfahrens unabhängiges, Verständnis des Anwendungsbereichs spricht vor allem die Analyse der Gesetzesmaterialien. In der Ursprungsfassung lautete § 2b Abs. 2 KWG wie folgt:

---

262 Zur Frage eines Vollzugsverbots während des Beurteilungszeitraums *vgl.* 3. Teil: G.

"Das Bundesaufsichtsamt kann dem Inhaber einer bedeutenden Beteiligung die Ausübung seiner Stimmrechte untersagen, wenn

1. Tatsachen vorliegen, aus denen sich ergibt, dass der vom Inhaber oder von gesetzlichen Vertretern oder persönlich haftenden Gesellschaftern des beteiligten Unternehmens ausgeübte Einfluss sich schädlich auf das Kreditinstitut auswirken kann.

2. Tatsachen vorliegen, aus denen sich ergibt, dass bei einer bedeutenden Beteiligung an dem Kreditinstitut der Inhaber oder gesetzliche Vertreter oder persönlich haftende Gesellschafter des beteiligten Unternehmens nicht den im Interesse einer soliden und umsichtigen Führung des Kreditinstituts zu stellenden Ansprüchen genügen; das ist insbesondere der Fall, wenn sie nicht zuverlässig sind.

3. [...]"

Damit sollte ausweislich der Gesetzesbegründung zum Vierten KWG-Änderungsgesetzes unter Bezugnahme auf Art. 11 Abs. 1 UAbs. 2 und Abs. 5 der Zweiten Bankrechtskoordinierungs-Richtlinie[263] die Möglichkeit der Anordnung des Ruhens der Stimmrechte bei bereits bestehenden bedeutenden Beteiligungen vorgesehen werden, wenn deren Inhaber nicht den im Interesse einer soliden und umsichtigen Führung des Kreditinstituts zu stellenden Ansprüchen genügten.[264] Diese Intention besteht mit Blick auf die aktuelle Fassung der Bankenrichtlinie weiter fort. So haben nach Art. 21 Abs. 2, UAbs. 1 der Bankenrichtlinie (der nahezu inhaltsgleichen Nachfolgevorschrift von Art. 11 Abs. 1 UAbs. 2 und Abs. 5 der Zweiten Bankrechtskoordinierungs-Richtlinie) die Mitgliedstaaten Regeln vorzuschreiben, die es den Behörden ermöglichen, die erforderlichen Maßnahmen zur Beendigung eines Zustands zu ergreifen, bei dem der durch Inhaber bedeutender Beteiligungen ausgeübte Einfluss sich zum Schaden einer umsichtigen und soliden Geschäftsführung des Instituts auswirken könnte. Dabei nennt die Bankenrichtlinie die Suspendierung der Stimmrechte beispielhaft als eine der denkbaren Maßnahmen.

In der Gesetzeshistorie nach Erlass des § 2b Abs. 2 KWG (a.F.) beziehungsweise zu § 2c Abs. 2 KWG finden sich keine Anhaltspunkte, dass das ursprünglich umfassende Verständnis der Regelung aufgegeben werden sollte. Insbesondere ergeben sich weder aus den umfassenden Änderungen durch das Sechste KWG-Änderungsgesetz noch durch die grundlegenden Änderungen der Vorschrift im Zuge des Dritten Finanzmarktförderungsgesetzes und anlässlich der Umsetzung der Beteiligungsrichtlinie Hinweise darauf, dass der zeitliche Anwendungsbereich des Abs. 2 eingeschränkt werden sollte.

Im Ergebnis lässt sich daher festhalten, dass § 2c Abs. 2 Satz 1 Nr. 1 KWG weit zu verstehen ist, und die Vorschrift auch nach Durchführung und Abschluss des

---

263 Entspricht Art. 21 Abs. 2, UAbs. 1 Bankenrichtlinie.

264 Begr. RegE zum Vierten KWG-Änderungsgesetz, BT-Drucks. 12/3377, S. 27 f.

Inhaberkontrollverfahrens eine fortlaufende Kontrolle und Sanktionierung von Inhabern bedeutender Beteiligungen ermöglicht.[265]

c) Bindungswirkung durch Nichteinspruch?

Fraglich ist, inwieweit die Bundesanstalt dabei an ihre ursprüngliche Bewertung bei der Entscheidung, den beabsichtigten Erwerb nicht zu untersagen, gebunden ist.[266]

So wird im Schrifttum zum Teil die Ansicht vertreten, die Bundesanstalt könne von § 2c Abs. 2 Satz 1 Nr. 1 KWG nur Gebrauch machen, wenn nach Abschluss des Inhaberkontrollverfahrens neue Erkenntnisse vorliegen oder der Anteilseigener seine aus den §§ 2c Abs. 1 und 44b KWG folgenden Mitwirkungspflichten bei der Sachverhaltsaufklärung in vorwerfbarer Weise verletzt hat.[267] Grund hierfür sei die Bindungswirkung der Entscheidung der Bundesanstalt, den Erwerb nicht zu untersagen. Für diese Auffassung spricht das Bedürfnis des Erwerbers nach Rechtssicherheit im Bezug auf die getroffene Investitionsentscheidung.

Dem kann nicht entgegengehalten werden, dass dem bloßen Schweigen der Behörde keine Aussagekraft zukommen könne,[268] denn durch Koppelung mit einem formalisierten Verfahren und einer der Behörde durch den Gesetzgeber eingeräumten maximalen Entscheidungsfrist kommt dem Nichteinschreiten der Behörde sehr wohl der Bedeutungsgehalt zu, dass die Aufsichtsbehörde auf der Basis der ihr vorliegenden Tatsachen eine Untersagung des Erwerbsvorhabens nicht für gerechtfertigt oder opportun hält. Selbst wenn man eine Regelungsfiktion verneint, ist dieser Gesichtspunkt jedenfalls unter Vertrauensschutzgesichtspunkten zu berücksichtigen. Umgekehrt ginge es allerdings zu weit, der Nichtuntersagung eine materielle Legalisierungswirkung oder Genehmigungsfiktion des Inhalts beizumessen, dass das angezeigte Vorhaben öffentlich-rechtlichen Vorschriften entspreche.[269]

Auch wenn man dem Nichteinspruch grundsätzlich eine eingeschränkte Bindungswirkung beimisst,[270] ist die Behörde allerdings nicht gehindert, bereits in

---

265 Ebenso i.E. *Kobabe*, in: Luz/Neus/Scharpf/Schneider/Weber, KWG, § 2c Rn. 42; *Schäfer*, in: Boos/Fischer/Schulte-Mattler, KWG, § 2c Rn. 17.

266 Zum Aussagegehalt und Bindungswirkung der Behördenentscheidung im Inhaberkontrollverfahren *vgl.* auch 3. Teil: I. IV.

267 *Kobabe*, in: Luz/Neus/Scharpf/Schneider/Weber, KWG, § 2c Rn. 43; *Schäfer*, in: Boos/Fischer/Schulte-Mattler, KWG, § 2c Rn. 17; *Hirschmann*, Anteilseignerkontrolle, S. 183.

268 So offenbar *Köndgen*, in: Berger/Steck/Lübbehüsen, InvG, § 2a Rn. 3 (zu § 2a Abs. 1 InvG), unter Verweis auf allgemeine Verwaltungsverfahrensgründe. *Vgl.* dazu auch *Stelkens*, in: Stelkens/Bonk/Sachs, VwVfG, § 35 Rn. 92.

269 *Vgl.* allgemein zur Unterscheidung von "falschen Anzeigeverfahren" mit Genehmigungsfiktion und Legalisierung des angezeigten Vorhabens einerseits und "reinen Anzeigeverfahren mit Untersagungsbefugnis aber ohne Legalisierungswirkung *Stelkens*, in: Stelkens/Bonk/Sachs, VwVfG, § 35 Rn. 156 f.

270 Zum Aussagegehalt und Bindungswirkung der Behördenentscheidung im Inhaberkontrollverfahren *vgl.* auch 3. Teil: I. IV.

der Vergangenheit bekannte Umstände in die Gesamtbewertung einfließen oder im Lichte neuer oder bisher unbekannter Tatsachen einer erneuten Bewertung zu unterziehen. Der Bundesanstalt mag zwar untersagt sein, allein auf der Basis des zum Zeitpunkt der Durchführung des Inhaberkontrollverfahrens bekannten Sachverhalts eine Neubewertung vorzunehmen und den zunächst nicht untersagten Beteiligungserwerb nunmehr auf derselben Faktengrundlage mit einem Stimmverbot und Veräußerungsgebot rückgängig zu machen.[271] Treten aber später neue Erkenntnisse hinzu, darf die Bundesanstalt nicht gehindert sein, auch die bisher bekannten Tatsachen in die Gesamtbewertung einfließen zu lassen. Hierfür spricht zum einen § 2c Abs. 1b Satz 6 Halbs. 2 KWG, wonach auch im Falle der Nichtuntersagung des Erwerbsvorhabens während des Beurteilungszeitraums die Befugnisse der Bundesanstalt gemäß § 2c Abs. 2 KWG unberührt bleiben. Damit kommt zur Ausdruck, dass die Eingriffsbefugnisse des § 2c Abs. 2 KWG selbstständig neben der Untersagungsbefugnis nach § 2c Abs. 1b Satz 1 KWG stehen. Hierfür spricht aber auch der Charakter der Eingriffsbefugnisse des § 2c KWG als zukunftsbezogene Prognoseentscheidung.[272] Wenn beispielsweise zum Zeitpunkt der Behördenentscheidung über das Erwerbsvorhaben nach § 2c Abs. 1b Satz 1 KWG Verfehlungen des Anzeigepflichtigen in der Vergangenheit noch nicht die Annahme einer Unzuverlässigkeit getragen haben, so können weiter Verfehlungen des Inhabers der bedeutenden Beteiligung nach Vollzug des Erwerbs auch die Verstöße in der Vergangenheit in einem neuen Licht erscheinen lassen und nunmehr die Annahme der Unzuverlässigkeit stützen.

d) Ermessensausübung

Liegen die Voraussetzungen für einen Eingriff nach § 2c Abs. 2 Satz 1 KWG vor, kann die Behörde in ihrem Ermessen dem Inhaber der bedeutenden Beteiligung die Ausübung der Stimmrechte untersagen.

Bei der Ermessensausübung ist vor allem wegen der Grundrechtsrelevanz der Maßnahme im besonderen Maße der Verhältnismäßigkeitsgrundsatz zu beachten.[273] Insbesondere ist zu berücksichtigen, ob nicht etwaige Zusagen des Inhabers einer bedeutenden Beteiligung, den rechtswidrigen Zustand zu beseitigen (beispielsweise auf eine Abberufung des unzuverlässigen Geschäftsleiters hinzuwirken), den schweren Eingriff mittels einer Maßnahme nach § 2c Abs. 2 Satz 1 KWG als unverhältnismäßig erscheinen lassen. Vor Erlass eines Stimmverbots wegen

---

271 Weitergehend Begr. RegE zum Vierten Finanzmarktförderungsgesetz, BT-Drucks. 14/8017, S. 115, wonach repressive Maßnahmen nach Abs. 2 anders als die Untersagung des Erwerbs nach Ablauf der Beurteilungsfrist auch ohne neue Erkenntnisse der Bundesanstalt zulässig sein sollen.

272 Zur Natur der Eingriffsbefugnis des § 2c Abs. 1b Satz 1 KWG als Prognoseentscheidung *vgl.* 3. Teil: H. V. 4. a).

273 *Hirschmann*, Anteilseignerkontrolle, S. 182.

Intransparenz des Beteiligungsgeflechts sind zudem die Informationsmöglichkeiten der Bundesanstalt (z.B. § 44b KWG) auszuschöpfen.[274]

Im Rahmen ihrer Ermessenausübung wird die Bundesanstalt Überlegungen anzustellen haben, ob sie bei Vorliegen des § 2c Abs. 2 Satz 1 Nr. 1 KWG anstelle einer Maßnahme gegen den Inhaber der bedeutenden Beteiligung nach § 2c Abs. 2 Satz 1 KWG die Aufhebung der Erlaubnis des Zielinstituts über § 35 Abs. 2 Nr. 3 KWG i.V.m. § 33 Abs. 1 Satz 1 Nr. 3 KWG anordnet.[275] Regelmäßig sind nämlich bei Vorliegen der Eingriffsvoraussetzungen nach § 2c Abs. 2 Satz 1 Nr. 1 KWG zugleich die tatbestandlichen Voraussetzungen für einen Entzug der Lizenz nach § 35 Abs. 2 Nr. 3 KWG i.V.m. § 33 Abs. 1 Satz 1 Nr. 3 KWG gegeben. Allerdings wird schon das Veranlasserprinzip und der Umstand, dass mit dem Erlaubnisentzug der Gesellschaft zumeist die Existenzgrundlage entzogen werden würde, in der Regel für ein Vorgehen nach § 2c Abs. 2 Satz 1 Nr. 1 KWG sprechen.[276] Beide Maßnahmen schließen einander aber nicht notwendigerweise aus.

e) Inhalt, Adressat und Wirkung des Stimmverbots

Hauptinhalt einer Maßnahme nach § 2c Abs. 2 Satz 1 KWG ist die Anordnung gegen den Inhaber der bedeutenden Beteiligung, sein Stimmrecht aus der Beteiligung nicht auszuüben. Die Eingriffsbefugnis ist § 45a Abs. 1 Satz 1 KWG nachgebildet.[277]

Das Gesetz regelt nicht ausdrücklich, worauf die Untersagung der Ausübung der Stimmrechte in indirekten Beteiligungskonstellationen gerichtet ist. Richtigerweise ist die Anordnung dann darauf gerichtet, dass der Inhaber der bedeutenden Beteiligung seinen über die Beteiligung an der Zwischengesellschaft vermittelten indirekten Einfluss nicht dahingehend ausüben darf, Einfluss auf das Zielinstitut und dessen Geschäftsführung zu nehmen. Wie dies in der Praxis konkret umzusetzen ist, hängt auch von der Rechtsform der Zwischengesellschaft und des Zielinstituts ab und ist in einer entsprechenden Verfügung schon aus Bestimmtheitsgründen weiter zu präzisieren. So wird man bei einer in der Rechtsform der GmbH verfassten Zwischengesellschaft dem Gesellschafter das Recht verwehren können, hinsichtlich das Zielinstitut betreffenden Fragen Weisungen an die Geschäftsführung der Zwischengesellschaft zu erlassen.[278] Ferner ist es zulässig, den Gesellschafter von Abstimmungen in der Zwischengesellschaft über das Zielinstitut betreffende Fragen auszuschließen.

Selbstredend ist eine derartige, an einen nur mittelbar beteiligten Inhaber gerichtete Verfügung in der Praxis nur schwer umzusetzen und zu kontrollieren. Daher hat in

---

274 *Hirschmann*, Anteilseignerkontrolle, S. 182.

275 *Vgl.* auch *Hirschmann*, Anteilseignerkontrolle, S. 182.

276 *Hirschmann*, Anteilseignerkontrolle, S. 182; *vgl.* auch *Müller*, Anteilseignerkontrolle, S. 128.

277 *Süßmann*, in: Schwennicke/Auerbach, KWG, § 2c Rn. 24.

278 Zum Weisungsrecht der Gesellschafter in der GmbH *vgl.* § 37 Abs. 1 GmbHG.

derartigen Konstellationen die Frage, inwieweit auch gegen die Zwischengesellschaft Eingriffsmaßnahmen nach § 2c Abs. 2 Satz 1 KWG ergriffen werden können, große Bedeutung. Hinsichtlich der Zwischengesellschaft ist jeweils gesondert zu prüfen, ob ebenfalls die Voraussetzungen für einen Eingriff gemäß § 2c Abs. 2 Satz 1 KWG bestehen.[279] Häufig wird ein Untersagungsgrund in der Person des mittelbar beteiligten Inhabers einer bedeutenden Beteiligung auch einen entsprechenden Untersagungsgrund hinsichtlich der die Beteiligung vermittelten Zwischengesellschaft begründen. Das Stimmverbot kann dann auch direkt gegen ein vom Inhaber einer bedeutenden Beteiligung kontrolliertes Unternehmen angeordnet werden.

Das Stimmverbot suspendiert nur die Ausübung der Stimmrechte. Der betroffene Beteiligungsinhaber bleibt also Gesellschafter und hat weiterhin einen Anspruch auf seinen Anteil am ausgeschütteten Gewinn. Auch ein Teilnahmerecht an Gesellschafterversammlungen und sein Auskunftsanspruch bestehen grundsätzlich fort, sofern nicht die Voraussetzungen für einen Ausschluss durch die Gesellschaft vorliegen.[280] Soweit ersichtlich wurde bisher nicht erörtert, ob Entsprechendes auch für das Anfechtungsrecht von Gesellschafterbeschlüssen gilt. Das Recht des Gesellschafters zur Anfechtung von Gesellschafterbeschlüssen ist eng mit dem Stimmausübungsrecht verbunden und kann gewissermaßen als Annex des Stimmrechts verstanden werden.[281] Ausgehend vom Sinn und Zweck der Regelung sprechen daher gute Gründe dafür, dass mit der Suspendierung des Stimmrechts auch das Anfechtungsrecht auf den Treuhänder übergeht. Ansonsten bestünde die Gefahr, dass der mit seinem Stimmrecht suspendierte Gesellschafter über die “Hintertür” des Anfechtungsrechts doch unmittelbar Einfluss auf Entscheidungen der Gesellschafterversammlung nimmt. Genau dies soll durch die Suspendierung des Stimmrechts aber vermieden werden. Inwieweit eine solche Auslegung allerdings vom Wortlaut der Vorschrift noch gedeckt ist, erscheint zweifelhaft.

Umstritten ist, ob die Stimmrechtsausübung trotz Untersagung wirksam ist oder bei der Feststellung des Abstimmungsergebnisses unberücksichtigt bleiben muss.[282] Die Zuwiderhandlung gegen das Stimmverbot stellt eine Ordnungswidrigkeit dar (§ 56 Abs. 2 Nr. 3 KWG).

f) Anordnung einer Zustimmungspflicht für Anteilsverfügungen

Die Bundesanstalt kann nach § 2c Abs. 1 Satz 1 KWG neben dem Stimmverbot anordnen, dass nur mit ihrer Zustimmung über die Anteile verfügt werden darf. Dadurch soll verhindert werden, dass der vom Stimmverbot betroffene Inhaber die

279 *Vgl.* Reischauer/Kleinhans, KWG, § 2c Rn. 24; *Hirschmann*, Anteilseignerkontrolle, S. 184.

280 *Hirschmann*, Anteilseignerkontrolle, S. 184.

281 Ähnlich für das Rede- und Auskunftsrecht *Hirschmann*, Anteilseignerkontrolle, S. 190.

282 Für Unwirksamkeit *Hirschmann*, Anteilseignerkontrolle, S. 183; a.A. *Kobabe*, in: Luz/Neus/Scharpf/Schneider/Weber, KWG, § 2c Rn. 47; *Müller*, Anteilseignerkontrolle, S. 110 ("pflichtwidrig aber wirksam").

Anteile auf einen Strohmann übertragen kann, über den er seinen schädlichen Einfluss auf das Institut fortsetzt.[283] Das Zustimmungserfordernis sichert also die Effektivität des Stimmverbots. Sofern der Inhaber der bedeutenden Beteiligung einen zuverlässigen Interessenten nachweist, ist die Bundesanstalt gehalten, die Zustimmung zur Verfügung zu erteilen.[284] Verbotswidrige Verfügungen sind rechtlich wirksam.[285] Eine Zuwiderhandlung ist allerdings als Ordnungswidrigkeit sanktioniert (§ 56 Abs. 2 Nr. 3 lit. a KWG).

g) Übertragung der Stimmrechte auf einen Treuhänder

Im Falle eines Stimmverbots nach § 2c Abs. 2 Satz 1 KWG bestellt das Gericht am Sitz des Instituts auf Antrag der Bundesanstalt, des Instituts oder eines an ihm Beteiligten einen Treuhänder, auf den es die Ausübung der Stimmrechte überträgt. Sachlich zuständig ist gemäß §§ 375 Nr. 11 i.V.m. 376 Abs. 1 FamFG das Landgericht.

Bei der Bestellung des Treuhänders handelt es sich nicht um einen Verwaltungsakt, der mit Widerspruch oder Anfechtungsklage angegriffen werden könnte. Grund hierfür ist, dass die Bestellung durch das Gericht und nicht auf Anordnung der Bundesanstalt erfolgt.[286]

Durch die Einschaltung eines Treuhänders wird sichergestellt, dass die Funktionsfähigkeit des Instituts im Fall eines Stimmverbots nicht beeinträchtigt wird.[287] Der Beteiligungsinhaber kann durch einen entsprechenden Antrag zur Bestellung eines Treuhänders sicherstellen, dass seine Interessen durch die Ausübung des Stimmrechts in der Gesellschafterversammlung hinreichend gewahrt bleiben.[288]

Die Anordnung der Übertragung des Stimmrechts auf einen Treuhänder kann neben der Untersagung des Stimmrechts nach § 2c Abs. 2 Satz 1 KWG angeordnet werden.[289] Soweit der Antrag durch die Bundesanstalt erfolgt, kommt diese allerdings nur in Betracht, wenn die Gefahr besteht, dass die Anordnung des

---

283 Beschlussempfehlung und Bericht des Finanzausschuss zum Dritten Finanzmarktförderungsgesetz, BT-Drucks. 13/9874, S. 140; Reischauer/Kleinhans, KWG, § 2c Rn. 21; *Süßmann*, in: Schwennicke/Auerbach, KWG, § 2c Rn. 25; *Schäfer*, in: Boos/Fischer/Schulte-Mattler, KWG, § 2c Rn. 20; *Hirschmann*, Anteilseignerkontrolle, S. 196.

284 Reischauer/Kleinhans, KWG, § 2c Rn. 21.

285 *Kobabe*, in: Luz/Neus/Scharpf/Schneider/Weber, KWG, § 2c Rn. 48; *Hirschmann*, Anteilseignerkontrolle, S. 196 f.; *Müller*, Anteilseignerkontrolle, S. 166 f.

286 VG Frankfurt a.M., Beschluss v. 11. April 2007 – 1 G 755/07, BeckRS 23136; *Süßmann*, in: Schwennicke/Auerbach, KWG, § 2c Rn. 29.

287 *Kobabe*, in: Luz/Neus/Scharpf/Schneider/Weber, KWG, § 2c Rn. 47; Reischauer/Kleinhans, KWG, § 2c Rn. 22; *Hirschmann*, Anteilseignerkontrolle, S. 186; *Müller*, Anteilseignerkontrolle, S. 111.

288 *Hirschmann*, Anteilseignerkontrolle, S. 186.

289 *Kobabe*, in: Luz/Neus/Scharpf/Schneider/Weber, KWG, § 2c Rn. 49; a.A. *Süßmann*, in: Schwennicke/Auerbach, KWG, § 2c Rn. 24.

Ruhens der Stimmrechte nicht ausreicht, um den schädlichen Einfluss des Beteiligungsinhabers zu begrenzen oder die Funktionsfähigkeit des Instituts beeinträchtigt zu werden droht.[290] Aus systematischen Erwägungen ergibt sich, dass der Treuhänder nicht seinerseits verpflichtet ist, gemäß § 2c Abs. 1 Satz 1 KWG (i.V.m. § 1 Abs. 9 Satz 1 KWG bzw. § 1 Abs. 9 Satz 2 i.V.m. § 22 Abs. 1 Satz 1 Nr. 2 WpHG) den Erwerb einer bedeutenden Beteiligung der Bundesanstalt anzuzeigen. Die Zuverlässigkeit und sonstige Eignung des Treuhänders ist im Rahmen der Bestellung durch das zuständige Gericht sicherzustellen.

Der Treuhänder hat bei der Stimmrechtsausübung grundsätzlich die Interessen des vom Stimmverbot betroffenen Inhabers der bedeutenden Beteiligung als Treugeber zu berücksichtigen.[291] Die gegenteilige Auffassung in Teilen des Schrifttums[292] verkennt, dass es bei der Übertragung der Stimmrechte auf einen Treuhänder nicht darum gehen kann, per se jede Einflussnahme des vom Stimmrecht ausgeschlossenen Beteiligungsinhabers auszuschließen.[293] Dies widerspräche auch dem Charakter des vom Gesetzgeber gewählten Rechtsinstituts der öffentlich-rechtlichen Treuhand. Wie *Hirschmann* überzeugend herausgearbeitet hat, sind auf das Innenverhältnis zum Treuhänder in Ergänzung zu § 2c Abs. 2 Satz 2 bis Satz 9 KWG subsidiär §§ 662 ff. BGB entsprechend anzuwenden.[294] Dies beinhaltet grundsätzlich entsprechend § 662 BGB auch die Pflicht in erster Linie die Vermögens- und sonstigen Interessen des Anteilseigner zu wahren.[295] Folgerichtig besteht im Fall der Verletzung dieser Bindungen auch eine Haftung des Treuhänders nach den Grundsätzen der öffentlich-rechtlichen positiven Forderungsverletzung.[296]

Die Bindung an die Interessen des Anteilseigners findet jedoch ihre Grenze in der Bindung des Treuhänders an die aufsichtsrechtlichen Zielsetzungen des § 2c Abs. 2 Satz 3 KWG. Das aus der Natur des Treuhandverhältnisses resultierende Weisungsrecht des von der Ausübung der Stimmrechte ausgeschlossenen Beteiligungsinhabers findet daher seine Grenze in der Filterfunktion des Treuhänders, der bei der Ausübung der Stimmrechte auch und gerade den Interessen einer soliden und umsichtigen Führung des Instituts Rechnung zu tragen

---

290 *Vgl. Süßmann*, in: Schwennicke/Auerbach, KWG, § 2c Rn. 24, 26; *Schäfer*, in: Boos/Fischer/Schulte-Mattler, KWG, § 2c Rn. 19.

291 Ebenso *Hirschmann*, Anteilseignerkontrolle, S. 191 f.; im Grundsatz auch Begr. RegE zum Vierten KWG-Änderungsgesetz, BT-Drucks. 12/3377, S. 28.

292 *Kobabe*, in: Luz/Neus/Scharpf/Schneider/Weber, KWG, § 2c Rn. 51; *Müller*, Anteilseignerkontrolle, S. 114 ff.; zu den Grenzen *vgl. Süßmann*, in: Schwennicke/Auerbach, KWG, § 2c Rn. 26.

293 So aber *Müller*, Anteilseignerkontrolle, S. 116.

294 *Hirschmann*, Anteilseignerkontrolle, S. 190 ff.

295 *Hirschmann*, Anteilseignerkontrolle, S. 192.

296 *Hirschmann*, Anteilseignerkontrolle, S. 192.

hat (§ 2c Abs. 2 Satz 3 KWG). [297] Dies gilt etwa im Hinblick auf Gesellschafterbeschlüsse über Ausschüttungen an die Gesellschafter, bei denen die Eigenmittelanforderungen des Kreditwesengesetzes zu berücksichtigen sind.[298] Ein Weisungsrecht der Bundesanstalt gegenüber dem Treuhänder besteht nicht.[299]

Sind die Voraussetzungen des § 2c Abs. 2 Satz 1 KWG entfallen, hat die Bundesanstalt den Widerruf der Bestellung des Treuhänders zu beantragen (§ 2c Abs. 2 Satz 5 KWG). Lehnt die Bundesanstalt dies ab, sind dagegen ein Antrag auf einstweilige Anordnung und eine Verpflichtungsklage statthaft.[300]

Der Treuhänder hat Anspruch auf Ersatz angemessener Auslagen und eine angemessene Vergütung für seine Tätigkeit (§ 2c Abs. 2 Satz 6 KWG), die auf Antrag durch das die Bestellung anordnende Gericht festgesetzt werden (§ 2c Abs. 2 Satz 7 KWG). Für die durch die Bestellung des Treuhänders entstehenden Kosten und die diesem zu gewährenden Auslagen und seine Vergütung haften das Institut und der betroffene Inhaber der bedeutenden Beteiligung nach der gesetzlichen Regelung als Gesamtschuldner (§ 2c Abs. 2 Satz 8 KWG). Die Bundesanstalt hat gegebenenfalls hinsichtlich der Auslagen und der Vergütung in Vorleistung zu treten (§ 2c Abs. 2 Satz 9 KWG).

h) Veräußerungsanordnung

Über die Maßnahmen nach § 2c Abs. 2 Satz 1 KWG hinaus kann die Bundesanstalt den Treuhänder mit der Veräußerung der Anteile beauftragen (§ 2c Abs. 2 Satz 4 KWG).

Durch den Zusatz "soweit sie eine bedeutende Beteiligung begründen" wird zum Ausdruck gebracht, dass die Anordnung sich nur auf Anteile in einer Höhe beziehen darf, welche den Anteilseigner zum Inhaber einer bedeutenden Beteiligung gemacht hat. Ohne Zustimmung des Anteilsinhabers darf sich die Anordnung daher im Regelfall nur auf den 10 % minus eine Aktie der Stimmrechte beziehungsweise des Kapitals übersteigenden Anteil beziehen.[301]

Voraussetzung für die Veräußerungsanordnung ist, dass der Inhaber der bedeutenden Beteiligung der Bundesanstalt nicht innerhalb einer von ihr bestimmten angemessenen Frist einen zuverlässigen Erwerber nachweist. Die Fristsetzung ist ebenfalls ein Verwaltungsakt, mit der Folge, dass die

---

297 gegen ein Weisungsrecht *Müller*, Anteilseignerkontrolle, S. 114; *Kobabe*, in: Luz/Neus/Scharpf/Schneider/Weber, KWG, § 2c Rn. 51. Zum Weisungsrecht *Hirschmann*, Anteilseignerkontrolle, S. 191; zur Filterfunktion des Treuhänders *vgl.* Reischauer/Kleinhans, KWG, § 2c Rn. 22.

298 Begr. RegE zum Vierten KWG-Änderungsgesetz, BT-Drucks. 12/3377, S. 28.

299 *Müller*, Anteilseignerkontrolle, S. 113 f.

300 VG Frankfurt a.M., Beschluss v. 11. April 2007 – 1 G 755/07, BeckRS 23136; *Süßmann*, in: Schwennicke/Auerbach, KWG, § 2c Rn. 29.

301 *Süßmann*, in: Schwennicke/Auerbach, KWG, § 2c Rn. 27; *Schäfer*, in: Boos/Fischer/Schulte-Mattler, KWG, § 2c Rn. 21; *Hirschmann*, Anteilseignerkontrolle, S. 203.

Veräußerungsanordnung erst dann ergehen darf, wenn diese unanfechtbar oder sofort vollziehbar ist,[302] und die Frist erfolglos verstrichen ist. Die Anordnung der Veräußerung der Anteile durch den Treuhänder kommt nur als *ultima ratio* in Betracht, wenn sich alle anderen gegen den Anteilseigener ergriffenen Maßnahmen als unzureichend erwiesen haben.[303]

2. Parallelvorschriften in anderen Aufsichtsgesetzen

Im Versicherungsaufsichtsgesetz enthält § 104 Abs. 2 Satz 2 bis Satz 10 VAG eine zu § 2c Abs. 2 KWG identische Befugnis, gegen den Inhaber einer bedeutenden Beteiligung vorzugehen. Das Zahlungsdiensteaufsichtsgesetz verweist in § 11 Abs. 1 Satz 2 ZAG auf den gesamten § 2c Abs. 2 KWG. Auf für Kapitalanlagegesellschaften sieht § 2a Abs. 4 InvG mittlerweile eine inhaltsgleiche Vorschrift vor.[304] Die Regelung im Börsengesetz (§ 6 Abs. 4 BörsG) orientiert sich in Aufbau und Inhalt ebenfalls an § 2c Abs. 2 KWG.

X. Laufende materielle Anforderungen an Inhaber bedeutender Beteiligungen

Wenig transparent geregelt sind die laufenden aufsichtsrechtlichen Anforderungen an Inhaber bedeutender Beteiligungen.

---

302 *Müller*, Anteilseignerkontrolle, S. 119.

303 Beschlussempfehlung und Bericht des Finanzausschusses zum Dritten Finanzmarktförderungsgesetz, BT-Drucks. 13/9874, S. 140.

304 Anders als in § 2c Abs. 2 KWG und § 104 Abs. 2 VAG setzte § 2a Abs. 4 InvG in der Fassung vor dem OGAW-IV-Umsetzungsetzt nur ganz allgemein Tatsachen voraus, die die Annahme rechtfertigen, dass der Inhaber der bedeutenden Beteiligung im Interesse der Gewährleistung einer soliden und umsichtigen Führung der Kapitalanlagegesellschaft den zu stellenden Ansprüchen nicht genügt. Inhaltlich bestanden hinsichtlich der Vorausaussetzungen für einen auf § 2a Abs. 4 Satz 1 InvG gestützten Eingriff aber keine wesentlichen Unterschiede, da die Untersagungstatbestände des § 2c Abs. 1b Satz 1 KWG beziehungsweise § 104 Abs. 1b Satz 1 VAG in der Regel auch eine Eingriffsbefugnis nach § 2a Abs. 4 InvG Satz 1 InvG begründen. Anders als bei den Parallelvorschriften im Kreditwesengesetz und im Versicherungsaufsichtsgesetz bestand nach § 2a Abs. 4 Satz 1 InvG keine Möglichkeit, die Verfügung über die Anteile an die Zustimmung der Bundesanstalt zu knüpfen. Allerdings konnte ein Treuhänder eingeschaltet werden, auf den die Befugnis zur Ausübung der Stimmrechte übertragen und der mit der Veräußerung der Anteile beauftragt werden konnte. Insoweit verwies das Investmentgesetz schon bisher auf § 2c Abs. 2 Satz 3 bis 9 KWG (vgl. § 2a Abs. 4 Satz 2 InvG). Eine investmentrechtliche Besonderheit war, dass die Bundesanstalt eine bereits vollzogene Stimmrechtsausübung für nichtig erklären können sollte (§ 2a Abs. 4 Satz 1 1. Halbs. InvG). Die Rechtfertigung dieses investmentrechtlichen Sonderwegs im Vergleich zu § 2c Abs. 2 KWG und § 104 Abs. 2 VAG war fragwürdig. Es hätte im Sinne einer Einheitlichkeit der Inhaberkontrollvorschriften nahe gelegen, auch § 2a Abs. 4 InvG uneingeschränkt an die Vorbilder im Kreditwesengesetz und Versicherungsaufsichtsgesetz anzupassen. Dies ist nunmehr mit dem Gesetz zur Umsetzung der Richtlinie 2009/65/EG zur Koordinierung der Rechts- und Verwaltungsvorschriften betreffend bestimmte Organismen für gemeinsame Anlagen in Wertpa-pieren (OGAW-IV-Umsetzungsgesetz – OGAW-IV-UmsG) vom 22. Juni 2011 (BGBl. I. S. 1126) erfolgt.

Bis auf die bereits genannten speziellen Anzeige-, Informations- und Duldungspflichten finden sich im Regelfall nur negative Umschreibungen und Sanktionsmöglichkeiten. Positiv formulierte Vorgaben, welche materiellen Anforderungen Inhaber bedeutender Beteiligungen außerhalb des Inhaberkontroll- und Erlaubnisverfahren zu erfüllen haben, finden sich im Kreditwesengesetz, Investmentgesetz und Börsengesetz nicht. Einzig das Versicherungsaufsichtsgesetz (§ 7a Abs. 2 Satz 1 VAG) und das Zahlungsdiensteaufsichtsgesetz (11 Abs. 1 Satz 1 ZAG) fordern ausdrücklich, dass Inhaber bedeutender Beteiligungen an einem Versicherungsunternehmen, Zahlungsinstitut oder E-Geld-Institut den im Interesse einer soliden und umsichtigen Führung des regulierten Zielunternehmens zu stellenden Ansprüchen genügen müssen.

Dennoch kann auch ohne ausdrückliche Regelung aus dem Gesamtzusammenhang der Vorschriften geschlossen werden, dass Inhaber bedeutender Beteiligungen und deren gesetzliche oder satzungsmäßige Vertreter nicht nur zum Zeitpunkt der Erwerbsabsicht und Prüfung durch die Bundesanstalt, sondern auch während der Fortdauer der Beteiligung zuverlässig sein müssen und auch sonst den im Interesse einer soliden und umsichtigen Führung der regulierten Gesellschaft zu stellenden Ansprüchen zu genügen haben.[305]

Im Anwendungsbereich des Kreditwesengesetzes lässt sich dies, wie gezeigt, im Umkehrschluss aus § 2c Abs. 2 Satz 1 Nr. 1 KWG ableiten.[306] Danach kann die Bundesanstalt dem Inhaber einer bedeutenden Beteiligung sowie den von ihm kontrollierten Unternehmen jederzeit die Ausübung der Stimmrechte untersagen, wenn die Voraussetzungen für eine Untersagungsverfügung nach § 2c Abs. 1b Satz 1 KWG vorliegen. Entsprechendes kann für das Investmentgesetz aus § 2a Abs. 4 Satz 1 InvG und für das Börsengesetz aus § 6 Abs. 4 Satz 1 Nr. 1 BörsG geschlossen werden.

Dadurch werden die Untersagungsgründe im Inhaberkontrollverfahren zu dauerhaften materiellen Anforderungen an Inhaber bedeutender Beteiligungen während der Dauer der Beteiligung aufgewertet.

XI. Finanzierungsverantwortung der Anteilseigner?

Fraglich ist, ob die laufenden materiellen Anforderungen an Inhaber bedeutender Beteiligungen auch eine Finanzierungsverantwortung bedeutender Beteiligungsinhabers für das regulierte Unternehmen beinhalten.

1. Überblick

Gesellschafter von Kapitalgesellschaften haben in der Regel keine Finanzierungsverantwortung gegenüber der Gesellschaft. Auch aus den finanzaufsichtsrechtlichen Vorschriften lässt sich eine Nachschusspflicht im Fall der Krise der Gesellschaft nicht ableiten. Gerade Minderheitsgesellschafter haben sich während

---

305 *Wieland*, BB 2012, 1008 (1112).

306 *Vgl.* 1. Teil:D. IX. 1. b).

der Finanzkrise zurückhaltend gezeigt, wenn es darum ging, die Eigenkapitalbasis in die Krise geratene Institute zu stärken. Bei systemrelevanten Instituten gerät dies zum Dilemma, da staatliche Stützungsmaßnahmen indirekt auch den Gesellschaftern zu Gute kommen können, ohne dass diese die Lasten der Rettungsmaßnahmen mittragen. Vor diesem Hintergrund stellt sich die Frage, ob wenigstens Inhaber bedeutender Beteiligungen eine Finanzierungsverantwortung zukommt. Zwar haben Anteilseigner regulierter Unternehmen eine Sonderstellung und können in der Krise des regulierten Unternehmens von behördlichen Eingriffen betroffen sein, denen Anteilseigner nichtregulierter Unternehmen nicht ausgesetzt sind. Richtigerweise kann aber auch aus den Vorschriften der Anteilseignerkontrolle keine generelle Pflicht der Inhaber bedeutender Beteiligungen abgeleitet werden, die regulierte Zielgesellschaft im Krisenfall aktiv finanziell zu stützen.

2. Gesellschaftsrechtliche Ausgangslage

Im Kapitalgesellschaftsrecht ist eine persönliche Haftung der Gesellschafter für Verbindlichkeiten der Gesellschaft gegenüber ihren Gläubigern grundsätzlich ausgeschlossen.[307] Im deutschen Kapitalgesellschaftsrecht trifft den Gesellschafter über die Einlagenverpflichtung hinaus in der Regel keine Finanzierungsverantwortung oder Nachschusspflicht.[308] Zwar kann in der Satzung beziehungsweise im Gesellschaftsvertrag je nach Rechtsform teilweise etwas anderes vereinbart werden.[309] In aller Regel enthalten Gesellschaftsverträge aber gerade keine derartigen statutarischen Nachschussverpflichtungen. Auch eine Pflicht der Gesellschafter, das Unternehmen den Tätigkeiten entsprechend angemessen zu kapitalisieren beziehungsweise in der Krise Kapital nachzuschießen, wird in Rechtsprechung und Literatur zumindest im Grundsatz abgelehnt.[310]

Ein eingeschränkter Gläubigerschutz durch Einbeziehung der Gesellschafter wird lediglich durch den Grundsatz der Kapitalaufbringung und -erhaltung einschließlich

---

307 § 13 Abs. 2 GmbHG; 54 Abs. 1 AktG.

308 *Wiesner*, in: Münch. Hdb. GesR, Band 4, § 17 Rn. 8.

309 Für die GmbH *vgl.* § 26 GmbHG; für die AG *vgl.* § 55 AktG (wonach allerdings in der Satzung nur eine Verpflichtung zulässig ist, neben Einlagen auf das Grundkapital wiederkehrende, nicht in Geld bestehende Leistungen zu erbringen); für Personengesellschaften *vgl.* § 707 BGB (ggf. i.V.m. §§ 109; 161 Abs. 2 HGB).

310 *Vgl.* BGH, NJW 2008, 2437 (2438 ff.) ("Gamma"), der allerdings offen lässt, ob über § 826 BGB eine entsprechende Haftung wegen materieller Unterkapitalisierung denkbar ist; *Hueck/Fastrich*, in: Baumbach/Hueck, GmbHG, § 13 Rn. 50; *Wiesner*, in: Münch. Hdb. GesR, Band 4, § 11 Rn. 5; *Kölbl*, BB 2009, 1194 (1201) jew. m.w.N.

des Verbots der Einlagenrückgewähr[311] und das Rechtsinstitut des existenzvernichtenden Eingriffs erreicht.[312]

Zudem sind gemäß §§ 39 Abs. 1 Nr. 5 InsO Forderungen auf Rückgewähr von Gesellschafterdarlehen oder Forderungen aus Rechtshandlungen, die einem solchen Darlehen wirtschaftlich entsprechen, in der Insolvenz nachrangig. Die Befriedigung derartiger Gesellschafterdarlehen und die Gewährung von Sicherheiten hierfür sind anfechtbar (§ 135 Abs. 1 bis Abs. 3; 143 Abs. 3 InsO). Ausnahmen bestehen in Sanierungsfällen und für Gesellschafter mit einer Beteiligung von 10 % oder weniger des Haftkapitals (§§ 39 Abs. 4 Satz 2; Abs. 5; 135 Abs. 4 InsO). Die Regelungen ersetzen zugleich §§ 32a; 32b GmbH und die Rechtsprechungsregeln zu eigenkapitalersetzenden Gesellschafterleistungen, die bis zu ihrer Abschaffung durch das MoMiG eine sogenannte Finanzierungsfolgenverantwortung für Gesellschafter vorsahen, wenn diese im Falle der Krise der Gesellschaft dieser weiter Kapital gewährten oder zuvor überlassenes Kapital oder Leistungen nicht abzogen.[313]

Gesellschafter sind daher in ihrer "Finanzierungsentscheidung" grundsätzlich frei, bei (pflichtgemäßer) Erkenntnis der finanziellen Krisensituation die Gesellschaft in dem dafür vorgesehenen gesetzlichen Verfahren zu liquidieren.[314]

3. Finanzaufsichtsrechtliche Ausgangslage

Diese gesellschaftsrechtlichen Grundprinzipien gelten grundsätzlich auch hinsichtlich Unternehmen des Finanzsektors. Soweit im regulierten Bereich tätige Gesellschaften besondere aufsichtsrechtliche Mindesteigenmittel vorhalten müssen,[315] trifft diese Verpflichtung allein die regulierte Gesellschaft selbst, aber nicht deren Gesellschafter. Diese aufsichtsrechtlichen Mindesteigenmittelverpflichtungen sowie erweiterte Eingriffsmöglichkeiten der Finanzaufsicht gegenüber den regulierten Instituten bis hin zum Erlass eines Moratoriums bei einer drohenden beziehungsweise bestehenden finanziellen Schieflage (*vgl.* §§ 45 ff. KWG) tragen der besonderen Rolle von Unternehmen des Finanzsektors Rechnung. Sie können allerdings auch dazu führen, dass die Rechte der Gesellschafter

---

311 §§ 19; 30, 31 GmbHG; §§ 36a; 54; 57; 62 AktG. Zu § 57 Abs. 1 Satz 3 AktG (n.F.) und Krediten an Gesellschafter nach Inkrafttreten des MoMiG *vgl.* Cahn, Der Konzern 2009, 67 ff.

312 *Vgl.* zu Voraussetzungen und Grenzen des existenzvernichtenden Eingriffs als auf § 826 BGB gestützte Innenhaftung BGH, NJW 2007, 2689 ff. ("Trihotel"); BGH, NJW 2008, 2437 ff. ("Gamma"); *Hüffer*, AktG, § 1 Rn. 22 ff.; *Kölbl*, BB 2009, 1194 ff. jew. m.w.N.

313 Gesetz zur Modernisierung des GmbH-Rechts und zur Bekämpfung von Missbräuchen (MoMiG) vom 23. Oktober 2008 (BGBl. I S. 2026). Zur Rechtslage vor dem MoMiG *vgl.* BGHZ 90, 370; BGHZ 127, 336 ff; *Haas*, NZI 1999, 209 ff.; *Goette*, Einführung in das neue GmbH-Recht, Rn. 54 ff.; *Altmeppen*, in: Roth/Altmeppen, GmbHG, Vorb. 32a, 32b GmbHG (a.F.), Rn. 1 ff. Zur Neuregelung *vgl.* z.B. *Grigoleit/Rieder*, GmbH-Recht nach dem MoMiG, Rn. 227 ff.

314 BGH, NJW 2008, 2437 (2439) ("Gamma").

315 *Vgl.* z.B. für Institute §§ 10 f. KWG.

beschränkt werden, etwa Entnahmen durch die Gesellschafter ausgeschlossen werden (§ 45 Abs. 2 Satz 1 Nr. 1 KWG).

Nur soweit ein nichtreguliertes Unternehmen beispielsweise als Finanzholding-Gesellschaft in den aufsichtsrechtlichen Konsolidierungskreis einzubeziehen ist (§§ 10 Abs. 1 Satz 1, 10a Abs. 1, Abs. 3 KWG), ist die Kapitalisierung des Gesellschafters für die Erfüllung der aufsichtsrechtlichen Eigenmittelverpflichtungen des Instituts aufsichtsrechtlich relevant, wobei grundsätzlich für die Erfüllung der Eigenmittelanforderungen das gruppenhöchste Einlagenkreditinstitut oder Wertpapierhandelsunternehmen als übergeordnetes Unternehmen verantwortlich ist (§ 10a Abs. 12; Abs. 3 Satz 4 und Satz 5 KWG). Die Finanzholding-Gesellschaft kann allerdings von der Bundesanstalt zum übergeordneten Unternehmen bestimmt werden, mit der Folge, dass der Bundesanstalt weitergehende Eingriffsbefugnisse gegen die Finanzholding-Gesellschaft zustehen (§§ 10a Abs. 3 Satz 6-10; 2b Abs. 2d; 45 Abs. 2; 45b Abs. 2 KWG). Im Versicherungswesen kann bei unzureichender Solvabilität die Bundesanstalt die erforderlichen Maßnahmen auch gegenüber der jeweiligen Versicherungs-Holdinggesellschaft anordnen (*vgl.* § 1b Abs. 3 i.V.m. § 104h VAG).

Es bleibt aber festzuhalten, dass darüber hinaus Gesellschafter eines regulierten Unternehmens grundsätzlich keine im aufsichtsrechtlichen Eigenmittelrecht begründete Finanzierungs- oder Kapitalisierungsverantwortung trifft.[316]

4. Tatsächliche Stellung von Gesellschaftern in Krisensituation

Von der rechtlichen Ebene ist das tatsächliche Verhalten von Gesellschaftern in Krisensituation zu trennen. Gerade in Krisensituationen sind die Gesellschafter die ersten Adressen, wenn es um eine Stärkung der Kapitalbasis des regulierten Unternehmens geht. Sollen die aufsichtsrechtlichen Eigenmittelziffern gestärkt werden, kommt neben einer Verringerung der Risikoaktiva nur die Zuführung neuer Eigenmittel beziehungsweise die Umqualifizierung von Fremdkapital in Eigenmittel in Betracht. So übt auch die Bundesanstalt in der Praxis mitunter auf größere Anteilseigner zum Teil erheblichen Druck aus, zur Stärkung der Solvenz eigenmittelschwacher Institute neue Eigenmittel zuzuführen. Darüber hinaus kann auch unter Reputationsgesichtspunkten ein faktischer Zwang zur Stützung kapitalschwacher Unternehmen des Finanzsektors durch die Gesellschafter bestehen.

Gerade Minderheitsgesellschafter von privaten Kreditinstituten haben jedoch zurückhaltend reagiert, als es während der Finanzkrise darum ging, den vor allem infolge einer Neubewertung der Risikoaktiva eintretenden Eigenkapitalverlust in die Krise geratener Institute durch das freiwillige Zuschießen von Kapital auszugleichen.[317]

---

316 *Hoppenstedt*, Kreditwesen 2010, 387, 390 f.

317 Insoweit zutreffend *Hoppenstedt*, Kreditwesen 2010, 387 (391 f.).

5. Dilemma der systemrelevanten Unternehmen

Gerade hinsichtlich systemrelevanter Institute kann die nicht bestehende Finanzierungsverantwortung der Anteilseigner zu einem Dilemma führen.

a) Begriff der Systemrelevanz

Unter systemrelevanten Instituten werden gemeinhin Institute gezählt, deren Bestandsgefährdung aufgrund ihrer Größe, der Intensität ihrer Interbankbeziehungen und ihrer engen Verflechtung erhebliche negative Folgeeffekte bei anderen Kreditinstituten auslösen und zu einer Instabilität des Finanzsystems führen könnte.[318]

b) Zwang zur staatlichen Stützung

De facto ist bei systemrelevanten Unternehmen die öffentlich-rechtliche Hand in der Krise gezwungen, diese mit öffentlichen Mitteln durch staatliche Intervention zu stützen (*too big to fail*). Diese implizierte Staatsgarantie und etwaige Stützungsmaßnahmen kommen dann mittelbar auch den Anteilseignern zu Gute, ohne dass diese zur Beteiligung an den Rettungsmaßnahmen gezwungen werden könnten.[319] Die staatlichen Stützungsmaßnahmen sichern den Wert ihrer Beteiligung, die ohne den staatlichen Eingriff an sich wertlos geworden wäre.

---

318 *Vgl.* die Definition in Art. 6 Abs. 3 Satz 1 der Richtlinie zur Durchführung und Qualitätssicherung der laufenden Überwachung der Kredit- und Finanzdienstleistungsinstitute durch die Deutsche Bundesbank und die Bundesanstalt für Finanzdienstleistungsaufsicht v. 21. Februar 2008 (Aufsichtsrichtlinie); ähnlich auch die Definition der Systemgefährdung in § 48b Abs. 2 KWG in der Fassung des Restrukturierungsgesetzes v. 9. Dezember 2010: "Eine Systemgefährdung liegt vor, wenn zu besorgen ist, dass sich die Bestandsgefährdung des Kreditinstituts in erheblicher Weise negativ auf andere Unternehmen des Finanzsektors, auf die Finanzmärkte oder auf das allgemeine Vertrauen der Einleger und anderen Marktteilnehmer in die Funktionsfähigkeit des Finanzsystems auswirkt. Dabei sind insbesondere zu berücksichtigen (1) Art und Umfang der Verbindlichkeiten des Kreditinstituts gegenüber anderen Instituten und sonstigen Unternehmen des Finanzsektors, (2) der Umfang der von dem Institut aufgenommenen Einlagen, (3) die Art, der Umfang und die Zusammensetzung der von dem Institut im Rahmen von außerbilanziellen Geschäften eingegangenen Risiken sowie die Verhältnisse auf den Märkten, auf denen entsprechende Positionen gehandelt werden, (4) die Vernetzung mit anderen Finanzmarktteilnehmern, (5) die Verhältnisse auf den Finanzmärkten, insbesondere die von den Marktteilnehmern erwarteten Folgen eines Zusammenbruchs des Instituts auf andere Unternehmen des Finanzsektors, auf den Finanzmarkt und das Vertrauen der Einleger und Marktteilnehmer in die Funktionsfähigkeit des Finanzmarktes." Zum Begriff der Systemrelevanz *vgl.* auch *Zimmer/Fuchs*, ZGR 2010, 597 (600 ff.); *Günther*, WM 2010, 825 (826 ff.).

319 *Vgl.* dazu und zu dem daraus folgenden *moral hazard Zimmer/Fuchs*, ZGR 2010, 597 (602 ff.); *Bachmann*, ZBB 2010, 459 (460); *Spindler*, AG 2010, 601 (603 f.); zum Problem des *Windfall-Profit* der Gesellschafter bei staatlichen Stützungsmaßnahmen *vgl.* Wissenschaftlicher Beirat beim Bundesministerium für Wirtschaft und Technologie, Gutachten zur Reform von Bankenregulierung und Bankenaufsicht nach der Finanzkrise, S. 33.

c) Finanzmarkstabilisierungsgesetz und Rettungsübernahmegesetz

Schon unterhalb der Schwelle zur Systemrelevanz bestehen mittels der Instrumente des im Zuge der Finanzkrise eingeführten Finanzmarktstabilisierungsgesetzes Handlungsmöglichkeiten der öffentlichen Hand, geschwächte Institute und Versicherungsunternehmen zu stabilisieren.[320] Dies umfasst insbesondere die Bestellung von Garantien, die Übernahme von Risikopositionen und die Rekapitalisierung durch den Sonderfonds Finanzmarktstabilisierung (SoFFin).[321] Von den Maßnahmen des Finanzmarkstabilisierungsgesetzes wurde auf dem Höhepunkt der Finanzkrise in zahlreichen Fällen Gebrauch gemacht.

In diesem Zusammenhang ist die Regelung des § 7 Abs. 7 Finanzmarktstabilisierungsbeschleunigungsgesetz bemerkenswert. Danach sind Aktionäre, die eine für den Fortbestand der Gesellschaft erforderliche Kapitalmaßnahme verzögern oder vereiteln (und zwar auch durch ihre Stimmrechtsausübung), der Gesellschaft gesamtschuldnerisch zum Schadenersatz verpflichtet.[322] Eine Pflicht der Aktionäre zur Bereitstellung weiteren Kapitals lässt sich aus der Vorschrift aber ebenfalls nicht ableiten.

Das zwischenzeitlich im Zusammenhang mit dem drohenden Zusammenbruch der Hypo Real Estate-Gruppe eingeführte Rettungsübernahmegesetz[323] sah sogar die Möglichkeit vor, die Anteilseigner von Unternehmen des Finanzsektors gegen ihren Willen gegen eine Entschädigung zu enteignen, um die Stabilität des Finanzmarkts zu wahren. Das Gesetz lief allerdings zum 30. Juni 2009 wieder aus. Auch im Fall Hypo Real Estate wurde letztlich nicht auf die Eingriffsrechte des Rettungsübernahmegesetzes zurückgegriffen.

---

320 Gesetz zur Errichtung eines Finanzmarktstabilisierungsfonds (Finanzmarktstabilisierungsfondsgesetz – FMStFG) vom 17. Oktober 2008 (BGBl. I S. 1982), zuletzt geändert durch Art. 1 des Gesetzes vom 17. Juli 2009 (BGBl. I S. 1980). Ab dem 1. Januar 2011 warenMaßnahmen nach dem FMStFG nur noch eingeschränkt möglich (*vgl.* § 13 Abs. 1 und Abs. 2 FMStG). Durch das Zweites Gesetz zur Umsetzung eines Maßnahmenpakets zur Stabilisierung des Finanzmarktes (Zweites Finanzmarktstabilisierungsgesetz – 2. FMStG) vom 24. Februar 2012 (BGBl. I S. 206) wurden der SoFFin wieder reaktiviert. *Vgl.* hierzu und zu den punktuellen Modifikationengegenüber dem FMStFG *Brandi/Müller-Eising*, BB 2012, 466 ff.

321 *Vgl.* hierzu und zu den gesellschaftsrechtlichen Besonderheiten durch das gleichzeitig eingeführte Gesetz zur Beschleunigung und Vereinfachung des Erwerbs von Anteilen an sowie Risikopositionen von Unternehmen des Finanzsektors durch den Fonds "Finanzmarktstabilisierungsfonds – FMS" (Finanzmarktstabilisierungsbeschleunigungsgesetz – FMStBG) (BGBl. I S. 1982, 1986) z.B. *Langenbucher*, ZGR 2010, 75 (77 ff.); *Pannen*, Krise und Insolvenz bei Kreditinstituten, § 2 Rn. 53 ff.

322 *Vgl.* zur Herleitung der Vorschrift aus der gesellschaftsrechtlichen Treuepflicht *Witte*, WM 2010, 2337 (2342).

323 Gesetz zur Rettung von Unternehmen zur Stabilisierung des Finanzmarktes (Rettungsübernahmegesetz – RettungsG) v. 7. April 2009 (BGBl. I S. 725, 729).

d) Restrukturierungsgesetz

Ergänzend zu den bisherigen aufsichtsrechtlichen Instrumenten hat der Gesetzgeber ein besonderes Sanierungs- und Reorganisationsverfahren für Kreditinstitute entwickelt, das eine Sanierung im Verhandlungswege beziehungsweise eine geordnete Abwicklung von Kreditinstituten ermöglichen soll und dabei zum Teil auch die Anteilseigner in die Verantwortung nimmt.[324]

Auf erster Stufe steht ein Sanierungsverfahren, mit dem die wirtschaftlichen Schwierigkeiten eines Kreditinstituts durch frühes Handeln und grundsätzlich ohne Eingriffe in Drittrechte auf der Ebene der Geschäftsführung bewältigt werden sollen.[325]

Das auf zweiter Stufe stehende Reorganisationsverfahren orientiert sich grundsätzlich an dem bekannten Insolvenzplanverfahren (§§ 7 ff. KredReorgG). Das Reorganisationsverfahren setzt eine Gefährdung der Stabilität des Finanzsystems voraus (§ 1 Abs. 1 Satz 2 KredReorgG) und ist damit systemrelevanten Kreditinstituten vorbehalten.[326] In dieser Verfahrensstufe können neben den Gläubigern unter strengen Voraussetzungen auch die Anteilseigner einbezogen werden, damit sie einen erfolgversprechenden Reorganisationsplan nicht vereiteln können. Sie werden jedoch nicht enteignet, sondern nehmen als eigene Abstimmungsgruppe aktiv am Planverfahren teil. Möglich ist insbesondere die Umqualifizierung von Verbindlichkeiten in Eigenkapital (§ 8 KredReorgG).[327]

Zur Abwendung von Gefahren für die Stabilität des Finanzsystems sollen Maßnahmen auch gegen den Willen des Instituts und der an diesem beteiligten Anteilsinhaber getroffen werden können. Die hierfür erforderlichen aufsichtsrechtlichen Eingriffsinstrumentarien stellt Art. 2 des Restrukturierungsgesetzes durch Einführung der §§ 48a ff. KWG zur Verfügung. Die Ergänzungen des Kreditwesengesetzes erlauben der Bundesanstalt insbesondere, die systemrelevanten Teile und Funktionen des Kreditinstituts von den Folgen einer bevorstehenden Insolvenz abzuschotten, sofern dies zur Verhinderung negativer

---

324 Gesetz zur Restrukturierung und geordneten Abwicklung von Kreditinstituten, zur Errichtung eines Restrukturierungsfonds für Kreditinstitute und zur Verlängerung der Verjährungsfrist der aktienrechtlichen Organhaftung (Restrukturierungsgesetz – RStruktG) v. 9. Dezember 2010, (BGBl. I S. 1900) *vgl.* schon Eckpunktepapier der Bundesregierung für die künftige Regulierung der Finanzmärkte vom 31. März 2010.

325 *Vgl.* § 2 ff. des Gesetzes zur Reorganisation von Kreditinstituten (Kreditinstitute-Reorganisationsgesetz – KredReorgG) v. 9. Dezember 2010 (BGBl. I 1900). Im Sanierungsplan kann allerdings vorgesehen werden, dass die Insolvenzgläubiger in einem anschließenden Insolvenzverfahren nachrangig sind gegenüber Gläubigern mit Forderungen aus Darlehen und sonstigen Krediten, die das Kreditinstitut in Umsetzung des Sanierungsplans aufnimmt. In diesem Fall ist zugleich ein Gesamtbetrag für derartige Kredite festzulegen (Kreditrahmen). Dieser darf 10 % der Eigenmittel nicht übersteigen (*vgl.* § 2 Abs. 2 Satz 3 KredReorgG). *Vgl. Bachmann*, ZBB 2010, 459 (461 ff.).

326 Krit. *Bachmann*, ZBB 2010, 459 (463).

327 *Vgl. Bachmann*, ZBB 2010, 459 (463 ff.).

Auswirkungen auf die Stabilität des Finanzmarktes erforderlich ist. Die Abschottung der systemrelevanten Unternehmensteile von den Insolvenzfolgen soll durch eine Übertragung auf einen anderen Rechtsträger erfolgen (sogenannte Bridge Bank). Die Anteilseigner des notleidenden Kreditinstituts behalten weiterhin ihre Anteile. Als Gegenleistung für die übertragenen systemrelevanten Unternehmensteile soll das Kreditinstitut Anteile an dem übernehmenden Rechtsträger erhalten, so dass sowohl das Kreditinstitut als auch dessen Anteilsinhaber an den übertragenen Unternehmensteilen beteiligt bleiben.[328] Ergänzt werden die neuen Eingriffsmöglichkeiten durch die Einführung einer Bankenabgabe zur Rettung systemrelevanter Banken.[329]

Das Gesetzesvorhaben unterstreicht die Absicht des Gesetzgebers, auch die Anteilseigner von Unternehmen stärker in die Verantwortung zur Sanierung von in die Krise geratenen Instituten einzubeziehen. Eine Finanzierungsverantwortung der Anteilseigner lässt sich aber auch diesem Gesetzesvorhaben nicht entnehmen.

6. Paradigmenwechsel durch § 2c Abs. 1b Satz 1 Nr. 6 KWG?

Im Zuge der Umsetzung der Beteiligungsrichtlinie kann nunmehr der beabsichtigte Erwerb einer bedeutenden Beteiligung auch dann untersagt werden, wenn der "Anzeigepflichtige nicht über die notwendige finanzielle Solidität verfügt" (§ 2c Abs. 1b Satz 1 Nr. 6 KWG). Nach § 2c Abs. 1b Satz 1 Nr. 6 2. Halbs. KWG soll dies insbesondere dann der Fall sein, "wenn der Anzeigepflichtige auf Grund seiner Kapitalausstattung oder Vermögenssituation nicht den besonderen Anforderungen gerecht werden kann, die von Gesetzes wegen an die Eigenmittel und die Liquidität eines Instituts gestellt werden". Wie bereits ausgeführt, gilt das Erfordernis der hinreichenden Kapitalausstattung und Vermögenssituation über § 2c Abs. 2 Satz 1 Nr. 1 KWG beziehungsweise die Parallelvorschriften in anderen Aufsichtsgesetzen über den Erwerb hinaus für die gesamte Dauer der bedeutenden Beteiligung.[330]

---

328 *Vgl.* dazu *Bachmann*, ZBB 2010, 459 (466 ff.).

329 Ergänzt werden die neuen Eingriffsmöglichkeiten durch die Einführung einer Bankenabgabe zur Rettung systemrelevanter Banken durch Gesetz zur Errichtung eines Restrukturierungsfonds (vgl. § 12 RStruktFG. Ferner wurden durch das Zweite Finanzmarktstabilisierungsgesetz zu Beginn des Jahres 2012 durch Änderungen des Kreditwesengesetzes die Möglichkeiten der BaFin erweitert, unter bestimmten Voraussetzungen über die Anforderungen der Solvabilitätsverordnung hinausgehende Eigenmittel zu verlangen (vgl. Art. 2 2. FMStG).

330 *Vgl.* 1. Teil: D. X. Eine inhaltsgleiche Vorschrift enthält § 104 Abs. 1b Satz 1 Nr. 6 VAG. Im Versicherungsrecht wurde anders als im Kreditwesengesetz bereits vor Umsetzung der Beteiligungsrichtlinie durch die VAG-Reform im Jahr 2004 ein ähnlicher Untersagungsgrund eingeführt, wenn der Erwerbsinteressent "nicht über geeignete und ausreichende Mittel zur Umsetzung seiner geschäftlichen Pläne für die Fortsetzung und die Entwicklung der Geschäfte des Versicherungsunternehmens oder der Versicherungs-Holdinggesellschaft verfügt und die Belange der Versicherten ausreichend gewahrt sind" (*vgl.* § 104 Abs. 1a Satz 1 Nr. 1 2. Halbs. VAG in der Fassung des Änderungsgesetzes v. 15. Dezember 2004 (BGBl. I S. 3416)). Diese Besonderheit ist im Versicherungsaufsichts-

Eine gesetzliche Verpflichtung des Inhabers einer bedeutenden Beteiligung, im Sinne einer Nachschusspflicht im Krisenfall des Instituts oder Versicherungsunternehmens zusätzliche Eigenmittel oder Liquidität zur Verfügung zu stellen, besteht im Regelfall aber gerade nicht.[331] Das Prinzip der Trennung von Gesellschafts- und Gesellschafterkapital bei Kapitalgesellschaft wird auch durch das Erfordernis finanzieller Solidität gegenüber Inhabern bedeutender Beteiligungen nicht durchbrochen. Es ginge zu weit und wäre auch kaum mit dem rechtsstaatlichen Gesetzesvorbehalt und Bestimmtheitsgebot vereinbar, aus dem Erfordernis finanzieller Solidität eine Verpflichtung bedeutender Beteiligungsinhaber zu Stützungs- und Sanierungsmaßnahmen abzuleiten.[332] Schließlich wäre eine Nachschusspflicht auch nicht vom Sinn und Zweck der Anteilseignerkontrolle gedeckt. Die Anteilseignerkontrolle dient dazu, aus der Sphäre der Gesellschafter drohene Gefahren für das Zielinstitut zu identifizieren und auszuschließen.[333] Es ist aber nicht Zweck der Anteilseignerkontrolle, zu Lasten der Inhaber bedeutender Beteiligungen einen über das Gesellschaftsrecht hinausgehenden Haftungstatbestand zu schaffen.

7. Mehrheitsgesellschafter von Mitgliedern im Einlagensicherungsfonds

Eine Besonderheit besteht, sofern das Zielunternehmen Mitglied des freiwilligen Einlagensicherungsfonds des Bundesverbands deutscher Banken ist.

In diesem Fall hat ein Mehrheitsgesellschafter oder Inhaber mit beherrschendem Einfluss nach den Statuten des Einlagensicherungsfonds diesen von Verlusten im Zusammenhang mit dem Tochterinstitut freizustellen.[334] Diese Verpflichtung beruht aber nicht auf Gesetz, sondern aus der mit der freiwilligen Mitgliedschaft

---

recht auch nach Umsetzung der Beteiligungsrichtlinie in § 104 Abs. 1b Satz 1 Nr. 1 2. Halbs. VAG Aufrecht erhalten worden, wonach der anzeigepflichten auch dann nicht den Anforderungen an eine solide und umsichtige Führung des Versicherungsunternehmens zu stellenden Ansprüchen genügt, "wenn der Erwerber der bedeutenden Beteiligung nicht darlegen kann, dass er über angemessene geschäftliche Pläne für die Fortsetzung und die Entwicklung der Geschäft des Versicherungsunternehmens verfügt und die Belange der Versicherten oder die berechtigten Interessen der Vorversicherer ausreichend gewahrt sind". Noch weiter geht § 6 Abs. 2 Satz 1 Nr. 2 BörsG, wonach vor dem Hintergrund der Börsenbetriebspflicht (*vgl.* § 5 Abs. 1 BörsG) der Erwerb an einem Börsenträger untersagt werden kann, wenn die Durchführung und angemessene Fortentwicklung des Börsenbetriebs beeinträchtigt wird. *Vgl.* hierzu *Burgard*, WM 2011, 1973 ff., 2021 ff.

331 *Deckers*, in: Bähr, Versicherungsaufsichtsrecht, § 30 Rn. 49 f. (zu § 104 Abs. 1b Satz 1 Nr. 6 VAG); *Hasselbach/Förster*, VersR 2007, 1159 (1161); ähnlich *Weber-Rey/Baltzer*, WM 2006, 205 (212) (jew. zu § 104 Abs. 1 Abs. 1a Satz 1 Nr. 1 2. Halbs. VAG (a.F.)).

332 *Vgl.* zur Auslegung des § 2c Abs. 1b Satz 1 Nr. 6 KWG und dessen Grenzen ausführlich 3. Teil: H. XI.

333 *Vgl.* 1. Teil: C. III. 2.

334 § 5 Abs. 10 des Statuts des Einlagensicherungsfonds des Bundesverbands deutscher Banken e.V. (Stand: Juni 2009), abrufbar unter www.bankenverband.de. *Vgl.* dazu ausführlich 1. Teil: D. XII.

des Instituts im Einlagensicherungsfonds verbundenen Unterwerfung unter die Statuten des Einlagensicherungsfonds. So weit der Mehrheitserwerber nicht selbst Mitglied im Einlagensicherungsfonds ist, ist Adressat der Verpflichtung das Zielinstitut, dass eine entsprechende Freistellungserklärung des Mehrheitsgesellschafters zugunsten des Bundesverbands deutscher Banken beizubringen hat.[335] Ist der Erwerber einer Mehrheitsbeteiligung zur Abgabe der Freistellungserklärung nicht bereit, kann das Zielinstitut von der Mitwirkung am Einlagensicherungsfonds ausgeschlossen werden.[336]

8. Besonderheiten bei öffentlich-rechtlichen Instituten

Eine Finanzierungsverantwortung der Inhaber besteht jedoch, soweit bei öffentlich-rechtlichen Instituten deren Träger die sogenannte Gewährträgerhaftung und Anstaltslast tragen beziehungsweise die Gewährträgerhaftung aufgrund der sogenannten Brüsseler Verständigung für Altverbindlichkeiten teilweise fortgilt.[337]

Die Träger der Anstaltslast gewährleisten, dass das öffentlich-rechtliche Institut seine Aufgaben erfüllen kann. Für die Aufgabenerfüllung ist es erforderlich, die wirtschaftliche Basis und Funktionsfähigkeit zu sichern. Dies führt im Ergebnis zu einer Verlustausgleichspflicht im Innenverhältnis zwischen Anstaltsträger und Anstalt.[338] Die Gewährträgerhaftung statuiert eine unbeschränkte Außenhaftung des Gewährträgers für die Verbindlichkeiten des maßgeblichen Instituts.[339]

Die Anstaltslast ist für die ehemaligen Landesbanken und öffentlich-rechtlichen Sparkassen als Ergebnis der sogenannten Brüsseler Verständigung zwischen der EU-Kommission und der Bundesregierung[340] zum 18. Juli 2005 ausgelaufen. Die Gewährträgerhaftung gilt für bis zum 18. Juli 2005 begründete Altverbindlichkeiten der ehemaligen Landesbanken und Sparkassen nach Maßgabe der Brüsseler Verständigung in Abhängigkeit vom Zeitpunkt der Begründung der Verbindlichkeit teils unbefristet und teils befristet fort, und ist für Neuverbindlichkeiten nach diesem Stichtag abgeschafft.[341]

---

335 *Vgl.* § 5 Abs. 10 Satz 3 des Statuts des Einlagensicherungsfonds.

336 *Vgl.* § 4 Abs. 2a) des Statuts des Einlagensicherungsfonds. Zu sonstigen Anforderungen des Einlagensicherungsfonds an Inhaber bedeutender Beteiligungen *vgl.* 1. Teil: D. XII. 3.

337 Zur Gewährträgerhaftung- und Anstaltslast *vgl. Gruson*, WM 2003, 321 (321); *Kiem*, in: GS Gruson, 246 (248 ff.).

338 *Kiem*, in: GS Gruson, 246 (248); *Thode/Peres*, BB 1997, 1749 (1749).

339 *Kiem*, in: GS Gruson, 246 (248); *Thode/Peres*, BB 1997, 1749 (1749 f.).

340 *Vgl.* hierzu ausführlich *Seubert*, Die Brüsseler "Verständigung", S. 81 ff.

341 *Vgl. Gruson*, WM 2003, 321 (322); *Kiem*, in: GS Gruson, 246 (250 ff).

XII. Inhaberkontrolle im Rahmen der Einlagensicherung

1. Überblick

Inhaber bedeutender Beteiligungen an bestimmten Instituten und Kapitalanlagegesellschaften stehen auch im Fokus der gesetzlichen und freiwilligen Einlagensicherungs- und Anlegerentschädigungssysteme.

De facto besteht hinsichtlich Unternehmen, die einer gesetzlichen oder freiwilligen Sicherungseinrichtung angeschlossen sind, neben der gesetzlichen Inhaberkontrolle eine zweite Ebene der Inhaberkontrolle durch die Sicherungseinrichtungen. Damit wird auch an dieser Stelle dem Umstand Rechnung getragen, dass von Inhabern bedeutender Beteiligungen Gefahren für die Stabilität des der Entschädigungseinrichtung angehörenden Unternehmens ausgehen können. Die Inhaberkontrolle ist ein wesentliches Element, diese Risiken zu minimieren und damit präventiv einen Entschädigungsfall zu vermeiden.

Bei Einlagenkreditinstituten steht die Einlagensicherung auf zwei Säulen: einer gesetzlich vorgeschriebenen Einlagensicherung und der Mitgliedschaft in freiwilligen Einlagensicherungssystemen.

2. Gesetzliche Einlagensicherung

a) Anwendungsbereich

Die gesetzliche Einlagensicherung ist im Einlagensicherungs- und Anlegerentschädigungsgesetz geregelt.[342] Die gesetzliche Einlagensicherung geht auf entsprechende EU-Richtlinien zurück.[343] Danach sind Einlagen bis zu einem Gegenwert von zur Zeit EUR 100.000 und 90 % der Verbindlichkeiten aus Wertpapiergeschäften bis zu einer Höhe von EUR 20.000 durch die verpflichtende Zugehörigkeit der Unternehmen zu einer entsprechenden Entschädigungseinrichtung und einem Entschädigungsanspruch der Gläubiger gegen die Entschädigungseinrichtung gesetzlich abgesichert (§§ 2, 4 Abs. 1 EAEG).[344]

---

342 Einlagensicherungs- und Anlegerentschädigungsgesetz vom 16. Juli 1998 (BGBl. I S. 1842), zuletzt geändert durch Art. 2 des Gesetzes zur Änderung des Einlagensicherungs- und Anlegerentschädigungsgesetzes und anderer Gesetze vom 25. Juni 2009 (BGBl. I S. 1528).

343 Richtlinie 94/19/EG des Europäischen Parlaments und des Rates vom 30. Mai 1994 über Einlagensicherungssysteme, ABl. L 135/5, zuletzt geändert durch Richtlinie 2009/14/EG des Europäischen Parlaments und des Rates vom 11. März 2009 zur Änderung der Richtlinie 94/19/EG über Einlagensicherungssysteme im Hinblick auf die Deckungssumme und die Auszahlungs-frist, ABl. L 68/3; Richtlinie 97/9/EG des Europäischen Parlaments und des Rates vom 3. März 1997 über Systeme für die Entschädigung der Anleger, ABl. L 84/22.

344 Zu den Plänen auf europäischer Ebene zu einer Verbesserung der Entschädigungseinrichtungen und einer Erhöhung der geschützten Beträge *vgl.* Europäische Kommission, Presseerklärung vom 12. Juli 2010, IP/10/918 ("Kommission schlägt Maßnahmenpaket zur Stärkung von Verbraucherschutz und Verbrauchervertrauen im Finanzdienstleistungssektor vor").

Vorgeschrieben ist die gesetzliche Einlagen- bzw. Anlegerentschädigungssicherung gemäß § 1 Abs. 1 EAEG für

(1) Einlagenkreditinstitute im Sinne des § 1 Abs. 3d Satz 1 KWG, denen eine Erlaubnis gemäß § 32 Abs. 1 i.V.m. § 1 Abs. 1 Satz 2 Nr. 1 und 2 KWG erteilt worden ist,

(2) Kreditinstitute, denen eine Erlaubnis zum Betreiben von Bankgeschäften im Sinne des § 1 Abs. 1 Satz 2 Nr. 4 oder 10 KWG oder zur Erbringung von Finanzdienstleistungen im Sinne des § 1 Abs. 1a Satz 2 Nr. 1 bis 4 oder Satz 3 KWG erteilt worden ist,

(3) Finanzdienstleistungsinstitute, denen eine Erlaubnis zur Erbringung von Finanzdienstleistungen im Sinne des § 1 Abs. 1a Satz 2 Nr. 1 bis 4 KWG erteilt worden ist[345], und für

(4) Kapitalanlagegesellschaften im Sinne des § 2 Abs. 6 InvG, denen eine Erlaubnis nach § 7 Abs. 1 InvG erteilt worden ist und die zur Erbringung der in § 7 Abs. 2 Nr. 1, 3 und 4 des Investmentgesetzes genannten Dienst- oder Nebendienstleistungen befugt sind.

Die Mitgliedschaft ist verpflichtend und erfolgt durch Zuordnung zu einer Entschädigungsseinrichtung im Rahmen des Erlaubnisverfahrens (*vgl.* § 6 EAEG).

Für den Bereich der privaten Banken ist die Entschädigungseinrichtung deutscher Banken GmbH (EdB) die zuständige Entschädigungseinrichtung. Für Wertpapierhandelsunternehmen nimmt die Entschädigungseinrichtung der Wertpapierhandelsunternehmen (EdW) die Aufgaben der gesetzlichen Anlegerentschädigung wahr.[346]

Für Versicherungen besteht derzeit in Deutschland kein vergleichbares System des Kundenschutzes.[347]

b) Einbeziehung von Inhabern bedeutender Beteiligungen

Die Entschädigungseinrichtung soll zur Einschätzung der Gefahr des Eintritts eines Entschädigungsfalls regelmäßig und bei gegebenem Anlass Prüfungen der ihr zugeordneten Institute vornehmen (§ 9 Abs. 1 Satz 1 EAEG). Die Entschädigungseinrichtung darf ferner bei einem Unternehmen, das einen Erlaubnisantrag gemäß § 32 Abs. 1 Satz 2 KWG bei der Bundesanstalt eingereicht hat und ihr bei einer Erlaubniserteilung zugeordnet wird, Prüfungen zur Einschätzung der Gefahr des Eintritts eines Entschädigungsfalles im Falle einer Erlaubniserteilung vornehmen (§ 9 Abs. 3 EAEG). Gemäß § 9 Abs. 4 EAEG hat die EdB ihre Prüfungsbefugnisse

345 Der ebenfalls in § 1 Abs. 1 Nr. 2 EAEG in Bezug genommene § 1 Abs. 1a Satz 3 KWG ist mittlerweile im KWG gestrichen worden.

346 Zu den Sicherungssystemen im Sparkassen- und Genossenschaftssektor und sonstiger öffentlicher Banken *vgl.* etwa *Fischer*, in: Fischer/Klanten, Bankrecht, Rn. 3.60 ff.; *Pannen*, Krise und Insolvenz bei Kreditinstituten, § 4 Rn. 98 ff., 107 ff.

347 Zu Plänen auf Europäischer Ebene ein "Insurance Guarantee Scheme" einzuführen *vgl.* Single Market News, 2010, No. 58, S. 19.

auf den Prüfungsverband deutscher Banken e.V. (Prüfungseinrichtung) übertragen und für die Einzelheiten der Prüfungen gemäß § 9 Abs. 5 EAEG Prüfungsrichtlinien festgelegt.

Eine Vollprüfung umfasst auch die Inhaberstruktur des betreffenden Instituts und die Zuverlässigkeit und Eignung der Inhaber bedeutender Beteiligungen und deren gesetzlicher und satzungsmäßigen Vertreter oder persönlich haftenden Gesellschafter. Die Prüfungskriterien ähneln inhaltlich § 2c Abs. 1b Satz 1 KWG.

3. Freiwillige Einlagensicherung

a) Anwendungsbereich

Die zweite Säule der Einlagensicherung sind bei Einlagenkreditinstituten die sektorspezifischen freiwilligen Einlagensicherungseinrichtungen. Im privaten Bankensektor übernimmt diese Aufgabe der Einlagensicherungsfonds des Bundesverbands deutscher Banken e.V. Nach dem Statut des Einlagensicherungsfonds sind bestimmte Ansprüche gegen das Mitgliedsinstitut bis zur individuellen Sicherungsgrenze je Gläubiger in Höhe von 30 % des haftenden Eigenkapitals des Mitgliedsinstituts gesichert.[348]

b) Einbeziehung von Inhabern bedeutender Beteiligungen

Voraussetzung für die Mitwirkung am Einlagensicherungsfonds ist unter anderem, dass keine Tatsachen vorliegen, welche die Annahme rechtfertigen, dass die Inhaber einer bedeutenden Beteiligung (§ 1 Abs. 9 KWG) oder ihre gesetzmäßigen oder satzungsmäßigen Vertreter oder persönlich haftenden Gesellschafter nicht zuverlässig sind oder aus anderen Gründen nicht den im Interesse an einer soliden und umsichtigen Führung der Bank zu stellenden Ansprüchen genügen.[349]

Mittels des Prüfungsverbandes deutscher Banken e.V. unterzieht der Einlagensicherungsfonds Institute, die einen Antrag auf Mitgliedschaft gestellt haben, einer Eignungsprüfung. Auch nach der Aufnahme unterliegen Mitgliedsinstitute einer regelmäßigen umfassenden Prüfung. Die Prüfungen sollen feststellen, ob bei der zu prüfenden Bank eine Gefahr für die Sicherheit der Einlagen besteht.[350] Dabei betonen die Prüfungsrichtlinien ausdrücklich die (fehlende) Zuverlässigkeit der Inhaber bedeutender Beteiligungen als einen möglichen Gefahrenherd für die Sicherheit der Einlagen.[351] Folgerichtig umfasst die Prüfung auch die Inhaber bedeutender Beteiligungen und deren gesetzliche Vertreter.

Der Prüfungsverband kann nach dem Statut des Einlagensicherungsfonds Prüfungen auch bei Personen oder Unternehmen durchführen, die eine bedeutende Beteiligung im Sinne des § 1 Abs. 9 des Gesetzes über das Kreditwesen (KWG) an

---

348 *Vgl.* § 6 Abs. 1 des Statuts des Einlagensicherungsfonds des Bundesverbands deutscher Banken e.V. (Stand: Juni 2010).

349 § 3 Nr. 1 lit. c) des Statuts des Einlagensicherungsfonds.

350 *Vgl.* Ziffer 1.2 der Prüfungsrichtlinien des Prüfungsverbandes deutscher Banken e.V. (Stand: 22. Oktober 2009).

351 *Vgl.* Ziffer 1.3 der Prüfungsrichtlinien des Prüfungsverbandes.

einer Mitgliedsbank oder an einem Unternehmen, das einen Antrag auf Mitgliedschaft gestellt hat, zu erwerben beabsichtigen oder bereits erworben haben oder eine bestehende bedeutende Beteiligung erhöhen wollen.[352] Die Prüfungen können auch auf mit dem Inhaber der bedeutenden Beteiligung verbundene Unternehmen (§ 15 AktG bzw. § 271 Abs. 2 HGB) erstreckt werden. Die Aufnahme in den Prüfungsverband wird grundsätzlich von einer vorherigen Prüfung der Inhaber der bedeutenden Beteiligung durch den Prüfungsverband abhängig gemacht.[353] Zwar besteht keine Rechtsgrundlage des Prüfungsverbandes dafür, die Mitwirkung der genannten Personen bei derartigen Prüfungen diesen gegenüber rechtlich zu erzwingen. Die Weigerung des Inhabers einer bedeutenden Beteiligung bzw. Erwerbsinteressenten zur Mitwirkung kann aber vom Einlagensicherungsfonds zum Anlass genommen werden, die Aufnahme des Instituts in den Einlagensicherungsfonds zu verweigern bzw. zur Beendigung der Mitgliedschaft des Instituts im Einlagensicherungsfonds führen.[354]

Die Prüfungen dienen der Feststellung, dass keine Tatsachen vorliegen, welche die Annahme rechtfertigen, dass der Inhaber einer bedeutenden Beteiligung (§ 1 Abs. 9 KWG) an einer Mitgliedsbank oder einem Unternehmen, welches einen Antrag auf Mitgliedschaft gestellt hat, oder ein gesetzlicher Vertreter oder ein persönlich haftender Gesellschafter eines solchen Inhabers einer bedeutenden Beteiligung nicht oder nicht mehr zuverlässig ist oder aus anderen Gründen nicht oder nicht mehr den im Interesse einer soliden und umsichtigen Führung der Mitgliedsbank oder des Unternehmens, welches einen Antrag auf Mitgliedschaft gestellt hat, zu stellenden Ansprüchen genügt.[355]

Dazu kann der Prüfungsverband von einer Mitgliedsbank, einem Unternehmen, welches einen Antrag auf Mitgliedschaft gestellt hat sowie deren Organen verlangen, dass die Vornahme von örtlichen Prüfungen in den Geschäftsräumen des Erwerbsinteressenten beziehungsweise Inhabers einer bedeutenden Beteiligung, die Bereitstellung aller Unterlagen, die Erteilung von Auskünften und die Erbringung der erforderlichen Nachweise ermöglicht werden, sofern nicht der Nachweis erbracht wird, dass dem zwingende gesetzliche Bestimmungen entgegenstehen.[356]

Wird eine bedeutende Beteiligung (§ 1 Abs. 9 KWG) an einer Mitgliedsbank erworben oder ein Inhaberkontrollverfahren durch den Prüfungsverband eingeleitet, kann der Prüfungsverband der Mitgliedsbank Auflagen erteilen, welche zur Aufrechterhaltung der bestehenden Risikolage bis zum Abschluss des Inhaberkontrollverfahrens geeignet sind.[357]

---

352 Sogenannte Prüfungen im Rahmen des Inhaberkontrollverfahrens; *vgl.* § 8 des Statuts des Einlagensicherungsfonds; § 4 Abs. 1 Satz 1 Nr. 2; § 6 der Satzung des Prüfungsverbandes.

353 § 7 Abs. 1 Satz 3 der Satzung des Prüfungsverbandes.

354 *Vgl.* § 4 Satz 1 Nr. 2 lit. a) i.V.m. § 3 Nr. 1 lit. c) des Statuts des Einlagensicherungsfonds.

355 § 6 Abs. 1 Satz 2 der Satzung des Prüfungsverbandes.

356 § 6 Abs. 2 der Satzung des Prüfungsverbandes.

357 § 11 Abs. 3 der Satzung des Prüfungsverbandes.

Der Bericht über die Prüfung im Rahmen von Inhaberkontrollverfahren wird dem Inhaber der bedeutenden Beteiligung beziehungsweise dem gesetzlichen Vertreter oder persönlich haftenden Gesellschafter des beteiligten Unternehmens übermittelt.[358]

c) Besonderheiten beim Mehrheitserwerb

Wird an einer Mitgliedsbank eine direkte oder indirekte Mehrheit der Stimmrechte oder des Kapitals erworben oder kann auf das Mitgliedsinstitut ein beherrschender Einfluss ausgeübt werden, so endet die Mitgliedschaft im Einlagensicherungsfonds automatisch innerhalb von neun Monaten nach Erwerb. Der Verlust der Mitgliedschaft tritt nur dann nicht ein, wenn dem Bankenverband zuvor Gelegenheit gegeben worden ist, festzustellen, dass der Inhaber der Mehrheitsbeteiligung und seine gesetzlichen oder satzungsmäßigen Vertreter beziehungsweise persönlich haftenden Gesellschafter zuverlässig sind und auch sonst dem Interesse einer soliden und umsichtigen Geschäftsleitung der Bank zu stellenden Ansprüchen genügen sowie alle Tatsachen offengelegt werden, die den Schluss auf die Zuverlässigkeit und Eignung erlauben und etwaige Zweifel an ihr ausräumen und etwaige Prüfungsfeststellungen ermöglicht wurden.[359]

Hält am Mitgliedsinstitut eine andere Bank die Mehrheit der Anteile oder kann sie einen beherrschenden Einfluss auf das Institut ausüben, hat der Mehrheitsgesellschafter den Bankenverband von Verlusten freizustellen, die diesem durch die Hilfeleistung zu Gunsten des Mitgliedsinstituts entstanden sind. Die Banken haben eine entsprechende ausdrückliche Erklärung abzugeben.[360] Wenn es sich beim kontrollierenden Gesellschafter um eine nicht am Einlagensicherungsfonds mitwirkende natürliche oder juristische Person oder Personengesellschaft handelt, hat die Mitgliedsbank von diesen Personen eine Erklärung beizubringen, dass diese den Bankenverband von entsprechenden Verlusten freistellen werden.[361] Der Wortlaut der Verpflichtungserklärung findet sich im Anhang zum Statut des Einlagensicherungsfonds. Zur Durchsetzung der Verpflichtungen hat das Mitgliedsinstitut dem Bankenverband anzuzeigen, wenn ein Mehrheitserwerb erfolgt ist.

Für die Frage, wann ein Anteilseigner für Zwecke des § 5 Abs. 10 des Status des Einlagensicherungsfonds die Mehrheit der Anteile hält oder einen beherrschenden Einfluss ausübt, verweist die Vorschrift auf die Zurechnungsvorschriften der §§ 16 ff. AktG.

---

358 Ziffer 7.13 der Prüfungsrichtlinien des Prüfungsverbandes.

359 *Vgl.* § 4 Abs. 7 des Statuts des Einlagensicherungsfonds.

360 § 5 Abs. 10 Satz 1 und Satz 2 des Statuts des Einlagensicherungsfonds.

361 § 5 Abs. 10 Satz 3 des Statuts des Einlagensicherungsfonds.

XIII. Bewertung

Die vorstehende Untersuchung hat gezeigt, dass Inhaberkontrollverfahren im Zuge des beabsichtigten Erwerbs einer bedeutenden Beteiligung nur ein Element einer umfassenden Eigentümerkontrolle von Unternehmen des Finanzsektors sind.

Während die Inhaberkontrolle im Rahmen des Erlaubnisverfahrens darauf zielt, Unternehmen von vornherein den Markteintritt zu versagen, deren wesentliche Inhaber nicht den aufsichtsrechtlichen Anforderungen genügen, sollen Inhaberkontrollverfahren beim Beteiligungserwerb verhindern, dass aufsichtsrechtlich ungeeignete neue Gesellschafter Einfluss auf bereits am Markt operierende regulierte Unternehmen gewinnen können.

Auch nach Abschluss des Erwerbs unterliegen Inhaber einer bedeutenden Beteiligung Anzeige-, Informations- und Duldungspflichten. Treten nachträglich Untersagungsgründe auf, kann die Bundesanstalt ein Stimmverbot und die Veräußerung der Beteiligung anordnen und dazu einen Treuhänder einschalten.

Neben der klassischen Inhaberkontrolle unterliegen Erwerbsinteressenten und Inhaber einer bedeutenden Beteiligung an Einlagensicherungs- oder Anlegerentschädigungseinrichtungen angeschlossenen Unternehmen einer zusätzlichen direkten und indirekten Kontrolle und Beaufsichtigung durch die Einlagensicherungssysteme und deren ausführende Organe, insbesondere den Prüfungsverband.

E. Verhältnis zu anderen Anzeige- und Kontrollverfahren

Von ihrer Funktion und Zielrichtung sind die finanzaufsichtsrechtlichen Inhaberkontrollverfahren vor allem von kartellrechtlichen Fusionskontrollverfahren, Kontrollverfahren nach dem Außenwirtschaftsgesetz und kapitalmarktrechtlichen Anzeigepflichten nach dem Wertpapierhandelsgesetz und dem Wertpapiererwerbs- und Übernahmegesetz abzugrenzen. Öffentlich-rechtliche Institute können neben der Aufsicht durch die Bundesanstalt einer staatlichen Sonderaufsicht unterliegen, die auch die Zusammensetzung der Träger umfasst.

I. Kartellrechtliche Fusionskontrollverfahren

Abzugrenzen sind die Inhaberkontrollverfahren zunächst von wettbewerbsrechtlichen Fusionskontrollverfahren.

1. Überblick

Rechtsgrundlage für wettbewerbsrechtliche Fusionskontrollverfahren ist zum einen die Europäische Fusionskontrollverordnung.[362] Diese ist auf Zusammenschlüsse von gemeinschaftsweiter Bedeutung anwendbar (*vgl.* Art. 1 Abs. 1 FKVO). Zweite Säule der wettbewerbsrechtlichen Zusammenschlusskontrolle ist die nationale Fusionskontrolle, die sich in Deutschland nach §§ 35 ff. GWB richtet. Die

---

362 *Vgl.* Verordnung Nr. 139/2004 des Rates v. 20. Januar 2004 über die Kontrolle von Unternehmenszusammenschlüssen, ABl. L 24/1.

Fusionskontrolle zielt darauf ab, einen funktionierenden Wettbewerb im relevanten Markt zu erhalten.[363]

2. Verhältnis zu aufsichtsrechtlichen Inhaberkontrollverfahren

Die kartellrechtlichen Verfahren stehen selbstständig neben Inhaberkontrollverfahren. Beide Verfahren haben eine unterschiedliche Zielrichtung und überschneiden sich auch nicht in den relevanten Prüfungskriterien.[364]

Im Zusammenhang mit aufsichtsrechtlichen Inhaberkontrollverfahren verbieten sich wettbewerbspolitische Erwägungen. Die Beteiligungsrichtlinie stellt dies dadurch sicher, dass sie den Mitgliedstaaten einen abschließenden Katalog von Beurteilungskriterien vorgibt. Gleichzeitig verbietet sie den Mitgliedstaaten, Vorbedingungen an die Höhe der zu erwerbenden Beteiligung zu knüpfen beziehungsweise ihren Behörden zu gestatten, bei der Prüfung des beabsichtigten Erwerbs auf die wirtschaftlichen Bedürfnisse des Marktes abzustellen.[365] Auch der deutsche Gesetzgeber hat dies bei der Umsetzung der Beteiligungsrichtlinie ausdrücklich durch entsprechende Verbote in den maßgeblichen Vorschriften klargestellt.[366]

II. Kontrollverfahren nach dem Außenwirtschaftsgesetz

Abzugrenzen sind die aufsichtsrechtlichen Inhaberkontrollverfahren auch von den Vorschriften des Außenwirtschaftsgesetzes und der Außenwirtschaftsverordnung.

1. Überblick

Das Außenwirtschaftsgesetz und die dazugehörige Außenwirtschaftsverordnung zielen auf die Wahrung der öffentlichen Ordnung und Sicherheit der Bundesrepublik Deutschland.

Schon seit jeher kann der Bundesminister für Wirtschaft und Technologie auf Grundlage von § 7 Abs. 1 und Abs. 2 AWG i.V.m. § 52 AWV den Erwerb von unmittelbaren oder mittelbaren Beteiligungen an Unternehmen, die Kriegswaffen, Motoren oder Getriebe zum Antrieb von bestimmten militärischen Fahrzeugen oder Kryptosysteme herstellen, durch einen gebietsfremden Investor untersagen, um wesentliche Sicherheitsinteressen des Landes zu wahren. Bisher hatten das Außenwirtschaftsgesetz und die Außenwirtschaftsverordnung im Zusammenhang

---

363 *Vgl. Wiedemann*, Kartellrecht, § 18 Rn. 1.

364 *Müller*, Anteilseignerkontrolle, S. 99 f.; *Haug*, in: Szagunn/Haug/Ergenzinger, KWG, § 2b Rn. 2.

365 *Vgl.* Art. 1 Abs. 3 (Art. 15b Abs. 3 Dritte Richtlinie Schadenversicherung); Art. 2 Abs. 3 (Art. 15b Abs. 3 Lebensversicherungsrichtlinie); Art. 3 Abs. 3 (Art. 10b Abs. 3 Finanzmarktrichtlinie); Art. 4 Abs. 3 (Art. 19b Abs. 3 Rückversicherungsrichtlinie); Art. 5 Abs. 3 (Art. 19a Abs. 3 Bankenrichtlinie) der Beteiligungsrichtlinie.

366 § 2c Abs. 1b Satz 3 KWG; § 104 Abs. 1b Satz 2 Halbs. 2 VAG; § 11 Abs. 1 Satz 2 ZAG i.V.m. § 2c Abs. 1b Satz 3 KWG; *vgl.* auch *Mönnig*, Überwachung der Inhaber bedeutender Beteiligungen an Versicherungsunternehmen, S. 20 f.

mit dem Erwerb von Beteiligungen an Unternehmen des Finanzsektors wegen des industriespezifischen Bezugs praktisch keine Bedeutung gespielt.

Durch das 13. Gesetz zur Änderung des Außenwirtschaftsgesetzes und der Außenwirtschaftsverordnung vom 24. April 2009[367] wurden die Untersagungsmöglichkeiten erheblich erweitert. Infolge der gesetzlichen Änderungen erhält das Bundesministerium für Wirtschaft und Technologie weitreichende Kontrollbefugnisse über den Erwerb deutscher Unternehmen und den Erwerb von Beteiligungen an deutschen Unternehmen durch gemeinschaftsfremde Personen und Unternehmen. Das Wirtschaftsministerium kann diese Investition untersagen oder Anordnungen erlassen, sofern dies erforderlich ist, um die öffentliche Ordnung oder Sicherheit der Bundesrepublik Deutschland zu gewährleisten. Da die neuen Vorschriften nicht auf bestimmte Industriezweige beschränkt sind, kommen das Außenwirtschaftsgesetz und die Außenwirtschaftsverordnung nunmehr auch bei ausländischen Beteiligungen im Finanzsektor zum Tragen.

Der persönliche Anwendungsbereich der neuen Vorschriften ist nur dann eröffnet, wenn der Erwerber ein sogenannter "Gemeinschaftsfremder" ist (*vgl.* § 53 Abs. 1 Satz 1a AWV). Nach den allgemeinen Vorschriften des Außenwirtschaftsgesetzes ist gemeinschaftsfremd, wer nicht gemeinschaftsansässig ist (§ 4 Abs. 1 Nr. 8 AWG). Gemeinschaftsansässig ist wiederum, wer seinen Wohnsitz oder seinen satzungsmäßigen Sitz, seine Hauptverwaltung oder dauernde Niederlassung in den Europäischen Gemeinschaften hat (*vgl.* § 4 Abs. 1 Nr. 6 AWG i.V.m. Art. 4 Nr. 2 Verordnung (EWG) 2913/92). Für Zwecke der neuen Vorschriften gelten dabei Zweigniederlassungen und Betriebsstätten des Erwerbers jedoch nicht als gemeinschaftsansässig (*vgl.* § 4a Abs. 2 Nr. 4 AWG i.V.m. § 53 Abs. 1 Satz 5 AWV). Den gemeinschaftsansässigen Erwerbern gleichgestellt sind gemeinschaftsfremde Erwerber aus den Mitgliedstaaten der Europäischen Freihandelsassoziation (Island, Liechtenstein, Norwegen, Schweiz) (*vgl.* § 7 Abs. 2 Nr. 6 Satz 2 AWG; § 53 Abs. 1 Satz 7 AWV).

Ferner sind die Kontrollbefugnisse auch dann eröffnet, wenn es sich bei dem Erwerber um ein gemeinschaftsansässiges Unternehmen handelt, an dem ein Gemeinschaftsfremder 25 % oder mehr der Stimmrechte hält und es Anzeichen dafür gibt, dass eine missbräuchliche Gestaltung oder ein Umgehungsgeschäft vorgenommen wurde, um die Prüfung durch das Ministerium zu unterlaufen (§ 53 Abs. 1 Satz 6 AWV).

Die Befugnis des Wirtschaftsministeriums den Unternehmens- beziehungsweise Beteiligungserwerb zu untersagen oder Anordnungen zu erlassen besteht nur, sofern es erforderlich ist, um die öffentliche Ordnung oder Sicherheit der Bundesrepublik Deutschland zu gewährleisten (§ 7 Abs. 2 Nr. 6 Satz 1 Halbs. 1 AWG; § 53 Abs. 2 Satz 4 AWV). Auslöser dafür ist eine tatsächliche und hinreichend schwere Gefährdung, die ein Grundinteresse der Gesellschaft berührt

367 BGBl. I S. 770 ff.

(§ 7 Abs. 2 Nr. 6 Satz 1 Halbs. 2 AWG). Dies dürfte im Finanzsektor nur hinsichtlich systemrelevanter Unternehmen in Betracht kommen.

2. Verhältnis zu aufsichtsrechtlichen Inhaberkontrollverfahren

Das außenwirtschaftsrechtliche Anzeige- und Prüfungsverfahren steht unabhängig neben den aufsichtsrechtlichen Inhaberkontrollverfahren.

Dabei können Gesichtspunkte, die eine Gefährdung der öffentlichen Ordnung oder Sicherheit nach dem Außenwirtschaftsrecht begründen, gleichzeitig auch Gesichtspunkte sein, die im Rahmen des aufsichtsrechtlichen Inhaberkontrollverfahrens erheblich sind und umgekehrt. Gerade Gründe des nationalen Interesses stehen bei der aufsichtsrechtlichen Inhaberkontrolle allerdings nicht im Vordergrund.[368]

Eine europarechtswidrige Umgehung des abschließenden Charakters der Untersagungsgründe in der Beteiligungsrichtlinie kann darin wegen der unterschiedlichen Zielrichtung der Verfahren grundsätzlich nicht gesehen werden. Ohnehin sind wegen der Beschränkung auf gemeinschaftsfremde Erwerber nur wenige Konstellationen denkbar, in denen ein Erwerb durch einen Investor aus der EU/EWG zugleich in den Anwendungsbereich des § 53 AWV fällt.

III. Anzeigepflichten nach dem Wertpapierhandelsgesetz

Abzugrenzen sind die aufsichtsrechtlichen Anteilseignerkontrollverfahren ferner von den kapitalmarktrechtlichen Mitteilungs- und Veröffentlichungspflichten bei Veränderung des Stimmrechtsanteils an kapitalmarktorientierten Gesellschaften nach §§ 21 ff. WpHG.

1. Überblick

Die §§ 21 ff. WpHG gehen auf die Richtlinie über den bei Erwerb und Veräußerung einer bedeutenden Beteiligung an einer börsennotierten Gesellschaft zu veröffentlichenden Informationen (Transparenzrichtlinie I) zurück.[369] Mit mehreren Jahren Verspätung wurden die Vorschriften der Transparenzrichtlinie I durch §§ 21 ff. WpHG umgesetzt und seitdem mehrfach überarbeitet und erweitert.[370]

---

368 *Vgl. Hammen*, WM 2010, 1 (6).

369 Richtlinie 88/627/EGW des Rates v. 12. Dezember 1988, ABl. L 348/62.

370 Die Transparenzrichtlinie I wurde im Jahr 2001 aufgehoben und durch die Bestimmungen in Artt. 45 ff. der Richtlinie 2001/34/EG über die Zulassung von Wertpapieren zur amtlichen Börsennotierung und über die hinsichtlich dieser Wertpapiere zu veröffentlichenden Informationen v. 28. Mai 2001, ABl. L 184/1, ersetzt. Anpassungen im nationalen Recht resultierten daraus zunächst nicht. Unabhängig hiervon wurden die §§ 21 ff. WpHG in der Folge aber mehrfach durch den deutschen Gesetzgeber überarbeitet (*vgl. Uwe H. Schneider* in: Assmann/Schneider, WpHG, vor § 21 WpHG Rn. 7). Der Erlass der Richtlinie 2004/109/EG vom 15. Dezember 2004 zur Harmonisierung der Transparenzanforderungen in Bezug auf Informationen bei Emittenten, deren Wertpapiere zum Handel auf einem geregelten Markt zugelassen sind, und zur Änderung der Richtlinie 2001/34/EG

Die kapitalmarktrechtlichen Offenlegungspflichten zielen darauf, durch die Offenlegung von Informationen zur Beteiligungshöhe und die damit verbundene Transparenz den Schutz der Anleger im Wertpapiersektor zu erhöhen, das Vertrauen in die Wertpapiermärkte zu steigern und damit insgesamt eine reibungslose Funktion der Kapitalmärkte zu unterstützen. Dabei soll die Vereinheitlichung der Transparenzpflichten die Bildung eines echten europäischen Kapitalmarktes unterstützen.[371]

2. Verhältnis zu aufsichtsrechtlichen Inhaberkontrollverfahren

Auch wertpapierhandelsrechtliche Anzeigepflichten stehen schon wegen ihrer andersartigen Zielrichtung selbstständig neben den aufsichtsrechtlichen Inhaberkontrollanzeigen.[372] Die aufsichtsrechtlichen Inhaberkontrollanzeigen dienen der Information der Aufsichtsbehörden und nicht der allgemeinen Information des Kapitalmarktes. Ihr Inhalt unterliegt vielmehr im Grundsatz einer Schweigepflicht (§§ 9 KWG; 84 VAG).[373] Die Durchführung von Anzeigen nach § 2c KWG, § 104 VAG, § 11 ZAG, § 6 BörsG beziehungsweise § 2a InvG entbindet folgerichtig nicht von den Offenlegungspflichten nach §§ 21 ff. WpHG. Die Bundesanstalt darf aber zur Erfüllung ihrer Aufgaben nach § 2c KWG auch auf die bei der Deutschen Bundesbank nach dem WpHG gespeicherten Daten im automatisierten Verfahren zurückgreifen (*vgl.* § 6 Abs. 3 Satz 1 WpHG).

IV. Sonstige Anzeigepflichten

Auch sonstige Anzeigepflichten im Zusammenhang mit dem Erwerb bedeutender Beteiligungen stehen inhaltlich neben den aufsichtsrechtlichen Inhaberkontrollverfahren.

1. Wertpapiererwerbs- und Übernahmegesetz

Sonstige Anzeigepflichten können sich vor allem aus dem Wertpapiererwerbs- und Übernahmegesetz ergeben. Nach § 10 Abs. 1 Satz 1 WpÜG besteht eine Verpflichtung, die Entscheidung über die Abgabe eines Erwerbsangebots zu veröffentlichen. Die Kontrollerlangung ist nach § 35 Abs. 1 Satz 1 WpÜG zu

---

(Transparenzrichtlinie II) machte eine umfassende Überarbeitung der §§ 21 ff. WpHG erforderlich. Die Transparenzrichtlinie II wurde durch das Transparenzrichtlinie-Umsetzungsgesetz vom 5. Januar 2007 ins deutsche Recht umgesetzt (*vgl.* dazu *Hutter/Kaulamo*, NJW 2007, 471 ff.; 550 ff.). Zusätzliche Änderungen erfuhren die §§ 21 ff. WpHG durch das Gesetz zur Begrenzung der mit Finanzinvestitionen verbundenen Risiken (Risikobegrenzungsgesetz – RisikoBegrG) v. 12. August 2008 (BGBl. I S. 1666) (*vgl.* hierzu etwa *Renz/Rippel*, BKR 2008, 309 ff.; *Diekmann/Merkner*, NZG 2007, 921 ff.).

371 *Uwe H. Schneider*, in: Assmann/Schneider, WpHG, vor § 21 Rn. 18 ff.; *Schwark*, in: Schwark/Zimmer, Kapitalmarktrechts-Kommentar, vor § 21 WpHG ff., Rn. 4.

372 *Hirte*, in: KölnKomm-WpHG, § 21 Rn. 65; *Lebherz*, WM 2010, 154 (160); *Müller*, Anteilseignerkontrolle, S. 100.

373 *Weber-Rey*, in: Habersack/Mülbert/Schlitt, HdB. Kapitalmarktinformation, § 23 Rn. 173.

veröffentlichen. Die Durchführung dieser Anzeigen entbindet nicht von der Verpflichtung zur Einreichung von Inhaberkontrollanzeigen und umgekehrt.[374]

Dabei ist die Abstimmung von Übernahmeangebot und aufsichtsrechtlicher Inhaberkontrolle nicht unkompliziert. Zum einen steht zum Zeitpunkt der Einreichung der aufsichtsrechtlichen Erwerbsanzeige noch nicht fest, ob und in welcher Höhe das Übernahmeangebot erfolgreich sein wird. Umgekehrt kann zum Zeitpunkt der Abgabe des Übernahmeangebots die finanzaufsichtsrechtliche Prüfung des Erwerbsvorhabens noch andauern. Der Bieter ist daher gut beraten, sich mit einer entsprechenden Bedingung im Übernahmeangebot vor den Konsequenzen einer Untersagung des Erwerbsvorhabens aus aufsichtsrechtlichen Gründen zu schützen. Die Aufnahme einer entsprechenden Bedingung ins Übernahmeangebot ist grundsätzlich zulässig.[375]

2. Aktiengesetz

Auch gesellschaftsrechtliche Mitteilungspflichten werden nicht verdrängt. Bei Aktiengesellschaften besteht eine Anzeigepflicht gegenüber der Gesellschaft gemäß § 20 Abs. 1 und Abs. 4 AktG, sobald einem Gesellschafter mehr als 25 % der Aktien beziehungsweise eine Mehrheitsbeteiligung gehört. Die Gesellschaft hat das Bestehen einer entsprechenden Beteiligung in den Gesellschaftsblättern bekannt zu machen (§ 20 Abs. 6 AktG). Die gesellschaftsrechtlichen Meldepflichten bezwecken die Information von Aktionären, Gläubigern und der Öffentlichkeit über die Beteiligungsverhältnisse,[376] so dass keine Überschneidungen mit der aufsichtsrechtlichen Inhaberkontrolle bestehen.

3. Mitteilungspflichten nach der AIFM-Richtlinie

Auf Grundlage der Richtlinie über die Verwalter alternativer Investmentfonds (AIFM-Richtlinie) sind durch den nationalen Gesetzgeber bis 2013 zusätzliche Mitteilungspflichten für Verwalter alternativer Investmentfonds (AIFM) beim Erwerb und der Veräußerung bedeutender Beteiligungen und der Erlangung der Kontrolle über nicht börsennotierte Unternehmen einzuführen. Danach besteht für AIFM künftig die Pflicht, beim Erwerb, Verkauf oder Halten von Anteilen an einem nicht börsennotierten Unternehmen durch einen von diesem verwalteten alternativen Investment Fonds (AIF) die zuständigen Behörden seines Herkunftsmitgliedstaats vom Anteil des AIF an den Stimmrechten des nicht börsennotierten Unternehmens in Kenntnis zu setzen, wenn dieser Anteil die Schwellenwerte 10 %, 20 %, 30 %, 50 % und 75 % erreicht, überschreitet oder unterschreitet.[377] Weitergehende Mitteilungspflichten – auch gegenüber dem Zielunternehmen, sowie dessen übrigen Anteilseignern und Arbeitnehmern –

---

374 *Lebherz*, WM 2010, 154 (160); wohl auch *Müller*, Anteilseignerkontrolle, S. 100; zur Zielsetzung des WpÜG *vgl.* allgemein *Cahn/Senger*, Finanz Betrieb 2002, 277 (279).

375 *Geibel*, in: Geibel/Süßmann, WpÜG, § 18 Rn. 38; *Seibt/Wollenschläger*, ZIP 2009, 833 (841).

376 *Vgl. Koppensteiner*, KölnKomm-AktG, § 20 Rn. 1; *Hüffer*, AktG, § 20 Rn. 1.

377 Art. 27 para. 1 AIFM-Richtlinie

bestehen im Falle des Kontrollerwerbs.[378] Die neue Regelung trifft vor allem Verwalter von Private Equity und Hedge Fonds beim Erwerb und der Veräußerung von Portfoliogesellschaften.[379]

Die Meldepflichten sind ein Element der neuen Beaufsichtigung von Verwaltern alternativer Investmentfonds und sollen vor allem die Transparenz von durch AIF gehaltenen bedeutenden Beteiligungen gewährleisten.[380] Die Mitteilungspflichten der AIFM-Richtlinie beziehen sich unterschiedslos auf regulierte und nichtregulierte Zielunternehmen. Finanzaufsichtsrechtliche Erwerbskontrollanzeigen machen Mitteilungen nach der AIFM-Richtlinie schon wegen der unterschiedlichen Adressatenkreise und Inhalte nicht überflüssig.

V. Sonderaufsicht über öffentlich-rechtliche Kreditinstitute

Die Sonderaufsicht über öffentlich-rechtliche Kreditinstitute wird durch die Inhaberkontrolle nicht berührt und verdrängt diese auch nicht.

1. Überblick

Öffentlich-rechtliche Institute sind nach den einschlägigen, zumeist landesrechtlichen Gesetzen in der Regel als rechtsfähige Anstalten des öffentlichen Rechts organisiert. Dazu zählen insbesondere eine Reihe öffentlich-rechtlicher Landes- und Förderbanken[381] sowie die von Gemeinden, Landkreisen, Zweckverbänden oder dem Sparkassenverband errichteten öffentlich-rechtlichen Sparkassen.[382]

Die Körperschaften, die die öffentlich-rechtlichen Anstalten errichtet haben, sind deren sogenannte Träger.[383] Das Hinzutreten eines weiteren Trägers oder dessen Wechsel bedarf nach den einschlägigen landesrechtlichen Gesetzen neben der Zustimmung der zuständigen Organe der Träger der Zustimmung durch die zuständige Aufsichtsbehörde des Landes.[384] Entsprechendes gilt auch für die Vereinigung von öffentlich-rechtlichen Kreditinstituten, etwa der Vereinigung von Sparkassen.[385]

---

378 Art. 27 para. 1a AIFM-Richtlinie.

379 Zum Anwendungsbereich der AIFM-Richtlinie *vgl. Nietsch/Graef*, ZBB 2010, 12(14); *Weitnauer*, BKR 2011, 143 (144); *Sustmann/Neuhaus/Wieland*, CFL 2012, 78 (82).

380 *Vgl.* 53. Erwägungsgrund der AIFM-Richtlinie.

381 *Vgl.* z.B. Art. 1 Abs. 1 des Gesetzes über die Bayerische Landesbank; § 1 NRW.Bank-G; *vgl.* außerdem *Claussen*, in: Claussen, Bank- und Börsenrecht, § 1 Rn. 33 ff.

382 *Vgl.* z.B. § 1 SpkG-BW; Art. 3 SpkG-Bayern; § 1 Abs. 1 Satz 1 SpkG-NRW.

383 *Vgl.* z.B. § 8 Abs. 1 SpkG-BW; Art. 4 Abs. 1 SpkG-Bayern; § 8 Abs. 1 SpkG-NRW.

384 *Vgl.* z.B. § 8 Abs. 2 Satz 2; § 9 Abs. 1 Satz 4 SpkG-BW; Art. 26 Abs. 1 SpkG-Bayern.

385 *Vgl.* z.B. § 3 Abs. 1 Satz 3 SpkG-BW; Art. 16 Abs. 2 Satz 2 SpkG-Bayern; § 27 Abs. 4 SpkG-NRW.

2. Verhältnis zu aufsichtsrechtlichen Inhaberkontrollverfahren

Die Zustimmungspflichten der jeweiligen Aufsichtsbehörden bei Veränderungen im Bestand der Träger von öffentlich-rechtlichen Kreditinstituten werden durch die Vorschriften des Kreditwesengesetzes zur Inhaberkontrolle nicht verdrängt. Diese sind Ausdruck der staatlichen Sonderaufsicht über öffentlich-rechtliche Kreditinstitute, die neben der Aufsicht der Bundesanstalt und der Bundesbank nach dem Kreditwesengesetz fortbesteht (*vgl.* § 52 Abs. 1 KWG).[386]

Umgekehrt stehen die Vorschriften zur Zustimmung der jeweiligen Sonderaufsichtsbehörden zu Änderungen im Bestand der Träger von öffentlich-rechtlichen Kreditinstituten neben der Durchführung von Inhaberkontrollverfahren nach dem Kreditwesengesetz. Insbesondere entbindet das Zustimmungserfordernis der Sonderaufsicht nicht von der Durchführung eines Inhaberkontrollverfahrens nach den Vorschriften des Kreditwesengesetzes. Das Bestehen der Sonderaufsicht schränkt dabei die Prüfungskompetenzen der Bundesanstalt nicht ein.[387]

Die Behörden der staatlichen Sonderaufsicht haben sich bei der Prüfung des Trägerwechsels auf die jeweiligen spezialgesetzlichen Zwecke der Sonderaufsicht zu beschränken. So prüfen die zuständigen Landesbehörden bei einem Wechsel von Trägern einer Sparkasse die Voraussetzungen des einschlägigen Sparkassengesetzes und damit vor allem die Wahrung der gesetzlichen Aufgaben der Sparkasse und die Beachtung der im Interesse des jeweiligen öffentlichen Auftrags angeordneten Geschäftsbeschränkungen.[388] Trotz der unterschiedlichen Zielsetzung sind inhaltliche Überschneidungen der Überprüfungskriterien dabei allerdings nicht völlig ausgeschlossen.[389]

F. Praktische Bedeutung

Die praktische Bedeutung von Anteilseignerkontrollverfahren im Finanzsektor hat in den letzten Jahren erheblich zugenommen.

I. Gründe für die wachsende Bedeutung

Die Gründe für die wachsende Bedeutung von Inhaberkontrollverfahren sind vielgestaltig.

1. Erweiterung des Kreises regulierter Unternehmen

Die zunehmende Häufigkeit von Inhaberkontrollverfahren ist zum einen durch die schrittweise Erweiterung des Kreises regulierter Aktivitäten und Unternehmen während der letzten Jahre bedingt. Viele zuvor erlaubnisfreie Dienstleistungen und

---

386 *Vgl.* zur staatlichen Sonderaufsicht über öffentlich-rechtliche Kreditinstitute auch *Fischer*, in: Boos/Fischer/Schulte-Mattler, KWG, Einf. Rn. 174 ff.; *Auerbach/Anders*, in: Schwennicke/Auerbach, KWG, § 52 Rn. 7 ff.

387 *Auerbach/Anders*, in: Schwennicke/Auerbach, KWG, § 52 Rn. 15.

388 *Vgl. Lindemann*, in: Boos/Fischer/Schulte-Mattler, KWG, § 52 Rn. 4; zu den typischen Geschäftsbeschränkungen *vgl. Claussen*, in: Claussen, Bank- und Börsenrecht, § 1 Rn. 38.

389 *Vgl.* allgemein *Fischer*, in: Boos/Fischer/Schulte-Mattler, KWG, Einf. Rn. 177.

Tätigkeiten im Finanzsektor wurden schrittweise einer Regulierung und damit auch dem Anwendungsbereich der finanzaufsichtsrechtlichen Inhaberkontrolle unterworfen.[390]

Auf nationaler Ebene beispielhaft zu nennen ist die Einordnung des Factorings und des Finanzierungsleasings als Finanzdienstleistung (§ 1 Abs. 1a Satz 2 Nr. 9, Nr. 10 KWG) durch das Jahressteuergesetz 2009.[391] Zuvor waren in diesem Bereich tätige Unternehmen allenfalls als Finanzunternehmen im Sinne des § 1 Abs. 3 Satz 1 Nr. 3 KWG einzuordnen, unterlagen aber grundsätzlich keiner Aufsicht durch die Bundesanstalt und folglich auch keiner Inhaberkontrolle. Die Teilregulierung dieser Tätigkeiten durch das Kreditwesengesetz[392] bedeutet zugleich, dass der Erwerb einer bedeutenden Beteiligung an in diesem Bereich tätigen Unternehmen der vorigen Durchführung eines Inhaberkontrollverfahrens unterliegt.

Gerade Finanzierungsleasing-Gesellschaften sind häufig als Tochterunternehmen von Industrieunternehmen anzutreffen. So haben eine Vielzahl von Automobilherstellern, Maschinenbauern und Hersteller hochwertiger Investitionsgüter eine Leasing-Tochtergesellschaft, die den Absatz und Vertrieb der Produkte unterstützt.[393]

Viele größere Industriekonzerne verfügen mittlerweile sogar über Gruppengesellschaften mit Vollbanklizenz, wie zuletzt die Erteilung einer Lizenz als Einlagenkreditinstitut an eine Gesellschaft des Siemens-Konzerns exemplarisch veranschaulicht.[394] Neben der Erleichterung der Absatzfinanzierung und der Absicherung von Risiken ermöglicht die Erlaubnis als Kreditinstitut auch die Führung von Konten bei der Bundesbank und der Europäischen Zentralbank.

Berücksichtigt man, dass auch indirekte Erwerbsvorgänge auf Ebene der Muttergesellschaft des regulierten Unternehmens eine Anzeigepflicht auslösen können, führt dies dazu, dass nicht selten auch der Erwerb einer Beteiligung an Industrie- und Handelsunternehmen eine aufsichtsrechtliche Anzeigepflicht bei der Bundesanstalt auslöst und die Gesamttransaktion damit der Kontrolle durch die Aufsichtsbehörden unterliegt.

2. Konsolidierung und Spezialisierung

Der Bedeutungsgewinn von Inhaberkontrollverfahren resultiert auch aus einer zunehmenden Konsolidierung des Finanzsektors.

---

390 *Vgl. Wieland*, BB 2012, 917 (918).

391 *Vgl.* Art. 27 des Jahressteuergesetz 2009 v. 19. Dezember 2008 (BGBl. I S. 2794 ff). *Vgl.* hierzu *Reschke*, BKR 2009, 141 ff.

392 Die Bundesanstalt spricht in diesem Zusammenhang von einer Beaufsichtigung "KWG light", *vgl. Bundesanstalt*, Jahresbericht 2009, S. 158.

393 *Wieland*, BB 2012, 917 (918).

394 *Vgl.* Frankfurter Allgemeine Zeitung v. 7. Dezember 2010 ("Siemens erhält seine eigene Banklizenz"); *Wieland*, BB 2012, 917 (918).

Dies gilt insbesondere für den Bankenbereich. So hat sich die Anzahl der Sparkassen zwischen 2000 und 2008 um 22,06 % von 562 auf 438 Institute reduziert. Gleichzeitig ist auch die Anzahl der Genossenschaftsbanken zwischen 2000 und 2008 um 33,2 % von 1798 auf 1201 Institute zurückgegangen. Auch die Anzahl der privaten Kreditbanken (Groß-, Regional- und Wertpapierhandelsbanken) hat sich in den letzten Jahren reduziert, wenngleich aufgrund von Gegeneffekten, etwa dem Markteintritt von Spezialanbietern wie beispielsweise Transaktions- und Direktbanken die Gesamtzahl der Institute weniger stark zurückging.[395] Beispielhaft sind hier nur die Übernahme der Dresdner Bank AG durch die Commerzbank AG, und der Sal. Oppenheim-Gruppe und Postbank AG durch die Deutsche Bank AG zu nennen. Dabei ist zu berücksichtigen, dass gleichzeitig das Gesamtvolumen des Marktes jedenfalls bis zum Beginn der Finanzkrise deutlich gewachsen ist.

Wesentlicher Treiber für die Konsolidierung ist der wachsende Wettbewerb in vielen Bereichen der Finanzwirtschaft, der gleichzeitig einen erheblichen Druck auf die damit verbundenen Margen ausübt. Aber auch die Ertragserwartungen von Investoren sind jedenfalls bis zur Finanzkrise stetig gestiegen und haben weiteren Konsolidierungsdruck auf die Branche ausgeübt. Ferner ist zu berücksichtigen, dass das Bankgeschäft immer stärker IT-getrieben ist. Damit verbunden sind erhebliche Investitionen, die sich häufig erst durch die Erzielung von *Economies of Scales* amortisieren lassen. Auch der an Komplexität zunehmende und immer kurzlebigeren Veränderungen unterworfene Regulierungsrahmen und die damit verbundenen zusätzlichen Kosten führen dazu, dass viele kleinere Bankeinheiten allein nicht mehr wettbewerbsfähig sind beziehungsweise Aufgaben an Spezialdienstleister auslagern.

Ähnliche Entwicklungen finden sich auch bei Finanzdienstleistungsunternehmen, bei Zahlungsdiensteanbietern, Kapitalanlagegesellschaften und selbst bei Börsenträgern.[396] Etwas weniger stark fiel in den letzten Jahren aus verschiedenen Gründen die Konsolidierung im Versicherungssektor aus. Auch hier ist wegen des steigenden Wettbewerbsdrucks, sinkender Überschussbeteiligungen und neuen Herausforderungen wie der Umsetzung von Solvency II in den nächsten Jahren mit einer weiteren Konsolidierung des Marktes zu rechnen.[397]

---

395 Zwischen den Jahren 2000 und 2008 um 2,66 % von 225 auf 219 Institute; *vgl.* Bankenstatistik der Bundesbank (abrufbar unter: www.bundesbank.de/bankenaufsicht/bankenaufsicht_dokumentation_statistiken.php).

396 Die erhebliche praktische Bedeutung des § 2a InvG verkennend allerdings *Köndgen*, in: Berger/Steck/Lübbehüsen, InvG, § 2a Rn. 3.

397 *Vgl.* z.B. Börsen-Zeitung v. 26. Februar 2010, S. 26; Financial Times Deutschland v. 22. Oktober 2010 ("Neue Regeln spalten die Assekuranz – Kleine Versicherer fürchten um ihre Existenz"); Handelsblatt vom 11. Januar 2011 ("Wie Versicherer sterben"); *vgl.* zu Zusammenschlüssen in der Versicherungswirtschaft *Führer/Köhler*, ZVersWiss 2006, 371 ff.

3. Internationalisierung des Finanzsektors

Ein weiterer Grund für die zunehmende Bedeutung der Inhaberkontrollverfahren ist die wachsende Internationalisierung des Finanzsektors.

Zwar bleibt diese auch in Europa teilweise noch beträchtlich hinter der Internationalisierung anderer Bereiche zurück.[398] Im Zuge der Globalisierung des Wirtschaftsverkehrs, des Ausbaus des europäischen Binnenmarktes und des Abbaus von grenzüberschreitenden Hürden im Finanzsektor sowie der wirtschaftlichen Entwicklung weiter Teile Asiens hat sich auch der deutsche Finanzmarkt weiter geöffnet. Mittlerweile ist ein Großteil der international operierenden Finanzmarktakteure in Deutschland präsent. Während die Inlandspräsenz zum Teil durch die Gründung inländischer Niederlassungen oder Tochtergesellschaften verfolgt wird, findet ein Marktzutritt häufig auch durch Zukäufe im nationalen Bankenmarkt statt. Beispielhaft sei hier der Erwerb der damals zweitgrößten deutschen Geschäftsbank HVB (Bayerische Hypo- und Vereinsbank AG) durch die größte italienische Bank UniCredit (UniCredito Italiano SpA) im Jahr 2005, der Erwerb des deutschen Citibank-Ablegers durch den französischen Crédit Mutuel im Jahr 2008[399], und zuletzt im Jahr 2010 der Erwerb der deutschen SEB-Filialen durch den spanischen Banco Santander genannt.[400] Dabei stellen gerade Erwerbsvorhaben durch ausländische Investoren aus Staaten außerhalb des EU/EWR-Raums die Aufsichtsbehörden vor besondere Herausforderungen, da der Investor abweichenden Regulierungsstandards unterliegt.[401]

4. Auftreten neuer Akteure mit neuen aufsichtsrechtlichen Herausforderungen

Schließlich sieht sich die Praxis durch neue Investoren im Finanzsektor vor neue Probleme gestellt.

a) Private Equity Fonds und Finanzinvestoren

Während noch vor zehn Jahren Private Equity Fonds und Finanzinvestoren kaum im Finanzsektor investiert waren, sind solche Investitionen in den letzten Jahren immer häufiger zu beobachten. Dabei werden durch Private Equity Fonds und

---

398 *Vgl.* Commission Staff Working Document, Cross-border consolidation in the EU financial sector, 26. Oktober 2005, SEC (2005) 1398.

399 *Vgl.* Frankfurter Allgemeine Zeitung v. 11. Juli 2008 ("Die unbekannte Großbank aus Frankreichs Osten").

400 *Vgl.* Frankfurter Allgemeine Zeitung v. 12. Juli 2010 ("Deutsche SEB-Filialen gehen an Banco Santander").

401 *Vgl.* auch *Bundesanstalt*, Jahresbericht 2006, S. 128: "2006 waren auch einige ausländische Investoren am Erwerb kleinerer deutscher Kreditinstitute interessiert. Aufwand und Schwierigkeitsgrad der Inhaberkontrollverfahren variieren in diesen Fällen erheblich. So wirft der Erwerb eines inländischen Instituts durch eine Bank, die in einem anderen EU-Mitgliedstaat beaufsichtigt wird, meist nur wenige Probleme auf. Dagegen ist das Verfahren oftmals sehr aufwändig, wenn der Erwerbsinteressent einem komplexen Unternehmensverbund angehört, bei dem Verbindungen in Länder außerhalb des EWR bestehen."

Finanzinvestoren sowohl der Voll- oder Mehrheitserwerb wie auch zunehmend Minderheitsbeteiligungen angestrebt.

Beispiele hierfür sind das Engagement von Fonds aus dem Umfeld des Finanzinvestors J.C. Flowers bei der HSH Nordbank und der Hypo Real Estate Gruppe und die Mehrheitsübernahme der angeschlagenen IKB-Gruppe[402] und der Düsseldorfer Hypothekenbank durch Lone Star.[403] Sofern in den letzten Jahren im deutschen Bankensektor Unternehmen zum Verkauf standen, wurden fast ausnahmslos auch Finanzinvestoren zum engsten Kreis möglicher Käufer gezählt.

Eine ähnliche Entwicklung zeichnet sich auch in der Versicherungswirtschaft ab.[404] Allerdings sind hier die klassischen Refinanzierungsstrukturen von Private Equity Investitionen zusätzlichen aufsichtsrechtlichen Beschränkungen unterworfen, die den Beteiligungserwerb durch Private Equity Fonds im Versicherungssektor erschweren.[405] Insbesondere soll es grundsätzlich nicht zulässig sein, die für die Finanzierung des Erwerbs aufgenommenen Fremdmittel auf das Versicherungsunternehmen abzuwälzen (sogenannter *Debt push-down*) oder eine fremdfinanzierte Dividende zur Ablösung der Kaufpreisverbindlichkeiten auszuschütten.[406] Beispiel für Private Equity Investitionen im Versicherungssektor ist der Erwerb der Württembergischen und Badischen Versicherungs-AG durch J.C. Flowers.

b) Sovereign Wealth Funds

Auch so genannte Sovereign Wealth Funds drängen zunehmend in den Finanzsektor. Bei Sovereign Wealth Funds handelt es sich um durch Regierungen beziehungsweise die öffentliche Hand gegründete und gehaltene Investmentvehikel, die in ausländische Vermögensgegenstände und Unternehmen investieren.[407] Häufig stammen die dafür erforderlichen Mittel aus Außenhandelsüberschüssen und staatlichen Öl- und Rohstoffgeschäften. Viele Jahre begnügten sich Sovereign Wealth Funds mit Investitionen in US Treasuries und andere Staatsanleihen. In den letzten Jahren investieren derartige Fonds aber zunehmend

---

402 *Vgl.* Handelsblatt v. 21. August 2008 ("Nach dem Verkauf: Lone Star will IKB als Mittelstandsbank erhalten").

403 *Vgl.* Handelsblatt v. 30. Juni 2010 ("US-Finanzinvestor Lone Star kauft Düsseldorfer Hyp").

404 *Hasselbach/Förster*, VersR 2007, 1159 (1159 f.).

405 *Vgl.* § 7 Abs. 2 S. 3 VAG n.F., wonach die Fremdmittelaufnahme regelmäßig unter das für Versicherungsunternehmen geltende Verbot des versicherungsfremden Geschäfts verstößt. *Vgl.* dazu auch *Bundesanstalt*, Versicherungsaufsicht: Hinweise zur Fremdmittelaufnahme v. 17. November 2010; zur bisherigen Verwaltungspraxis BAV, Hinweise zum Fremdmitteleinsatz durch Versicherungsunternehmen, Gz. Z 3 – 311/95, VerBAV 6/1995, S. 215; *Brachmann*, VW 2005, 1812 f.

406 *Hasselbach/Förster*, VersR 2007, 1159 (1159).

407 *Vgl.* die Definition der International Working Group of Sovereign Wealth Funds, in: Sovereign Wealth Funds, Generally Accepted Principles and Practices – "Santiago Principles",Oktober 2008, S. 27.

auch in Unternehmensbeteiligungen und -anleihen. Gerade während der Finanzkrise waren Sovereign Wealth Funds gesuchte Investoren im Finanzsektor. Zu nennen sind hier beispielhaft die Beteiligung von International Petroleum Investment Company (IPIC) aus Abu Dhabi und anderen ausländischen Staatsfonds bei Barclays oder das Investment der Qatar Holding bei Credit Suisse.

Ähnliche Herausforderungen stellen sich jedoch auch bei den immer noch geläufigeren Investments von Sovereign Wealth Funds in Handels- und Industrieunternehmen. Wie bereits ausgeführt haben viele größere Handels- und Industriekonzerne zum Zwecke der Absatzförderung oder als eigenen Geschäftsbereich und Ertrags- oder Refinanzierungsquelle Bank- oder Finanzdienstleistungstöchter. Beispielhaft seien hier nur die Bank- und Finanzdienstleistungsaktivitäten der Autokonzerne genannt. Je nach Konstellation und Rechtsordnung kann daher auch der Erwerb einer Beteiligung an Unternehmen der "Realwirtschaft" Inhaberkontrollverfahren bezüglich der regulierten Tochterunternehmen auslösen.[408]

c) Neue aufsichtsrechtliche Fragen

Die Investments durch Private Equity Fonds, Finanzinvestoren und Sovereign Wealth Funds werfen eine Reihe neuer aufsichtsrechtlicher Problemstellungen auf.

Derartige Investoren unterstehen selbst keiner Finanzaufsicht. Hinter vielen Sovereign Wealth Funds stehen Staaten oder Herrscherfamilien, die nicht in jeder Hinsicht dem westlichen Demokratieverständnis entsprechen mögen. Viele Private Equity Fonds und Sovereign Wealth Funds pflegen nicht dieselbe Transparenz und Offenlegungskultur, wie sie bei den meisten kapitalmarktorientierten Finanz- und Industrieunternehmen üblich und vorgeschrieben ist. Gerade Sovereign Wealth Fonds unterliegen nicht selten nach den jeweiligen nationalen Vorschriften nicht oder nur beschränkt international vergleichbaren Rechnungslegungs- und Offenlegungsvorschriften.[409] Häufig sind Informationen über Inhaber, Gruppen- und Entscheidungsstrukturen und die Geschäftsberichte nicht öffentlich zugänglich. Auch Identität und potentieller oder ausgeübter individueller Einfluss bestimmter Personen auf die Geschäftspolitik sind nicht immer für die Öffentlichkeit transparent. Bei Investoren aus dem Nahen und Mittleren Osten besteht nicht selten die generelle Besorgnis, möglicherweise im Zusammenhang mit terroristischen Aktivitäten zu stehen. Bei Erwerbern aus dem osteuropäischen und asiatischen Raum bestehen häufig erhöhte Geldwäschebedenken und zwingen die Aufsichtsbehörden schon der Einhaltung internationaler Standards wegen zu einer besonderen Begutachtung des Investments und der Herkunft der investierten Mittel.

Bei Investments durch Private Equity Fonds besteht gerade in Deutschland häufig die Besorgnis, dass die Zielunternehmen mit den Schulden zur Finanzierung des

---

408 *Vgl. Wieland*, BB 2012, 1108 (1108 ff.).

409 *Vgl.* aber GAPP 11 und 12 der Santiago Principles, wonach Sovereign Wealth Fonds einen geprüften Jahresabschluss nach anerkannten internationalen oder nationalen Rechnungslegungsstandards aufstellen sollen.

Erwerbs überfrachtet werden und bei Misserfolg des Investments nach Abzug des Eigenkapitals sich selbst überlassen werden.[410] Bei Finanzinvestoren besteht zudem in der Öffentlichkeit eine fast reflexartige Befürchtung, dass durch rigorose, auf Profitmaximierung ausgerichtete Geschäftspraktiken Kundenrechte verletzt werden.[411] Bei einem Herauskauf von Bankbeteiligungen aus einer bestehenden Gruppe droht im Falle eines Mehrheitserwerbs eine erhebliche Herabstufung des bisherigen Ratings der Zielgesellschaft, welche die Geschäftstätigkeit des Zielunternehmens beeinträchtigen und dessen Refinanzierungskosten erhöhen kann.[412]

Dieser Hintergrund gibt den aufsichtsrechtlich zulässigen Beurteilungskriterien und deren Auslegung und Anwendung eine in der Vergangenheit nur selten relevant gewordene Bedeutung.

II. Inhaberkontrollverfahren als Vollzugsbedingung

Im Rahmen einer Transaktion kommt der Durchführung der aufsichtsrechtlichen Inhaberkontrollverfahren eine zentrale Stellung zu. Regelmäßig machen die Parteien die aufsichtsrechtliche Freigabe der Transaktion zu einer Bedingung für den Vollzug der Transaktion.[413] Dies gilt unabhängig von der Frage, ob unter dem geltenden Recht die Transaktion aufsichtsrechtlich bereits vor einer formellen Entscheidung der Aufsichtsbehörde beziehungsweise Ablauf der gesetzlichen Entscheidungsfrist vollzogen werden darf oder nicht.[414]

Aus Sicht des Erwerbers ist dies verständlich, da er andernfalls unbedingt schuldrechtlich verpflichtet ist, die Transaktion zu vollziehen und die vereinbarte Gegenleistung (also in der Regel der Kaufpreis für die Anteile) zu erbringen. Der Vollzug des Anteilserwerbs ist aber bei Untersagung durch die Aufsichtsbehörde unzulässig.

Aber auch aus Veräußerersicht hat es durchaus Sinn, die aufsichtsrechtliche Freigabe zur Vollzugsbedingung zu machen. Andernfalls könnte bei einer nachträglichen Untersagung die Erwartung seitens der Aufsicht oder der Öffentlichkeit bestehen, die Anteile zu behalten beziehungsweise wieder zurück zu nehmen. Ein erneuter Verkaufsprozess wird aber häufig nicht oder nicht ohne Preisabschlag gelingen.

---

410 *Vgl.* dazu etwa *Schneider*, NZG 2007, 888 ff.

411 Süddeutsche Zeitung v. 21. August 2008 ("Heuschrecke" aus Texas – Schnelles Geld, rigorose Praktiken: Der neue IKB-Eigner Lone Star ist eine "Heuschrecke" aus Texas. Was will der Retter der Mittelstandsbank?").

412 *Vgl.* Handelsblatt v. 22. August 2008 ("Nach Einstieg von Lone Star: Fitch senkt Rating für IKB drastisch").

413 *Gittermann*, Übernahme von Banken, 997 (1002); *Kremer*, in: Seibt, Formularbuch M&A, Teil I 6.1 a).

414 *Vgl.* dazu unten 3. Teil: G.

Als sogenannte *Closing*-Bedingung kommt der zügigen und erfolgreichen Durchführung des Inhaberkontrollverfahrens eine zentrale Bedeutung zu. Wegen des nicht unerheblichen zeitlichen und organisatorischen Aufwands zur Vorbereitung der Anzeige und den normierten gesetzlichen Entscheidungsfristen von in der Regel 60 bis 90 Arbeitstagen ab Bestätigung des Eingangs der vollständigen Anzeige durch die Aufsichtsbehörde ist der Abschluss der aufsichtsrechtlichen Inhaberkontrollverfahren nicht selten die letzte noch offene Vollzugsbedingung.

Für die Parteien ergibt sich daraus eine erhebliche Transaktionsunsicherheit. Dies gilt vor allem aus Veräußerersicht. Es besteht die Gefahr, dass der Erwerber durch ein schleppendes oder unzureichendes Betreiben des Inhaberkontrollverfahrens dieses dazu missbraucht, sich von der Transaktion doch noch zu lösen oder es als Hebel für Nachverhandlungen zu nutzen. Dies gilt insbesondere bei Veränderungen des wirtschaftlichen Umfeldes oder negativen Geschäftsereignissen. Aus Sicht des Veräußerers kann es daher empfehlenswert sein, sich nicht nur durch die Vereinbarung einer Vollzugsbedingung zu schützen, sondern sich vom Erwerber im Hinblick auf das Inhaberkontrollverfahren vertragliche Informations- und Auskunftsrechte einräumen zu lassen und im Anteilskaufvertrag eine Frist für die Einreichung der vollständigen Inhaberkontrollanzeige vorzusehen. Zudem kann es im Interesse des Veräußerers sein, die Bemühenspflichten des Erwerbers im Zusammenhang mit dem Inhaberkontrollverfahren weiter vertraglich zu spezifizieren. Vor der Veräußerung einer bedeutenden Beteiligung empfiehlt es sich aus Sicht des Veräußerers, den Erwerber und dessen Erwerbsvorhaben auf mögliche Untersagungsgründe zu überprüfen. Die mit einer Untersagung verbundenen Risiken können durch ein Garantieversprechen des Erwerbers reduziert werden, dass im Hinblick auf die Person des Erwerbers und seiner gesetzlichen Vertreter sowie die Finanzierung des Erwerbs und die geschäftlichen Pläne des Erwerbers keine Umstände vorliegen, die eine Untersagung des Erwerbsvorhabens durch die Aufsichtsbehörden rechtfertigen. Bislang sind derartige Klauseln im Markt allerdings die Ausnahme.

III. Bisherige Untersagungsfälle in Deutschland

1. Überblick

Trotz der Vielzahl durchgeführter Erwerbsvorhaben seit Einführung der Inhaberkontrollvorschriften[415] sind zunächst nur wenige Fälle an die Öffentlichkeit gelangt, in denen die deutsche Finanzaufsicht den Erwerb von bedeutenden Beteiligungen an Unternehmen des Finanzsektors tatsächlich untersagt hat. Diese Beobachtung ist allerdings nicht untypisch für das gesamte Finanzaufsichtsrecht, wo es ohnehin vergleichsweise selten zu gerichtlichen Auseinandersetzungen

---

415 *Vgl.* etwa *Bundesanstalt*, Jahresbericht 2006, S. 127: "Im Berichtsjahr führte die BaFin erneut eine Reihe von Anteilseignerkontrollverfahren bei einigen Kreditbanken durch."

kommt, sondern drohende Konflikte bereits im Vorfeld durch informelles Verwaltungshandeln "gelöst" werden.[416]

In Bezug auf die Inhaberkontrollvorschriften liegt dies sicher auch daran, dass den Regelungen eine abschreckende Wirkung zukommt und unzuverlässige oder den sonstigen aufsichtsrechtlichen Anforderungen nicht genügende Personen oder Unternehmen von vornherein von einem Erwerb ablassen. Auch wählen Veräußerer in der Praxis Erwerbsinteressenten danach aus, ob im Rahmen der Inhaberkontrolle Widerstand durch die Aufsichtsbehörde zu erwarten ist.

Viele Erwerbsinteressenten dürften es bei Widerständen der Bundesanstalt während des Anteilseignerkontrollverfahrens auch nicht auf eine verfahrensabschließende Entscheidung der Bundesanstalt ankommen lassen und passen entweder ihr Erwerbsvorhaben an die Vorstellungen der Bundesanstalt an oder nehmen von diesem wieder Abstand.[417] Exemplarisch hierfür ist die im April 2011 gescheiterte Veräußerung der Beteiligung der Deutschen Bank an der BHF-Bank an die liechtensteiner LGT.

In den letzten Jahren haben sich allerdings die Fälle am Widerstand der Finanzaufsicht gescheiterter Erwerbsvorhaben gehäuft. Öffentlich bekannt wurde vor allem die Untersagung einer beabsichtigten Beteiligung der Investorengruppe an der Commerzbank im Jahr 2000. Zu einer anschließenden gerichtlichen Auseinandersetzung vor dem VG Frankfurt a.M. führten zwei auf § 2b KWG (a.F.) gestützte Entscheidungen der Bundesanstalt aus dem Jahr 2006. Darunter befand sich der Fall der untersagten Beteiligung an der NordfinanzBank AG, der schließlich auch den VGH Kassel als Berufungsinstanz beschäftigt hat. Zu nennen sind ferner die gescheiterte Veräußerung der KBC-Gruppe mit dem Bankhaus Merck Finck und der zweimal gescheiterte Verkauf der BHF-Gruppe durch die Deutsche Bank.

2. Untersagung im Fall Cobra / Commerzbank

Der lange Zeit spektakulärste Fall der Untersagung eines Erwerbsvorhabens im Anwendungsbereich des Kreditwesengesetzes war der Fall Cobra/Commerzbank.[418]

Im Juli 2000 hatte das Bundesaufsichtsamt für das Kreditwesen, die Vorgängerbehörde der Bundesanstalt für Finanzdienstleistungsaufsicht, der Beteiligungsgesellschaft Cobra die Ausübung der Stimmrechte aus einer erworbenen Beteiligung in Höhe von ca. 17 % der Stimmrechte untersagt.

Im Mai 2000 hatten private und institutionelle Investoren rund 17 % der Stimmrechte der Commerzbank AG bei der Beteiligungsgesellschaft Cobra

416 *Vgl.* dazu *Waigel*, Deutsche und internationale Bankenaufsicht, 40 (54).

417 *Vgl.* etwa *Bundesanstalt*, Jahresbericht 2002, Teil A, S. 68: "Im Berichtsjahr kam es zwar nicht zu solchen Maßnahmen [also zur Untersagung des Beteiligungserwerbs], jedoch haben eine Reihe potenzieller Erwerber ihre Erwerbsabsicht nach der Einleitung der Eigentümerkontrolle nicht weiter verfolgt."

418 *Vgl.* zusammenfassend *Hammen*, Anteilseignerkontrolle, S. 1 (13 f.).

gepoolt, die zu 100 % einer niederländischen Finanzgesellschaft gehörte. Geschäftsführer der Cobra war ein ehemaliges Vorstandsmitglied der Dresdner Bank. Dieses war aus dem Vorstand der Dresdner Bank ausgeschieden, nachdem es Steuervergehen eingeräumt hatte. Als die Commerzbank Mitte Juni 2000 Fusionsgespräche mit der Dresdner Bank aufnahm, opponierte Cobra dagegen. Ende Juli 2000 scheiterten die Fusionspläne schließlich an unterschiedlichen Vorstellungen über die Bewertung beider Banken.

Unabhängig hiervon hatte das Bundesaufsichtsamt für das Kreditwesen bereits im Mai 2000 mit einer aufsichtsrechtlichen Untersuchung des Anteilserwerbs an der Commerzbank durch Cobra begonnen. Mitte Juli untersagte die Behörde der Beteiligungsgesellschaft die Ausübung ihrer Stimmrechte. Die Bundesanstalt stützte ihre Begründung darauf, dass dem Geschäftsführer der Cobra die gesetzlich geforderte Zuverlässigkeit fehle. Zugleich unterzog es auch die Inhaber der Cobra einer Anteilseignerkontrolle. Dabei stellte sich offenbar heraus, dass ein die Cobra kontrollierender Gesellschafter seiner gesetzlichen Anzeigepflicht nicht ordnungsgemäß nachgekommen war. Auch dies nahm das Bundesaufsichtsamt zum Anlass, die Untersagungsverfügung aufrecht zu erhalten. Die Verfügung wurde schließlich hinfällig, als Cobra Anfang Mai 2001 der Aufsichtsbehörde den zwischenzeitlichen Abbau ihrer Beteiligung an der Commerzbank auf einen Anteil von unter 10 % nachwies. Im März 2002 informierte Cobra die Aufsicht zudem, dass die Investorengruppe ihre Interessen bei der Commerzbank künftig nicht mehr gebündelt wahrnehme. Damit waren die gesetzlichen Voraussetzungen für eine Kontrolle der Investorengruppe als Inhaber einer bedeutenden Beteiligung entfallen.

3. Beschluss des VG Frankfurt a.M. vom 11. April 2007

Dem Beschluss des VG Frankfurt a.M. aus dem Jahr 2007[419] in einem Verfahren nach § 80 Abs. 5 VwGO unter anderem gerichtet auf die Anordnung der aufschiebenden Wirkung gegen eine Verfügung der Bundesanstalt gegen den Erwerb einer bedeutenden Beteiligung an einer Wertpapierhandelsbank lag folgender Sachverhalt zu Grunde:

Der Antragsteller erwarb unmittelbar 80 % des Aktienkapitals an der als Aktiengesellschaft verfassten inländischen Wertpapierhandelsbank. Inhaberin des Antragstellers war eine englische Holding plc. mit Sitz in London, deren Anteile wiederum von einer oder mehreren natürlichen Personen (unter anderem Herrn Z) gehalten wurden. Zwischenzeitlich wurde die Beteiligungskette dadurch verlängert, dass Herr Z sämtliche Anteile an einer Liechtensteiner AG hielt, die vermittelt durch zwei Treuhänder Eigentümer der Holding plc. war. Der Antragsteller zeigte das Erwerbsvorhaben bei der Aufsicht an. Auf Nachfrage machte er weitere Angaben zur Konzernstruktur, ohne dass sich Hinweise auf einc wirtschaftliche

---

419 VG Frankfurt a.M., Beschluss v. 11. April 2007 – 1 G 755/07, BeckRS 23136; *vgl.* außerdem die kurze Sachverhaltswidergabe im Jahresbericht der *Bundesanstalt* 2006, S. 127.

Inhaberschaft des Herrn Z ergaben. Vielmehr wurden als zuoberst stehende Inhaber die beiden Treuhänder angegeben, obwohl diese für Herrn Z tätig wurden. Erst nach Ablauf der damals dreimonatigen Einspruchsfrist und Vollzug des Erwerbs und nachdem sich die Anzeichen verdichteten, dass die beiden Treuhänder nicht die wahren Eigentümer der Konzernstruktur waren, eröffnete der Antragsteller die wirklichen Eigentumsverhältnisse.

Die Aufsichtsbehörde untersagte daraufhin noch auf Grundlage von § 2b Abs. 1a KWG (a.F.) dem Antragsteller die Ausübung der Stimmrechte und bestimmte, dass über die Anteile nur mit Zustimmung der Behörde verfügt werden durfte. Ferner erwirkte die Behörde eine Übertragung der Stimmrechte auf einen Treuhänder. Die Behörde stützte ihr Vorgehen auf die Unzuverlässigkeit des Z, die mit dem Verstoß des Z gegen seine Anzeigepflicht begründet wurde. Z habe seine Inhaberschaft einer bedeutenden Beteiligung lange verheimlicht und damit Behörde und Kapitalmärkte getäuscht.

Das VG Frankfurt a.M. folgte der Begründung der Behörde, und ließ sich auch nicht vom Einwand des Z überzeugen, er habe insoweit auf seinen Rechtsberater vertraut, der aber eine Anzeige mittelbar Beteiligter nicht für notwendig gehalten hatte. Mangelnde Zuverlässigkeit liege vielmehr schon immer dann vor, wenn der Inhaber einer bedeutenden Beteiligung durch sein Verhalten zu erkennen gebe, dass er die gesetzlichen Rahmenbedingungen seines wirtschaftlichen Handelns nicht oder nur ungenügend kenne und auch nicht in der Lage sei, sich zuverlässigen Rechtsrat zu beschaffen.

4. Untersagung im Fall NordfinanzBank AG (Urteile des VG Frankfurt a.M. vom 21. Februar 2008 und des VGH Kassel vom 6. Oktober 2010)

Im dem Urteil des VG Frankfurt a.M. vom 21. Februar 2008[420] zugrunde liegenden Fall wollten eine im Alleineigentum einer natürlichen Person stehende Privatstiftung mit Sitz in Österreich und eine natürliche Person über eine von diesen zu gleichen Teilen gehaltene Holding-Gesellschaft ca. 46,6 % der Kapitalanteile an einem Kreditinstitut, der NordfinanzBank AG, erwerben. Zuvor war es bei der Holding-Gesellschaft, einer Aktiengesellschaft Schweizer Rechts, zu einer Kapitalerhöhung von CHF 100,000 um CHF 61,500,000 auf CHF 61,600,000 gekommen, ohne dass der Kapitalfluss von diversen anderen Gesellschaften eines weitverzweigten Geflechts von Firmen aus vielen Staaten (einschließlich der Ukraine) buchmäßig belegt werden konnte. Seitens der Erwerbsinteressenten wurde lediglich auf mündliche *Gentlemen's Agreements* verwiesen, auf deren Grundlage die für die Kapitalerhöhung aufgewandten Mittel an die beiden Aktionäre jener Gesellschaft aus Erträgen im Stahlgeschäft geflossen seien. Von einer schriftlichen Fixierung sei abgesehen worden, da die Erträge zunächst nur bei zwischen drei bis vier Millionen US-Doller gelegen hätten und der Verzicht auf eine schriftliche

---

420 VG Frankfurt a.M., WM 2008, 782 ff.; *vgl.* außerdem die kurze Sachverhaltswidergabe im Jahresbericht der *Bundesanstalt* 2006, S. 127.

Fixierung in der Ukraine zu dieser Zeit und aufgrund der gesellschaftspolitischen Zustände weder ungewöhnlich noch unsicher gewesen sei. Erst später wurden die rechtlichen Beziehungen auch gesellschaftsrechtlich über eine komplexe Beteiligungsstruktur geregelt.

Die Bundesanstalt untersagte gestützt auf § 2b Abs. 1a Nr. 1 KWG (a.F.) den durch die Erwerbsinteressenten angezeigten Erwerb wegen Unzuverlässigkeit der Erwerbsinteressenten. Die Bundesanstalt begründete dies vor allem damit, dass die Herkunft der Finanzmittel für den Anteilserwerb in keiner Weise nachvollziehbar sei. Ferner sei auch der Untersagungsgrund des § 2b Abs. 1a Nr. 2 KWG (a.F.) erfüllt, da durch die Struktur des Beteiligungsgeflechts und die mangelhafte wirtschaftliche Transparenz im konkreten Fall eine wirksame Aufsicht über das Institut beeinträchtigt sei.

Die beteiligten natürlichen Personen, die österreichische Stiftung sowie die Schweizer Aktiengesellschaft erhoben gegen die Untersagung des Erwerbs nach erfolglosem Widerspruch Anfechtungsklage. Das zuständige VG Frankfurt a.M bestätigte die Rechtsmäßigkeit der Erwerbsuntersagung und wies die Anfechtungsklagen als unbegründet ab. Das VG Frankfurt a.M. bestätigte dabei die seitens der Bundesanstalt vorgebrachte Begründung der Untersagung.

Auch die dagegen eingelegte Berufung hatte keinen Erfolg. Der VGH Kassel bestätigte mit Urteil vom 6. Oktober 2010 vollumfänglich die Entscheidungen der Bundesanstalt und des VG Frankfurt a.M. und wies die Berufung als unbegründet zurück.[421] Mit dem VGH Kassel hatte erstmals ein Berufungsgericht Gelegenheit, sich umfassend zu Fragen einer auf die Vorschriften des Kreditwesengesetzes gestützten Erwerbsuntersagung zu äußern.

5. Der Fall BHF-Bank / LGT

Im Jahr 2010 plante die Deutsche Bank ihre Beteiligung an der BHF-Bank zu veräußern. Am Ende des eingeleiteten Versteigerungsverfahrens verblieb als einziger Erwerbsinteressent die vom Fürstenhaus von Liechtenstein kontrollierte LGT-Bank. Im Dezember 2010 erzielten beide Institute offenbar Einigkeit über die Eckpunkte einer Veräußerung der Beteiligung an der BHF-Bank an die LGT und nahmen exklusive Verhandlungen auf.[422] Beide Institute bereiteten in der Folge einen offenbar unterschriftsreifen Veräußerungsvertrag vor. Die LGT leitete gleichzeitig ein Inhaberkontrollverfahren ein. Nach Widerstand der Bundesanstalt, gaben die Deutschte Bank und die LGT im April 2011 bekannt, das Vorhaben nicht weiterzuverfolgen. Dabei lässt sich den öffentlichen Stellungnahmen nicht eindeutig entnehmen, ob die Bundesanstalt den geplanten Erwerb formell

---

421 VGH Kassel, Urteil v. 6. Oktober 2010, 6 A 2227/08 = ZIP 2010, 2234 ff. Der VGH Kassel hat die Revision zum Bundesverwaltungsgericht nicht zugelassen. Gegen die Nichtzulassung der Revision wurde Beschwerde eingelegt.

422 *Vgl.* Pressemitteilung der LGT-Group v. 23. Dezember 2010 (abrufbar unter www.lgt.com).

untersagte oder die Parteien das Vorhaben nach Bedenken der Aufsicht und ohne formelle Untersagung aufgaben.[423]

Über die Gründe für den Widerstand der Finanzaufsicht kann nur spekuliert werden. Die Bundesanstalt bestätigte lediglich, dass sie die Zuverlässigkeit des Erwerbsinteressenten und die Quellen für die Finanzierung der Übernahme überprüft habe.[424] Der Widerstand der Bundesanstalt war für viele Beobachter überraschend, verfügte die LGT Gruppe doch über eine deutsche Tochtergesellschaft mit Vollbanklizenz.[425] Laut Presseberichten lag unter Bezugnahme auf Finanzkreise einer der Gründe für den Widerstand der Finanzaufsicht vermutlich in der früheren mutmaßlichen Beteiligung der früheren Tochtergesellschaft LGT Treuhand an Steuervergehen von in Deutschland ansässigen Personen. Im Dezember 2010 wurden die deutschen Strafverfahren gegen Mitarbeiter der LGT gegen eine Zahlung in Höhe von ca. EUR 50 Millionen an die deutsche Staatskasse eingestellt. Die LGT hatte ihre Treuhandgesellschaft im März 2009 an die liechtensteinische Steuerberatungsfirma First Advisory Group zwar verkauft. Die Gesellschaft soll allerdings zur Hälfte der Tochter eines liechtensteinischen Treuhänders gehören, dem wiederum enge Beziehungen zum Liechtensteinischen Fürstenhaus nachgesagt werden. Offenbar konnte die LGT-Bank aus Sicht der Bundesanstalt aufgekommene Zweifel an deren Zuverlässigkeit in Steuerfragen nicht widerlegen und hatte entsprechende Informationsanfragen aus Sicht der Bundesanstalt nicht ausreichend oder gar unrichtig beantwortet.[426]

6. Der Fall BHF / RHJ International

Nach dem gescheiterten Verkauf an LGT gab die Deutsche Bank im Juli 2011 bekannt, sich in exklusiven Verhandlungen mit einer Investorengruppe unter Führung des belgischen Finanzinvestors RHJ International zum Verkauf der BHF-Gruppe zu befinden.[427] Nachdem die Verhandlungen weit fortgeschritten waren, reichte RHJ International offenbar eine Erwerbsanzeige bei der Bundesanstalt nach

---

423 *Vgl.* Handelsblatt v. 19. April 2011 , S. 4 ("BaFin stoppt Verkauf der BHF-Bank"); Financial Times Deutschland v. 19. April 2011, S. 15 ("Aufsicht stoppt BHF-Verkauf"); Frankfurter Allgemeine Zeitung vom 19. April 2011, S. 9 ("Deutsche Bank darf BHF-Bank nicht verkaufen").

424 Financial Times Deutschland v. 19. April 2011, S. 15 ("Aufsicht stoppt BHF-Verkauf").

425 *Vgl.* Frankfurter Allgemeine Zeitung vom 20. April 2011, S. 11 ("Kritik an der Bankenaufsicht im Fall BHF"). Die fehlende Zuverlässigkeit des Inhabers einer bedeutenden Beteiligung würde die Bundesanstalt berechtigten, die Bankerlaubnis des inländischen Instituts nachträglich aufzuheben (*vgl.* § 35 Abs. 2 Nr. 3 i.V.m. § 33 Abs. 1 Satz 1 Nr. 3 KWG). Mittlerweile hat die LGT Gruppe die deutsche Tochter mit Vollbanklizenz veräußert.

426 *Vgl.* Börsen-Zeitung v. 20. April 2011, S. 4 ("Die Blamage der Fürstenbank"); Frankfurter Allgemeine Zeitung vom 20. April 2011, S. 11 ("Kritik an der Bankenaufsicht im Fall BHF"); Financial Times Deutschland v. 19. April 2011, S. 15 ("Aufsicht stoppt BHF-Verkauf").

427 Handelsblatt v. 8. Juli 2011, S. 28 ("BHF: Die Deutsche Bank findet mit Finanzinvestor RHJ einen Interessenten").

§ 2c KWG ein. Auch bezüglich dieses Erwerbsvorhabens hatte die Bundesanstalt offenbar bedenken. Laut Presseberichten hatte die BaFin Zweifel an der finanziellen Solidität des Erwerbsinteressenten. RHJ International gab daraufhin das Erwerbsvorhaben zunächst auf und zog die Anzeige zurück.[428]

7. Der Fall KBL / Hinduja

Im Mai 2010 einigten sich der belgische Allfinanzkonzern KBC Group mit der indischen Hinduja-Gruppe auf die Veräußerung der in Luxemburg ansässsigen KBL European Private Bankers, eine der größten Privatbankgruppen Europas, zu einem Kaufpreis von ca. EUR 1,35 Milliarden.[429] Mit dem Verkauf kam die in der Finanzkrise vom belgischen Staat gestützte KBC Group einer entsprechenden Auflage der Kommission im Zusammenhang mit der beihilferechtlichen Prüfung von Stützungsmaßnahmen nach. Unter einer in Luxemburg ansässigen Holding vereinigte KBL European Private Bankers unter anderem Beteiligungen an Privatbanken in zehn europäischen Ländern, darunter in Deutschland das Bankhaus Merck Finck & Co. Am Management, an der Strategie und der Ausrichtung der Bankengruppe und deren Beteiligungsgesellschaften sollte sich durch den Verkauf nichts ändern. Die Hinduja-Gruppe ist ein familiengeführter indischer Mischkonzern, der neben Beteiligungen im Fahrzeugbau und in den Bereichen Energie, Infrastruktur, Telekommunikation und Medien u.a. auch Tochtergesellschaften mit Banklizenz in Indien und der Schweiz umfasst.

Durch das Erwerbsvorhaben waren aufsichtsrechtliche Anteilseignerkontrollverfahren in etwa zehn europäischen Jurisdiktionen durchzuführen, darunter in Luxemburg, im Vereinigten Königreich und in Deutschland. Nachdem der ursprünglich für das dritte Quartal 2010 angestrebte Vollzug des Erwerbs zunächst mehrmals mit Verweis auf noch ausstehende aufsichtsrechtliche Freigaben verschoben wurde, gaben im März 2011 die Parteien bekannt, dass Vorhaben nicht mehr weiterzuverfolgen. Offenbar scheiterte der beabsichtigte Erwerb am Widerstand mehrer Aufsichtsbehörden, darunter der für die Beaufsichtigung auf konsolidierter Basis zuständigen CSSF in Luxemburg. Laut Presseberichten soll der Grund hierfür gewesen sein, dass die Hinduja-Gruppe den Aufsichtsbehörden nicht sämtliche aus Sicht der Aufsichtsbehörden erforderliche Unterlagen für die Prüfung des Erwerbsvorhabens zur Verfügung stellte. Dabei soll es sich um Dokumente gehandelt haben, mit denen die Hinduja-Gruppe die Finanzierung des Kaufpreises sowie die künftige Refinanzierung des Bankgeschäfts hätte darstellen sollen.[430] Ob auch die Bundesanstalt den indirekten Kontrollwechsel am Bankhaus Merck Finck & Co. untersagte, wurde nicht bekannt.

---

428 Financial Times Deutschland v. 10. Oktober 2011, S. 15 ("Ackermann wird BHF nicht los – Einziger Bieter RHJ lässt Offerte für Deutsche-Bank-Tochter vorerst ruhen").

429 Frankfurter Allgemeine Zeitung v. 21. Mai 2010 ("Privatbank Merck Finck & Co wird indisch").

430 Reuters v. 15. März 2011 ("KBC cancels $1.9 billion private bank sale to Hinduja") (abrufbar unter www.reuters.com); Frankfurter Allgemeine Zeitung v. 16. März 2011 ("Verkauf der Privatbank Merck Finck ist geplatzt")

8. Der Fall KBL / Precision Capital

Nach dem gescheiterten Verkauf an die Hinduja Gruppe, versuchte die KBC Gruppe das Bankhaus Merck Finck gesondert zu verkaufen. Im Oktober 2011 gab KBC bekannt, dass man mit dem in Luxemburg ansässigen Finanzinvestor Precision Capital eine Einigung über den Verkauf erzielt hat. Die Transaktion sollte ursprünglich im ersten Quartal 2012 erfolgen.[431] Über Precision Capital wurde in der Öffentlichkeit nur wenig bekannt. Laut Presseberichten soll hinter Precision Capital eine Familie aus Katar stehen.[432] Auch mehr als fünf Monate nach der Bekanntgabe der Transaktion war der Erwerb noch nicht abgeschlossen. Laut Presseberichten lag dies offenbar an fehlenden aufsichtsrechtlichen Freigaben.[433]

9. Sonstige Maßnahmen nach § 2c KWG

Im Jahr 2009 ordnete die Bundesanstalt gegenüber einem mittelbar an einem Institut Beteiligten das Ruhen der Stimmrechte an. Dieser war wegen Betrugsverdachts in einer anderen Sache in Untersuchungshaft und seine Zuverlässigkeit daher von der Bundesanstalt infrage gestellt worden.[434] Der Jahresbericht der Bundesanstalt für das Jahr 2010 berichtet von einem ähnlichen Fall.[435] Zudem kam es auch im Jahr 2010 nach Angaben der Bundesanstalt über die öffentliche bekannten Fälle hinaus in mehreren Fällen zu Erwerbsuntersagungen und in einigen Fällen wurden Maßnahmen gegen Eigentümer von Instituten angeordnet. In einem Fall hatten Erwerbsinteressenten versucht, das Inhaberkontrollverfahren durch Aufspaltung der Beteiligung auf elf Personen mit jeweils ca. 9 % der Anteile zu umgehen.[436]

10. Untersagungen im Versicherungswesen

Auch im Rahmen der Versicherungsaufsicht sind bisher nur wenige Erwerbsvorhaben untersagt worden. So ist bisher nach *Post* nur ein Fall bekannt geworden, in dem die Behörde den Erwerb von Aktien an einem Versicherungsunternehmen wegen Unzuverlässigkeit formell untersagt hat.[437] Gegen die Erwerbsinteressenten wurde bereits wegen Betrugs und unbefugten Betriebs von Versicherungsgeschäften (§ 140 VAG) ermittelt. Durch eine Stückelung der Anteile und Verteilung auf Familienmitglieder und verbundene Unternehmen versuchten diese, die aufsichtsrelevante Schwelle von 10 % zu unterschreiten. Die Aufsicht rechnete die Stimmen jedoch den Aktionären gegenseitig zu und untersagte den Erwerb. Nur kurze Zeit später musste das

---

431 Handelsblatt v. 11. Oktober 2011, S. 36 ("Der neue Eigentümer von Merck Finck kommt aus Katar").

432 Börsenzeitung v. 31. März 2012, S. 3 ("Übernahme Merck Fincks lässt auf sich warten").

433 Börsenzeitung v. 31. März 2012, S. 3 ("Übernahme Merck Fincks lässt auf sich warten").

434 *Vgl. Bundesanstalt*, Jahresbericht 2009, S. 160.

435 *Vgl. Bundesanstalt*, Jahresbericht, 2010, S. 176.

436 *Vgl. Bundesanstalt*, Jahresbericht 2010, S. 153

437 *Post*, Aufsicht über Unternehmensinhaber, S. 371 f.; vgl. auch *Präve*, in Prölss, VAG, § 7a Rn. 28.

Versicherungsunternehmen, dessen Aktien erworben werden sollten, die Zulassung zurückgeben und in Liquidation gehen.[438]

Die sonstigen zu § 104 VAG veröffentlichten gerichtlichen Entscheidungen beschränken sich auf die Frage, ob § 104 VAG (a.F.) auch auf Rückversicherungen anwendbar ist. Das VG Frankfurt a.M. und der VGH Kassel hatten im Jahr 2003 eine entsprechende Verfügung des Bundesaufsichtsamt für Versicherungswesen aufgehoben, in dem der Erwerb von Anteilen an einem Rückversicherungsunternehmen gestützt auf § 104 VAG untersagt wurde.[439] Hintergrund des Verfahrens war, dass der Gerling-Konzern seine defizitäre Rückversicherungstochter, damals der sechstgrößte Rückversicherer weltweit, an eine nur mit dem gesetzlichen Mindestkapital ausgestattete GmbH veräußern wollte, hinter der eine einzelne Person stand. Die Finanzaufsicht hatte erhebliche Bedenken hinsichtlich der finanziellen Leistungsfähigkeit des Erwerbsinteressenten und dessen unternehmerischen Konzept und verbot den Erwerb des Rückversicherers gestützt auf § 1 Satz 2 VAG (a.F.), der damals für Rückversicherungsunternehmen, die nicht die Rechtsform eines Versicherungsvereins auf Gegenseitigkeit haben, u.a. die entsprechende Geltung des § 104 VAG anordnete. Das VG Frankfurt a.M. und der VGH Kassel hoben die Verfügung mit der Begründung auf, der Verweis in § 1 Satz 2 VAG (a.F.) gelte nur für den Fall, dass ein Rückversicherer eine bedeutende Beteiligung an einem Erstversicherer erwerbe. Der Untersagung fehle es also schon an einer entsprechenden Ermächtigungsgrundlage. Eine weitergehende inhaltliche Auseinandersetzung mit der Entscheidung der Finanzaufsicht war damit nicht notwendig.

Zwischenzeitlich wurde die damalige Lücke in § 104 VAG in Bezug auf Rückversicherungsunternehmen durch den Gesetzgeber geschlossen.[440]

11. Der Fall Deutsche Börse / NYSE Euronext

Im Bereich der Erwerberkontrolle von Börsenträgern ist vor allem der Fall des letztlich gescheiterten Zusammenschlusses der Deutschen Börse AG mit NYSE Euronext zu nennen. Dazu hat eine eigens gegründete Holdinggesellschaft, die Alpha Beta Netherlands Holding N.V. am 4. Mai 2011 ein freiwilliges öffentliches Übernahmeangebot an die Aktionäre der Deutsche Börse AG zum Erwerb sämtlicher auf den Namen lautender Stückaktien abgegeben. Das Angebot haben nach Ablauf der Angebotsfrist über 95% der Aktionäre angenommen. Die Alpha Beta Netherlands Holding N.V. sollte alleiniger Aktionär der Deutsche Börse AG un der NYSE Euronext werden. Dazu hatten bereits zuvor die Aktionäre der NYSE

---

438 Wiedergegeben bei *Post*, Aufsicht über Unternehmensinhaber, S. 372.

439 VG Frankfurt a.M., VersR 2003, 713 (714 f.); VGH Kassel, VersR 2003, 1153 (1154 ff.); dagegen *Weber-Rey/Guinomet*, WM 2004, 661 (663 ff.).

440 *Vgl.* dazu 1. Teil: A. III. 2., sowie *Weber-Rey/Guinomet*, WM 2004, 661 (664). Heute ergibt sich die Anwendbarkeit auf Rückversicherungsunternehmen bereits aus § 104 Abs. 1 Satz 1 VAG ("Versicherungsunternehmen") sowie den Verweis in § 121a Abs. 1 Satz 1 VAG.

Euronext Inc. dem Zusammenschlussvorhaben zugestimmt. Im Rahmen der Integration war u.a. geplant, dass die Alpha Beta Netherlands Holding N.V. mit der Deutschen Börse AG einen Beherrschungs- und Gewinnabführungsvertrag schließen sollte.[441]

Das Zusammenschlussverfahren war u.a. durch die Börsenaufsichtsbehörde, dass Hessische Wirtschaftsministerium, gemäß § 6 BörsG zu prüfen. Die Börsenaufsichtsbehörde stellte aber eine Entscheidung über die Anzeige bis zur Entscheidung der Europäischen Kommission über fusionskontrollrechtliche Freigabe zurück. Nachdem die Europäische Kommission die kartrellrechtliche Freigabe verweigert hatte, gaben die Erwerbsinteressenten die Transaktion auf und nahmen die Anzeige zurück.[442] Allerdings hatte die Börsenaufsichtsbehörde bereits zuvor signalisiert, dass sie erhebliche Bedenken gegen das Erwerbsvorhaben hatte. Begründet hatte sie dies u.a. mit dem geplanten Beherrschungs- und Gewinnabführungsvertrag, der gegen die Börsenbetriebspflicht nach § 5 BörsG verstoße. Auch in der Presse und juristischen Literatur wurden börsenrechtliche Bedenken gegen die Zulässigkeit des Erwerbsvorhabens erhoben.[443]

---

441 *Vgl.* Angebotsunterlage Alpha Beta Netherlands Holdings B.V. / Deutsche Börse AG v. 4. Mai 2011, S. 52 ff.; A-124 ff. *Vgl.* zu den sonstigen Integrationsmaßnahmen *Burgard*, WM 2011, 1973 (1974).

442 *Vgl.* Börsen-Zeitung v. 4. Februar 2012, S. 3 ("Fusionsantrag zurückgezogen").

443 Financial Times Deutschland v. 13. Dezember 2011 ("Hessens Wirtschaftsminister und EU-Kommission stellen widersprüchliche Bedingungen zum Derivategeschäft"); *Burgard*, WM 2011, 1973 ff.; 2021 ff.

2. TEIL: ANZEIGEPFLICHTIGE ERWERBSTATBESTÄNDE

A. Der Begriff der bedeutenden Beteiligung

Das zentrale Tatbestandsmerkmal im Zusammenhang mit Inhaberkontrollverfahren ist der Begriff der bedeutenden Beteiligung.

I. Definition der bedeutenden Beteiligung

1. § 1 Abs. 9 Satz 1 KWG

Nach § 1 Abs. 9 Satz 1 KWG besteht eine bedeutende Beteiligung, wenn

(1) unmittelbar oder mittelbar über ein oder mehrere Tochterunternehmen oder ein gleichartiges Verhältnis oder im Zusammenwirken mit anderen Personen oder Unternehmen mindestens 10 % der Stimmrechte eines dritten Unternehmens im Eigen- oder Fremdinteresse gehalten werden, oder

(2) unmittelbar oder mittelbar über ein oder mehrere Tochterunternehmen oder ein gleichartiges Verhältnis oder im Zusammenwirken mit anderen Personen oder Unternehmen mindestens 10 % des Kapitals eines dritten Unternehmens im Eigen- oder Fremdinteresse gehalten werden, oder

(3) wenn auf die Geschäftsführung eines anderen Unternehmens ein maßgeblicher Einfluss ausgeübt werden kann.

2. Vergleichbare Definition in anderen Aufsichtsgesetzen

Das Versicherungsaufsichtsgesetz enthält in § 7a Abs. 2 Satz 3 VAG eine nahezu wortgleiche Definition des Begriffs, bezieht jedoch ausdrücklich auch Beteiligungen von 10 % oder mehr am Gründungsstock eines Versicherungsvereins auf Gegenseitigkeit in die Definition mit ein. Hintergrund hierfür ist, dass Versicherungsvereine auf Gegenseitigkeit nicht über ein gesetzliches Grundkapital verfügen. Sie müssen daher gemäß § 22 Abs. 1 VAG bei ihrer Errichtung einen Gründungsstock bilden, der nach seiner Funktion die Kosten der Vereinserrichtung decken soll sowie als Gewähr- und Betriebsstock zu dienen hat.[444]

Das Investmentgesetz verweist in § 2 Abs. 10 InvG auf die Definition des Begriffs in § 1 Abs. 9 Satz 1 KWG. Auch § 6 Abs. 1 Satz 1 BörsG verweist zur Begriffsbestimmung auf § 1 Abs. 9 KWG. Das Zahlungsdiensteaufsichtsgesetz enthält in § 1 Abs. 9 Satz 1 ZAG eine mit § 1 Abs. 9 Satz 1 KWG inhaltsgleiche Definition.

3. Bewertung der 10 %-Stimmrechtsschwelle

Die 10 %-Schwelle wurde bereits mit Einführung der Inhaberkontrolle Anfang der neunziger Jahre etabliert. Anders als bei den kapitalmarktrechtlichen Meldeschwellen ist es in den Folgejahren zu keiner Anpassung gekommen.

---

444 *Vgl.* hierzu *Deckers*, in: Bähr, Versicherungsaufsichtsrecht, § 30 Rn. 16; *Mönnig*, Überwachung der Inhaber bedeutender Beteiligungen an Versicherungsunternehmen, S. 24.

Die Wahl der 10 %-Schwelle als Auslöser für die Inhaberkontrolle ist aus verschiedenen Gründen bemerkenswert. So haben sich außerhalb Europas bereits zuvor andere Schwellenwerte etabliert.[445]

Vor allem vermitteln 10 % der Stimmrechte dem Anteilseigener über die Ausübung der damit verbundenen Stimmrechte gesellschaftsrechtlich nach teils zwingendem, teils dispositivem Gesetzesrecht zwar eine Reihe von Minderheitsrechten.[446] Rechtlicher Einfluss auf die Geschäftsführung oder Finanzverfassung ist mit einer 10 %-Beteiligung aber gerade im Kapitalgesellschaftsrecht im Regelfall nicht verbunden. Selbst eine Sperrminorität besteht nach der gesetzlichen Regelung typischerweise erst bei 25 % der Stimmrechte. Dies gilt insbesondere für satzungsändernde Beschlüsse (*vgl.* § 179 Abs. 2 Satz 1 AktG) und Kapitalmaßnahmen (§ 182 Abs. 1 Satz 1 AktG). Selbst wenn man bei Publikumsgesellschaften eine niedrigere Hauptversammlungspräsenz zu Grunde legt, reichen 10 % der Stimmrechte in der Regel nicht für eine Sperrminorität.

In vielen anderen Bereichen wird eine Einflussvermutung erst bei einem Stimmrechtsanteilanteil von 20 % angenommen. Dies gilt etwa für die Frage der bilanzrechtlichen Vermutung einer Beteiligung (§ 271 Abs. 1 Satz 3 HGB) oder Assoziierung (§ 311 Abs. 1 Satz 2 HGB). Erst recht genügen 10 % der Stimmrechte nicht, einen beherrschenden Einfluss beziehungsweise Kontrolle über das Zielunternehmen auszuüben.[447] Die 10 %-Schwelle ist deswegen im Schrifttum immer wieder auch als zu niedrig kritisiert worden.[448]

---

445 So stellt US-Bundesrecht beim Erwerb einer Beteiligung an einer US-Bank nach Bundesrecht für die Frage der aufsichtsrechtlichen Anzeigepflicht auf den Erwerb von *control* ab. Kontrolle wird dort bei einem Erwerb von mehr als 25 % der Stimmrechte vermutet, während bei einem Erwerb von bis zu 5 % der Stimmrechte umgekehrt vermutet wird, dass keine Kontrolle vorliegt. Im Korridor zwischen 5 % und 25 % der Stimmrecht besteht eine Kontrollvermutung nur bei hinzutreten zusätzlichlicher näher bestimmter Umstände. *Vgl. Berman/Long/Seifan*, in: Gruson/Reisner, Regulation of Foreign Banks, Band 1, § 3.03[6].

446 Beispielhaft sind für die Aktiengesellschaft etwa die Rechte zur Erzwingung einer gesonderten Abstimmung über die Entlastung einzelner Vorstandsmitglieder (§ 120 Abs. 1 Satz 2 AktG), zur Erzwingung einer gesonderten Versammlung oder Abstimmung (§ 138 Satz 3 AktG), die Erzwingung der Bestellung eines besonderen Vertreters zur Geltendmachung von Ersatzansprüchen (§ 147 Abs. 2 Satz 2 AktG), zum Widerspruch gegen einen Verzicht auf einen Verlustausgleichsanspruch oder auf einen Ersatz für pflichtwidrige Weisungen bei Bestehen eines Beherrschungsvertrages (§§ 302 Abs. 3 Satz 3; 309 Abs. 3 Satz 1 AktG) bzw. zum Widerspruch gegen den Verzicht gegen Ersatzansprüche gegen die Gründer (§ 50 Satz 1 AktG) oder den Vorstand (§ 93 Abs. 4 Satz 4 AktG).

447 *Vgl.* für das Konzernrecht § 17 AktG und für das Bilanzrecht § 290 Abs. 2 Nr. 1 HGB, die für beherrschenden Einfluss eine Stimmrechtsmehrheit voraussetzen. *Vgl.* ferner § 29 WpÜG, wonach Kontrolle das Halten von mindestens 30 % der Stimmrechte voraussetzt.

448 Krit. etwa *Winter*, in: FS Schirmer, 639 (643 f.); *ders.*, Versicherungsaufsichtsrecht, S. 260; *Hirschmann*, Anteilseignerkontrolle, S. 69 f. (jew. zu § 7a Abs. 2 Satz 3 VAG).

Dennoch hat die Wahl der 10 % Schwelle zu Recht auch im Schrifttum Zustimmung gefunden.[449] Die Inhaberkontrolle dient dazu, schädliche Einflussnahmemöglichkeiten auf das Zielunternehmen auszuschließen.[450] Solche Einflussnahmemöglichkeiten können im Einzelfall aber auch unterhalb der Kontrollschwelle und ohne eine Sperrminorität bestehen. Empirisch haben Gesellschafter mit 10 % oder mehr der Stimmrechte häufig nicht unerheblichen Einfluss auf die Entwicklung und Entscheidungen der Gesellschaft. Dies gilt erst Recht, wenn ein hoher Streubesitz besteht und die Präsenz in den Gesellschafterversammlungen niedrig ist. Häufig lasen sich diese tatsächlichen Einwirkunsmöglichkeiten erst durch eine eingehende Untersuchung des Einzelfalls, wie etwa der Gesellschaftersstruktur, etwaiger Gesellschaftervereinbarungen und der Vereinbarungen mit der Gesellschaft ermitteln. Es erscheint daher auch gerechtfertigt, die Inhaberkontrolle, die ja darauf abzielt, schädliche Einflussmöglichkeiten des Gesellschafters im Einzelfall zu ermitteln, bereits bei 10 % der Stimmrechte ansetzen zu lassen. Die Anbindung an ein formelles Kriterium dient dabei der Rechtssicherheit und praktischen Handhabbarkeit bei der Bestimmung der Anzeigepflicht.

4. Einbeziehung von Kapitalanteilen

Auf den ersten Blick mag überraschend sein, dass sich die Definition der bedeutenden Beteiligung nicht nur auf Stimmrechte, sondern auch auf Kapitalanteile bezieht.

Von praktischer Bedeutung ist die gesonderte Schwelle für Kapitalanteile nur bei einem Auseinanderfallen von Stimmrechtsbeteiligung und Kapitalbeteiligung. Bei Kapitalgesellschaften ist dies vor allem der Fall, wenn die Zielgesellschaft stimmrechtslose Vorzugsaktien ausgegeben hat. Auch bei – in der Praxis allerdings selten anzutreffenden – Höchststimmrechten hat die Einbeziehung von Kapitalanteilen eine eigenständige Bedeutung.[451]

Das alternative Abstellen auf Kapitalanteile dürfte von dem Gedanken getragen sein, dass auch reine Kapitalmacht geeignet ist, die Geschicke der Beteiligungsgesellschaft jedenfalls de facto zu beeinflussen.[452] Dabei haben Kapitalanteile ohne Stimmrecht gerade bei regulierten Unternehmen eine besondere Verbreitung. Hintergrund hierfür ist, dass stimmrechtslose Vorzugsaktien unter bestimmten Voraussetzungen als aufsichtsrechtliches Eigenkapital

---

449 *Mönnig*, Überwachung der Inhaber bedeutender Beteiligungen an Versicherungsunternehmen, S. 26; *Präve*, in: Prölss, VAG, § 7a Rn. 31 (jew. zu § 7a Abs. 2 Satz 3 VAG).

450 *Vgl.* 1. Teil: C. III. 2.

451 Zur – eingeschränkten – Zulässigkeit von Höchststimmrechten *vgl.* § 134 Abs. 1 Satz 2 AktG sowie *Hüffer*, AktG, § 134 Rn. 4 ff.

452 So auch *Uwe H. Schneider*, in: Assmann/Schneider, WpHG, § 21 Rn. 30; *Mönnig*, Überwachung der Inhaber bedeutender Beteiligungen an Versicherungsunternehmen, S. 26.

qualifizieren.[453] Stimmrechtslose Anteile ermöglichen daher eine Stärkung der aufsichtsrechtlichen Eigenkapitalbasis ohne Veränderung der bisherigen Stimmverhältnisse. Zudem kann Vorzugsaktien die Tendenz innewohnen, in eine Beteiligung mit Stimmrecht umzuschlagen. Dies gilt nach geltendem Recht bei Aktiengesellschaften hinsichtlich Vorzugsaktien mit nachzahlbarem Vorzug, bei denen bei ausbleibender Nachzahlung des Vorzugs im Folgejahr das Stimmrecht wieder auflebt (§ 140 Abs. 2 Satz 1 AktG).[454]

Nicht zuletzt aus diesem Grund besteht offenbar ein besonderer Anreiz für die Gesellschaft, die Vorzüge (und andere Hybridinstrumente wie stille Beteiligungen und Genussscheine) regelmäßig und auch in schwachen Jahren zu bedienen. Dies wurde in der Finanzkrise deutlich, während der viele inländische Kreditinstitute trotz eines Verlusts nach IFRS sich offenbar mit allen Mitteln darum bemühten, durch bilanztechnische Maßnahmen nach HGB einen Jahresüberschuss auszuweisen, um Vorzüge und Hybridinstrumente zu bedienen. Dies belegt, dass im Hinblick auf die finanzielle Stabilität des Instituts auch reine Kapitalbeteiligungen aufsichtsrechtliche Aufmerksamkeit verdienen. Vor diesem Hintergrund erscheint es auch gerechtfertigt, rein kapitalmäßig beteiligte Gesellschafter ab einer gewissen Schwelle präventiv einer Inhaberkontrolle zu unterziehen, um im Hinblick auf das regulierte Zielunternehmen drohende Gefahren und schädliche Einflussnahmemöglichkeiten zu identifizieren.

5. Das Kriterium des maßgeblichen Einflusses

Neben den rein quantitativen Schwellen von 10 % der Stimmrechte oder des Kapitals wird der Begriff der bedeutenden Beteiligung ergänzend und alternativ mit der Möglichkeit der Ausübung eines "maßgeblichen Einflusses auf die Geschäftsführung" durch ein qualitatives Kriterium bestimmt. Auch unterhalb der Stimmrechts- und Kapitalschwelle von 10 % kann daher eine bedeutende Beteiligung bestehen, wenn nach einer Bewertung aller Umstände des Einzelfalls die Geschicke der Gesellschaft entscheidend beeinflusst werden können.[455]

6. Abgrenzung zur qualifizierten Beteiligung

Der Begriff der bedeutenden Beteiligung ist von der qualifizierten Beteiligung abzugrenzen.

---

453 *Vgl.* § 10 Abs. 2a Satz 1 Nr. 2; § 10 Abs. 2b Satz 1 Nr. 2 KWG; § 53 Abs. 3 Nr. 1a) VAG.

454 Offen ist, ob das Stimmrecht auch bei den geplanten Vorzugsaktien ohne nachzahlbarem Vorzug wieder auflebt, sofern der Vorzug nicht bedient wird. *Vgl.* zur geplanten Einführung von Vorzugsaktien ohne nachzahlbarem Vorzug den Referentenentwurf des Bundesministeriums der Justiz zu einem Gesetz zur Änderung des Aktiengesetzes v. 2. November 2010 (abrufbar unter www.bmj.de). Zum Aufleben des Stimmrechts bei Vorzugsaktien ohne nachzahlbarem Vorzug *vgl. Diekmann/Nolting*, NZG 2011, 6 (7 f.); *Merkner/Schmidt-Bendun*, CFL 2011, 4 (5).

455 Zur näheren Bestimmung, unter welchen Voraussetzungen ein maßgeblicher Einfluss anzunehmen ist, *vgl.* ausführlich 2. Teil: A. VIII.

a) Qualifizierte Beteiligung in der Bankenrichtlinie

Der Begriff der bedeutenden Beteiligung im Kreditwesengesetz findet seine Grundlage im identischen Begriff der "qualifizierten Beteiligung" der Bankenrichtlinie. Nach dieser wird als qualifizierte Beteiligung das direkte oder indirekte Halten von wenigstens 10 % des Kapitals oder der Stimmrechte eines Unternehmens oder die Möglichkeit der Wahrnehmung eines maßgeblichen Einflusses auf seine Geschäftsführung verstanden.[456]

Der deutsche Gesetzgeber hat den europäischen Begriff der qualifizierten Beteiligung allerdings nicht übernommen und mit der bedeutenden Beteiligung für die Inhaberkontrolle eine andere Terminologie gewählt. Der Gesetzgeber wollte dabei ursprünglich an die Begrifflichkeiten der Transparenzrichtlinie I (umgesetzt in § 21 ff. WpHG) anknüpfen.[457] Die Wahl des Begriffs der bedeutenden Beteiligung auch für die aufsichtsrechtlichen Inhaberkontrollverfahren erscheint jedenfalls aus heutiger Sicht unglücklich, da sich Schwellenwerte für die wertpapierhandelsrechtlichen Mitteilungspflichten mittlerweile verändert haben und sich nicht mehr im Gleichlauf mit den finanzaufsichtsrechtlichen Schwellenwerten befinden.

b) Qualifizierte Beteiligung im Kreditwesengesetz

Den Begriff der qualifizierten Beteiligung verwendet das Kreditwesengesetz hingegen abweichend von der Bankenrichtlinie. Der Begriff der qualifizierten Beteiligung gemäß § 1 Abs. 15 KWG wurde durch das Vierte Finanzmarktförderungsgesetz in das Kreditwesengesetz aufgenommen.[458] Seine Bedeutung hat der Begriff der qualifizierten Beteiligung im Kreditwesengesetz bei der Begrenzung von Aktivbeteiligungen von Instituten außerhalb des Finanzsektors (*vgl.* § 12 Abs. 1 Satz 1 KWG).[459] Zwar sind die Legaldefinitionen von bedeutender und qualifizierter Beteiligung weitgehend deckungsgleich. Hinsichtlich der Berechnungsverfahren zu den Stimmrechtsanteilen und der Zurechnung der mittelbaren Beteiligung verweist die Definition in § 1 Abs. 15 KWG sogar auf die Definition der bedeutenden Beteiligung. Anders als § 1 Abs. 9 KWG wird der Begriff der qualifizierten Beteiligung aber zusätzlich subjektiviert. Nach § 1 Abs. 15 Satz 2 KWG sind solche Anteile, die nicht dazu bestimmt sind, durch Herstellung einer dauernden Verbindung dem eigenen Geschäftsbetrieb zu dienen,

---

456 Art. 4 Nr. 11 Bankenrichtlinie. Auch sonst wird in den einschlägigen Richtlinien der Begriff der qualifizierten Beteiligung anstelle des Terminus "bedeutende Beteiligung" verwendet.

457 *Vgl.* Richtlinie über die bei Erwerb und Veräußerung einer bedeutenden Beteiligung an einer börsennotierten Gesellschaft zu veröffentlichenden Informationen (88/627/EWG) v. 12. Dezember 1988, ABl. 348/62 ff.; *vgl.* dazu Begr. RegE zum Vierten KWG-Änderungsgesetz, BT-Drucks. 12/3377, zu Art. 1 Nr. 3 KWG; *Mönnig*, Überwachung der Inhaber bedeutender Beteiligungen an Versicherungsunternehmen, S. 23.

458 Gesetz zur weiteren Fortentwicklung des Finanzplatzes Deutschland (Viertes Finanzmarktförderungsgesetz) v. 21. Juni 2002 (BGBl. I S. 2010).

459 *Vgl.* dazu *Senger*, WM 2003, 1697 (1698 ff.).

in die Berechnung der Höhe der Beteiligung nicht einzubeziehen. Für das Vorliegen einer bedeutenden Beteiligung ist dagegen eine derartige subjektive Beteiligungsabsicht nicht notwendig.[460] Zudem soll im Rahmen des § 1 Abs. 15 KWG und anders als bei § 1 Abs. 9 KWG im Fremdinteresse gehaltener Anteilsbesitz nur dem Treugeber zuzurechnen sein.[461]

7. Gesetzliche Ausgangslage für die Ermittlung der Beteiligungshöhen

Für die Berechnung des Anteils der Stimmrechte verweist § 1 Abs. 9 Satz 2 KWG auf die wertpapierhandelsrechtlichen Berechungs- und Zurechnungsvorschriften nach § 21 Abs. 1, Abs. 3 WpHG i.V.m. der Wertpapierhandelsanzeige- und Insiderverzeichnisverordnung (WpAIV), § 22 Abs. 1 bis Abs. 3a WpHG, § 23 WpHG und § 32 Abs. 2 und 3 WpHG jeweils i.V.m. den in Bezug genommenen Rechtsverordnungen.

Dieser Verweis auf die Berechungsvorschriften für die kapitalmarktrechtlichen Stimmrechtsmitteilungen findet seine Grundlage im europäischen Recht. Nach Art. 5 Abs. 1 der Beteiligungsrichtlinie sind für die Frage der qualifizierten Beteiligung die Artt. 9 und 10 der Transparenzrichtlinie II sowie Art. 12 Abs. 4 und Abs. 5 der Transparenzrichtlinie II heranzuziehen.

Dagegen verweist § 1 Abs. 9 Satz 2 KWG nicht auf die Mitteilungspflichten für Finanzinstrumente und sonstige Instrumente gemäß § 25 WpHG und § 25a WpHG.

§ 1 Abs. 9 Satz 4 KWG stellt klar, dass mittelbar gehaltene Beteiligungen den mittelbar beteiligten Personen und Unternehmen im vollen Umfang zuzurechnen sind. Es findet also keine anteilige Durchrechnung statt.

Ferner findet durch den Verweis auf § 22 Abs. 1 Satz 2 WpHG eine Kettenzurechnung statt. Wie im Wertpapierhandelsrecht schließt die Zurechnung von Anteilen bei einer Person grundsätzlich nicht deren Berücksichtigung bei der Berechnung der Beteiligungshöhe bei einer anderen Person aus. Es besteht daher wie im Wertpapierhandelsrecht der Grundsatz der mehrfachen Zurechnung.[462]

Für Zweifelsfragen empfiehlt es sich, trotz der andersartigen Zielrichtung der finanzaufsichtsrechtlichen Anzeigepflichten den Meinungsstand zu §§ 21 ff. WpHG zur Auslegung heranzuziehen. Dies rechtfertigt sich aus dem im Zuge der Umsetzung der Beteiligungsrichtlinie erneuerten Willen des Gesetzgebers, für die

---

460 *Vgl. Brogl*, in: Reischauer/Kleinhans, KWG, § 1 Rn. 376; *Schwennicke*, in: Schwennicke/Auerbach, § 1 Rn. 259; *Senger*, WM 2003, 1697 (1698 f.).

461 *Vgl.* BT-Drucks. 14/8017, S. 113; *Schwennicke*, in: Schwennicke/Auerbach, § 1 Rn. 259; *Schäfer*, in: Boos/Fischer/Schulte-Mattler, § 1 Rn. 236; differenzierend *Senger*, WM 2003, 1697 (1701 f.).

462 *Bundesanstalt*, Merkblatt – Hinweise zu dem Verfahren sowie den Anzeigen nach § 2c KWG und § 104 VAG, jeweils in Verbindung mit der Inhaberkontrollverordnung (Stand: Juli 2009), BA 53, v. 22. Juli 2009, Ziffer 3. Zur Rechtslage im Anwendungsbereich des WpHG *vgl. Uwe H. Scheider*, in: Assmann/Schneider, WpHG, § 22 Rn. 15.

Zurechnung das Regelungskonzept der §§ 21 ff. WpHG zur Anwendung zu bringen. Zudem spricht hierfür das praktische Bedürfnis nach klaren und handhabbaren Regeln zur Anzeigepflicht. Auch kann nur so im Hinblick auf die Stimmrechte ein Auseinanderfallen der Mitteilungspflichten nach §§ 21 ff. WpHG und der finanzaufsichtsrechtlichen Anzeigepflichten vermieden werden und somit die bestehenden wertpapierhandelsrechtlichen Compliance-Systeme auch für die Einhaltung der aufsichtsrechlichen Anzeigepflichten sinnvoll nutzbar gemacht werden.

II. Berechnung der Gesamtzahl der Stimmrechte beziehungsweise des Kapitals (Nenner)

Die Berechnung der Gesamtzahl der Stimmrechte beziehungsweise des Kapitals, also des Nenners zur Berechung der Stimmrechtsquote beziehungsweise des Kapitalanteils, erfolgt gemäß den nachstehenden Grundregeln.

1. Berechnung der Gesamtzahl der Stimmrechte

a) Abstrakte Betrachtungsweise

Für die Berechnung der Gesamtzahl der Stimmrechte als Ausgangsbasis für die Berechnung der Beteiligungshöhe, ist – wie bei §§ 21 ff. WpHG[463] – grundsätzlich eine abstrakte Betrachtungsweise maßgeblich. Andernfalls könnte der Anzeigepflichtige die Stimmrechtsmacht beziehungsweise Kapitalbeteiligung nicht verlässlich berechnen.

Insoweit kann über § 1 Abs. 9 Satz 2 i.V.m. § 21 Abs. 3 WpHG die Wertung des § 17 Abs. 1 Nr. 5 WpAIV herangezogen werden.[464] Diese Berechnungsweise ist darüber hinaus auch europarechtlich über den Verweis der Beteiligungsrichtlinie auf die Regeln der Transparenzrichtlinie II geboten.[465]

Wie im Rahmen der §§ 21 ff. WpHG muss dahinter zurücktreten, dass im Einzelfall die aktuellen Machtverhältnisse nicht korrekt widergespiegelt werden. Dem Gesichtspunkt der Praktikabilität und Rechtssicherheit kommt im Rahmen des § 1 Abs. 9 KWG eine besondere Bedeutung zu, da von der Feststellung der bedeutenden Beteiligung die Frage der Anzeigepflicht nach § 2c Abs. 1 Satz 1 KWG und damit praktisch nicht selten auch der Beteiligungserwerb als solcher abhängen kann.

Etwaige Abweichungen zur tatsächlichen Einflussnahmemöglichkeit erscheinen im Rahmen des § 1 Abs. 9 KWG auch deswegen hinnehmbar, weil jedenfalls in

---

463 *Vgl.* hierzu *Bayer*, in: MünchKomm-AktG, § 22 WpHG Rn. 18; *Hirte*, in: KölnKomm-WpHG, § 21 Rn. 75.

464 Für die Rechtslage im Anwendungsbereich des WpHG *vgl. Schneider*, in: Assmann/Schneider, WpHG, § 21 Rn. 35.

465 *Vgl.* Art. 5 Abs. 4 (= Art. 21 Abs. 3 Bankenrichtlinie) der Beteiligungsrichtlinie i.V.m. Art. 9 Abs. 1 Satz 2 Transparenzrichtlinie II. *Vgl.* für die Rechtslage im Anwendungsbereich des WpHG auch *Bundesanstalt*, Emittentenleitfaden, VIII.2.3.2 (S. 128); *Busch*, AG 2009, 425 (426).

Extremfällen eine tatsächlich höhere Einflussmöglichkeit im Rahmen der Frage, ob die Möglichkeit eines maßgeblichen Einfluss i.S.d. § 1 Abs. 9 Satz 1 KWG besteht, noch berücksichtigt werden können.

Es sind daher auch solche Anteile in die Berechnung der Gesamtzahl der Stimmrechte einzubeziehen, für die die Ausübung der Stimmrechte ausgesetzt ist.

b) Berücksichtigung von Anteilen, die Stimm- oder Ausübungsverboten unterliegen

Einbezogen in den Nenner werden ferner Anteile, die Ausübungsverboten (§§ 20 Abs. 7; 21 Abs. 4 AktG; § 28 WpHG) oder auf einzelne Beschlussgegenstände bezogenen Stimmverboten (*vgl.* § 136 AktG) unterliegen.[466] Eine gegenteilige Handhabung erscheint kaum praktikabel und würde bei jedem auch nur temporären Stimmausübungsverbot eine Neuberechnung der Anteilshöhen zur Folge haben. Wie ausgeführt muss dahinter zurückstehen, dass bei der Berechnung der Stimmrechtsquoten die Machtverhältnisse des Anteilseigners im Einzelfall nicht immer zutreffend widergespiegelt werden.

Nicht abschließend geklärt ist die Behandlung von satzungsmäßigen Stimmbegrenzungen (sogenannte Höchststimmrechte).[467] Da auch eine entsprechende Kapitalbeteiligung eine bedeutende Beteiligung begründen kann, ist die

---

466 *Uwe H. Schneider*, in: Assmann/Schneider, WpHG, § 21 Rn. 35; 64; *Hirte*, in: KölnKomm-WpHG, § 21 Rn. 75 ff. (zu § 21 WpHG); a.A. *Mönnig*, Überwachung der Inhaber bedeutender Beteiligungen an Versicherungsunternehmen, S. 98 f.; *Winter*, Versicherungsaufsichtsrecht, S. 259 für Stimmverbote (jew. zu § 7a Abs. 2 Satz 4 VAG).

467 Im unmittelbaren Anwendungsbereich des § 21 WpHG ist die Behandlung von Höchststimmrechten umstritten. Überwiegend wurde für § 21 WpHG vertreten, dass Höchststimmrechtsbegrenzungen bei der Berechnung der Gesamtzahl der Stimmrechte außer Betracht zu lassen sind (*vgl. Cahn*, AG 1997, 502 (504 ff.); *Burgard*, BB 1995, 2069 (2071); *Happ*, JZ 1994, 240 (244); a.A. *Falkenhagen*, WM 1995, 1005 (1008)). Im Rahmen des § 21 WpHG hat diese Streitfrage allerdings kaum mehr Bedeutung, da gemäß § 134 Satz 2 AktG satzungsmäßige Stimmrechtsbeschränkungen nur noch bei nichtbörsennotierten Gesellschaften eingeführt werden dürfen. Hinsichtlich § 21 WpHG wird für die Nichtberücksichtigung von Höchststimmrechten angeführt, dass Gesellschafter andernfalls unbemerkt von der Öffentlichkeit eine hohe Kapitalbeteiligung aufbauen könnten (*Burgard*, BB 1995, 2069, 2071; *Happ*, JZ 1994, 240, 244; gegen diese Begründung überzeugend *Cahn*, AG 1997, 502 (504 ff.)). Dieses Argument kann für die Frage einer bedeutenden Beteiligung i.S.d. § 1 Abs. 9 KWG nicht fruchtbar gemacht werden, da dort anders als bei § 21 WpHG auch Kapitalanteile für die Frage der bedeutenden Beteiligung berücksichtigt werden (*Senger*, WM 2003, 1697 (1700)). Dies und das Ziel, die tatsächlichen Einflussmöglichkeiten auf das regulierte Unternehmen möglichst genau abzubilden, sprechen im Rahmen des § 1 Abs. 9 KWG für eine Berücksichtigung der Höchststimmrechte. Andererseits ist ein potentiell Anzeigepflichtiger im Falle der Berücksichtigung von Höchststimmbegrenzungen gerade bei Gesellschaften mit hohem Streubesitz kaum beherrschbaren Berechnungsschwierigkeiten hinsichtlich der Bestimmung seiner Beteiligungshöhe ausgesetzt (*vgl.* dazu *Cahn*, AG 1997, 502 (506)). Gerade im Anwendungsbereich des § 1 Abs. 9 KWG ist aber die einfache und rechtssichere Bestimmung der Anzeigepflicht von besonderer Bedeutung.

Frage der Behandlung von Höchststimmrechten im Rahmen des § 1 Abs. 9 KWG nur in denjenigen Fällen von Relevanz, in denen durch das Bestehen von Höchststimmrechten die tatsächliche Stimmrechtsmacht wächst.[468]

c) Berücksichtigung eigener Aktien

Fraglich ist auch die Berücksichtigung von Stimmrechten aus eigenen Aktien. Bei der Berechnung des Nenners sind richtigerweise auch durch die Zielgesellschaft gehaltene eigene Aktien zu berücksichtigen, obwohl die Rechte aus solchen Anteilen gemäß §§ 71b, 71d AktG ruhen.[469] Das gleiche gilt für eigene Geschäftsanteile einer GmbH.[470]

Zwar kann es auch in der Konsequenz dazu kommen, dass die tatsächlichen Machtverhältnisse nicht immer zutreffend reflektiert werden.[471] Entscheidend für die hier vertretende Ansicht spricht aber einmal mehr der Gesichtspunkt der Rechtssicherheit und praktischen Handhabbarkeit der Vorschriften. Andernfalls droht jede Änderung im Bestand eigener Aktien finanzaufsichtsrechtliche Anzeigepflicht auszulösen und der Erwerbsinteressent bzw. Gesellschafter müsste sich ständig bei der Gesellschaft erkundigen, um Aufschluss über das Bestehen einer Anzeigepflicht zu erlangen.[472]

---

468 *Vgl. Senger*, WM 2003, 1697 (1700) (zu § 1 Abs. 15 KWG). Beispiel hierfür ist die Beteiligung eines Aktionärs in Höhe von 9 % am Stammkapital einer Aktiengesellschaft, bei der durch Höchststimmrechte die Stimmrechtsmacht der Großaktionäre beschränkt ist und deswegen die tatsächliche Stimmrechtsmacht mehr als 10 % beträgt.

469 *Vgl.* zur Rechtslage im WpHG *Bundesanstalt*, Emittentenleitfaden, VIII.2.3 (S. 129) und VIII.3.3.1 (S. 177); *Uwe H. Schneider*, in: Assmann/Schneider, WpHG, § 21 Rn. 59; *Busch*, AG 2009, 425 (426 f.); *Hirte*, KölnKomm-WpHG, § 21 Rn. 76; *Bedkowski*, BB 2009, 394 (394); *Veil*, in: K.Schmidt/Lutter, AktG, Anh. § 22: § 21 WpHG Rn. 13; *Schnabel/Korff*, ZBB 2007, 179 (180); a.A. *Cahn*, AG 1997, 502 (505); *Schwark*, in: Schwark/Zimmer, KMRK, § 21 Rn. 14; *Senger*, WM 2003, 1697 (1699) (zu § 1 Abs. 15 KWG); *Mönnig*, Überwachung der Inhaber bedeutender Beteiligungen an Versicherungsunternehmen, S. 97 f.; *Winter*, Versicherungsaufsichtsrecht, S. 258 f. (jew. zu § 7a Abs. 2 Satz 4 VAG). Auch im Rahmen des § 20 Abs. 1 AktG sind eigene Aktien nicht herauszurechnen, weil Satz 2 dieser Norm nicht auf § 16 Abs. 2 Satz 2 AktG (sondern nur auf Satz 1) verweist. *Vgl.* hierzu *Bayer*, in. MünchKomm-AktG, § 20 AktG Rn. 13; *Busch*, AG 2009, 425 (426).

470 Zum Ruhen des Stimmrechts eigener Geschäftsanteile bei der GmbH *Altmeppen*, in: Roth/Altmeppen, GmbHG, § 33 Rn. 30; *Hueck/Fastrich*, in: Baumbach/Hueck, GmbHG, § 33 Rn. 24.

471 Zutreffend insoweit *Senger*, WM 2003, 1697 (1699) (zu § 1 Abs. 15 KWG); *Cahn*, AG 1997, 502 (505); *Schwark*, in: Schwark/Zimmer, KMRK, § 21 WpHG Rn. 14 (jew. zu § 21 WpHG)

472 *Vgl.* zu § 21 WpHG: *Veil*, in: K.Schmidt/Lutter, AktG, Anh. § 22: § 21 WpHG Rn. 13; *Hirte*, in: KK-WpHG, § 21 Rn. 76. Auch die bilanzielle Behandlung eigener Aktien, die gemäß § 271a Abs. 1a Satz 1 HGB in der Bilanz offen von dem Posten "Gezeichnetes Kapital" abzusetzen sind, kann hieran wegen der allein maßgeblichen gesellschaftsrechtlichen Betrachtungsweise nichts ändern. Im Übrigen wäre die über die Publizität der Bilanz in der Regel hergestellte nur stichtagsbezogene Transparenz über die

d) Behandlung stimmrechtsloser Vorzugsaktien

Stimmrechtslose Vorzugsaktien berechtigen nur zur Stimmabgabe, falls ein zugesagter Dividendenvorzug für zwei Jahre nicht gezahlt wurde (§§ 12 Abs. 1 Satz 1; 139 ff. AktG). Unabhängig hiervon sind sie immer dann stimmberechtigt, wenn der ihnen eingeräumte Vorzug aufgehoben oder beschränkt werden soll (§ 141 Abs. 1 AktG).

Stimmrechtslose Vorzugsaktien sind, soweit sie nicht konkret zur Stimmrechtsausübung berechtigen, nicht bei der Bestimmung der Gesamtzahl der Stimmrechte zu berücksichtigen.[473] Andernfalls wäre im Hinblick auf den Vorzugsaktionär von einer bedeutenden Beteiligung auszugehen, obwohl die stimmrechtsbedingte Einflussmöglichkeit, die mit einer Stimmkraft in Höhe von mindestens 10 % der Gesamtzahl der Stimmrechte verbunden ist, tatsächlich nicht besteht. Zudem hätte die die gegenteilige Behandlung zur Folge, dass ein Inhaber von 10 % der Stimmrechte nicht als bedeutender Beteiligungsinhaber anzusehen wäre, obwohl dieser tatsächlich 10 % der Stimmrechte besitzt und ausüben kann. Lebt dagegen das allgemeine Stimmrecht wieder auf, sind auch die entsprechenden Stimmrechte bei der Bestimmung der Gesamtzahl der Stimmrechte zu berücksichtigen.[474] Hier kann es also ohne Zutun des Beteiligungsinhabers zu Veränderungen bestehender Beteiligungshöhen kommen. Dies erscheint aber anders als bei eigenen Aktien im Rahmen der Vorzugsaktien besser beherrschbar, da hier mit der ausbleibenden Nachzahlung des Vorzugs ein klarer und auch für die Aktionäre transparenter Zeitpunkt besteht.

2. Berechnung des Gesamtkapitals

a) Gesellschaftsrechtliche Betrachtungsweise

Für die Berechnung des Gesamtkapitals ist eine gesellschaftsrechtliche Betrachtung maßgeblich. Dies ergibt sich bereits aus dem Wortlaut des § 1 Abs. 9 Satz 1

---

eigenen Anteile der Gesellschaft kaum ausreichend, um dem Erwerbsinteressenten eine verlässliche Auskunft über den aktuellen Bestand eigener Aktien zu geben. Im Fall des § 71 Abs. 1 Nr. 6 AktG verändert sich die für die Berechnung des Nenners maßgebliche Kapital erst mit Wirksamwerden der Kapitalherabsetzung nach § 238 AktG; *vgl.* zu § 21 WpHG *Hirte*, in: KK-WpHG, § 21 Rn. 76, 125.

473 *Mönnig*, Überwachung der Inhaber bedeutender Beteiligungen an Versicherungsunternehmen, S. 94 f.; *Winter*, Versicherungsaufsichtsrecht, S. 258 (jew. zu § 7a Abs. 2 Satz 4 VAG); *Hirte*, in: KölnKomm-WpHG, 2007, § 21 Rn. 85; *Veil*, in: K.Schmidt/Lutter, AktG, Anh. § 22: § 21 WpHG Rn. 14; a.A. *Uwe H. Schneider*, in: Assmann/Schneider, WpHG, § 21 Rn. 48 (jew. zu § 21 WpHG). Zur Berücksichtigung beim Gesamtkapital *vgl.* 2. Teil: A. II. 2 a).

474 *Vgl. Mönnig*, Überwachung der Inhaber bedeutender Beteiligungen an Versicherungsunternehmen, S. 94 f.; *Winter*, Versicherungsaufsichtsrecht, S. 258 (jew. zu § 7a Abs. 2 Satz 4 VAG); *Hirte*, in: KölnKomm-WpHG, § 21 Rn. 85 (zu § 21 WpHG); *Cahn/Senger*, Finanz Betrieb 2002, 277 (285) (zu § 29 WpÜG); *Senger*, WM 2003, 1697 (1699 f.) (zu § 1 Abs. 15 KWG).

KWG.[475] Bei Kapitalgesellschaften kommt es auf das Nennkapital der Gesellschaft an.[476] Es sind Kapitalanteile aller Gattungen einzubeziehen. Bei der Aktiengesellschaft ist daher auf das gesellschaftsrechtliche Grundkapital der Gesellschaft abzustellen. Auch stimmrechtslose Vorzugsaktien sind bei der Berechnung des Grundkapitals mit einzubeziehen.[477] Bei Gesellschaften mit beschränkter Haftung ist das Stammkapital maßgeblich. Eigene Aktien sind auch hier aus Praktikabilitätsgesichtspunkten bei der Berechnung des Gesamtkapitals zu berücksichtigen.

b) Insbesondere: Stille Beteiligungen und sonstige Hybridinstrumente

Wegen der angezeigten gesellschaftsrechtlichen Betrachtungsweise sind bei der Berechnung des Gesamtkapitals Instrumente, die zwar handelsrechtlich, steuerrechtlich oder aufsichtsrechtlich als Eigenkapital zu qualifizieren sind, nicht aber Eigenkapital im gesellschaftsrechtlichen Sinne darstellen, nicht zu berücksichtigen. Daher bleiben zum Beispiel stille Beteiligungen bei der Bestimmung des Gesamtkapitals außer Betracht.[478] Entsprechendes gilt auch für Genussrechte oder sonstige hybride Instrumente.[479]

Das bedeutet allerdings nicht, dass derartige Instrumente für die Frage des Vorliegens einer bedeutenden Beteiligung völlig irrelevant wären. Stille Beteiligungen und sonstige Hybridinstrumente können für die Frage, ob ein maßgeblicher Einfluss im Sinne des § 1 Abs. 9 Satz 2 2. Alt. KWG besteht, von Relevanz sein.[480]

3. Berechnung der Stimmrechte beziehungsweise des Gesamtkapitals bei Kapitalmaßnahmen

Bei Kapitalmaßnahmen gilt hinsichtlich der Berechnung der Gesamtzahl der Stimmrechte das Folgende:

Kapitalerhöhungen gegen Einlagen aus Gesellschaftsmitteln sowie Kapitalherabsetzungen werden erst mit der Eintragung der Durchführung beziehungsweise mit Eintragung des Kapitalherabsetzungsbeschlusses in das Handelsregister wirksam. Die Eintragung ist also konstitutiv. Gleiches gilt auch für Kapitalerhöhungen aus genehmigtem Kapital (*vgl.* § 203 Abs. 1 Satz 1 AktG; § 189 AktG). Im Falle der Kapitalherabsetzung durch Einziehung von Aktien ist

---

475 Für aufsichtsrechtliches Eigenkapital verwendet das Kreditwesengesetz den Oberbegriff Eigenmittel (§ 10 Abs. 1 Satz 1 KWG) und den Begriff "haftendes Eigenkapital" als Oberbegriff für Kernkapital und Drittrangmittel (§ 10 Abs. 2 Satz 1 KWG).

476 *Senger*, WM 2003, 1697 (1699) (zu § 1 Abs. 15 KWG).

477 *Senger*, WM 2003, 1697 (1699 f.) (zu § 1 Abs. 15 KWG).

478 Dies allerdings erwägend *BaKred*, Schreiben v. 27. Mai 1994, Gz. I 3 – 271 – 12/93 (abgedruckt bei Reischauer/Kleinhans, KWG, Anh. 3 zu § 1 KWG).

479 *BaKred*, Schreiben v. 27. Mai 1994, Gz. I 3 – 271 – 12/93 (abgedruckt bei Reischauer/Kleinhans, KWG, Anh. 3 zu § 1 KWG).

480 *Vgl.* 2. Teil: A. VIII. 5. l).

das Grundkapital mit der Eintragung des Beschlusses, oder wenn die Einziehung der Aktien nachfolgt, mit der Einziehung herabgesetzt (*vgl.* § 238 AktG). Bei einer bedingten Kapitalerhöhung erhöht sich das Grundkapital erst mit Ausgabe der Bezugsaktien (*vgl.* § 200 AktG). Die später erfolgende Eintragung ins Handelsregister (*vgl.* § 201 AktG) hat nur deklaratorische Wirkung.[481]

4. Maßgeblicher Referenzzeitpunkt

Für die Berechnung des Gesamtkapitals beziehungsweise der Gesamtzahl der Stimmrechte ist zu berücksichtigen, dass für die Anzeigepflicht nicht die tatsächliche Inhaberschaft einer bedeutenden Beteiligung der anzeigeauslösende Umstand ist, sondern die Bildung der Erwerbsabsicht; die Anzeigepflicht ist daher vorverlagert.[482]

Die konkret vom Erwerbsinteressenten zu erwerbenden Stimmrechte beziehungsweise Kapitalanteile sind daher am Maßstab der voraussichtlichen Gesamtzahl der Stimmrechte beziehungsweise des Gesamtkapitals zum Zeitpunkt des Vollzugs des beabsichtigten Erwerbs zu messen. Maßgeblicher Referenzzeitpunkt für die Berechung der Stimmrechte beziehungsweise des Kapitals ist also der voraussichtliche Zeitpunkt des Vollzugs des geplanten Erwerbs.

Sofern zum Zeitpunkt der Bildung der Erwerbsabsicht der genaue Zeitpunkt des Vollzugs wie häufig nicht sicher feststeht (z.B. weil der Vollzug des Erwerbs noch vom Zeitpunkt des Eintritts der Vollzugsbedingungen abhängt oder der Zeitpunkt der Eintragung der Kapitalmaßnahme im Handelsregister ungewiss ist), hat der Anzeigepflichtige eine Prognose hinsichtlich Vollzugszeitpunkt und Beteiligungshöhe vorzunehmen.

Ausgangspunkt für die Höhe der Gesamtzahl der Stimmrechte beziehungsweise des Gesamtkapitals sind dabei die Anteile zum Zeitpunkt der Anzeige. Sind aber Veränderungen des Gesamtkapitals beziehungsweise der Stimmrechte bis zum zu erwartenden Zeitpunkt des Vollzugs des Erwerbs gewiss oder jedenfalls wahrscheinlich, sind diese voraussichtlichen Veränderungen bei der Berechnung zu berücksichtigen und in der Anzeige offenzulegen. Dies gilt insbesondere hinsichtlich bereits beschlossener aber noch nicht eingetragener Kapitalerhöhungen oder -herabsetzungen. Der Erwerbsinteressent hat diese in der Erwerbsanzeige auszuführen und seine Berechnungen und Prognosen hinsichtlich des erwarteten Vollzugszeitpunkts der Kapitalmaßnahme zu plausibilisieren.

5. Informationspflicht des Erwerbsinteressenten

Den Erwerbsinteressenten trifft eine Verpflichtung, die Gesamtzahl der Stimmrechte oder Kapitalanteile in Erfahrung zu bringen, wenn er Anhaltspunkte dafür hat, dass die beabsichtigte Beteiligung die Schwelle einer bedeutenden Beteiligung erreichen könnte.

---

481 *Vgl.* dazu *Bundesanstalt*, Emittentenleitfaden, VIII.2.3.4.1 (S. 130).

482 Zur Frage wann bei Kapitalmaßnahmen eine Erwerbsabsicht vorliegt, *vgl.* auch 2. Teil: B. IV. 2. a).

Bei Personengesellschaften wird dies ohnehin mühelos der Fall sein, weil der Erwerb einer bedeutenden Beteiligung ohne Mitwirkung der übrigen Gesellschafter kaum denkbar ist.

Bei kapitalmarktorientierten Unternehmen hilft ferner § 26a WpHG, wonach ein Inlandsemittent die Gesamtzahl der Stimmrechte am Ende eines jeden Kalendermonats, in denen es zu einer Zu- oder Abnahme von Stimmrechten gekommen ist, im Unternehmensregister zu veröffentlichen hat. Diese zu veröffentlichende Stimmrechtsanzahl ist gemäß § 1 Abs. 9 Satz 2 KWG i.V.m. § 21 Abs. 3 WpHG; § 17 Abs. 4 WpAIV für die Berechnung der Stimmrechtsanteile heranzuziehen. Verfügt der Anzeigepflichtige jedoch über Kenntnisse oder wenigstens Anhaltspunkte, dass die zuletzt veröffentlichte Gesamtzahl nicht zutreffend ist, ist für die Berechnung des Stimmrechtsanteils auf das tatsächliche aktienrechtliche Grundkapital abzustellen. Im Zweifel ist der Anzeigepflichtige also auch verpflichtet, die Gesamtzahl der Stimmrechte vom Veräußerer bzw. der Zielgesellschaft zu erfragen.[483]

Eine Verpflichtung zur Informationsbeschaffung besteht auch im Hinblick auf nicht-kapitalmarktorientierte Unternehmen, bei denen keine Veröffentlichungspflicht nach § 26a WpHG besteht. Im Regelfall ist der Erwerbsinteressent jedenfalls angehalten, sich durch Einsichtnahme im Handels- oder Unternehmensregister Kenntnis von der Anzahl der Stimmrechte beziehungsweise des Kapitals zu verschaffen.

Bestehen Anhaltspunkte für beschlossene aber noch nicht umgesetzte Kapitalmaßnahmen beim Beteiligungsunternehmen, mit deren Wirksamwerden vor Vollzug des geplanten Erwerbs zu rechnen sind, hat der Erwerbsinteressent beim Beteiligungsunternehmen nachzufragen, in welchem Umfang die Kapitalmaßnahmen geplant sind und wann mit einem Wirksamwerden der Kapitalmaßnahmen zu rechnen ist.

III. Berechnung der Beteiligungsquote (Zähler)

Der Stimmrechts- beziehungsweise Kapitalanteil des Erwerbersinteressenten (= Zähler) berechnet sich nach dem Verhältnis der Zahl der Stimmrechte bzw. Kapitalanteile aus den vom Erwerb erfassten Anteilen und den vom Erwerbsinteressenten bereits gehaltenen oder diesem zuzurechnenden Anteilen zur Gesamtzahl der Stimmrechte oder Kapitalanteile.

483 Richtigerweise hat der Veräußerer bzw. der Erwerbsinteressent insofern auch einen Auskunftsanspruch gegen die Zielgesellschaft, wobei als denkbare Anspruchsgrundlage insbesondere die gesellschaftsrechtliche Treuepflicht in Betracht kommt. In der Beratungspraxis empfiehlt es sich aus Erwerbersicht zudem, die Mitwirkung des Veräußerers kautelarisch abzusichern und diesen auch zu verpflichten, Auskünfte zur Prüfung der Anzeigepflicht und zur Vorbereitung der Anzeigen von der Zielgesellschaft einzuholen.

1. Anteilsinhaberschaft

Für die Berechnung der unmittelbar gehaltenen Stimmrechte ist wie im Rahmen des § 21 WpHG grundsätzlich nur auf Stimmrechte aus (künftig) dem Anzeigepflichtigen selbst gehörenden Anteilen abzustellen. Maßgeblich sind also die Eigentumsverhältnisse im zivilrechtlichen Sinn.[484]

Insbesondere ist insofern unerheblich, wenn der Erwerbsinterssent aufgrund einer sonstigen schuldrechtlichen Befugnis zur Ausübung von Stimmrechten aus Anteilen eines Dritten im eigenen Namen legitimiert (z.B. gemäß § 129 Abs. 3 AktG) oder als Stellvertreter zur Ausübung im fremden Namen berechtigt ist (Stellvertretung). Zwar fehlt im Kreditwesengesetz wie auch im Wertpapierhandelsgesetz eine dies ausdrücklich klarstellende Regelung vergleichbar § 16 Abs. 3 AktG Satz 1 ("Stimmrechte, die es aus den ihm gehörenden Anteilen ausüben kann"). Dies ergibt sich allerdings aus der Systematik der Vorschriften. Ob einem Dritten, der das Stimmrecht im eigenen oder fremden Namen ausübt, die Beteiligung des unmittelbaren Anteilsinhabers zuzurechnen ist, beurteilt sich vielmehr nach § 1 Abs. 9 Satz 2 KWG i.V.m. § 22 Abs. 1-3 WpHG.

Auch für die Berechnung der Kapitalanteile ist auf die rechtliche Inhaberschaft der Kapitalanteile abzustellen.

2. Aktienvertretende Zertifikate

Eine Ausnahme hiervon gilt nach § 1 Abs. 9 Satz 2 KWG i.V.m. § 21 Abs. 1 Satz 2 WpHG für Zertifikate, die Aktien vertreten. Bei diesen sind nicht dem Aussteller des Zertifikats als Anteilseigner, sondern dem Zertifikatinhaber die Anteile zuzurechnen. Dies betrifft vor allem sogenannte American Depositary Receipts.[485]

3. Abstrakte Betrachtungsweise

Auch für die Berechnung der Anzahl der gehaltenen Stimmrechte ist grundsätzlich eine abstrakte Betrachtungsweise maßgeblich.[486] Daraus folgt, dass es auf die Frage, ob die Stimmrechte tatsächlich ausgeübt werden oder ausgeübt werden können, nicht ankommt.

Dies hat zugleich zur Folge, dass eine Erklärung gegenüber der Bundesanstalt oder der Beteiligungsgesellschaft, die Stimmrechte aus den Anteilen nicht auszuüben, nicht von der Anzeigepflicht entbinden kann. Dem Erwerbsinteressenten ist es also abgeschnitten, durch eine entsprechende Erklärung gegenüber der Bundesanstalt eine Anzeigepflicht zu vermeiden.

---

484 OLG Stuttgart, NZG 2005, 432 (434); *Hirte*, in: KölnKomm-WpHG, § 21 Rn. 74; *Uwe H. Schneider*, in: Assmann/Schneider, WpHG, § 21 Rn. 31 (jew. zu § 21 WpHG); *Präve*, in: Prölss, VAG, § 7a Rn. 32 (zu § 7a Abs. 2 Satz 3 VAG).

485 *Vgl. Uwe H. Schneider*, in: Assmann/Schneider, WpHG, § 21 Rn. 98; *Bayer*, in: MünchKomm-AktG, § 21 WpHG Rn. 10a (jew. zu § 21 WpHG).

486 Zu § 21 WpHG *vgl. Bundesanstalt*, Emittentenleitfaden, VIII.2.3.2 (S. 128 f.); *Hirte*, in: KK-WpHG, § 21 Rn. 75 (jew. zu § 21 WpHG).

4. Stimmrechtslose Vorzugsaktien

Stimmrechtslose Vorzugsaktien sind auch im Zähler nur insoweit bei der Teilmenge der Stimmrechte zu berücksichtigen, als das Stimmrecht ausnahmsweise aufgelebt ist.[487] Ist dies nicht der Fall, sind vom Erwerbsinteressenten zu erwerbende stimmrechtslose Vorzüge nur bei der Berechnung der gehaltenen Kapitalanteilsquote einzubeziehen.

5. Keine Verrechnung von Short- und Long-Positionen

Eine Verrechnung von Short- und Long-Positionen ist nicht zulässig.[488] Insbesondere können Call- und Put-Optionen nicht miteinander verrechnet oder Leerverkaufspositionen gegen als Underlying gehaltene Bestände genettet werden.

IV. Zurechnung und mittelbare Beteiligungen

1. Überblick

Auch durch Dritte gehaltene Stimmrechte und Kapitalanteile können dem Erwerbsinteressenten unter bestimmten Voraussetzungen zugerechnet werden und so eine Anzeigepflicht nach § 2c Abs. 1 Satz 1 KWG begründen. Zurechnungsvorschriften sind dabei sowohl in § 1 Abs. 9 Satz 1 KWG wie auch in § 1 Abs. 9 Satz 2 KWG über den Verweis auf die Vorschriften des WpHG enthalten. Dabei überschneiden sich die Zurechnungsvorschriften nach Satz 1 und Satz 2 teilweise.

2. Umfang der Zurechnung

§ 1 Abs. 9 Satz 4 KWG stellt klar, dass mittelbar gehaltene Beteiligungen den mittelbar beteiligten Personen und Unternehmen im vollen Umfang zuzurechnen sind. Es findet also keine anteilige Durchrechnung der Beteiligungen statt.

3. Reichweite des Verweises auf das WpHG

Die Reichweite des Verweises auf die Zurechnungsvorschriften des WpHG beschränkt sich nicht auf Inlandsemittenten, für die Deutschland der Herkunftsstaat ist. Zwar bezieht sich der unmittelbare Anwendungsbereich der §§ 21 ff. WpHG auf inländische kapitalmarktorientierte Unternehmen. Der Verweis in § 1 Abs. 9 Satz 2 KWG ist jedoch umfassend zu verstehen und findet auch dann Anwendung, wenn das Zielinstitut sonst nicht in den Anwendungsbereich der §§ 21 ff. WpHG fällt.[489]

---

487 *Uwe H. Schneider*, in: Schneider/Assmann, WpHG, § 21 Rn. 48; *Hirte*, in: KölnKomm-WpHG, § 21 Rn. 85; *Bayer*, in: MünchKomm-AktG, § 22 WpHG Rn. 23 (jew. zu § 21 WpHG).

488 *Bundesanstalt*, Emittentenleitfaden, VIII.2.3.5 (S. 133) (zu §§ 21 ff. WpHG).

489 *Vgl.* bereits *Mönnig*, Überwachung der Inhaber bedeutender Beteiligungen an Versicherungsunternehmen, S. 44 f.; *Winter*, Versicherungsaufsichtsrecht, S. 247 (jew. zu § 7a Abs. 2 Satz 4 VAG).

4. Zurechnung von Tochterunternehmen (§ 1 Abs. 9 Satz 1 KWG; § 22 Abs. 1 Satz 1 Nr. 1 WpHG)

a) Verhältnis von § 1 Abs. 9 Satz 1 KWG und § 22 Abs. 1 Satz 1 Nr. 1 WpHG

Bereits über § 1 Abs. 9 Satz 1 KWG sind über ein oder mehrere Tochterunternehmen gehaltene Stimmrechte und Kapitalanteile zurechenbar. Auch über den Verweis des § 1 Abs. 9 Satz 2 KWG auf § 22 Abs. 1 Satz 1 Nr. 1 WpHG sind durch Tochterunternehmen gehaltene Stimmrechte zuzurechnen.

Der Verweis auf § 22 Satz 1 Nr. 1 WpHG hat damit keine eigenständige Bedeutung. Allenfalls kommt dadurch zum Ausdruck, dass für Berechnungsfragen auf die Regelung des § 22 Abs. 1 Satz 1 Nr. 1 WpHG und über § 21 Abs. 3 WpHG auch auf die Wertpapierhandelsanzeige- und Insiderverzeichnisverordnung zurückgegriffen werden kann. Umgekehrt ist die Einbeziehung von Tochterunternehmen in § 1 Abs. 9 Satz 1 KWG nicht überflüssig, da der Verweis des § 1 Abs. 9 Satz 2 auf § 22 Abs. 1 Satz 1 Nr. 1 WpHG nach dem Wortlaut nicht für Kapitalanteile gilt.

b) Begriff des Tochterunternehmens

Tochterunternehmen sind Tochterunternehmen i.S.d. § 290 HGB beziehungsweise Unternehmen, auf die ein beherrschender Einfluss ausgeübt werden kann. Insofern ist unerheblich, ob sich dies aus der Definition "Tochterunternehmen" in § 1 Abs. 7 KWG oder aus § 1 Abs. 9 Satz 2 KWG i.V.m. § 22 Abs. 3 WpHG ergibt.

c) Dynamische oder statische Verweisung auf § 290 HGB?

§ 290 HGB wurde im Jahr 2009 durch das Bilanzmodernisierungsgesetz[490] umfassend überarbeitet und an internationale Rechnungslegungsstandards (IAS 27 und SIC 12) angenähert.[491] Folglich stellt sich die Frage, ob die Verweisung in § 1 Abs. 9 Satz 2 KWG beziehungsweise § 22 Abs. 3 WpHG auf § 290 HGB als dynamisch oder statisch zu verstehen ist.

Diese Frage ist soweit ersichtlich bisher nicht erörtert worden. Auch für die kapitalmarktrechtlichen Mitteilungspflichten ist dies bisher nicht abschließend geklärt. Die relevanten Passagen der Begründung zum Bilanzmodernisierungsgesetz schweigen zu dieser Frage.[492]

Richtigerweise sollte man im Rahmen der aufsichtsrechtlichen Inhaberkontrollverfahren den Verweis auf die Definition Tochterunternehmen in § 290 HGB als

---

490 Gesetz zur Modernisierung des Bilanzrechts (Bilanzrechtsmodernisierungsgesetz – BilMoG) v. 26. Mai 2009 (BGBl. I S. 1102).

491 *Vgl.* Beschlussempfehlung und Bericht des Rechtsausschusses zum BilMoG v. 24. März 2009, BT-Drucks. 16/12407, S. 89 f.

492 *Vgl.* Beschlussempfehlung und Bericht des Rechtsausschusses zum BilMoG v. 24. März 2009, BT-Drucks. 16/12407, S. 89 f.

dynamisch verstehen.[493] Dafür sprechen nicht zuletzt Sinn und Zweck der Zurechnungsregelungen und der Gesichtspunkt der Rechtseinheit.

d) Bedeutung des "beherrschenden Einfluss"

§ 290 Abs. 1 Satz 1 HGB (n.F.) definiert Tochterunternehmen als Unternehmen, auf die unmittelbar oder mittelbar ein beherrschender Einfluss ausgeübt werden kann.

Mit dem neu gefassten § 290 Abs. 1 HGB erfolgt der Übergang von den bisherigen Konsolidierungskonzepten "einheitliche Leitung" und "tatsächliche Kontrolle" auf das international übliche Konsolidierungskonzept der "möglichen Beherrschung".[494] Maßgeblich ist damit nach § 290 Abs. 1 Satz 1 HGB allein, ob auf das andere Unternehmen ein beherrschender Einfluss ausgeübt werden kann. Die Definition des Begriffs "Tochterunternehmen" in § 1 Abs. 7 KWG beziehungsweise § 22 Abs. 3 WpHG ist damit redundant geworden, soweit dort alternativ auf § 290 HGB oder das Vorliegen eines beherrschende Einflusses verwiesen wird.

Beherrschender Einfluss ist nach der Gesetzesbegründung anzunehmen, wenn ein Unternehmen die Möglichkeit hat, die Finanz- und Geschäftspolitik eines anderen Unternehmens dauerhaft zu bestimmen, um aus dessen Tätigkeit Nutzen zu ziehen.[495] Beherrschender Einfluss liegt stets vor, wenn einer der in § 290 Abs. 2 Nr. 1 bis Nr. 4 HGB aufgeführten Tatbestände erfüllt ist, wobei allerdings § 290 Abs. 2 HGB nicht als abschließend zu verstehen ist.[496] Auch faktische Verhältnisse, beispielsweise eine nachhaltige Präsenzmehrheit in der Gesellschafterversammlung, kann ein Mutter/Tochterverhältnis begründen.[497]

Nach § 290 Abs. 2 HGB fallen darunter insbesondere Unternehmen, bei denen der Erwerbsinteressent die Mehrheit der Stimmrechte der Gesellschafter zusteht. Ferner erfasst sind Unternehmen, bei denen der Erwerbsinteressent das Recht hat, die Mehrheit der Mitglieder des die Finanz- und Geschäftspolitik bestimmenden Verwaltungs-, Leitungs- oder Aufsichtsorgan zu bestellen oder abzuberufen. Als Tochterunternehmen zu qualifizieren sind außerdem aufgrund eines Beherrschungsvertrages beherrschte Unternehmen.[498] Schließlich fallen unter den

---

493 Zu § 22 Abs. 1 Satz 1 Nr. 1 HGB i.E. ebenso *Petersen*, in: Spindler/Stilz, AktG, § 22 Anh Rn. 41.

494 *Vgl. Findeisen/Sabel/Klube*, DB 2010, 965 (965); *Küting/Seel*, BB 2010, 1459 (1459); *Gelhausen/Deubert/Klöcker*, DB 2010, 2005 (2005); *Merkt*, in: Baumbach/Hopt, HGB, § 290 Rn. 5.

495 Beschlussempfehlung und Bericht des Rechtsausschusses zum BilMoG v. 24. März 2009, BT-Drucks. 16/12407, S. 89; *Findeisen/Sabel/Klube*, DB 2010, 965 (965); *Küting/Seel*, BB 2010, 1459 (1459).

496 *Merkt*, in: Baumbach/Hopt, HGB, § 290 Rn. 8.

497 Beschlussempfehlung und Bericht des Rechtsausschusses zum BilMoG v. 24. März 2009, BT-Drucks. 16/12407, S. 89; *Findeisen/Sabel/Klube*, DB 2010, 965 (965).

498 Zur aufsichtsrechtlichen Zulässigkeit von Beherrschungsverträgen im regulierten Bereich *vgl. Wieland*, BB 2012, 1108 (1113).

Begriff des Tochterunternehmens neuerdings auch Zweckgesellschaften, bei denen bei wirtschaftlicher Betrachtung die Mehrheit der Risiken und Chancen getragen werden (§ 290 Abs. 2 Nr. 4 HGB).[499]

Zweifelhaft ist, ob über § 22 Abs. 1 Satz 1 Nr. 1 WpHG auch von einem Tochterunternehmen gehaltene Aktien des Zielunternehmens dem Erwerbsinteressenten zuzurechnen sind.[500] Im Rahmen der aufsichtsrechtlichen Anzeigepflichten ist die Bedeutung dieser Frage allerdings nur für die genaue Berechnung der Beteiligungshöhe von Relevanz, da in solchen Fällen unabhängig hiervon die Schwellenwerte stets überschritten sind und deswegen ein Inhaberkontrollverfahren durchzuführen ist.

e) Keine Zurechnung von über Minderheitsbeteiligungen gehaltenen Anteilen

Mit der Zurechnung von durch Tochterunternehmen gehaltenen Stimmrechten ist umgekehrt die gesetzgeberische Grundaussage verbunden, dass Stimmrechte von dritten Unternehmen am Zielinstitut, die nicht als Tochterunternehmen einzuordnen sind, dem Erwerbsinteressenten vorbehaltlich der übrigen Zurechnungsvorschriften grundsätzlich nicht zuzurechnen sind. Insbesondere findet auch diesbezüglich keine Durchrechnung von Anteilen statt.[501]

Die vorgenannten Ausführungen werden an zwei Beispielen illustriert:

Übersicht 3:

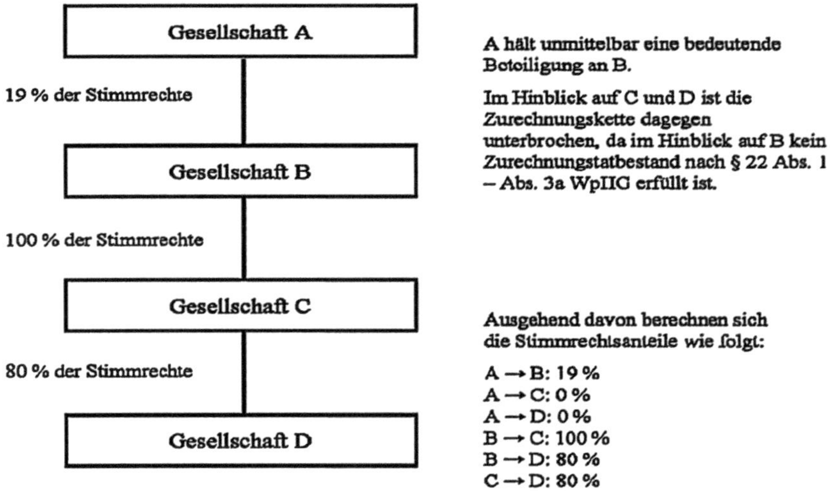

---

499 *Vgl.* dazu ausführlich *Findeisen/Sabel/Klube*, DB 2010, 965 (966); *Gelhausen/Deubert/Klöcker*, DB 2010, 2005 ff.

500 *Vgl.* zum Meinungsstand *Busch*, AG 2009, 425 (427); *Bedkowski*, BB 2009, 394 (394 f.).

501 *Vgl.* dazu auch *Cahn*, Kapitalerhaltung im Konzern, S. 210 ff.

Übersicht 4:

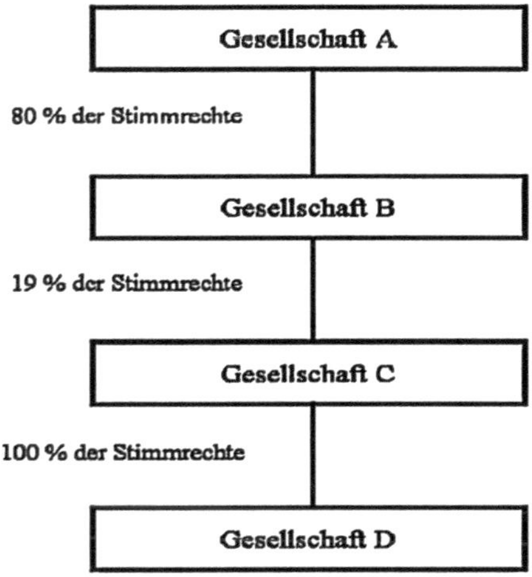

A muss sich Anteile des B an C nach § 21 Abs. 1 S. 1 Nr. 1 WpHG zurechnen lassen, da B Tochterunternehmen des A ist. Die Anteile sind mangels "Durchrechnung" in voller Höhe zuzurechnen.

Die Zurechnung des von C gehaltenen Anteils an D zugunsten des A ist dagegen nicht möglich. Die Zurechnungskette zwischen B und C ist unterbrochen, da C nicht als Tochtergesellschaft gemäß § 22 Abs. 1 Satz 1 Nr. 1 WpHG qualifiziert.

Ausgehend davon berechnen sich die Stimmrechtsanteile wie folgt:

A → B: 80 %
A → C: 19 %
A → D: 0 %
B → C: 19 %
B → D: 0 %
C → D: 100 %

f) Praktische Konsequenzen

Die Zurechnung von durch Tochterunternehmen gehaltenen Stimmrechten und Kapitalanteilen hat enorme praktische Bedeutung.

Aus der Zurechnung folgt, dass auch Erwerbsvorgänge hinsichtlich nicht regulierter Gesellschaften eine aufsichtsrechtliche Anzeigepflicht auslösen können.[502] Es reicht hierfür aus, dass ein unmittelbarer Mehrheitserwerb an einem nicht regulierten Zielunternehmen erfolgt, das eine bedeutende Beteiligung an einem regulierten Unternehmens hält. Daher löst auch der geplante Mehrheitserwerb an vielen Industrie- und Handelskonzernen wie beispielsweise Automobilherstellern oder Maschinenbauern finanzaufsichtsrechtliche Anzeigepflichten aus, sofern diese, wie häufig, zur Absatzfinanzierung Leasingtöchter oder sonstige Finanzdienstleistungstöchter haben. Umgekehrt reicht es aber für eine bedeutende Beteiligung i.S.d. § 1 Abs. 9 KWG nicht aus, dass eine bedeutende Beteiligung an einer nicht regulierten Gesellschaft erworben wird, die ihrerseits regulierte Tochtergesellschaften hat, sofern nicht ein besonderer Zurechnungstatbestand greift, denn in diesem Fall ist die Zurechnungskette unterbrochen.

Zudem ist darauf hinzuweisen, dass einige ausländische Aufsichtsbehörden in ihrer Verwaltungspraxis hiervon abweichen und auch Minderheitsbeteiligungen anteilig durchrechnen. Bedeutung hat dies bei regulierten Auslandsbeteiligungen der

---

502 *Wieland*, BB 2012, 1108 (1110 f.).

Zielgesellschaft. Aufgrund der abweichenden Zurechnungspraxis können bereits Beteiligungen von 10 % oder mehr auch an nicht regulierten Konzernobergesellschaften daher im Ausland zu finanzaufsichtsrechtlichen Inhaberkontrollverfahren führen, wenn diese im Ausland regulierte Beteiligungen halten.[503]

Ferner ist ergänzend anzumerken, dass auch im Inland unterhalb der Schwelle eines Mehrheitserwerbs im Hinblick auf Beteiligungen der Zielgesellschaft an regulierten Unternehmen ein maßgeblicher Einfluss des Erwerbsinteressenten gegeben sein kann. Auch dies hat zur Folge, dass ausnahmsweise auch im Inland beim Erwerb von Minderheitsbeteiligungen an nicht regulierten Gesellschaften eine aufsichtsrechtliches Inhaberkontrollverfahren ausgelöst werden kann, sofern dadurch zugleich ein maßgeblicher Einfluss auf eine regulierte Beteiligungsgesellschaft des Zielunternehmens begründet wird.[504]

5. Zurechnung über ein "gleichartiges Verhältnis" i.S.d. § 1 Abs. 9 Satz 1 KWG

Eine Zurechnung erfolgt nach § 1 Abs. 9 Satz 1 KWG auch dann, wenn zu dem die Anteile haltenden Zielunternehmen ein "mit einem Tochterunternehmen gleichartiges Verhältnis" besteht.

Ein gleichartiges Verhältnis wird nur dann angenommen, wenn die Annahme eines Mutter/Tochterverhältnisses allein an der fehlenden Unternehmensqualität der Mutter scheitert.[505] Diese Auslegung erklärt sich aus der Gesetzeshistorie des Einschubs "oder durch ein gleichartiges Verhältnis", der einzig zur Schließung dieser Lücke in § 1 Abs. 9 Abs. 1 Satz 1 KWG aufgenommen wurde.[506] Eine weitergehende Bedeutung hat das Tatbestandsmerkmal nicht.

6. "Im Zusammenwirken mit anderen Personen oder Unternehmen" gehaltene Anteile (§ 1 Abs. 9 Satz 1 KWG)

Auch im Zusammenwirken mit anderen Personen oder Unternehmen gehaltene Anteile sind nach § 1 Abs. 9 Satz 1 KWG dem Erwerbsinteressenten zurechenbar. Durch die Formulierung "im Zusammenwirken mit anderen Personen oder Unternehmen" sollen nach den Gesetzesmaterialien Fälle erfasst werden, in denen

---

503 *Vgl.* hierzu und zur Nichtvereinbarkeit dieser Praxis mit den europarechtlichen Vorgaben ausführlich 2. Teil: A. IX.

504 *Vgl.* hierzu ausführlich 2. Teil: A. VIII.

505 Zum Unternehmensbegriff im Rahmen der §§ 15 ff. AktG *vgl. Cahn*, AG 2002, 30 (30 f.) m.w.N.

506 *Bundesanstalt*, Merkblatt – Hinweise zu dem Verfahren sowie den Anzeigen nach § 2c KWG und § 104 VAG, jeweils in Verbindung mit der Inhaberkontrollverordnung (Stand: Juli 2009), BA 53, v. 22. Juli 2009, Ziffer 3; *Serafin/Weber*, in: Luz/Neus/Scharpf/Schneider/Weber, KWG, § 2c Rn. 92; *Hirschmann*, Anteilseignerkontrolle, S. 39, 49; *Senger*, WM 2003, 1697 (1701); *Mönnig*, Überwachung der Inhaber bedeutender Beteiligungen an Versicherungsunternehmen, S. 29 (zu § 7a Abs. 2 Satz 4 VAG).

statt des unmittelbaren Anteilseigners formal mehrere Anteilseigner auftreten, die ihr Verhalten in Bezug auf das Zielunternehmens abstimmen, ohne dass sich die Möglichkeit eines beherrschenden Einflusses, ein Strohmannverhältnis oder eine vertragliche Absprache nachweisen lässt.[507] Der Tatbestand entspricht daher in seiner Funktion der Zurechnungsvorschrift des Acting-in-concert gemäß § 1 Abs. 9 Satz 2 KWG i.V.m. § 22 Abs. 2 WpHG. Nicht zuletzt aus Gründen der Rechtssicherheit kann daher dem Merkmal in § 1 Abs. 9 Satz 1 KWG kein über diese Zurechnungsvorschrift hinausgehender Bedeutungsgehalt beigemessen werden, sondern nur als Hinweis auf die ausdifferenziertere Vorschrift des Acting-in-concert in § 22 Abs. 2 WpHG verstanden werden.

7. "Im Eigen- oder Fremdinteresse" gehaltene Anteile (§ 1 Abs. 9 Satz 1 KWG)

Treuhänderisch gehaltener Anteilsbesitz wird sowohl dem Treuhänder als auch dem Treugeber zugerechnet. Dies wird im Text des § 1 Abs. 9 Satz 1 KWG durch den Einschub "im Eigen- oder Fremdinteresse" klargestellt, der im Zuge des Vierten Finanzmarktgesetzes zu diesem Zweck eingefügt wurde.[508] Ein Erwerbsinteressent kann die Durchführung eines Inhaberkontrollverfahrens also nicht dadurch vermeiden, dass er die Anteile über einen Treuhänder erwirbt. Umgekehrt unterliegt auch der Treuhänder einer Anzeigepflicht. Darüber hinaus kommt eine Zurechnung von treuhänderisch gehaltenen Stimmrechten auch gemäß § 1 Abs. 9 Satz 2 i.V.m. § 22 Abs. 1 Satz 2 Nr. 2 WpHG in Betracht.[509]

8. Halten für Rechnung des Erwerbsinteressenten (§ 22 Abs. 1 Satz 1 Nr. 2 WpHG)

Über § 22 Abs. 1 Satz 1 Nr. 2 WpHG werden dem Erwerbsinteressenten Stimmrechte aus Aktien zugerechnet, die einem Dritten gehören, wenn der Dritte die Aktien für Rechnung des Erwerbsinteressenten hält oder halten soll.

Kennzeichnend für § 22 Abs. 1 Satz 1 Nr. 2 WpHG ist dabei das Auseinanderfallen von rechtlichem Eigentum und wirtschaftlichen Chancen und Risiken.[510] Entscheidend für die Zuordnung der Chancen und Risiken ist, wer das Bestands- und Kursrisiko trägt beziehungsweise wem das Dividendenrecht sowie Bezugsrechte und etwaige Ausgleichs- und Abfindungszahlungen zu Gute

---

507 Beschlussempfehlung und Bericht des Finanzausschusses zum Dritten Finanzmarktförderungsgesetz 13/9874, S. 138; *Mönnig*, Überwachung der Inhaber bedeutender Beteiligungen an Versicherungsunternehmen, S. 29.

508 *Vgl.* Begr. RegE zum Vierten Finanzmarktförderungsgesetz, BT-Drucks. 14/8017, S. 112. Anders aber noch *BaKred*, Schreiben v. 27. Mai 1994, Gz. I 3 – 271 – 12/93 (abgedruckt bei Reischauer/Kleinhans, KWG, Anh 3 zu § 1 KWG), das nur eine Zurechnung beim Treugeber verlangte.

509 *Vgl.* dazu ausführlich sogleich unter 2. Teil: A. IV. 8.

510 *Vgl. Bundesanstalt*, Emittentenleitfaden, VIII.2.5.2 (S. 140); *Uwe H. Schneider*, in: Assmann/Schneider, WpHG, § 22 Rn. 57.

kommen.[511] Der Anzeigepflichtige muss darüber hinaus infolge der Tatsache, dass ihm die Chancen und Risiken aus den Aktien treffen, auch die Möglichkeit der Einflussnahme auf die Stimmrechtsausübung aus den betreffenden Aktien haben.[512]

a) Treuhand

Hauptanwendungsfall des § 22 Abs. 1 Satz 1 Nr. 2 WpHG sind Treuhandstrukturen in Form der fremdnützigen Verwaltungstreuhand.[513] Treuhänderisch gehaltener Anteilsbesitz wird damit auch nach § 22 Abs. 2 Satz 2 Nr. 2 WpHG sowohl dem Treuhänder als auch dem Treugeber zugerechnet.

b) Wertpapierdarlehen

In Fällen der praktisch wichtigen Wertpapierdarlehen (z.T. technisch unrichtig auch Wertpapierleihe genannt) kommt je nach Ausgestaltung eine Zurechnung des Bestands zum Darlehensnehmer als Inhaber der Anteile und zum Darlehensgeber über § 22 Abs. 1 Satz 1 Nr. 2 WpHG in Betracht. Dazu sind die durch die Bundesanstalt im Emittentenleitfaden und die Rechtsprechung zu § 22 Abs. 1 Satz 1 Nr. 2 WpHG aufgestellten Kriterien auch auf § 1 Abs. 9 Satz 2 KWG zu übertragen.[514] Die dort aufgestellten Kriterien sind auch bei der Inhaberkontrolle sachgerecht.

9. Übertragung zur Sicherheit (§ 22 Abs. 1 Satz 1 Nr. 3 WpHG)

Praktisch bedeutsam ist auch der Zurechnungstatbestand des § 22 Abs. 1 Satz 1 Nr. 3 WpHG. Danach werden dem Erwerbsinteressenten Stimmrechte aus Anteilen zugerechnet, die er einem Dritten als Sicherheit übertragen hat, es sei denn, der Dritte ist zur Ausübung der Stimmrechte aus diesen Anteilen befugt und bekundet die Absicht, die Stimmrechte unabhängig von den Weisungen des Erwerbsinteressenten auszuüben.

a) Sicherungsübereignung

Wichtigster Fall des § 22 Abs. 1 Satz 1 Nr. 3 WpHG ist die Sicherungsübereignung von Anteilen. Grundsätzlich sind nach § 22 Abs. 1 Satz 1 Nr. 3 WpHG die Stimmrechte aus den sicherungsübereigneten Anteilen dem Sicherungsgeber zuzurechnen, obwohl dieser formell das Eigentum an den Anteilen verloren hat. Im Unterschied zu anderen Zurechnungstatbeständen des § 22 WpHG gilt im Rahmen des § 22 Abs. 1 Satz 1 Nr. 3 WpHG der Grundsatz der alternativen Zurechnung.

---

511 *Vgl. Bundesanstalt*, Emittentenleitfaden, VIII.2.5.2 (S. 140); *Uwe H. Schneider*, in: Assmann/Schneider, WpHG, § 22 Rn. 55; von *Bülow*, in: KK-WpHG, § 22 Rn. 66.

512 *von Bülow*, in: KK-WpHG, § 22 Rn. 66.

513 *Vgl. Bundesanstalt*, Emittentenleitfaden, VIII.2.5.2.1 (S. 140); *Uwe H. Schneider*, in: Assmann/Schneider, WpHG, § 22 Rn. 55; *von Bülow*, in: KK-WpHG, § 22 Rn. 71; die Sicherungstreuhand hat in § 22 Abs. 1 Satz 1 Nr. 3 WpHG eine eigene Regelung gefunden.

514 *Vgl.* ausführlich und zwischen einfacher und Ketten-Wertpapierleihe differenzierend *Bundesanstalt*, Emittentenleitfaden, VIII.2.5.2.2 (S. 140 ff.); BGH, NZG 2009, 585 (589): Zurechnung zum Darlehensgeber nur, wenn dieser nach der vertraglichen Regelung weiterhin Einfluss auf die Stimmrechtsausübung nehmen kann.

Dies bedeutet, dass Stimmrechte nach Maßgabe der oben genannten Kriterien entweder nur beim Sicherungsnehmer oder beim Sicherungsgeber erfasst werden.[515]

Für die Transaktionspraxis bedeutet dies: Beabsichtigt der Erwerbsinteressent, etwa zum Zwecke der Besicherung der im Zusammenhang mit dem Erwerb abgeschlossenen Fremdfinanzierung, die zu erwerbenden Anteile an eine finanzierende Bank zu übertragen, wird im Regelfall nicht zusätzlich durch diesen Umstand eine Anzeigepflicht der finanzierenden und durch die Anteile besicherten Bank ausgelöst.[516]

b) Verpfändung von Anteilen

Die Rechtslage bei der Sicherungsübereignung ist identisch mit der Situation, in der ein Erwerbsinteressent seine Anteile verpfänden will. Bei der Verpfändung behält der Anteilsinhaber seine mitgliedschaftliche Stellung und damit auch sein Stimmrecht. Die Anteile und Stimmrechte sind daher auch bei einer geplanten Verpfändung allein dem Erwerbsinteressenten über § 10 Abs. 9 Satz 2 i.V.m. § 21 Abs. 1 WpHG zuzuordnen. Eine Zurechnung beim Pfandgläubiger über § 22 Abs. 1 Satz 1 Nr. 3 WpHG erfolgt nicht.[517] Die geplante Verpfändung der Beteiligung im Zusammenhang mit der Finanzierung des Beteiligungserwerbs löst daher im Regelfall keine Anzeigepflicht der finanzierenden Bank aus.[518] Anders fällt die Bewertung allerdings aus, wenn der Pfandgläubiger ausnahmsweise zur Ausübung des Stimmrechts befugt ist. Dann kommt, wenn er die Absicht bekundet, die Stimmrechte unabhängig von den Weisungen des Pfandschuldners auszuüben, eine Zurechnung nach § 22 Abs. 1 Satz 1 Nr. 3 WpHG,[519] sowie unabhängig davon eine Zurechnung gemäß § 22 Abs. 1 Satz 1 Nr. 6 WpHG in Betracht.[520]

10. Nießbrauch (§ 22 Abs. 1 Satz 1 Nr. 4 WpHG)

Im Falle eines Nießbrauchs an Anteilen sind die Stimmrechte nach § 22 Abs. 1 Satz 1 Nr. 4 WpHG demjenigen zuzurechnen, zu dessen Gunsten ein Nießbrauchsrecht bestellt wurde beziehungsweise bestellt werden soll. Es kommt daher nicht auf den Streit an, wem im Falle des Nießbrauchs an Gesellschaftsanteilen das Stimmrecht zusteht.[521]

---

515 *Vgl. Bundesanstalt*, Emittentenleitfaden, VIII.2.5.3.1 (S. 142); *Uwe H. Schneider*, in: Assmann/Schneider, WpHG, § 22 Rn. 93; *von Bülow*, in: KK-WpHG, § 22 Rn. 103; *Petersen*, in: Spindler/Stilz, AWG, § 22 Anh Rn. 38.

516 Allerdings bleibt der Erwerbsinteressent im Rahmen des Inhaberkontrollverfahrens verpflichtet, die Finanzierung des Erwerbs zu erläutern und in diesem Zusammenhang auch die beabsichtigte Sicherungsübereignung offenzulegen (*vgl.* § 14 InhKontrollV).

517 *Uwe H. Schneider*, in: Assmann/Schneider, WpHG, § 22 Rn. 93; *von Bülow*, in: KK-WpHG, § 22 Rn. 100 ff.

518 *Gittermann*, Übernahme von Banken, 997 (1009).

519 *von Bülow*, in: KK-WpHG, § 22 Rn. 101, 104.

520 *Vgl. Bundesanstalt*, Emittentenleitfaden, VIII.2.5.3.2 (S. 142).

521 *Vgl.* zum Meinungsstand *Frank*, MittBayNot 2010, 96 (99).

11. Erwerbsrecht durch Willenserklärung (§ 22 Abs. 1 Satz 1 Nr. 5 WpHG)

Über § 22 Abs. 1 Satz 1 Nr. 5 WpHG werden dem Erwerbsinteressenten Stimmrechte aus Anteilen zugerechnet, die er durch Willenserklärung erwerben kann. Es werden nur solche Konstellationen erfasst, bei denen zum Eigentumserwerb der Anteile nur noch die Willenserklärung des Erwerbsinteressenten notwendig ist.[522]

a) Ursprünglicher Anwendungsbereich des § 22 Abs. 1 Satz 1 Nr. 5 WpHG

Wichtigster Anwendungsfall des § 22 Abs. 1 Satz 1 Nr. 5 WpHG sind dinglich ausgestaltete Optionen. Dagegen fallen schuldrechtliche Optionsrechte wie auch sonstige schuldrechtliche Erwerbsrechte nach herrschender Meinung und der Verwaltungspraxis der Bundesanstalt nicht unter die Vorschrift.[523] Auch Optionsrechte mit Barausgleich (*cash-settled options*) sowie sogenannte *cash-settled total return equity swaps* fallen nach h.M. und der Verwaltungspraxis der Bundesanstalt nicht unter § 22 Abs. 1 Satz 1 Nr. 5 WpHG.[524] Auch aufschiebend bedingte Übereignungen können in der Regel nur bei Potestativbedingungen eine Zurechnung nach § 22 Abs. 1 Satz 1 Nr. 5 WpHG auslösen.[525]

Hauptzweck des § 22 Abs. 1 Satz 1 Nr. 5 WpHG ist die Offenlegung möglicherweise bevorstehender Veränderungen der Beteiligungsstruktur und des Stimmrechtseinflusses.[526]

b) Anwendbarkeit bei Inhaberkontrollverfahren?

Zumeist wird in der Literatur die entsprechende Anwendbarkeit des § 22 Abs. 1 Satz 1 Nr. 5 WpHG im Rahmen von Anteilseignerkontrollverfahren über den Verweis des § 1 Abs. 9 Satz 2 KWG nicht weiter problematisiert.

aa) Meinungsstand

Nach der Ansicht von *Mönnig* soll § 22 Abs. 1 Satz 1 Nr. 5 WpHG im Rahmen von Inhaberkontrollverfahren nicht anwendbar sein.[527] Zutreffend weist *Mönnig* darauf

---

522 *Vgl. Bundesanstalt*, Emittentenleitfaden, VIII.2.5.5 (S. 143).

523 *Vgl. Bundesanstalt*, Emittentenleitfaden, VIII.2.5.5 (S. 143); *Cahn*, AG 1997, 502 (507 f.); *Weber-Rey*, in: Habersack/Mülbert/Schlitt, HdB. Kapitalmarktinformation, § 23 Rn. 95; *Bayer*, in: MünchKomm-AktG, § 22 Anh. § 23 WpHG Rn. 28; *von Bülow*, in: KK-WpHG, § 22 Rn. 112 ff.; *Petersen*, in: Spindler/Stilz, AktG, § 22 Anh Rn. 50; a.A. etwa *Uwe H. Schneider*, in: Assmann/Schneider, WpHG, § 22 Rn. 104 ff.

524 *Vgl. Bundesanstalt*, Presseerklärung v. 21. August 2008: "Keine Verletzung von Meldepflichten bei Übernahmeverfahren Continental festgestellt"; *Baums/Sauter*, ZHR 173 (2009), 454 (463 ff.); *Merkner/Sustmann*, NZG 2010, 681 (682) (jew. m.w.N.); *von Bülow*, in KK-WpHG, § 22 Rn. 87; *Petersen*, in: Spindler/Stilz, AktG, § 22 Anh Rn. 47.

525 *von Bülow*, in:KK-WpHG, § 22 Rn. 116 f.; *Petersen*, in Spindler/Stilz, AktG, § 22 Anh 50; *vgl. Bundesanstalt*, Emittentenleitfaden, VIII.2.5.5; weitergehend: *Uwe H. Schneider*, in: Assmann/Schneider, WpHG, § 22 Rn. 112.

526 *von Bülow*, in: KölnKomm-WpHG, § 22 Rn. 109; *Uwe H. Schneider*, in: Assmann/Schneider, WpHG, § 22 Rn. 105.

hin, dass die Vorschrift die einzige Zurechnungsvorschrift ist, bei der eine Zurechnung der Stimmrechte Dritter erfolgt, auf deren Ausübung der Meldepflichtige noch gar keinen Einfluss hat.[528] Der (noch) amtierende Inhaber der Anteile kann die Rechte aus den Anteilen in der Abwesenheit anderweitiger Vereinbarungen völlig unabhängig vom Inhaber der Optionen ausüben. Die Regelung sei daher aus kapitalmarktrechtlichen Gesichtspunkten im Rahmen des Wertpapierhandelsgesetzes sinnvoll, um zum Schutz der Anleger ein Anschleichen an die Zielgesellschaft transparent werden zu lassen. Ziel der Inhaberkontrolle sei es dagegen, das regulierte Zielunternehmen und die Allgemeinheit vor schädlicher Einflussnahme der Anteilseigner zu bewahren. Voraussetzung hierfür sei aber, dass für den Beteiligungsinhaber zumindest die Möglichkeit bestehe, als Aktionär beziehungsweise über die Beeinflussung der Stimmrechtsausübung Dritter Einfluss zu nehmen. Diese Möglichkeit der Beeinflussung sei aber in Fällen des § 22 Abs. 1 Satz 1 Nr. 5 WpHG nicht gegeben.

bb) Stellungnahme

Der Ansicht *Mönnigs* ist im Ergebnis zuzustimmen. Ergänzend zur Begründung von *Mönnig* spricht hierfür, dass es ansonsten zu einer doppelten Vorverlagerung kommt. Im Rahmen des § 22 Abs. 1 Satz 1 verlegt Nr. 5 den Mitteilungszeitpunkt vor. Die Mitteilung muss gemacht werden, obwohl ein Stimmrechtserwerb nur möglich ist. Im Rahmen des § 2c Abs. 1 Satz 1 KWG erfolgt eine Vorverlegung des Anmeldezeitpunkts bereits dadurch, daß schon die Erwerbsabsicht angezeigt werden muß. Im Zusammenspiel mit § 22 Abs. 1 Satz 1 Nr. 5 WpHG hätte man also eine doppelte Vorverlegung.

Bei den von § 22 Abs. 1 Satz 1 Nr. 5 WpHG erfassten Sachverhalten ist häufig noch vollkommen ungewiss ist, ob es überhaupt zu einem Beteiligungserwerb kommt. Beispielhaft kann hier eine dingliche Call-Option genannt werden. Rechnete man solche zweifellos in den ursprünglichen Anwendungsbereich des § 22 Abs. 1 Satz 1 Nr. 5 WpHG fallende Rechte über § 1 Abs. 9 Satz 2 KWG zu, so würde bereits die Absicht zum Erwerb dieser Optionsrechte die Anzeigepflicht auslösen. Die Zurechnung würde also erfolgen, ohne dass überhaupt feststeht, ob der Inhaber der Optionen jemals die Optionen ausüben will und wird und eine Beteiligung am Zielunternehmen erwirbt. Es müsste also schon die Absicht mitgeteilt werden, einen noch ungewissen Anteilserwerb zu ermöglichen.

Im Fall einer Zurechnung derartiger Sachverhalte bestünde daher die Gefahr, dass sich die Aufsichtsbehörden mit einer Vielzahl von Sachverhalten befassen müssten, in denen noch völlig offen ist, ob ein Beteiligungserwerb überhaupt stattfinden

---

527 *Mönnig*, Überwachung der Inhaber bedeutender Beteiligungen an Versicherungsunternehmen, S. 68 ff. (zu § 22 Abs. 1 Nr. 6 WpHG, der dem heutigen § 22 Abs. 1 Satz 1 Nr. 5 WpHG entspricht); zustimmend *Präve*, in: Prölss, VAG, § 7a Rn. 36; *Winter*, Versicherungsaufsichtsrecht, S. 252, nach dem der Verweis auf die Zurechnungsvorschrift gegen das Verhältnismäßigkeitsprinzip verstößt (alle zu § 7a Abs. 2 Satz 4 VAG).

528 *Vgl.* zu § 22 Abs. 1 Satz 1 Nr. 5 WpHG etwa auch *von Bülow*, in: KölnKomm-WpHG, § 22 Rn. 109.

wird. Es würden dadurch unnötig Kräfte und Ressourcen der Finanzaufsicht wie auch des potentiell Anzeigepflichtigen und des Zielunternehmens gebunden.

Die Einholung vieler nach der Inhaberkontrollverordnung vorgeschriebener Informationen und Erklärungen machen zudem ohne eine Entscheidung des Anzeigepflichtigen über den Erwerb der Beteiligung gar keinen Sinn. Aus aufsichtsrechtlicher Sicht besteht zu diesem Zeitpunkt auch gar kein aufsichtsrechtliches Bedürfnis, diese Informationen abzufragen. Weder besteht eine tatsächliche Einflussmöglichkeit auf das Zielunternehmen, wie es sie durch die Inhaberschaft von Stimmrechten gibt, noch besteht anders als bei reinen Kapitalbeteiligungen ein Vermutungszusammenhang zwischen Innehabung des Instruments und faktischer Einflussnahme.[529]

Zwar besteht auch bei bedingten Erwerbsvorgängen noch Unsicherheit über das "ob" des Erwerbs. Jedoch hängt bei bedingten Erwerben das "ob" des Erwerbs nur noch von äußeren, außerhalb der Einflusssphäre des Erwerbsinteressenten liegenden Umständen ab. Bei einer uneingeschränkten Anwendung von § 22 Abs. 1 Satz 1 Nr. 5 WpHG würden aber auch Fälle erfasst, in denen der potentiell Anzeigepflichtige noch nicht einmal entschieden hat, ob er sich überhaupt an dem Institut beteiligen will. Dies spricht dafür, eine Zurechnung jedenfalls solange abzulehnen, wie der potentiell Anzeigepflichtige noch keine Entscheidung über die Ausübung des Erwerbsrechts getroffen hat.

Umgekehrt erscheint es sachgerecht, Sachlagen zu erfassen, in denen der potentiell Anzeigepflichtige eine Entscheidung zur Ausübung der Optionsrechte getroffen hat. Dann hat sich die Absicht zum Erwerb einer Beteiligung am Zielunternehmen konkretisiert. Aus der bevorstehenden Änderung der Beteiligungsverhältnisse rechtfertigt sich die Einschaltung der Aufsichtsbehörden und die Zuverlässigkeits- und Eignungsprüfung des künftigen Gesellschafters. Im Grunde bedarf es in diesen Konstellationen aber gar keiner Zurechnung über § 22 Abs. 1 Satz 1 Nr. 5 WpHG. Die Anzeigepflicht ergibt sich in dieser Fallkonstellation bereits aus § 2c Abs. 1 Satz 1 i.V.m. § 1 Abs. 9 Satz 1 KWG.

cc) Europarechtskonforme Auslegung

Fraglich ist allerdings, ob eine derartige einschränkende Auslegung des Verweises in § 1 Abs. 9 Satz 2 KWG auf § 22 Abs. 1 Satz 1 Nr. 5 WpHG mit der Beteiligungsrichtlinie vereinbar ist. Bekanntlich verweist die Beteiligungsrichtlinie hinsichtlich der Zurechnung von Anteilen Dritter auf die Zurechnungsvorschriften in Art. 9, Art. 10 und Art. 12 Abs. 4 und Abs. 5 der Transparenzrichtlinie II.

Die Vorschrift des § 22 Abs. 1 Satz 1 Nr. 5 WpHG beruhte ursprünglich auf Art. 7 der Transparenzrichtlinie I. Die Transparenzrichtlinie II enthält in ihrem Art. 10 keine Art. 7 der Transparenzrichtlinie I im Wortlaut entsprechende Regelung mehr.[530] Stattdessen ordnet Art. 13 der Transparenzrichtlinie II eine Mitteilungs-

---

529 *Vgl. von Bülow*, in: KölnKomm-WpHG, § 22 Rn. 109.

530 *Dehlinger/Zimmermann*, in: Fuchs, WpHG, § 22 Rn. 63.

pflicht für Finanzinstrumente an, die dem Inhaber das Recht verleihen, von sich aus im Rahmen einer förmlichen Vereinbarung mit Stimmrechten verbundene Aktien eines Emittenten zu erwerben. Diese europarechtliche Vorgabe wurde durch den deutschen Gesetzgeber mit § 25 WpHG umgesetzt. § 22 Abs. 1 Satz 1 Nr. 5 WpHG wurde vom deutschen Gesetzgeber daneben aus Gründen des Umgehungsschutzes beibehalten.[531]

Damit wird deutlich, dass § 22 Abs. 1 Satz 1 Nr. 5 WpHG überhaupt nicht von denjenigen Zurechnungstatbeständen der Transparenzrichtlinie II erfasst wird, deren entsprechende Geltung durch die Beteiligungsrichtlinie angeordnet wird. Die Beteiligungsrichtlinie verweist gerade nicht auf die Regelung des Art. 13 der Transparenzrichtlinie II. Der Verweis in § 1 Abs. 9 Satz 2 KWG geht daher im Hinblick auf § 22 Abs. 1 Satz 1 Nr. 5 WpHG über die Beteiligungsrichtlinie hinaus. Wie oben bereits ausgeführt, statuiert die Beteiligungsrichtlinie hinsichtlich der anzeigepflichtigen Tatbestände nicht nur Mindestanforderungen, sondern auch Höchstgrenzen.[532] Eine Erweiterung der anzeigepflichtigen Tatbestände im Anwendungsbereich der Beteiligungsrichtlinie ist damit den Mitgliedstaaten verwehrt. Daher ist der Verweis des § 1 Abs. 9 Satz 2 KWG auf § 22 Abs. 1 Satz 1 Nr. 5 WpHG als europarechtswidrig einzuordnen

c) Call-Optionen

Die hier vertretene Ansicht führt insbesondere dann zu sachgerechten Ergebnissen, wenn der Ausübungszeitraum für ein dingliches Call-Optionsrecht erst zu einem erheblich späteren Zeitpunkt in der Zukunft besteht. Zu denken ist etwa an ein bereits jetzt eingeräumtes Optionsrecht, das erst in vielen Jahren ausgeübt werden kann. Eine Zurechnung über § 22 Abs. 1 Satz 1 Nr. 5 WpHG würde dazu führen, dass schon die Absicht, ein derartiges Optionsrecht zu vereinbaren oder zu erwerben, eine Anzeigepflicht nach § 2c Abs. 1 Satz 1 KWG auslösen würde.[533] Eine derartige Überprüfung des Optionsinhabers zu diesem Zeitpunkt erscheint aber, wie ausgeführt, weder sinnvoll noch aufsichtsrechtlich geboten. Hinzu kommt, dass sich die für die Prüfung des geplanten Erwerbs relevanten aufsichtsrechtlichen Gesichtspunkte zum eigentlichen Zeitpunkt des Erwerbs der Anteile an der Gesellschaft vollkommen verändert haben können, ohne dass dies eine erneute Anzeigepflicht nach § 2c Abs. 1 Satz 1 KWG auslösen würde.

Die hier vertretene Auslegung zu Call-Optionen entspricht im Übrigen auch der Verwaltungspraxis anderer europäischer Aufsichtsbehören, beispielsweise der englischen Financial Services Authority (FSA).

---

531 Begr. RegE zum Transparenzrichtlinie-Umsetzungsgesetz, BT-Drucks. 16/2498, S. 37; *Dehlinger/Zimmermann*, in: Fuchs, WpHG, § 22 Rn. 63.

532 *Vgl.* 1. Teil: B. II. 3.

533 *Vgl.* auch *von Bülow*, in: KölnKomm-WpHG, § 22 Rn. 121, der eine Zurechnung nach § 22 Abs. 1 Satz 1 Nr. 5 WpHG ohnehin nur während des Ausübungszeitraums zulassen will.

d) Wandelanleihen

Fraglich ist ferner, ob Wandelschuldverschreibungen zu einer Zurechnung von Stimmrechten oder Anteilen führen. Bei Wandelanleihen handelt es sich um Schuldverschreibungen, die dem Gläubiger das Recht gewähren, seinen Anspruch auf Rückzahlung des Nennbetrages gegen eine bestimmte Zahl von Aktien einzutauschen (*vgl.* § 221 Abs. 1 Satz 1 1. Fall AktG). Gerade in der Hochzeit der Finanzkrise waren Wandelanleihen ein international häufig eingesetztes Instrument, um die Finanzkraft von Banken zu stärken.

Die überwiegende Ansicht lehnt im Kapitalmarktrecht zu Recht die Zurechnung von Stimmrechten nach § 22 Abs. 1 Satz 1 Nr. 5 WpHG über Wandelschuldverschreibungen ab. Zum einen begründet das Umtauschrecht noch nicht ein dingliches Erwerbsrecht, denn der Zeichnungsvertrag muss erst noch abgeschlossen werden, nachdem der Inhaber der Wandelanleihe sein Gestaltungsrecht ausgeübt hat. Zum anderen bestehen im Regelfall zum Zeitpunkt der Ausübung der Wandelschuldverschreibung die auszugebenden Anteile noch gar nicht. Zugerechnet werden könnten jedoch nur Stimmrechte, die bereits bestehen.[534]

Richtigerweise kommt es indessen im Rahmen des § 2c Abs. 1 Satz 1 KWG auf diese Argumentation nicht an. § 2c Abs. 1 Satz 1 KWG stellt auf die Erwerbsabsicht ab und subjektiviert damit, anders als §§ 22 ff. WpHG, das Vorliegen einer bedeutenden Beteiligung. Es kann daher auch nicht darauf ankommen, ob noch ein Zeichnungsvertrag geschlossen werden muss oder die durch die Ausübung der Wandelschuldverschreibung noch auszugebenden Anteile schon bestehen oder noch geschaffen werden müssen. Dies gilt jedenfalls, sofern der Schaffung der Anteile oder dem Abschluss des Zeichnungsvertrages keine wesentlichen Hindernisse entgegenstehen, die die Ausgabe und Übertragung der Anteile an den potentiell Anzeigepflichtigen unwahrscheinlich machen oder ernstlich gefährden könnten.

Eine Anzeigepflicht wird umgekehrt erst ausgelöst, wenn sich die Absicht zum Beteiligungserwerb konkretisiert hat. Richtigerweise wird man dies bei Wandelschuldverschreibungen entsprechend den vorstehenden Ausführungen erst dann annehmen können, wenn der Inhaber der Schuldverschreibungen eine Entscheidung über die Ausübung des Wandlungsrechts getroffen hat. In diesem Fall hat sich die Absicht zum Erwerb der Beteiligung konkretisiert. Eine Zurechnung erfolgt dann aber nicht über § 22 Abs. 1 Satz 1 Nr. 5 WpHG, sondern bereits nach § 1 Abs. 9 Satz 1 KWG i.V.m. § 2c Abs. 1 Satz 1 KWG.

---

534 *Vgl. Bundesanstalt*, Emittentenleitfaden, VIII.2.8.1 (S. 162); *Hutter/Kaulamo*, NJW 2007, 471 (475); *Dehlinger/Zimmermann*, in: Fuchs, WpHG, § 25 Rn. 8; *Bayer*, in: MünchKomm-AktG, § 22 Anh., § 25 WpHG Rn. 3 (jew. zu § 25 WpHG); *von Bülow*, in: KölnKomm-WpHG, § 22 Rn. 127; a.A. *Uwe H. Schneider*, in: Assmann/Schneider, WpHG, § 22 Rn. 113 f.

e) Pflichtwandelanleihen

Eng mit der oben erörterten Problematik verbunden ist die Frage, ob und wann der Erwerb oder das Halten von Pflichtwandelanleihen an regulierten Unternehmen eine Anzeigepflicht auslösen kann. Auch dies wird im kapitalmarktrechtlichen Schrifttum zu §§ 22 ff. WpHG kontrovers beurteilt.

Auf der Grundlage des hier vertretenen Ansatzes könnte für eine Zurechnung von Stimmrechten und Kapitalanteilen über die Inhaberschaft von Pflichtwandelanleihen sprechen, dass anders als bei herkömmlichen Wandelanleihen bereits feststeht, dass zum in den Anleihebedingungen genannten Zeitpunkt eine Rückzahlung der Anleihe durch Anteile am Zielunternehmen erfolgt. Wie bei den herkömmlichen Wandelanleihen ist es dabei wegen des Abstellens auf die bloße Erwerbsabsicht unerheblich, dass auch bei Pflichtwandelanleihen häufig die Anteile an der Zielgesellschaft erst in der Zukunft entstehen.

Dennoch wäre es falsch, den beabsichtigten Erwerb von Pflichtwandelanleihen pauschal mit der Absicht zum Beteiligungserwerb gleichzusetzen. Denn auch hinsichtlich des Inhabers von Pflichtwandelanleihen ist häufig zunächst noch ungewiss, ob eine tatsächliche Beteiligung in der Zukunft überhaupt zustande kommt. So besteht insbesondere die Möglichkeit, die Pflichtwandelanleihen zwischenzeitlich an eine andere Person weiterzuveräußern. Insofern rechtfertigt die bloße Inhaberschaft von Pflichtwandelanleihen noch nicht, die Finanzaufsichtsbehörden mit der Durchführung eines Inhaberkontrollverfahrens zu belasten. Dies gilt erst recht, wenn der Zeitraum zwischen dem Erwerb der Pflichtwandelanleihe und dem in den Anleihebedingungen fixierten Zeitpunkt zur Rückzahlung der Pflichtwandelanleihe durch Anteile der Gesellschaft erheblich ist. Deswegen sollte auch hier darauf abgestellt werden, ob der Inhaber der Pflichtwandelanleihen bereits eine Entscheidung getroffen hat, diese auch tatsächlich zum Wandlungszeitpunkt inne zu haben. Die Beteiligungsabsicht folgt in diesem Fall unmittelbar aus § 1 Abs. 9 Satz 1 i.V.m. § 2c Abs. 1 Satz 1 KWG und nicht über eine Zurechnung nach § 1 Abs. 9 Satz 2 KWG i.V.m. § 22 Abs. 1 Satz 1 Nr. 5 KWG.

Natürlich besteht bei dieser Ansicht die Gefahr, dass der Beurteilungszeitraum der Bundesanstalt de facto unterlaufen wird, sollte die eigentliche Entscheidung zum Behalten der Pflichtwandelanleihe erst kurz vor dem Ausübungszeitpunkt getroffen werden. Allerdings geht der Inhaber von Pflichtwandelanleihen, der die Anzeige nach § 2c Abs. 1 Satz 1 KWG erst kurz vor dem Wandlungsdatum einreicht, das Risiko ein, dass die Bundesanstalt den Erwerb nach Vollzug nachträglich untersagt. Will der Inhaber der Pflichtwandelanleihen dies vermeiden, ist er gezwungen, sich rechtzeitig vor dem Wandlungszeitpunkt über seine Pläne klar zu werden und das Erwerbsvorhaben so rechtzeitig anzuzeigen, dass die Bundesanstalt vor dem Wandlungszeitpunkt ihre Beurteilung abschließen kann.

f) Finanzinstrumente i.S.d. § 25 und § 25aWpHG

§ 1 Abs. 9 Satz 2 KWG verweist nicht auf § 25 WpHG und die dortige Regelung zu Mitteilungspflichten beim Halten von sonstigen Finanzinstrumenten, die ein

Erwerbsrecht an mit Stimmrechten verbundenen Aktien anordnen. Dies ist konsequent, da auch die Beteiligungsrichtlinie hinsichtlich der Zurechnungsvorschriften nicht auf Art. 13 der Transparenzrichtlinie verweist, deren Umsetzung § 25 WpHG dient.[535]

Praktische Bedeutung hat § 25 WpHG vor allem bezüglich schuldrechtlicher Call-Optionen. Sofern diese nicht nur das Recht auf einen Barausgleich gewähren, sondern auf Übertragung der Anteile selbst bezogen sind, sind diese als Finanzinstrumente im Sinne von § 25 WpHG einzuordnen.[536]

Der fehlende Verweis auf § 25 WpHG bedeutet jedoch nicht, dass von § 25 WpHG erfasste Finanzinstrumente im Rahmen der Bestimmung der Anzeigpflichten nach § 2c KWG völlig unbeachtlich wären. Vielmehr kommt auch hier eine Anzeigepflicht bereits über § 1 Abs. 9 Satz 1 i.V.m. § 2c Abs. 1 Satz 1 KWG in Betracht, sobald der Erwerbsinteressent eine Entscheidung über die Ausübung der Rechte getroffen hat und damit ein Anteilserwerb hinreichend wahrscheinlich wird.

Durch das Gesetz zur Stärkung des Anlegerschutzes und Verbesserung der Funktionsfähigkeit des Kapitalmarktes vom 5. April 2011 wurden die wertpapierhandelsrechtlichen Meldepflichten durch Einfügung des § 25a WpHG erheblich erweitert.[537] Erfasst werden insbesondere *cash-settled total return equity swaps*, bei denen der Bank das Recht eingeräumt wird, anstelle der Barzahlung physische Anteile zu liefern. Nicht selten wird die Bank zur Absicherung der mit dem Instrument verbundenen Risiken das Swap-Geschäft durch den Erwerb von Referenzaktien absichern.[538] In der Vergangenheit wurden solche Instrumente bewusst dazu verwendet, sich Zugriff auf Anteile an Zielunternehmen zu verschaffen, ohne Meldepflichten nach §§ 22 Abs. 1 Satz 1 Nr. 5 WpHG; 25 WpHG auszulösen.[539] Weitere Beispiele sind Call-Optionen mit Barausgleich und Stillhalterpositionen bei Put-Optionen.[540] Solche Instrumente lösen – anders als bisher – wertpapierhandelsrechtliche Meldepflichten nach § 25a WpHG aus.[541]

Mangels Verweis des § 1 Abs. 9 Satz 2 KWG auf § 25a WpHG lösen auch solche Instrumente grundsätzlich keine finanzaufsichtsrechtlichen Anzeigepflichten aus. Hat ein Erwerbsinteressent entschieden, derartige Instrumente dazu zu nutzen, Anteile am Zielunternehmen zu erwerben, kann dies allerdings je nach Ausgestaltung gemäß § 1 Abs. 9 Satz 1 KWG i.V.m. § 2c Abs. 1 Satz 1 KWG eine

---

535 *Vgl. Uwe H. Schneider*, in: Assmann/Schneider, WpHG, § 25 Rn. 2.

536 *Vgl. Bundesanstalt*, Emittentenleitfaden, VIII.2.8.1 (S. 162).

537 BGBl. I S. 538.

538 *Merkner/Sustmann*, NZG 2010, 681 (683 f.).

539 *Vgl. Baums/Sauter*, ZHR 173 (2009), 454 (455; 459 ff.); *Merkner/Sustmann*, NZG 2010, 681 (681 f.).

540 *Merkner/Sustmann*, NZG 2010, 681 (683 f.); *Möllers/Wenninger*, NJW 2011, 1697 (1700).

541 Zur h.M. vor der Reform des § 25 WpHG *Bundesanstalt*, Emittentenleitfaden, VIII.2.5.5 (S. 143); *Baums/Sauter*, ZHR 173 (2009), 454 (463 ff.) n.w.N.

entsprechende Pflicht zur Abgabe einer aufsichtsrechtlichen Erwerbsanzeige auslösen.

12. Anvertrauen oder Bevollmächtigen (§ 22 Abs. 1 Satz 1 Nr. 6 WpHG)

Praktische Bedeutung hat auch der Zurechnungstatbestand des § 22 Abs. 1 Satz 1 Nr. 6 WpHG. Über die genannte Vorschrift erfolgt eine Zurechnung von Stimmrechten aus Anteilen, die dem Erwerbsinteressenten anvertraut werden oder aus denen er die Stimmrechte als Bevollmächtigter ausüben kann, sofern diese Stimmrechte nach eigenem Ermessen ausgeübt werden können, wenn keine besonderen Weisungen des Anteilseigners vorliegen.

Wesensmerkmal des "Anvertrautseins" ist über die Verpflichtung zur Wahrnehmung der Vermögensinteressen des Anteilseigners hinaus ein Ermessensspielraum bei der Stimmrechtsausübung.[542] Unter § 22 Abs. 1 Satz 1 Nr. 6 WpHG können unter anderem Fälle der gesetzlichen Vertretungsmacht fallen.[543] Die Vorschrift erfasst allerdings nicht Vorstandsmitglieder beziehungsweise Geschäftsführer mit organschaftlicher Vertretungsmacht, da der Zurechnungstatbestand eine besondere Vermögenswahrnehmungspflicht des Anzeigepflichtigen im Sinne eines qualifizierten Vertrauensverhältnisses voraussetzt, die über die den Anzeigepflichtigen ohnehin treffenden gesetzlichen Pflichten hinausgeht.[544] Bevollmächtigte i.S.d. § 22 Abs. 1 Satz 1 Nr. 6 WpHG müssen rechtlich selbständig sein, so dass auch bevollmächtigte Arbeitnehmer, geschäftsführende Kommanditisten oder Prokuristen sich Stimmrechte des Vollmachtgebers nicht zurechnen lassen müssen.[545]

Hinsichtlich rechtsgeschäftlicher Stimmrechtsvollmachten ist zu beachten, dass auch die wiederholte Erteilung von Weisungen durch den Vollmachtgeber nicht dazu führt, dass beim Bevollmächtigten die Zurechnung entfällt. Nur dann, wenn der Bevollmächtigte ohne Weisung nicht handeln darf oder nur nach einer vorher festgelegten Marschroute und ohne eigenes Ermessen zu agieren hat, ist der Tatbestand des § 22 Abs. 1 Satz 1 Nr. 6 WpHG nicht erfüllt.[546] Entsprechendes gilt auch für Untervollmachten. Relevant kann die Zurechnungsvorschrift vor allem bei der Vollmachtstreuhand sowie bei Asset- und Fondsmanagement-Gesellschaften

---

542 *Vgl. Bundesanstalt*, Emittentenleitfaden, VIII.2.5.6 (S. 144).

543 *Vgl. Bundesanstalt*, Emittentenleitfaden, VIII.2.5.6 (S. 144); a.A. *Leuering*, NZG 2010, 1285 ff.

544 *Vgl. von Bülow*, in: KK-WpHG, § 22 Rn. 135; *Uwe H. Schneider*, in: Assmann/Schneider, WpHG, § 22 Rn. 121.

545 Zutreffend *Uwe H. Schneider*, in: Assmann/Schneider, WpHG, § 22 Rn. 121; *von Bülow*, in: KölnKomm-WpHG, § 22 Rn. 135; a.A. *Lange*, Der Konzern 2003, 675 (678) (zu § 30 Abs. 1 Satz 1 Nr. 6 WpÜG).

546 *Vgl. Bundesanstalt*, Emittentenleitfaden, VIII.2.5.6 (S. 144).

werden.[547] Nicht erfasst von § 22 Abs. 1 Satz 1 Nr. 6 WpHG wird das Depotstimmrecht der Kreditinstitute (*vgl.* § 135 AktG).[548] Es besteht keine Veranlassung, dies im Rahmen des § 1 Abs. 9 Satz 2 KWG anders zu handhaben.[549]

13. Acting-in-concert (§ 22 Abs. 2 WpHG)

§ 1 Abs. 9 Satz 2 KWG verweist auch auf die Zurechnungsvorschrift für abgestimmtes Verhalten gemäß § 22 Abs. 2 WpHG. Nach dieser Vorschrift werden dem Erwerbsinteressenten Stimmrechte eines Dritten in voller Höhe zugerechnet, mit dem er oder sein Tochterunternehmen sein Verhalten in Bezug auf die Beteiligungsgesellschaft aufgrund einer Vereinbarung oder in sonstiger Weise abstimmt. Ausgenommen sind Vereinbarungen in Einzelfällen.

Ein derartiges auch *Acting-in-concert* genanntes Verhalten setzt voraus, dass der Erwerbsinteressent oder sein Tochterunternehmen und der Dritte sich über die Ausübung von Stimmrechten verständigen oder mit dem Ziel einer dauerhaften und erheblichen Änderung der unternehmerischen Ausrichtung des Beteiligungsunternehmens in sonstiger Weise zusammenwirken (§ 22 Abs. 2 Satz 2 WpHG). Liegt danach ein abgestimmtes Verhalten vor, sind die Stimmrechte der Beteiligten wechselseitig in voller Höhe zuzurechnen.

Praktische Bedeutung kann die Zurechnung nach dieser Vorschrift vor allem bei Gesellschaftervereinbarungen haben. Der bloße abgestimmte Parallelerwerb von Anteilen begründet dagegen kein Acting-in-concert.[550] Hinsichtlich der Einzelheiten wird auf das umfassende Schrifttum zu § 22 Abs. 2 WpHG verwiesen.

14. Sonderfälle

a) Stiftungen

Bei durch Stiftungen zu erwerbenden Anteilen, stellt sich die Frage, ob neben der Stiftung als (künftiger) Inhaber der Anteile weitere Personen anzeigepflichtig sind. Zwar kennt die Stiftung keine Mitgliedschaft und ist daher im Regelfall aufgrund fehlender Beteiligung kein abhängiges Unternehmen, weshalb grundsätzlich auch keine Zurechnung über die Stiftung hinaus erfolgt.[551]

---

547 *Vgl. Bundesanstalt*, Emittentenleitfaden, VIII.2.5.6 (S. 145); *Uwe H. Schneider*, in: Assmann/Schneider, WpHG, § 22 Rn. 123 ff.; *Dehlinger/Zimmermann*, in: Fuchs, WpHG, § 22 Rn. 76.

548 *Vgl. Bundesanstalt*, Emittentenleitfaden, VIII.2.5.6.1 (S. 145); *Dehlinger/Zimmermann*, in: Fuchs, WpHG, § 22 Rn. 77; *von Bülow*, in: KK-WpHG, § 22 Rn. 139.

549 *Vgl. Winter*, Versicherungsaufsichtsrecht, S. 252 f.; a.A. *Mönnig*, Überwachung der Inhaber bedeutender Beteiligungen an Versicherungsunternehmen, S. 72 ff. (jew. zu § 7a Abs. 2 Satz 4 VAG).

550 *Vgl.* Begr. Finanzausschuss zum RisikoBegrG, BT-Drucks. 16/9821, S. 11; OLG Frankfurt, WM 2004, 1638 ff. ("Pixelpark"); *Noack/Zetzsche*, in: Schwark/Zimmer, Kapitalmarktrechts-Kommentar, § 30 WpÜG, Rn. 33; *Petersen*, in: Spindler/Stilz, AWG, § 22 Anh Rn. 56; a.A. *Uwe H. Schneider*, in: Assmann/Schneider, WpHG, § 22 Rn. 184 ff.

551 *Vgl. Bundesanstalt*, Emittentenleitfaden, VIII.2.5.1.3 (S. 139).

Jedoch können Stiftungen faktisch beherrscht werden. Die Stiftung ist dann als Tochterunternehmen anzusehen. Dies ist insbesondere dann der Fall, wenn eine Person ein satzungsmäßiges Bestellungs- und Abberufungsrecht bezüglich der Leitungsorgane der Stiftung hat. Hier erfolgt eine Zurechnung zur die Stiftung faktisch beherrschenden Person. Dabei kommt es nicht darauf an, ob diese Person zugleich Stifter ist oder nicht. Ebenfalls ist unerheblich, ob die Person, der das Bestellungs- und Abberufungsrecht zusteht, selbst einem Organ der Stiftung angehört.[552]

b) Trust-Strukturen

Fraglich ist ferner die Behandlung von Trust-Strukturen. Trusts unterschiedlicher Ausprägung sind vor allem im anglo-amerikanischen Rechtskreis verbreitet. Die Motivationen zum Einsatz von Trusts sind dabei vielgestaltig.

Nicht zuletzt wegen des erheblichen zeitlichen und logistischen Aufwands sowie der mit der Durchführung von Inhaberkontrollverfahren verbundenen Unsicherheiten, aber auch zur Vermeidung der Folgeverpflichtungen einer Einstufung als Inhaber einer bedeutenden Beteiligung wird gelegentlich die Einschaltung von Trust-Strukturen beim Erwerb von Beteiligungen an regulierten Unternehmen erwogen.

Inwieweit dies tatsächlich gelingt, kann nicht generell beantwortet werden und hängt nicht zuletzt von der konkreten Ausgestaltung des Trusts ab.[553] Soweit Trusts aber eine eigene Rechtspersönlichkeit aufweisen, ist bei Schwellenüberschreitung grundsätzlich von einer Anzeigepflicht jedenfalls des Trusts selbst auszugehen.[554] Bei Trusts ohne Rechtspersönlichkeit kommt eine Anzeigepflicht des Trustees in Betracht, da dieser rechtlicher Eigentümer des Trustvermögens und damit auch der über den Trust erworbenen Anteile ist. Daneben kommt auch hier eine Anzeigepflicht der den Trust beherrschenden Personen in Betracht.[555]

15. Zurechnung von mittelbaren Kapitalbeteiligungen

Dass auch mittelbar gehaltene Kapitalbeteiligungen (ohne Stimmberechtigung) bei der Bestimmung des Kapitalanteils zuzurechnen sind, ergibt sich unzweifelhaft aus dem Wortlaut des § 1 Abs. 9 Satz 1 KWG und den entsprechenden Parallelvorschriften in den anderen Aufsichtsgesetzen. Fraglich ist allerdings, unter welchen Voraussetzungen mittelbare Kapitalbeteiligungen zuzurechnen sind.

---

552 *Vgl. Bundesanstalt*, Emittentenleitfaden, VIII.2.5.1.3 (S. 139).

553 *Vgl.* hierzu aus dem Blickwinkel des WpHG etwa *Mutter*, AG 2006, 637 ff.

554 *Vgl. Bundesanstalt*, Emittentenleitfaden, VIII.2.5.1.4 (S. 139).

555 *Vgl. Bundesanstalt*, Emittentenleitfaden, VIII.2.5.1.4 (S. 139); *Bedkowski*, BB 2009, 394 (396).

a) Mutter-Tochter-Verhältnis

Eine Zurechnung erfolgt jedenfalls soweit die Kapitalanteile durch ein Tochterunternehmen des potentiell Anzeigepflichtigen gehalten werden. Dies ergibt sich bereits aus dem Wortlaut des § 1 Abs. 9 Satz 1 KWG.

b) "Gleichartiges Verhältnis" i.S.d. § 1 Abs. 9 Satz 1 KWG

Zurechenbar sind ferner solche Kapitalanteile, die über ein einem Mutter-Tochter-Verhältnis "gleichartiges Verhältnis" gehalten werden. Ein gleichartiges Verhältnis besteht auch hier nur, wenn die Annahme eines Mutter-Tochterverhältnisses alleine an der fehlenden Unternehmensqualität der Mutter scheitert.[556]

c) Treuhandverhältnisse

Treuhänderisch gehaltene Kapitalanteile sind grundsätzlich sowohl beim Treuhänder als auch beim Treugeber anzurechnen. Dies folgt schon aus der Formulierung "im Eigen- oder Fremdinteresse" in § 1 Abs. 9 Satz 1 KWG, die genau diese Klarstellung bezweckt und auch für Kapitalanteile gilt.[557] Auf die Frage der entsprechenden Anwendbarkeit von § 22 Abs. 1 Satz 1 Nr. 2 WpHG kommt es diesbezüglich nicht an.

d) Abgestimmte Verhaltensweisen

Durch die Formulierung "Zusammenwirken mit anderen Personen oder Unternehmen" sollen nach den Gesetzesmaterialien zu § 1 Abs. 9 Satz 1 KWG Fälle erfasst werden, in denen formal mehrere Anteilseigner auftreten, "die ihr Verhalten zu Lasten" des Zielunternehmens "abstimmen, ohne dass sich die Möglichkeit eines beherrschenden Einflusses, ein Strohmannverhältnis oder eine vertragliche Absprache nachweisen lässt".[558] Da bei einer reinen Kapitalbeteiligung im Regelfall eine Abstimmung mangels korrespondierender Einflussmöglichkeiten leerläuft, kommt dem Passus bei der Zurechnung von Kapitalanteilen keine eigenständige Bedeutung zu.

e) Zurechnung entsprechend §§ 22 Abs. 1 bis Abs. 3a WpHG?

aa) Meinungsstand und praktische Relevanz

Der Verweis auf die Zurechnungsvorschriften des WpHG gilt nach dem Wortlaut des § 1 Abs. 9 Satz 2 KWG nur für "die Berechnung des Anteils der Stimmrechte". Wie gezeigt, fügen sich die §§ 22 Abs. 1 bis Abs. 3a WpHG bei der Berechnung des Anteils des Erwerbsinteressenten an den Stimmrechten grundsätzlich

---

556 *Serafin/Weber*, in: Luz/Neus/Scharpf/Schneider/Weber, KWG, § 2c Rn. 92; *Hirschmann*, Anteilseignerkontrolle, S. 39, 49; *Senger*, WM 2003, 1697 (1701) (zu § 1 Abs. 15 KWG); *Mönnig*, Überwachung der Inhaber bedeutender Beteiligungen an Versicherungsunternehmen, S. 29 (zu § 7a Abs. 2 Satz 4 VAG).

557 Differenzierend aber *Senger*, WM 2003, 1697 (1702).

558 Beschlussempfehlung und Bericht des Finanzausschuss zum Dritten Finanzmarktförderungsgesetz, BT-Drucks. 13/9874, S. 138; *Mönnig*, Überwachung der Inhaber bedeutender Beteiligungen an Versicherungsunternehmen, S. 29.

problemlos in die Systematik des WpHG ein. Dies liegt daran, dass die Vorschriften auf die Zurechnung von Stimmrechten zugeschnitten sind.

§§ 22 Abs. 1 bis Abs. 3a WpHG lassen sich dagegen nach überwiegender Ansicht nicht auf die Zurechnung von Kapitalanteilen übertragen.[559] Dafür spricht neben dem insoweit eindeutigen Wortlaut des § 1 Abs. 9 Satz 2 KWG auch der Umstand, dass eine Reihe von Tatbeständen notwendigerweise die Inhaberschaft beziehungsweise Existenz von Stimmrechten gedanklich voraussetzen. So hat ein Acting-in-concert i.S.d. § 22 Abs. 2 WpHG notwendigerweise einen Stimmrechtsbezug. Gleiches gilt für Stimmausübungsrechte i.S.d. § 22 Abs. 1 Satz 1 Nr. 6 WpHG. Ferner spricht für diese Ansicht, dass der Gesetzgeber typischerweise deutlich im Gesetz zum Ausdruck bringt, sofern für die Ermittlung der Kapital- oder Stimmrechtsquote wirtschaftliches Eigentum mit einbezogen sein soll.[560] Die Beschränkung des Verweises in § 1 Abs. 9 Satz 2 KWG kann daher nur als bewusste Entscheidung des Gesetzgebers verstanden werden. Ferner ist nicht zuletzt wegen der Sanktionierung von Verstößen gegen § 2c Abs. 1 KWG als Ordnungswidrigkeit Zurückhaltung mit einer analogen Anwendung der Zurechnungsvorschriften zu Lasten des potentiell Anzeigepflichtigen geboten.[561] Der Verweis des § 1 Abs. 9 Satz 2 KWG auf § 22 Abs. 1 Satz 1 Nr. 5 WpHG passt wie oben gezeigt zudem ohnehin nicht richtig zu den aufsichtsrechtlichen Anzeigepflichten und verstößt daher hinsichtlich der Zurechnung von Stimmrechten gegen die Beteiligungsrichtlinie.[562]

Die Relevanz der Frage der möglichen Anwendbarkeit von § 22 Abs. 1 bis Abs. 3a WpHG auf die Zurechnung von Kapitalanteilen beschränkt sich daher auf die Tatbestände von § 22 Abs. 1 Satz 1 Nr. 3 und Nr. 4 WpHG. Die übrigen Tatbestände sind entweder bereits durch die Regelung des § 1 Abs. 9 Satz 1 KWG erfasst oder setzen zwingend einen Stimmrechtsbezug voraus.

Dagegen kann kann eine entsprechende Anwendung von § 22 Abs. 1 Satz 1 Nr. 3 und Nr. 4 WpHG auf die Zurechnung von Kapitalanteilen durchaus sinnvoll und durch die Interessenlage geboten sein.

bb) § 22 Abs. 1 Satz 1 Nr. 3 WpHG

Dies gilt insbesondere im Hinblick auf § 22 Abs. 1 Satz 1 Nr. 3 WpHG. Anders als bei anderen Zurechungstatbeständen gilt im Rahmen der Zurechnung von zur

---

559 *Senger*, WM 2003, 1697 (1701) (zu § 1 Abs. 15 KWG); unklar: *Serafin/Weber*, in: Luz/Neus/Scharpf/Schneider/Weber, KWG, § 1 Rn. 92; *Schäfer*, in: Boos/Fischer/Schulte-Mattler, KWG, § 2c Rn. 214; krit. *Mönnig*, Überwachung der Inhaber bedeutender Beteiligungen an Versicherungsunternehmen, S. 45 f. (zu § 7a Abs. 2 Satz 4 VAG).

560 *Vgl. Senger*, WM 2003, 1697 (1701).

561 Zur Sanktionierung als Ordnungswidrigkeit *vgl.* 3. Teil: J. II. Zum Zusammenhang zwischen der Sanktionierung als Ordnungswidrigkeit und einem Analogieverbot im WpHG *vgl. Cahn*, AG 1997, 502 (503); *Hammen*, Der Konzern 2009, 18 ff.; *Winter*, in: FS Schirmer, 639 (642) (zu §§ 7a Abs. 2 Satz 4 VAG).

562 *Vgl.* 2. Teil : A. IV. 11. b).

Sicherheit gehaltenen Anteilen ausnahmsweise der Grundsatz der alternativen Zurechnung. § 22 Abs. 1 Satz 1 Nr. 3 WpHG ordnet dabei grundsätzlich eine Zurechnung beim Sicherungsgeber an.

Die Nichtanwendung von § 22 Abs. 1 Satz 1 Nr. 3 WpHG auf die Zurechnung von Kapitalanteilen hätte zur Folge, dass zur Sicherheit übertragene Kapitalanteile beim Sicherungsnehmer als unmittelbar gehaltene Kapitalanteile anzurechnen wären. Dieses Ergebnis erscheint etwa im Hinblick auf eine Sicherungsübereignung der Kapitalanteile an die Bank im Rahmen der Finanzierung des Erwerbs wenig sachgerecht, verbleibt doch das wirtschaftliche Eigentum beim Sicherungsgeber. Die Banken wären dagegen gezwungen, ein Inhaberkontrollverfahren zu durchlaufen, was nicht zuletzt die Syndizierung erheblich erschweren würde. Auch im Hinblick auf die Folgepflichten als Inhaber einer bedeutenden Beteiligung erscheint dieses Auslegungsergebnis nicht sachgerecht.

Umgekehrt sind keine durchschlagenen Gründe ersichtlich, aus denen diese Gestaltungen anders behandelt werden sollten als bei der Zurechnung von Stimmrechten. Dem aufsichtsrechtlichen Interesse, von der Finanzierung des Erwerbs und dem Umstand der Besicherung zu erfahren, wird hinreichend dadurch Rechnung getragen, dass der Erwerbsinteressent im Rahmen des Inhaberkontrollverfahrens auch über die Finanzierung des Erwerbs zu informieren hat (*vgl.* § 14 InhKontrollV). In diesem Rahmen wird es regelmäßig angezeigt sein, dass der Anzeigepflichtige auch Angaben zu dem Umstand macht, dass er im Zusammenhang mit der Finanzierung des Erwerbs oder anderweitig die Anteile zur Sicherheit übertragen oder verpfändet hat.

Die Nichtzurechnung beim Sicherungsnehmer infolge der Anwendung von § 22 Abs. 1 Satz 1 Nr. 3 WpHG verstößt auch nicht gegen das Analogieverbot, da diese sich zugunsten des Sicherungsnehmers auswirkt.

cc) § 22 Abs. 1 Satz 1 Nr. 4 WpHG

Ähnliches gilt auch für den Tatbestand des § 22 Abs. 1 Satz 1 Nr. 4 WpHG. Beim Nießbrauch hat gerade diejenige Person, zugunsten derer ein Nießbrauch bestellt ist, das wirtschaftliche Interesse an der Entwicklung der Zielgesellschaft. Aus dem Gleichlauf von wirtschaftlichem Interesse und vermuteter faktischer Einwirkung rechtfertigt sich auch eine Zurechnung von stimmrechtslosen Beteiligungen am Kapital der Zielgesellschaft, an denen ein Nießbrauchsrecht bestellt ist.

V. Dauer und Bilanzausweis der Beteiligung

1. Kein Erfordernis einer dauerhaften Beteiligung

§ 1 Abs. 9 KWG verlangt nicht, dass die Beteiligung dem Meldepflichtigen für eine Mindestdauer gehören muss. Auch das kurzfristig beabsichtigte Überschreiten oder Unterschreiten der 10 %-Schwelle begründet daher eine Anzeigepflicht. Eine Regelung entsprechend § 71 Abs. 1 Nr. 7 AktG, dass nur der Bestand “am Ende jeden Tages” maßgebend ist, fehlt. Auch aus dem Beteiligungsbegriff kann nicht geschlossen werden, dass eine dauerhafte Beteiligung angestrebt sein muss, um eine Anzeigepflicht auszulösen. Auf die Dauer des Anteilsbesitzes kommt es daher nicht an.[563] Dafür spricht nicht zuletzt, dass für das regulierte Unternehmen bedeutende Entscheidungen durchaus auch während einer kurzfristigen Inhaberschaft angestoßen werden können.

2. Bilanzausweis

Auch der Bilanzausweis ist unerheblich. Es sind daher auch solche Anteile zu berücksichtigen, die das beteiligte Unternehmen nicht unter den Bilanzposten "Beteiligungen" oder "Anteile an verbundenen Unternehmen" auszuweisen beabsichtigt.[564]

3. Verfahrensausgestaltung bei kurzfristig angestrebten Beteiligungen

Ist jedoch nur eine kurzfristige Beteiligung angestrebt – beispielsweise weil aus transaktionstechnischen oder steuerrechtlichen Gründen kurzfristig eine Zweckgesellschaft als Ersterwerber zwischengeschaltet wird, die unmittelbar nach dem Erwerb auf eine andere Gesellschaft verschmolzen wird oder die Beteiligung weiter überträgt – und wird durch hinreichende Maßnahmen sichergestellt, dass eine Weiterübertragung innerhalb kurzer Zeit erfolgt, ist dies durch die Bundesanstalt im Rahmen der Gestaltung des Anzeigeverfahrens zu berücksichtigen.

Je nach Einzelfall kann bei einer derartigen Sachlage über die in der Inhaberkontrollverordnung vorgesehenen Erleichterungen hinaus aus Verhältnismäßigkeitsgesichtspunkten eine weitere Beschränkung der vom Anzeigepflichtigen beizubringenden Informationen und Unterlagen notwendig werden.[565] Auch bei der Prüfungstiefe ist der Umstand einer von vornherein nur kurzfristig angestrebten Beteiligung zu berücksichtigen und kann eine beschleunigte Bearbeitung der Anzeige gebieten.

4. Übertragung der in der Verwaltungspraxis zu §§ 21 ff. WpHG etablierten Erleichterungen

Zudem sollten die in der Verwaltungspraxis zu §§ 21 ff. WpHG etablierten Erleichterungen auch auf die Anwendungspraxis zu § 1 Abs. 9 Satz 1 KWG

---

563 *BaKred*, Schreiben v. 25. Mai 1994 – Gz. I 3 – 271 – 12/93 (abgedruckt bei Reischauer/Kleinhans, KWG, Anh. 3 zu § 1 KWG); *Brogl*, in: Reischauer/Kleinhans, KWG, § 1 Rn. 330; *Schäfer*, in: Boos/Fischer/Schulte-Mattler, KWG, § 1 Rn. 213; *Schwennicke*, in: Schwennicke/Auerbach, KWG, § 1 Rn. 211; *Köndgen*, in: Berger/Steck/Lübbehüsen, InvG, § 2 Rn. 103 (zu § 2 Abs. 20 InvG); *Deckers*, in: Bähr, Versicherungsaufsichtsrecht, § 30 Rn. 14 (zu § 7a Abs. 2 Satz 4 VAG); *vgl.* aber die Ausnahmen des § 23 WpHG, auf die § 1 Abs. 9 Satz 2 KWG verweist.

564 *BaKred*, Schreiben v. 25. Mai 1994 – Gz. I 3 – 271 – 12/93 (abgedruckt bei Reischauer/Kleinhans, KWG, Anh. 3 zu § 1 KWG); *Brogl*, in: Reischauer/Kleinhans, KWG, § 1 Rn. 330; *Schäfer*, in: Boos/Fischer/Schulte-Mattler, KWG, § 1 Rn. 213; *Schwennicke*, in: Schwennicke/Auerbach, KWG, § 1 Rn. 211; *Mönnig*, Überwachung der Inhaber bedeutender Beteiligungen an Versicherungsunternehmen, S. 27.

565 *Vgl.* zu den gebotenen Verhältnismäßigkeitserwägungen im Rahmen des Inhaberkontrollverfahrens ausführlich 3. Teil: C. VII. 4. und 3. Teil: H. I. 3.

übertragen werden. Dies gilt schon deshalb, weil die internen Systeme und Verfahren zur Berechnung der Meldeschwellen beim Erwerbsinteressenten in der Regel auf §§ 21 ff. WpHG zugeschnitten sind und eine davon abweichende Berechnung weder aufsichtsrechtlich geboten noch angemessen erscheint.

Daraus folgt, dass entsprechend der Verwaltungspraxis der Bundesanstalt zu den kapitalmarktrechtlichen Mitteilungspflichten eine einzige Anzeige ausreicht, wenn innerhalb eines Tages mehrere Schwellen in eine Richtung überschritten werden sollen.[566]

Ferner lässt die Bundesanstalt im Rahmen der §§ 21 ff. WpHG ausnahmsweise eine Saldierung zu, wenn innerhalb eines Tages die gleichen Schwellen erst überschritten und dann unterschritten beziehungsweise erst unterschritten und dann überschritten werden.[567] Es empfiehlt sich jedoch, die Bundesanstalt jedenfalls informell über den Sachverhalt in Kenntnis zu setzen.

VI. Nicht zu berücksichtigende Stimmrechte oder Kapitalanteile

Das Gesetz sieht eine Reihe von Ausnahmen vor, bei denen unter Erfüllung bestimmter Voraussetzungen Stimmrechte beziehungsweise Kapitalanteile bei der Berechnung der konkreten Beteiligungshöhe außer Betracht bleiben dürfen. Diese Ausnahmetatbestände sind nach ihrem Sinn und Zweck auch bei der Frage, ob ein maßgeblicher Einfluss ausgeübt werden kann, zu berücksichtigen.

1. Im Zuge des Emissionsgeschäfts gehaltene Anteile

Nach § 1 Abs. 9 Satz 3 KWG (ebenso § 7a Abs. 2 Satz 5 VAG) bleiben Stimmrechte oder Kapitalanteile unberücksichtigt, die Institute im Rahmen des Emissionsgeschäfts nach § 1 Abs. 1 Satz 2 Nr. 10 KWG[568] halten, vorausgesetzt diese Rechte werden nicht ausgeübt oder anderweitig benutzt, um in die Geschäftsführung des Emittenten einzugreifen, und sie werden innerhalb eines Jahres nach dem Zeitpunkt des Erwerbs veräußert.

Die Ausnahme wurde im Zuge der Umsetzung der Beteiligungsrichtlinie ins deutsche Recht eingeführt. Durch die Vorschrift soll vermieden werden, dass ein wie bei Kapitalmaßnahmen börsennotierter Gesellschaften übliches Underwriting durch eine oder mehrere Emissionsbanken nicht unnötig erschwert wird. Das Underwriting erfolgt durch die Banken mit Blick auf eine Weiterplatzierung der Anteile und zielt nicht auf eine Ausnutzung des Einflusses als Gesellschafter ab.

---

566 *Vgl.* Emittentenleitfaden, VIII.2.3.5 (S. 132).

567 *Vgl.* Emittentenleitfaden, VIII.2.3.5 (S. 132 f.). Dagegen nicht zu Unrecht kritisch z.B. *Uwe H. Schneider*, in: Assmann/Schneider, WpHG, § 21 Rn. 26, der in solchen Konstellation nicht die Meldepflicht für entbehrlich hält, sondern eine Meldung der Tageshöchst- und Tiefststandes fordert.

568 Zum Tatbestand des Emissionsgeschäfts i.S.d. § 1 Abs. 1 Satz 2 Nr. 10 KWG *vgl. Bundesanstalt*, Merkblatt – Hinweise zum Tatbestand des Emissionsgeschäfts v. 7. Januar 2009; *du Buisson*, WM 2003, 1401 ff. Die Nichtberücksichtigung ist europarechtskonform und geht auf Art. 5 Abs. 1 Beteiligungsrichtlinie zurück.

Gibt der Underwriter die Platzierungsabsicht nachträglich auf oder beabsichtigt er, die Anteile über die in § 1 Abs. 9 Satz 3 vorgesehene Jahreshöchstfrist hinaus zu halten, fällt die Privilegierung weg mit der Folge, dass im Falle einer Überschreitung der Schwellen entsprechende Anzeigepflichten ausgelöst werden können.

2. Ausnahmen im Rahmen der Finanzportfolioverwaltung (§ 22 Abs. 3a WpHG)

Über § 1 Abs. 9 Satz 2 KWG greift die Ausnahme, dass unter bestimmten Voraussetzungen in der Finanzportfolioverwaltung engagierte Töchter nicht als Tochterunternehmen gelten (§ 22 Abs. 3a WpHG). § 22 Abs. 3a WpHG geht auf Art. 12 Abs. 5 der Transparenzrichtlinie II zurück. Die Heranziehung im Inhaberkontrollverfahren ist europarechtskonform, da die Beteiligungsrichtlinie ausdrücklich auch auf Art. 12 Abs. 5 der Transparenzrichtlinie II verweist.[569]

Voraussetzung für den Ausnahmetatbestand ist insbesondere, dass die Stimmrechte entweder nur aufgrund schriftlicher oder mittels elektronischer Hilfsmittel erteilter Weisungen der Kunden des Wertpapierdienstleistungsunternehmens ausgeübt werden dürfen oder durch geeignete Vorkehrungen sichergestellt ist, dass die Finanzportfolioverwaltung unabhängig von anderen Dienstleistungen und unter Bedingungen erfolgt, die denen der OGAW IV-Richtlinie gleichwertig sind.[570]

3. Nichtberücksichtigung des Handelsbestands (§ 23 Abs. 1 WpHG)

Über den Verweis des § 1 Abs. 9 Satz 2 KWG findet auch die Ausnahme des § 23 Abs. 1 WpHG Anwendung. Danach bleiben bis zu 5 % der Stimmrechte außer Betracht, die durch ein Wertpapierdienstleistungsunternehmen i.S.d. § 2 Abs. 3 WpHG mit Sitz im EU/EWR-Raum im Handelsbestand gehalten werden. Voraussetzung hierfür ist, dass der Inhaber sicherstellt, dass die Stimmrechte aus den betreffenden Anteilen nicht ausgeübt und nicht anderweitig genutzt werden, um auf die Geschäftsführung des Zielinstituts Einfluss zu nehmen.[571]

In Abgrenzung zum Anlagebestand ist für die Einordnung in den Handelsbestand kennzeichnend, dass die Anteile nicht dazu bestimmt sind, auf Dauer dem Geschäftsbetrieb des Inhabers zu dienen.[572] Der Grund für die Privilegierung ist der regelmäßig erfolgende ständige Wechsel im Handelsbestand und der Umstand, dass mit dem Handelsbestand keine Daueranlage verfolgt wird.[573] Dagegen wird der

---

569 *Vgl.* Art. 5 Abs. 1 Beteiligungsrichtlinie.

570 *Vgl.* zu den Voraussetzungen im Einzelnen etwa *Dehlinger/Zimmermann*, in: Fuchs, WpHG, § 22 Rn. 41 ff.

571 Die Nichtberücksichtigung beruht auf dem Verweis in Art. 5 Abs. 1 Beteiligungsrichtlinie u.a. auf Art. 9 Abs. 6 der Transparenzrichtlinie II und ist daher europarechtskonform.

572 *Vgl.* zur Abgrenzung zwischen Handelsbestand und Anlagebestand ausführlich *Uwe H. Schneider*, in: Assmann/Schneider, WpHG, § 23 Rn. 10 ff.

573 Begr. RegE zum Zweiten Finanzmarktförderungsgesetz, BT-Drucks. 12/6679, S. 54; Begr. RegE zum Transparenzrichtlinie-Umsetzungsgesetz, BT-Drucks. 16/2498, S. 35; *Uwe H. Schneider*, in: Assmann/Schneider, WpHG, § 23 Rn. 2.

durch Institute mit Sitz außerhalb des EU/EWR-Raums gehaltene Handelsbestand nicht privilegiert.

Die Nichtberücksichtigung von Stimmrechten gilt – wie bei allen Tatbeständen des § 23 WpHG – nicht nur für den unmittelbaren Adressaten, sondern entfaltet auch eine Sperrwirkung hinsichtlich seiner Mutterunternehmen, d.h. eine Zurechnung auf die Mutterunternehmen findet nicht statt.[574] Es ist allerdings umstritten, ob dies auch dann gilt, wenn es sich beim Mutterunternehmen nicht um ein Wertpapierdienstleistungsunternehmen handelt.[575] Wird die 5 %-Schwelle überschritten, entfällt die Befreiung in vollem Umfang.[576]

4. Nichtberücksichtigung des Abrechnungs- und Abwicklungsbestand (§ 23 Abs. 2 Nr. 1 WpHG)

Eine weitere Ausnahme betrifft gemäß § 1 Abs. 9 Satz 2 KWG i.V.m. § 23 Abs. 2 Nr. 1 WpHG ausschließlich für Zwecke des Clearing und Settlement gehaltene Anteile, sofern sie höchstens drei Handelstage gehalten werden. Auch hier gründet die Ausnahme darin, dass Institute mit den Abrechungs- und Abwicklungsbeständen typischerweise keinen Einfluss auf den Emittenten ausüben.[577] Die Ausnahme gilt nicht für Kreditinstitute bei der normalen Abrechnung von Kundengeschäften.[578] Nicht erfasst sind ferner systematische Internalisierer (§ 2 Abs. 10 WpHG), da diese Anteile nicht ausschließlich zum Zwecke der Abrechung und Abwicklung erwerben.[579]

5. Nichtberücksichtigung des Verwahrbestands (§ 23 Abs. 2 Nr. 1 WpHG)

Unberücksichtigt bleiben nach § 1 Abs. 9 Satz 2 i.V.m. § 23 Abs. 2 Nr. 2 WpHG zudem die Stimmrechte aus Anteilen bei einem Verwahrer, wenn das mit der Verwahrung betraute Institut die Stimmrechte nur aufgrund von schriftlichen oder elektronisch vermittelten Weisungen ausüben darf.

---

574 *Bundesanstalt*, Emittentenleitfaden, VIII.2.6.1 (S. 157); *Bundesanstalt*, Häufig gestellte Fragen zu den §§ 21 ff. WpHG (abrufbar unter www.bafin.de).

575 So *Uwe H. Schneider*, in: Assmann/Schneider, WpHG, § 23 Rn. 17; a.A. *Cahn*, AG 1997, 502 (511).

576 *Uwe H. Schneider*, in: Assmann/Schneider, WpHG, § 23 Rn. 19, 34a; *Bundesanstalt*, Emittentenleitfaden, VIII.2.6.2 (S. 158).

577 Begr. RegE zum Transparenzrichtlinie-Umsetzungsgesetz, BT-Drucks. 16/2498, S. 35; *Uwe H. Schneider*, in: Assmann/Schneider, WpHG, § 23 Rn. 36. Die Nichtberücksichtigung von Abwicklungs- und Anrechnungstatbeständen ist europarechtskonform und geht auf den Verweis in Art. 5 Abs. 1 Beteiligungsrichtlinie auf u.a. Art. 9 Abs. 4 der Transparenzrichtlinie II zurück.

578 *Bundesanstalt*, Häufig gestellte Fragen zu den §§ 21 ff. WpHG; *Uwe H. Schneider*, in: Assmann/Schneider, WpHG, § 23 Rn. 42.

579 *Uwe H. Schneider*, in: Assmann/Schneider, WpHG, § 23 Rn. 41.

Von der Vorschrift werden nur verwahrende Institute erfasst, die rechtliche Eigentümer der verwahrten Aktien sind.[580] Nach deutschem Recht wird die verwahrende Depotbank in aller Regel nicht Eigentümer an den verwahrten Aktien. Der praktische Hauptanwendungsfall des § 23 Abs. 2 Nr. 1 WpHG sind daher Verwahrstellen von Fondsgesellschaften (*depositaries*) im Ausland, da hier die Verwahrstellen Eigentum an den verwahrten Aktien erlangen können.[581] Die Stimmrechte der inländischen Depotbank sind dieser in der Regel wegen § 22 Abs. 1 Satz 1 Nr. 6 WpHG nicht zuzurechnen.

Die zeitliche Einschränkung aus der Gesetzesbegründung, dass die Aktien zur Verwahrung nur für einen kurzen Zeitraum gehalten werden dürfen,[582] findet sich im Wortlaut von § 23 Abs. 2 Nr. 2 WpHG nicht wieder.[583]

6. Sonstige Nichtberücksichtigungstatbestände (§ 23 Abs. 3 und 4 WpHG)

Über die Verweisung auf § 1 Abs. 9 Satz 2 KWG finden ferner unter bestimmten Voraussetzungen Bestände von Mitgliedern des Europäischen Systems der Zentralbanken (§ 23 Abs. 3 WpHG) und Market Makern (§ 23 Abs. 4 WpHG) keine Berücksichtigung bei der Berechnung der Stimmrechts- bzw. Kapitalquote.[584]

7. Anwendbarkeit auf die Berechnung von Kapitalanteilen

Zwar verweist § 1 Abs. 9 Satz 2 KWG nur hinsichtlich der Berechnung der Stimmrechte auf die genannten Ausnahme- und Befreiungstatbestände ("für die Berechnung des Anteils der Stimmrechte"). Es erschiene allerdings widersprüchlich, die genannten Ausnahme- und Befreiungstatbestände nicht auch bei der Berechnung der Kapitalanteile anzuwenden. Bedenken gegen die hier vertretene Auffassung können auch nicht unter Gesichtspunkten des Analogieverbots eingewandt werden, da die genannten Ausnahme- und Befreiungsvorschriften sich zugunsten des potentiell Anzeigepflichtigen auswirken.

---

580 *Bundesanstalt*, Emittentenleitfaden, VIII.2.6.4 (S. 159); *Dehlinger/Zimmermann*, in: Fuchs, WpHG, § 23 Rn. 16.

581 *Bundesanstalt*, Emittentenleitfaden, VIII.2.6.4 (S. 159).

582 Begr. RegE zum Transparenzrichtlinie-Umsetzungsgesetz, BT-Drucks. 16/2498, S. 35.

583 *Vgl. Bayer*, in: MünchKomm-AktG, § 23 WpHG Rn. 8; *Uwe H. Schneider*, in: Assmann/Schneider, WpHG, § 23 Rn. 46.

584 *Vgl.* zu den Voraussetzungen im Einzelnen *Uwe H. Schneider*, in: Assmann/Schneider, WpHG, § 23 Rn. 35 ff.; *Bayer*, in: MünchKomm-AktG, § 23 WpHG Rn. 9 ff. Die Nichtberücksichtigung des von Market Makern gehaltenen Bestandes ist europarechtskonform und beruht auf dem Verweis in Art. 5 Abs. 1 Beteiligungsrichtlinie u.a. auf Art. 9 Abs. 5 der Transparenzrichtlinie II.

VII. Regeln und Ausnahmen für Kapitalgesellschaften und Anleger von Investmentfonds (§ 32 Abs. 2 und Abs. 3 InvG)

§ 1 Abs. 9 Satz 2 KWG verweist zudem auf die Zurechnungsvorschriften für Kapitalanlagegesellschaften und Anlagen in Sondervermögen gemäß § 32 Abs. 2 und Abs. 3 InvG.

1. Überblick

Von einer Kapitalanlagegesellschaft verwaltete Sondervermögen (Fonds) können mit Aktien verbundene Stimmrechte enthalten, deren Stimmrechtsanteil (gegebenenfalls zusammen mit anderen Stimmrechten) einen anzeigepflichtigen Schwellenwert erreichen kann.

Grundsätzlich ist für die Bestimmung der damit verbundenen Anzeigepflichten zwischen der sogenannten Miteigentums- und der Treuhandlösung zu unterscheiden. Bei der Miteigentumslösung sind die Anleger des Fonds Miteigentümer der in dem Fonds liegenden Stimmrechte. Im Falle der Treuhandlösung ist die Kapitalanlagegesellschaft Eigentümerin der Aktien und hält diese treuhänderisch für die Anleger (§ 2 Abs. 2 InvG). Welche Form gewählt wurde, ergibt sich aus den Vertragsbestimmungen der Kapitalanlagegesellschaft (§ 30 Abs. 1 Satz 1 InvG) zum jeweiligen Fonds.

2. Anteile an Publikumfonds

Im Fall von Publikumsfonds gelten Stimmrechte aus Aktien, die zu einem von einer Kapitalanlagegesellschaft verwalteten Sondervermögen gehören und dessen Vermögensgegenstände im Miteigentum der Anleger stehen, kraft gesetzlicher Fiktion als Stimmrechte der Kapitalanlagegesellschaft (*vgl.* § 1 Abs. 9 Satz 2 i.V.m. 32 Abs. 2 Satz 3 1. Halbs. InvG). Daraus folgt, dass sich die Kapitalanlagegesellschaft die Stimmrechte zurechnen lassen muss. Im Hinblick auf die Anleger der Investmentfonds bleiben die Stimmrechte dagegen außer Betracht, obwohl die im Sondervermögen gehaltenen Anteile im Miteigentum der Anleger stehen.[585]

Stehen die Vermögensgegenstände des Publikumsfonds im Eigentum der Kapitalanlagegesellschaft, sind die Stimmrechte der Kapitalanlagegesellschaft als Eigentümerin der Anteile anzurechnen (§ 21 Abs. 1 Satz 1 WpHG). Dagegen ist § 22 Abs. 1 WpHG auf die Stimmrechte nicht anzuwenden (*vgl.* § 1 Abs. 9 Satz 2 KWG i.V.m. § 32 Abs. 2 Satz 3 2. Halbs. InvG). Auch bei der Treuhandlösung bleiben daher die Stimmrechte von Anteilen im Sondervermögen der Kapitalanlagegesellschaft auf Ebene des Investors außer Betracht.[586]

---

585 *Bundesanstalt*, Emittentenleitfaden, VIII.2.5.10.1 (S. 148); *Dreibus/Schäfer*, NZG 2009, 1289 (1290 f.).

586 *Bundesanstalt*, Emittentenleitfaden, VIII.2.5.10.1 (S. 148); *Dreibus/Schäfer*, NZG 2009, 1289 (1290 f.)

3. Anteile an Spezialfonds

Bei in Spezialfonds gehaltenen Anteilen sind die Stimmrechte bei der Miteigentumslösung der Kapitalanlagegesellschaft nach § 1 Abs. 9 Satz 2 i.V.m. §§ 21, 22 Abs. 1 Satz 1 Nr. 6 WpHG zuzurechnen. Bei der Treuhandlösung sind Stimmrechte aus in Sondervermögen gehaltenen Anteilen der Kapitalanlagegesellschaft als Eigentümerin der Anteile nach § 21 Abs. 1 WpHG anzurechnen.[587]

Den Anlegern sind im Falle der Miteigentumslösung die Stimmrechte nach § 1 Abs. 9 Satz 2 KWG i.V.m. § 21 Abs. 1 Satz 1 WpHG entsprechend ihrem quotalen Anteil an den Aktien im Sondervermögen anzurechnen. Bei der Treuhandlösung sind den Anlegern die Stimmrechte nach § 1 Abs. 9 Satz 2 KWG i.V.m. §§ 21, 22 Abs. 1 Satz 1 Nr. 2 WpHG ebenfalls entsprechend ihrem quotalen Anteil an den Aktien im Sondervermögen zuzurechnen.[588]

4. Ausnahme von der Eigenschaft als Tochterunternehmen

§ 32 Abs. 2 Satz 1 InvG enthält eine Ausnahmeregelung zur Eigenschaft von Kapitalanlagegesellschaften als Tochterunternehmen i.S.d. § 22 Abs. 3 WpHG. Bei Vorliegen der dort genannten Voraussetzungen gilt die Kapitalanlagegesellschaft nicht als Tochterunternehmen im Sinne der genannten Vorschrift. Stimmrechte der Kapitalanlagegesellschaft werden in diesem Fall der Muttergesellschaft nicht für Zwecke der aufsichtsrechtlichen Inhaberkontrollverfahren zugerechnet.[589]

5. In ausländischen Sondervermögen gehaltene Anteile

Die Ausführungen zu von Kapitalanlagegesellschaften verwalteten Publikums- und Spezialfonds gelten auch für Verwaltungsgesellschaften mit Sitz in einem Mitgliedstaat der EU oder einem anderen Vertragsstaat des EWR über § 1 Abs. 9 Satz 2 i.V.m. § 32 Abs. 3 InvG gilt § 32 Abs. 2 Satz 1, 2 und 4 InvG entsprechend. Auch § 32 Abs. 2 Satz 3 InvG ist entsprechend anzuwenden, wenn der Anleger regelmäßig keine Weisungen für die Ausübung der Stimmrechte erteilen kann (§ 32 Abs. 3 Satz InvG).[590]

Dagegen verweist § 1 Abs. 9 Satz 2 KWG nicht auf die Ausnahmevorschrift des § 32 Abs. 4 InvG. § 32 Abs. 4 InvG regelt, dass auch Unternehmen mit Sitz in Drittstaaten, die einer Erlaubnis als Kapitalanlagegesellschaft bedürften sofern sie ihren Sitz im Inland hätten, unter bestimmten Voraussetzungen nicht als Tochterunternehmen nach § 22 Abs. 3 WpHG gelten und die in Publikumsfonds

---

587 *Vgl. Bundesanstalt*, Emittentenleitfaden, VIII.2.5.10.1 (S. 149); *Dreibus/Schäfer*, NZG 2009, 1289 (1290 f.).

588 *Vgl. Bundesanstalt*, Emittentenleitfaden, VIII.2.5.10.1 (S. 149); *Dreibus/Schäfer*, NZG 2009, 1289 (1292).

589 Die Nichtberücksichtigung im Rahmen von Inhaberkontrollverfahren hat ihre Grundlage in Art. 5 Abs. 1 Beteiligungsrichtlinie i.V.m. Art. 12 Abs. 4 der Transparenzrichtlinie II. *Vgl.* zu den Einzelheiten auch *Bundesanstalt*, Emittentenleitfaden, VIII.2.5.10.2 (S. 152 ff.);
Dreibus/Schäfer, NZG 2009, 1289 (1291 f.).

590 *Vgl.* zum ganzen auch *Bundesanstalt*, Emittentenleitfaden, VIII.2.5.10.1 (S. 149 ff.).

gehaltenen Anteile allein der ausländischen Verwaltungsgesellschaft zuzurechnen sind. Dieses Auseinanderfallen zwischen den kapitalmarktrechtlichen und aufsichtsrechtlichen Meldepflichten kann gerade größere und international operierende Banken, Asset-Manager und Investoren von ausländischen Fonds vor erhebliche Probleme bei der Berechnung der Stimmanteile für Zwecke einer bedeutenden Beteiligung stellen.

VIII. Der Begriff des maßgeblichen Einflusses

Eine bedeutende Beteiligung liegt außer bei Erreichen oder Überschreiten von 10 % der Stimmrechte oder des Kapitals vor, wenn ein maßgeblicher Einfluss auf die Geschäftsführung ausgeübt werden kann (*vgl.* § 1 Abs. 9 Satz 1 Alt. 2 KWG).

1. Europarechtliche Grundlagen

Das Merkmal des maßgeblichen Einflusses beruht auf europäischem Recht, nämlich auf Art. 4 Nr. 11 Bankenrichtlinie (n.F).

Der Begriff des maßgeblichen Einflusses wird durch die Beteiligungsrichtlinie, die Bankenrichtlinie und die übrigen einschlägigen Richtlinien nicht näher definiert. Auch die CEBS/CEIOPS/CESR-Leitlinien geben zur näheren Auslegung des Begriffs des maßgeblichen Einflusses nur wenige Hinweise. Die im *Glossary* der CEBS/CEIOPS/CESR-Leitlinien enthaltene Erläuterung stellt lediglich klar, dass sich der bedeutende Einfluss auf die Geschäftsführung (*management*) des Zielunternehmens beziehen muss. Als Beispiel wird die Vertretung eines Repräsentanten im Geschäftsleitungsorgan (*board of directors*) genannt.[591]

2. Unterscheidung vom "beherrschenden Einfluss"

Abzugrenzen ist das Merkmal des maßgeblichen Einflusses vom beherrschenden Einfluss. Ein beherrschender Einfluss begründet sowohl im europäischen Recht wie auch im nationalen Recht eine Mutter/Tochter-Beziehung. Im europäischen Recht findet sich der Begriff etwa in der Transparenzrichtlinie II.[592] Im deutschen Recht wird das Merkmal des beherrschenden Einflusses zum Beispiel zur Definition des Begriffs Tochterunternehmen in § 290 Abs. 1 Satz 1 HGB und in § 1 Abs. 7 Satz 1 KWG und zur Definition des abhängigen Unternehmens in § 17 Abs. 1 AktG herangezogen.

Ein beherrschender Einfluss besteht insbesondere bei im Mehrheitsbesitz stehenden Unternehmen, wenn einer Person oder einem Unternehmen das Recht zusteht, die Mehrheit der die Finanz- und Geschäftspolitik bestimmenden Verwaltungs-, Leitungs- oder Aufsichtsorgane zu bestellen oder abzuberufen, sofern ein Beherrschungsvertrag besteht, oder bei wirtschaftlicher Betrachtung die Mehrheit der Risiken und Chancen einer Zweckgesellschaft getragen werden (*vgl.* § 290 Abs. 2 HGB). Der beherrschende Einfluss kann dabei rechtlich oder tatsächlich abgesichert sein. Die Möglichkeit der Einflussnahme genügt.

---

591 CEBS/CEIOPS/CESR-Leitlinien, Appendix I (Glossary), S. 30.

592 *Vgl.* Art. 2 Abs. 1 lit. f der Transparenzrichtlinie II.

Der maßgebliche Einfluss erfordert nicht eine derart bestimmende Einflussmöglichkeit, die dem Anteilseigner das "Durchregieren" in der Beteiligungsgesellschaft erlaubt. Es handelt sich vielmehr um eine gegenüber dem beherrschenden Einfluss schwächere Form der Einflussmöglichkeit.[593] Umgekehrt begründet ein beherrschender Einfluss zugleich einen maßgeblichen Einfluss i.S.d. § 1 Abs. 9 Satz 1 KWG.

3. Verweis auf § 311 Abs. 1 HGB

Der Begriff des maßgeblichen Einflusses ist auch im Kreditwesengesetz nicht weiter definiert oder erläutert.

Nach den Gesetzesmaterialien zur Vierten KWG-Novelle ist der Begriff des maßgeblichen Einflusses in § 1 Abs. 9 Satz 1 KWG im Sinne von Art. 33 der Siebenten gesellschaftsrechtlichen Richtlinie zu verstehen.[594] Damit verweist die Regierungsbegründung zur Auslegung auf den bilanzrechtlichen Begriff des maßgeblichen Einflusses zur Bestimmung assoziierter Unternehmen. Beteiligungen an assoziierten Unternehmen sind im Bilanzrecht mit dieser Bezeichnung in der Konzernbilanz unter einem gesonderten Posten auszuweisen.

Art. 33 der Siebenten Richtlinie wurde durch § 311 HGB ins deutsche Recht umgesetzt.[595] Nach § 311 Abs. 1 HGB sind Unternehmen als assoziierte Unternehmen im Konzernabschluss auszuweisen, wenn durch ein in den Konzernabschluss einbezogenes Unternehmen ein maßgeblicher Einfluss auf die Geschäfts- und Finanzpolitik ausgeübt werden kann.[596]

Auch die Bundesanstalt zieht für die Konkretisierung des Begriffs in ihrer Verwaltungspraxis zu § 1 Abs. 9 Satz 1 KWG § 311 HGB heran. Die Bundesanstalt und das Schrifttum sind unter Verweis auf die Gesetzesmaterialien dieser Auslegung zumeist ohne weitere inhaltliche Auseinandersetzung gefolgt.[597]

---

593 *Vgl. Adler/Düring/Schmaltz*, Rechnungslegung, § 311 Rn. 15.

594 *Vgl.* Begr. RegE zum Vierten KWG-Änderungsgesetz, BT-Drucks. 12/3377, S. 26. Auch für die Konkretisierung des Begriffs der maßgeblichen Beteiligung in § 7a Abs. 2 Satz 3 VAG wird in den Gesetzesmaterialien auf die Siebente gesellschaftsrechtliche Richtlinie und § 311 HGB verwiesen. *Vgl.* Begr. RegE zum Dritten Durchführungsgesetz/EWG zum VAG, BR-Drucks. 23/94, S. 155 f.

595 *Vgl. Adler/Düring/Schmaltz*, Rechnungslegung, § 311 Rn. 6.

596 *Pellens*, in: MünchKomm-HGB, § 311 Rn. 1.

597 *Bundesanstalt*, Merkblatt – Hinweise zu dem Verfahren sowie den Anzeigen nach § 2c KWG und § 104 VAG, jeweils in Verbindung mit der Inhaberkontrollverordnung (Stand: Juli 2009), BA 53, v. 22. Juli 2009, Ziffer 3; *Schwennicke*, in: Schwennicke/Auerbach, KWG, § 1 Rn. 207; *Brogl*, in: Reischauer/Kleinhans, KWG, § 1 Rn. 331; *Schäfer*, in: Boos/Fischer/Schulte-Mattler, KWG, § 1 Rn. 212; *Müller*, Anteilseignerkontrolle, S. 58; *krit.* aber *Hirschmann*, Anteilseignerkontrolle, S. 70, 78 f.; *Senger*, WM 2003, 1697 (1702 f.) (zu § 1 Abs. 15 KWG); *Präve*, in: Prölss, VAG, § 7a Rn. 38; *Deckers*, in: Bähr, Versicherungsaufsichtsrecht, § 30 Rn. 26 (zu § 7a VAG).

4. Praktische Bedeutung

Bei direkten Beteiligungen spielt das Merkmal des maßgeblichen Einflusses in der Praxis nur in ausgewählten Konstellationen eine Rolle. Denn bei allen direkten Beteiligungen von 10 % oder mehr des Kapitals oder der Stimmrechte greift schon die 1. Alternative des § 1 Abs. 9 Satz 1 KWG. Auch bei mittelbaren Beteiligungen, in denen über eine Mutter/Tochterbeziehung oder den Verweis des § 1 Abs. 9 Abs. 2 KWG auf § 22 Abs. 1 bis Abs. 3a WpHG eine Zurechnung von Stimmrechten erfolgt, hat das Tatbestandsmerkmal des maßgeblichen Einflusses keine eigenständige Bedeutung.[598]

Dem Merkmal des maßgeblichen Einflusses kommt also der Charakter eines Auffangtatbestands zu.[599] Als potentielle Anwendungsfälle, in denen die Prüfung eines maßgeblichen Einflusses relevant werden kann, verbleiben folgende Sachverhalte:

(1) Direkte Beteiligungen unterhalb der 10 %-Schwelle für Stimmrechte beziehungsweise Kapitalanteile mit über die Gesellschafterstellung hinausgehenden Einflussmöglichkeiten auf die Geschäftsführung;[600]

(2) indirekte Minderheitsbeteiligungen unterhalb einer Mutter/Tochter-Beziehung oder sonstiger Zurechnungsfälle gemäß § 1 Abs. 9 Satz 2 KWG; sowie

(3) sonstige Fallgestaltungen, bei denen eine intensive Einwirkungsmöglichkeit auf die Geschäftsleitung auch ohne das Halten von Stimmrechten oder Kapitalanteilen besteht oder diese zugerechnet werden können.[601]

Umgekehrt müssen aber in der Praxis Konstellationen von vornherein ausgeschieden werden, in denen ein maßgeblicher Einfluss offensichtlich nicht gegeben ist. Andernfalls droht bei Erwerbsvorhaben unterhalb der 10 %-Schwelle wegen der Unbestimmtheit des Begriffs des maßgeblichen Einflusses ein komplizierter und zeitintensiver Abstimmungsprozess mit den Aufsichtsbehörden, ob überhaupt eine formelle Anzeigepflicht des Erwerbsvorhabens besteht. Vor diesem Hintergrund ist es umso wichtiger, für die Ausfüllung des Begriffs des maßgeblichen Einflusses klare, einfach handhabbare und vorhersehbare Kriterien zu entwickeln.

---

598 Missverständlich daher *Mönnig*, Überwachung der Inhaber bedeutender Beteiligungen an Versicherungsunternehmen, S. 106; *Präve*, in: Prölss, VAG, § 7a Rn. 38; *Deckers*, in: Bähr, Versicherungsaufsichtsrecht, § 30 Rn. 26, die im Rahmen des § 7a Abs. 2 Satz 3 einen maßgeblichen Einfluss bei Vorliegen eines Beherrschungsvertrags (§ 291 AktG) annehmen wollen.

599 *Wieland*, BB 2012, 1108 (1109).

600 *Vgl. Deckers*, in: Bähr, Versicherungsaufsichtsrecht, § 30 Rn. 26 (zu § 7a Abs. 2 Satz 3 VAG); *Wieland*, BB 2012, 1108 (1109).

601 *Kremer*, in: Seibt, Formularbuch M&A, Teil I 2.1 b); *Wieland*, BB 2012, 1108 (1109).

5. Kriterien zur Feststellung eines maßgeblichen Einflusses

Der Begriff des maßgeblichen Einflusses wird in § 311 HGB nicht näher definiert. Zur weiteren Konkretisierung ist daher vor allem das Schrifttum zu § 311 HGB heranzuziehen.

a) Möglichkeit des Einflusses auf die Geschäfts- und Finanzpolitik

Unter maßgeblichem Einfluss versteht man in der Literatur zu § 311 HGB die Möglichkeit, an den finanz- und geschäftspolitischen Entscheidungsprozessen des Beteiligungsunternehmens mitzuwirken, ohne diese Entscheidungsprozesse notwendigerweise beherrschen zu müssen.[602]

Ausreichend ist nicht jede Mitwirkung; erforderlich ist vielmehr eine Mitwirkung an Grundsatzentscheidungen der Geschäfts- und Finanzpolitik.[603] Darunter fallen insbesondere die Unternehmensstrategie, die Investitions- und Finanzpläne und die Gewinnverwendung sowie die Besetzung von Führungspositionen.[604] Die Einflussnahme muss auf Dauer angelegt sein.[605] Dagegen ist es nach einhelliger Meinung nicht notwendig, dass auf einzelne konkrete Geschäftsführungsentscheidungen Einfluss genommen werden kann.[606] In Form einer Negativabgrenzung kann der Begriff dahingehend interpretiert werden, dass Entscheidungen von grundsätzlicher Bedeutung nicht ohne Mitwirkung beziehungsweise gegen den Willen des beteiligten Unternehmens getroffen werden können.[607]

Aus dem Wortlaut des § 1 Abs. 9 Satz 2 ("ein maßgeblicher Einfluss ausgeübt werden kann") folgt, dass anders als im Rahmen des § 311 HGB die bloße Möglichkeit der Ausübung eines maßgeblichen Einflusses genügt. Eine tatsächliche Einflussnahme muss also nicht nachgewiesen werden.[608] Da § 2c Abs. 1

---

602 *Vgl. Merkt*, in: Baumbach/Hopt, HGB, § 311 Rn. 8; *Winkeljohann/Böcker*, in: Beck. Bil-Komm, § 311 Rn. 15; DRS 8.3.

603 *Vgl. Adler/Düring/Schmaltz*, Rechnungslegung, § 311, Rn. 20; *Pellens*, in: MünchKomm-HGB, § 311 Rn. 17; *Hirschmann*, Anteilseignerkontrolle, S. 75 f. (zu § 1 Abs. 9 Satz 2 KWG); *Müller*, Anteilseignerkontrolle, S. 58*Präve*, in: Prölss, VAG, § 7a VAG, Rn. 38 (zu § 7a Abs. 2 Satz 3 VAG).

604 *Vgl. Winkeljohann/Böcker*, in: Beck. Bil-Komm, § 311 Rn. 15; *Adler/Düring/Schmaltz*, Rechnungslegung, § 311 Rn. 20.

605 *Adler/Düring/Schmaltz*, Rechnungslegung, § 311 Rn. 22; *Winkeljohann/Böcker*, in: Beck. Bil-Komm, § 311 Rn. 15; *Mönnig*, Überwachung der Inhaber bedeutender Beteiligungen an Versicherungsunternehmen, S. 105 (zu § 7a Abs. 2 Satz 3 VAG).

606 *Vgl. Adler/Düring/Schmaltz*, Rechnungslegung, § 311, Rn. 20; *Pellens*, in: MünchKomm-HGB, § 311 Rn. 17; *Müller*, Anteilseignerkontrolle, S. 58 (zu § 1 Abs. 9 Satz 1 KWG).

607 *Adler/Düring/Schmaltz*, Rechnungslegung, § 311 Rn. 17; *Pellens*, in: MünchKomm-HGB, § 311 Rn. 17; *Müller*, Anteilseignerkontrolle, S. 59 (zu § 1 Abs. 9 Satz 1 KWG).

608 *Bundesanstalt*, Merkblatt – Hinweise zu dem Verfahren sowie den Anzeigen nach § 2c KWG und § 104 VAG, jeweils in Verbindung mit der Inhaberkontrollverordnung (Stand: Juli 2009), BA 53, v. 22. Juli 2009, Ziffer 3; *Schäfer*, in: Boos/Fischer/Schulte-Mattler, KWG, § 1 Rn. 212; *Hirschmann*, Anteilseignerkontrolle, S. 72, 78 f.; *Müller*,

Satz 1 KWG auf die Absicht des Erwerbs einer bedeutenden Beteiligung abstellt, genügt es sogar, wenn der Erwerbsinteressent im näheren zeitlichen Zusammenhang mit dem Erwerb ein solches Niveau der Einflussnahmemöglichkeit anstrebt. Bei Gemeinschaftsunternehmen wird stets zugleich von einem maßgeblichen Einfluss auszugehen sein.[609]

b) Vermutung des § 311 Abs. 1 Satz 2 HGB

Nach § 311 Abs. 1 Satz 2 HGB wird ein maßgeblicher Einfluss bei einer Beteiligung von 20 % der Stimmrechte oder mehr gesetzlich vermutet.[610] Die Vermutung kann durch den Nachweis widerlegt werden, dass ein maßgeblicher Einfluss tatsächlich nicht ausgeübt wird.[611]

Wegen der Unschärfe des Begriffs des maßgeblichen Einflusses, kommt der Vermutung in der Bilanzierungspraxis eine große Bedeutung zu.[612] Im Rahmen des § 1 Abs. 9 Satz 1 KWG ist die Vermutung als solche jedenfalls bei direkten Beteiligungen nur von geringer Bedeutung, da bei 20 % der Stimmrechte bereits eine bedeutende Beteiligung i.S.d. § 1 Abs. 9 Satz 1 Alt. 1 KWG vorliegt.[613]

Die Bedeutung des § 311 Abs. 1 Satz 2 HGB liegt also vor allem darin, zu bestimmen, welche Einflussintensität als Maßstab für die Annahme eines maßgeblichen Einflusses notwendig ist.

Im Hinblick auf die Wertung des § 311 Abs. 1 Satz 2 HGB ist die Möglichkeit eines maßgeblichen Einflusses richtigerweise nur dann in Betracht zu ziehen, wenn nach dem Gesamtbild die Rechte des Gesellschafters Einflussmöglichkeiten in einem Umfang vermitteln, der einem Gesellschafter mit 20 % oder mehr der Stimmrechte entspricht.[614] Ein maßgeblicher Einfluss ist also nicht bereits dann anzunehmen, wenn die Einflussmöglichkeiten einen Grad erreichen, wie sie typischerweise bei einem Stimmrechtsanteil von 10 % gegeben sind.[615] Dies

---

Anteilseignerkontrolle, S. 63; *Serafin/Weber*, in: Luz/Neus/Scharpf/Schneider/Weber, KWG, § 1 Rn. 92 (jew. zu § 1 Abs. 9 Satz 1 KWG); *Mönnig*, Überwachung der Inhaber bedeutender Beteiligungen an Versicherungsunternehmen, S. 106; *Präve*, in: Prölss, VAG, § 7a Rn. 38 (jew. zu § 7a Abs. 2 Satz 3 VAG).

609 *Pellens*, in: MünchKomm-HGB, § 311 Rn. 22.

610 *Vgl.* auch *Brogl*, in: Reischauer/Kleinhans, KWG, § 1 Rn. 331, der unter Verweis auf § 311 HGB – wohl versehentlich – die Vermutungswirkung bei 5 % der Stimmrechte greifen lassen will. Dies ist im Hinblick auf den klaren Wortlaut des § 311 Abs. 1 Satz 2 HGB nicht vertretbar.

611 *Vgl. Merkt*, in: Baumbach/Hopt, HGB, 34. Aufl. 2010, § 311 HGB Rn. 3; *Adler/Düring/Schmaltz*, Rechnungslegung, § 311 Rn. 5.

612 *Adler/Düring/Schmaltz*, Rechnungslegung, 6. Aufl., § 311 HGB, Rn. 37.

613 *Vgl. Wieland*, BB 2012, 1108 (1110).

614 Ebenso *Müller*, Anteilseignerkontrolle, S. 59; *Weber-Rey/Krecek*, NVersZ 2000, 105 (106); *Kremer*, in: Seibt, Formularbuch M&A, Teil I 2.1 b).

615 Ebenso *Müller*, Anteilseignerkontrolle, S. 59.

gebietet nicht zuletzt das Gebot der Rechtssicherheit, da ansonsten die Definition der bedeutenden Beteiligung jede Eingrenzungsfunktion verlieren würde.

Warum allerdings die Vergleichsgröße für die Maßgeblichkeit gerade bei 20 % liegen soll, wird aus der Gesetzesbegründung nicht deutlich. Gesellschaftsrechtlich ist mit dem Überschreiten einer Anteilsquote von 20 % in der Regel keine Rechtsstellung verbunden, die nicht auch ein Inhaber von 10 % der Stimmrechte bereits hätte. Erst das Erreichen einer Quote von 25 % gewährt nach den gesetzlichen Vorschriften eine Sperrminorität, die eine spürbare Beeinflussung der Unternehmensführung ermöglicht. Es wäre daher naheliegend, eine geringfügige Beteiligung erst dann als "maßgeblich" anzusehen, wenn sie wegen besonderer Umstände des Einzelfalls (etwa wegen einer regelmäßig geringeren Gesellschafterpräsenz) ihrem Inhaber eine Rechtsstellung einräumt, die zumindest einer Sperrminorität gleichkommt.[616] Die Aufsichtspraxis hat sich dies allerdings bisher nicht zu Eigen gemacht.

Unterhalb der Schwelle von 20 % der Stimmrechte gilt die umgekehrte Vermutung, dass der Anteilseigner über keinen maßgeblichen Einfluss verfügt.[617] In diesem Fall muss der maßgebliche Einfluss also positiv festgestellt werden.[618]

Die Möglichkeit der Ausübung der Stimmrechte in der Gesellschafterversammlung allein begründet unterhalb der Schwelle von 20 % der Stimmrechte regelmäßig noch keinen maßgeblichen Einfluss.[619] Zu fordern ist vielmehr eine über die Stimmrechtsquote hinausgehende Einflussmöglichkeit auf wesentliche Entscheidungsprozesse einschließlich der Dividendenpolitik oder sonstiger Ausschüttungen an die Gesellschafter.

c) Maßgeblicher Einfluss in Beteiligungsketten

Der maßgebliche Einfluss muss sich immer auf das jeweilige Zielinstitut beziehen. In Beteiligungsketten ist daher stets zu prüfen, ob gerade auf das Zielinstitut ein maßgeblicher Einfluss ausgeübt werden kann oder dem potentiell Anzeigepflichtigen der maßgebliche Einfluss eines Dritten zugerechnet werden kann.

Nach § 311 Abs. 1 Satz 1 HGB muss der beherrschende Einfluss von einem in den Konzernabschluss einbezogenen Unternehmen ausgehen.[620] Bei der Berechnung des Stimmrechtsanteils ist § 290 Abs. 3 und Abs. 4 HGB entsprechend

---

616 So *Weber-Rey/Krecek*, NVersZ 2000, 105 (106); dagegen *Präve*, in: Prölss, VAG, § 7a Rn. 38; *Deckers*, in: Bähr, Versicherungsaufsichtsrecht, § 30 Rn. 28 (jew. zu § 7a Abs. 2 Satz 3 VAG).

617 IAS 28, Tz. 6 S.2; DRS 8.3. Zur Berücksichtigung des IAS 28 und DRS 8 bei der Auslegung des Begriffs des maßgeblichen Einflusses *vgl.* 2. Teil: A. VII. 5. e).

618 *Vgl. Adler/Düring/Schmaltz*, Rechnungslegung, § 311 Rn. 39; *Winkeljohann/Böcker*, in: Beck. Bil-Komm, § 311 Rn. 16.

619 *Vgl. Adler/Düring/Schmaltz*, Rechnungslegung, § 311 Rn. 26; *Präve*, in: Prölss, VAG, § 7a Rn. 38 f.; *Mönnig*, Überwachung der Inhaber bedeutender Beteiligungen an Versicherungsunternehmen, S. 105 (jew. zu § 7a Abs. 2 Satz 3 VAG).

620 *Wieland*, BB 2012, 1108 (1110).

anzuwenden.[621] Zuzurechnen sind daher auch von Tochterunternehmen gehaltene Rechte oder durch Dritte für Rechnung des Erwerbsinteressenten oder seiner Tochterunternehmen gehaltene Anteile. Abzuziehen sind gemäß § 290 Abs. 3 Satz 3 HGB insbesondere treuhänderisch und unter bestimmten Voraussetzungen zur Sicherheit gehaltene Anteile. Dagegen sind Anteile von Gemeinschaftsunternehmen (§ 310 HGB) und assoziierten Unternehmen (also solchen, auf die ein maßgeblicher Einfluss ausgeübt werden kann) nicht von den Zurechnungsvorschriften umfasst.[622]

Die folgenden Übersichten verdeutlichen dies:

Übersicht 5:

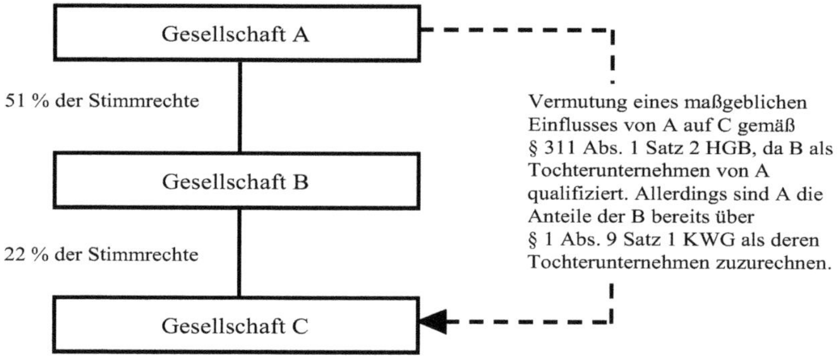

Übersicht 6:

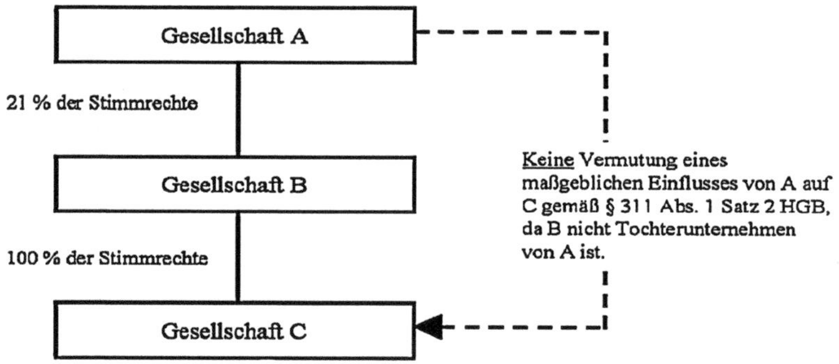

621 *Adler/Düring/Schmaltz*, Rechnungslegung, § 311 Rn. 41 f.; *Winkeljohann/Böcker*, in: Beck. Bil-Komm, § 311 Rn. 16.

622 *Adler/Düring/Schmaltz*, Rechnungslegung, § 311 Rn. 43; *Winkeljohann/Böcker*, in: Beck. BilKomm, § 311 Rn. 10.

Nicht ausreichend ist es daher, wenn der Erwerbsinteressent nur in Bezug auf die Muttergesellschaft des Zielinstituts die Möglichkeit der Ausübung eines maßgeblichen Einflusses hat, ohne die Muttergesellschaft zu beherrschen. Aus diesem Umstand kann nicht zwangsläufig geschlossen werden, dass über die Einflussnahmemöglichkeit auf die Muttergesellschaft auch ein maßgeblicher Einfluss auf das beaufsichtigte Zielinstitut selbst ausgeübt werden kann.[623] Ganz im Gegenteil: Hat der Erwerbsinteressent nicht die Einflussmöglichkeit, die Willensbildung in der Muttergesellschaft zu majorisieren, hat er regelmäßig auch keine Möglichkeit, auf das Zielinstitut selbst einen maßgeblichen Einfluss auszuüben.[624]

Die hier vertretene Auffassung ergibt sich zwar nicht zwingend aus 1 Abs. 9 Satz 2 KWG und der Heranziehung von § 311 Abs. 1 Satz 1 HGB zur näheren Auslegung des Begriffs des maßgeblichen Einflusses. Insofern könnte argumentiert werden, dass der Verweis sich nur auf die Begriffsmerkmale des maßgeblichen Einflusses bezieht, aber keinen Verweis auf die Ermittlung des maßgeblichen Einflusses im Falle von Kettenbeteiligungen enthält.

Dem ist allerdings entgegenzuhalten, dass es widersprüchlich wäre, den Begriff des maßgeblichen Einflusses losgelöst vom übrigen Regelungsgehalt des § 311 Abs. 1 HGB zu übernehmen. Aus § 311 Abs. 1 Satz 1 HGB lässt sich jedenfalls die Wertung entnehmen, dass ein maßgeblicher Einfluss des Erwerbsinteressenten in Bezug auf die Zielgesellschaft nur dann besteht, wenn entweder der Erwerbsinteressent selbst unmittelbar oder über ein beherrschtes Unternehmen maßgeblichen Einfluss auf das Zielinstitut ausüben kann.

Es ist darauf hinzuweisen, dass die genannten Grundsätze in der Vergangenheit in der Verwaltungspraxis der Bundesanstalt nicht immer hinreichend beachtet wurden.[625] Vereinzelt hat die Bundesanstalt aus einem maßgeblichen Einfluss auf die Zwischengesellschaft pauschal auch auf einen maßgeblichen Einfluss auf die Zielgesellschaft geschlossen. In der Praxis führte dies dazu, dass vereinzelt bereits beabsichtigte Minderheitsbeteiligungen selbst unterhalb der 20 %-Schwelle an nicht regulierten Unternehmen, die ihrerseits bedeutende Beteiligungen an beaufsichtigten Unternehmen hielten, unter dem Gesichtspunkt des maßgeblichen Einflusses seitens der Bundesanstalt einem Inhaberkontrollverfahren unterworfen wurden. Nach der hier vertretenen Ansicht ist diese Praxis mit geltendem Recht nicht vereinbar.

---

623 *Wieland*, BB 2012, 1108 (1110); a.A. *Schieber*, Die Aufsicht über Finanzkonglomerate, S. 176.

624 Ebenso *Deckers*, in: Bähr, Versicherungsaufsichtsrecht, § 30 Rn. 20 (zu § 7a Abs. 2 Satz 3 VAG).

625 *Wieland*, BB 2012, 1108 (1110).

d) Beteiligungserfordernis; maßgeblicher Einfluss auch ohne Anteilsinhaberschaft?

Fraglich ist, ob maßgeblicher Einfluss eine gesellschaftsrechtliche Beteiligung am Zielunternehmen voraussetzt. So erfordert eine Assoziierung i.S.d. § 311 Abs. 1 Satz 1 HGB schon nach dem Wortlaut der Vorschrift, dass eine Beteiligung i.S.d. § 271 Abs. 1 HGB besteht.[626] Eine Beteiligung nach § 271 Abs. 1 HGB setzt voraus, dass Anteile an dem anderen Unternehmen gehalten werden, die bestimmt sind, dem eigenen Geschäftsbetrieb durch Herstellung einer dauernden Verbindung zu dienen. Auch § 1 Abs. 9 Satz 1 (a.F.) setzte nach der früheren Fassung der Norm eine Beteiligung voraus.[627] Im Zuge des Vierten Finanzmarktförderungsgesetzes wurde allerdings der Passus "an dem eine Beteiligung besteht" in § 1 Abs. 9 Satz 1 KWG gestrichen. Dadurch sollte ausweislich der Gesetzesmaterialen klargestellt werden, dass ein maßgeblicher Einfluss auch dann zu einer bedeutenden Beteiligung i.S.d. Kreditwesengesetzes führen kann, wenn formal keine Anteilsrechte gehalten werden.[628]

Anders als unter der Definition der qualifizierten Beteiligung in der alten Fassung der Bankenrichtlinie erscheint die Aufgabe eines Beteiligungserfordernisses nunmehr auch aus europarechtlicher Sicht unbedenklich.[629]

e) Indizien; Heranziehung des IAS 28; DRS 8

Zur weiteren Konkretisierung der Begrifflichkeit zieht die Bundesanstalt in der Verwaltungspraxis auch die Bestimmungen des internationalen Rechnungslegungsstandards IAS 28, Tz. 7 heran. Zwar wird in den Gesetzesmaterialien zu § 1 Abs. 9 Satz 1 KWG nur auf § 311 HGB und nicht auf die Parallelvorschrift in den internationalen Rechnungsstandards verwiesen. Da IAS 28 im Wesentlichen denselben Regelungsgehalt wie § 311 HGB hat, erscheint eine entsprechende Heranziehung des IAS 28 vom Ansatzpunkt aber sachgerecht.

Anders als § 311 HGB konkretisiert IAS 28, Tz. 7 den Begriff des maßgeblichen Einflusses weiter. Nach IAS 28, Tz. 7 kann in der Regel auf das Vorliegen eines maßgeblichen Einflusses des Anteilseigners geschlossen werden, wenn eines oder mehrere der folgenden Indizien erfüllt werden:

---

626 *Adler/Düring/Schmaltz*, Rechnungslegung, § 311 Rn. 8.

627 *Vgl.* § 1 Abs. 9 Satz 1 KWG in der Fassung des Sechsten KWG-Änderungsgesetzes: "(...) oder wenn auf die Geschäftsführung des Unternehmens, an dem eine Beteiligung besteht, ein maßgeblicher Einfluss ausgeübt werden kann."

628 Begr. RegE zum Vierten Finanzmarktförderungsgesetz, BT-Drucks. 14/8017, S. 112; *Schwennicke*, in: Schwennicke/Auerbach, KWG, § 1 Rn. 207; *Schäfer*, in: Boos/Fischer/Schulte-Mattler, KWG, § 1 Rn. 212; *Senger*, WM 2003, 1697 (1703) (zu § 1 Abs. 15 KWG); a.A. noch *Müller*, Anteilseignerkontrolle, S. 63; *Winter*, Versicherungsaufsichtsrecht, S. 244 (zu § 7a Abs. 2 Satz 3 VAG).

629 Anders als Art. 1 Abs. 10 Bankenrichtlinie 2000/12/EG enthält die Definition "qualifizierte Beteiligung" in Art. 4 Abs. 11 Bankenrichtlinie (n.F.) keinen Zusatz "an dem eine Beteiligung gehalten wird" mehr. *Vgl.* zu den europarechtlichen Bedenken im Hinblick auf die Vorgängervorschrift *Brogl*, in: Reischauer/Kleinhans, KWG, § 1 Rn. 331.

(1) Die Zugehörigkeit zum Geschäftsführungs- und/oder Aufsichtsorgan oder einem gleichartigen Leitungsgremium des Beteiligungsunternehmens;

(2) die Teilnahme an den Entscheidungsprozessen einschließlich der Teilnahme an Entscheidungen über Dividenden oder sonstige Ausschüttungen;

(3) wesentliche Geschäftsvorfälle zwischen dem Anteilseigner und dem Beteiligungsunternehmen;

(4) der Austausch von Führungspersonal; sowie

(5) die Bereitstellung von bedeutenden technischen Informationen.

Die genannten Kriterien werden auch im originären Anwendungsbereich des § 311 Abs. 1 Satz 1 HGB zur Konkretisierung des maßgeblichen Einflusses herangezogen.[630] Ob ein maßgeblicher Einfluss vorliegt, ist unter Berücksichtigung des Gesamtbilds der tatsächlichen Verhältnisse zu beurteilen.[631] Die genannten Kriterien dienen zugleich der Widerlegung der Vermutung des § 311 Abs. 1 Satz 1 HGB.[632]

Ähnliche Kriterien enthält auch der DRS 8 des Deutschen Standardisierungsrats,[633] dessen Kriterien ebenfalls im Rahmen des § 1 Abs. 9 Satz 1 KWG zur Auslegung des Begriffs des maßgeblichen Einflusses herangezogen werden können. Allerdings nennt DSR 8.3 nur die Zugehörigkeit eines Vertreters des beteiligten Unternehmens zum Verwaltungsorgan oder einem gleichartigen Leitungsgremium des Beteiligungsunternehmens ausdrücklich als Indiz für einen maßgeblichen Einfluss. Dagegen wird eine Mitgliedschaft im Aufsichtsrat, anders als in IAS 28 Tz. 7, nicht ausdrücklich als Indiz genannt.

f) Berücksichtigung der konkreten Gesellschafterstruktur

Bei der Frage eines maßgeblichen Einflusses ist die konkrete Gesellschafterstruktur zu berücksichtigen.[634] So kann der Umstand, dass der Erwerbsinteressent trotz einer angestrebten Beteiligung von unter 10 % der Stimmrechte der größte Anteilseigner werden würde und sonst nur Streubesitz verbunden mit einer historisch niedrigen

---

630 *Vgl. Pellens*, in: MünchKomm-HGB, § 311 Rn. 13; *Adler/Düring/Schmaltz*, Rechnungslegung, § 311 Rn. 29; *Hirschmann*, Anteilseignerkontrolle, S. 76 (zu § 1 Abs. 9 Satz 1 KWG).

631 *Bundesanstalt*, Merkblatt – Hinweise zu dem Verfahren sowie den Anzeigen nach § 2c KWG und § 104 VAG, jeweils in Verbindung mit der Inhaberkontrollverordnung (Stand: Juli 2009), BA 53, v. 22. Juli 2009, Ziffer 3; *Adler/Düring/Schmaltz*, Rechnungslegung, § 311 Rn. 28; *Winkeljohann/Böcker*, in: Beck. Bil-Komm, § 311 Rn. 15; *Müller*, Anteilseignerkontrolle, S. 60.

632 *Adler/Düring/Schmaltz*, Rechnungslegung, § 311 Rn. 31.

633 Deutscher Rechnungslegungsstandard Nr. 8 (DRS 8), Bilanzierung von Anteilen an assoziierten Unternehmen im Konzernabschluss, Verabschiedung durch den Deutschen Standardisierungsrat (DSR) am 03. April 2001. Bekanntmachung der deutschsprachigen Fassung gemäß § 342 Abs. 2 HGB durch das Bundesministerium der Justiz am 29. Mai 2001, zuletzt geändert durch den Deutschen Standardisierungsrat am 5. Januar 2010.

634 *Vgl. Pellens*, in: MünchKomm-HGB, § 311 Rn. 20; *Adler/Düring/Schmaltz*, Rechnungslegung, § 311 Rn. 30.

Hauptversammlungspräsenz vorhanden ist, bei Hinzutreten weiterer Indizien die Annahme eines maßgeblichen Einflusses stützen. Umgekehrt spricht tendenziell gegen einen maßgeblichen Einfluss, wenn neben dem Erwerbsinteressenten noch andere größere Gesellschafter oder gar ein Mehrheitsgesellschafter vorhanden sind. Ein erheblicher Anteilsbesitz oder eine Mehrheitsbeteiligung eines anderen Eigentümers schließen aber nicht bereits zwangsläufig aus, dass ein Inhaber mit niedrigerer Beteiligung über maßgeblichen Einfluss verfügt.[635]

g) Bedeutung der Rechtsform und konkreten Organisationsverfassung

Zu berücksichtigen sind zudem die Rechtsform und konkrete Organisationsverfassung der Zielgesellschaft, wie sie im Gesellschaftsvertrag, Gesellschaftervereinbarungen und Geschäftsordnungen ausgestaltet ist.[636]

Für Aktiengesellschaften muss in diesem Zusammenhang bedacht werden, dass nach der Organisationsverfassung in der Aktiengesellschaft der Vorstand die Geschäfte der Gesellschaft zwingend in eigener Verantwortung zu leiten hat (*vgl.* § 76 Abs. 1 AktG). Die unmittelbare Einfluss der Gesellschafter auf die Geschäftsführung ist aktienrechtlich nur sehr eingeschränkt möglich und wird vor allem durch das Recht vermittelt, über die Hauptversammlung die Vertreter des Kapitals im Aufsichtsrat zu wählen (*vgl.* § 119 Abs. 1 Nr. 1 AktG), der wiederum den Vorstand bestellt (*vgl.* § 84 Abs. 1 Satz 1 AktG). Der Aufsichtsrat ist in der Aktiengesellschaft von der Geschäftsführung grundsätzlich ausgeschlossen. Maßnahmen der Geschäftsführung können dem Aufsichtsrat nicht übertragen werden (*vgl.* § 111 Abs. 4 Satz 1 AktG). Die Satzung oder der Aufsichtsrat können nur bestimmen, dass bestimmte Arten von Geschäften mit Zustimmung des Aufsichtsrats vorgenommen werden dürfen (§ 111 Abs. 4 Satz 2 AktG). Nur in eng begrenzten Ausnahmefällen ist es auch zulässig, Einzelgeschäfte einem Zustimmungsvorbehalt zu unterwerfen.[637] Folglich ist bei Aktiengesellschaften tendenziell Zurückhaltung bei der Annahme eines maßgeblichen Einflusses angezeigt.

Dagegen sind die Einflussmöglichkeiten der Gesellschafter auf die Geschäftsführung bei der GmbH stärker. Sie unterliegen, sofern die Satzung nichts anderes bestimmt, der Weisungsbefugnis der Gesellschafter.[638] Ferner ist zu berücksichtigen, dass bei der GmbH aufgrund der Gestaltungsautonomie der

---

635 *Vgl.* IAS 28, Tz. 6 Satz 3.

636 *Adler/Düring/Schmaltz*, Rechnungslegung, § 311 Rn. 50 ff.; *vgl.* auch *Hirschmann*, Anteilseignerkontrolle, S. 78; *Winkeljohann/Böcker*, in: Beck. Bil-Komm, § 311 Rn. 18.

637 *Vgl. Hüffer*, AktG, § 111 AktG Rn. 18 m.w.N.

638 *Zöllner*, in: Baumbach/Hueck, GmbHG, § 46 Rn. 91; *Roth*, in: Roth/Altmeppen, GmbHG, § 45 Rn. 10. Allerdings wird bei beaufsichtigten Instituten das Weisungsrecht der Gesellschafter durch die aufsichtsrechtlich nur begrenzt einschränkbare Geschäftsleiterverantwortlichkeit begrenzt. *Vgl.* hierzu *Schäfer*, in: Boos/Fischer/Schulte-Mattler, KWG, § 1 Rn. 153; *Krauel/Klie*, WM 2010, 1735 (1737).

Gesellschafter häufig von der Möglichkeit eines fakultativen Aufsichtsrats,[639] Beirats oder Gesellschafterausschusses mit teils völlig individuellen Rechten und Befugnissen Gebrauch gemacht wird.[640] Ob aus der Mitgliedschaft des Erwerbsinteressenten beziehungsweise von Vertretern des Erwerbsinteressenten in solchen Gremien die Möglichkeit der Ausübung eines maßgeblicher Einfluss eines Gesellschafters gefolgert werden kann, kann nicht pauschal beantwortet werden und ist auf Grundlage aller Umstände des Einzelfalls und der konkreten Ausgestaltung und den Zuständigkeiten dieser Organe zu bestimmen.

h) Vertreter in der Geschäftsleitung

Ein starkes Indiz für die Annahme eines maßgeblichen Einflusses ist es, wenn der Erwerbsinteressent nach Vollzug des Erwerbs die Möglichkeit hat, Repräsentanten in die Geschäftsleitung des Zielunternehmens zu entsenden.

Dies gibt dem Anteilseigner die Möglichkeit, unmittelbar Einfluss auf die Geschäftsleitung des Zielunternehmens auszuüben und diese mitzubestimmen. Damit manifestiert sich im Regelfall zugleich der Wille des Erwerbsinteressenten, in die operativen Geschicke des Zielinstituts einzugreifen und diese in seinem Interesse zu lenken.

Dies gilt unabhängig von der internen Organisation der Geschäftsleitung bei Instituten im Sinne des Kreditwesengesetzes in gesteigertem Maße. Das Kreditwesengesetz weist Geschäftsleitern an zahlreichen Stellen besondere Rechte zu und macht Geschäftsleiter zu Adressaten aufsichtsrechtlicher Pflichten. Insbesondere bedürfen nach dem Kreditwesengesetz eine Reihe von Entscheidungen aus aufsichtsrechtlichen Gründen zwingend der Zustimmung sämtlicher Geschäftsleiter, und zwar selbst wenn die Satzung im Übrigen eine Entscheidung durch Mehrheitsbeschluss des Vorstands beziehungsweise der Geschäftsführer vorsieht.[641]

i) Vertreter im Aufsichtsrat

In Zusammenhang mit der Zugehörigkeit von Vertretern des Erwerbsinteressenten im Aufsichtsrat der Zielgesellschaft ist eine differenzierte Betrachtungsweise geboten.

Nicht jede Beteiligung eines mit dem Erwerbsinteressenten verbundenen Aufsichtsratsmitglieds rechtfertigt die Annahme eines maßgeblichen Einflusses.[642] So ist es vollkommen üblich, dass auch passive Minderheitsaktionäre verhältniswahrend oder sogar überproportional im Aufsichtsrat der Beteiligungsgesellschaft vertreten sind. Häufig sind derartige Benennungsrechte in einer Gesellschafter-

---

639 *Vgl.* zu den unterschiedlichen Aufsichtsratssystemen in der GmbH *Zöllner/Noack*, in: Baumbach/Hueck, GmbHG, § 52 Rn. 1 ff. m.w.N.

640 Zur Möglichkeit der Schaffung fakultativer Organe in der GmbH *vgl. Zöllner*, in: Baumbach/Hueck, GmbHG, § 45 Rn. 15 ff. m.w.N.

641 *Vgl.* etwa § 13 Abs. 2 Satz 1; § 13a Abs. 2; § 15 Abs. 1 Satz 1 KWG.

642 A.A. offenbar *Winter*, Versicherungsaufsichtsrecht, S. 261 (zu § 7a Abs. 2 Satz 3 VAG).

vereinbarung vereinbart, in der sich die Gesellschafter verpflichten, auf eine entsprechende Wahl eines vom Gesellschafter vorzuschlagenden Aufsichtsratsmitglieds hinzuwirken. Gerade bei börsennotierten Gesellschaften finden solche Regelungen auch Eingang in Investorenvereinbarungen.[643]

Den pauschalen Schluss auf einen maßgeblichen Einfluss lässt dies nicht zu. Insbesondere ist davor zu warnen, aus einem dem Erwerbsinteressenten nahe stehenden Aufsichtsratsmitglied die Schlussfolgerung zu ziehen, dieser habe die Rechtsmacht, über die proportionale Beteiligung an der Gesellschaft hinaus die Zusammensetzung des Aufsichtsrats zu bestimmen. Gerade bei passiven Minderheitsinvestments dient der Repräsentant im Aufsichtsrat nicht dazu, in die Geschäftspolitik maßgeblich einzugreifen. Eine solche Repräsentanz ist zumeist lediglich Ausdruck einer gewissen Absicherung einer Minderheitsbeteiligung. Eine gezielte Macht zur Einflussnahme auf die Geschäfts- und Finanzpolitik der Zielgesellschaft ist nicht selten weder angestrebt noch rechtlich möglich. Dies gilt selbst bei Zustimmungsvorbehalten des Aufsichtsrats für besondere Arten von Geschäften.

Die vorstehenden Ausführungen gelten in besonderem Maße, wenn es sich bei der Zielgesellschaft um eine Aktiengesellschaft handelt. Wie oben ausgeführt, ist eine Einflussnahme auf die Geschäftsleitung durch den Aufsichtsrat und erst recht durch einzelne Aufsichtsratsmitglieder nur sehr begrenzt möglich. Ferner ist zu berücksichtigen, dass Aufsichtsratsmitglieder Weisungen der Gesellschafter nicht unterliegen und bei der Ausübung ihres Mandats allein dem Wohle der Gesellschaft verpflichtet sind.[644] Zwar lässt sich aus diesem Umstand noch nicht der Schluss ziehen, dass ein dem Umfeld des Erwerbsinteressenten zuzuordnendes Aufsichtsratmitglied generell nicht in der Lage wäre, einen maßgeblichen Einfluss zu begründen.[645] Dies würde außer Betracht lassen, dass Aufsichtsratsmitglieder auch rechtlichen Bindungen gegenüber dem sie repräsentierenden Gesellschafter unterliegen können.[646] Diese darf das Aufsichtsratmitglied bis zu einem gewissen Grad auch zulässigerweise in seine Amtsausübung einbringen.[647] Es ist daher zu erwarten, dass ein solches Aufsichtsratsmitglied sich in seiner Amtsausübung auch an den Interessen des Gesellschafters orientiert und faktisch einer entsprechenden Einflussnahme unterliegt.[648] Umgekehrt kann aber auch nicht pauschal unterstellt werden, dass sich ein Aufsichtsratsmitglied den gesellschaftsrechtlichen Bindungen

---

643 *Kiem*, AG 2009, 301 (303); *Seibt/Wunsch*, Der Konzern, 2009, 195 (204); *Schiessl*, AG 2009, 385 (391).

644 *Habersack*, in: MünchKomm-AktG, § 111 Rn. 136 m.w.N.

645 Anders etwa beim beherrschenden Einfluss i.S.d. § 17 Abs. 1 AktG, wo der beherrschende Einfluss nach h.M. gesellschaftsrechtlich vermittelt sein muss (*vgl. Hüffer*, AktG, § 17 Rn. 8; *Hirschmann*, in: Hörters, AktG, § 17 Rn. 5).

646 Derartige Bindungen können etwa aus einem Arbeitsvertrag oder Geschäftsbesorgungsvertrag resultieren.

647 *Vgl. Habersack*, in: MünchKomm-AktG, § 111 Rn. 136.

648 *Habersack*, in: MünchKomm-AktG, § 111 Rn. 138.

seines Amtes verschließt und als willfähriger Befehlsempfänger des Gesellschafters handeln wird.

Auch die konkrete Person des vorgeschlagenen Aufsichtsratsmitglieds kann in die Gesamtwürdigung einzubeziehen sein. Soll zum Beispiel ein Vorstandsmitglied des Erwerbsinteressenten in den Aufsichtsrat einziehen, so ist dieser Sachverhalt sicherlich eher dazu angetan, einen maßgeblichen Einfluss zu begründen, als wenn dies ein dem Erwerbsinteressenten nicht in vergleichbarer Weise verbundener Dritter ist.

Aus dem Dargelegten folgt jedoch auch, dass ein Automatismus zwischen einer Repräsentanz im Aufsichtsrat und der Annahme eines maßgeblichen Einflusses abzulehnen ist. Dies wird in der Literatur zuweilen nicht hinreichend deutlich.[649] Umgekehrt erscheint der Umstand, dass die Möglichkeit der Einflussnahme nicht einmal zu einer Vertretung des Gesellschafters im Aufsichtsrat geführt hat, geeignet, die Vermutung eines maßgeblichen Einflusses zu widerlegen.[650]

j) Insbesondere: Geschäftsbeziehungen und Bereitstellung technischer Informationen

Wie ausgeführt können auch Geschäftsbeziehungen zwischen Anteilseigner und Beteiligungsunternehmen und die Bereitstellung technischer Informationen einen maßgeblichen Einfluss begründen.[651] Zu denken ist hier vor allem an langfristige Kooperationsverträge, die die Zielgesellschaft in die Nähe einer Joint Venture-Gesellschaft rücken. Auch Exklusivitätsklauseln können diesbezüglich von Relevanz sein.

Allerdings ist hinsichtlich der Annahme einer Indizwirkung Zurückhaltung geboten. Gewöhnliche und einem Drittvergleich standhaltende Geschäftsbeziehungen als solche rechtfertigen auch bei erheblicher wirtschaftlicher Bedeutung für das Zielunternehmen noch nicht die Annahme eines maßgeblichen Einflusses. Erforderlich ist viel mehr, dass sich die Geschäftsvorfälle derart verdichten, dass sie in der Gesamtschau dem Erwerbsinteressenten bei wertender Betrachtungsweise eine Mitbestimmung der Geschäfts- und Finanzpolitik ermöglichen. Selbst wenn im Einzelfall ein Einfluss auf die Geschäftspolitik bejaht werden kann, wird es häufig jedenfalls an einer Einflussmöglichkeit auf die Finanzpolitik fehlen.

Auch aus der Fixierung gemeinsamer geschäftlicher Zielvorstellungen oder Projektvorhaben, wie sie nicht selten in Gesellschaftervereinbarungen oder In-

---

649 *Vgl. Hirschmann*, Anteilseignerkontrolle, S. 78.

650 *Adler/Düring/Schmaltz*, Rechnungslegung, § 311 Rn. 50; *Winkeljohann/Böcker*, in: Beck. Bil-Komm, § 311 Rn. 17 f.

651 Anders etwa beim beherrschenden Einfluss i.S.d. § 17 Abs. 1 AktG, wo der beherrschende Einfluss nach h.M. gesellschaftsrechtlich vermittelt sein muss (*vgl. Hüffer*, AktG, § 17 Rn. 8; *Hirschmann*, in: Hölters, AktG, § 17 Rn. 5).

vestorenvereinbarungen aufgenommen werden,[652] kann noch nicht zwingend auf einen maßgeblichen Einfluss auf die Geschäftspolitik geschlossen werden.

Hinsichtlich der "Bereitstellung bedeutender technischer Informationen" wird ein maßgeblicher Einfluss ohne Hinzutreten weiterer wesentlicher Umstände allenfalls in Erwägung gezogen werden können, wenn die Zielgesellschaft gerade auf die Bereitstellung dieser technischen Informationen angewiesen ist. Handelt es sich um eine vertretbare Dienstleistung oder technische Information, die zu vergleichbaren Konditionen auch von Dritten bezogen werden könnte, kommt der Zurverfügungstellung technischer Information durch den Erwerbsinteressenten dagegen keine Indizwirkung zu.

k) Insbesondere: Gesellschafterrechte und darüber hinausgehende Minderheitsrechte in Gesellschafterverträgen oder Investorenvereinbarungen

Wie bereits ausgeführt sind auch die Inhalte etwaiger Gesellschafter- und Investorenvereinbarungen bei der Ermittlung eines maßgeblichen Einflusses zu berücksichtigen.[653] Gerade bei Paketerwerben werden solche Vereinbarungen geschlossen, um Minderheitsrechte und Mitspracherechte des neuen Gesellschafters zu sichern.[654] Nicht selten begrenzen diese Vereinbarungen aber auch den Einfluss des künftigen Gesellschafters, etwa durch Standstill-Vereinbarungen.[655]

Neben Vorschlagsrechten in Bezug auf eine Repräsentanz im Aufsichtsrat enthalten diese Vereinbarungen nicht selten einen Katalog bestimmter Entscheidungen, die nicht ohne die Zustimmung oder gegen das Veto des Gesellschafters getroffen werden können. Häufig wird dies dadurch erreicht, dass ein Gesellschafterausschuss oder Beirat gebildet wird, dessen Entscheidung sich die Gesellschafter bei der Stimmausübung unterwerfen.

Die Inhalte von Gesellschafter- und Investorenvereinbarung sind vielgestaltig und entziehen sich einer pauschalen Einordnung im Hinblick darauf, ob sie einen maßgeblichen Einfluss auf die Zielgesellschaft begründen oder nicht. Zu berücksichtigen ist auch, ob in den hier in Rede stehenden Vereinbarungen nur unverbindliche Programmsätze geregelt werden oder die Pflichten tatsächlich rechtlich verbindlich und erzwingbar sind.

Selbst wenn danach eine Einflussmöglichkeit auf die Geschäftspolitik besteht, wird es nicht selten an Einflussmöglichkeiten zur maßgeblichen Beeinflussung der Finanzpolitik fehlen. Anders verhält es sich beispielsweise, sofern eine substantielle Garantiedividende zugunsten des Erwerbsinteressenten in einer Gesell-

---

652 *Kiem*, AG 2009, 301 (303).

653 Darüber hinaus kommt bei derartigen Vereinbarungen vorrangig eine bedeutende Beteiligung gestützt auf § 1 Abs. 9 Satz 2 i.V.m. § 22 Abs. 2 WpHG unter dem Gesichtspunkt des Acting-in-concert in Betracht.

654 *Kiem*, AG 2009, 301 (303).

655 *Kiem*, AG 2009, 301 (303); *Seibt/Wunsch*, Der Konzern 2009, 191 (207).

schaftervereinbarung vorgesehen wird und damit auch der Einfluss auf die Finanzpolitik manifestiert wird.

Wie bereits ausgeführt, ist die Möglichkeit eines maßgeblichen Einflusses im Hinblick auf die Wertung des § 311 Abs. 1 Satz 2 HGB nur dann in Betracht zu ziehen, wenn nach dem Gesamtbild die Rechte des Gesellschafters den Einflussmöglichkeiten eines Gesellschafters entsprechen, der mindestens 20 % der Stimmrechte hält.[656] Dies muss auch der Maßstab für die Beurteilung von Gesellschafter- und Investorenvereinbarungen im Hinblick auf die Begründung eines maßgeblichen Einflusses sein.

l) Insbesondere: Stille Beteiligungen; Hybridinstrumente

Die vorgenannten Indizien sind auch für die Beurteilung von stillen Beteiligungen heranzuziehen.[657] Bei einer typischen stillen Gesellschaft wird der stille Gesellschafter nicht in der Lage sein, maßgeblichen Einfluss auf die Geschäftsleitung auszuüben.[658] Dies kann bei atypischen stillen Beteiligungen anders sein.[659] Allerdings wird auch bei einer atypischen stillen Beteiligung die Einflussmöglichkeit aus der stillen Beteiligung nur im Ausnahmefall Umfang und Intensität erreichen, die es rechtfertigen, einen maßgeblichen Einfluss auf die Geschäfts- und Finanzpolitik anzunehmen. Entsprechendes gilt auch hinsichtlich sonstiger Hybridinstrumente wie etwa Genussscheinen.

m) Insbesondere: Potentielle Stimmrechte

In Anlehnung an IAS 28, Tz. 8 können auch potentielle Stimmrechte zur Möglichkeit eines maßgeblichen Einflusses beitragen.[660]

Zu denken ist diesbezüglich insbesondere an Aktienoptionen, Aktienkaufoptionen, Schuld- oder Eigenkapitalinstrumente, die in stimmberechtigte Anteile oder in ähnliche Instrumente umwandelbar sind, und deren Ausübung oder Umwandlung dem ausübenden Unternehmen die Möglichkeit gibt, zusätzliche Stimmrechte über die Finanz- und Geschäftspolitik des Zielunternehmens zu erlangen oder die Stimmrechte eines anderen Anteilsinhabers über diese zu beschränken. In die Gesamtbetrachtung sind diese allerdings in Anlehnung an IAS 28, Tz. 8 nur einzubeziehen, sofern die potentiellen Stimmrechte gegenwärtig ausgeübt oder in tatsächliche Stimmrechte umgewandelt werden können. Dem gleichzustellen sind solche potentiellen Stimmrechte, die kurzfristig ausgeübt werden sollen und bezüglich deren Ausübung eine Entscheidung bereits getroffen worden ist. Dagegen sind potentielle Stimmrechte außer Betracht zu lassen, wenn sie erst zu einem

---

656 *Vgl. Weber-Rey/Krezek*, NVersZ 2000, 105 (106).

657 A.A. *Winter*, Versicherungsaufsichtsrecht, S. 244 (zu § 7a Abs. 2 Satz 3 VAG), der stille Gesellschafter generell vom Anwendungsbereich der Inhaberkontrolle ausnehmen will.

658 Ähnlich *Hirschmann*, Anteilseignerkontrolle, S. 30.

659 Ebenso *Hirschmann*, Anteilseignerkontrolle, S. 30 f.; *Deckers*, in: Bähr, Versicherungsaufsichtsrecht, § 30 Rn. 27 (zu § 7a Abs. 2 Satz 3 VAG).

660 IAS 28, Tz.8 f.

zukünftigen Datum oder bei Eintritt eines zukünftigen Ereignisses ausgeübt oder umgewandelt werden können.[661]

Bei der Beurteilung, inwieweit potentielle Stimmrechte zum maßgeblichen Einfluss beitragen, sind alle tatsächlichen Umstände des Einzelfalls zu berücksichtigen, welche die potentiellen Stimmrechte beeinflussen. Insbesondere sind die Ausführungsbedingungen der potentiellen Stimmrechte und die sonstigen vertraglichen Vereinbarungen in die Betrachtung mit einzubeziehen.[662] Richtigerweise wird man insoweit auch die Handlungsabsichten des Managements und die finanziellen Fähigkeiten des Erwerbsinteressenten zur Ausübung oder Umwandlung der die Stimmrechte vermittelnden Instrumente zu berücksichtigen haben.[663]

Im Regelfall werden die genannten Instrumente allein nicht geeignet sein, einen maßgeblichen Einfluss zu begründen.

IX. Zurechnungspraxis in anderen Mitgliedstaaten

Die Praxis der Zurechnung von Anteilen in Beteiligungsketten weicht in anderen Mitgliedstaaten trotz vereinheitlichter europäischer Vorgaben teils erheblich von der Rechtslage in Deutschland ab.

1. Europäische Vorgaben

In welchen Fällen im Rahmen der Bestimmung einer qualifizierten Beteiligung von Dritten gehaltene Stimmrechte oder Kapital hinzugerechnet werden müssen, ist durch europäisches Recht weitgehend vorgegeben.

Nach Art. 5 Abs. 1 der Beteiligungsrichtlinie werden bei der Prüfung, ob die Kriterien für eine qualifizierte Beteiligung erfüllt sind, "die in Art. 9 und Art. 10 der Transparenzrichtlinie II genannten Stimmrechte und die Voraussetzungen für das Zusammenrechnen der Beteiligungen nach Art. 12 Abs. 4 und 5 jener Richtlinie berücksichtigt".

Vieles spricht dafür, dass mit der gewählten Formulierung ("berücksichtigen", beziehungsweise in der englischen Fassung "shall be taken into account") durch den Richtliniengeber keine Relativierung der Anwendbarkeit der Zurechnungsvorschriften der Transparenzrichtlinie II beabsichtigt war, sondern eine uneingeschränkte und wortlautgetreue Anwendung der entsprechenden Vorschriften der Transparenzrichtlinie II angeordnet wird. Dafür kann insbesondere die Intention des europäischen Richtliniengebers angeführt werden, mit der Beteiligungsrichtlinie einen Maximalstandard hinsichtlich der anzeigepflichtigen Ereignisse und des Prüfungsumfangs vorzugeben. Dem würde es widersprechen, wenn man dem nationalen Gesetzgeber in einer so grundsätzlichen Frage einen wesentlichen Spielraum bei der Umsetzung der Zurechnungskriterien einräumen würde. Eine

661 *Vgl.* IAS 28, Tz. 8 f.

662 *Vgl.* IAS 28, Tz. 9.

663 *Vgl.* IAS 28, Tz 9 a.E.

wesentliche Verschärfung der Zurechnungskriterien durch den nationalen Gesetzgeber ist daher richtigerweise nicht mit der Beteiligungsrichtlinie vereinbar.

Daraus folgt zugleich, dass hinsichtlich der Begründung einer qualifizierten Beteiligung durch das indirekte Halten von 10 % oder mehr der Stimmrechte oder des Kapitals für die Zurechnung von Anteilen durch Beteiligungsgesellschaften die Vorgabe des Art. 10 lit. e der Transparenzrichtlinie II durch die Mitgliedstaaten zu beachten ist. Danach sind (nur) Stimmrechte zuzurechnen, die von einem kontrollierten Unternehmen gehalten werden. Der Terminus "kontrolliertes Unternehmen" ist wiederum in Art. 2 Abs. 1 lit. f der Transparenzrichtlinie legal definiert und mit dem Begriff des Tochterunternehmens in § 1 Abs. 7 KWG und § 22 Abs. 3 WpHG weitgehend identisch. Die von Dritten gehaltenen Anteile sind also dem Erwerbsinteressenten nur dann zuzurechnen, wenn der Dritte als Tochterunternehmen zu qualifizieren ist oder ein sonstiger Zurechnungstatbestand nach Art. 10 der Transparenzrichtlinie II vorliegt. Umgekehrt bedeutet dies, dass in Ermangelung anderer Zurechnungstatbestände Anteile im Besitz von Unternehmen, an denen der Erwerbsinteressent nur eine Minderheitsbeteiligung hält, im Regelfall mangels Zurechnung nicht eine qualifizierte Beteiligung im Sinne von Art. 4 Nr. 11 Alt. 1 der Bankenrichtlinie begründen können. Unterhalb dieser Schwelle kommt dann die Annahme einer qualifizierten Beteiligung nur in Betracht, wenn die Minderheitsbeteiligung gegebenenfalls gleichzeitig mit anderen Faktoren einen maßgeblichen Einfluss auf die Zielgesellschaft im Sinne des Art. 4 Nr. 11 Alt. 2 der Bankenrichtlinie begründet.

2. Aufsichtspraxis in anderen Mitgliedstaaten

Die Aufsichtspraxis in mehreren europäischen Staaten steht zu dieser europäischen Rechtslage im Widerspruch. So nimmt die Financial Supervisory Authority (FSA) des Vereinigten Königreichs gestützt auf Section 179(2)(b) FSMA 2000 beispielsweise auch in nachfolgender Konstellation eine qualifizierte Beteiligung durch das indirekte Halten von 10 % und mehr der Stimmrechte an:[664]

664 Section 179 des Financial Services and Markets Act 2000 lautet wie folgt:

(1) For the purposes of this Part, a person ("A") acquires control over a UK authorised person ("B") if any of the cases in subsection (2) begin to apply.

(2) The cases are where A holds—

(a) 10% or more of the shares in B or in a parent undertaking of B ("P");

(b) 10% or more of the voting power in B or P; or

(c) shares or voting power in B or P as a result of which A is able to exercise significant influence over the management of B.

<u>**Übersicht 7:**</u>

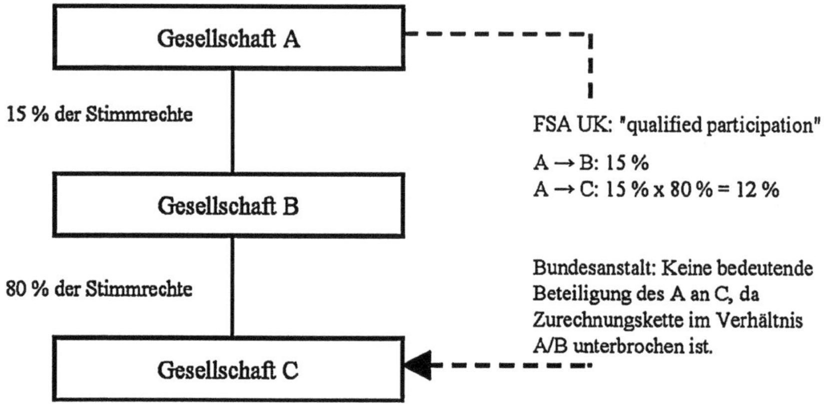

Eine der britischen FSA vergleichbare Verwaltungspraxis ist auch von der schwedischen FSA, der niederländischen Nationalbank und der spanischen Zentralbank bekannt, die in der Vergangenheit bei Erwerbsvorhaben eine entsprechende Durchrechnung vorgenommen haben.

Nach deutschem Verständnis ist dagegen im Verhältnis zwischen Gesellschaft A und Gesellschaft B mangels Tochtereigenschaft der B die Zurechnungskette unterbrochen. Die von B gehaltenen Anteile an der Gesellschaft C könnten A nicht zugerechnet werden. A hielte danach keine bedeutende Beteiligung im Sinne von § 1 Abs. 9 Satz 1 Alt. 1 KWG.

Eine derartige Durchrechnung der Beteiligung durch die britische FSA ist mit der Beteiligungsrichtlinie nach dem Gesagten nicht vereinbar, will man in derartigen Konstellationen nicht pauschal einen maßgeblichen Einfluss unterstellen.

3. Bewertung in den CEBS/CEIOPS/CESR-Leitlinien

Auf die unterschiedliche Verwaltungspraxis innerhalb der Europäischen Union bei der Berechnung indirekter Beteiligungen haben bereits Stellungnahmen zum Entwurf der CEBS/CEIOPS/CESR-Leitlinien hingewiesen.[665] CEBS, CEIOPS und der CESR haben bei der Anhörung zu den CEBS/CEIOPS/CESR-Leitlinien die Beobachtung geteilt, dass nationale Unterschiede im Verständnis des Be-griffs “indirect qualifying shareholding” bestehen. Nach Auffassung der CEBS, des CEIOPS und des CESR sind diese Unterschiede durch die Beteiligungsrichtlinie allerdings nicht abgeschafft worden, da diese den Begriff nicht exakt definiere. Der Begriff “indirect qualifying shareholding” sei daher im Lichte der nationalen

---

665 *Vgl. Allianz SE*, Comments to CEBS/2008/40, CEIOPS-3L3-10-08, CESR/08-543 of 11 July 2008 Guidelines for the prudential assessment of acquisitions and increase of holdings in the financial sector required by the Acquisition Directive 2007/44/EC (abrufbar unter www.c-ebs.org).

Vorschriften auszulegen.[666] Die Level-3-Kommittees verkennen allerdings den klaren Wortlaut der Beteiligungsrichtlinie und den eindeutigen Verweis auf die Zurechnungsvorschriften der Transparenzrichtlinie II.

Vermeintlich anzeigepflichtigen Personen ist zu empfehlen, die jeweiligen nationalen Aufsichtsbehörden auf die Diskrepanz zur europäischen Rechtslage hinzuweisen. Allerdings ist zu befürchten, dass in Anbetracht der gemeinsamen Stellungnahme von CEBS, CEIOPS und CESR eine Änderung der Aufsichtspraxis durch die genannten ausländischen Aufsichtsbehörden derzeit nicht zu erwarten ist.

4. Praktische Konsequenzen

Die praktischen Konsequenzen dieser unterschiedlichen europäischen Aufsichtspraxis sind erheblich. Im Ergebnis zwingen sie dazu, trotz einer weitgehenden Harmonisierung beim Erwerb von international operierenden Konzernen mit regulierten Tochterunternehmen in verschiedenen Mitgliedstaaten für sämtliche betroffene europäische Länder die jeweilige Aufsichtspraxis in Erfahrung zu bringen. Die Vorbereitung und Durchführung von Inhaberkontrollverfahren und damit der Vollzug der Transaktionen verzögert und verteuert sich dadurch nicht selten ganz erheblich. Die Unterlagen sind für jedes Land im Ergebnis individuell anzufertigen und zusammenzustellen.

Dies gilt erst recht, wenn in dem Land, in dem die Gruppe der konsolidierten Aufsicht unterliegt, eine Anzeigepflicht verneint wird, und damit die Heimataufsicht kein Inhaberkontrollverfahren durchführt. Gerade bei Erwerbsvorgängen, die mehrere Jurisdiktionen betreffen, kommt dem Aufseher für die Gruppe in der Praxis eine Leitfunktion zu. Typischerweise geben die übrigen Behörden die Transaktion erst frei, wenn auch der Aufseher über die Gruppe seine Freigabe erteilt hat. Diese Leitfunktion geht verloren, wenn im Staat der Heimataufsicht für die Gruppe kein Inhaberkontrollverfahren durchzuführen ist. Den anderen nationalen Aufsehern ist häufig nur schwer begreiflich zu machen, warum trotz vermeintlicher Harmonisierung der europäischen Rechtslage der konsolidierte Aufseher nicht von einer Anzeigepflicht ausgeht.

X. Bestimmung der bedeutenden Beteiligung bei Personenhandelsgesellschaften und Kommanditgesellschaften auf Aktien

1. Überblick

Schwierigkeiten bereitet im Einzelfall die Bestimmung einer bedeutenden Beteiligung und der nach sich ziehenden Anzeigepflicht nach § 2c Abs. 1 Satz 1 KWG bei Zielinstituten in der Rechtsform von Personenhandelsgesellschaften und Kommanditgesellschaften auf Aktien. Diese Gesellschaftsformen sind zwar im Bereich der Banken- und Finanzdienstleistungssektor weit aus seltener anzutreffen als Aktiengesellschaft und GmbH, haben aber vor allem im Bereich der

---

666 *Vgl.* CEBS/CEIOPS/CESR-Feedback-Table, zu § 15 (abrufbar unter www.c-ebs.org).

Privatbanken durchaus noch ihre praktische Bedeutung, wenngleich auch dort ihre Verbreitung zurückgeht.[667]

Die Beurteilung wird in der Praxis vor allem dadurch erschwert, dass persönlich haftende Gesellschafter von Personenhandelsgesellschaften von der Finanzaufsicht als Träger der Bankerlaubnis angesehen werden und einer Bankerlaubnispflicht nach § 32 Abs. 1 Satz KWG unterliegen sollen.[668] Dies wirft die Frage auf, ob die Vorschriften der Inhaberkontrolle überhaupt auf den Eintritt oder Wechsel von persönlich haftenden Gesellschaftern anwendbar sind.

Ferner sind gerade bei personalistisch ausgestalteten Personenhandelsgesellschaften die Rechte als Gesellschafter und die Sphäre der Geschäftsführung weit aus schwieriger zu trennen wie etwa bei der Aktiengesellschaft (*vgl.* dort etwa §§ 76 Abs. 1; 119 Abs. 2 AktG). So steht den Gesellschaftern einer oHG nach dem gesetzgeberischen Leitbild auch die Geschäftsführungsbefugnis zu (*vgl.* § 114 Abs. 1 HGB). Dies wirft die Frage nach der Abgrenzung zwischen Anteilseignerkontrolle und Geschäftsleiterkontrolle auf.

Die Bestimmung der konkreten Stimmrechts- und Kapitalquote bei Personengesellschaften ist vor allem deswegen problematisch, weil im Vergleich zu Kapitalgesellschaften die durch das Gesetz eingeräumten gestalterischen Spielräume bei der Ausgestaltung der Gesellschafterrechte deutlich größer sind und in der Praxis häufig auch genutzt werden. So können selbst persönlich haftende Gesellschafter von der Geschäftsführung ausgeschlossen werden (§ 114 Abs. 2 HGB) und es besteht die Möglichkeit, für die meisten Beschlussgegenstände statt der gesetzlich vorgesehenen Einstimmigkeitsprinzip im Gesellschaftsvertrag Mehrheitserfordernisse einzuführen (§ 119 HGB). Selbst dann ist zu berücksichtigen, dass persönlich haftende Gesellschafter bei Eingriffen in den Kernbereich der Mitgliedschaft wiederum umfassende und unentziehbare Zustimmungsrechte haben. Hinzu kommt, dass bei Personenhandelsgesellschaften das über den Verweis in § 1 Abs. 9 Satz 2 KWG in Bezug genommene Regelungskonzept der §§ 21 ff. WpHG, das eigentlich auf Aktiengesellschaften zugeschnitten ist, nicht ohne weiteres übertragen werden kann.[669] All dies erschwert im Vergleich zur

---

667 Beispiele für Personenhandelsgesellschaften und Kommanditgesellschaften auf Aktien im Bankensektor sind etwa Merck Finck & Co. oHG, Bankhaus Lampe KG, Joh. Berenberg, Gossler & Co. KG, Hanseatic Bank GmbH & Co. KG, B. Metzler seel. Sohn & Co. KGaA, Hauck & Aufhäuser Privatbankiers KGaA, M.M. Warburg & CO KGaA, Sal. Oppenheim jr. & Cie. AG & Co. KGaA, TARGOBANK AG & Co. KGaA. Keine Rolle spielen diese Fragen im Versicherungssektor und im Investmentrecht, da dort Personenhandelsgesellschaften und Kommanditgesellschaften auf Aktien als Rechtsform von Versicherungen und Kapitalanlagegesellschaften gesetzlich nicht zulässig sind (*vgl.* § 7 Abs. 1 VAG; § 6 Abs. 1 Satz 2 InvG). Auch Gesellschaften bürgerlichen Rechts scheiden als denkbare Zielunternehmen von vornherein aus, da Institute i.S.d. § 1 Abs. 1b KWG stets auch ein Handelsgewerbe betreiben.

668 *Vgl.* dazu und zur hier vertretenen Gegenauffassung ausführlich 2. Teil: A. X. 2.

669 Zur Anwendbarkeit der §§ 21 ff. WpHG auf börsennotierte Kommanditgesellschaften auf Aktien *vgl. Wiencke/Fett*, in: Schütz/Bürgers/Riotte, Handbuch KGaA, § 10 Rn. 122 ff.

Kapitalgesellschaften die Bestimmung der Stimmrechts- bzw. Kapitalbeteiligung, wie sie § 1 Abs. 9 Satz 1 KWG vorsieht, und die Bewertung der damit verbundenen Einflussnahmemöglichkeiten der Gesellschafter auf die Zielgesellschaft.

Schwierigkeiten bestehen schließlich bei gesellschaftsrechtlichen Mischformen wie der Kommanditgesellschaft einschließlich der GmbH & Co. KG und der Kommanditgesellschaft auf Aktien, die vielfältige Fragen der Berechnung von Stimmrechten und zur Abgrenzung von Anteilseignerkontrolle und Geschäftsleiterkontrolle aufwerfen. Die meisten der sich daraus ergebenden Fragen wurden soweit ersichtlich im Schrifttum zur Anteilseignerkontrolle bisher nicht erörtert.

2. Wechsel und Eintritt persönlich haftender Gesellschafter von Personenhandelsgesellschaften

Fraglich ist zunächst, ob der Wechsel oder Eintritt eines persönlich haftenden Gesellschafters die Durchführung eines Inhaberkontrollverfahrens erfordert oder die Anteilseignerkontrolle durch Vorschriften des Erlaubnisverfahrens (§ 32 KWG) und die Geschäftsleiterkontrolle verdrängt werden.

a) Anwendbarkeit der Inhaberkontrolle

Der geplante Eintritt in eine Personenhandelsgesellschaft als persönlich haftende Gesellschafter löst nach richtiger Ansicht immer dann eine Anzeigepflicht nach § 2c Abs. 1 Satz 1 KWG aus, wenn der persönlich haftende Gesellschafter nach den Regeln des § 1 Abs. 9 Satz 1 KWG als Inhaber einer bedeutenden Beteiligung anzusehen ist.

aa) Abgrenzung zum Erlaubnisverfahren

Diese Ansicht steht allerdings im Widerspruch zur offenbar nach wie vor gängigen Verwaltungspraxis der Bundesanstalt, die in derartigen Konstellationen nicht ein Inhaberkontrollverfahren, sondern ein Erlaubnisverfahren nach § 32 KWG für erforderlich hält.

Hintergrund für die abweichende Verwaltungspraxis ist, dass die Bundesanstalt die persönlich haftenden Gesellschafter einer Personenhandelsgesellschaft und nicht die Personenhandelsgesellschaft selbst als Träger der Bankerlaubnis ansieht. Dies hat zur Folge, dass persönlich haftenden Gesellschaftern von Instituten in der Rechtsform einer Personenhandelsgesellschaft eine Erlaubnis nach § 32 KWG abverlangt wird. Daraus folgt, dass nach der Praxis der Bundesanstalt auch der geplante Neueintritt als persönlich haftender Gesellschafter ein Erlaubnisverfahren nach § 32 KWG auslösen soll.

Diese Praxis der Bundesanstalt wird von der Kommentarliteratur zumeist ohne tiefere Auseinandersetzung mitgetragen. Zur Begründung wird auf eine entsprechende Passage in der ursprünglichen Regierungsbegründung zum Kreditwesengesetz aus dem Jahr 1959 verwiesen.[670] Die herrschende Auffassung

---

670 *Vgl. Bähre/Schneider*, KWG, § 32 Rn. 2; *Samm*, in: Beck/Samm/Kokemoor, KWG, § 32 Rn. 84 ff.; *Fischer*, in: Boos/Fischer/Schulte-Mattler, KWG, § 32 Rn. 35; Reischauer/Kleinhans, KWG, § 32 Rn. 10 f. jew. unter Verweis auf die Begründung zum

berücksichtigt allerdings nicht die dogmatische Entwicklung im Personengesellschaftsrecht in den letzten Jahrzehnten, die nach der gesetzlichen Anerkennung der Rechtsfähigkeit der Personenhandelsgesellschaften zuletzt in der Anerkennung der (Teil-) Rechtsfähigkeit der Außen-GbR durch den Bundesgerichtshof seinen Abschluss gefunden hat.[671] Es erscheint weder dogmatisch überzeugend noch durch etwaige Besonderheiten des Kreditwesengesetzes geboten, diesen Sonderweg im Aufsichtsrecht unter Verweis auf eine 50 Jahre zurückliegende Gesetzesbegründung, der noch ein völlig unterschiedliches Verständnis der Rechtsfähigkeit von Personengesellschaften zugrunde lag, fortzuführen. Für Personenhandelsgesellschaften widerspricht dies auch der eindeutigen gesetzlichen Wertung (§§ 124 Abs. 1; 161 Abs. 2 HGB; § 14 Abs. 2 BGB).[672]

In einer Entscheidung aus dem Jahr 2010 hat nunmehr auch das Bundesverwaltungsgericht die dogmatischen Bedenken teilweise aufgegriffen und aufsichtsrechtliche Eingriffsmaßnahmen gegen die Personengesellschaft selbst für zulässig gehalten.[673] Das Bundesverwaltungsgericht führt in diesem Zusammenhang zutreffend aus, dass der Unternehmensbegriff des Kreditwesengesetzes weit gefasst sei und das Betreiben von Kredit- und Finanzgeschäften durch teilrechtsfähige Personengesellschaften mit einschließe. Das ergebe sich aus der ausdrücklichen Erwähnung von Personenhandelsgesellschaften in § 2b Abs. 2 KWG sowie daraus, dass der Tatbestand der Erlaubnispflicht nach § 32 KWG ("Wer … betreiben … will …") keine besondere Rechtsform des Betreibers oder Dienstleisters voraussetze. Erfasst würden alle Subjekte, die zumindest teilrechtsfähig seien und daher im Geschäftsverkehr unter eigenem Namen auftreten und berechtigt oder verpflichtet werden könnten. Demnach sei auch die Personengesellschaft erlaubnispflichtig und es könne bei Fehlen der erforderlichen Erlaubnis gegen diese mit aufsichtsrechtlichen Mittel vorgegangen werden. Das Bundesverwaltungsgericht hat aus dieser Erkenntnis allerdings bisher nicht die auf der Hand liegende Konsequenz gezogen, dass Träger der Erlaubnis nicht die persönlich haftenden Gesellschafter, sondern die Personenhandelsgesellschaft selbst ist, wenn es in der Folge *obiter dictum* ausführt "dass die für ihre

---

Entwurf eines Gesetzes über das Kreditwesen, BT-Drucks. 3/1114, S. 39, wonach ohne nähere Erläuterung "bei Personenhandelsgesellschaften die einzelnen persönlich haftenden Gesellschafter, nicht die Gesellschaft" Erlaubnisträger seien. Dabei soll es keine Rolle spielen, ob der persönlich haftende Gesellschafter von der Geschäftsführung ausgeschlossen ist (a.A. *Brückner*, ZgesKW 1969, 412 ff.; *Stoltenberg*, ZgesKW 1989, 54 ff.; *krit.* auch *Haug*, in: Szagunn/Haug/Ergenzinger, KWG, § 32 Rn. 6).

671 *Vgl.* BGHZ 146, 341 (344 ff.); BGHZ 148, 291 (293 f.); BGHZ 151, 204 (206); BGHZ 154, 88 (94).

672 In diese Richtung bereits *Stoltenberg*, ZgesKW 1989, 54 (55 ff.). Zum aktuellen Stand der rechtsdogmatischen Einordnung der Personengesellschaft *vgl. K. Schmidt*, AcP 2009, 181 ff. m.w.N. zum Meinungsstand.

673 BVerwG, ZIP 2010, 1170 (1171) (Rz. 19).

Geschäftstätigkeit erforderliche Erlaubnis bei nicht und nur teilweise rechtsfähigen Unternehmensträgern nur deren Organmitgliedern erteilt werden kann".[674]

Für einen aufsichtsrechtlichen Sonderweg bei der Beurteilung von rechtsfähigen und teilrechtsfähigen Personenhandelsgesellschaften sowie persönlich haftenden Gesellschaftern von Personenhandelsgesellschaften gibt es kein praktisches Bedürfnis. Im Rahmen des Erlaubnisverfahrens der Personenhandelsgesellschaft unterliegen persönlich haftende Gesellschafter, jedenfalls soweit sie von der Geschäftsführung nicht ausgeschlossen sind, ohnehin als Geschäftsleiter einer Zuverlässigkeits- und Eignungskontrolle (§ 33 Abs. 1 Satz 1 Nr. 2 und Nr. 4 KWG). Ferner sind diese im Regelfall als Inhaber einer bedeutenden Beteiligung anzusehen,[675] und unterliegen auch unter diesem Gesichtspunkt im Erlaubnisverfahren der Gesellschaft einer aufsichtsrechtlichen Überprüfung (§ 33 Abs. 1 Satz 1 Nr. 3 KWG).

bb) Abgrenzung zwischen Anteilseignerkontrolle und Geschäftsleiter kontrolle

Die bei Personenhandelsgesellschaften und Kommanditgesellschaften auf Aktien anzutreffende Doppelrolle von persönlich haftenden Gesellschaftern als Gesellschafter und Geschäftsführungsorgan macht eine Abgrenzung der Anteilseignerkontrolle und der Geschäftsleiterkontrolle erforderlich.

Die Systematik des Kreditwesengesetz unterscheidet zwischen der Geschäftsleiterkontrolle (§§ 1 Abs. 2; 24 Abs. 1 Nr. 1; 33 Abs. 1 Satz 1 Nr. 2 und Nr. 4; 36 KWG) und der Anteilseignerkontrolle von Inhabern bedeutender Beteiligungen (§§ 2c; 24 Nr. 10 KWG). Geschäftsleiter sind nach der gesetzlichen Definition diejenigen *natürlichen* Personen, die nach Gesetz, Satzung oder Gesellschaftsvertrag zur Führung der Geschäfte und zur Vertretung eines Instituts in der Rechtsform einer juristischen Person oder einer Personenhandelsgesellschaft berufen sind (§ 1 Abs. 2 Satz 1 KWG).[676] Aus dieser Differenzierung zwischen Anteilseignerkontrolle und Geschäftsleiterkontrolle wird deutlich, dass es bei der Anteilseignerkontrolle in erster Linie um die Einflussnahmemöglichkeiten als Gesellschafter und nicht als zur Geschäftsführung berufenes Organ geht, auch

---

674 BVerwG, ZIP 2010, 1170 (1171) (Rz. 19).

675 *Vgl.* dazu 2. Teil: A. X. 2. d).

676 Nur vereinzelt stellt das Kreditwesengesetz zusätzlich auf den "Inhaber" ab (§ 33 Abs. 1 Satz 1 Nr. 4 KWG). Darunter versteht man den Einzelkaufmann oder persönlich haftenden Gesellschafter, der von der Geschäftsführung nicht ausgeschlossen ist (*Fischer*, in: Boos/Fischer/Schulte-Mattler, KWG, § 33 Rn. 44). Der Gesetzgeber verwendet den Terminus "Inhaber" aber nicht durchgehend. Dieser taugt daher auch nicht zur Abgrenzung persönlich haftender Gesellschafter von Geschäftsleitern und Inhabern bedeutender Beteiligungen. Daher wäre es auch verfehlt, aus der fehlenden Nennung von "Inhabern" in § 1 Abs. 9 KWG den Schluss zu ziehen, dass persönlich haftende Gesellschafter nicht der Inhaberkontrolle nach § 2c KWG unterliegen. Eine solche Auslegung wäre zudem kaum mit den zwingenden Vorgaben der Beteiligungsrichtlinie zur Inhaberkontrolle vereinbar.

wenn sich diese Bereiche wie ausgeführt bei Personenhandelsgesellschaften in der Praxis häufig nicht trennscharf voneinander abgrenzen lassen.

Die Vorschriften der Anteilseignerkontrolle werden auch dann nicht von den Vorschriften der Geschäftsleiterkontrolle verdrängt, wenn der persönliche haftende Gesellschaft zugleich als Geschäftsleiter einzustufen ist. Hierfür spricht schon, dass der Prüfungsumfang der Anteilseignerkontrolle inhaltlich über die Geschäftsleiterkontrolle hinaus geht (etwa im Hinblick auf die Mittelherkunft für den Erwerb und die geschäftlichen Pläne des Erwerbsinteressenten). Umgekehrt macht auch die Geschäftsleiterkontrolle die Anteilseignerkontrolle nicht überflüssig. Hierfür spricht, dass auch der Prüfungsmaßstab der Geschäftsleiterkontrolle teilsweise über den Prüfungsumfang der Anteilseignerkontrolle hinaus geht. Die Aufgabe als Geschäftsleiter erfordert neben der Zuverlässigkeit die fachliche Eignung des Geschäftsleiters (§ 33 Abs. 1 Satz 1 Nr. 4 KWG). Die fachliche Eignung setzt voraus, dass der Geschäftsleiter in ausreichendem Maße theoretische und praktische Kenntnisse in den betreffenden Geschäften sowie Leitungserfahrung hat (§ 33 Abs. 2 Satz 1 KWG). Dagegen erfolgt im Rahmen der Anteilseignerkontrolle nur eine eingeschränkte Sachkundeprüfung des Erwerbsinteressenten.[677] Wird der in die Gesellschaft eintretende persönlich haftende Gesellschafter mit Vollzug zugleich zum Geschäftsleiter, müssen diese gesteigerten Anforderungen auch Rahmen der Inhaberkontrolle berücksichtigt werden.[678]

cc) Konsequenz: Durchführung eines Inhaberkontrollverfahrens

Bei nachträglichen Veränderungen im Bestand der persönlich haftenden Gesellschafter gilt daher richtigerweise Folgendes:

(1) Soweit der eintretende persönlich haftende Gesellschafter nach Vollzug des Eintritts nach allgemeinen Grundsätzen gemäß § 1 Abs. 9 KWG gleichzeitig als Inhaber einer bedeutenden Beteiligung einzuordnen ist, hat er richtigerweise ein Inhaberkontrollverfahren zu durchlaufen und seine Erwerbsabsicht nach § 2c Abs. 1 Satz 1 KWG anzuzeigen.[679]

(2) Wird der persönliche haftende Gesellschafter nicht von der Geschäftsführung ausgeschlossen, ist er zugleich als Geschäftsleiter i.S.d. § 1 Abs. 2 Satz 1 KWG einzuordnen. Er unterliegt damit zugleich den Vorschriften zur Geschäftsleiterkontrolle. Diese modifiziert auch den Prüfungsmaßstab für die Anteilseignerkontrolle.

(3) Die Beantragung einer Erlaubnis zum Geschäftsbetrieb durch den persönlich haftenden Gesellschafter einer Personenhandelsgesellschaft gemäß § 32

---

677 *Vgl.* 3. Teil: H. 6.

678 Ebenso *Hirschmann*, Anteilseignerkontrolle, S. 32 (Fn. 128). Eine rein technische Frage ist, ob in derartigen Fällen das Zielinstitut neben der Anzeige des Erwerbsinteressenten nach § 2c Abs. 1 Satz 1 KWG und neben der Anzeige des Zielinstituts von der bevorstehenden Änderung der Beteiligungsverhältnisse nach § 24 Abs. 1 Nr. 10 KWG noch eine gesonderte Anzeige nach § 24 Abs. 1 Nr. 1 KWG einzureichen hat.

679 Daneben besteht eine Anzeigepflicht des Zielinstituts gemäß § 24 Abs. 1 Nr. 10 KWG.

KWG ist entgegen der bisherigen Verwaltungspraxis der Bundesanstalt und den Ausführungen des Bundesverwaltungsgerichts nicht notwendig. Richtigerweise ist auch bei Personenhandelsgesellschaften allein die Gesellschaft als Erlaubnisträger einzuordnen.[680]

dd) Abgrenzung zur Regelung des § 2c Abs. 1 Satz 5 KWG

Von der oben beschriebenen Problematik ist die Regelung des § 2c Abs. 1 Satz 5 KWG zu trennen. Durch die Vorschrift wird dem Inhaber der bedeutenden Beteiligung in der Rechtsform einer Personenhandelsgesellschaft (einschließlich Außen-GbR) auferlegt, jeden bei diesem neu bestellten persönlich haftenden Gesellschafter mit den für die Beurteilung der Zuverlässigkeit wesentlichen Tatsachen der Aufsicht anzuzeigen.

Die Anzeige entbindet den neu eintretenden persönlich haftenden Gesellschafter aber nicht von einer Anzeige nach § 2c Abs. 1 Satz 1 KWG, wenn dieser selbst durch den Eintritt zum persönlich haftenden Gesellschafter die Rechtsstellung als Inhaber einer bedeutenden Beteiligung am Zielunternehmen erwerben würde.

b) Bestimmung der bedeutenden Beteiligung

Für die nach § 1 Abs. 9 Satz 1 1. Alt. KWG zu bestimmende Stimmrechts- bzw. Kapitalquote sind die maßgeblichen Parameter den Regelungen im Gesellschaftsvertrag zu entnehmen. Abzustellen ist im Ausgangspunkt sowohl hinsichtlich des Kapitalsanteils als auch für die Stimmrechtsquote auf das durch den Gesellschaftsvertrag festgelegte Beteiligungsverhältnis.

Für den Kapitalanteil ist auf den Stand der Kapitalkonten beziehungsweise Festgeldkonten bzw. das vom Stand der Kapitalkonten unabhängige Beteiligungsverhältnis der Gesellschafter abzustellen.[681] Sofern die Stimmrechtsgewichtung im Gesellschaftsvertrag hiervon abweicht, ist die Stimmrechtsquote gesondert nach den Vorgaben des Gesellschaftsvertrages zu berechnen. Schwierigkeiten kann diesbezüglich die Einordnung von individuell unterschiedlichen Gesellschafterrechten bereiten.

Persönlich haftende Gesellschafter sind im Regelfall auch bei einem Stimmrechts- bzw. Kapitalanteil unterhalb der 10 %-Schwelle als Inhaber einer bedeutenden Beteiligung anzusehen. Regelmäßig hat ein persönlich haftender Gesellschafter auch dann noch ausreichend Einflussmöglichkeiten auf die Geschicke der Gesellschaft, dass von einem maßgeblichen Einfluss i.S.d. § 1 Abs. 9 Satz 1 2. Alt. KWG ausgegangen werden kann.

---

680 Bis zu einer überfälligen Änderung der Verwaltungspraxis ist allerdings eine Abstimmung des Vorgehens mit der Bundesanstalt anzuraten.

681 *Vgl.* insoweit *BaKred*, Schreiben v. 25. Mai 1994 – Gz. I 3 – 271 – 12/93 (abgedruckt bei Reischauer/Kleinhans, KWG, Anh. 3 zu § 1 KWG); *Schäfer*, in: Boos/Fischer/Schulte-Mattler, KWG, § 1 Rn. 212; *Schwennicke*, in: Schwennicke/Auerbach, KWG, § 1 Rn. 205; ebenso für Passivanzeigen *vgl. Bundesanstalt*, Rundschreiben 1/2007, Ziff. 2.2.

Auch ein beherrschender Einfluss auf den persönlich haftenden Gesellschafter begründet eine bedeutende Beteiligung.[682] So begründet etwa der Mehrheitserwerb an einer Komplementär-GmbH bei der GmbH & Co. KG eine bedeutende Beteiligung.

3. Kommanditisten

Auch Kommanditisten einer Kommanditgesellschaft können Inhaber einer bedeutenden Beteiligung sein, sofern sie mindestens 10 % des Kapitals oder der Stimmrechte halten.

Im Hinblick auf die Kapitalbeteiligung des Kommanditisten rechtfertigt sich dies trotz der regelmäßig gesellschaftsrechtlich nur eingeschränkten Einflussnahmemöglichkeit des Kommanditisten aus dem Umstand, dass § 1 Abs. 9 Satz 1 KWG unabhängig von den konkreten gesellschaftsrechtlichen Einflussnahmemöglichkeiten die bloße Kapitalbeteiligung von 10 % oder mehr für eine bedeutende Beteiligung ausreichen lässt.

Maßgeblich für die Berechnung der Beteiligung ist auch hier der Stand der Kapitalkonten beziehungsweise Festgeldkonten bzw. das vom Stand der Kapitalkonten unabhängige Beteiligungsverhältnis der Gesellschafter.[683] Hierfür und gegen das Abstellen auf das Haftkapital spricht, dass mit der Hafteinlage nur die Höhe der Außenhaftung des Kommanditisten nach §§ 171, 172 HGB begrenzt wird, als Bemessungsgrundlage etwa für die Entnahmerechte gemäß § 122 HGB und für die Verteilung des Liquidationsüberschusses (§ 155 Abs. 1 HGB) und üblicherweise auch für die Gewinnverteilung (§ 168 Abs. 1 HGB) aber der Kapitalanteil (einschließlich etwaiger Pflichteinlagen) maßgeblich ist.[684]

4. Kommanditgesellschaft auf Aktien

Auch bei der Kommanditgesellschaft auf Aktien bestehen hinsichtlich der Betimmung der bedeutenden Beteiligung eine Reihe bisher nicht gelöster Zweifelsfragen. Grundsätzlich können dabei die vorgenannten Grundsätze weitgehend auch für die Kommanditgesellschaft auf Aktien übertragen werden.

Die Kommanditgesellschaft auf Aktien als juristische Person (§ 238 Abs. 1 AktG) und nicht deren persönlich haftende Gesellschafter ist bei regulierten Unternehmen als Erlaubnisträger anzusehen. Dies wird offenbar auch von denjenigen nicht in Frage gestellt, die für Personenhandelsgesellschaften eine gegenteilige Auffassung

---

682 Dies folgt aus § 1 Abs. 9 Satz 2 i.V.m. § 22 Abs. 1 Satz Nr. 1 WpHG.

683 *Vgl.* insoweit *BaKred*, Schreiben v. 25. Mai 1994 – Gz. I 3 – 271 – 12/93 (abgedruckt bei Reischauer/Kleinhans, KWG, Anh. 3 zu § 1 KWG); *Schäfer*, in: Boos/Fischer/Schulte-Mattler, KWG, § 1 Rn. 212; *Schwennicke*, in: Schwennicke/Auerbach, KWG, § 1 Rn. 205; ebenso für Passivanzeigen *vgl. Bundesanstalt*, Rundschreiben 1/2007, Ziff. 2.2.

684 *Vgl. v. Falkenhausen/Schneider*, in: Münchener Hdb. GesR, Band 2, § 22 Rn. 19; § 23 Rn. 26.

vertreten.[685] Der Wechsel eines persönlich haftenden Gesellschafters löst damit kein Erlaubnisverfahren aus, sondern ist nach den Vorschriften über die Anteilseignerkontrolle zu beurteilen.

Persönlich haftender Gesellschafter sind jedenfalls aufgrund ihrer umfassenden Mitwirkungsrechte in Angelegenheiten der Hauptversammlung (§ 285 Abs. 2 Satz 1 AktG) in der Regel als Inhaber einer bedeutenden Beteiligung anzusehen.[686] Dies gilt auch dann, wenn sie von der Geschäftsführung aufgrund der Satzung ausgeschlossen sein sollten,[687] und obwohl sie gemäß § 285 Abs. 1 Satz 2 AktG im Hinblick auf bestimmte Beschlussgegenstände in der Hauptversammlung einem Stimmverbot unterliegen. Darüber hinaus begründet auch die Kontrolle eines persönlich haftenden Gesellschafters einen maßgeblichen Einfluss.[688]

Kommanditaktionäre sind als Inhaber einer bedeutenden Beteiligung anzusehen, wenn sie mehr als 10 % der Stimmrechte oder des Kapitals halten. Schwierigkeiten kann im Einzelfall die Berechnung der genauen Beteiligungshöhe bereiten. Abzustellen ist grundsätzlich auf die Beteiligungsverhältnisse am Grundkapital.[689] Dies gilt auch für den Fall, dass der Komplementär zugleich Kommanditaktionär ist und als solcher am Grundkapital der KGaA beteiligt ist.[690] Hinsichtlich der Berechnung der Stimmrechtsquote könnte man in Zweifel ziehen, ob die Stimmrechte der Kommanditaktionäre im Hinblick auf deren typischerweise im Vergleich zu Aktionären geringeren Einflussmöglichkeiten überhaupt als Stimm-

---

685 So selbst *Bähre/Schneider*, KWG, § 32 Rn. 2, die im Hinblick auf Personenhandelsgesellschaften die Gegenauffassung vertreten.

686 Die Unternehmenseigenschaft vorausgesetzt wird im Regelfall sogar ein beherrschender Einfluss i.S.d. § 17 Abs. 1 AktG vorliegen (*vgl. Bayer*, in. MünchKomm-AktG, § 17 Rn. 126; *Cahn/Mertens*, in: KK-AktG, Vorb § 278 AktG, Rn. 25; *Emmerich*, in: Emmerich/Habersack, Konzernrecht, § 17 Rn. 47 (nur bei gleichzeitiger Mehrheit der Stimmen in der Hauptversammlung).

687 Die grundsätzliche Möglichkeit hiezu folgt aus § 278 Abs. 2 AktG, §§ 161 Abs. 2, 114 Abs. 2 HGB (*vgl.* auch zu den Grenzen *Perlitt*, in: MünchKomm-AktG, § 278 Rn. 31 ff.).

688 Dies folgt aus § 1 Abs. 9 Satz 2 i.V.m. § 22 Abs. 1 Satz Nr. 1 WpHG.

689 Zu § 21 WpHG ebenso offenbar *Wieneke/Fett*, in: Schütz/Bürgers/Riotte, Handbuch KGaA, § 10 Rn. 124 ff.

690 Zur rechtlichen Zulässigkeit dieser Gestaltung *vgl.* § 285 Abs. 1 Satz 1 AktG sowie *Mertens/Cahn*, in: KK-AktG, § 278 Rn. 30; § 285 Rn. 6. Ungeklärt ist die Behandlung von Sondereinlagen des Komplementärs. Der Komplementär kann aufgrund der Satzung auch mit nicht auf das Grundkapital geleisteten Einlagen am Gesellschaftskapital beteiligt sein (*vgl.* hierzu § 281 Abs. 2 AktG sowie *Mertens/Cahn*, in: KK-AktG, § 281 Rn. 9 ff.). Dann stellt sich bei der Berechnung des Kapitalanteils die Frage, ob auch diese Sondereinlagen zu berücksichtigen sind. Sondereinlagen unterliegen zwar nicht der aktienrechtlichen Vermögensbindung nach §§ 57, 62, 66 AktG, sondern nur den Schranken des § 288 AktG (*Mertens/Cahn*, in: KK-AktG, § 281 Rn. 23; *Perlitt*, in: MünchKomm-AktG, § 281 Rn. 36). Dies und der Umstand, dass die Höhe der Sondereinlage gemäß §§ 121, 168 HGB; 278 Abs. 2 AktG die Ergebnisbeteiligung des Komplementärs bestimmt, spricht dafür, Sondereinlagen auch im Rahmen der Berechnung des Kapitalanteils zu berücksichtigen.

rechte i.S.d. § 1 Abs. 9 Satz 1 KWG angesehen werden können.[691] Für eine Berücksichtigung der Stimmrechte der Kommanditaktionäre spricht jedoch der mit der Festlegung einer festen Stimmrechtsschwelle gewählte formale Ansatz des Gesetzgebers, insoweit eine bedeutende Beteiligung unabhängig von den konkreten Einflussmöglichkeiten zu bestimmen. Daher muss für die Berechnung der Stimmrechtsschwelle auch irrelevant sein, ob und wenn ja in welchem Umfang der Stimmrechtsanteil in der konkreten Situation auch tatsächlich die Möglichkeit der Einflussnahme gewährt.[692]

B. Erwerbsabsicht

I. Überblick

Maßgeblicher Auslöser für die Erwerbsanzeige ist nach § 2c Abs. 1 Satz 1 KWG die Bildung einer Absicht zum Erwerb der bedeutenden Beteiligung. Schon vor Umsetzung der Beteiligungsrichtlinie hatte der deutsche Gesetzgeber auf die Absicht zum Erwerb einer bedeutenden Beteiligung als anzeigeauslösendes Moment abgestellt.

Damit kommt zum Ausdruck, dass die Überprüfung des Erwerbsvorgangs grundsätzlich auf eine vorlaufende Überprüfung des Erwerbsvorhabens gerichtet ist. Die Aufsichtsbehörden sollen schon im Vorfeld der Übernahme mögliche Bedenken gegen den Erwerbsvorgang anbringen können und nicht erst nach deren Vollzug vor vollendete Tatsachen gestellt werden.

II. Bezugspunkt der Erwerbsabsicht

Nach dem Wortlaut des § 2c Abs. 1 Satz 1 KWG wird die Anzeigepflicht durch die Absicht ausgelöst, eine bedeutende Beteiligung zu erwerben.

Nach Sinn und Zweck der Vorschrift werden nicht nur Sachverhalte erfasst, in denen eine bedeutende Beteiligung auf einmal hinzuerworben werden soll. Erfasst sind auch Fälle, in denen der Anzeigepflichtige eine Beteiligung unterhalb der Schwelle der bedeutenden Beteiligung bereits hält, diese aber nunmehr so aufstockt, dass insgesamt die Schwelle zur bedeutenden Beteiligung überschritten wird, auch wenn der hinzuerworbene Anteil selbst der Größe nach keine bedeutende Beteiligung darstellt. Entscheidend ist also, dass durch den

---

691 Zur Parallelproblematik bei § 29 Abs. 2 WpÜG *vgl. von Bülow*, in: KK-WpÜG, § 29 Rn. 71; *Scholz*, NZG 2006, 445 (446).

692 Ähnlich zu § 29 Abs. 2 WpÜG *von Bülow*, in: KK-WpÜG, 29 Rn. 71 ff.; *Scholz*, NZG 445 (446). Anders zu entscheiden ist im Rahmen der Abhängigkeitsvermutung nach § 17 Abs. 2 AktG, die auf die KGaA nicht anwendbar ist (*vgl.* hierzu *Mertens/Cahn*, KK-AktG, Vorb. § 278 Rn. 21; *Bayer*, in: MünchKomm-AktG, § 17 Rn. 126; *Perlitt*, in: MünchKomm-AktG, Vor § 278 Rn. 98a (anders noch die Voraufl.).

beabsichtigten Erwerb die Schwelle zur bedeutenden Beteiligung überschritten wird.[693]

III. Der Begriff des "Erwerbs"

1. Grundsatz

Unter "Erwerb einer bedeutenden Beteiligung" ist grundsätzlich jede Art und Weise des Rechtserwerbs zu verstehen. Erfasst ist damit insbesondere jeder Erwerb rechtsgeschäftlicher Natur, gleich ob entgeltlich oder ohne Gegenleistung.[694] Erfasst ist auch der gesetzliche Erwerb einer bedeutenden Beteiligung durch Universalsukzession.[695]

Das Merkmal des Erwerbs bezieht sich dabei im Regelfall auf die dingliche Komponente des Erwerbs der die Stimmrechte oder Kapitalbeteiligung vermittelnden Anteile oder sonstigen Rechte. Nicht auf die dingliche Rechtsstellung kommt es demgegenüber in einigen Zurechnungsfällen an. So ist beispielsweise bei § 22 Abs. 1 Satz 1 Nr. 6 WpHG für den Erwerb nicht auf die dingliche Rechtslage an den Anteilen, sondern den Vollzug der Stimmrechtsübertragung abzustellen.

2. Einschränkende Auslegung?

Zum Teil werden in der Literatur von diesem weiten Verständnis des Erwerbsbegriffs Einschränkungen gefordert.

Mönnig will alle Erwerbsvorgänge ausklammern, bei denen der Zugewinn an Stimmrechten oder Anteilen vom Anzeigepflichtigen nicht initiiert oder zumindest beeinflusst worden ist.[696] Als Beispiele nennt er den Erwerb durch Erbschaft gemäß § 1922 BGB und die Erhöhung des Stimmrechtsanteils des potentiell Anzeigepflichtigen durch eine Verminderung der Gesamtzahl der zu berücksichtigenden Anteile.[697]

Hirschmann erwägt eine generelle Ausklammerung gesetzlicher Erwerbstatbestände, will aber jedenfalls wie *Mönnig* das Erlangen einer bedeutenden Beteiligung im Wege der Erbschaft ausgeklammert wissen.[698]

Bähr will hinsichtlich gesetzlicher Erwerbstatbestände differenzieren. Soweit die Universalsukzession auf Rechtsgeschäft beruht, als Beispiel nennt *Bähr* die

---

693 *Mönnig*, Überwachung der Inhaber bedeutender Beteiligungen an Versicherungsunternehmen, S. 189; *Hirschmann*, Anteilseignerkontrolle, S. 123.

694 *Vgl. Mönnig*, Überwachung der Inhaber bedeutender Beteiligungen an Versicherungsunternehmen, S. 189.

695 Zu möglichen Einschränkungen *vgl.* 2. Teil: B. III. 2.

696 *Vgl. Mönnig*, Überwachung der Inhaber bedeutender Beteiligungen an Versicherungsunternehmen, S. 189.

697 *Vgl. Mönnig*, Überwachung der Inhaber bedeutender Beteiligungen an Versicherungsunternehmen, S. 189.

698 *Vgl. Hirschmann*, Anteilseignerkontrolle, S. 123.

Verschmelzung, sei von einem *Erwerb* auszugehen. Soweit dies nicht der Fall ist, *Bähr* nennt als Beispiel ebenfalls die Erbschaft, fehle es "jedenfalls an einer konnexen *Absicht* zum Erwerb".[699]

Dabei ist nicht nur bei *Bähr* nicht immer eindeutig oder wird sogar bewusst offen gelassen, ob es in solchen Konstellationen an der *Absicht* zum Erwerb fehlen soll oder der Tatbestand des § 2c Abs. 1 Satz 1 KWG ausgeschlossen wird, weil kein *Erwerb* im Sinne der Vorschrift vorliegen soll.

3. Stellungnahme

Für die oben dargestellten Ansichten lässt sich zwar anführen, dass auf den ersten Blick die Bildung einer Erwerbs*absicht* in vielen der genannten Fälle begrifflich ausgeschlossen erscheint. Offensichtlich wird dies für den Fall, dass der testamentarisch eingesetzte Erbe eines bedeutenden Anteils an einem regulierten Unternehmen erst nach dem Todesfall überhaupt von seiner Einsetzung als Erbe erfährt.

Dennoch ist den in der Literatur geforderten Einschränkungen des Tatbestandes des § 2c Abs. 1 Satz 1 KWG über das Merkmal der Erwerbsabsicht nach dem Sinn und Zweck der Vorschrift entgegenzutreten.

Dies gilt insbesondere bezüglich des teils erwogenen generellen Ausschlusses gesetzlicher Erwerbstatbestände. Beabsichtigt etwa der alleinige Anteilseigner eines nicht regulierten Unternehmens, diese Gesellschaft auf ein Institut zu verschmelzen und würde er als Ergebnis des Verschmelzungsvorganges Anteile am aufnehmenden Rechtsträger erwerben, die der Höhe nach eine bedeutende Beteiligung darstellen, so erwirbt er diese Anteile zwar im Wege der Universalsukzession und ohne sein aktives Zutun. Derartige Sachverhalte lassen sich aber zum einen unproblematisch unter den Wortlaut des § 2c Abs. 1 Satz 1 KWG subsumieren. Zum anderen ist der wertungsmäßige Unterschied zwischen einem rechtsgeschäftlichen Beteiligungserwerb und der genannten Fallgestaltung nicht ersichtlich.

Gerade im Hinblick auf den Sinn und Zweck des § 2c Abs. 1 Satz 1 KWG einer möglichst präventiven Anteilseignerkontrolle regulierter Unternehmen macht es keinen Unterschied, ob die Beteiligung rechtsgeschäftlich oder aufgrund eines gesetzlichen Erwerbstatbestandes übergeht. Aus demselben Grund kann es für die Erwerbsabsicht auch nicht darauf ankommen, ob für den Erwerb ein aktives Zutun des Erwerbers notwendig ist oder ob dieser den Erwerb innerlich billigt oder diesem zustimmt.

Dies wird auch am Beispiel des indirekten, mittelbaren Erwerbs deutlich. So kann kein Zweifel daran bestehen, dass eine Anzeigepflicht des Mutterunternehmens nach dem Sinn und Zweck des § 2c Abs. 1 Satz 1 KWG auch dann besteht, wenn eine Tochtergesellschaft beabsichtigt, eine bedeutende Beteiligung an einem

---

699 *Vgl. Bähr*, in: Fahr/Kaulbach/Bähr, VAG, § 104 Rn. 6; ebenso *Deckers*, in: Bähr, Versicherungsaufsichtsrecht, § 30 Rn. 67 f.

regulierten Unternehmen zu erwerben. Dies legen schon der Wortlaut und die Grundwertung des § 1 Abs. 9 Satz 1 KWG nahe und erscheint auch dann gerechtfertigt, wenn das Mutterunternehmen diesen Erwerb durch die Tochter nicht initiiert hat oder befürwortet.

Es verbleibt die Frage, ob das Abstellen auf die Erwerbs*absicht* impliziert, dass der Erwerb noch nicht stattgefunden hat. Richtigerweise ist der Erwerber indessen auch nach Vollzug des Erwerbs anzeigepflichtig. Auch dann besteht ein aufsichtsrechtliches Interesse an einer geordneten Überprüfung der Zuverlässigkeit des Inhabers der bedeutenden Beteiligung. Zwar kann die Aufsichtsbehörde den Erwerb nicht mehr präventiv untersagen. Liegt ein Untersagungsgrund vor, kann die Bundesanstalt aber Maßnahmen nach § 2c Abs. 2 Satz 1 Nr. 1 KWG ergreifen. Anzuzeigen ist der Erwerb nach § 2c Abs. 1 Satz 1 KWG etwa auch dann, wenn das Mutterunternehmen vom Erwerb der Beteiligung durch die Tochter erst nach Vollzug des Erwerbs erfährt. Entsprechendes gilt für den Erwerb im Weg der Erbschaft.

Das Merkmal der Erwerbs*absicht* dient bei diesem Verständnis vor allem der zeitlichen Vorverlagerung der Anzeigepflicht. Nicht erst wenn der Erwerber die Inhaberschaft erlangt, soll die Anzeigepflicht ausgelöst werden, sondern bereits durch den hinreichend konkretisierten Plan oder die hinreichende Wahrscheinlichkeit des künftigen Erwerbs, um der Finanzaufsicht eine frühzeitige Prüfung des Erwerbsvorhabens und des Erwerbsinteressenten zu ermöglichen und so mögliche Gefahren vom regulierten Unternehmen und der Allgemeinheit abzuwenden. Es wäre verfehlt, aus dieser vorverlagernden Subjektivierung des § 2c Abs. 1 Satz 1 KWG den Schluss zu ziehen, dass immer dann, wenn ein Erwerb bereits stattgefunden hat oder durch einen gesetzlichen Erwerbstatbestand oder ohne Wissen und Zutun des Erwerbers erfolgt ist, eine Anzeigepflicht zu verneinen wäre. Auslegungstechnisch lässt sich dieses Ergebnis auch durch einen Erst-Recht-Schluss erreichen. Hat eine Person oder ein Unternehmen eine bedeutende Beteiligung schon erlangt (beispielsweise ohne sein Zutun oder Wissen), so hat die Person oder das Unternehmen erst recht, und zwar unverzüglich nach Kenntniserlangung vom Erwerb, eine Anzeige nach § 2c Abs. 1 Satz 1 KWG nachzuholen.

IV. Zeitpunkt der Bildung der Erwerbsabsicht

Wann und unter welchen Voraussetzungen eine relevante Erwerbsabsicht gebildet wird, ist auch fast zwei Jahrzehnte nach der erstmaligen Einführung der Vorschrift nicht abschließend geklärt und wird im Schrifttum und der Verwaltungspraxis der einzelnen Referate der Bundesanstalt zum Teil uneinheitlich behandelt. Auch am teils uneinheitlichen Meinungsbild im Schrifttum mag es liegen, dass in der Praxis bei den Beteiligten immer wieder Unsicherheit über den maßgeblichen Zeitpunkt für eine Erwerbsanzeige entsteht.

Dabei wird die Bestimmung griffiger und einfach handhabbarer Kriterien für die Ausfüllung des Begriffs nicht zuletzt dadurch erschwert, dass der Erwerb von

Anteilen höchst unterschiedlich ablaufen kann und sich einer standardisierten Betrachtung daher entzieht.[700]

1. Rechtsgeschäftlicher Erwerb

Am intensivsten wird im Schrifttum der maßgebliche Zeitpunkt für die Bildung der Erwerbsabsicht beim rechtsgeschäftlichen Erwerb durch Kauf und Übereignung von Anteilen diskutiert.

a) Überblick über den Meinungsstand

Zumeist wird als anzeigeauslösendes Moment bei einer Gesellschaft allein auf den Zeitpunkt abgestellt, in dem das entscheidungsbefugte Organ (z.B. Geschäftsleitung oder Gesellschafterversammlung) einen formalen Erwerbsbeschluss fasst und – soweit erforderlich – der Aufsichtsrat seine Zustimmung erteilt.[701] Dieser Auffassung scheint auch der überwiegende Teil der Referate der Bundesanstalt in der Regel zu folgen.

Unterschiedliche Auffassungen bestehen aber darüber, ob und wann gegebenenfalls zuvor die Schwelle der Erwerbsabsicht erreicht ist. *Kobabe* will in Ermangelung eines formalen Erwerbsbeschlusses auf die Unterzeichung eines *Letter of Intent* als Anknüpfungszeitpunkt abstellen. Hierdurch werde die innere Absicht in einer schriftlichen Absichtserklärung niedergelegt. Fehlt es hieran, so will *Kobabe* auf die Aufnahme konkreter Vertragsverhandlungen mit dem Ziel einer Beteiligung abstellen.[702] Eine Anzeige sei dann nicht mehr rechtzeitig, wenn über einen nicht unerheblichen Zeitraum Vertragsverhandlungen tatsächlich stattgefunden haben und die Anzeige erst mit der Unterzeichnung des Kaufvertrags (*Signing*) oder gar erst mit der Übertragung der Gesellschaftsanteile (*Closing*) erfolgt.[703]

Erm will als spätesten Zeitpunkt für die Bildung einer Erwerbsabsicht auf den Beginn der Durchführung der vorgeschalteten *Due Diligence* abstellen.[704] Gleichzeitig erwägt *Erm* aber auch, die Anzeigepflicht auf einen Zeitpunkt "kurz vor dem *Signing*" oder aber taggleich mit dem *Signing* festzulegen.[705]

Nach *Hirschmann* reicht ein Vorstands- oder Gesellschafterbeschluss nur dann aus, wenn eine hinreichende Konkretisierung des Erwerbsvorhabens erreicht ist. Eine

---

700 Insoweit zutreffend *Kobabe*, in: Luz/Neus/Scharpf/Schneider/Weber, KWG, § 2c Rn. 9.

701 *Kobabe*, in: Luz/Neus/Scharpf/Schneider/Weber, KWG, § 2c Rn. 8; *Erm*, in: Beck/Samm/Kokemoor, KWG, § 2c Rn. 32; *Schäfer*, in: Boos/Fischer/Schulte-Mattler, KWG, § 2c Rn. 5; *Süßmann*, in: Schwennicke/Auerbach, KWG, § 2c Rn. 4; *Gittermann*, Übernahme von Banken, 997 (1000); *Beck*, in: Schwark/Zimmer, Kapitalmarktrechts-Kommentar, § 6 Rn. 8; *Kremer*, in: Seibt, Handbuch Mergers & Acquisitions, Teil I 4.1 a).

702 *Kobabe*, in: Luz/Neus/Scharpf/Schneider/Weber, KWG, § 2c Rn. 8.

703 *Kobabe*, in: Lutz/Neus/Scharpf/Schneider/Weber, KWG, § 2c Rn. 9.

704 *Vgl. Erm*, in: Beck/Samm/Kokemoor, KWG, § 2c Rn. 33.

705 So *Erm*, in: Beck/Samm/Kokemoor, KWG, § 2c Rn. 33.

Absicht zum Erwerb sei spätestens beim Unterzeichnen des schuldrechtlichen Vertrages erreicht.[706]

Mönnig und ihm folgend *Kollhosser* stellen auf die Umstände des Einzelfalls ab. Erforderlich sei eine "konkrete und substantielle Vorstellung vom zukünftigen Beteiligungserwerb und eine hinreichende Wahrscheinlichkeit, dass dieser auch tatsächlich durchgeführt" werde.[707] Auch nach *Winter* ist entscheidend, dass sich das Erwerbsvorhaben konkretisiert hat und die Realisierung des Erwerbs konkret bevorsteht.[708]

b) Europarechtliche Grundlagen

Eine deutlichere Kontur erfährt der Begriff der Erwerbsabsicht durch einen Blick in die Beteiligungsrichtlinie. Dort wird die Anzeigepflicht dadurch ausgelöst, dass der Erwerbsinteressent "beschlossen hat", eine qualifizierte Beteiligung zu erwerben.[709] In der amtlichen englischen Fassung wird auf Personen abgestellt, "*who have taken a decision (...) to acquire (...) a qualifying holding*".

Bemerkenswert daran ist, dass die deutsche Fassung der Bankenrichtlinie in der Fassung vor Erlass der Beteiligungsrichtlinie noch auf den aus dem deutschen Recht bekannten Absichtsbegriff abgestellt hat. Nach Art. 19 Abs. 1 Satz 1 (a.F.) der Bankenrichtlinie wurde die Unterrichtungspflicht ausgelöst, wenn eine Person "beabsichtigt, an einem Kreditinstitut eine qualifizierte Beteiligung direkt oder indirekt zu halten". Auch die englische Fassung der Bankenrichtlinie betonte in der Vergangenheit mit dem Begriff "*propose to hold, directly or indirectly, a qualifying holding*" das Absichtselement und nicht das Entscheidungsmoment.

Die Änderung des Wortlauts im Zuge der Beteiligungsrichtlinie deutet daher darauf hin, dass der europäische Gesetzgeber als anzeigeauslösendes Moment bewusst auf eine formellere Bindung des Erwerbsinteressenten abstellen wollte, als die bloße innere Absicht zum Erwerb.[710]

Trotz des veränderten Wortlauts der europarechtlichen Grundlagen hat der deutsche Gesetzgeber allerdings bei der Umsetzung der Beteiligungsrichtlinie keinen Anlass dazu gesehen, die bisherige Formulierung in § 2c Abs. 1 Satz 1 KWG ("wer beabsichtigt, (...) eine bedeutende Beteiligung zu erwerben") und in den entsprechenden Parallelvorschriften der anderen Aufsichtsgesetze an den Wortlaut der Beteiligungsrichtlinie anzupassen. Die Gesetzesmaterialien setzen sich mit dem veränderten Wortlaut der Richtlinie nicht einmal auseinander. Dies führt allerdings

---

706 *Hirschmann*, Anteilseignerkontrolle, S. 126.

707 *Mönnig*, Überwachung der Inhaber bedeutender Beteiligungen an Versicherungsunternehmen, S. 190; *Kollhosser*, in: Prölss VAG, § 104 Rn. 8 (jew. zu § 104 Abs. 1 Satz 1 VAG).

708 *Winter*, VersR 2000, 1453 (1457) (zu § 104 Abs. 1 Satz 1 VAG).

709 *Vgl.* Art. 5 Abs. 2 Beteiligungsrichtlinie (Art. 19 Abs. 1 Bankenrichtlinie).

710 EZB, Legal Working Paper Nr. 6, S. 51 ("*refers to a more formal commitment on the part of the proposed acquirer than a simple intention*").

nicht zur Europarechtswidrigkeit der deutschen Vorschriften, da das durch die Beteiligungsrichtlinie betonte Entscheidungsmoment im Rahmen der gebotenen europarechtskonformen Auslegung des Absichtsbegriffs in § 2c Abs. 1 Satz 1 KWG hinreichend berücksichtigt werden kann.

c) Stellungnahme und Lösungsansatz

Richtigerweise setzt sich die Erwerbsabsicht aus einer subjektiven Willenskomponente in Form der Entscheidung der dazu berufenen Organe des Erwerbers und einem objektiven Bezug zu einem hinreichend konkretisierten Erwerbsvorhaben zusammen. Äußerste Grenze für die Bildung einer Erwerbsabsicht ist der Abschluss des schuldrechtlichen Geschäfts über den Erwerb der Beteiligung.

aa) Erwerbsentschluss

In subjektiver Hinsicht muss der Erwerber zum Erwerb entschlossen sein. Nicht zuletzt unter Zugrundelegung des Wortlauts der Beteiligungsrichtlinie wird deutlich, dass sich eine Erwerbsabsicht in subjektiver Sicht beim Erwerber erst dann hinreichend verdichtet hat, wenn die intern entscheidungsbefugten Organe des Erwerbers den Erwerb beschließen.

Hervorzuheben ist, dass es für die Konkretisierung des Erwerbswillens bei juristischen Personen und Personenhandelsgesellschaften grundsätzlich auf die entscheidungsbefugten Organe ankommt. Diese sind maßgeblich für die interne Willensbildung des Verbands. Nur sie können den Willen zum Beteiligungserwerb für die Gesellschaft auch hinreichend konkretisieren.

bb) Bezug zu einem hinreichend konkretisierten Erwerbsvorgang

Andererseits kann die bloße innere Motivationslage des Erwerbsinteressenten auch bei eindeutiger Beschlusslage nicht hinreichend für eine Erwerbsabsicht sein.[711] Nicht ausreichend ist es daher etwa, wenn die Entscheidungsträger bereits vor oder während informeller Vorsondierungen mit dem Veräußerer fest zu einem Erwerb entschlossen sind und die zuständigen Organe auch einen entsprechenden Beschluss fassen, die schuldrechtliche Einigung über den Erwerb selbst beziehungsweise deren konkrete Ausgestaltung aber nach der Verhandlungslage noch vollkommen ungewiss ist. Von einer Erwerbsabsicht ist daher erst dann auszugehen ist, wenn der Wille zum Beteiligungserwerb sich auf eine hinreichend konkretisierte Transaktion bezieht und deren Durchführung auch hinreichend wahrscheinlich ist.

Nur wenn die ins Auge gefasste Transaktion hinreichend konkretisiert ist, ist die Aufsichtsbehörde in der Lage zu überprüfen, ob Untersagungsgründe vorliegen. Nur dann kann sie sinnvoll beurteilen, ob vom Erwerber und der Transaktion in der konkreten Gestalt eine Gefahr für das regulierte Unternehmen und die Allgemeinheit ausgeht, die eine Untersagung sachgerecht erscheinen lässt.

---

711 Insoweit zutreffend *Kobabe*, in: Luz/Neus/Scharpf/Schneider/Weber, KWG, § 2c Rn. 8.

Zudem muss vermieden werden, dass die Aufsichtsbehörde sich mit völlig unkonkretisierten und ungewissen Erwerbsvorhaben auseinandersetzen muss. Der erhebliche Aufwand einer aufsichtsrechtlichen Prüfung des Erwerbsvorhabens lässt sich nur rechtfertigen, wenn das Erwerbsvorhaben überwiegend wahrscheinlich ist. Eine Erwerbsabsicht ist also noch nicht gebildet, solange noch offen ist, ob der gegenwärtige Inhaber der Beteiligung überhaupt bereit ist, die Anteile zu veräußern beziehungsweise an den Erwerbsinteressenten und nicht an einen Dritten zu veräußern. Daher löst eine Vielzahl von Vorbereitungsmaßnahmen, die auf den Erwerb gerichtet sind, auch bei einem festen Entschluss des Erwerbsinteressenten zum Erwerb noch keine Erwerbsabsicht aus.

cc) Signing als spätester Zeitpunkt für die Bildung der Erwerbsabsicht

Richtigerweise muss aber jedenfalls dann von der Bildung einer Erwerbsabsicht ausgegangen werden, wenn der Erwerb bereits verbindlich mit dem Veräußerer vereinbart wurde (*Signing*), auch wenn die dingliche Einigung zur Anteilsübertragung noch aussteht oder von Bedingungen abhängt.

Im Zeitpunkt der Begründung der schuldrechtlichen Verpflichtung zur Anteilsübertragung ist der Erwerb in seiner konkreten Gestalt hinreichend konkretisiert. Auch wenn der dingliche Erwerb noch von Bedingungen wie etwa der Kartellfreigabe abhängig ist, ist der Erwerb nach der Lage der Dinge auch hinreichend wahrscheinlich, um eine Überprüfung des Erwerbsvorhabens durch die Aufsichtsbehörden zu rechtfertigen.

Aber auch in subjektiver Hinsicht sind jedenfalls zum Zeitpunkt des *Signing* die Voraussetzungen für eine Erwerbsabsicht gegeben. Die vertretungsbefugten Organe haben für den Erwerber den Willen zum Erwerb durch ihre bindende schuldrechtliche Verpflichtung nach außen hin manifestiert. Dann muss es auch unerheblich sein, wenn die Transaktionsdokumentation noch einen Gremienvorbehalt, etwa die Zustimmung des Aufsichtsrats des Erwerbers, enthält. Auf einen Gremienvorbehalt des Erwerbers wird sich der Veräußerer ohnehin nur einlassen, wenn er selbst mit einer Zustimmung des Aufsichtsrats rechnet.

d) Erwerbsabsicht und typische Stadien einer M&A-Transaktion

Ausgehend hiervon verhält sich das Merkmal der Erwerbsabsicht im Hinblick auf häufig anzutreffende Schritte eines Unternehmenskaufs wie im Folgenden näher beschrieben.

aa) Entscheidung zur Aufnahme von Verhandlungen

Die Entscheidung zur Aufnahme von Verhandlungen mit dem Veräußerer oder deren Einleitung löst entgegen *Kobabe* noch keine Erwerbsabsicht aus. In diesem Stadium besteht gerade noch keine Einigung zwischen den Parteien über das "ob" der Transaktion und die *essentialia negotii* des Erwerbs. Dies gilt entgegen der Auffassung einiger Referate der Bundesanstalt auch, soweit sich die Verhandlungen auf den Kaufpreis beziehen oder bereits zu Teilergebnissen geführt haben.

bb) Letter of Intent und andere Vorvereinbarungen

Beim Abschluss eines *Letter of Intent*, Vorvertrages oder Rahmenvertrages ist hinsichtlich der Frage der Erwerbsabsicht nach dem Inhalt der Vereinbarung zu differenzieren.

Zunächst ist festzuhalten, dass sich diese Art von vertraglichen Vereinbarungen im Vorfeld einer M&A-Transaktion einer pauschalen Klassifizierung schon wegen des unterschiedlichen Inhalts und der damit verbundenen Bindungswirkung entzieht. Insbesondere im internationalen Rechtsverkehr stellt die Bezeichnung der Vorfeldvereinbarung ein äußerst schwaches Indiz für die Bewertung des Bindungswillens der Parteien dar.

Bei derartigen Vorfeldvereinbarungen hängt es ganz vom Inhalt der jeweiligen Abreden ab, ob durch sie bereits eine Bindung der Parteien zur Veräußerung beziehungsweise zum Erwerb begründet wird. Ist dies der Fall, so besteht eine Erwerbsabsicht selbst dann, wenn der Erwerb noch vom Eintritt gewisser Bedingungen abhängt. Eine Bindung der Parteien im Hinblick auf das Erwerbsvorhaben wird allerdings bei Unterzeichnung einer als *Letter of Intent* bezeichneten Vereinbarung nur selten gegeben sein. Im Regelfall geben die genannten Vereinbarungen im Vorfeld des Abschlusses eines Kauf- oder Kauf- und Übertragungsvertrages nur eine Art “Fahrplan” für die weiteren Verhandlungen vor beziehungsweise fixieren ausschnitthaft einige Eckpunkte einer künftig zu schließenden Vereinbarung oder gewonnene Teilverhandlungsergebnisse. Dann hat sich aber mit dem Abschluss der Vorfeldvereinbarung die Erwerbsabsicht noch nicht hinreichend konkretisiert. Eine umfängliche Prüfung des Erwerbsvorhabens durch die Finanzaufsicht ist auf dieser Grundlage zumeist noch nicht möglich.

cc) Abgabe eines Non-binding Offers

Einer eingehenden *Due Diligence* wird häufig die Abgabe eines unverbindlichen Angebots des Erwerbsinteressenten vorausgehen (sogenanntes Indicative Bid oder Non-binding Offer). Insbesondere bei den auch im Finanzsektor häufig anzutreffenden Versteigerungsverfahren dient die Einholung von *Indicative Bids* der Vorselektion möglicher Erwerbsinteressenten. Schon wegen der Sensitivität der im Rahmen der *Due Diligence* offenzulegenden Informationen wird der Veräußerer auch rechtlich gezwungen sein, den Kreis potentieller Erwerber vor Durchführung einer detaillierten *Due Diligence* auf die seriösen Erwerbsinteressenten zu reduzieren.

Auch in diesem Stadium kann von einer zur Anzeige verpflichtenden Erwerbsabsicht aber noch nicht ausgegangen werden, da das Angebot in dieser Phase noch unverbindlich ist und unter einer Vielzahl von Vorbehalten und Annahmen steht. Das “ob” des Erwerbs ist zu diesem Zeitpunkt noch völlig ungewiss.

dd) Entscheidung zur Durchführung einer Due Diligence

Gleiches gilt für die Entscheidung über die Durchführung einer dem Erwerb vorausgehenden *Due Diligence*. Dem Erwerb einer bedeutenden Beteiligung an einem regulierten Unternehmen geht zumeist eine mehr oder minder detaillierte und aufwendige Untersuchung des Zielunternehmens durch den potentiellen Erwerber voraus. Der Erwerb steht in dieser Phase noch unter dem Vorbehalt eines zufriedenstellenden Ausgangs dieser *Due Diligence*-Prüfung.

Nicht richtig ist es daher, wenn *Erm* als spätesten Zeitpunkt für die Bildung einer Erwerbsabsicht auf den Beginn der Durchführung der vorgeschalteten *Due Diligence* abstellt.[712] Wie *Erm* selbst zutreffend ausführt, würde dies bei mehreren Erwerbsinteressenten, etwa im Fall eines auch im Finanzsektor häufig anzutreffenden Auktionsverfahrens, regelmäßig zur Einleitung von mehreren Anzeigeverfahren führen. In diesem Stadium ist noch vollkommen ungewiss, ob die Verhandlungen sich im Hinblick auf ein konkretes Erwerbsvorhaben jemals verdichten. Die Bundesanstalt und die Bundesbank würden in wenig sachgerechter Weise mit einer Vielzahl von Erwerbsanzeigen befasst werden, obwohl von vornherein klar ist, dass sich viele dieser Anzeigen früher oder später erledigt haben werden.

Auch aus ökonomischen Gesichtspunkten ist ein Abstellen auf die Entscheidung zur Durchführung der vorgeschalteten *Due Diligence* wenig sachgerecht. Dies würde für potentielle Erwerbsinteressenten die Sondierung des Erwerbs erheblich erschweren und für die Vorbereitung des Antrags nicht unerhebliche Ressourcen und finanzielle Mittel binden. Eine derartige Auslegung wäre auch mit dem klaren Wortlaut der Beteiligungsrichtlinie, die bekanntlich auf die Entscheidung des Erwerbers abstellt, nicht vereinbar, da sie eine erhebliche Erschwerung gegenüber den in der Richtlinie festgelegten Vorgaben darstellt.

ee) Abschluss der Due Diligence

Auch der Abschluss der *Due Diligence* ohne die Identifikation sogenannter *Deal Breaker*, also von Aspekten, die so schwerwiegend sind, dass sie einem Erwerb von vornherein entgegenstehen, löst noch nicht eine relevante Erwerbsabsicht aus. Auch dann ist das "ob" der Transaktion noch nicht hinreichend wahrscheinlich. Die relevanten Entscheidungsorgane haben zu diesem Zeitpunkt im Regelfall noch keine abschließende Entscheidung über den Erwerb getroffen.

ff) Abgabe eines Binding Offers

Häufig münden formalisierte M&A-Prozesse nach Durchführung der *Due Diligence* in die Abgabe eines so genannten verbindlichen Angebots (auch *Binding Bid* oder *Binding Offer* genannt). Anders als beim *Indicative Bid* gibt der Erwerbsinteressent beim *Binding Offer* ein im Grundsatz verbindliches Angebot zum Erwerb ab. Zumeist befassen sich auch die entscheidungsbefugten Organe mit dem Erwerbsvorhaben und müssen der Abgabe des *Binding Offer* nach internen Vorgaben zustimmen.

Häufig erschöpft sich dabei das *Binding Offer* nicht nur in der Übermittlung eines konkreten Kaufpreisangebots. Vielmehr verlangt der Veräußerer typischerweise

---

712 *Vgl. Erm*, in: Beck/Samm/Kokemoor, KWG, § 2c Rn. 33.

auch Kommentare zu einem zuvor übermittelten Kaufvertragsentwurf ("*Mark-up* auf das *SPA*") verbunden mit der Aussage, auf dieser Basis einen verbindlichen Kaufvertrag abzuschließen.

Auch zu diesem Stadium wird man jedoch im Regelfall noch nicht von einer hinreichenden Erwerbsabsicht ausgehen können. Denn regelmäßig steht auch das *Binding Offer* noch unter einer Reihe von Bedingungen und es ist noch offen, inwieweit der Veräußerer sich auf dieses Angebot tatsächlich einlässt. Typische Bedingungen sind die zufriedenstellende Durchführung einer sogenannten *Confirmatory Due Diligence*, der Abzug oder eine bestimmte Bewertung einzelner Positionen im Rahmen des Kaufpreises, oder der zufriedenstellende Abschluss von Nebenvereinbarungen wie zum Beispiel einem Vertriebsvertrag, Kooperationsvertrag oder eines *Transitional Services Agreement.* Regelmäßig schließen sich nach der Abgabe des *Binding Offer* daher zunächst weitere Verhandlungen an.

gg) Interne Entscheidung der Leitungsorgane zum Erwerb in seiner konkreten Gestalt

Erst wenn die Verhandlungen mit dem Veräußerer soweit fortgeschritten sind, dass eine im Wesentlichen unterschriftsreife beziehungsweise beurkundungsfähige Fassung vorliegt und die Transaktion in dieser Fassung durch die zur Entscheidung berufenen Organe des Erwerbers abgesegnet wurde, hat sich die Erwerbsabsicht hinreichend konkretisiert. In diesem Stadium hat sich der Erwerbswunsch in eine konkrete Erwerbsabsicht gewandelt. Einer schuldrechtlichen Vereinbarung zum Erwerb stehen keine wesentlichen Hindernisse mehr entgegen.

hh) Gestufte Entscheidungsverfahren

Maßgeblich für die Entscheidung über den Erwerb ist grundsätzlich das Geschäftsführungsorgan des Erwerbers.

Bei gestuften Entscheidungsverfahren ist grundsätzlich die Zustimmung des letzten Organs für die Bildung der Erwerbsabsicht maßgebend.[713] Erst dann ist der verbandsinterne Entscheidungsprozess abgeschlossen und verlässt den Bereich des Unverbindlichen.[714] Handelt es sich beim Erwerbsinteressenten zum Beispiel um eine Aktiengesellschaft, und erfordert die Geschäftsordnung des Vorstands beziehungsweise Aufsichtsrats oder die Satzung die Zustimmung des Aufsichtsrats zur Transaktion, so ist die Erwerbsabsicht der Aktiengesellschaft erst mit Zustimmung des Aufsichtsrats zur Entscheidung des Vorstands gebildet.

---

713 So auch *Schäfer*, in: Boos/Fischer/Schulte-Mattler, KWG, § 2c Rn. 5; *Kobabe*, in: Luz/Neus/Scharpf/Schneider/Weber, KWG, § 2c Rn. 8; *Süßmann*, in: Schwennicke/Auerbach, KWG, § 2c Rn. 4.

714 Zur ähnlichen Problematik von mehrstufigen Entscheidungsprozessen im Rahmen von § 15 Abs. 1 WpHG *vgl. Cahn*, ZHR 162 (1998), 1 (23 ff.). *Vgl.* dazu auch *Bundesanstalt*, Emittentenleitfaden, IV 2.2.7 (S. 58), wonach zwar bei mehrstufigen Entscheidungsprozessen in der Regel nicht erst mit der endgültigen Entscheidung eine Adhoc Publizitätspflicht entsteht, aber in der Regel die Voraussetzungen für eine Befreiung nach § 15 Abs. 3 WpHG vorliegen.

Umgekehrt ist aber nach dem oben Gesagten festzuhalten, dass spätestens mit dem *Signing* die Erwerbsabsicht hinreichend nach außen zum Ausdruck kommt.

e) Erwerbsabsicht bei mittelbarem Erwerb

Bei mittelbaren Erwerbstatbeständen löst die Erwerbsabsicht des Dritten auch die Anzeigepflicht des Mutterunternehmens aus. Haben etwa bei einem Tochterunternehmen die zuständigen Organe dem Erwerb in seiner konkreten Gestalt zugestimmt, so muss sich das Mutterunternehmen diese Erwerbsabsicht des Tochterunternehmens zurechnen lassen, die daher zugleich die Anzeigepflicht des Mutterunternehmens auslöst. Dies ist die Konsequenz aus den Zurechnungsvorschriften, insbesondere von § 1 Abs. 9 Satz 2 KWG i.V.m. § 22 Abs. 1 bis 3a WpHG.[715]

Auf die Kenntnis des Mutterunternehmens vom beabsichtigten Erwerb kommt es nicht an. Dem kann nicht entgegengehalten werden, dass niemand zur Anzeige einer Tatsache gezwungen werden könne, die sich seiner Kenntnis entzieht.[716] Vielmehr ist im Konzern der Informationsfluss durch die Konzernmutter so zu steuern ist, dass diese unverzüglich vom beabsichtigten Erwerb bedeutender Beteiligungen durch Tochterunternehmen in Kenntnis gesetzt wird. Allenfalls mag man im Einzelfall zugunsten des Mutterunternehmens den Zeitverlust durch die zu erfolgende Information des Mutterunternehmens bei der Frage der Bemessung des Zeitraums berücksichtigen, wann eine Anzeige noch unverzüglich ist.

Ergänzend ist darauf hinzuweisen, dass nach Auffassung der Finanzaufsicht das Zielinstitut den Erwerbsinteressenten auf seine Anzeigepflicht hinzuweisen hat, wenn es vom beabsichtigten Erwerb erfährt.[717]

f) Informelle Information der Bundesanstalt vom Erwerbsvorhaben

Selbstverständlich kann es sich schon vor hinreichender Konkretisierung der Erwerbsabsicht anbieten, dass die Beteiligten die Bundesanstalt und die Bundesbank informell über die Verhandlungen zum Beteiligungserwerb in Kenntnis setzen. Dies gebietet zumeist schon die ungeschriebene Grundregel, die Finanzaufsicht losgelöst von formellen Anzeigepflichten über wesentliche Vorgänge im Unternehmen informiert zu halten. Regelmäßig besteht auch eine entsprechende Erwartungshaltung der Bundesanstalt, über die Aufnahme konkreter Verhandlungen informiert zu werden.[718]

Gerade wenn nicht klar ist, ob die Erwerbsabsicht bereits hinreichend konkretisiert ist, bietet es sich ferner an, die Erwartungserhaltung der Bundesanstalt in Bezug auf

---

715 *Vgl. Mönnig*, Überwachung der Inhaber bedeutender Beteiligungen an Versicherungsunternehmen, S. 189 f. (zu § 104 Abs. 1 Satz 1 KWG).

716 So aber *Hirschmann*, Anteilseignerkontrolle, S. 126.

717 *BaKred*, Verlautbarung v. 3. Juni 1993 (I 3-5-1/92), abgedruckt bei Reischauer/Kleinhans, KWG, Kz. 281 Nr. 17, S. 58; *Frank/Glatzl/Beutel*, Meldepflichten, S. 116; dagegen *Hirschmann*, Anteilseignerkontrolle, S. 126 f.

718 Ähnlich *Kremer*, in: Seibt, Formularbuch M&A, Teil I 4.1 a).

den Zeitpunkt einer formellen Anzeige in Erfahrung zu bringen. Die Bundesanstalt zeigt sich gegenüber einer derartigen Abstimmung im Vorfeld einer Transaktion zumeist aufgeschlossen und begrüßt grundsätzlich eine frühzeitige Einbindung in das Erwerbsvorhaben.

2. Gesetzliche Erwerbstatbestände

Die oben gewonnen Erkenntnisse lassen sich weitgehend auch auf gesetzliche Erwerbstatbestände übertragen.

a) Insbesondere: Auf Rechtsgeschäft beruhender gesetzlicher Erwerb

Beruht der gesetzliche Erwerb auf rechtsgeschäftlichem Handeln, ist auf die Entscheidung der entscheidungsbefugten Organe des Erwerbers zum hinreichend konkretisierten Erwerbsvorhaben abzustellen.

So ist etwa bei der Verschmelzung grundsätzlich auf die Entscheidung zum Abschluss des Verschmelzungsvertrages abzustellen (§ 4 Abs. 1 UmwG). Zwar bedarf es zur Wirksamkeit des Verschmelzungsvertrages in der Regel noch der Zustimmung der Anteilsinhaber (*vgl.* §§ 13 Abs. 1; 43; 50 UmwG). Auch muss die Verschmelzung noch zum Handelsregister angemeldet werden (§ 16 UmwG) und wird erst mit Eintragung im Register des übernehmenden Rechtsträgers wirksam (§ 20 UmwG). Dennoch erscheint des Erwerbsvorhabens und der Wille zur Umsetzung mit dem Abschluss des Verschmelzungsvertrags bereits hinreichend konkretisiert und dessen Umsetzung hinreichend wahrscheinlich.

Soweit ein Gesellschafter durch die Verschmelzung eine bedeutende Beteiligung an dem aufnehmenden Rechtsträger erlangen würde, mag er im Einzelfall erst weit nach Abschluss des Verschmelzungsvertrages von der Tatsache der Verschmelzung und damit verbundenen Erwerb einer bedeutenden Beteiligung erfahren. Dieser Umstand ist bei der Bemessung des Zeitraums zu berücksichtigen, innerhalb dessen eine Anzeige als unverzüglich zu werten ist.

b) Insbesondere: Erwerb durch Erbschaft

Im Falle des Erwerbs durch Erbschaft löst der Erbfall die Anzeigepflicht aus. Zum Zeitpunkt des Erbfalls geht das Eigentum des Erben im Wege der Universalsukzession auf den oder die Erben über (§ 1922 BGB).

Dem Umstand, dass der Erbe möglicherweise erst erhebliche Zeit nach dem Erbfall vom Erwerb Kenntnis erlangt hat, ist auch hier bei der Bestimmung des Zeitraums Rechnung zu tragen, innerhalb dessen eine Anzeige noch als unverzüglich zu werten ist.

V. Bildung der Erwerbsabsicht in Sonderfällen

Im Folgenden wird eine Reihe von besonderen Konstellationen erörtert, in denen die Bestimmung des anzeigeauslösenden Zeitpunkts problematisch sein kann.

1. Kapitalmaßnahmen

Problematisch ist die Bestimmung des die Anzeige auslösenden Zeitpunkts bei Kapitalmaßnahmen.

Auch bei Kapitalmaßnahmen kommt es für die Bildung der Erwerbsabsicht nicht darauf an, dass die Kapitalmaßnahme wirksam durchgeführt wurde und damit der Anteilserwerb bereits erfolgt ist. Regelmäßig wird daher die Anzeigepflicht bereits vor Eintragung der Kapitalmaßnahme im Handelsregister (§ 189 AktG) ausgelöst. Entscheidend ist, ob aus Sicht des Erwerbsinteressenten eine Entscheidung über den Erwerb gefallen ist und der Erwerb hinreichend konkretisiert und wahrscheinlich ist.

Beispielhaft wird dies am Fall der Kapitalerhöhung gegen Sacheinlage des Erwerbsinteressenten mit Ausschluss des Bezugsrechts der übrigen Aktionäre erörtert (§§ 183 Abs. 1; 186 Abs. 3 AktG). Wird eine derartige Kapitalerhöhung durch die Hauptversammlung beschlossen (§§ 182 Abs. 1; 183 Abs. 1 AktG) und haben die entscheidungsbefugten Organe des Erwerbsinteressenten beschlossen, die neu entstehenden Aktien zu zeichnen, so begründet dies zugleich die Erwerbsabsicht des Erwerbsinteressenten zum Erwerb einer bedeutenden Beteiligung, wenn durch die Durchführung der Kapitalerhöhung die Beteiligung über 10 % der Stimmrechte oder des Kapitals steigt. Zu diesem Zeitpunkt haben sich der Wille zum Erwerb und die Transaktion in ihrer konkreten Gestalt derart verdichtet, dass eine Befassung der Aufsichtsbehörden mit dem Erwerbsvorhaben gerechtfertigt erscheint. Dass die Durchführung der Kapitalerhöhung noch von der Eintragung der Kapitalerhöhung (§ 189 AktG) und der Erwerb der Anteile noch von der Zeichnung der Anteile abhängen (§ 185 AktG), kann dahinter zurückstehen.

2. Beteiligungsveränderungen ohne Zutun des Erwerbers

Verändert sich die Beteiligungshöhe des potentiell Anzeigepflichtigen ohne dessen Zutun (etwa durch die Ausnutzung bedingten Kapitals oder die Veräußerung eigener Aktien des Zielinstituts), entsteht die Anzeigepflicht ebenfalls, sobald die Maßnahme, die zur Beteiligungsveränderung führt, beschlossen wurde und ihre Durchführung hinreichend konkret und wahrscheinlich ist. Auch hier ist bei der Frage, wann eine Anzeige noch unverzüglich ist, zu berücksichtigen, wann der Anzeigepflichtige von der Maßnahme Kenntnis erlangt hat oder erlangen musste.

3. Optionen und Wandelschuldverschreibungen

Bei Optionen und Wandelschuldverschreibungen löst erst die Entscheidung der entscheidungsbefugten Organe zur Ausübung der Option oder Wandelverschreibung die Anzeigepflicht aus. Erst zu diesem Zeitpunkt ist der Erwerb der Beteiligung hinreichend konkret und wahrscheinlich.[719]

Wie bereits ausgeführt, wird nach der hier vertretenen Ansicht die Anzeigepflicht insbesondere nicht bereits zum Zeitpunkt des Erwerbs der Optionen oder Wandelschuldverschreibungen ausgelöst, da die Stimmrechte aus den auf die

---

719 So jetzt auch *Erm*, in: Beck/Samm/Kokemoor, KWG, § 2c Rn. 34 f.

Optionen oder Wandelschuldverschreibungen bezogenen Anteilen dem Erwerbsinteressenten nicht zurechenbar sind.[720]

Auch bei Pflichtwandelanleihen löst nicht schon der beabsichtigte Erwerb der Pflichtwandelanleihe die Anzeigepflicht aus.[721] Auch wenn bei Pflichtwandelanleihen gewiss ist, dass zum in den Anleihebedingungen fixierten Zeitpunkt die Rückzahlung der Pflichtwandelanleihe durch Anteile der Gesellschaft erfolgt, ist der Erwerb einer Beteiligung am Zielinstitut durch den Anleihegläubiger noch ungewiss. Dies gilt vor allem wenn der Wandlungszeitpunkt oder Zeitraum erst weit in der Zukunft liegt. So besteht insbesondere die Möglichkeit, die Pflichtwandelanleihen an eine andere Person weiterzuveräußern. Deswegen ist auch hier für die Anzeigepflicht darauf abzustellen, ob die für die innere Willensbildung des Inhabers der Pflichtwandelanleihen maßgeblichen Organe bereits eine Entscheidung getroffen haben, diese bis zum Wandlungszeitpunkt zu halten und damit eine Beteiligung zu erwerben.[722]

4. Öffentliche Übernahmeangebote

Bei öffentlichen Übernahmeangeboten fällt der die Anzeigepflicht auslösende Moment regelmäßig mit der Entscheidung zur Abgabe des Angebots zusammen. Die Entscheidung zur Abgabe eines Angebots ist zudem nach § 10 Abs. 1 Satz 1 WpÜG unverzüglich zu veröffentlichen. Der Umstand, dass das Angebot regelmäßig noch unter Bedingungen steht, ist unerheblich, zumal nach § 18 Abs. 1 WpÜG das Angebot nicht von Bedingungen abhängig gemacht werden darf, deren Eintritt der Bieter, mit ihm gemeinsam handelnde Personen oder deren Tochterunternehmen oder deren Berater ausschließlich selbst herbeiführen können.

C. Zeitpunkt der Anzeigepflicht

I. Überblick

Die Anzeige ist unverzüglich nach Bildung der Erwerbsabsicht einzureichen (§ 2c Abs. 1 Satz 1 KWG). Unverzüglich bedeutet ohne schuldhaftes Zögern (§ 121 Abs. 1 Satz 1 BGB).[723]

II. Konkretisierung des Unverzüglichkeitsbegriffs

Maßgeblich für die Rechtzeitigkeit der Anzeige ist grundsätzlich der für die Ermittlung der Anzeigepflicht und die Vorbereitung und Erstellung einer vollständigen Anzeige erforderliche Zeitraum.[724]

---

720 *Vgl.* 2. Teil: A. IV. 11. c) und d)

721 *Vgl.* 2. Teil: A. IV. 11. d).

722 Ebenso *Erm*, in: Beck/Samm/Kokemoor, KWG, § 2c Rn. 34 f.

723 *Schäfer*, in: Boos/Fischer/Schulte-Mattler, KWG, § 2c Rn. 5.

724 Zur Vollständigkeit der Anzeige *vgl.* § 6 Abs. 2 InhKontrollV und ausführlich 3. Teil: D. II.

Der Erwerbsinteressent hat seine Geschäftsabläufe und internen Prozesse so zu organisieren, dass eine möglichst zeitnahe Übermittlung der vollständigen Anzeige gewährleistet ist.

Welche Zeitspanne zur Einreichung der Anzeige noch angemessen ist, ist eine Frage des Einzelfalles. Dies hängt unter anderem vom Erwerbsinteressenten, dem Zielunternehmen und der Komplexität der Transaktion ab. Dabei ist zu berücksichtigen, dass durch die Inhaberkontrollverordnung das Anzeigeverfahren im Vergleich zu früher erheblich formalisiert und Art und Umfang der im Verfahren beizubringenden Unterlagen erweitert wurden.[725] Dieser erhöhte Aufwand ist bei der Bestimmung der Frist mit einzurechnen.

Gerade bei ausländischen Erwerbsinteressenten ist zu berücksichtigen, dass viele der Informationen zum Erwerbsinteressenten nicht im Inland zur Hand sein können und gegebenenfalls noch erstellt, übersetzt und/oder Dokumente legalisiert werden müssen.[726] Auch wenn der Schwerpunkt der Transaktion im Ausland liegt und Deutschland nur mittelbar durch die Transaktion betroffen ist, wird man bei der Bemessung der zulässigen Zeitspanne zwischen Bildung der Erwerbsabsicht und Einreichung der Anzeige großzügiger sein müssen. In diesem Fall lässt sich selbst bei einem guten Projektmanagement zumeist nicht vermeiden, dass die Kommunikationswege mehr Zeit in Anspruch nehmen und ggf. externer Rechtsrat zur Prüfung der Anzeigepflicht und zur Vorbereitung der Anzeige eingeholt werden muss.

Grundsätzlich wird von Erwerbsinteressenten auch nicht verlangt werden können, mit den Vorbereitungen der Anzeige bereits vor Bildung der Erwerbsabsicht "vorsorglich" zu beginnen. Schon wegen der damit verbundenen nicht unerheblichen Kosten und des erheblichen Aufwands für die Sachverhaltsanalyse und

---

725 *Vgl.* BegrE InhkontrollV, S. 1; *Waigel*, Deutsche und internationale Bankenaufsicht, 40 (53), wonach die Umsetzung der Beteiligungsrichtlinie 2007/44/EG den Aufwand exponentiell erhöht habe.

726 Zu den formellen Anforderungen *vgl.* § 2 Abs. 3 InhKontrollV und ausführlich 3. Teil: C. II. und III. Zur Legalisation *vgl.* § 61 Abs. 1 Ziff. 11 BeurkG; § 13 KonsularG. Die Legalisation ist ein förmliches Verfahren, in dem das Konsulat des Staates, in dem eine ausländische öffentliche Urkunde zu Beweiszwecken verwendet werden soll, die Echtheit der Unterschrift, die Eigenschaft, in welcher der Unterzeichner gehandelt hat und gegebenenfalls die Echtheit des mit der Urkunde versehenen Siegels bestätigt (*vgl.* Artikel 2 des Haager Übereinkommens zur Befreiung ausländischer Urkunden von der Legalisation vom 5. Oktober 1961 (BGBl. 1965 II S. 875); § 13 Abs. 2 KonsularG). Durch die Legalisation wird erreicht, dass eine ausländische öffentliche Urkunde einer inländischen öffentlichen Urkunde hinsichtlich ihres Beweiswertes gleich gestellt wird (*vgl. Bonk/Kallerhoff*, in: Stelkens/Bonk/Sachs, VwVfG, § 33 Rn. 22). Dieses formalisierte Verfahren ist auf Grund staatsvertraglicher Vereinbarung (*vgl.* § 13 Abs. 5 Konsulargesetz) mit vielen Ländern entbehrlich oder durch das etwas weniger aufwändige Apostilleverfahren ersetzt (*vgl. Schaub*, in: Ebenroth/Boujong/Joost/Strohn, HGB, Anhang Handelsregisteranmeldungen mit Auslandsbezug Rn. 57 ff.; 68 ff.; *Spahlinger/Wegen*, in: Spahlinger/Wegen, Int. Gesellschaftsrecht, Einleitung Rn. 697 ff.).

Anzeigenvorbereitung ist dies für den Erwerbsinteressenten in der Regel nicht zumutbar.

Eine Vorbereitung der Anzeigen bereits vor *Signing* stößt aber auch an praktische und rechtliche Grenzen. Zu berücksichtigen ist, dass vor dem *Signing* der Kreis der über das Transaktionsvorhaben informierten Personen aus Vertraulichkeitsgründen in aller Regel äußerst eingeschränkt ist und aus kapitalmarktrechtlichen Gründen auch eingeschränkt sein muss. Zudem ist bis zum *Signing* der Zugang des Erwerbsinteressenten zu Informationen über die Zielgesellschaft häufig aus tatsächlichen und rechtlichen Gründen eingeschränkt. Deswegen ist etwa eine sinnvolle Erstellung eines in bestimmten Konstellationen mit der Anzeige zu übermittelnden belastbaren Geschäftsplans oder prognostizierter Kapitalkennziffern und Risikopositionen häufig frühestens zum *Signing* möglich.[727]

Ferner ist bei der Bemessung der Frist zu berücksichtigen, dass Inhaberkontrollverfahren hinsichtlich der Natur der abgefragten Information zum Teil zwingend die persönliche Einbindung der Geschäftsleiter des Erwerbsinteressenten erfordern.[728] Dies schränkt die internen Delegationsmöglichkeiten ein. Gerade in großen Konzernen mögen diese Personen und Informationen selbst bei guter Planung nicht immer sofort und unverzüglich greifbar sein.

Auch ist zu beachten, dass einige der im Zuge des Inhaberkontrollverfahrens vorzulegenden Unterlagen zum Teil äußerst komplex sein können oder umfangreiche Recherchen und Analysen notwendig machen können. Dies gilt insbesondere für den in bestimmten Konstellationen vorzulegenden Geschäftsplan (§ 15 InhKontrollV).

Ausgehend hiervon wird auch bei weniger komplexen Erwerbsvorgängen ein Zeitraum von bis zu vier Wochen nach Bildung der Erwerbsabsicht für die Vorbereitung der Anzeigen selten unangemessen sein. Bei komplexeren Transaktionen und Erwerbsvorgängen oder ausländischen Erwerbsinteressenten kann dieser Zeitraum aber noch länger sein und sogar einige Monate ausmachen. Die zum Teil in der Literatur genannten deutlichen kürzeren Zeiträume sind jedenfalls vor dem Hintergrund der zusätzlichen Formalisierung der Anzeigen infolge der Umsetzung der Beteiligungsrichtlinie nicht mehr realistisch.[729]

---

727 *Vgl.* zum Erfordernis der Erstellung eines Geschäftsplans und prognostizierter Kapitalkennziffern und Risikopositionen § 15 InhKontrollV und ausführlich 3. Teil: C. VI. 9.

728 Dies gilt vor allem hinsichtlich der Angaben zur Zuverlässigkeit (§ 9 InhKontrollV) und dem eigenhändig unterschriebenen Lebenslauf (§ 10 InhKontrollV). *Vgl.* dazu auch ausführlich 3. Teil: C. 2. und 3.

729 *Vgl.* etwa *Weber-Rey*, in: Habersack/Mülbert/Schlitt, HdB. Kapitalmarktinformation, § 23 Rn. 176, wonach je nach Komplexität der Struktur von einer Vorbereitungszeit der Anzeige von bis zu fünf Werktagen auszugehen sei; *Deckers*, in: Bähr, Versicherungsaufsichtsrecht, § 30 Rn. 69: nach Vollendung der Willensbildung und in begründeten Ausnahmefällen Obergrenze von maximal einer Woche.

Im Regelfall wird der Erwerbsinteressent schon aus eigenem Interesse bemüht sein, so schnell wie möglich vollständige Anzeigeunterlagen bei den Aufsichtsbehörden einzureichen, um den Lauf der Entscheidungsfrist der Bundesanstalt auszulösen.

Gerade wenn die Vorbereitung der Anzeige längere Zeit in Anspruch nimmt, empfiehlt es sich für den Erwerber, die Bundesanstalt und die Bundesbank vorab über das Beteiligungsvorhaben und den voraussichtlichen Zeitpunkt der Übermittlung der Anzeige informell in Kenntnis zu setzen. Jedenfalls bei komplexeren Transaktionen dürfte dies in der Praxis sogar üblich sein.[730]

D. Anzeigepflichtige Personen

Der Kreis anzeigepflichtiger Personen und Unternehmen unterliegt keinen Beschränkungen oder Ausnahmen. Im Folgenden wird nach einem kurzen Überblick über den Kreis der Anzeigepflichtigen auf einige Anzeigepflichtige und Zweifelsfälle besonders eingegangen.

I. Überblick

1. Europäische Ausgangslage

Nach den einschlägigen Richtlinien haben die Mitgliedstaaten vorzuschreiben, dass jede "natürliche oder juristische Person" (oder *legal person* in der englischen Fassung) im Falle einer Entscheidung zum Erwerb einer qualifizierten Beteiligung eine Erwerbsanzeige machen muss. Die Bankenrichtlinie in der Fassung nach Inkrafttreten der Beteiligungsrichtlinie sieht hinsichtlich des Personenkreises und der Rechtsnatur der Anzeigepflichtigen keinerlei Einschränkungen oder Befreiungen vor.[731]

2. Kreis der Anzeigepflichtigen nach § 2c Abs. 1 Satz 1 KWG

Das deutsche Recht setzt diese europäischen Vorgaben uneingeschränkt um. Anzeigepflichtig nach § 2c Abs. 1 Satz 1 KWG ist, "wer den anzeigepflichtigen Tatbestand erfüllt". Weder § 2c KWG noch die Inhaberkontrollverordnung bestimmen den Kreis der Anzeigepflichtigen näher oder schränken diesen ein. Anzeigepflichtig ist daher jede natürliche Person und jede zumindest teilrechtsfähige juristische Person des Privatrechts und des öffentlichen Rechts. Insbesondere sind auch nicht der Beaufsichtigung unterliegende Unternehmen anzeigepflichtig.

---

730 *Vgl. Weber-Rey*, in: Habersack/Mülbert/Schlitt, HdB. Kapitalmarktinformation, § 23 Rn. 176.

731 Nur hinsichtlich des Umfangs der beizubringenden Informationen dürfen und müssen je nach Person und Rechtsnatur des Anzeigepflichtigen Differenzierungen und Ausnahmen gemacht werden. Die beizubringenden Informationen müssen je nach der Art des Erwerbsinteressenten und der Art des beabsichtigten Erwerbs angemessen und angepasst sein; *vgl.* Art. 19a Abs. 4 Bankenrichtlinie (n.F.).

Zu den juristischen Personen des Privatrechts zählen neben Kapitalgesellschaften zumindest teilrechtsfähige Personengesellschaften, eingetragene Vereine und privatrechtliche Stiftungen.[732]

Zum Kreis der juristischen Personen des öffentlichen Rechts gehören der Bund, die Deutsche Bundesbank, rechtlich unselbstständige Sondervermögen des Bundes oder eines Landes, Länder, Gemeinden und Gemeindeverbände,[733] sowie öffentlich-rechtliche Stiftungen und Anstalten des öffentlichen Rechts. Die Einbeziehung von Trägern der öffentlichen Verwaltung in den Kreis der Anzeigepflichtigen ist dabei keine Besonderheit des Inhaberkontrollverfahrens. Auch sonst unterliegen Träger der öffentlichen Verwaltung grundsätzlich dem Anwendungsbereich des Kreditwesengesetzes und der Finanzaufsicht.

Anzeigepflichtig sind auch Zentralregierungen, Zentralnotenbanken, Regionalregierungen oder örtliche Gebietskörperschaften eines anderen Mitgliedstaats des Europäischen Union, eines anderen Vertragsstaates des Abkommens über den Europäischen Wirtschaftsraum oder die Europäische Zentralbank.[734] Gleiches gilt für Staaten, Zentralbanken und sonstige öffentlich-rechtliche Körperschaften aus Drittstaaten.

II. Insbesondere: FMSA, SoFFin, AIDAs und Restrukturierungs fonds

In der Praxis kann sich im Zusammenhang mit Stabilisierungsmaßnahmen der öffentlichen Hand die Frage der Anzeigepflicht der zuständigen öffentlichen Stellen, insbesondere der Bundesanstalt für Finanzmarktstabilisierung (FMSA) und des Finanzmarktstabilisierungsfonds (SoFFin), ergeben.

1. Denkbare Anwendungsfälle

Die Frage nach der Pflicht zur Durchführung von Erwerbskontrollverfahren wird zum einen aufgeworfen bei der Stärkung des Eigenkapitals eines regulierten Unternehmens durch eine Beteiligung des SoFFin am Stamm- oder Grundkapital des regulierten Unternehmens im Zuge einer Kapitalerhöhung (Rekapitalisierungsmaßnahme).[735] Zum anderen stellt sich die Frage nach der Notwendigkeit aufsichtsrechtlicher Inhaberkontrollverfahren bei der Übertragung von Anteilen an regulierten Unternehmen auf Abwicklungsanstalten des Bundes oder eines Landes (sogenannte AIDAs).[736] Schließlich ist mit dem Restrukturierungsfonds ein weiterer

---

732 *Vgl. Hirschmann*, Anteilseignerkontrolle, S. 91.

733 *Vgl.* § 16 Abs. 2 Nr. 1 InhKontrollV.

734 *Vgl.* § 16 Abs. 2 Nr. 6 InhKontrollV.

735 § 7 Abs. 1 Alt. 1, Abs. 2 FMStG.

736 § 8a f. FMStG. Nachdem Maßnahmen nach dem Finanzmarktstabilisierungsgesetz zwischenzeitlich nach dem 31. Dezember 2010 nur noch eingeschränkt möglich waren (*vgl.* § 13 Abs. 1 FMStG a.F.), wurden das Instrumentarium durch das Zweite Finanzmarktstabilisierungsgesetz mit einigen Modifikationen wieder reaktiviert und steht

Rechtsträger geschaffen worden, der unter anderem Beteiligungen an Brückeninstituten zur Rettung angeschlagener Institute erwerben soll.[737]

2. Verwaltungsstruktur, Organisation und Rechtsfähigkeit

Die Finanzmarktstabilisierungsanstalt ist seit dem 23. Juli 2009 eine bundesunmittelbare, rechtsfähige Anstalt des öffentlichen Rechts im Geschäftsbereich des Bundesministeriums der Finanzen.[738] Sie unterliegt der Rechts- und Fachaufsicht des Bundesministeriums der Finanzen (§ 3a Abs. 2 Satz 3 FMStFG).

Beim Finanzmarktstabilisierungsfonds handelt es sich um ein Sondervermögen i.S.v. Art. 110 Abs. 1 und Art. 115 Abs. 2 GG.[739] Der Finanzmarktstabilisierungsfonds soll nach Wortlaut des § 3 Satz 1 FMStG nicht rechtsfähig sein. Doch kann der Finanzmarktstabilisierungsfonds unter seinem Namen im rechtsgeschäftlichen Verkehr handeln, klagen und verklagt werden (§ 3 Satz 2 FMStG). Damit ordnet das Gesetz in Anlehnung an andere Sondervermögen des Bundes eine Teilrechtsfähigkeit und Partei- und Beteiligtenfähigkeit des Finanzmarktstabilisierungsfonds an.[740] Bei den Abwicklungsanstalten (AIDAs) handelt es sich um teilrechtsfähige Anstalten des öffentlichen Rechts des Bundes oder des Landes.[741]

Das nachfolgende Schaubild (Quelle: www.soffin.de) illustriert den Behördenaufbau.

---

nunmehr bis zum 31. Dezember 2012 zur Verfügung (*vgl.* § 13 Abs. 1 FMStG a.F.). *Vgl.* hierzu *Brandi/Müller-Eising*, BB 2012, 466 ff.

737 *Vgl.* §§ 1, 5 Abs. 2 des Gesetzes zur Errichtung eines Restrukturierungsfonds für Kreditinstitute (Restrukturierungsfondsgesetz – RStruktFG) in Art. 3 des Restrukturierungsgesetzes v. 9. Dezember 2010 (BGBl. I S. 1921).

738 Zum rechtlichen Status der Finanzmarktstabilisierungsanstalt *vgl.* § 3a FMStG. Ursprünglich war diese bei der Bundesbank angesiedelt, *vgl. Döge*, ZBB 2009, 419 (424).

739 *Döge*, ZBB 2009, 419 (420 ff.); *vgl.* auch § 2 Abs. 2 FMStFG in der Fassung des Gesetzesentwurfs zum Restrukturierungsgesetz.

740 *Jaletzke/Magnusen*, in: Jaletzke/Veranneman, FMStG, 2009, § 3 Rn. 2 ff.; *Döge*, ZBB 2009, 419 (421 f.); *Brück/Schalast/Schanz*, BB 2008, 2526 (2528); *Wolfers/Rau*, NJW 2009, 1297 (1299).

741 §§ 8a Abs. 1 Satz 1; 8b Abs. 1 Satz 1 FMStG.

<u>Übersicht 8</u>:

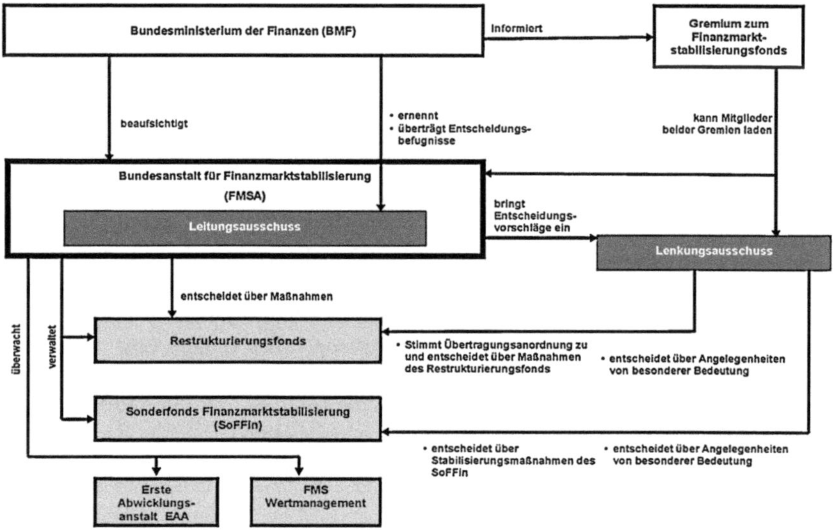

Wie beim SoFFin handelt es sich beim Restrukturierungsfonds um ein Sondervermögen i.S.v. Art. 110 Abs. 1 und Art. 115 Abs. 2 GG.[742] Auch der Restrukturierungsfonds ist nach dem Wortlaut des § 9 Satz 1 RStruktFG nicht rechtsfähig. Doch kann auch der Restrukturierungsfonds unter seinem Namen im rechtsgeschäftlichen Verkehr handeln, klagen und verklagt werden (§ 9 Satz 2 RStruktFG). Das Gesetz sieht damit für den Restrukturierungsfonds ebenfalls eine Teilrechtsfähigkeit und Partei- und Beteiligtenfähigkeit vor.

3. Zuordnung der Anzeigepflichten

Die Finanzmarktstabilisierungsanstalt und die Abwicklungsanstalten von einer Reihe aufsichtsrechtlicher Vorschriften befreit. So gelten beide nicht als Kreditinstitut, Wertpapierdienstleistungsunternehmen oder Versicherungsunternehmen.[743] Auch enthalten das Finanzmarktstabilisierungsbeschleunigungsgesetz (FMStBG) und das Kreditinstitute-Reorganisationsgesetz eine Reihe von Erleichterungen bei Rekapitalisierungsmaßnahmen.[744] Weder das Finanzmarktstabilisierungsgesetz noch das Finanzmarktstabilisierungsbeschleunigungsgesetz oder das Restrukturierungsgesetz sahen aber zunächst Ausnahmen oder Befreiungen hinsichtlich der aufsichtsrechtlichen Inhaberkontrollanzeigen vor. Dies war

---

742 *Vgl.* § 10 RStruktFG.

743 *Vgl.* §§ 3a Abs. 6a Satz 2; 8a Abs. 5 Satz 1; 8b Abs. 2 Satz 1 FMStG.

744 *Vgl.* v.a. §§ 7 ff. FMStBG; § 18 Abs. 2 KredReorgG.

in Anbetracht der Eilbedürftigkeit und der ohnehin bestehenden Einbindung der Bundesanstalt und der Bundesbank wenig sachgerecht, auch wenn nach der Inhaberkontrollverordnung Erleichterungen bei den Vorlage- und Nachweispflichten bestehen (§ 16 Abs. 2 Nr. 1 InhKontrollV).

Durch das Zweite Finanzmarktstabilisierungsgesetz wurde dies nunmehr teilweise korrigiert. Nach § 11a FMStBG n.F. findet § 2c KWG nunmehr keine Anwendung auf den Erwerb von bedeutenden Beteiligungen durch den Finanzmarktstabilisierungsfonds. Damit sind richtigerweise nicht nur der Finanzmarktstabilisierungsfonds, sondern auch die Finanzmarktstabilisierungsanstalt und die Abwicklungsanstalten von der Anzeigepflicht nach § 2c KWG ausgenommen.

Eine entsprechende Ausnahme gilt im Übrigen auch im Zusammenhang mit der Umsetzung von Anordnungen zur Bereitstellung von zusätzlichen Eigenmitteln nach § 45 Abs. 6 KWG n.F. und § 10 Abs. 1b Satz 2 KWG n.F., und zwar auch dann, wenn andere private oder öffentliche Stellen als der Finanzmarktstabilisierungsfonds zur Erreichung der Kapitalanforderungen teilweise oder vollständig beitragen (vgl. § 45 Abs. 7 KWG n.F.). Die Privilegierung ist aber nur bis zu dem Zeitpunkt anwendbar, an dem die Bundesanstalt das Erreichen der Eigenmittelanforderungen festgesellt hat.[745]

Dagegen fehlt es für Übertragungsanordnungen nach §§ 48a ff. KWG an einem entsprechenden Verweis auf § 11a FMStBG (*vgl.* § 48m Abs. 2 Satz 1 KWG).

III. Personenhandelsgesellschaften

Anzeigepflichtig sind ferner Personhandelsgesellschaften. Daher sind offene Handelsgesellschaften und Kommanditgesellschaften als Träger eigener Rechte und Pflichten zur Abgabe einer Erwerbsanzeige verpflichtet (§§ 124 Abs. 1; 161 Abs. 2 HGB).[746] Gesellschafter von Personenhandelsgesellschaften sind anzeigepflichtig, sofern diese selbst als Inhaber einer bedeutenden Beteiligung anzusehen sind.[747]

IV. BGB-Gesellschaften

1. Außengesellschaften

Hinsichtlich Gesellschaften bürgerlichen Rechts ist zu differenzieren: In ständiger Rechtssprechung ist die Außengesellschaft bürgerlichen Rechts (teil-) rechtsfähig und damit selbst Träger von Rechten und Pflichten.[748] Erwirbt eine Außen-GbR daher eine bedeutende Beteiligung, so ist diese selbst anzeigepflichtig.

---

745 *Brandi/Müller-Eising*, BB 2012, 466 (469 f.).

746 Zur Rechtsfähigkeit der oHG *vgl.* § 124 HGB; zur KG *vgl.* § 161 Abs. 2 i.V.m. § 124 HGB.

747 *Vgl.* 1. Teil: A. X. 2. b) und 3.

748 BGHZ 146, 341 (344 ff.); BGHZ 148, 291 (293 f.); BGHZ 151, 204 (206); BGHZ 154, 88 (94).

Die Anzeigepflicht der Gesellschafter der anzeigepflichtigen Außen-GbR hängt wiederum davon ab, ob sie selbst als Inhaber einer bedeutenden Beteiligung angesehen werden können. Dies richtet sich nach den selben Grundsätzen wie bei Personenhandelsgesellschaften.[749]

2. Innengesellschaften

Dagegen sind Innen-GbRs mangels Rechtsfähigkeit nicht anzeigepflichtig.[750] Wichtiger Anwendungsfall der Innengesellschaft sind je nach Ausgestaltung Konsortial- und Poolvereinbarungen.[751]

Davon zu trennen ist die Frage, ob wegen der Pool- oder Konsortialvereinbarung eine gegenseitige Zurechnung der Stimmrechte der Poolmitglieder beziehungsweise Konsorten erfolgt. In Betracht kommt vor allem eine Zurechnung gemäß § 1 Abs. 9 Satz 2 KWG i.V.m. § 22 Abs. 2 WpHG. Die Frage hängt von Inhalt und Ausgestaltung der Konsortialvereinbarung im Einzelfall ab.

V. Konzernunternehmen und Zwischengesellschaften

1. CEBS/CEIOPS/CESR-Leitlinien

In Beteiligungsketten sind sämtliche Unternehmen und Personen in der Beteiligungskette zur Anzeige verpflichtet, deren Beteiligung als bedeutende Beteiligung qualifiziert werden kann.

Die CEBS/CEIOPS/CESR-Leitlinien sehen diesbezüglich aber Erleichterungen vor. So kann im Hinblick auf Zwischengesellschaften die Prüfung anhand der von der Richtlinie vorgegebenen Kriterien auch dadurch erfolgen, dass nur die direkt die Beteiligung an der Zielgesellschaft haltende Person und die oberste Gesellschaft in der Beteiligungskette die Anzeigen einreichen.[752]

2. Umsetzung in der Inhaberkontrollverordnung

Die Inhaberkontrollverordnung hat dies in § 16 Abs. 3 Satz 3 InhKontrollV so umgesetzt, dass die Aufsichtsbehörde auf Absichtsanzeigen durch konzernangehörige Gesellschaften ganz oder teilweise verzichten kann, soweit diese am Zielunternehmen nur mittelbar beteiligt wären und nicht an der Spitze des Konzerns stehen. Über ihre Entscheidung hat die Aufsichtsbehörde den Anzeigepflichtigen schriftlich zu informieren.

Das folgende Schaubild veranschaulicht den Regelungsgehalt des § 16 Abs. 3 InhKontrollV.

---

749 *Vgl.* dazu 2. Teil: D. III. und 2. Teil: A. X. 2. b).

750 Zur Abgrenzung von Außen- und Innen-GbRs *vgl.* etwa *Ulmer*, in: MünchKomm-BGB, § 705, Rn. 305 ff. m.w.N.

751 *Trölitzsch*, in: BeckOK-GmbHG, Gesellschaftervereinbarungen, Rn. 9.

752 *Vgl.* CEBS/CEIOPS/CESR-Leitlinien, Rn. 13.

Übersicht 9:

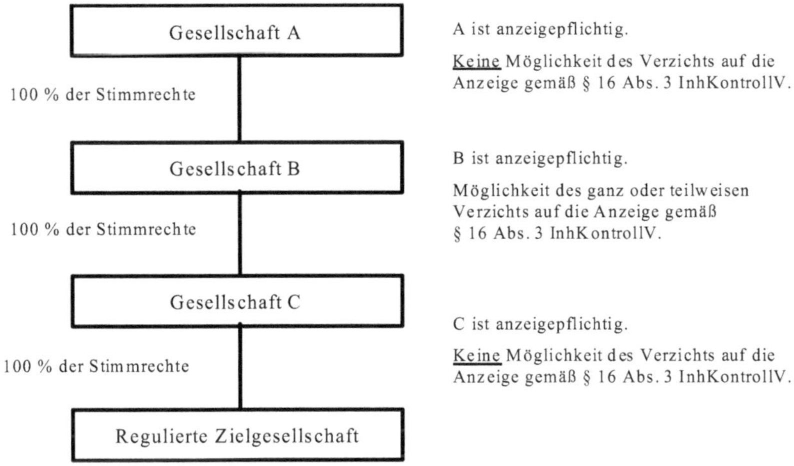

Daraus folgt, dass bei konzerninternen Anteilsumhängungen mit Billigung der Bundesanstalt auch dann auf eine finanzaufsichtsrechtliche Anzeige verzichtet werden kann, wenn das erwerbende Konzernunternehmen zuvor nicht als Inhaber einer bedeutenden Beteiligung anzusehen war, sofern das erwerbende Konzernunternehmen nicht unmittelbarer Anteilseigner des regulierten Unternehmens wird.

Bei einem mittelbaren Beteiligungserwerb über eine Holding-Struktur bedeutet dies zugleich, dass die Aufsicht auch auf eine Anzeige der unmittelbaren Erwerbsgesellschaft verzichten kann und damit nur eine Anzeige der an der Spitze des Konzerns stehenden Muttergesellschaft notwendig ist. Das folgende Schaubild illustriert dies:

Übersicht 10:

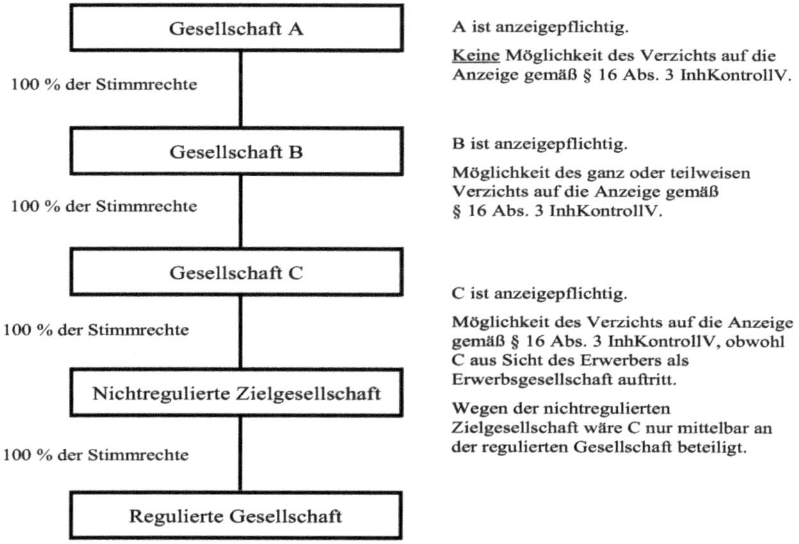

E. Erfasste Zielunternehmen

§ 2c KWG bezieht sich auf bedeutende Beteiligungen an Instituten i.S.d. § 1 Abs. 1b KWG, also Kreditinstitute (§ 1 Abs. 1 Satz 1 KWG) und Finanzdienstleistungsinstitute (§ 1a Abs. 1 Satz 1 KWG). Im Folgenden wird eine Reihe von damit verbundenen Fragen zum Anwendungsbereich näher erörtert.

I. Institute ohne Erlaubnis

Unerheblich für die Eigenschaft als Institut ist, ob die Zielgesellschaft eine Erlaubnis zum Betreiben des Bank- oder Finanzdienstleistungsgeschäfts tatsächlich besitzt. Zwar dürfen derartige Tätigkeiten im Inland gemäß § 32 Abs. 1 Satz 1 KWG grundsätzlich nur mit einer Erlaubnis gewerbsmäßig betrieben werden. Die Erteilung der Erlaubnis selbst ist jedoch kein konstituierendes Merkmal der Institutseigenschaft.[753] Daraus folgt, dass auch bezüglich illegal im Bank- beziehungsweise Finanzdienstleistungsgeschäft engagierter Unternehmen im Falle des geplanten Erwerbs einer bedeutenden Beteiligung zuvor ein Inhaberkontrollverfahren durchzuführen wäre.[754] In der Praxis droht natürlich in solchen Konstellationen zu allererst eine an die Zielgesellschaft adressierte Untersagung der Tätigkeit durch die Bundesanstalt (*vgl.* § 37 Abs. 1 Satz 1 KWG).

---

753 *Schwennicke*, in: Schwennicke/Auerbach, KWG, § 1 Rn. 139.

754 Ebenso *Deckers*, in: Bähr, Versicherungsaufsichtsrecht, § 30 Rn. 1 (zu § 104 VAG).

II. Öffentlich-rechtliche Institute

Der Anwendungsbereich des § 2c KWG umfasst grundsätzlich auch öffentlich-rechtliche und in öffentlich-rechtlicher Inhaberschaft stehende Institute. Anwendbar ist § 2c KWG daher auch auf den Inhaberwechsel bei öffentlich-rechtlichen Instituten wie Sparkassen oder den in öffentlich-rechtlicher Trägerschaft befindlichen Landes- und Förderbanken.

III. Ausnahmen und befreite Institute

Nicht anzuwenden ist § 2c KWG auf den Erwerb von Beteiligungen an Zielgesellschaften, die unter die gesetzlichen Ausnahme- oder Befreiungstatbestände fallen.

Relevant sind vor allem die gesetzlichen Ausnahmetatbestände gemäß § 2 Abs. 1 KWG und § 2 Abs. 6 KWG, wonach bestimmte Institutionen und Unternehmen nicht als Kredit- beziehungsweise Finanzdienstleistungsinstitut gelten, selbst wenn sie Bankgeschäfte oder Finanzdienstleistungen gewerbsmäßig betreiben.

Ausgenommen vom Anwendungsbereich des § 2c KWG sind insbesondere Versicherungsunternehmen (*vgl.* § 2 Abs. 1 Nr. 4; Abs. 6 Nr. 4 KWG). Dies gilt aber nicht, soweit sie Bankgeschäfte betreiben, die nicht zu den ihnen eigentümlichen Geschäften gehören (*vgl.* § 2 Abs. 3 KWG). Im Hinblick auf das für Versicherungen geltende Verbot versicherungsfremde Geschäfte zu betreiben (*vgl.* § 7 Abs. 2 VAG), ist für Versicherungsunternehmen im Grundsatz aber ein derartiges Betätigungsfeld auch gar nicht eröffnet.[755] Das aufsichtsrechtliche Inhaberkontrollverfahren bezüglich Versicherungen richtet sich daher allein nach den Vorschriften des Versicherungsaufsichtsgesetzes (§ 104 VAG).

Ausgenommen sind ferner Kapitalanlagegesellschaften, die im Zuge des Investmentänderungsgesetzes nunmehr allein nach dem Investmentgesetz beaufsichtigt werden. § 2 Abs. 1 Nr. 3b und Nr. 5a KWG stellt ausdrücklich klar, dass Kapitalanlagegesellschaften selbst dann nicht als Kredit- oder Finanzdienstleistungsinstitute gelten, wenn sie nach § 7 Abs. 2 InvG zulässigerweise bestimmte Bank- oder Finanzdienstleistungen anbieten. Auf Kapitalanlagegesellschaften finden daher allein die Inhaberkontrollvorschriften des Investmentgesetzes Anwendung (§ 2a InvG).

Bundes- und landesrechtliche Abwicklungsanstalten nach dem Finanzmarktstabilisierungsfondsgesetz gelten kraft gesetzlicher Anordnung ebenfalls nicht als Institute (*vgl.* § 8a Abs. 5 Satz 1; § 8b Abs. 2 Satz 1 FMStFG). Durch das Zweite Finanzmarktstabilisierungsgesetz wurden ferner Ausnahmen im Zuge von Rekapitalisierungsmaßnahmen auf Anordnung der Bundesanstalt eingeführt (*vgl.* §§ 11a FMStBG n.F.; 45 Abs. 7 KWG n.F.).

---

755 *Vgl. R. Schmidt/Präve,* in: Prölss, VAG, Vorbem. Rn. 71.

Ferner kann die Bundesanstalt gemäß § 2 Abs. 4 Satz 1 KWG im Einzelfall auf Antrag bestimmen, dass auf Institute unter anderem § 2c KWG nicht anzuwenden ist.[756] Bedeutsam ist dies bei Unternehmen, die wegen der Art der betriebenen Geschäfte keiner Aufsicht bedürfen. In der Regel erklärt die Bundesanstalt im Falle einer umfassenden Befreiung auch die Nichtanwendbarkeit von § 2c KWG.

IV. Territorialer Anwendungsbereich

In territorialer Hinsicht sind nur inländische Institute vom Anwendungsbereich des § 2c KWG erfasst.

Dies folgt aber nicht bereits aus der Bezugnahme auf den Institutsbegriff, der auch ausländische Institute umfasst, sondern aus allgemeinen verwaltungsrechtlichen Grundsätzen über den territorialen Anwendungsbereich öffentlich-rechtlicher Vorschriften.[757] Diese können und wollen nur innerhalb des Geltungsbereichs des Grundgesetzes Geltung beanspruchen.

Beim Beteiligungserwerb an ausländischen regulierten Gesellschaften richten sich die Anzeigepflichtigkeit und das Inhaberkontrollverfahren nach dem jeweiligen ausländischen Recht. Dies gilt auch für ausländische Tochtergesellschaften deutscher Unternehmen. Hat beispielsweise ein deutsches Zielinstitut mehrere regulierte Tochtergesellschaften im Ausland, so sind parallel mehrere Inhaberkontrollverfahren sowohl in Deutschland wie auch in den betreffenden Sitzstaaten im Ausland durchzuführen.

Soweit es sich beim Erwerber um ein inländisches Institut handelt, sind derartige qualifizierte Beteiligungen im Ausland nach § 24 Abs. 1a Nr. 2 KWG allerdings in die jährliche Sammelanzeige der qualifizierten Beteiligungen des Instituts einzubeziehen. Eine entsprechende Verpflichtung gilt für Finanzholding-Gesellschaften nach § 24 Abs. 3a Satz 1 KWG hinsichtlich nachgeordneter Unternehmen. Die Begründung, Veränderung oder Aufgabe solcher Beteiligungen und Unternehmensbeziehungen sind der Bundesanstalt und der Deutschen Bundesbank auch im Bezug auf Unternehmen im Ausland unverzüglich anzuzeigen (§ 24 Abs. 3a Satz 4 KWG).

V. Anwendbarkeit auf inländische Zweigstellen ausländischer Gesellschaften?

Zweifelhaft ist, ob eine Anzeigepflicht nach § 2c KWG durch den Erwerb einer Beteiligung an einer ausländischen Gesellschaft mit inländischer unselbständiger Zweigstelle ausgelöst wird.

---

756 *Vgl.* hierzu *Möller*, WM 2001, 2405 (2412).

757 *Schäfer*, in: Boos/Fischer/Schulte-Mattler, KWG, § 2c Rn. 8; *Kobabe*, in: Luz/Neus/Scharpf/ Schneider/Weber, KWG, § 2c Rn. 30; *Erm*, in: Beck/Samm/Kokemoor, KWG, § 2c Rn. 65.

1. Rechtliche Ausgangslage; Institutsfiktion

Gemäß § 53 Abs. 1 Satz 1 KWG werden inländische Zweigstelle ausländischer Institute als inländische Kredit- beziehungsweise Finanzdienstleistungsinstitute fingiert (sogenannte Institutsfiktion). Nach § 53 Abs. 2 KWG ist auf eine Inlandsniederlassung der Auslandsbank das Kreditwesengesetz mit den dort näher konkretisierten Modifizierungen anzuwenden. Über § 53 Abs. 2a KWG wird die inländische Zweigstelle als Tochterunternehmen der Institutszentrale im Ausland behandelt, "soweit Vorschriften daran anknüpfen, dass ein Institut Tochterunternehmen eines Unternehmens mit Sitz im Ausland" ist. Mit § 53 Abs. 2a KWG wollte der Gesetzgeber insbesondere die Versagungsgründe des § 33 Abs. 1 und 3 Nr. 1 und Nr. 3 KWG im Erlaubnisverfahren auf inländische Zweigstellen anwendbar machen.[758]

2. Meinungsstand

Soweit ersichtlich, hat bisher zu § 2c Abs. 1 Satz 1 KWG nur *Vahldiek* zu der Frage Stellung genommen, ob aus der Institutsfiktion und § 53 Abs. 2a KWG auch folgt, dass § 2c KWG auf inländische Zweigstellen ausländischer Institute anwendbar ist. *Vahldiek* schließt aus § 53 Abs. 2a KWG, dass ein Inhaberkontrollverfahren nach § 2c KWG auch bezüglich inländischer Zweigstellen ausländischer Institute durchzuführen sei, wenn eine bedeutende Beteiligung am ausländischen Institut erworben werden soll.[759] Für diese Ansicht scheint die durch den Gesetzgeber intendierte aufsichtsrechtliche Gleichstellung von inländischer Tochtergesellschaft und inländischer Niederlassung eines Auslandsinstituts zu sprechen.

3. Zweigstellen von ausländischen Instituten mit Sitz im EU/EWR-Raum

Für Zweigstellen von Einlagenkreditinstituten oder Wertpapierhandelsunternehmen mit Sitz in einem EU/EWR-Staat deuten allerdings bereits § 53b Abs. 1 Satz 3 und § 53b Abs. 3 Satz 1 KWG auf die Unanwendbarkeit des § 2c KWG hin. Während § 53b Abs. 1 Satz 3 KWG für Niederlassungen von Einlagenkreditinstituten und Wertpapierhandelsunternehmen die Institutsfiktion des § 53 Abs. 1 KWG ausschließt, zählt § 53b Abs. 3 Satz 1 die wesentlichen auf inländische Zweigstellen von Einlagenkreditinstituten und Wertpapierhandelsunternehmen aus

758 Begr. RegE zum Sechsten KWG-Änderungsgesetz, BT-Drucks. 13/7142, S. 95; *vgl.* auch *Vahldiek*, in: Boos/Fischer/Schulte-Mattler, KWG, § 53 Rn. 107; *Auerbach*, in: Schwennicke/Auerbach, KWG, § 53 Rn. 55.

759 *Vahldiek*, in: Boos/Fischer/Schulte-Mattler, KWG, § 53 Rn. 107. Ebenso zu § 104 VAG *Deckers*, in: Bähr, Versicherungsaufsichtsrecht, § 30 Rn. 9, der dies für Niederlassungen von Versicherungsunternehmen mit Sitz in Drittstaaten aus §§ 105 Abs. 2 und 3, 106b Abs. 1 Satz 2 Nr. 1 VAG und für Niederlassungen von Rückversicherungsunternehmen aus Drittstaaten aus § 121i Abs. 2 Satz 4 VAG schließen will.

anderen EU/EWR-Staaten anwendbaren Vorschriften des Kreditwesengesetzes auf. Im Katalog des § 53b Abs. 3 KWG ist aber § 2c KWG nicht aufgeführt.[760]

Im Anwendungsbereich der Bankenrichtlinie würde die Anwendung der nationalen Inhaberkontrollvorschriften auch gegen europäisches Recht verstoßen. § 53b KWG geht auf die Bankenrichtlinie mit ihren Grundprinzipien des Europäischen Passes[761] und der Heimataufsicht durch die Behörden des Herkunftsmitgliedstaates[762] zurück.[763] Zuständig für die Beaufsichtigung eines Kreditinstituts sind danach grundsätzlich die Behörden des Herkunftsmitgliedstaates,[764] soweit die Bankenrichtlinie nicht den Behörden des Aufnahmemitgliedstaates eine ergänzende Zuständigkeit zuweist (sogenannte Residualaufsicht des Aufnahmemitgliedstaates).[765] Die "für das Kreditinstitut, an dem eine qualifizierte Beteiligung erworben oder erhöht werden soll, zuständigen Behörden" i.S.d. Art. 19 der Bankenrichtlinie sind daher die zuständigen Behörden des Herkunftsmitgliedstaates (*vgl.* Art. 24 Abs. 1 UAbs. 3; 40 Abs. 1 der Bankenrichtlinie) und damit der Institutszentrale.[766]

Für die zusätzliche Durchführung eines Inhaberkontrollverfahrens im Inland besteht auch kein praktisches Bedürfnis. Soweit es sich um Zweigstellen von Instituten aus EU/EWG-Staaten handelt, ist wegen der obligatorischen Durchführung eines mit § 2c KWG vergleichbaren Inhaberkontrollverfahrens durch die Behörden des Herkunftsstaates sichergestellt, dass unzuverlässige oder ungeeignete Inhaber bedeutender Beteiligungen keinen Einfluss auf das ausländische Institut und damit mittelbar auch Einfluss auf die inländische Zweigstelle gewinnen.

Daraus folgt, dass § 2c KWG beispielsweise nicht auf die unselbständige deutsche Zweigstelle einer Bank mit Institutszentrale in Frankreich anwendbar ist, wenn an dem französischen Institut eine bedeutende Beteiligung erworben werden soll. Der Erwerb einer bedeutenden Beteiligung am französischen Institut unterliegt ausschließlich der finanzaufsichtsrechtlichen Inhaberkontrolle durch die Behörden in Frankreich.

---

760 Zum allerdings nicht abschließenden Charakter des § 53b Abs. 3 KWG *vgl. Vahldiek*, in: Boos/Fischer/Schulte-Mattler, KWG, § 53b Rn. 87 ff.; *Brocker*, in: Schwennicke/Auerbach, KWG, § 53b Rn. 37.

761 *Vgl.* Artt. 23 ff. Bankenrichtlinie.

762 *Vgl.* v.a. 7., 10. und 21. Erwägungsgrund und Artt. 22, 24 Abs. 1 UAbs. 3, 40 ff. Bankenrichtlinie.

763 *Brocker*, in: Schwennicke/Auerbach, KWG, § 53b Rn. 1 ff.

764 Also des Staates, in dem das Kreditinstitut zugelassen wurde (Art. 4 Ziff. 7 Bankenrichtlinie) und seinen Sitz und seine Hauptverwaltung hat (Art. 11 Abs. 2a) Bankenrichtlinie).

765 *Vgl.* v.a. Artt. 29 ff.; Art. 40 Abs. 1 Bankenrichtlinie.

766 Entsprechendes gilt auch für Wertpapierhandelsunternehmen im Anwendungsbereich der Finanzmarktrichtlinie.

4. Zweigstellen von Instituten mit Sitz in Drittstaaten, für die staatsvertragliche Gleichbehandlungsgebote bestehen

Auch dort wo staatsvertraglich eine Gleichbehandlung mit anderen europäischen Gesellschaften geboten ist, ist § 2c KWG bereits aus diesem Grund nicht anwendbar.[767]

Dies gilt etwa im Blick auf die inländischen Zweigstellen von US-Banken vor dem Hintergrund des Meistbegünstigungsprinzips nach dem Deutsch-amerikanischen Freundschafts-, Handels- und Schifffahrtsvertrag.[768] Soll an der US-Bank eine bedeutende Beteiligung erworben werden, löst dies richtigerweise keine Anzeigepflicht nach § 2c Abs. 1 Satz 1 KWG aus, auch wenn diese eine Zweigstelle im Inland hat. Auch dieses Ergebnis begegnet keinen aufsichtsrechtlichen Bedenken, da in den USA beim Erwerb von größeren Beteiligungen mit § 2c Abs. 1 Satz 1 KWG im Wesentlichen vergleichbare Verfahren zu durchlaufen sind.

5. Zweigstellen von Instituten mit Sitz in sonstigen Drittstaaten

Offen bleibt, ob diese Grundsätze darüber hinaus im Hinblick auf Niederlassungen aus sonstigen Drittstaaten ohne staatsvertragliches Meistbegünstigungsprinzip gelten.

Richtigerweise wird man entgegen *Vahldiek* aus § 53 Abs. 2a KWG nicht den Schluss ziehen können, dass hier § 2c KWG auf Beteiligungswechsel am ausländischen Institut anwendbar ist.[769]

Nach dem Wortlaut des § 53 Abs. 2a KWG gilt die ausländische Zweigstelle als hundertprozentiges Tochterunternehmen der Institutszentrale mit Sitz im Ausland, "soweit Bestimmungen dieses Gesetzes daran anknüpfen, dass ein Institut das Tochterunternehmen eines Unternehmens mit Sitz im Ausland ist". Zwar knüpft auch der Untersagungsgrund des § 2c Abs. 1b Satz 1 Nr. 3 KWG daran an, dass das Institut durch die Begründung oder Erhöhung der bedeutenden Beteiligung "Tochterunternehmen eines Instituts in einem Drittstaat" würde, das dort nicht wirksam beaufsichtigt wird oder dessen Aufsichtsbehörden nicht hinreichend kooperieren. § 53 Abs. 2a KWG kann und will nach seinem Regelungsgehalt aber

---

767 *Vgl.* § 53 Abs. 4 KWG, wonach § 53 Abs. 2 und Abs. 3 KWG nicht anwendbar sind, soweit zwischenstaatliche Vereinbarungen entgegenstehen.

768 Art. VII Abs. 4 des Freundschafts-, Handels- und Schiffahrtsvertrages v. 29. Oktober 1954 zwischen der Bundesrepublik Deutschland und den Vereinigten Staaten von Amerika (BGBl. II 1956 S. 487). *Vgl.* zur Anwendbarkeit im Rahmen des § 53 Abs. 4 KWG *Vahldiek*, in: Boos/Fischer/Schulte-Mattler, KWG, § 53 Rn. 113; *Auerbach*, in: Schwennicke/Auerbach, KWG, § 53 Rn. 58.

769 Ähnlich wie *Vahldiek* zu § 104 VAG *Deckers*, in: Bähr, Versicherungsaufsichtsrecht, § 30 Rn. 9, der die Anwendbarkeit der Inhaberkontrolle für Niederlassungen von Versicherungsunternehmen mit Sitz in Drittstaaten aus §§ 105 Abs. 2 und 3, 106b Abs. 1 Satz 2 Nr. 1 VAG und für Niederlassungen von Rückversicherungsunternehmen aus Drittstaaten aus § 121i Abs. 2 Satz 4 VAG schließen will.

nicht die logische Vorfrage beantworten, ob die Vorschrift des § 2c KWG überhaupt auf inländische Niederlassungen aus Drittstaaten anwendbar ist.

Die Anwendbarkeit des § 2c KWG kann daher allenfalls aus der Institutsfiktion des § 53 Abs. 1 selbst i.V.m. der Anordnung der grundsätzlichen Anwendbarkeit der Vorschriften des Kreditwesengesetzes auf die Auslandsniederlassung in § 53 Abs. 2 KWG resultieren. Gegen eine derart weitgehende Auslegung des § 53 Abs. 1 und Abs. 2 KWG bestehen jedoch erhebliche Bedenken. Zu bedenken ist dabei, dass eine Anwendung des § 2c KWG, anders als etwa das Erlaubniserfordernis nach § 32 KWG, nicht nur die Inlandsniederlassung selbst dem Regelungsbereich des Kreditwesengesetzes unterwerfen würde, sondern auch außenstehende Dritte. Adressat der Verpflichtung des § 2c KWG ist nämlich der Erwerbsinteressent und nicht das Institut, an dem der Beteiligungswechsel erfolgen soll.

Zudem sind § 2c Abs. 1 Satz 1 KWG und die Inhaberkontrollverordnung nicht auf derartige Konstellationen zugeschnitten und setzen ersichtlich die Existenz eines selbständigen inländischen Rechtsträgers voraus. Bei einem so weitgehenden Verständnis des § 53 Abs. 1 und Abs. 2 KWG hätte es nicht zuletzt aus Gründen des Gesetzvorbehalts nahegelegen, in § 53 Abs. 2 KWG oder der Inhaberkontrollverordnung nähere Maßgaben zur Anwendung der Inhaberkontrollvorschriften auf den Inhaberwechsel der ausländischen Institutszentrale zu machen.

Auch würde im Falle einer Nichtanwendbarkeit des § 2c KWG keine nicht hinnehmbare aufsichtsrechtliche Schutzlücke entstehen. Sollte durch Inhaber bedeutender Beteiligungen an Instituten aus Drittstaaten ein aufsichtsrechtlich bedenklicher Einfluss auf die nationale Niederlassung drohen, so bestehen auch nach nationalem Recht hinreichende Auskunfts- und Prüfungsrechte und Eingriffsbefugnisse der Bundesanstalt bezüglich der Inlandsniederlassung.[770] Die Eingriffsbefugnisse bis hin zur Aufhebung der Erlaubnis der Niederlassung bestehen auch und gerade bei Unzuverlässigkeit oder Ungeeignetheit der Inhaber bedeutender Beteiligungen an der Institutszentrale und deren gesetzlichen oder satzungsmäßigen Vertretern.[771] Dass die Bundesanstalt und die Bundesbank überhaupt von dem Inhaberwechsel erfahren, ist durch die Passivanzeigepflicht der Niederlassung gemäß § 53 Abs. 2 i.V.m. § 24 Abs. 1 Nr. 10 KWG gesichert, den Erwerb, die Erhöhung oder Aufgabe einer bedeutenden Beteiligung unverzüglich anzuzeigen, sobald diese von der bevorstehenden Änderung der Beteiligungsverhältnisse Kenntnis erlangt.[772]

Schließlich scheint eine Anwendung von § 2c KWG auf Inlandsniederlassungen ausländischer Banken auch im Ergebnis nicht sachgerecht. Eine Anwendbarkeit hätte zur Folge, dass jeder wesentliche Anteilswechsel bei Auslandsbanken aus

---

770 *Vgl.* etwa § 53 Abs. 1 i.V.m. § 44 Abs. 1 KWG. *Vgl.* dazu auch *Auerbach*, in: Schwennicke/Auerbach, KWG, § 53 Rn. 34.

771 *Vgl.* §§ 53 Abs. 1; §§ 35 Abs. 2 Nr. 3 i.V.m. § 33 Abs. 1 Nr. 3 KWG.

772 Zur Anwendbarkeit der Anzeigepflichten gemäß § 24 Abs. 1 KWG auf Niederlassungen von Instituten aus Drittstaaten *vgl. Braun*, in: Boos/Fischer/Schulte-Mattler, KWG, § 24 Rn. 39.

Drittstaaten mit inländischer Niederlassung einer vorherigen Inhaberkontrolle in Deutschland unterworfen wäre, obwohl der Bezug zum Inland im Regelfall nur begrenzt und allenfalls mittelbar ist. Dies würde selbst dann gelten, wenn in der Jurisdiktion der Institutszentrale eine aufsichtsrechtliche Überprüfung des Vorhabens nicht für notwendig erachtet wird. Eine solche exterritoriale Wirkung des § 2c KWG erscheint überzogen. Sie entspräche auch nicht den internationalen Gepflogenheiten in vielen anderen Jurisdiktionen.[773]

VI. Anwendbarkeit auf Finanzholding-Gesellschaften?

Keine Anwendung findet § 2c KWG auf Finanzholding-Gesellschaften im Sinne des § 1 Abs. 3a Satz 1 KWG. Bei Finanzholding-Gesellschaften handelt es sich nicht um Institute i.S.d. § 1 Abs. 1b KWG.

Unter den Begriff der Finanzholding-Gesellschaften fallen vor allem Holding-Gesellschaften, deren Tochterunternehmen ausschließlich oder hauptsächlich Institute oder Finanzunternehmen sind und die mindestens ein Einlagenkreditinstitut oder Wertpapierhandelsunternehmen zum Tochterunternehmen haben. Zwar wurden nicht zuletzt geprägt durch den Eindruck des drohenden Zusammenbruchs der Hypo Real Estate-Gruppe im Herbst 2008 die aufsichtsrechtlichen Eingriffsmöglichkeiten bezüglich Finanzholding-Gesellschaften vor allem im Zuge des Gesetzes zur Fortentwicklung des Pfandbriefrechts vom 20. März 2009 erheblich verstärkt.[774] Der Anwendungsbereich des § 2c KWG wurde jedoch nicht auf Finanzholding-Gesellschaften erweitert. Dies gilt auch hinsichtlich solcher Unternehmen, die nach § 10a Abs. 3 Satz 6 und Satz 7 KWG durch die Bundesanstalt zu übergeordneten Unternehmen erklärt wurden. Zwar hat nach § 10a Abs. 3 Satz 11 KWG die Bundesanstalt gegenüber § 10a Abs. 3 Satz 6 oder Satz 7 KWG zum übergeordneten Unternehmen bestimmten Finanzholding-Gesellschaften und deren Organe alle Befugnisse, die ihr gegenüber einem Institut als übergeordneten Unternehmen und dessen Organe zustehen. Die Vorschrift zielt jedoch nur auf eine Gleichstellung von Institut und Finanzholding-Gesellschaft soweit es um spezifische Rechte und Pflichten als übergeordnetes Unternehmen geht. Eine generelle Gleichstellung von Finanzholding-Gesellschaften mit der Funktion des übergeordneten Unternehmens einerseits und Instituten andererseits findet jedoch gerade nicht statt.

Die Rechtslage im Kreditwesengesetz unterscheidet sich damit in dieser Hinsicht von den Parallelvorschriften des Versicherungsaufsichtsgesetzes. Dort sind Inhaberkontrollverfahren auch beim Erwerb einer bedeutenden Beteiligung an einer

---

773 So beschränkt sich der Anwendungsbereich der Inhaberkontrollverfahren im Vereinigten Königreich auf *UK authorised persons* (*vgl.* Section 178(1) FSMA). In Section 191G(1) FSMA ist eine *UK authorised person* (soweit relevant) als "*a body incorporated in, or an unincorporated association formed under the law of, any part of the United Kingdom*" definiert und bezieht britische Niederlassungen ausländischer Institute nicht in den Anwendungsbereich der Inhaberkontrollvorschriften mit ein.

774 *Vgl.* Gesetz zur Fortentwicklung des Pfandbriefrechts v. 20. März 2009 (BGBl. I S. 607).

Versicherungs-Holdinggesellschaft durchzuführen (*vgl.* § 1b Abs. 2 i.V.m. § 104 VAG).

VII. Zielunternehmen im laufenden Erlaubnisverfahren

Fraglich ist ferner, wie in Konstellationen zu verfahren ist, in denen eine bedeutende Beteiligung an einer bis dahin nicht regulierten Zielgesellschaft erworben werden soll, die sich in einem laufenden Erlaubnisverfahren gemäß § 32 KWG befindet.

1. Behandlung des Erwerbsinteressenten im schwebenden Erlaubnisverfahren

Aus Sicht des Zielunternehmens ist zu bedenken, dass im Rahmen des Erlaubnisverfahrens der Antragsteller auch Informationen über die Inhaber bedeutender Beteiligungen und deren gesetzliche und satzungsmäßige Vertreter beizubringen hat (*vgl.* §§ 32 Abs. 1 Satz 2 Nr. 6; 33 Abs. 1 Satz Nr. 3 KWG). Jedenfalls sofern der Beteiligungserwerb vor der Lizenzerteilung vollzogen werden soll, sind daher auch geplante Änderungen im Kreis der Inhaber bedeutender Beteiligungen und deren gesetzlicher oder satzungsmäßiger Vertreter im Rahmen des Erlaubnisverfahrens vom Antragsteller unverzüglich nach Kenntniserlangung an die Bundesanstalt zu übermitteln.

Entsprechendes gilt aber auch bei einem geplanten Vollzug des Erwerbs nach Erlaubniserteilung, denn beim geplanten Inhaberwechsel kurz nach Erlaubniserteilung handelt es sich um einen auch für die aufsichtsrechtliche Beurteilung des Erlaubnisantrags wesentlichen Umstand. Ohne eine Mitteilung des geplanten Inhaberwechsels droht im Erlaubnisverfahren eine Irreführung der Bundesanstalt über die künftige Inhaberstruktur der Gesellschaft.

2. Anzeigepflicht des Erwerbsinteressenten?

Aus Sicht des Erwerbsinteressenten ist zunächst festzuhalten, dass zum Zeitpunkt der Bildung der Erwerbsabsicht das Zielunternehmen noch nicht reguliert ist. Wird allerdings vor Vollzug des Erwerbs die Erlaubnis dem Zielunternehmen erteilt, ändert sich die Sachlage. Der geplante Beteiligungserwerb stellt sich dann als Erwerb einer bedeutenden Beteiligung an einem Institut dar.

Daraus ergeben sich im Hinblick auf die Anzeigepflicht nach § 2c Abs. 1 Satz KWG folgende Konsequenzen: Wird der Erlaubnisantrag vom Zielunternehmen weiterverfolgt und ist mit einem Vollzug des Erwerbs nach Erlaubniserteilung zu rechnen, hat der Erwerbsinteressent eine Erwerbsanzeige nach § 2c Abs. 1 Satz 1 KWG einzureichen.[775] Dies folgt aus der Subjektivierung der Anzeigepflicht, die auf die Absicht eines Beteiligungserwerbs an einem Institut als den die Anzeigepflicht auslösenden Umstand abstellt. Eine Anzeigepflicht besteht also auch dann, wenn das Zielunternehmen zum Zeitpunkt der Begründung der

---

775 Ebenso *Erm*, in: Beck/Samm/Kokemoor, KWG, § 2c Rn. 36, dem zufolge auch eine entsprechende Verwaltungspraxis der Aufsicht bestehen soll.

Erwerbsabsicht noch kein Institut ist, aber mit einer Erteilung der Erlaubnis vor Abschluss des Erwerbs zu rechnen ist.

Das Zielunternehmen könnte das Erlaubnisverfahren allerdings bis zum Vollzug des Beteiligungserwerbs am Zielunternehmen in Absprache mit der Bundesanstalt auch ruhen lassen. Der Beteiligungserwerb erfolgt dann zunächst als Erwerb einer Beteiligung an einem nicht regulierten Unternehmen. Nach Vollzug des Erwerbs, kann das Zielunternehmen den Erlaubnisantrag weiter betreiben. Der Erwerbsinteressent wird nach der Wiederaufnahme des Erlaubnisantrags als Inhaber einer bedeutenden Beteiligung im Rahmen des Erlaubnisverfahrens auf seine Zuverlässigkeit überprüft. Eine Anzeigepflicht nach § 2c Abs. 1 Satz 1 KWG besteht unter diesen Umständen nicht, da der Erwerbsinteressent zunächst beabsichtigt, eine Beteiligung an einem nicht regulierten Unternehmen zu erwerben und eine Zuverlässigkeitskontrolle im Rahmen des Erlaubnisverfahrens sichergestellt ist.[776]

Generell gilt, dass wegen des geschilderten Zusammenspiels von Erwerbsanzeigepflicht und Erlaubnisverfahren bei einem geplanten Beteiligungserwerb an einem Zielunternehmen im schwebenden Erlaubnisverfahren eine Abstimmung des weiteren Vorgehens zwischen Erwerbsinteressent, Zielunternehmen und den Aufsichtsbehörden anzuraten ist.

776 A.A. wohl *Erm*, in: Beck/Samm/Kokemoor, KWG, § 2c Rn. 36.

3. Teil: Ablauf, Durchführung und Verfahrensabschluss von Inhaberkontrollverfahren

A. Zuständigkeit

I. Internationale Zuständigkeit

Die deutschen Aufsichtsbehörden sind für die aufsichtsrechtliche Prüfung des Beteiligungserwerbs an inländischen Instituten zuständig.[777] Maßgeblich für die Inländereigenschaft ist der Sitz des Zielinstituts im Inland. Über § 33 Abs. 1 Satz 1 Nr. 6 KWG ist sichergestellt, dass das Institut zugleich seine Hauptverwaltung im Inland hat. Dies entspricht auch den Vorgaben der Bankenrichtlinie.[778]

II. Nationale Zuständigkeit

Im Rahmen des Anwendungsbereichs des § 2c Abs. 1 Satz 1 KWG ist die Anzeige sowohl bei der Bundesanstalt wie auch der Bundesbank einzureichen.

1. Doppelzuständigkeit von Bundesanstalt und Bundesbank

Dies spiegelt die derzeit bestehende Doppelzuständigkeit von Bundesanstalt und Bundesbank bei der Aufsicht von Kreditinstituten und Finanzdienstleistungsinstituten wider. Nachdem zunächst im Koalitionsvertrag eine vollständige Übertragung der Bankenaufsicht (und damit auch der Zuständigkeit für Inhaberkontrollverfahren im Anwendungsbereich des Kreditwesengesetzes) auf die Bundesbank vorgesehen war,[779] dürften die zuletzt diskutierten Reformpläne die bestehenden Zuständigkeiten unberührt lassen.[780]

Herr des Verfahrens und handelnde Behörde nach außen ist die Bundesanstalt. Dies zeigt sich schon daran, dass nur die Bundesanstalt verpflichtet ist, den Eingang der Anzeige schriftlich zu bestätigen (*vgl.* § 2c Abs. 1 Satz 7 KWG). Auch während des laufenden Verfahrens ist die Bundesanstalt die gegenüber dem Erwerbsinteressenten agierende Behörde, etwa wenn es darum geht, weitere Informationen zur Beurteilung des Vorhabens anzufordern (*vgl.* § 2c Abs. 1a Satz 3 KWG). Nur die Bundesanstalt kann innerhalb des Beurteilungszeitraumes den beabsichtigten Erwerb der Beteiligung untersagen (*vgl.* § 2c Abs. 1b Satz 1 KWG). Die

---

777 *Vgl.* zu den Einzelheiten auch 2. Teil: E. IV.

778 *Vgl.* Art. 11 Abs. 2 Bankenrichtlinie (n.F.).

779 *Vgl.* zur ursprünglich geplanten Übertragung der Bankenaufsicht allein auf die Bundesbank etwa Handelsblatt v. 18. Januar 2010 ("Die Aufsicht steht vor der Reform").

780 *Vgl.* zu den zuletzt diskutierten Reformvorhaben der Koalitionsfraktionen Financial Times Deutschland v. 20. Dezember 2010 ("Viel Lärm um fast nichts – Die grundlegende Reform der deutschen Finanzaufsicht ist gescheitert. Herausgekommen ist typisch politischer Kompromiss") und Börsenzeitung v. 21. Dezember 2010 ("Konkrete Abgrenzung der Bankenaufsicht bleibt offen").

abschließende bankaufsichtliche Beurteilung und Entscheidung liegt also bei der Bundesanstalt (Art. 18 Abs. 1 Satz 2 und Abs. 2 Satz 2 Aufsichts-RL[781]).

Die Bundesanstalt und die Bundesbank arbeiten bei der Bearbeitung der Anzeige nach § 2c KWG eng zusammen und sollen sich bei der Bearbeitung schon wegen der besonderen Eilbedürftigkeit bereits bei Eingang der Anzeige über die weitere Vorgehensweise abstimmen (*vgl.* Art. 18 Abs. 2 Satz 1 Aufsichts-RL). Die eigentliche Bearbeitung der Anzeige soll aber nach Art. 18 Abs. 1 Satz 1 Aufsichts-RL grundsätzlich bei der Bundesbank liegen, was sich allerdings nicht immer mit den Beobachtungen in der Praxis deckt.

2. Aufgabenverteilung innerhalb der Bundesbank

Die Anzeige ist bei der für das betroffene Zielinstitut zuständigen Hauptverwaltung der Deutschen Bundesbank einzureichen (*vgl.* § 2 Abs. 1 Satz 1 InhKontrollV). Beim Erwerb einer Beteiligung an einer Holding-Gesellschaft, die Beteiligungen an mehreren Instituten hält, können im Rahmen eines Erwerbsvorhabens mehrere Hauptverwaltungen der Bundesbank beteiligt sein.

3. Interne Zuständigkeitsverteilung bei der Bundesanstalt

Innerhalb der Bundesanstalt gibt es keine speziell für Inhaberkontrollanzeigen zuständigen Abteilungen oder Referate. Inhaberkontrollanzeigen werden vielmehr in der Regel durch das jeweils für die Beaufsichtigung des Zielunternehmens zuständige Fachreferat bearbeitet.[782] Diese interne Verwaltungsorganisation weicht im internationalen Vergleich zum Teil von der Handhabung anderer Aufsichtsbehörden ab. So ist beispielsweise bekannt, dass die englische Financial Services Authority (FSA) ein spezielles Fachreferat für Change-of-Controller-Anzeigen regulierter Unternehmen gebildet hat.

Der Organisationsansatz der Bundesanstalt hat den Vorteil, dass die mit der Anzeige betrauten Sachbearbeiter das Zielunternehmen sehr genau kennen und ihre spezifischen Kenntnisse über das Zielunternehmen in die Beurteilung der Inhaberkontrollanzeigen einfließen lassen können. Umgekehrt können sie die durch die Anzeige gewonnenen Erkenntnisse über den Inhaber einer bedeutenden Beteiligung bei der laufenden Beaufsichtigung des Zielunternehmens berücksichtigen.

Andererseits hat die Verwaltungspraxis der Bundesanstalt aber den Nachteil, dass die zuständigen Sachbearbeiter je nach Referat nicht die selbe Erfahrung mit Inhaberkontrollanzeigen haben wie ein speziell gebildetes Fachreferat, das ausschließlich Inhaberkontrollanzeigen betreut.

---

781 Richtlinie zur Durchführung und Qualitätssicherung der laufenden Überwachung der Kredit- und Finanzdienstleistungsinstitute durch die Deutsche Bundesbank v. 21. Februar 2008.

782 *Vgl.* auch *Bundesanstalt*, Merkblatt – Hinweise zu dem Verfahren sowie den Anzeigen nach § 2c KWG und § 104 VAG, jeweils in Verbindung mit der Inhaberkontrollverordnung (Stand Juli 2009), BA 53, v. 22. Juli 2009, Ziffer 6.

Ferner kann die Organisationspraxis der Bundesanstalt dazu führen, dass eine Transaktion durch mehrere Referate und Abteilungen innerhalb der Bundesanstalt zu beurteilen ist, wenn mehrere beaufsichtigte Unternehmen in der Gruppe vorhanden sind, an der die bedeutende Beteiligung erworben werden soll. Befinden sich in der Gruppe des Zielunternehmens darüber hinaus sowohl Banken als auch Versicherungs- oder Kapitalanlagegesellschaften kann dies sogar dazu führen, dass verschiedene Geschäftsbereiche der Bundesanstalt mit der Prüfung des Erwerbs betraut sind. Dies stellt die Bundesanstalt vor erhebliche Koordinationsaufgaben und kann die Prüfung der Erwerbsanzeige verzögern.

Gerade bei komplexeren Erwerbsvorgängen unter Einbeziehung mehrerer Referate dürfte es allerdings üblich sein, dass ein Referat innerhalb der Bundesanstalt nach innen und außen die Federführung bei der Prüfung des Erwerbsvorhabens übernimmt. Eine solche Vorgehensweise ist aus Sicht der Verwaltungsökonomie zu begrüßen. Aus der Sicht des Erwerbsinteressenten vermeidet dies, dass die Anzeigen und mögliche offene Punkte mit verschiedenen Referaten mehrfach erörtert werden müssen beziehungsweise innerhalb der Aufsicht unterschiedlich beurteilt werden.

III. Grenzüberschreitende Zusammenarbeit

1. Kooperation und Einbindung ausländischer Aufsichtsbehörden

Bei Fällen eines grenzüberschreitenden Beteiligungserwerbs sieht das Kreditwesengesetz die Zusammenarbeit und Einbindung der zuständigen Stellen des Europäischen Wirtschaftsraumes vor (*vgl.* § 8 Abs. 3 Satz 2 KWG). Dies gilt insbesondere für den Fall, dass der Anzeigepflichtige ein Einlagenkreditinstitut oder Wertpapierhandelsunternehmen, ein Erst- oder Rückversicherungsunternehmen oder eine Verwaltungsgesellschaft im Sinne der OGAW IV-Richtlinie ist, das in einem anderen EU/EWG-Mitgliedstaat oder einem anderen Sektor, als dem, in dem der Erwerb beabsichtigt ist, zugelassen ist. Entsprechendes gilt, wenn der Erwerbsinteressent ein Mutterunternehmen eines solchen Unternehmens ist.

Da die Vorschrift auf europäischem Recht basiert,[783] ist umgekehrt die Einbindung der deutschen Aufsichtsbehörden bei Inhaberkontrollverfahren in anderen EU/EWG-Mitgliedstaaten sichergestellt. Die Zusammenarbeit beinhaltet den Austausch aller zweckdienlichen und grundlegenden Informationen (§ 8 Abs. 2 Satz 3-7 KWG). Dies kann auch die Übermittlung von Informationen über die Zuverlässigkeit der Inhaber bedeutender Beteiligungen umfassen.

Die CEBS/CEIOPS/CESR-Leitlinien enthalten umfassende Empfehlungen zur Kooperation zwischen den beteiligten Aufsichtsbehörden.[784]

---

783 *Vgl.* Art. 19b Bankenrichtlinie (n.F.); Art. 10 Abs. 4 der Finanzmarktrichtlinie (n.F.).

784 *Vgl.* CEBS/CEIOPS/CESR-Leitlinien, Rn. 92 ff.

2. Förmliche Anhörung ausländischer Behörden?

Fraglich ist, ob darüber hinaus bei Inhaberkontrollverfahren eine förmliche Pflicht zur Anhörung von Aufsichtsbehörden, für die der Verfahrensausgang des Inhaberkontrollverfahrens für deren Aufsichtstätigkeit von Bedeutung ist, besteht. Die bisher in § 2c Abs. 3 Satz 1 KWG (a.F.) geregelte Anhörungspflicht der zuständigen ausländischen Stellen vor einer Untersagung eines Erwerbs durch die Bundesanstalt ist im Zuge der Umsetzung der Beteiligungsrichtlinie aus dem Kreditwesengesetz gestrichen worden.

a) § 8 Abs. 6 Satz 1 Nr. 1 KWG

§ 8 Abs. 6 Satz 1 Nr. 1 KWG normiert im Hinblick auf "Änderungen in der Struktur der Inhaber gruppenangehöriger Institute, die der Zustimmung der Bundesanstalt bedürfen", eine solche förmliche Anhörungspflicht. Allerdings bedarf ein nach § 2c Abs. 1 Satz 1 KWG anzeigepflichtiges Erwerbsvorhaben gerade keiner förmlichen Zustimmung der Bundesanstalt, so dass § 8 Abs. 6 Satz 1 Nr. 1 KWG insoweit leer liefe.[785]

§ 8 Abs. 6 Satz 1 Nr. 1 KWG dient allerdings der Umsetzung der Anhörungspflicht in Art. 132 Abs. 3a) der Bankenkonsolierungs-Richtlinie, wonach Veränderung der Inhaberstruktur eine Anhörungspflicht auslösen, wenn diese von den zuständigen Behörden "gebilligt oder zugelassen werden müssen". Sofern man den Nichteinspruch gegen ein Erwerbsvorhaben als derartige "Billigung" ansehen will, sprechen gute Gründe dafür, § 8 Abs. 6 Satz 1 Nr. 1 KWG weit auszulegen und eine formelle Konsultation der für die Gruppenaufsicht zuständigen ausländischen Behörde vor Verfahrensabschluss eines Inhaberkontrollverfahrens nach § 2c Abs. 1 Satz 1 KWG durchzuführen.

b) § 8 Abs. 6 Satz 1 Nr. 2 KWG

Will die Bundesanstalt den Kontrollerwerb einer bedeutenden Beteiligung durch ein in einem anderen Mitgliedstaat zugelassenes reguliertes Unternehmen oder durch eine dieses kontrollierende Person untersagen, erscheint jedenfalls eine vorherige Anhörung der für die Aufsicht auf zusammengefasster Basis zuständigen ausländischen Stelle gemäß § 8 Abs. 6 Satz 1 Nr. 2 KWG geboten. Maßnahmen nach § 2c Abs. 1b Satz 1 KWG dürften regelmäßig als schwerwiegende bankaufsichtliche Maßnahmen i.S.d. § 8 Abs. 6 Satz 1 Nr. 2 KWG einzuordnen sein.

c) Absehen von einer Anhörung

Von einer vorherigen Anhörung kann in jedem Fall abgesehen werden, wenn Gefahr im Verzug ist (§ 8 Abs. 6 Satz 2 KWG). Die Voraussetzungen können je nach Einzelfall auch dann vorliegen, wenn durch die vorherige Anhörung eine Verzögerung des Vollzugs des Erwerbsvorhabens einzutreten droht und dadurch erhebliche Nachteile für den Erwerbsinteressenten oder das betroffene Institut entstünden.

---

785 So *Lindemann*, in: Boos/Fischer/Schulte-Mattler, KWG, § 8 Rn. 28.

IV. Anzeigeadressaten außerhalb des KWG

Ist Zielunternehmen ein Versicherungsunternehmen, Pensionsfonds oder eine Versicherungs-Holdinggesellschaft ist nach § 104 Abs. 1 VAG bzw. § 2 Abs. 2 InhKontrollV je nach Zuständigkeit die Anzeige entweder bei der Bundesanstalt oder der Landesaufsichtsbehörde, die die Aufsicht über das betreffende Zielunternehmen ausübt, einzureichen. Für Anzeigen nach § 2a Abs. 1 InvG ist nur die Bundesanstalt zuständig. Anzeigen nach § 11 ZAG sind sowohl bei der Bundesanstalt als auch bei der Bundesbank einzureichen (§ 1 Abs. 1 ZAGAnzV). Für Anzeigen nach § 6 Abs. 1 Satz 1 BörsG ist die zuständige oberste Landesbehörde als Börsenaufsichtsbehörde zuständig (*vgl.* § 3 Abs. 1 Satz 1 BörsG).

B. Anwendbare Verfahrensvorschriften

I. KWG und InhKontrollV

Hinsichtlich des im Zusammenhang mit der Erwerbsanzeige durchzuführenden Verwaltungsverfahrens gelten vorrangig die in § 2c Abs. 1, Abs. 1a und Abs. 1b KWG und der Inhaberkontrollverordnung niedergelegten Grundsätze. Viele der Verfahrensvorschriften gehen dabei auf die Beteiligungsrichtlinie und die Empfehlungen der CEBS/CEIOPS/CESR-Leitlinien zurück.

II. Bundesverwaltungsverfahrensgesetz

Soweit das Kreditwesengesetz oder die Inhaberkontrollverordnung nicht inhaltsgleiche oder entgegenstehende Bestimmungen enthalten, finden gemäß § 1 Abs. 1 Nr. 1 VwVfG ergänzend die Vorschriften des Verwaltungsverfahrensgesetzes des Bundes Anwendung.[786]

So gilt über § 24 VwVfG auch im Rahmen von Inhaberkontrollverfahren der Untersuchungsgrundsatz, der allerdings durch die umfassenden Beibringungspflichten in der Inhaberkontrollverordnung durchbrochen ist. Die Bundesanstalt ermittelt also den Sachverhalt von Amts wegen und ist daher nicht auf die Auswertung der durch den Erwerbsinteressenten übermittelten Informationen und Dokumente beschränkt.

Weitere wichtige allgemeine verwaltungsverfahrensrechtliche Vorschriften sind das Beratungs- und Auskunftsrecht nach § 25 VwVfG. Zu nennen ist ferner § 14 VwVfG. Danach kann sich der Beteiligte durch einen Bevollmächtigten im Verfahren vertreten lassen (*vgl.* § 14 Abs. 1 VwVfG). Der Anzeigepflichtige muss daher die Anzeige nicht höchstpersönlich einreichen, sondern kann sich beispielsweise durch einen externen Rechtsanwalt vertreten lassen.

---

786 Bei der Bundesanstalt handelt es sich um eine bundesunmittelbare, rechtsfähige Anstalt des öffentlichen Rechts (*vgl.* § 1 Abs. 1 FinDAG).

C. Inhalt, Form und Sprache der zu übermittelnden Informationen, Dokumente und Erklärungen

I. Überblick

Inhalt, Form und Sprache der durch den Anzeigepflichtigen zu übermittelnden Informationen, Dokumente und Erklärungen sind detailliert durch § 2c Abs. 1 Satz 2 bis Satz 4 und die Inhaberkontrollverordnung (insbesondere §§ 2 bis 16 InhKontrollV) geregelt.

Hinsichtlich der zur Verfügung zu stellenden Informationen, Dokumente und Erklärungen orientiert sich die Inhaberkontrollverordnung dabei an Appendix II der CEBS/CEIOPS/CESR-Leitlinien. Darin wird den Mitgliedstaaten eine ausführliche Liste vom Antragsteller zu übermittelnder Informationen, Dokumente und Erklärungen an die Hand gegeben, die aus Sicht des CEBS, CEIOPS und CESR für die Beurteilung des Erwerbsvorhabens und der Zuverlässigkeit und Eignung des Erwerbsinteressenten und seiner Vertreter erforderlich sind.

Dabei differenzieren die CEBS/CEIOPS/CESR-Leitlinien zwischen Informationen, Dokumenten und Erklärungen, die jeder Erwerbsinteressent einzureichen hat und ausgewählten Informationen und Dokumenten, die nur in Abhängigkeit von der angestrebten Beteiligungshöhe zu übermitteln sind. Der Inhalt und Umfang der zur Prüfung zu übermittelnden Informationen hängt zum Teil davon ab, ob der geplante Erwerb unter 20 % des Kapitals oder der Stimmrechte bleibt, ein Anteil zwischen 20 % und 50 % angestrebt wird, oder das Erwerbsvorhaben sich auf mehr als 50 % beziehungsweise den Erwerb der Kontrolle über das regulierte Unternehmen bezieht. Diese Unterscheidung nach der angestrebten Einwirkungsmacht hat der Verordnungsgeber auch in die Inhaberkontrollverordnung übernommen.

Dennoch ist der Umfang der angefragten Informationen durch die Inhaberkontrollverordnung im Durchschnitt ersichtlich angewachsen und das Verfahren durch den verbindlichen Katalog von Informationen und Dokumenten im Vergleich zu früher zusätzlich formalisiert worden.[787]

II. Form

Für die Anzeige ist das nach der Inhaberkontrollverordnung vorgesehene Formular "Erwerb – Erhöhung" zu verwenden (§ 6 Abs. 1 Satz 1 InhKontrollV). Im Falle von komplexen Beteiligungsstrukturen (§ 6 Abs. 1 Satz 3 InhKontrollV) ist für die Darstellung der Beteiligungsverhältnisse das Zusatzformular "Komplexe Beteiligungsstrukturen" zu verwenden (§ 6 Abs. 1 Satz 2 InhKontrollV). Beide Formularvordrucke enthalten am Ende weitere Erläuterungen, die das Ausfüllen erleichtern sollen.

---

787 BegrE InhKontrollV, S. 1.; *Verband der Auslandsbanken e.V.*, Stellungnahme zur Konsultation 17/2008 v. 19. Dezember (abrufbar unter www.bafin.de); *Waigel*, Deutsche und Internationale Bankenaufsicht, 40 (53).

Die Anzeigen sind bei der Bundesanstalt und der Bundesbank jeweils in einfacher Ausfertigung einzureichen (*vgl.* § 2 Abs. 1 Satz 1 InhKontrollV). Dies gilt auch für nachgeforderte Unterlagen und Erklärungen (*vgl.* § 2 Abs. 1 Satz 2 InhKontrollV).

III. Sprache

Sämtliche Unterlagen sind in deutscher Sprache einzureichen und sämtliche Erklärungen in deutscher Sprache zu verfassen. Soweit Dokumente nicht in deutscher Sprache vorliegen, sind sie grundsätzlich in amtlich beglaubigter Übersetzung einzureichen (§ 2 Abs. 3 Satz 1 InhKontrollV).

Vergegenwärtigt man sich die Vielzahl der vorzulegenden Erklärungen und Dokumente und deren Umfang, kann diese Vorgabe für ausländische Erwerbsinteressenten eine ganz erhebliche organisatorische, zeitliche und finanzielle Belastung darstellen.[788] So kann der Gesamtumfang einer vollständigen Anzeige nebst Anlagen mehrere hundert oder gar tausend DIN A4-Seiten ausmachen.

Folgerichtig räumt auch die Inhaberkontrollverordnung der zuständige Behörde die Möglichkeit ein, im Einzelfall auf amtlich beglaubigte Übersetzungen zu verzichten (§ 2 Abs. 3 Satz 2 InhKontrollV). Gerade aus Sicht ausländischer Erwerbsinteressenten kann nur gehofft werden, dass die Bundesanstalt von dieser Ausnahme reichlich Gebrauch macht.

Ein Verzicht auf Übersetzungen kann unter dem Gesichtspunkt der Verhältnismäßigkeit im Einzelfall sogar geboten sein. Dann verringert sich der Ermessensspielraum der Aufsichtsbehörde auf null. Dies gilt etwa für Dokumente, die für die aufsichtsrechtliche Beurteilung im konkreten Fall nur von untergeordneter Bedeutung sind. Gerade bei längeren Dokumenten mag auch eine auszugsweise Übersetzung für Zwecke des Inhaberkontrollverfahrens ausreichend sein. Dies gilt insbesondere für umfangreiche Dokumente wie Jahres- und Konzernabschlüsse und soweit eine Übersetzung eigens für Zwecke des Inhaberkontrollverfahrens erstellt werden müsste.

Nicht selten akzeptiert die Bundesanstalt eine Übermittlung von Informationen jedenfalls in englischer Sprache.[789] Ferner wird angeregt, dass die Bundesanstalt

---

788 *Vgl.* auch *Bundesanstalt*, Jahresbericht 2006, S. 128: "2006 waren auch einige ausländische Investoren am Erwerb kleinerer deutscher Kreditinstitute interessiert. Aufwand und Schwierigkeitsgrad der Inhaberkontrollverfahren variieren in diesen Fällen erheblich. So wirft der Erwerb eines inländischen Instituts durch eine Bank, die in einem anderen EU-Mitgliedstaat beaufsichtigt wird, meist nur wenige Probleme auf. Dagegen ist das Verfahren oftmals sehr aufwändig, wenn der Erwerbsinteressent einem komplexen Unternehmensverbund angehört, bei dem Verbindungen in Länder außerhalb des EWR bestehen."

789 Anregungen im Rahmen der Konsultation zur Inhaberkontrollverordnung eine Übermittlung von Unterlagen in "einer in internationalen Finanzkreisen gebräuchlichen Sprache II zuzulassen, haben keinen Eingang in die finale Fassung der

englische Übersetzungen der Anzeigeformulare bereitstellt. Dies würde der Anwendungspraxis die Vorbereitung der Anzeigen erheblich erleichtern.

IV. Prüfung von Unterlagen (§ 44b Abs. 1 Satz 2 KWG)

Die Bundesanstalt kann gemäß § 44b Abs. 1 Satz 2 KWG verlangen, dass der Anzeigepflichtige die im Rahmen der Anzeige zu übermittelnden Informationen auf seine Kosten durch einen von der Bundesanstalt zu bestimmenden Wirtschaftsprüfer prüfen zu lassen hat. Wegen der damit verbundenen teils erheblichen Belastungen und Kosten kommt eine derartige Prüfungsanordnung allerdings nur dann in Betracht, wenn die zu übermittelnden Informationen unklar, lückenhaft oder unplausibel sind und auch nach Hinweis und entsprechender Aufforderung durch die Bundesanstalt keine Klärung möglicher Unklarheiten erzielt werden konnte.[790] Die Kosten für die Prüfung sind vom Anzeigepflichtigen zu tragen. Die Beauftragung des Prüfers erfolgt nicht über die Bundesanstalt, sondern durch den Anzeigepflichtigen. Welche Prüfungshandlungen vorzunehmen sind, richtet sich nach dem Inhalt der Prüfungsanforderung durch die Bundesanstalt und der Art der zu prüfenden Dokumente.

V. Empfangsbevollmächtigter

Anzeigepflichtige ohne Wohnsitz oder gewöhnlichen Aufenthalt, Sitz oder Geschäftsleitung im Inland müssen in der Anzeige einen Empfangsbevollmächtigten im Inland benennen (§ 3 Satz 1 InhKontrollV). Das Erfordernis soll ein ordnungsgemäßes Verfahren sicherstellen.[791] Die Bevollmächtigung ist durch eine amtlich beglaubigte Kopie der entsprechenden Vollmachtsurkunde nachzuweisen (§ 3 Satz 2 InhKontrollV).

VI. Vorlagepflichten

Im Folgenden werden die mit der Anzeige verbundenen Vorlage- oder Informationspflichten näher erörtert.

1. Allgemeine Unterlagen und Erklärungen (§ 8 InhKontrollV)

§ 8 InhKontrollV enthält eine Liste allgemeiner Unterlagen und Erklärungen, die vom Erwerbsinteressenten beizubringen sind.

a) Nachweis der Existenz

Dies umfasst einen geeigneten aktuellen Nachweis über die Identität oder die Existenz des Anzeigepflichtigen. Bei juristischen Personen sind zum Nachweis nach der Inhaberkontrollverordnung amtlich beglaubigte Kopien der Gründungsdokumente und ein amtlich beglaubigter, aktueller Handelsregisterauszug geeignet.

Inhaberkontrollverordnung gefunden. *Vgl. Verband der Auslandsbanken e.V.*, Stellungnahme zur Konsultation 17/2008 v. 19. Dezember (abrufbar unter www.bafin.de).

790 *Vgl. Schmitz*, in: Luz/Neus/Scharpf/Schneider/Weber, KWG, § 44b Rn. 19.

791 BegrE InhKontrollV, S. 4.

Die Forderung nach der Übermittlung amtlich beglaubigter Kopien der Gründungsdokumente erscheint überzogen, sofern keine konkreten Anhaltspunkte für die Unwirksamkeit der Errichtung der Gesellschaft bestehen. Regelmäßig sollte für den Nachweis der Existenz der Gesellschaft bereits ein entsprechender Registerauszug genügen.

b) Gesellschaftsvertrag

Sofern der Anzeigepflichtige keine natürliche Person ist, ist mit der Anzeige eine amtlich beglaubigte Kopie der aktuellen Satzung beziehungsweise des Gesellschaftsvertrags vorzulegen (§ 8 Nr. 2 InhKontrollV).

c) Informationen über persönlich haftende Gesellschafter und gesetzliche und satzungsmäßige Vertreter

Bei Personenhandelsgesellschaften ist eine Liste der persönlich haftenden Gesellschafter und der nach Gesetz oder Gesellschaftsvertrag zur Vertretung berechtigten Personen und deren Vertretungs- und Geschäftsführungsbefugnisse zu übermitteln (*vgl.* § 8 Nr. 3 InhKontrollV). Es bestehen Überschneidungen mit § 8 Nr. 5 InhKontrollV und § 11 Nr. 3 InhKontrollV. Besondere Anforderungen sind im Hinblick auf Zweckvermögen normiert.

d) Beschreibung der geschäftlichen Aktivitäten

Der Anzeigepflichtige hat eine aktuelle, vollständige und aussagekräftige Beschreibung seiner geschäftlichen Aktivitäten beizubringen (§ 8 Nr. 3 InhKontrollV). Regelmäßig bietet es sich hierfür an, auf die Darstellung der geschäftlichen Aktivitäten im Geschäftsbericht zu verweisen.

e) Liste der Gesellschafter und Personen mit kontrollierendem Einfluss

Sofern der Erwerbsinteressent keine natürliche Person ist, hat der Anzeigepflichtige eine Liste der Eigentümer, Personen mit kontrollierendem Einfluss und Personen, auf deren Veranlassung der Erwerb erfolgt ist, vorzulegen (§ 8 Nr. 5 InhKontrollV). Dazu zählen nach der Inhaberkontrollverordnung insbesondere Inhaber von mehr als 25 % der Kapital- oder Stimmrechtsanteile am Anzeigepflichtigen. Allerdings geht § 11 Nr. 3 InhKontrollV über die Anforderungen des § 8 Nr. 5 InhKontrollV noch hinaus, so dass im Hinblick auf § 8 Nr. 5 InhKontrollV regelmäßig auf die zu § 11 Nr. 3 InhKontrollV übermittelten Informationen verwiesen werden kann.

f) Behördliche Untersuchungen außerhalb der Finanzbranche

Außerdem ist anzugeben, ob bei anderen Behörden im Zusammenhang mit dem beabsichtigten Erwerb außerhalb der Finanzbranche eine "Untersuchung" durchgeführt wird oder wurde (*vgl.* § 8 Nr. 6 InhkontrollV). Damit dürften vor allem Fusionskontrollverfahren gemeint sein.

Der Anzeigepflichtige sollte darüber hinaus auch zu finanzaufsichtsrechtlichen Verfahren in anderen Jurisdiktionen Stellung nehmen. Dies erleichtert und beschleunigt die Abstimmung der Bundesanstalt mit ausländischen Aufsichtsbehörden. Von der Inhaberkontrollverordnung wird dies allerdings nicht explizit gefordert.

g) Erklärung zum beabsichtigten Austausch von Geschäftsleitern

Ferner hat der Erwerbsinteressent anzugeben, ob er beabsichtigt, Geschäftsleiter des Zielunternehmens auszutauschen und gegebenenfalls die Kandidaten zu benennen (*vgl.* § 8 Nr. 7 InhKontrollV). Dies ermöglicht den Aufsichtsbehörden frühzeitig eine Zuverlässigkeits- und Eignungskontrolle neuer Geschäftsleiter durchzuführen.

Entsprechendes gilt über den Wortlaut hinaus nicht nur für den Austausch von Geschäftsleitern, sondern auch für eine geplante Neuernennung zusätzlicher Geschäftsleiter.

2. Erklärungen und Unterlagen zur Zuverlässigkeit

Zum Zwecke der Zuverlässigkeitsprüfung ist vom Anzeigepflichtigen und zu jeder in § 8 Nr. 3 und § 8 Nr. 7 InhKontrollV genannten Person das Formular "Angaben zur Zuverlässigkeit" auszufüllen.

Der Kreis der in Bezug genommenen Personen umfasst bei natürlichen Personen den Erwerbsinteressenten, bei juristischen Personen neben dem Anzeigepflichtigen die gesetzlichen und satzungsmäßigen Vertreter des Erwerbsinteressenten, und bei Personenhandelsgesellschaften neben dem Anzeigepflichtigen die persönlich haftenden Gesellschafter. Ferner sind für etwaige neu zu ernennende Geschäftsleiter der Zielgesellschaft Angaben zur Zuverlässigkeit zu machen.

Das mit der Inhaberkontrollverordnung neu eingeführte Formular "Angaben zur Zuverlässigkeit" geht hinsichtlich Umfang und Detaillierung über die aus der Anzeigenverordnung bekannte Straffreiheitserklärung hinaus. Die Angaben sind dabei nicht nur auf die betreffende Person, sondern auch auf von dieser kontrollierte Unternehmen zu beziehen. Handelt es sich beim Erwerbsinteressenten um eine natürliche Person sind die Angaben auch hinsichtlich aller "jemals geleiteter Unternehmen" zu machen. Verfahren und Sanktionen sind zu erläutern und Urteile und Beschlüsse dem Formular in beglaubigter Kopie als Anlagen beizufügen (§ 9 Abs. 1 Satz 3 InhKontrollV).

In einigen Fällen kann gemäß § 16 InhKontrollV auf die Übermittlung von Erklärungen zur Zuverlässigkeit abgesehen werden.[792]

a) Strafverfahren

Von der jeweiligen Person sind Angaben zu machen, ob gegen diese oder ein von dieser Person kontrolliertes Unternehmen aktuell ein Strafverfahren geführt wird oder Strafverfahren in der Vergangenheit wegen eines Verbrechens oder Vergehens geführt worden sind (§ 9 Abs. 1 Satz 1 Nr. 1 InhKontrollV).

---

792 *Vgl.* dazu 3. Teil: C. VII. 2.

Dabei können Strafverfahren außer Betracht bleiben, die mangels hinreichendem Tatverdacht oder eines Verfahrenshindernisses eingestellt wurden oder mit einem Freispruch beendet worden sind (§ 9 Abs. 2 Satz 1 InhKontrollV). Ferner müssen keine Angaben zu Strafverfahren gemacht werden, die aus dem Bundeszentralregister getilgt worden sind (§ 9 Abs. 1 Satz 2 InhKontrollV) oder mehr als fünf Jahre vor dem Beginn des Jahres, in dem die Anzeige eingereicht worden ist, mit einer Verurteilung, Sanktion oder sonstigen Entscheidung abgeschlossen worden sind.

Mit den genannten Einschränkungen sind auch Angaben über Strafverfahren im Ausland zu machen (arg. § 9 Abs. 2 Satz 2 InhKontrollV). Dagegen beschränkt die Inhaberkontrollverordnung den Kreis der offenzulegenden Strafverfahren nicht auf Straftaten im unternehmerischen Verkehr.[793]

b) Ordnungswidrigkeiten

Anzugeben sind zudem aktuelle Ordnungswidrigkeitsverfahren oder mit einer Verurteilung oder sonstigen Sanktion in der Vergangenheit abgeschlossene Ordnungswidrigkeiten. Die Ordnungswidrigkeiten müssen allerdings nur dann offengelegt werden, sofern sie im Zusammenhang mit einer unternehmerischen Tätigkeit stehen (§ 9 Satz 1 Satz 1 Nr. 2 InhKontrollV). Ordnungswidrigkeiten aus dem Privatbereich können daher außer Betracht gelassen werden. Gleiches gilt auch hier für Ordnungswidrigkeitsverfahren, die seit dem Jahresbeginn, in dem die Anzeige eingereicht wurde, mehr als fünf Jahre abgeschlossen sind.[794]

Dennoch scheint der Umfang der offenzulegenden Information unter dem Gesichtspunkt des Verhältnismäßigkeitsprinzips bedenklich weit. Dies gilt insbesondere im Hinblick auf die Pflicht zur Offenlegung laufender Ordnungswidrigkeitsverfahren und das Fehlen von Materialitätsschwellen. Der Umstand, dass der Anzeigepflichtige auch aktuelle und in der Vergangenheit mit einer Sanktion abgeschlossene Ordnungswidrigkeiten der von ihm abhängigen Unternehmen zu übermitteln hat, kann gerade in größeren Unternehmensgruppen mit vielen Tochtergesellschaften erhebliche logistische Probleme aufwerfen. Erst Recht gilt dies hinsichtlich "jemals geleiteter Unternehmen", zu denen der Anzeigepflichtige gar keinen Informationszugang mehr haben mag.[795] Aus den genannten Gründen kann zur Wahrung der Verhältnismäßigkeit im Einzelfall eine einschränkende Auslegung der Vorschrift geboten sein. Zu denken ist hier insbesondere an eine Beschränkung der zu übermittelenden Informationen in Abhängigkeit von der Erreichung angemessener Materialitätsschwellen.

Den § 9 Abs. 1 Satz 1 Nr. 2 InhKontrollV beim Wortlaut genommen, wäre nämlich selbst der "Strafzettel" wegen Falschparkens im Rahmen einer Dienstfahrt offen-

---

793 *Vgl.* zur Indizwirkung im Rahmen der Zuverlässigkeitsprüfung 3. Teil: H. V. 5. a).

794 *Vgl.* zur Indizwirkung im Rahmen der Zuverlässigkeitsprüfung 3. Teil: H. V. 5. b).

795 Insoweit lässt sich, sofern der Anzeigepflichtige eine natürliche Person ist, jedenfalls aus dem Wortlaut des § 9 Abs. 1 Satz 1 InhKontrollV keine Beschränkung auf gegenwärtig geleitete Unternehmen entnehmen.

zulegen. Derartige Informationen können aber für die Beurteilung der Zuverlässigkeit des Anzeigepflichtigen nicht von Relevanz sein. Die Frage der Materialität stellt sich vor allem, wenn es sich beim Anzeigepflichtigen um ein größeres Unternehmen oder eine Konzernobergesellschaft mit zahlreichen Tochterunternehmen handelt. Hier kann aus Verhältnismäßigkeitsgründen geboten sein, die nach § 9 Abs. 1 Satz 1 Nr. 2 InhKontrollV offenzulegenden Informationen auf Ordnungswidrigkeiten zu beschränken, die mit einem Bußgeld ab einer bestimmten Höhe sanktioniert wurden. Ferner kommt eine Beschränkung der Information auf bestimmte Umsatzschwellen überschreitende, wesentliche Tochtergesellschaften in Betracht. Sofern der Anzeigepflichtige aus Verhälnismäßigkeitsgründen Materialitätsschwellen setzt, sollten diese aber in jedem Fall im Zuge der übermittelten Information deutlich gemacht und die Verwendung der Schwellenwerte begründet werden.

c) Insolvenzverfahren

Die Angaben betreffen ferner aktuelle und in der Vergangenheit durchgeführte Insolvenzverfahren, Verfahren zur Abgabe einer eidesstattlichen Versicherung oder vergleichbare Verfahren (§ 9 Abs. 1 Satz 1 Nr. 3 InhKontrollV). Eine zeitliche Beschränkung ist insoweit nicht vorgesehen.

d) Aufsichtsrechtliche Maßnahmen

Offenzulegen sind auch durch eine Aufsichtsbehörde eingeleite Maßnahmen sowie entsprechende Verfahren in der Vergangenheit, die mit einer Sanktion abgeschlossen wurden (§ 9 Abs. 1 Satz 1 Nr. 4 InhKontrollV). Auch hier gilt in zeitlicher Sicht eine Beschränkung, so dass mehr als fünf Jahre zurückliegende Maßnahmen und Verfahren außer Betracht bleiben können (§ 9 Abs. 2 Satz 3 InhKontrollV).

Da der Tatbestand auch Verfahren und Maßnahmen gegen Tochterunternehmen einbezieht und keinerlei Materialitätsschwelle vorsieht, kann auch hier zur Wahrung der Verhältnismäßigkeit eine einschränkende Auslegung des Offenlegungsumfangs geboten sein. Gerade bei größeren Konzernen ist hier an Materialitätsschwellen hinsichtlich geahndeter Verstöße ab einer bestimmten Bußgeldhöhe oder eine Begrenzung der Informationen auf wesentliche Tochtergesellschaften zu denken.

e) Erlaubnisentzug und Disqualifikation

Im Formular anzugeben ist zudem, ob eine Registereintragung, Erlaubnis, Mitgliedschaft oder Gewerbeerlaubnis durch eine Behörde versagt oder in der Vergangenheit aufgehoben wurde oder die Person vom Betrieb eines Gewerbes oder der Vertretung oder Geschäftsführung ausgeschlossen wurde (§ 9 Abs. 1 Satz

1 Nr. 5 InhKontrollV).[796] Die Fünf-Jahres-Frist des § 9 Abs. 2 Satz 3 InhKontrollV gilt auch hier (§ 9 Abs. 2 Satz 3 InhKontrollV).

f) Andere Zuverlässigkeitsprüfungen

Laut § 9 Abs. 3 Satz 1 InhKontrollV ist im Formular ferner anzugeben, ob eine Zuverlässigkeitsprüfung als Erwerber einer bedeutenden Beteiligung oder Geschäftsleiter durch eine andere Aufsichtsbehörde bereits in der Vergangenheit geprüft oder durchgeführt wurde. Das Ergebnis der Prüfung ist durch amtliche Dokumente zu belegen. Mehr als ein Jahr zurückliegende Prüfungen können außer Betracht bleiben.

3. Lebenslauf

Sofern der Anzeigepflichtige eine natürliche Person ist, ist für die in § 8 Nr. 3 und Nr. 7 InhKontrollV genannten Personen (also vor allem die Geschäftsleiter des Anzeigepflichtigen) ein Lebenslauf einzureichen. Der Lebenslauf dient der Bundesanstalt zur Identifizierung der betreffenden Person und zur Überprüfung der Eignung.

Der Lebenslauf ist eigenhändig zu unterzeichnen.[797] Der Lebenslauf hat die in § 10 Abs. 2 InhKontrollV näher spezifizierten Angaben zu enthalten. Insbesondere hat der Lebenslauf neben den üblichen Angaben, die Berufserfahrung einschließlich der Art und Dauer der Tätigkeit, der internen Entscheidungskompetenzen und Vertretungsmacht und die unterstellten Geschäftsbereiche wiederzugeben.

4. Beteiligungsverhältnisse und Konzernzugehörigkeit

Nach § 11 InhKontrollV hat der Anzeigepflichtige, sofern er einem Konzern angehört, umfangreiche Informationen über den Konzern und dessen Geschäftstätigkeit zu übermitteln.

a) Konzernschaubild

Kernstück ist dabei ein Konzernschaubild, welches die Konzernstruktur einschließlich der gehaltenen Kapitalanteile und Stimmrechte aussagekräftig darstellt (*vgl.* § 11 Nr. 1a InhKontrollV). Die Inhaberkontrollverordnung macht keine näheren Angaben, welche Gesellschaften in das Konzernschaubild einzubeziehen sind.

Nach dem Sinn und Zweck des Konzernschaubilds, einen Überblick über die Gruppe zu geben, welcher der Erwerbsinteressent angehört, bietet es sich im Zweifel an, sich am Konsolidierungskreis für den Konzernabschluss zu orientieren.[798]

---

796 Der Verweis in § 9 Abs.1 Satz 1 Nr. 5 auf § 10 Nr. 3 und Nr. 7 InhKontrollV ist ein offensichtlicher redaktioneller Fehler und bezieht sich auf § 8 Nr. 3 und Nr. 7 InhKontrollV.

797 *Vgl.* § 10 InhKontrollV.

798 *Vgl.* zum Konsolidierungskreis des Konzernabschlusses §§ 294 ff. HGB bzw. IAS 27.

Bei natürlichen Personen ist der Anzeige eine Liste der Unternehmen beizufügen, deren Geschäfte die Person führt oder über die Kontrolle ausgeübt wird (§ 11 Nr. 1d) und Nr. 2 InhKontrollV).

b) Überblick über die Geschäftstätigkeit des Konzerns

Für die geforderte aussagekräftige Darstellung der Geschäftstätigkeit des Konzerns (§ 11 Nr. 1b) InhKontrollV) bietet es sich an, auf die Darstellung im Konzernjahresabschluss zu verweisen.

c) Aufstellung der aufsichtspflichtigen Konzernunternehmen

Die Anzeige hat ferner eine Liste der aufsichtspflichtigen Konzernunternehmen der Finanzbranche nebst Angabe der betreffenden Branchenvorschrift und Angaben zur Aufsichtsbehörde zu enthalten (§ 11 Nr. 1c) InhKontrollV). Der Kreis der in die Aufstellung einzubeziehenden Unternehmen wird durch Verweis auf § 1 Abs. 18 und Abs. 19 KWG näher präzisiert, und enthält neben nach dem Kreditwesengesetz, Investmentgesetz, Zahlungsdiensteaufsichtsgesetz und Versicherungsaufsichtsgesetz regulierten Unternehmen auch vergleichbare Unternehmen aus dem EU/EWR-Raum und Drittstaaten.

d) Darstellung der Gesellschafterstruktur

Anzugeben sind unabhängig davon, ob es sich beim Antragsteller um ein konzernangehöriges Unternehmen handelt oder nicht, alle Personen, die an dem Anzeigepflichtigen 10 % der Kapitalanteile oder Stimmrechtsanteile halten oder einen maßgeblichen Einfluss auf den Anzeigepflichtigen ausüben können (§ 11 Nr. 2e) und Nr. 3 InhKontrollV). Die Vorschrift geht damit teilweise über die Angaben nach § 8 Nr. 5 InhKontrollV hinaus.

Dabei erklärt die Inhaberkontrollverordnung auch für die Berechnung der Passivbeteiligungen § 1 Abs. 9 Satz 1 und Satz 2 KWG für entsprechend anwendbar (*vgl.* § 5 Abs. 1 InhKontrollV). Minderheitsbeteiligungen durchbrechen die Zurechnung. Es sind daher auch mittelbar Beteiligte bis zur Konzernobergesellschaft offenzulegen.

Sofern der Anzeigepflichtige ein Zweckvermögen ist, sind alle Personen aufzulisten, die an der Verteilung des Gewinns in Höhe von mindestens 10 % teilnehmen. Sofern Stimmrechtsvereinbarungen bestehen, sind auch diese mitzuteilen und zu erläutern.

5. Erwerbsinteressen

Der Anzeigepflichtige hat ferner eine ausführliche Beschreibung seiner finanziellen und sonstigen Interessen an der bedeutenden Beteiligung beizufügen (§ 12 Abs. 1 InhKontrollV).

Dies umfasst eine umfassende Darstellung der Geschäftsbeziehungen des Anzeigepflichtigen und der von ihm geleiteten oder kontrollierten Unternehmen zum Zielunternehmen und dessen Geschäftsleitern und Aufsichtsorganen und zu den vom Zielunternehmen kontrollierten Unternehmen (§ 12 Abs. 2 InhKontrollV). Anzugeben sind zudem die Geschäftsbeziehungen zu Inhabern von mindestens 5 %

der Kapitalanteile oder Stimmrechte am Zielunternehmen. Letzteres kann gerade bei größeren und international operierenden Bankengruppen erhebliche logistische Probleme aufwerfen und Fragen des Bankgeheimnisses und der aufsichtsrechtlichen Relevanz der abgefragten Informationen berühren. Vieles spricht daher dafür, dass der Wortlaut der Regelung zu weit geraten ist. Aus Gründen der Verhältnismäßigkeit muss daher im Einzelfall in verfassungskonformer Anwendung die Vorlagepflicht auf solche Informationen beschränkt werden, die für die Bewertung des Erwerbsvorhabens von aufsichtsrechtlicher Relevanz sein können.[799] So kann es insbesondere im Einzelfall geboten sein, gewöhnliche und einem Drittvergleich standhaltende Geschäftsbeziehungen von der Informationspflicht auszuklammern.

6. Finanzlage und Bonität des Anzeigepflichtigen

Der Anzeigepflichtige hat ferner über seine wirtschaftlichen Verhältnisse zu informieren.

Dies umfasst Jahresabschlüsse einschließlich der Lageberichte, etwaige Prüfberichte, Kapitalflussrechnungen und Segmentberichterstattungen der letzten drei Geschäftsjahre. Dabei ist unerheblich, ob diese aufgrund zwingender gesetzlicher Vorschriften oder freiwillig erstellt wurden (*vgl.* § 13 Abs. 2 InhKontrollV). Gehört der Anzeigepflichtige einem Konzern an, so sind auch die Konzernabschlüsse und Konzernprüfungsberichte der letzten drei Geschäftsjahre zu übermitteln (*vgl.* § 13 Abs. 4 InhKontrollV).

Bei natürlichen Personen tritt an die Stelle der Abschlüsse eine vollständige Aufzählung und Beschreibung der Einkommensquellen und eine aktuelle Vermögensaufstellung nebst entsprechender Nachweise (*vgl.* § 13 Abs. 3 InhKontrollV).

Bestehen Ratings über die Bonität des Erwerbsinteressenten oder in Bezug auf den Konzern, dem der Anzeigepflichtige angehört, so sind auch die Ratings nebst entsprechender Berichte und Unterlagen vorzulegen (*vgl.* § 13 Abs. 6 InhKontrollV).

Sofern die genannten Dokumente nicht bereits in deutscher Sprache vorliegen, wird aus Gründen der Verhältnismäßigkeit eine Übersetzung der genannten Dokumente (*vgl.* § 2 Abs. 3 InhKontrollV) allenfalls auszugsweise gefordert werden können.

7. Finanzierung

§ 14 InhKontrollV verlangt eine detaillierte und lückenlose Darstellung und Nachweise über das Vorhandensein und die wirtschaftliche Herkunft der Eigen- und Fremdmittel, die für den Erwerb eingesetzt werden sollen. Dieses Erfordernis dient sowohl der Überprüfung der wirtschaftlichen Leistungsfähigkeit des Erwerbsinteressenten wie der Überprüfung auf mögliche Anhaltspunkte für

---

799 So auch *Verband der Auslandsbanken e.V.*, Stellungnahme zur Konsultation 17/2008 v. 19. Dezember (abrufbar unter www.bafin.de).

Geldwäsche im Zusammenhang mit dem Erwerb. Aus Gründen der effektiven Geldwäscheprävention soll hierüber kein Ermessen bestehen.[800]

In der Praxis bereitet der Nachweis der Herkunft der Mittel besondere Probleme.[801] Hinsichtlich der Mittelherkunft schafft § 14 InhKontrollV für den Erwerber insoweit Schwierigkeiten, als zum Zeitpunkt der Entstehung der Anzeigepflicht die Finanzierung im Einzelnen noch nicht geklärt sein mag. Soll etwa eine spezielle Akquisitionsfinanzierung für die Finanzierung des Erwerbs abgeschlossen werden, liegt die Dokumentation häufig erst unmittelbar vor dem Vollzug des Erwerbs in finaler Fassung vor. Richtigerweise darf in einem solchen Fall die noch offene Finanzierung oder der Umstand, dass diese noch verhandelt wird, die Vollständigkeit der Anzeige nicht infrage stellen. Die Bundesanstalt hat gegebenenfalls auch ohne Vorliegen dieser Dokumente über das Erwerbsvorhaben zu entscheiden und kann sich den Nachweis der Mittelherkunft über Nebenbestimmungen oder im Rahmen eines Auskunftsersuchens nachträglich beschaffen.[802]

8. Offenlegung sämtlicher Vereinbarungen

Ferner sollen sämtliche im Zusammenhang mit dem beabsichtigten Erwerb getroffenen Vereinbarungen und Verträge vorzulegen sein (§ 14 InhKontrollV).

Die Parteien des Erwerbs sollten sich daher frühzeitig vergegenwärtigen, dass sie mit einer Offenlegung der Vertragsdokumentation gegenüber der Bundesanstalt rechnen müssen. Gerade wenn die Vertragsdokumentation nur in einer fremden Sprache vorliegt, kann es je nach Umfang der Vertragsdokumentation geboten sein, seitens der Aufsicht auf Übersetzungen der Gesamtvertragsdokumentation zu verzichten oder sich auf die Übersetzung einzelner Passagen oder Dokumente zu beschränken. Eine für sämtliche Beteiligten praktikable Lösung kann auch eine zusammenfassende Beschreibung der Vertragsdokumentation durch den Anzeigepflichtigen sein. Damit ist der Aufsicht zumeist mehr gedient, als mit der Übermittlung komplexer und oft mehrere hunderte Seiten langer Vertragsdokumente nebst Anlagen.

Soweit die Akquisition aus freier Liquidität (etwa durch Ausnutzung bestehender Bankguthaben oder Kreditrahmen) finanziert wird, besteht ohne gesonderte Anforderung der Bundesanstalt eine Vorlagepflicht der Finanzierungsdokumentation nach § 14 InhKontrollV richtigerweise nur dann, wenn ein eindeutiger Zusammenhang zwischen dem Abruf der Mittel und der Finanzierung des Erwerbsvorhabens besteht.

---

800 BegrE InhKontrollV, S. 10.

801 *Bundesanstalt*, Jahresbericht 2010, S. 154.

802 Zur Befugnis der Bundesanstalt, Nebenbestimmung zu erlassen *vgl.* 3. Teil: I. V.

9. Geschäftsplan; Strategische Ziele und Pläne

Hinsichtlich Geschäftsplan und Darstellung der mit dem Erwerbsvorhaben verbundenen strategischen Ziele und Pläne differenziert die Inhaberkontrollverordnung nach der angestrebten Beteiligungshöhe (§ 15 InhKontrollV).

a) Kontrollerwerb

Bei Kontrollerwerben hat der Anzeigepflichtige einen Geschäftsplan beizufügen (§ 15 Abs. 1 Satz 1 InhKontrollV). Der Begriff ist im betriebswirtschaftlichen Sinn zu verstehen.[803] Der Geschäftsplan hat die mit dem Erwerb beziehungsweise der Erhöhung verfolgten strategischen Ziele und Pläne des Anzeigepflichtigen nachvollziehbar zu beschreiben. Dazu gehören Angaben zur geplanten strategischen Entwicklung, zur Entwicklung der Vermögens-, Finanz- und Ertragslage sowie zu den Auswirkungen auf die Unternehmensstruktur und -organisation des Zielunternehmens. Der Geschäftsplan hat gemäß § 15 Abs. 1 Satz 4 InhKontrollV insbesondere folgende Punkte zu umfassen:

(1) die Beweggründe für den Beteiligungserwerb,

(2) die mittelfristigen Vermögens- und Ertragsziele,

(3) die angestrebten Synergieeffekte im Zielunternehmen,

(4) eine mögliche Neuausrichtung der Geschäftsaktivitäten,

(5) eine geplante Umverteilung von Kapital im Zielunternehmen, und

(6) allgemeine Vorgaben und Festlegungen für die Einbeziehung und Integration des Zielunternehmens in die Konzern- und Gruppenstruktur des Erwerbers; dies umfasst eine Beschreibung der wesentlichen angestrebten Synergieeffekte mit anderen Unternehmen des Konzerns und der Gruppe sowie eine Beschreibung der Grundsätze und Verfahren zur Führung und Steuerung der Unternehmensbeziehungen innerhalb des Konzerns und der Gruppe.

Die Angaben zur geplanten Entwicklung der Vermögens-, Finanz- und Ertragslage nach § 15 Abs. 1 Satz 5 und Satz 6 InhKontrollV jeweils für die nächsten drei Geschäftsjahre nach dem Erwerb oder der geplanten Erhöhung der bedeutenden Beteiligung umfassen:

(7) die Planbilanzen und Plangewinn- und Planverlustrechnungen sowohl für das Zielunternehmen als auch für den Konzern,

(8) die prognostizierten Kapitalkennziffern, also insbesondere die Gesamtkennziffer nach § 2 Abs. 6 SolvV,

(9) die Höhe der voraussichtlichen Risikopositionen, und

(10) einen Ausblick auf geplante gruppeninterne Geschäfte.

---

803 BegrE InhKontrollV, S. 10. Im Anwendungsbereich des Versicherungsaufsichtsgesetzes ist daher nicht auf das Begriffsverständnis in § 5 Abs. 3 VAG abzustellen.

Die Angaben zu den Auswirkungen auf die Unternehmens- und Organisationsstruktur des Zielunternehmens sollen gemäß § 15 Abs. 1 Satz 7 InhKontrollV insbesondere folgende Information enthalten:

(11) Auswirkungen auf die Zusammensetzung und Aufgabenbereiche der Unternehmensorgane und der von ihnen eingesetzten Ausschüsse, wobei sich teilweise eine inhaltliche Überschneidung mit § 8 Nr. 7 InhKontrollV ergibt,

(12) Änderungen der Rechnungslegungsmethode und wesentliche Änderungen der Leitungs-, Steuerungs- und Kontrollprozesse, wobei dies auch Angaben zu wesentlichen Änderungen hinsichtlich der Internen Revision und der Compliance-Funktion und zu einem Wechsel bei den leitenden Mitarbeitern mit Schlüsselfunktion umfassen soll,

(13) wesentliche Änderungen der eingesetzten IT-Systeme und IT-Sicherheitssysteme, und

(14) Auswirkungen auf die Grundsätze für die Delegation und Auslagerung von Unternehmensaktivitäten und -prozessen auf andere Unternehmen oder Personen.

b) Erwerb von 20 % oder eines maßgeblichen Einflusses

Auch unterhalb der Schwelle zum Kontrollerwerb hat der Anzeigepflichtige Angaben zu den strategischen Zielen und Plänen zu machen, wobei aber im Vergleich zum geplanten Kontrollerwerb der Umfang der Informationen reduziert ist (§ 15 Abs. 2 InhKontrollV). Zu übermitteln sind:

(1) Angaben zur geplanten strategischen Entwicklung gemäß § 15 Abs. 1 Satz 4 und Satz 5 InhKontrollV,

(2) eine aussagekräftige Darstellung der allgemeinen strategischen Ziele, die mit dem Erwerb verfolgt werden; anzugeben ist hierbei unter anderem, wie lange die Anteile voraussichtlich gehalten werden sollen und ob in einem absehbaren Zeitraum nach dem Erwerb die Anteilshöhe verändert werden soll,

(3) die beabsichtigte zukünftige Einflussnahme auf das Zielunternehmen unter Angabe der Gründe hierfür, und zwar einschließlich der Art der beabsichtigten Einflussnahme auf die finanzielle Ausstattung sowie die Kapitalallokation des Zielunternehmens, und

(4) Aussagen zur Bereitschaft und der wirtschaftlichen Fähigkeit, dem Zielunternehmen zukünftig weiteres Kapital, sofern dies notwendig wird, zur Verfügung zu stellen.

c) Erwerbsvorhaben unter 20 % und ohne maßgeblichen Einfluss

Umfang und Detaillierungsgrad der zu übermittelnden Information sind weiter herabgesetzt, wenn durch das Erwerbsvorhaben an dem Zielunternehmen Kapital- oder Stimmrechtsanteile von unter 20 % und ohne maßgeblichen Einfluss oder Kontrolle angestrebt werden. Die vorzulegenden Dokumente können sich auf die allgemeinen strategischen Ziele, die beabsichtigte Einflussnahme und Angaben über die Bereitschaft und Fähigkeit zur wirtschaftlichen Unterstützung im Krisenfall nach Maßgabe des § 15 Abs. 3 InhKontrollV beschränken.

d) Bewertung

Die Anforderungen nach der Inhaberkontrollverordnung im Hinblick auf die künftige Geschäftsstrategie sind sehr weitgehend und stellen Anzeigepflichtige in der Praxis vor große Schwierigkeiten.[804] Gerade bei indirekten Beteiligungserwerben an regulierten Unternehmen im Zuge größerer Transaktionen wird sich der Erwerbsinteressent häufig noch gar keine spezifischen Gedanken über die geschäftliche Entwicklung des regulierten Tochterunternehmens gemacht haben oder zum Zeitpunkt der Anzeigepflicht noch nicht über die Informationen verfügen, welche die Aufstellung eines derart detaillierten Geschäftsplans zulassen. In derartigen Konstellationen wird der Erwerbsinteressent zunächst das Unternehmen unverändert mit dem bisherigen Management weiterführen wollen. In einem solchen Fall muss daher die Angabe genügen, dass der Erwerbsinteressent gegenwärtig keine Veränderungen an der bisherigen Geschäftsstrategie des regulierten Unternehmens beabsichtigt.

10. Anforderung weiterer Informationen

Die Bundesanstalt kann in ihrem Ermessen weitere schriftliche Informationen anfordern (§ 2c Abs. 1a Satz 3 KWG). Soweit es um die Prüfung des Erwerbsvorhabens geht, ist § 2c Abs. 1a Satz 3 KWG *lex specialis* zum allgemeinen Auskunftsrecht nach § 44b Abs. 1 Satz 1 Nr. 1 KWG. Materielle Voraussetzung ist, dass die angeforderten Informationen für den Abschluss der Beurteilung notwendig sind. In zeitlicher Hinsicht dürfen für Zwecke des Inhaberkontrollverfahrens zusätzliche Informationen bis spätestens zum 50. Arbeitstag innerhalb des Beurteilungszeitraums angefordert werden (§ 2c Abs. 1a Satz 3 KWG).

VII. Ausnahmen und Erleichterungen von den Vorlage- und Nachweispflichten

Die Inhaberkontrollverordnung sieht eine Reihe von Erleichterungen und Ausnahmen hinsichtlich der Vorlage- und Nachweispflichten vor.

1. Bereits übermittelte Information

Der Anzeigepflichtige ist davon befreit, Erklärungen und Unterlagen erneut einzureichen, die er im Rahmen eines entsprechenden Anzeigeverfahrens innerhalb des letzten Jahres vor der aktuellen Absichtsanzeige eingereicht hat. Dies gilt nur für den Fall, dass sich die in den Unterlagen und Erklärungen enthaltenen Angaben nicht verändert und damit weiterhin ihre Gültigkeit haben (§ 16 Abs. 1 Satz 2 InhKontrollV).

Sofern der Anzeigepflichtige bereits Inhaber einer bedeutenden Beteiligung ist, erübrigt sich der Nachweis der Identität und Existenz nach § 8 Nr. 1 InhKontrollV

---

804 *Vgl. Bundesanstalt*, Jahresbericht 2010, S. 154.

(*vgl.* § 16 Abs. 1 Satz 3). Die zuständige Aufsichtsbehörde kann zudem auf die erneute Einreichung auch früher übermittelten Unterlagen und Erklärungen verzichten (§ 16 Abs. 1 Satz 2 InhKontrollV). Umgekehrt hat sie das Recht, trotz vorhergehender Einreichung die erneute Übermittlung der Unterlagen und Erklärungen zu verlangen (*vgl.* § 16 Abs. 1 Satz 4 InhKontrollV).

2. Personenspezifische Erleichterungen

Die Inhaberkontrollverordnung sieht eine Reihe von personenspezifischen Befreiungen bei der Übermittlung von Unterlagen und Informationen vor (*vgl.* § 16 Abs. 2 InhKontrollV).

Die Ausnahmevorschriften lassen sich in drei Gruppen unterteilen:

(1) Erleichterung für ausgewählte Staaten und sonstige öffentlich-rechtliche Körperschaften und Einrichtungen,

(2) Erleichterungen für bestimmte regulierte Unternehmen, und

(3) Erleichterungen für konzernangehörige Unternehmen.

Allerdings bleibt es der Bundesanstalt trotz der generellen Befreiung unbenommen, im Einzelfall von den privilegierten Unternehmen die Informationen gesondert anzufordern (§ 16 Abs. 2 Satz 2 i.V.m. § 16 Abs. 1 Satz 4 InhKontrollV), soweit dies für die aufsichtsrechtliche Beurteilung des Erwerbsvorhabens erforderlich ist.

b) Staaten und öffentlich-rechtliche Körperschaften

§ 16 Abs. 2 Satz 1 Nr. 1 InhKontrollV nimmt den Bund, die Deutsche Bundesbank, rechtlich unselbständige Sondervermögen des Bundes oder eines Landes, und die Länder, Gemeinden und Gemeindeverbände von §§ 8 bis 15 InhKontrollV und damit einem Großteil der Informations-, Nachweis- und Erklärungspflichten der Inhaberkontrollverordnung aus.

Gleiches gilt für Zentralregierungen, Zentralnotenbanken, Regionalregierungen oder örtliche Gebietskörperschaften eines EU/EWG-Mitgliedstaates (§ 16 Abs. 2 Satz 1 Nr. 6 InhKontrollV).

Dagegen sieht die Inhaberkontrollverordnung keine Erleichterungen für entsprechende öffentlich-rechtliche Körperschaften aus Drittstaaten vor. Allerdings kann es aus Verhältnismäßigkeitsgesichtspunkten geboten sein, einzelne Vorschriften der Inhaberkontrollverordnung nicht auf Drittstaaten und deren öffentlich-rechtliche Körperschaften anzuwenden. So ist es selbst mit diplomatischem Geschick in der Regel nicht möglich, von ausländischen Amts- und Würdenträgern wie Staats- oder Notenbankpräsidenten Zuverlässigkeitserklärungen und Lebensläufe einzuholen. Dies widerspricht auch internationalen Gepflogenheiten. Auch die verpflichtende Offenlegung von Geschäfts- und Konzernbeziehungen, Finanzlage und Bonität erscheint im Hinblick auf ausländische Staaten im Regelfall anmaßend.[805]

---

805 So auch *Verband der Auslandsbanken e.V.*, Stellungnahme zur Konsultation 17/2008 v. 19. Dezember (abrufbar unter www.bafin.de).

c) Regulierte Unternehmen

Erleichterungen bestehen auf für im Inland beaufsichtigte Unternehmen. Privilegiert werden im Inland zugelassene Institute, Versicherungsunternehmen, Pensionsfonds, Kapitalanlagegesellschaften und Investmentaktiengesellschaften mit Sitz im Inland, die insbesondere von einem Großteil der Vorlagepflichten nach § 8 und §§ 9 bis 14 InhKontrollV befreit sind (§ 16 Abs. 2 Satz 1 Nr. 2 InhkontrollV).[806] Dies beruht auf dem Gedanken, dass die betreffenden Unternehmen einer inländischen Aufsicht bereits unterliegen und die entsprechenden Informationen und Erklärungen den Aufsichtsbehörden bereits vorliegen. Daher erscheint es widersprüchlich, wenn die Inhaberkontrollverordnung Zahlungsinstitute und E-Geld-Institute nicht in den Genuss der Privilegierungen kommen lassen will.

Beizubringen ist allerdings auch von den begünstigten Unternehmen insbesondere ein Geschäftsplan und die Darstellung der strategischen Ziele und Pläne. Erleichterungen bestehen ferner für Versicherungs-Holdinggesellschaften, Finanzholding-Gesellschaften und gemischte Finanzholding-Gesellschaften (§ 16 Abs. 2 Satz 1 Nr. 3 bis Nr. 5 InhKontrollV).

Von der Beibringung von Erklärungen und Unterlagen zur Zuverlässigkeit und Lebensläufen sind in einem EU/EWR-Mitgliedstaat zugelassene Einlagenkreditinstitute, Wertpapierhandelsunternehmen, E-Geld-Institute, Versicherungsunternehmen und Pensionsfonds befreit (§ 16 Abs. 2 Satz 1 Nr. 7 InhKontrollV).

d) Erleichterungen für konzernangehörige Unternehmen

Auch für Konzernunternehmen bestehen Erleichterungen, denen in der Anwendungspraxis eine große Bedeutung zukommt.

So kann die zuständige Behörde auf die Übermittlung von Absichtsanzeigen von Zwischengesellschaften verzichten. Auch ein teilweiser Verzicht ist möglich.[807]

Ferner kann gemäß § 16 Abs. 2 Satz 1 Nr. 9 InhKontrollV hinsichtlich konzernangehöriger Unternehmen auf die Unterlagen zur Prüfung der Zuverlässigkeit und die Lebensläufe und bestimmte weitere Informationen verzichtet werden, wenn wenigstens ein Konzernunternehmen eine vollständige Anzeige fristgerecht eingereicht hat. Dies vermeidet es gerade bei größeren Unternehmensgruppen, dass sämtliche Konzernunternehmen in der Beteiligungskette Angaben zur Zuverlässigkeit und Lebensläufe einreichen müssen. Es ist daher im Konzern auch ohne ausdrücklichen Verzicht der Bundesanstalt zulässig und ausreichend, dass nur der unmittelbare Erwerber der Beteiligung Angaben zur Zuverlässigkeit und Lebensläufe übermittelt, sofern er im Übrigen eine vollständige Anzeige vorlegt.

---

806 Der Verweis in § 16 Abs. 2 Satz 1 Nr. 2 InhkontrollV auf § 10 Nr. 1 bis 6 InhKontrollV ist ein offensichtliches Redaktionsversehen und bezieht sich auf § 8 Nr. 1 bis 6 InhKontrollV.

807 Zu den Einzelheiten *vgl.* 3. Teil: C. VII. 2. c) und § 16 Abs. 3 InhKontrollV.

3. Unmöglichkeit

Auch wenn die Übermittlung der nach der Inhaberkontrollverordnung vorgegebenen Informationen tatsächlich oder rechtlich unmöglich ist, entbindet dies den Anzeigepflichtigen von der Übermittlung.

Hinsichtlich der Annahme einer rechtlichen Unmöglichkeit ist Zurückhaltung geboten. Bei kollidierenden öffentlich-rechtlichen Verpflichtungen hat eine Abwägung anhand der jeweils im konkreten Fall betroffenen Rechtsgüter und Zwecke unter Berücksichtigung sämtlicher Umstände des Einzelfalles zu erfolgen. Dies gilt etwa im Hinblick auf das kartellrechtliche Vollzugsverbot, das dem Erwerber den Zugang zu bestimmten Informationen des Zielunternehmens vor Kartellfreigabe erschweren kann. In Zweifelsfragen ist eine Abstimmung mit der Bundesanstalt und den sonstigen betroffenen Behörden zu empfehlen.

4. Unverhältnismäßigkeit

Eine weitere ungeschriebene Ausnahme zur Übermittlung bestimmter Informationen folgt aus dem Verhältnismäßigkeitsgrundsatz. Dies gebietet eine verfassungskonforme Auslegung der Inhaberkontrollverordnung.

Der Umfang der nach der Inhaberkontrollverordnung abgefragten Informationen, Dokumente und Erklärungen kann in vielen Fällen dazu führen, dass bei strikter Anwendung Unterlagen vom Anzeigepflichtigen abverlangt werden, die vor dem Hintergrund der Person des Erwerbsinteressenten, des konkreten Erwerbsvorhabens und des Zielunternehmens für die aufsichtsrechtliche Beurteilung des Anteilserwerbs und die Prüfung der Untersagungsgründe nicht erforderlich sind oder deren Beschaffung einen unverhältnismäßigen Aufwand für den Anzeigepflichtigen bedeutet. In diesen Fällen ist der Anzeigepflichtige aus Gründen der Verhältnismäßigkeit von der Übermittlung der Dokumente befreit. Einer gesonderten Entscheidung der Bundesanstalt bedarf es dazu nicht. Es empfiehlt sich allerdings, die Nichtübermittlung von Dokumenten mit der Bundesanstalt abzustimmen, um nicht eine Untersagung des Erwerbsvorhabens wegen einer aus Sicht der Bundesanstalt unvollständigen Anzeige zu riskieren.

VIII. Bewertung

1. Orientierung an aufsichtsrechtlich problematischen Erwerbsvorhaben

Die gegenwärtige Ausgestaltung der Informations- und Vorlagepflichten krankt daran, dass sie die Lieferung jedes potentiell relevanten Details per Verordnung quasi zur "Grundausstattung" einer vollständigen Anzeige erhebt.[808]

Ob ein derart detaillierter Katalog sinnvoll ist, muss bezweifelt werden.[809] Zwar wird einerseits durch die Vorgaben der Inhaberkontrollverordnung die Rechts-

808 So überzeugend *Verband der Auslandsbanken e.V.*, Stellungnahme zur Konsultation 17/2008 v. 19. Dezember (abrufbar unter www.bafin.de).

sicherheit und Vorhersehbarkeit des Verfahrens für Erwerbsinteressenten im Vergleich zu früher erhöht.[810] Andererseits orientieren sich Umfang und Inhalt der abgefragten Informationen an komplexen und aufsichtsrechtlich problematischen Beteiligungsvorhaben. Ob dies auch bei weniger komplexen Beteiligungsvorhaben im Einzelfall verhältnismäßig und im Hinblick auf eine effiziente Ausgestaltung des Verfahrens sinnvoll ist, muss bezweifelt werden. In Problemfällen oder bei weiterem Klärungsbedarf bleibt es der Bundesanstalt ohnehin unbenommen, jederzeit zusätzliche Unterlagen und Informationen vom Anzeigepflichtigen anzufordern (§ 44b Abs. 1 Satz 1 Nr. 1 KWG).

2. Alternative: Zweistufiges Verfahren

Dies offenbart zugleich die verfahrensrechtliche Schwäche der gegenwärtigen Ausgestaltung finanzaufsichtsrechtlicher Inhaberkontrollverfahren. Vorhaben zum Erwerb einer bedeutenden Beteiligung an Instituten unterscheiden sich ganz erheblich hinsichtlich ihrer Komplexität und aufsichtsrechtlichen Relevanz.

Im Rahmen der kartellrechtlichen Fusionskontrolle wurde auf Grundlage einer vergleichbaren Ausgangslage durch den Gesetzgeber verfahrensrechtlich schon lange die Konsequenz gezogen, Fusionskontrollverfahren in mehrere Verfahrensabschnitte zu teilen. Bei der Zusammenschlusskontrolle gibt es eine vergleichsweise wenig formalisierte Vorprüfung des Erwerbsvorhabens im Hinblick auf dessen kartellrechtliche Relevanz. Nach Ablauf der einmonatigen Frist gilt die Kartellfreigabe als erteilt, sofern die Kartellbehörde nicht zuvor ein formelles Hauptverfahren einleitet.[811] Damit werden kartellrechtlich unproblematische Erwerbsvorhaben frühzeitig von kartellrechtlich schwieriger zu beurteilenden Erwerbsvorhaben getrennt und einem zügigen Verfahrensabschluss zugeführt.[812] Bei Einleitung eines Hauptverfahrens hat die Kartellbehörde die Möglichkeit und Zeit, kartellrechtlich problematische Erwerbsvorhaben intensiver zu prüfen und in der Vorprüfung offen gebliebene Fragen zu klären.

---

809 *Vgl. Waigel*, Deutsche und internationale Bankenaufsicht, 40 (53); zur Rechtslage vor Erlass der Inhaberkontrollverordnung etwa schon *Haug*, in: Szagunn/Haug/Ergenzinger, KWG, § 2b Rn. 2: "Eine abschließende Bestimmung aller und in allen Fällen zu machender Angaben kann hier kaum sinnvoll sein, nachdem einerseits im vorhinein für den Verordnungsgeber schwerlich generell absehbar sein dürfte, welche Angaben in einzelnen Fällen notwendig und sinnvoll sein werden, andererseits aber Grundsätze der Verhältnismäßigkeit und des Übermaßverbots zu beachten sind." Zum erheblichen Umfang der abgefragten Information bereits nach altem Recht *vgl.* auch VG Frankfurt a.M., WM 2008, 782 (783); VG Frankfurt a.M., Beschluss v. 11. April 2007 – 1 G 755/07 – BeckRS 2007 23136 zu einem Antrag nach § 80 Abs. 5 VwGO gegen eine Untersagungsverfügung nach § 2b KWG (a.F.): "Dem Gericht lagen 12 Hefter Behördenakten zur Entscheidung vor."

810 BegrE InhKontrollV, S. 2.

811 *Vgl.* § 40 Abs. 1, 2 GWB; Art. 6 Abs. 1 FKVO.

812 *Mestmäcker/Veelken*, in: Immenga/Mestmäcker, Wettbewerbsrecht: GWB, § 40 Rn. 12.

Dieses zweistufige Verfahren hat sich im Kartellrecht bewährt, sorgt für einen zügigen Abschluss unproblematischer Fusionskontrollverfahren und schont die Ressourcen der Kartellbehörden und Verfahrensbeteiligten. Es hätte nahegelegen, dieses bewährte Modell auch bei finanzaufsichtsrechtlichen Inhaberkontrollverfahren einzuführen. Allerdings bedarf es dazu einer erneuten Änderung des Verfahrens durch den europäischen Richtliniengeber, da die Grundzüge des gegenwärtigen Verfahrens durch die Beteiligungsrichtlinie weitgehend vorgegeben sind.

3. Einführung eines generellen Befreiungstatbestands

Aus Gründen der Rechtssicherheit scheint es jedenfalls dringend geboten, die bestehende Regelung nachzubessern und es der Bundesanstalt ausdrücklich und generell zu erlauben, auf die Übermittlung von Informationen, Dokumenten und Vorlagepflichten zu verzichten, soweit diese oder die vorgeschriebene Form vor dem Hintergrund des Anzeigepflichtigen, des Erwerbsvorhabens oder des Zielunternehmens im Einzelfall für die aufsichtsrechtliche Beurteilung nicht wesentlich sind oder die Pflicht zur Übermittlung aus anderen Gründen unverhältnismäßig erscheint.[813] Die Bundesanstalt sollte dabei verpflichtet sein, über ein entsprechendes Gesuch des Anzeigepflichtigen innerhalb eines vorgegebenen Zeitraums zu entscheiden, um frühzeitig Rechtssicherheit zu schaffen und zu verhindern, dass die Anzeige als nicht vollständig behandelt wird.[814] Einer solchen Regelung steht europäisches Recht nicht entgegen.

D. Vollständigkeit und Eingangsbestätigung

Die Bundesanstalt hat den Eingang der vollständigen Anzeigen umgehend, spätestens jedoch innerhalb von zwei Arbeitstagen nach Zugang schriftlich gegenüber dem Anzeigepflichtigen zu bestätigen (*vgl.* § 2c Abs. 1 Satz 7 KWG).

I. Bedeutung der Eingangsbestätigung

Das Datum dieser Eingangsbestätigung markiert den Beginn des Beurteilungszeitraumes, innerhalb dessen die Aufsichtsbehörde den Erwerb zu prüfen hat (*vgl.* § 2c Abs. 1a Satz 1 KWG).

II. Anknüpfungspunkt: Vollständigkeit der Anzeige

Eine Verpflichtung der Bundesanstalt, die fristauslösende Eingangsbestätigung auszustellen, besteht nur dann, wenn die Anzeige vollständig ist.

1. Formelles Verständnis der Vollständigkeit

Nach § 6 Abs. 2 Satz 1 InhKontrollV ist die Anzeige vollständig, wenn das vorgeschriebene Formular und sämtliche erforderliche Anlagen beigefügt sind.

---

813 So auch *Verband der Auslandsbanken e.V.*, Stellungnahme zur Konsultation 17/2008 v. 19. Dezember (abrufbar unter www.bafin.de).

814 Zur Bedeutung der Vollständigkeit der Anzeige für den Lauf der Entscheidungsfrist, *vgl.* 3. Teil: D. II.

Maßgeblich ist dabei der vollständige Eingang bei der Bundesanstalt, auch wenn die Anzeige zugleich bei der Bundesbank einzureichen ist (§ 6 Abs. 3 InhKontrollV). Gemeint ist eine formell vollständige Anzeige. Für die Frage der Vollständigkeit kommt es also darauf an, dass der Anzeigepflichtige das Formular vollständig ausgefüllt hat und sämtliche nach dem Kreditwesengesetz und der Inhaberkontrollverordnung vorzulegenden Dokumente und Informationen mit der Anzeige bereitstellt, soweit er sich nicht auf einen Befreiungstatbestand stützen kann.[815]

Dagegen ist mit Vollständigkeit nicht gemeint, dass die eingereichten Unterlagen tatsächlich ausreichen, damit die Bundesanstalt den Antrag auch bescheiden kann. Vollständigkeit ist also nicht gleichbedeutend mit Entscheidungsreife. Eine Anzeige ist daher beispielsweise auch dann vollständig, wenn der Anzeige zwar ein Geschäftsplan gemäß § 15 Abs. 1 InhKontrollV beigefügt ist, dieser aber für eine abschließende aufsichtsrechtliche Beurteilung des Erwerbsvorhabens noch Lücken enthält oder nicht hinreichend plausibel oder stimmig erscheint.

Diese rein formelle Betrachtungsweise erklärt auch die vom Gesetzgeber vergleichsweise kurz bemessene Frist von zwei Tagen nach Eingang der vollständigen Anzeige, innerhalb derer die Eingangsbestätigung auszustellen ist. Innerhalb dieses Zeitraums ist eine volle inhaltliche Überprüfung der Dokumente weder notwendig noch geboten. Es entspricht auch nicht der Intention des Gesetzgebers, die eigentliche Beurteilung der Anzeige im Rahmen der Vollständigkeitsprüfung der Anzeige vorwegzunehmen.

Nach der Gesetzesbegründung soll die Anzeige auch dann unvollständig sein, wenn sie nicht in der gesetzlich vorgeschriebenen Form erfolgt.[816]

2. Bewertung des Vollständigkeitserfordernisses

Die Koppelung des Beginns der Entscheidungsfrist an die Vollständigkeit der Anzeige erscheint auf den ersten Blick vernünftig und plausibel. Nur wenn die über das Vorhaben zu entscheidende Aufsichtsbehörde sämtliche nach Ansicht des Normengebers erforderlichen Informationen zur Verfügung gestellt bekommen hat, kann sie sich ein Gesamtbild vom beabsichtigten Erwerb machen und anhand der gesetzlich vorgegebenen Kriterien überprüfen.

Durch die Bindung an die Vollständigkeit der Anzeige wird ferner erreicht, dass den Aufsichtsbehörden die Informationen nicht "scheibchenweise" bereitgestellt werden. Der Erwerbsinteressent wird vielmehr angehalten, von vornherein auf eine Vollständigkeit der Anzeige hinzuwirken.

---

815 *Bundesanstalt*, Merkblatt – Hinweise zu dem Verfahren sowie den Anzeigen nach § 2c KWG und § 104 VAG, jeweils in Verbindung mit der Inhaberkontrollverordnung (Stand: Juli 2009), BA 53, v. 22. Juli 2009, Ziffer 4.3. Zu § 104 VAG *Deckers*, in: Bähr, Versicherungsaufsichtsrecht, § 30 Rn. 76.

816 Begr. RegE des Gesetzes zur Umsetzung der Beteiligungsrichtlinie, BT-Drucks. 16/10536, S. 17.

Bei näherem Hinsehen zeigt sich jedoch, dass durch das Vollständigkeitskriterium eine nicht unerhebliche Hürde aufgebaut wird. Dies gilt insbesondere vor dem Hintergrund der gestiegenen Formalisierung des Inhaberkontrollverfahrens und der nach der Inhaberkontrollverordnung zur Verfügung zu stellenden Dokumente. Häufig stellt sich erst im Laufe des Verwaltungsverfahrens heraus, dass aus Sicht der Aufsicht bestimmte Unterlagen verzichtbar sind oder vom Erwerbsinteressenten nicht beigebracht werden können.

Schon das Fehlen eines einzigen Dokuments kann dazu führen, dass der Beginn des Fristablaufs über Wochen und Monate hinausgezögert wird. Gerade in komplexen Fällen oder bei Beteiligung von Erwerbsinteressenten aus dem Ausland hat sich in der Praxis der Schwerpunkt des Inhaberkontrollverfahrens auf eine Vorprüfung der Vollständigkeit verschoben. So vergehen zwischen dem Einreichen der Inhaberkontrollanzeige und der Vollständigkeitsbestätigung durch die Bundesanstalt oft mehrere Wochen oder gar Monate, in denen zwischen dem Erwerbsinteressenten und der Bundesanstalt geklärt wird, welche Informationen überhaupt bereitgestellt werden können und müssen.

Durch diese Verschiebung des Schwerpunkts auf die formelle Prüfung der Vollständigkeit der Anzeige verschwimmen zusehends die Vollständigkeitsprüfung und eigentliche inhaltliche Prüfung des Vorhabens auf Untersagungsgründe. Die Bestätigung der Vollständigkeit der Anzeige erfolgt in der Praxis nicht selten dann gemeinsam mit der verfahrensabschließenden Entscheidung über die Anzeige.

Dies zeigt die konstruktive Schwäche der Bezugnahme auf das Erfordernis einer vollständigen Anzeige für den Fristlauf. Sinnvollerweise hätte auf das Vollständigkeitskriterium für den Fristlauf insgesamt verzichtet werden können. Liegen die Unterlagen nicht vollständig vor, bleibt es der Bundsanstalt unbenommen, wegen einer formell unzureichenden Anzeige das Erwerbsvorhaben aus formellen Gründen zurückzuweisen und Einspruch gegen den beabsichtigten Erwerb zu erheben. Es bestehen also auf Seiten des Antragstellers auch ohne das Erfordernis einer vollständigen Anzeige genügend Anreize, die Anzeige so schnell wie möglich zu vervollständigen.

E. Beurteilungszeitraum

Die Bundesanstalt hat die Anzeige in der Regel innerhalb von 60 Arbeitstagen ab dem Datum des Schreibens, mit dem sie die Vollständigkeit der Anzeige bestätigt hat, zu beurteilen (*vgl.* § 2c Abs. 1a Satz 1 KWG). In der Eingangsbestätigung hat die Bundesanstalt das Ende des Beurteilungszeitraums anzugeben (*vgl.* § 2c Abs. 1a Satz 2 KWG).

Die Berechnung der Frist richtet sich nach § 1 Nr. 1 VwVfG i.V.m. § 31 Abs. 1 und 3 Satz 1 VwVfG und § 187 Abs. 1, 188 Abs. 1, 193 BGB.

I. Beginn des Fristlaufs

Für die Bestimmung des Beginns des Beurteilungszeitraums ist nach § 2c Abs. 1a Satz 1 KWG das Datum des Schreibens zugrunde zu legen, in dem die

Bundesanstalt den Eingang der vollständigen Anzeige schriftlich bestätigt. Die Formulierung in § 2c Abs. 1a Satz 1 KWG ("ab dem Datum des Schreibens") ist dahingehend zu verstehen, dass maßgebendes Ereignis für den Fristbeginn die Fertigstellung dieser Bestätigung ist. Für den Fristbeginn wird dann der Tag der Erstellung dieser Bestätigung gemäß § 187 Abs. 1 BGB nicht mitgerechnet.

II. Fristende

Das Fristende berechnet sich nach § 188 Abs. 1 BGB und endet mit Ablauf des letzten Tages der Frist. § 193 BGB hat dagegen bei der Fristberechnung keine Bedeutung, da das Fristende durch die Bezugnahme auf Arbeitstage nie auf ein Wochenende oder einen gesetzlichen Feiertag fallen kann.

III. Fristdauer

Das Gesetz sieht grundsätzlich einen Beurteilungszeitraum von 60 Arbeitstagen vor (*vgl.* § 2c Abs. 1a Satz 1 KWG).

Wie die Beteiligungsrichtlinie verwendet § 2c KWG den in der deutschen Gesetzgebung eher unüblichen Begriff des Arbeitstages. Nach der Gesetzesbegründung handelt es sich um die Tage von Montag bis Freitag einer Woche mit Ausnahme der gesetzlichen Feiertage.[817] Insofern ist der Begriff des Arbeitstages identisch mit dem Begriff des Werktages im Sinne des § 193 BGB.[818]

Für die Frage, wann ein gesetzlicher Feiertag besteht, ist wegen des Doppelsitzes der Bundesanstalt in Bonn und Frankfurt a.M.[819] auf die landesgesetzlichen Feiertage der Bundesländer Nordrhein-Westfalen und Hessen abzustellen.[820]

IV. Fristhemmung

Fordert die Bundesanstalt formell und schriftlich über die nach § 2c KWG und die Inhaberkontrollverordnung vorzulegenden Informationen und Dokumente hinaus weitere Informationen an, die für den Abschluss der Beurteilung notwendig sind, so hemmt dies den Beurteilungszeitraum vom Zeitpunkt der Anforderung der weiteren Informationen bis zum Eingang der angeforderten Information bei der Bundesanstalt (*vgl.* § 2c Abs. 1a Satz 5 KWG). Die Bundesanstalt kann nur bis

---

817 Begr. RegE des Gesetzes zur Umsetzung der Beteiligungsrichtlinie, BT-Drucks. 16/10536, S. 17; *Bundesanstalt*, Merkblatt – Hinweise zu dem Verfahren sowie den Anzeigen nach § 2c KWG und § 104 VAG, jeweils in Verbindung mit der Inhaberkontrollverordnung (Stand: Juli 2009), BA 53, v. 22. Juli 2009., Ziffer 4.4.

818 Arbeitstage sind daher auch solche Tage, die zwar keine gesetzlichen Feiertage sind, an denen aber die über die Anzeige entscheidende Behörde generell nicht für den Publikumsverkehr geöffnet ist. Dies betrifft vor allem den 24. Dezember und den 31. Dezember.

819 *Vgl.* § 1 Abs. 2 FinDAG.

820 *Vgl. Bundesanstalt*, Merkblatt – Hinweise zu dem Verfahren sowie den Anzeigen nach § 2c KWG und § 104 VAG, jeweils in Verbindung mit der Inhaberkontrollverordnung (Stand: Juli 2009), BA 53, v. 22. Juli 2009, Ziffer 4.4.

spätestens zum 50. Arbeitstag innerhalb des Beurteilungszeitraums weitere schriftliche Informationen anfordern. Der Eingang der weiteren Informationen ist durch die Bundesanstalt umgehend, spätestens jedoch innerhalb von zwei Arbeitstagen nach deren Zugang schriftlich zu bestätigen (§ 2c Abs. 1a Satz 5 KWG).

Der gesamte Beurteilungszeitraum beträgt im Falle einer Hemmung nach § 2c Abs. 1a Satz 6 KWG aber höchstens 80 Arbeitstage (§ 2c Abs. 1a Satz 7 KWG). Damit kann der Beurteilungszeitraum nur einmalig und höchstens für 20 Arbeitstage gehemmt werden. Weitere Anforderungen der Bundesanstalt zur Ergänzung oder Klarstellung dieser Informationen führen nicht zur erneuten Hemmung des Beurteilungszeitraums (§ 2c Abs. 1a Satz 8 KWG).[821] Dies soll Verzögerungen des Verfahrens vermeiden und für den Anzeigepflichtigen kalkulierbar machen.

Abweichend von § 2c Abs. 1a Satz 7 KWG kann der Beurteilungszeitraum im Falle einer Hemmung auf bis zu 90 Arbeitstage ausgedehnt werden, wenn der Anzeigepflichtige außerhalb des Europäischen Wirtschaftsraumes ansässig ist oder nicht der Beaufsichtigung nach einer der im Gesetzestext genannten Richtlinien unterliegt (*vgl.* § 2c Abs. 1a Satz 9 KWG).

F. Auswirkungen von Änderungen der übermittelten Information und der Transaktionsstruktur

I. Aktualisierungspflicht

Dem Antragsteller obliegt es, nach Einreichung der Anzeige die übermittelten Informationen während des Beurteilungszeitraumes bis zu einer verfahrensabschließenden Entscheidung der Bundesanstalt aktuell zu halten. Ändern sich die Angaben in den eingereichten Unterlagen und Erklärungen, so hat der Anzeigepflichtige die betreffenden Dokumente unverzüglich aktualisiert bei den zuständigen Behörden einzureichen (*vgl.* § 7 Abs. 3 Satz 1 InhKontrollV). Die Formerfordernisse der Inhaberkontrollverordnung gelten dabei grundsätzlich auch für die aktualisierten Unterlagen.

Der maximal zur Verfügung stehende Beurteilungszeitraum der Aufsichtsbehörde verlängert sich dadurch nicht. Dies fördert den offenen Dialog zwischen Erwerbsinteressent und Aufsichtsbehörde, da der Erwerbsinteressent nicht befürchten muss, dass durch die neuen oder veränderten Informationen sogleich eine Verlängerung des Bearbeitungszeitraums droht.

Die Inhaberkontrollverordnung knüpft Sanktionen an die fehlende Aktualisierung und den Umstand, dass die aktualisierten Informationen der Behörde so spät zugehen, dass am Ende des Beurteilungszeitraums weniger als fünf Arbeitstage zur Verfügung stehen, um die aktualisierten Informationen zu würdigen (*vgl.* § 7

---

821 Begr. RegE des Gesetzes zur Umsetzung der Beteiligungsrichtlinie, BT-Drucks. 16/10536, S. 18.

Abs. 3 Satz 2 InhKontrollV). Die eingereichten Unterlagen und Erklärungen gelten dann als nicht richtig und rechtfertigen daher eine Untersagung des Erwerbsvorhabens aus formellen Gründen (*vgl.* § 2c Abs. 1b Satz 2 KWG). Die Vorschrift dient allein der geordneten Entscheidungsfindung durch die Behörde. Die Bundesanstalt ist daher nicht daran gehindert, die an sich verspätet eingegangenen Informationen auch in den letzten Tagen vor Ablauf der Beurteilungsfrist zu würdigen und bei ihrer Entscheidung zu berücksichtigen. Auch bleiben die Regeln zur Wiedereinsetzung in den vorigen Stand (§ 32 VwVfG) auch ohne ausdrückliche Erwähnung weiter anwendbar.[822] Bedeutung hat dies vor allem für Situationen, in denen der veränderte Umstand erst innerhalb der Frist von fünf Arbeitstagen vor Fristablauf eintritt.

II. Änderungen des Erwerbsvorhabens

Ein Sonderfall sind Änderungen des Erwerbsvorhabens nach dem Einreichen der Anzeige.

1. Mitteilungspflicht

Auch Änderungen des Erwerbsvorhabens sind gemäß § 7 Abs. 2 Satz 1 InhKontrollV unverzüglich mitzuteilen und die einzureichenden Unterlagen entsprechend anzupassen. Auch in solchen Fällen verlängert sich der Beurteilungszeitraum grundsätzlich nicht.

2. Abgrenzung zur Aufgabe des ursprünglichen Vorhabens

Änderungen des Erwerbsvorhabens sind von der Aufgabe des ursprünglichen Erwerbsvorhabens abzugrenzen.

Sind die Änderungen zum angezeigten Erwerbsvorhaben so gewichtig, dass sich bei wertender Betrachtungsweise das nunmehr verfolgte Erwerbsvorhaben als gänzlich neues Erwerbsvorhaben darstellt, ist nicht eine Änderung des Erwerbsvorhabens anzuzeigen, sondern die Aufgabe des bisherigen verbunden mit der Anzeige des nunmehr verfolgten Vorhabens. Dies ist insbesondere der Fall, wenn nunmehr eine Beteiligung an einem anderen Zielunternehmen erworben werden soll oder die Person des Erwerbsinteressenten wechselt. Aber auch schwerwiegende Änderungen der Transaktionsstruktur können eine Neuanzeige erforderlich machen, etwa wenn die Beteiligung statt im Wege einer Kapitalerhöhung nunmehr im Wege eines Block-Trade von einem Dritten erworben werden soll.

3. Veränderung der Beteiligungshöhe

Einen besonderen Fall regelt § 7 Abs. 2 Satz 2 InhKontrollV. Danach gilt das bisherige Erwerbsvorhaben als aufgegeben, wenn als Folge der Änderung des Vorhabens nunmehr höhere Beteiligungsschwellen überschritten werden sollen

---

822 Allerdings hat der Verordnungsgeber die im Konsultationsverfahren geäußerte Anregung zur Aufnahme einer entsprechenden Klarstellung nicht aufgegriffen. *Vgl. Verband der Auslandsbanken e.V.*, Stellungnahme zur Konsultation 17/2008 v. 19. Dezember (abrufbar unter www.bafin.de).

(z.B. wenn statt 16 % nunmehr 23 % der Stimmrechte erworben werden sollen und damit die Schwelle von 20 % der Stimmrechte gemäß § 2c Abs. 1 Satz 6 KWG überschritten werden würde) oder der Anzeigepflichtige durch den geplanten Erwerb die Kontrolle über das Zielunternehmen erlangen würde. Hintergrund hierfür ist, dass bei Überschreitung der angegebenen Schwellen eine höhere Prüfungsintensität geboten ist und sich neue oder veränderte Rechtsfragen stellen können. Der Anzeigepflichtige hat in diesem Fall eine Neuanzeige einzureichen, die grundsätzlich auch eine neue Beurteilungsfrist auslöst.

Dagegen fällt eine Absenkung der beabsichtigten Beteiligungshöhe nicht unter die gesetzliche Fiktion des § 7 Abs. 2 Satz 2 InhKontrollV. Dies rechtfertigt sich aus dem Umstand, dass eine Absenkung der Beteiligungshöhen die potentiellen aufsichtsrechtlichen Problemfelder im Rahmen einer Inhaberkontrollanzeige in der Regel reduziert.

Verändert sich die Beteiligungshöhe, ohne andere Beteiligungsschwellen zu überschreiten (z.B. wenn statt 11 % nunmehr 13 % der Stimmrechte erworben werden sollen und damit keine der in § 2c Abs. 1 Satz 6 KWG genannten Schwellen überschritten werden würde), handelt es sich um eine "einfache" Änderung des Erwerbsvorhabens, die gemäß § 7 Abs. 2 Satz 1 InhKontrollV mitzuteilen ist.

G. Vollzugsverbot vor formeller Entscheidung

Eine der zentralen Fragen im Zusammenhang mit der Durchführung von Inhaberkontrollverfahren ist, ob der Anzeigepflichtige die Transaktion bereits vor einer Entscheidung der Bundesanstalt beziehungsweise vor Ablauf des Beurteilungszeitraums vollziehen darf.

I. Praktische Bedeutung

Diese Frage hat erhebliche praktische Bedeutung. Müsste der Antragsteller zunächst die Entscheidung der Bundesanstalt abwarten, so wäre der Vollzug des Erwerbsvorhabens während der Vorbereitung der Anzeige und der Prüfung des Erwerbsvorhabens durch die Bundesanstalt zunächst über einige Wochen und Monate fast unvermeidlich blockiert.

In diesem Zusammenhang ist zu bedenken, dass Erwerbsvorgänge in der Regel unter einem erheblichen Zeitdruck erfolgen. Dies beschränkt sich nicht nur auf Sachverhalte, in denen das Zielinstitut in die Krise geraten ist und unter neuer Inhaberschaft stabilisiert werden soll. Auch im Übrigen streben die Beteiligten zumeist einen möglichst zügigen Vollzug des Erwerbs an.

Beispielhaft veranschaulicht dies die Interessenlage beim Erwerb im Zuge einer klassischen M&A-Transaktion Für Veräußerer, Erwerber und Zielgesellschaft bringt die Schwebephase nach dem *Signing* bis zum Vollzug der Transaktion erhebliche Unsicherheitselemente mit sich. Aus Verkäufersicht verzögert sich der Eingang der mit dem Abschluss des schuldrechtlichen Geschäfts vereinbarten und beim Verkäufer möglicherweise schon fest eingeplanten Gegenleistung. Zudem mag es auf den Stichtag des Vollzugs abgegebene Gewährleistungen und Freistellungen geben, aus denen bei einer Verzögerung durch die Veränderung der zugrundeliegenden Annahmen zusätzliche Haftungsrisiken drohen. Der Eintritt von als *material adverse change event* definierten Ereignissen droht gegebenenfalls die Transaktion überhaupt infrage zu stellen. Aus Käufersicht drohen Verzögerungen ebenfalls die Transaktion zu gefährden. So mag die vorgesehene externe Finanzierung nur bis zu einem bestimmten Zeitpunkt zugesagt sein, beziehungsweise es besteht die Gefahr, dass sich die Finanzierungskonditionen nachträglich verschlechtern. Die Hebung bereits eingeplanter Synergien verzögert sich. Schließlich belastet der Schwebezustand nicht selten die operative Tätigkeit der Zielgesellschaft. Kunden und Personal werden verunsichert und angestoßene Umstrukturierungen und Investitionen können sich verzögern.

Die Frage eines Vollzugsverbots ist auch deswegen so bedeutsam, weil andere Vollzugshindernisse wie etwa eine Freigabe durch die Kartellbehörden zumeist in kürzeren Fristen abgeschlossen werden können.

II. Rechtslage und Meinungsstand vor Neufassung des § 2c KWG

Schon unter der bis zur Umsetzung der Beteiligungsrichtlinie geltenden Fassung des § 2b KWG (a.F.) beziehungsweise 2c KWG (a.F.) war zweifelhaft, ob vor Ablauf der damals dreimonatigen Untersagungsfrist durch die Bundesanstalt ein Vollzugsverbot bestand.

Für ein Vollzugsverbot ließ sich schon bisher anführen, dass andernfalls der eigentliche Zweck des Anzeigeverfahrens unterlaufen werden könnte. Ohne Vollzugsverbot kann ein Erwerbsinteressent auch ohne abgeschlossene präventive Prüfung der Untersagungsgründe durch die Behörde die Beteiligung am Zielinstitut erwerben. Die Behörde droht vor Abschluss der Prüfung des Erwerbsvorhabens durch den Vollzug vor vollendete Tatsachen gestellt zu werden. Es bestünde die Gefahr, dass ein dem Interesse an einer soliden Führung des Zielinstituts zuwiderlaufender Inhaber einer bedeutenden Beteiligung Einfluss auf das Zielinstitut gewinnt. Dies will das präventiv ausgestaltete Inhaberkontrollverfahren aber gerade vermeiden. Die nachlaufenden Eingriffsmöglichkeiten der Bundesanstalt könnten nur bedingt Abhilfe schaffen. Zwar hat die Behörde mit dem Eingriffsinstrumentarium des § 2c Abs. 2 KWG (Untersagung der Stimmrechtsuntersagung; Veranlassung der Weiterveräußerung der Anteile) Befugnisse, den unerwünschten Einfluss des Beteiligungsinhabers wieder zu beseitigen. Dieser Schutz krankt aber daran, dass die Behörde ohne entsprechende Informationen aus dem Inhaberkontrollverfahren und deren Prüfung kein vollständiges Bild von der eigentlichen Gefahrenlage hat. Zugleich droht auch die Beaufsichtigung des Zielinstituts gefährdet zu werden, da unklar bleiben kann, welchen veränderten aufsichtsrechtlichen Regeln und Rahmenbedingungen das Zielinstitut infolge des Erwerbs unterliegt.

Sofern in der Literatur vor Umsetzung der Beteiligungsrichtlinie überhaupt die Frage eines Vollzugsverbots erörtert wurde, wurde ein Vollzugsverbot dennnoch abgelehnt.[823] Für diese Auslegung konnte zunächst die Systematik aus Anzeigepflicht und Untersagungsrecht und der Wortlaut des § 2c KWG (a.F.) angeführt werden. Zwar hatte die Bundesanstalt schon unter den alten Fassungen der Vorschrift das Recht zur Untersagung in einem vorgegebenen Zeitraum (damals 3 Monate). Nichts im Wortlaut und der Gesetzesbegründung deutete jedoch hinreichend deutlich darauf hin, dass die Vorschrift den Vollzug bis dahin verboten hätte.[824] Eine derart weitreichende Wirkung hätte aber auch im Wortlaut der Vorschrift hinreichend deutlich zum Ausdruck kommen müssen. Zusätzlich sprach für diese Auffassung, dass es sich bei § 2c KWG um eine als Ordnungswidrigkeit bewehrte Vorschrift handelt, die grundsätzlich eng auszulegen ist und sich einer über den Wortlaut hinausgehenden Auslegung entzieht.

Allerdings ging der Anzeigepflichtige, der bereits vor Ablauf des Entscheidungszeitraums den Erwerb vollzog, das Risiko ein, im Falle einer späteren Untersagung mit erheblichen Nachteilen die Beteiligung wieder abstoßen zu müssen. Bereits nach §§ 2b bzw. 2c KWG (a.F.) hatte die Bundesanstalt nach Vollzug ferner die Möglichkeit, durch die zwangsweise Übertragung der Stimmrechte auf einen Treuhänder beziehungsweise die Anordnung eines Veräußerungsgebots den Einfluss des Erwerbers auf das Zielinstitut auszuschließen beziehungsweise zu begrenzen. Gerade der Erwerbsinteressent hat daher auch ohne formelles Vollzugsverbot ein erhebliches Interesse, den Erwerb erst nach "Freigabe" durch die Aufsicht zu vollziehen. Hinzu kommt, dass keiner der Anzeigepflichtigen das Risiko eingehen möchte, die Bundesanstalt und die Bundesbank während der laufenden Prüfung durch den Vollzug "vor den Kopf zu stoßen" und ohne das "grüne Licht" der Bundesanstalt zu vollziehen. Schon aus diesen Gründen zögerten Erwerber auch in der Vergangenheit davor, den Erwerb vor Freigabe der Aufsicht beziehungsweise Ablauf der Entscheidungsfrist der Bundesanstalt zu vollziehen. Ein Vollzug vor Ablauf der Beurteilungsfrist beziehungsweise Freigabe der Aufsicht wurde daher in der Regel nur in denjenigen Fallgestaltungen gewählt, in denen ein weiterer Aufschub des Vollzug zu erheblichen Nachteilen, wie etwa einer Irritation der Kapitalmärkte, geführt hätte.

III. Rechtslage nach Umsetzung der Beteiligungsrichtlinie

Die Frage eines Vollzugsverbots stellt sich auch nach Umsetzung der Beteiligungsrichtlinie.

---

823 *Müller*, Anteilseignerkontrolle, S. 105; *Post*, Aufsicht über Unternehmensinhaber, S. 368 (zu § 104 Abs. 1 Satz 1 VAG); offenbar auch *Kremer*, in: Seibt, Formularbuch M&A, Teil I 6.1 a).

824 *Post*, Aufsicht über Unternehmensinhaber, S. 368 (zu § 104 Abs. 1 Satz 1 VAG).

1. Keine Vorgaben durch die Beteiligungsrichtlinie

Zunächst ist hervorzuheben, dass die Beteiligungsrichtlinie hinsichtlich der Frage eines Vollzugsverbots vor Ablauf des Beurteilungszeitraums beziehungsweise der Überprüfung durch die Aufsichtsbehörde keine eindeutigen Vorgaben macht.

Zwar spricht die Wortwahl der Beteiligungsrichtlinie durch die Formulierung "Beurteilungszeitraum" für ein Vollzugsverbot bis zum Ende des Beurteilungszeitraums beziehungsweise der verfahrensabschließenden Behördenentscheidung. Die vollständige Ausschöpfung des Beurteilungszeitraums würde der Behörde unmöglich gemacht, dürfte der Erwerber den Erwerbsvorgang bereits vor Abschluss des Beurteilungszeitraums vollziehen. Eine eindeutige Vorgabe zur Frage des Vollzugsverbots lässt sich der Beteiligungsrichtlinie allerdings allein durch diese Wortwahl weder in die eine noch in die andere Richtung entnehmen.

Auch ein Genehmigungserfordernis, welches für die Annahme eines Vollzugsverbots vor Erlass der Genehmigung spräche, lässt sich der Beteiligungsrichtlinie nicht zwingend entnehmen. Zwar gilt nach der Beteiligungsrichtlinie der beabsichtigte Erwerb als "genehmigt", sofern die zuständigen Behörden gegen diesen innerhalb des Beurteilungszeitraums schriftlich keinen Einspruch einlegen (*vgl.* Art. 19 Abs. 6 Bankenrichtlinie (n.F.)). Auch heißt es in der durch die Beteiligungsrichtlinie neu gefassten Bankenrichtlinie, dass die Mitgliedstaaten an die "Genehmigung" eines derartigen Erwerbs keine strengeren Anforderungen stellen dürfen (*vgl.* Art. 19 Abs. 8 Bankenrichtlinie (n.F.)). Daraus kann man allerdings nicht zwingend schließen, dass die Mitgliedstaaten den Erwerb einem förmlichen Genehmigungserfordernis unterziehen müssten. Dass die Beteiligungsrichtlinie nicht zwingend eine förmliche Freigabe des Erwerbsvorhabens durch die Behörde anordnet, ergibt sich bereits aus dem fünften Erwägungsgrund der Beteiligungsrichtlinie. Danach soll, zumindest wenn der Erwerber darum ersucht, die Behörde diesen auch von einer positiven Beurteilung in Kenntnis setzen. Dieser Hinweis wäre überflüssig, würde der europäische Gesetzgeber zwingend von einem Genehmigungserfordernis ausgehen. Es ist daher richtig, wenn sich der deutsche Gesetzgeber anlässlich der Umsetzung der Beteiligungsrichtlinie nicht dazu verpflichtet sah, an dem bisherigen Konzept einer Anzeigepflicht mit Untersagungsmöglichkeit etwas zu ändern.

2. Analyse des § 2c KWG (n.F.)

Eine oberflächliche Lektüre des § 2c KWG (n.F.) mag daher zu der Annahme verleiten, dass sich hinsichtlich der Frage eines möglichen Vollzugsverbots auch nach der Umsetzung der Beteiligungsrichtlinie nichts geändert habe. Konstruktiv ist die Vorschrift weiterhin als Untersagungsrecht der Bundesanstalt ausgestaltet. Der Gesetzestext stellt nicht ausdrücklich klar, ob vor Ablauf der Frist zur Untersagung des beabsichtigten Erwerbs der Vollzug erfolgen darf oder nicht.

Dennoch spricht eine Reihe von Argumenten dafür, jedenfalls unter der neuen Fassung der Vorschrift von einem Vollzugsverbot auszugehen. So deuten – wie bereits ausgeführt – vor allem die Aufnahme und Definition des Begriffs "Beurteilungszeitraum" (*vgl.* § 2c Abs. 1a Satz 1 KWG) darauf hin, dass die Fristen nunmehr als echte Entscheidungsfristen anzusehen sind und vor Ablauf dieser Fristen die Transaktion nicht vollzogen werden darf. Vor allem aber stellt nunmehr bereits die Formulierung von § 2c KWG die Beziehung zwischen Behördenprüfung und dem Vollzug her. "Wird" - so § 2c Abs. 1b Satz 6 KWG – "der Erwerb oder die Erhöhung der Beteiligung nicht innerhalb des Beurteilungszeitraums schriftlich untersagt, kann der Erwerb oder die Erhöhung vollzogen werden."[825] Die gewählte Formulierung legt den Umkehrschluss nahe, dass vor Ablauf des Beurteilungszeitraums ohne eine zustimmende verfahrensabschließende Entscheidung der Bundesanstalt die Transaktion eben nicht vollzogen werden darf. Die besseren Gründe sprechen daher für eine Auslegung, die den Beurteilungszeitraum als echte Entscheidungsfrist und nicht lediglich als eine Einspruchsfrist behandelt.

Die Annahme eines Vollzugsverbots deckt sich mit der Rechtslage in mehreren anderen EU- und EWR-Staaten.[826] Auch die Bundesanstalt geht in ihrem Merkblatt offenbar von einem Vollzugsverbot während des Beurteilungszeitraums aus, ohne dies allerdings ausdrücklich auszusprechen.[827] Die Praxis geht zum Teil allerdings – offenbar auch mit Billigung der Bundesanstalt – nach wie vor davon aus, dass bis zum Ablauf des Beurteilungszeitraums kein Vollzugsverbot besteht.[828]

Eine andere Frage ist, ob der Vollzug vor Ablauf des Beurteilungszeitraums als Ordnungswidrigkeit eingestuft werden kann.[829] Dies ist nicht der Fall.

H. Beurteilungskriterien und Untersagungsgründe

I. Europäische Grundlagen

Hauptanliegen der Beteiligungsrichtlinie war es, den Mitgliedstaaten eine begrenzte Zahl klarer Beurteilungskriterien rein aufsichtsrechtlicher Art für die Prüfung der Inhaberkontrollvorhaben vorzugeben.[830] Gleichzeit verwehrt die Beteiligungsrichtlinie den Mitgliedstaaten, strengere Vorschriften festzulegen oder die Liste der Beurteilungskriterien zu erweitern.[831]

---

825 *Vgl.* auch BegrRegE zum Gesetz zur Umsetzung der Beteiligungsrichtlinie, BT-Drucks. 16/10536, S. 18: "Satz 5 stellt klar, dass, sollte es innerhalb des Beurteilungszeitraums zu keiner Untersagung kommen, der Erwerb oder die Erhöhung vollzogen werden kann. Insofern ändert sich nichts an der bereits bestehenden Vorgehensweise im Rahmen einer Prüfung nach § 2c KWG."

826 So wird etwa in Frankreich und Österreich von einem Vollzugsverbot ausgegangen.

827 *Vgl. Bundesanstalt*, Merkblatt – Hinweise zu dem Verfahren sowie den Anzeigen nach § 2c KWG und § 104 VAG, jeweils in Verbindung mit der Inhaberkontrollverordnung (Stand: Juli 2009), BA 53, v. 22. Juli 2009, Ziffer 4.7.

828 *Vgl.* etwa Angebotsunterlage zum Pflichtangebot Volkswagen AG / MAN SE v. 31. Mai 2011, S. 44.

829 *Vgl.* dazu 3. Teil: J. II. 1.

830 *Vgl.* 3. Erwägungsgrund Beteiligungsrichtlinie.

831 *Vgl.* 6. Erwägungsgrund Beteiligungsrichtlinie.

1. Überblick über die Beurteilungskriterien

Nach der Beteiligungsrichtlinie haben die zuständigen Behörden im Interesse einer soliden und umsichtigen Führung des Kreditinstituts, an dem der Erwerb beabsichtigt wird, und unter Berücksichtigung des voraussichtlichen Einflusses des Erwerbsinteressenten auf das Kreditinstitut die Eignung des Erwerbsinteressenten und die finanzielle Solidität des beabsichtigten Erwerbs im Hinblick auf folgende Kriterien zu prüfen:

(1) Die Zuverlässigkeit des Erwerbsinteressenten;

(2) die Zuverlässigkeit und die Erfahrung einer jeden Person, die die Geschäfte des Kreditinstituts infolge des beabsichtigten Erwerbs leiten wird;

(3) die finanzielle Solidität des Erwerbsinteressenten, insbesondere in Bezug auf die Art der tatsächlichen und geplanten Geschäfte des Kreditinstituts, an dem der Erwerb beabsichtigt wird;

(4) der Umstand, ob das Kreditinstitut in der Lage sein und bleiben wird, den Aufsichtsanforderungen aufgrund der Beteiligungsrichtlinie und anderer Richtlinien einschließlich der Bankenrichtlinie, der Wertpapierdienstleistungsrichtlinie und der Kapitaladäquanzrichtlinie zu genügen; zu beurteilen ist insbesondere, ob die Gruppe, zu der das Zielunternehmen gehören wird, über eine Struktur verfügt, die es ermöglicht, eine wirksame Beaufsichtigung auszuüben, einen wirksamen Austausch von Informationen zwischen den zuständigen Behörden durchzuführen und die Aufteilung der Zuständigkeiten zwischen den zuständigen Behörden zu bestimmen; und

(5) der Umstand, ob ein hinreichender Verdacht besteht, dass im Zusammenhang mit dem beabsichtigten Erwerb Geldwäsche oder Terrorismusfinanzierung im Sinne des Art. 1 der Richtlinie 2005/60/EG stattfinden, stattgefunden haben oder ob diese Straftaten versucht wurden, beziehungsweise ob der beabsichtigte Erwerb das Risiko eines solchen Verhaltens erhöhen könnte.[832]

Auf europäischer Ebene werden die Kriterien für die Beurteilung des Erwerbers durch die CEBS/CEIOPS/CESR-Leitlinien weiter konkretisiert. Primärer Adressat der CEBS/CEIOPS/CESR-Leitlinien sind zwar die Mitgliedstaaten, für deren Umsetzung der Beteiligungsrichtlinie in nationales Recht die CEBS/CEIOPS/CESR-Leitlinien Empfehlungen darstellen. Dennoch bieten die CEBS/CEIOPS/CESR-Leitlinien auch auf der Rechtsanwendungsseite Anhaltspunkte für die Auslegung und Anwendung der durch die Beteiligungsrichtlinie vorgegebenen Untersagungsgründe.

2. Untersagungsgründe

Die zuständigen Behörden können gegen den beabsichtigten Erwerb nur dann Einspruch erheben, wenn es dafür vernünftige Gründe auf der Grundlage der vorgenannten Kriterien gibt. Andere materielle Beurteilungskriterien dürfen also

832 Art. 19a Abs. 1 Bankenrichtlinie (n.F.).

zur Untersagung nicht herangezogen werden. Insbesondere darf nach der Beteiligungsrichtlinie ein Mitgliedstaat seiner zuständigen Behörde nicht gestatten, bei der Prüfung des Erwerbs auf die wirtschaftlichen Bedürfnisse des Marktes abzustellen.[833]

Ansonsten darf der Erwerb nur aus formellen Gründen untersagt werden, sofern die vom Erwerbsinteressenten vorgelegten Informationen unvollständig sind.[834] Die Beteiligungsrichtlinie enthält keine Vorgaben, welche Entscheidungsmöglichkeiten für die Behörde bei Nichteinreichung der Inhaberkontrollanzeige bestehen. Aus einem Erst-Recht-Schluss lässt sich allerdings folgern, dass die Behörde den Beteiligungserwerb untersagen kann, wenn schon überhaupt keine Anzeige eines Erwerbsinteressenten eingereicht wurde. Entsprechendes gilt selbstredend auch für den Fall, dass die übermittelten Informationen in wesentlichen Teilen unrichtig sind.

3. Anwendung der Beurteilungskriterien; Proportionalität

Die Beteiligungsrichtlinie betont, dass die Prüfung unter Berücksichtigung des voraussichtlichen Einflusses des Erwerbsinteressenten auf das Kreditinstitut zu erfolgen hat.[835] Die Kriterien können daher nicht schematisch auf jeden Erwerbsvorgang in derselben Weise angewandt werden. Die Prüfungsintensität und Strenge der Handhabung hat vielmehr die Besonderheiten des Erwerbsvorhabens im Blick zu behalten. Je schwächer der Einfluss des Erwerbsinteressenten auf das regulierte Zielunternehmen sein wird, desto geringer kann je nach Einzelfall die Prüfungsdichte sein und desto mehr Zurückhaltung ist bei Annahme der Unzuverlässigkeit oder der Erforderlichkeit der Untersagung geboten.

Folgerichtig betonen auch die CEBS/CEIOPS/CESR-Leitlinien den Grundsatz der Verhältnismäßigkeit. Dabei benutzen die CEBS/CEIOPS/CESR-Leitlinien den Begriff der Verhältnismäßigkeit – in Abweichung zum traditionellen deutschen Verständnis – nicht allein bezogen auf die Rechtsfolgenseite, sondern bereits im Hinblick auf die Auslegung und Anwendung der in den Untersagungsgründen verwendeten unbestimmten Rechtsbegriffe.

Damit kommt zugleich zum Ausdruck, dass das Inhaberkontrollverfahren nicht dazu dient, den Inhaber selbst einem bankaufsichtsrechtlichen Erlaubniserfordernis zu unterwerfen. Es geht auch nicht darum, den in aufsichtsrechtlicher Hinsicht geeignetsten oder finanzstärksten Inhaber zu finden. Vielmehr wird der Inhaber einer wesentlichen Beteiligung als ein potentieller Gefahrenherd für eine solide und umsichtige Führung des Kreditinstituts erkannt. Diese Risiken eines schädlichen Einflusses sollen durch eine präventive Prüfung reduziert und gefährliche Eigner von vornherein ausgeschlossen werden. Nicht mehr und nicht weniger ist die Funktion von Inhaberkontrollverfahren.

---

833 *Vgl.* Art. 19a Abs. 3 Bankenrichtlinie (n.F.).

834 *Vgl.* Art. 19a Abs. 1 und Abs. 2 Bankenrichtlinie (n.F.).

835 Art. 19a Abs. 1 Bankenrichtlinie (n.F.).

II. Umsetzung im deutschen Recht

Im deutschen Recht sind die materiellen Beurteilungskriterien in § 2c Abs. 1b Satz 1 KWG geregelt. Es fällt auf, dass die Beurteilungskriterien der Beteiligungsrichtlinie nicht wortgleich übernommen worden sind. Anders als die Beteiligungsrichtlinie finden sich in § 2c Abs. 1b Satz 1 KWG nicht nur fünf sondern sechs materielle Prüfungskriterien. Nach dem Willen des Gesetzgebers sollte dies allerdings nur als unnötig empfundene Eingriffe in die Struktur des bestehenden Textes vermeiden. Inhaltliche Unterschiede zu den Prüfungskriterien der Beteiligungsrichtlinie sollen daraus nach den Gesetzesmaterialien nicht abzuleiten sein.[836]

III. Darlegungs- und Beweislast

Hinsichtlich der Darlegungs- und Beweislast im Hinblick auf die Untersagungsgründe ist zu differenzieren.

1. Darlegungslast

Festzuhalten ist zunächst, dass über § 2c Abs. 1 Satz 2-4 KWG und die Inhaberkontrollverordnung der Anzeigepflichtige gezwungen wird, umfassende Informationen als Grundlage für die Beurteilung der für den Erwerb maßgeblichen Umstände einschließlich der Angaben zur Zuverlässigkeit des Antragstellers und seiner Vertreter vorzulegen. Der Bundesanstalt muss es auf Grund der ihr vorgetragenen tatsächlichen Umstände und ihr vorgelegten Unterlagen möglich sein, das Erwerbsvorhaben im Hinblick auf die Beurteilungskriterien zu bewerten. Den Erwerbsinteressent trifft also die Darlegungslast dafür, dass keine Untersagungsgründe vorliegen.[837] Nur für die außerhalb der normierten Darlegungslast des Erwerbsinteressenten verbleibenden Umstände trifft die Bundesanstalt die Darlegungslast.[838]

2. Amtsermittlungsgrundsatz

Die Aufsichtsbehörde ist jedoch auf diese Informationen wegen des im Grundsatz geltenden Amtsermittlungsgrundsatzes nicht beschränkt und kann und muss darüber hinausgehende Erkenntnisse mit in die Beurteilung einbeziehen.[839]

3. Beweislast

Die Beweislast für das Eingreifen von Untersagungsgründen trägt grundsätzlich die über die Versagung entscheidende Behörde.[840] Es verhält sich also nicht so, dass

---

836 Begr. RegE des Gesetzes zur Umsetzung der Beteiligungsrichtlinie, BT-Drucks. 16/10536, S. 18.

837 *Vgl.* VGH Kassel, ZIP 2010, 2234 (2236).

838 *Vgl.* VGH Kassel, ZIP 2010, 2234 (2236).

839 *Vgl.* dazu 3. Teil: B. II.; a.A. *Post*, Aufsicht über Unternehmensinhaber, S. 366.

840 Beschlussempfehlung und Bericht des Finanzausschusses zum Dritten Finanzmarktförderungsgesetz, BT-Drucks. 13/9874, S. 139; zu § 104 VAG: *Deckers*, in: Bähr, Versicherungsaufsichtsrecht, § 30 Rn. 36.

der Antragsteller gegenüber der Finanzaufsicht einen lückenlosen Nachweis darüber führen müsste, dass in seiner Person keine Untersagungsgründe vorliegen.[841] Umgekehrt muss allerdings die Bundesanstalt nicht den vollen Beweis dafür erbringen, dass ein Untersagungsgrund vorliegt. Für die Untersagung genügt es, wenn Tatsachen diesen Schluss zulassen. Die Aufsichtsbehörde hat demnach nur die Tatsachen darzulegen und zu beweisen, die den Rückschluss auf das Vorliegen eines Untersagungsgrundes zulassen.[842] Ergeben sich aus dem Inhalt der Anzeige Anhaltspunkte für einen Untersagungsgrund, bestehen für die Behörde keine eigenen weiteren Darlegungs- und Nachweispflichten mit der Folge, dass die Bundesanstalt ohne weiteres auf das Vorliegen des Untersagungsgrunds schließen darf.[843] Der Erwerbsinteressent hat dann wiederum die Möglichkeit, die durch die Bundesanstalt vorgebrachten Tatsachen zu erschüttern oder Tatsachen nachzuweisen, die den Schluss auf das Nichtvorliegen des Untersagungsgrunds rechtfertigen.[844]

IV. Untersagung aus formellen Gründen (§ 2c Abs. 1b Satz 2 KWG)

§ 2c Abs. 1b Satz 2 KWG sieht vor, dass die Bundesanstalt den Erwerb oder die Erhöhung der Beteiligung untersagen kann, wenn die übermittelten Angaben oder zusätzlich angeforderten Informationen unvollständig oder nicht richtig sind. Zudem sieht § 2c Abs. 1b Satz 2 KWG eine Untersagungsbefugnis für den Fall vor, dass die übermittelten Informationen nicht den Anforderungen der Inhaberkontrollverordnung entsprechen. Entsprechendes gilt auch hinsichtlich nach § 2c Abs. 1a Satz 3 KWG zusätzlich durch die Bundesanstalt angeforderter Informationen.

Ferner kann die Bundesanstalt nach § 2c Abs. 2 Satz 1 Nr. 2 KWG dem Inhaber einer bedeutenden Beteiligung sowie den von ihm kontrollierten Unternehmen die Ausübung der Stimmrechte untersagen und anordnen, dass über die Anteile nur mit ihrer Zustimmung verfügt werden darf, wenn der Inhaber der bedeutenden Beteiligung seiner Pflicht nach Abs. 1 zur vorherigen Unterrichtung der Bundesanstalt und der Deutschen Bundesbank nicht nachgekommen ist und diese Unterrichtung innerhalb einer von ihr gesetzten Frist nicht nachgeholt hat.

Nicht ausdrücklich geregelt ist, ob die Bundesanstalt bei Nichteinreichung der Anzeige schon vor Vollzug den Erwerb untersagen kann. Richtigerweise kann man diese Kompetenz der Bundesanstalt aus einem Erst-Recht-Schluss aus § 2c Abs. 1b Satz 2 und Abs. 2 Satz 1 Nr. 2 KWG ableiten. Für eine derartige Untersagungsverfügung ist wie im Fall des § 2c Abs. 2 Satz 1 Nr. 2 KWG zu fordern, dass die

---

841 VGH Kassel, ZIP 2010, 2234 (2236); Begr. RegE zum Vierten KWG-Änderungsgesetz, BT-Drucks. 12/3377, S. 27 (zu § 2b KWG (a.F.)).

842 *Süßmann*, in: Schwennicke/Auerbach, KWG, § 2c Rn. 17.

843 *Vgl.* VGH Kassel, ZIP 2010, 2234 (2236).

844 *Vgl.* VGH Kassel, ZIP 2010, 2234 (2236); Beschlussempfehlung und Bericht des Finanzausschusses zum Drittes Finanzmarktförderungsgesetz, BT-Drucks. 13/9874, S. 139; zustimmend *Burgard*, WM 2011, 1973 (1974) (zu § 6 BörsG).

Bundesanstalt den Betroffenen angehört und diesem eine Frist zur Nachholung der Anzeige gesetzt hat.

Als Ergebnis der zusätzlichen formellen und inhaltlichen Anforderungen an den Inhalt und Umfang von Anzeigen nach § 2c Abs. 1 Satz 1 KWG ist damit zu rechnen, dass die Bedeutung einer Untersagung aus formellen Gründen zunimmt.

V. Zuverlässigkeit (§ 2c Abs. 1b Satz 1 Nr. 1b KWG)

Zentrales Kriterium bei der Beurteilung des Anzeigepflichtigen ist dessen Zuverlässigkeit. Dies umfasst bei juristischen Personen vor allem die Zuverlässigkeit der gesetzlichen oder satzungsmäßigen Vertreter sowie bei Personengesellschaften die Zuverlässigkeit der Gesellschafter (*vgl.* § 2c Abs. 1b Satz 1 Nr. 1 KWG).

1. Europäischer Zuverlässigkeitsbegriff

Nach der Beteiligungsrichtlinie weist das Kriterium der Zuverlässigkeit zwei Elemente auf. Zum einen umfasst der Zuverlässigkeitsbegriff i.S.d. Beteiligungsrichtlinie die Integrität (*integrity*) des Erwerbesinteressenten. Zum anderen meint Zuverlässigkeit i.S.d. Beteiligungsrichtlinie aber auch fachspezifische Kompetenz (*professional competence*).[845] Die Beteiligungsrichtlinie und die Bankenrichtlinie regeln nicht im Detail, unter welchen Voraussetzungen ein Anzeigepflichtiger diese Voraussetzungen erfüllt. Die Erwägungsgründe zur Beteiligungsrichtlinie weisen lediglich darauf hin, dass sich Zweifel an der Zuverlässigkeit aus vergangenem Verhalten im Geschäftsverkehr ergeben kann.[846]

Nach den CEBS/CEIOPS/CESR-Leitlinien soll ein Erwerber als zuverlässig zu erachten sein, sofern nicht das Gegenteil bewiesen ist.[847] Hinsichtlich der Integritätsanforderungen konkretisieren die CEBS/CEIOPS/CESR-Leitlinien das Merkmal der Zuverlässigkeit durch das Fehlen von *negative records* und lassen den Mitgliedstaaten und nationalen Aufsichtsbehörden ausdrücklich einen Spielraum, welche Kriterien dafür herangezogen werden können. Das europäische Recht gibt demnach nicht im Einzelnen vor, unter welchen Voraussetzungen ein Erwerber nicht mehr als zuverlässig erachtet werden kann.

Die CEBS/CEIOPS/CESR-Leitlinien enthalten allerdings eine Reihe von Kriterien, denen durch die nationalen Behörden besonderes Augenmerk zu schenken ist.[848] Von besonderer Bedeutung sind nach den CEBS/CEIOPS/CESR-Leitlinien vor allem Verurteilungen wegen einschlägiger Straftaten und Ordnungswidrigkeiten. Dies betrifft vor allem Straftaten und Ordnungswidrigkeiten im Zusammenhang mit Bank-, Finanzdienstleistungs-, Wertpapier- oder Versicherungsaktivitäten oder in den Bereichen des Kapitalmarktes oder der Zahlungsinstrumente einschließlich der

---

845 8. Erwägungsgrund Beteiligungsrichtlinie; CEBS/CEIOPS/CESR-Leitlinien, Rn. 24.

846 *Vgl.* auch 8. Erwägungsgrund Beteiligungsrichtlinie.

847 CEBS/CEIOPS/CESR-Leitlinien, Rn. 25.

848 CEBS/CEIOPS/CESR-Leitlinien, Rn. 27-35.

Geldwäsche, Marktmanipulationen, Insiderhandel und Wucher. Ferner sind Straftaten im Bereich der Wahrheitsdelikte, des Betruges oder sonstige Straftaten im Finanzbereich als relevant zu nennen. Schließlich sind Straftaten und Ordnungswidrigkeiten im Bereich des Gesellschaftsrechts, des Insolvenzrechts und des Verbraucherschutzes von besonderer Bedeutung.

Nach den CEBS/CEIOPS/CESR-Leitlinien können auch laufende Verfahren, Ermittlungsverfahren oder Untersuchungen in der Vergangenheit von Relevanz sein, falls diese die Integrität des Erwerbers in Zweifel ziehen können.

Von besonderer Bedeutung ist ferner das Verhalten des Antragstellers und seiner Geschäftsführer in der Vergangenheit. Begutachtet werden soll nach den CEBS/CEIOPS/CESR-Leitlinien insoweit insbesondere die Transparenz und Offenheit in der Vergangenheit gegenüber den Aufsichtsbehörden einschließlich möglicher Verstöße gegen Anzeigeverpflichtungen, die Kündigung von Anstellungsverhältnissen oder der Ausschluss (*Disqualification*) von bestimmten Positionen.[849]

2. Umsetzung im deutschen Recht und Konkretisierung des Zuverlässigkeitsbegriffs

Wie bereits angedeutet, erfolgte die Umsetzung der Beurteilungskriterien und Untersagungsgründe ins deutsche Recht mit von der Beteiligungsrichtlinie abweichendem Wortlaut. Dies gilt auch und insbesondere für den Zuverlässigkeitsbegriff.

a) Systematische Auslegung des § 2c Abs. 1b Satz 1 KWG

Zunächst ist festzuhalten, dass § 2c Abs. 1b Satz 1 KWG zwischen Zuverlässigkeit und fachlicher Eignung differenziert. Dies wird deutlich aus dem systematischen Vergleich zwischen dem Tatbestand des § 2c Abs. 1b Satz 1 Nr. 1 KWG einerseits, der den Begriff der fachlichen Eignung in Bezug auf den Erwerbsinteressenten und seine Vertreter nicht verwendet, und andererseits § 2c Abs. 1b Satz 1 Nr. 4 KWG, der hinsichtlich künftiger Geschäftsleiter neben der Zuverlässigkeit ausdrücklich auch auf deren fachliche Eignung abstellt.

Aus diesem systematischen Vergleich ist zu schließen, dass Zuverlässigkeit im Sinne des § 2c Abs. 1b Nr. 1 KWG nicht fachliche Eignung im engeren Sinn meinen kann.[850] Andererseits ist dem Zuverlässigkeitstatbestand ein Auffangtatbestand zur Seite gestellt, wonach die Untersagung auch darauf gestützt werden kann, dass die maßgeblichen Personen aus anderen Gründen nicht den im Interesse einer soliden und umsichtigen Führung des Instituts zu stellenden Ansprüchen genügen (*vgl.* § 2c Abs. 1b Satz 1 Nr. 1 1. Halbs., Alt. 2 KWG). Dies gibt Raum dafür, die Fachkunde und Erfahrung des Erwerbsinteressenten, wie von der

---

849 CEBS/CEIOPS/CESR-Leitlinien, Rn. 27-35.

850 Ebenso etwa *Deckers*, in: Bähr, Versicherungsaufsichtsrecht, § 30 Rn. 29 (zu § 104 VAG).

Beteiligungsrichtlinie und den CEBS/CEIOPS/CESR-Leitlinien angezeigt, in die Bewertung des Erwerbs einfließen zu lassen.[851]

Schließlich wird der Tatbestand um eine gesetzliche Vermutung der Unzuverlässigkeit ergänzt, wenn Tatsachen die Annahme rechtfertigen, dass die für den Erwerb aufgebrachten Mittel aus einer objektiv strafbaren Handlung resultieren (*vgl.* § 2c Abs. 1b Satz 1 Nr. 1 2. Halbs. KWG). Nach der Gesetzesbegründung soll es sich dabei um einen Teil des Kriteriums der Zuverlässigkeit des Erwerbsinteressenten im Einklang mit der Beteiligungsrichtlinie handeln.[852]

Das Kreditwesengesetz enthält keine weitergehende Definition des Tatbestandsmerkmals der Zuverlässigkeit. Im Gegensatz zu vielen anderen gewerberechtlichen Vorschriften enthält § 2c Abs. 1b KWG auch keinen Katalog von Regelbeispielen, bei deren Vorliegen auf die Unzuverlässigkeit des Erwerbsinteressenten geschlossen werden kann.[853]

b) Zuverlässigkeitsbegriff im Gewerberecht

Der Begriff der Zuverlässigkeit hat im deutschen Recht seine Wurzeln im Gewerberecht. Nach ständiger Rechtsprechung ist gewerberechtlich unzuverlässig i.S.d. § 35 GewO, wer nach dem Gesamteindruck seines Verhaltens keine Gewähr dafür bietet, dass er sein Gewerbe in Zukunft ordnungsgemäß, d.h. entsprechend der gesetzlichen Vorschriften und unter Beachtung der guten Sitten, ausüben wird.[854] Nicht ordnungsgemäß ist die Gewerbeausübung durch eine Person, die nicht willens oder nicht in der Lage ist, die im öffentlichen Interesse zu fordernde einwandfreie Führung des Gewerbes zu gewährleisten. Erforderlich ist weder ein Verschulden im Sinne eines moralischen oder ethischen Vorwurfs noch ein Charaktermangel.[855]

c) Zuverlässigkeitsbegriff im KWG

Das Kreditwesengesetz benutzt über § 2c KWG hinaus den Zuverlässigkeitsbegriff neben der fachlichen Eignung insbesondere zur Beschreibung der aufsichtsrechtlichen Anforderungen an Geschäftsleiter (§ 1 Abs. 2 Satz 2 KWG), Leitungsorgane von Finanzholding-Gesellschaften (§ 2d Abs. 1 KWG), den Antragsteller und seine Geschäftsleiter sowie den Inhaber bedeutender Beteiligungen und deren Vertreter im Erlaubnisverfahren (§§ 32 Abs. 1 Satz 2 Nr. 3 KWG; 33 Abs. 1 Satz 1 Nr. 2-4a KWG) sowie an Mitglieder des Verwaltungs- oder

---

851 *Vgl.* dazu näher 3. Teil: H. V. 6.

852 Begr. RegE des Gesetzes zur Umsetzung der Beteiligungsrichtlinie, BT-Drucks. 16/10536, S. 18.

853 *Vgl.* etwa §§ 33c Abs. 2 Satz 2, 34b Abs. 4 Nr.1, 34c Abs. 2 Nr. 1 GewO; § 4 Abs. 1 Satz 1 Nr. 1 GaststG; § 5 WaffG.

854 Ständige Rspr. BVerwGE 65, 1 (1 f.); *Brüning*, in: Pielow, GewO, § 35 Rn. 19; *Heß*, in: Friauf, GewO, § 35 Rn. 48 jew. m.w.N.; *Tettinger*, in: Tettinger/Wank, GewO, § 35 Rn. 26.

855 *Brüning*, in: Pielow, GewO, § 35 Rn. 19; *Heß*, in: Friauf, GewO, § 35 Rn. 48 jew. m.w.N.

Aufsichtsorgans eines Instituts oder einer Finanzholding-Gesellschaft (§ 36 Abs. 3 Satz 1 KWG).[856]

An der Zuverlässigkeit von Geschäftsleitern fehlt es in Anlehnung an den gewerberechtlichen Begriff, sofern diese den im Interesse einer soliden und umsichtigen Führung des Kreditinstituts zu stellenden Ansprüchen nicht genügen.[857] Entsprechende Kriterien sollen auch für die Leitungsorgane von Finanzholdig-Gesellschaften gelten.[858]

Bei Inhabern bedeutender Beteiligungen und ihrer Vertretungsorgane sollen im Erlaubnisverfahren im Ausgangspunkt grundsätzlich ähnliche Kriterien gelten, wie im Fall der Geschäftsleiter des Instituts; es werden aber auch die spezifischen Zwecke der Vorschrift hervorgehoben.[859]

Bei Mitgliedern von Aufsichtsräten wird die Zuverlässigkeit verneint, wenn persönliche Umstände nach der allgemeinen Lebenserfahrung die Annahme rechtfertigen, dass diese die sorgfältige und ordnungsgemäße Wahrnehmung des Kontrollmandats beeinträchtigen können.[860]

d) Konturierung des Zuverlässigkeitsbegriffs in § 2c KWG durch Rechtsprechung und Praxis

Trotz der mittlerweile fast 20-jährigen Geschichte der Anteilseignerkontrolle und einer anderweitigen Verwendung des Begriffs im Kreditwesengesetz hat das Zuverlässigkeitserfordernis im Rahmen von § 2c KWG nicht zuletzt wegen der geringen Zahl einschlägiger Rechtsprechung bis heute nicht dieselbe Kontur gewonnen wie in § 35 GewO und bei der Geschäftsleiterkontrolle nach dem Kreditwesengesetz.

Soweit ersichtlich, gibt es lediglich zwei veröffentlichte Gerichtsurteile des Verwaltungsgerichts Frankfurt a.M. sowie eine Instanzentscheidung des VGH

---

856 Das Erfordernis der Zuverlässigkeit von Mitgliedern des Aufsichtsorgans von Instituten und Finanzholding-Gesellschaften wurde erst durch das Gesetz zur Stärkung der Finanzmarkt- und der Versicherungsaufsicht (FMVAStärkG) v. 29. Juli 2009 (BGBl. I S. 2305) in das Kreditwesengesetz eingefügt. Mit dem Gesetz wurde mit § 7a Abs. 4 VAG auch eine entsprechende Regelung für Versicherungsunternehmen, Pensionsfonds und Versicherungs-Holdinggesellschaf-ten und gemischte Finanzholding-Gesellschaften eingeführt. *Vgl.* hierzu *Wieland*, BB 2012, 1108 (1114).

857 Begr. RegE zum Vierten KWG-Änderungsgesetz, BT-Drucks. 12/3377, S. 38 (zu § 2b KWG (a.F.)); *Schwennicke*, in: Schwennicke/Auerbach, KWG, § 33 Rn. 29.

858 Begr. RegE zum Finanzkonglomeraterichtlinie-Umsetzungsgesetz, BT-Drucks. 15/3641, S. 38; *Süßmann*, in: Schwennicke/Auerbach, KWG, § 2d Rn. 3.

859 *Vgl.* Begr. RegE zum Vierten KWG-Änderungsgesetz, BT-Drucks. 12/3377, S. 40, wo die Anlehnung an den gewerberechtlichen Unzuverlässigkeitsbegriff hervorgehoben wird; *Schwennicke*, in: Schwennicke/Auerbach, KWG, § 33 Rn. 51 f.; *Fischer*, in: Boos/Fischer /Schulte-Mattler, KWG, § 33 Rn. 78 f.

860 *Bundesanstalt*, Merkblatt zur Kontrolle von Mitgliedern von Verwaltungs- und Aufsichtsorganen gemäß KWG und VAG v. 22. Februar 2010, S. 4; *vgl.* dazu auch *Lehrl*, BKR 2010, 485 (494).

Kassel, die sich mit dem Kriterium der Unzuverlässigkeit im Rahmen von § 2c KWG beziehungsweise § 2b KWG (a.F.) auseinandersetzen.[861]

Nach dem Urteil des VG Frankfurt a.M. zu § 2b KWG (a.F.) aus dem Jahr 2008 und ihm folgend des VGH Kassel in Sachen NordfinanzBank AG ist die Unzuverlässigkeit eines Erwerbsinteressenten anzunehmen, wenn vom Erwerbsinteressenten ein Verhalten gezeigt wird, das ein Vertrauen in die verantwortungsbewusste Wahrnehmung der aus der Gesellschafterposition resultierenden Einflussnahmemöglichkeiten auf ein Institut nicht rechtfertigt.[862]

In seinem Beschluss aus dem Jahr 2007 hat das VG Frankfurt a.M. auf eine generelle Zuverlässigkeitsdefinition verzichtet. Mangelnde Zuverlässigkeit liege immer schon dann vor, wenn ein Inhaber einer bedeutenden Beteiligung durch sein Verhalten zu erkennen gebe, dass er die gesetzlichen Rahmenbedingungen seines wirtschaftlichen Handelns nicht oder nur ungenügend kenne und auch nicht in der Lage sei, sich zuverlässigen Rechtsrat zu beschaffen.[863]

Allerdings kann auf die Kriterien des gewerberechtlichen Zuverlässigkeitsbegriffs auch im Rahmen des § 2c Abs. 1b Satz 1 Nr. 1 KWG als Auslegungshilfe zurückgegriffen werden.[864] Zur Auslegung kann zudem auf die Auslegung und Verwaltungspraxis zu den inhaltsgleichen Formulierungen im Kreditwesengesetz zurückgegriffen werden. Dies gilt insbesondere für den Paralleltatbestand des § 33 Abs. 1 Satz 1 Nr. 3 KWG zur Zuverlässigkeit von Inhabern bedeutender Beteiligungen und deren Vertretungsorganen im Erlaubnisverfahren.[865]

3. Personeller Anwendungsbereich der Zuverlässigkeitsprüfung

a) Natürliche Personen

Handelt es sich beim Antragsteller um eine natürliche Person, hat diese das Zuverlässigkeitserfordernis in eigener Person zu erfüllen. Die Behandlung

---

861 VG Frankfurt a.M., Beschluss v. 11. April 2007 – 1 G 755/07– BeckRS 2007 23136; VG Frankfurt a.M., WM 2008, 782 ff.; VGH Kassel, ZIP 2010, 2234 ff. *Vgl.* auch *Hammen*, WuB 2008, 583 (584).

862 VG Frankfurt a.M., WM 2008, 782 (782); VGH Kassel, ZIP 2010, 2234 (2236).

863 VG Frankfurt a.M., Beschluss v. 11. April 2007 – 1 G 755/07– BeckRS 2007 23136.

864 *Vgl.* VGH Kassel, ZIP 2010, 2234 (2236); *Erm*, in: Beck/Samm/Kokemoor, KWG, § 2c Rn. 48; zur Inhaberkontrolle im VAG ausdrücklich Begr. RegE zum Dritten Durchführungsgesetz/EWG zum VAG, BT-Drucks. 12/6959, S. 52; *Winter*, Versicherungsaufsichtsrecht, S. 263; *Gause*, in: MünchKomm-VVG, Einf. AufsichtsR, Rn. 156; *Dreher*, ZVersWiss 2006, Supplement, 375 (385) (zur Geschäftsleiterkontrolle nach dem VAG); *Post*, Aufsicht über Unternehmensinhaber, S. 363 (jew. zu § 104 VAG); *vgl.* auch Beschlussempfehlung Bericht des Finanzausschusses zum Versicherungsänderungsgesetz, BT-Drucks. 15/3976, S. 34, wonach die herkömmliche, auf dem allgemeinen Gewerberecht beruhende Auslegung dieses Begriffs für diesen Fall als "wenig passend" angesehen wird.

865 *Süßmann*, in: Schwennicke/Auerbach, KWG, § 2c Rn. 11; *Schäfer*, in: Boos/Fischer/Schulte-Mattler, KWG, § 2c Rn. 9; *Kobabe*, in Luz/Neus/Scharpf/Schneider/Weber, KWG, § 2c Rn. 30.

geschäftsunfähiger und beschränkt geschäftsfähiger Inhaber bedeutender Beteiligungen ist im Gesetz nicht speziell geregelt. Richtigerweise wird man diesbezüglich auf die Zuverlässigkeit des gesetzlichen Vertreters abstellen müssen.[866]

b) Juristische Personen

Handelt es sich beim Erwerbsinteressenten um eine juristische Person, sind Bezugspunkte der Zuverlässigkeitsprüfung sowohl die juristische Person als Antragsteller wie auch deren gesetzliche oder satzungsmäßige Vertreter (§ 2c Abs. 1b Satz 1 Nr. 1 KWG).

Gemeint sind damit die gesetzlichen Vertreter, also bei der Aktiengesellschaft die einzelnen Vorstandsmitglieder oder bei der GmbH die Geschäftsführer. Der Anwendungsbereich des "satzungsmäßigen Vertreters" bleibt unklar.[867] Dagegen sind Aufsichtsratsmitglieder des Erwerbsinteressenten im Inhaberkontrollverfahren nicht zwingend einer Zuverlässigkeitsprüfung zu unterziehen.[868] Bei juristischen Personen des öffentlichen Rechts in der Rolle des Erwerbsinteressenten gilt entsprechendes für die Personen, die zur Vertretung der juristischen Person berufen sind.[869]

Nach den CEBS/CEIOPS/CESR-Leitlinien müssen auch alle Personen, die effektiv die Geschäfte leiten (*effectively direct the business*) der Zuverlässigkeitsprüfung standhalten. Damit ist grundsätzlich allerdings nicht eine Erweiterung des Personenkreises über die Leitungsorgane der juristischen Person hinaus etwa auf Generalbevollmächtigte oder Prokuristen verbunden.[870]

Die Zuverlässigkeit der juristischen Person als Antragsteller wird in erster Linie durch die Zuverlässigkeit der sie vertretenden Personen bestimmt.

Inwieweit darüber hinaus die juristische Person selbst einer eigenen davon unabhängigen Zuverlässigkeitsprüfung standzuhalten hat, ist wie im allgemeinen Gewerberecht umstritten. Zum Teil wird dies mit der Begründung verneint, zwischen dem Begriff der Unzuverlässigkeit und dem Handeln natürlicher

---

866 *Hirschmann*, Anteilseignerkontrolle, S. 90.

867 *Vgl. Hirschmann*, Anteilseignerkontrolle, S. 91 f.

868 Siehe aber § 36 Abs. 3 Satz 1 KWG, wonach die Mitglieder des Aufsichtsorgans eines Instituts und einer Finanzholding-Gesellschaft nunmehr selbst zuverlässig sein müssen. *Vgl.* hierzu *Wieland*, BB 2012, 1108 (1114).

869 Hier wird allerdings offenbar in der Praxis in der Regel von einer Prüfung abgesehen. *Vgl.* dazu *Hirschmann*, Anteilseignerkontrolle, S. 32 f.; *Deckers*, in: Bähr, Versicherungsaufsichtsrecht, § 30 Rn. 11; offen gelassen *Kaulbach*, in: Fähr/Kaulbach/Bähr, VAG, § 7a Rn. 15 (letztere zu § 104 VAG). Dies kommt nunmehr auch im Verzicht auf die Übermittlung der Unterlagen zur Überprüfung der Zuverlässigkeit in § 15 Abs. 2 Nr. 6 InhKontrollV zum Ausdruck.

870 *Winter*, Versicherungsaufsichtsrecht, S. 264 (zu § 104 VAG).

Personen bestehe ein untrennbarer Zusammenhang.[871] Diese Auffassung überzeugt allerdings nicht und würde bedenkliche Schutzlücken hinterlassen. Auch der Gesetzgeber hat seine ursprünglich gegenteilige Auffassung mittlerweile revidiert.[872] Dieses Verständnis wird auch durch die CEBS/CEIOPS/CESR-Leitlinien bestätigt.[873]

Beispiele für eine Unzuverlässigkeit der juristischen Person unabhängig von ihren Leitungsorganen können zum Beispiel schwere Organisations- und Risikomanagement-Schwächen sein, die nicht unmittelbar auf das Verhalten ihrer gegenwärtigen Geschäftsleiter zurückzuführen sind und nicht sofort behebbar sind.[874] Darüber hinaus kann die Unzuverlässigkeit der juristischen Person aus sonstigen Drittbeziehungen resultieren. Zu denken ist hier an wirtschaftliche oder persönliche Beziehungen mit Dritten.[875]

c) Personengesellschaften

Gemäß § 2c Abs. 1b Satz 1 Nr. 1 KWG sind bei Personenhandelsgesellschaften auch die Gesellschafter des Anzeigepflichtigen Bezugspunkt der Zuverlässigkeitsprüfung. Die Vorschrift wirft eine Reihe von Zweifelsfragen auf.

Nach dem Wortlaut soll nur bezüglich *Personenhandelsgesellschaften* auf die Zuverlässigkeit der Gesellschafter abgestellt werden. Ausweislich der Gesetzesbegründung soll dies aber auch für BGB-Außengesellschaften gelten.[876] Die Beschränkung auf Personenhandelsgesellschaften im Wortlaut des § 2c Abs. 1b Satz 1 Nr. 1 KWG erscheint historisch bedingt und hat noch nicht die Weiterentwicklung der Dogmatik zur BGB-Gesellschaft nachvollzogen. Es wäre allerdings schon wegen der mit der Anzeigepflicht verbundenen Eingriffe angezeigt, wenn der Gesetzgeber, der dieses Problem ja offenbar erkannte, dies auch im Wortlaut der Vorschrift klargestellt hätte.

Bemerkenswert ist ferner, dass § 2c Abs. 1b Satz 1 Nr. 1 KWG auf sämtliche Gesellschafter der Personenhandelsgesellschaft abstellt. Dies war in älteren Fassungen zum Teil noch anders, wo die Vorschrift auf persönlich haftende

---

871 Ablehnend etwa Begr. RegE zum Vierten KWG-Änderungsgesetz, BT-Drucks. 12/3377, S. 27 (zu § 2b KWG (a.F.)); *Schäfer*, in: Boos/Fischer/Schulte-Mattler, KWG, § 2c Rn. 9; *Präve*, in: Prölss, VAG, § 7a Rn. 39; aus dem allg. gewerberechtlichen Schrifttum *Heß*, in: Friauf, GewO, § 35 Rn. 30 m.w.N.

872 Begr. RegE zum Vierten Finanzmarktförderungsgesetz, BT-Drucks. 14/8017, S. 115; ebenso *Hirschmann*, Anteilseignerkontrolle, S. 94 ff.; *Kobabe*, in: Luz/Neus/Scharpf/Schneider/Weber, KWG, § 2c Rn. 30; Reischauer/Kleinhans, KWG, § 2c Rn. 10; *Winter*, Versicherungsaufsichtsrecht, S. 264 f. (zu § 7a Abs. 2 VAG); *Burgard*, WM 2011, 1973 (1981) (zu § § 6 BörsG).

873 *Vgl.* CEBS/CEIOPS/CESR-Leitlinien, Rn. 36.

874 Ähnlich *Hirschmann*, Anteilseignerkontrolle, S. 94 ff. m.w.N.

875 *Vgl.* dazu CEBS/CEIOPS/CESR-Leitlinien, Rn. 37; *Hirschmann*, Anteilseignerkontrolle, S. 110.

876 BegrRegE zum Gesetz zur Umsetzung der Beteiligungsrichtlinie, BT-Drucks. 16/10536, S. 17; A.A. noch *Hirschmann*, Anteilseignerkontrolle, S. 90.

Gesellschafter beschränkt war.[877] Die Einbeziehung persönlich haftender Gesellschafter, die zur Geschäftsführung und -vertretung befugt sind, erscheint plausibel und überzeugend. Diskussionswürdig ist dies bereits hinsichtlich von der Geschäftsführung und -vertretung ausgeschlossener persönlich haftender Gesellschafter, mag aber mit den zwingenden und unentziehbaren Gesellschafterrechten persönlich haftender Gesellschafter gerechtfertigt werden können.[878]

Abzulehnen ist aber im Regelfall die Einbeziehung von Kommanditisten in die Zuverlässigkeitsprüfung. *Hirschmann* hält die Einbeziehung nicht persönlich haftender Gesellschafter für ein gesetzgeberisches Versehen und möchte die Vorschrift daher schon aus diesem Grund auf Kommanditisten nicht anwenden.[879] Aber auch teleologische Gründe sprechen für eine Nichtanwendung auf Kommanditisten. Diese sind insbesondere gemäß § 170 HGB von der organschaftlichen Vertretung der Gesellschaft ausgeschlossen. Nur wenn es sich, wie häufig bei GmbH & Co. KGs anzutreffen, beim Kommanditisten zugleich um einen Geschäftsführer der Komplementär-GmbH handelt (geschäftsführender Kommanditist) oder der Kommanditist selbst als Inhaber einer bedeutenden Beteiligung am Zielunternehmen einzustufen ist, unterliegt ein Kommanditist ausnahmsweise auch der Zuverlässigkeitskontrolle, dann aber in seiner Funktion als Geschäftsleiter oder originär Anzeigepflichtiger.[880] Davon geht offenbar auch die Bundesanstalt aus, denn gemäß § 9 Abs. 1 Satz 1 i.V.m. § 8 Nr. 3 InhKontrollV sind durch den Anzeigepflichtigen nur Angaben zur Zuverlässigkeit der persönlich haftenden Gesellschafter, nicht aber der Kommanditisten zwingend zu übermitteln.

4. Allgemeines; Prüfungsmaßstab

a) Prognoseentscheidung

Bei der Beurteilung der Unzuverlässigkeit handelt es sich um eine Prognoseentscheidung. Nach den für die Vergangenheit festgestellten Tatsachen müssen künftig weitere Verstöße wahrscheinlich sein.[881] Bloße Zweifel an der

---

877 *Vgl. Hirschmann*, Anteilseignerkontrolle, S. 91 ff.

878 Ablehnend allerdings *Kobabe*, in: Luz/Neus/Scharpf/Schneider/Weber, KWG, § 2c Rn. 30.

879 *Hirschmann*, Anteilseignerkontrolle, S. 92 f.; ähnl. auch *Kobabe*, in: Luz/Neus/Scharpf/Schneider/Weber, KWG, § 2c Rn. 30; Reischauer/Kleinhans, KWG, § 2c Rn. 10.

880 Ähnlich *Fischer*, in: Boos/Fischer/Schulte-Mattler, KWG, § 33 Rn. 80 ("ausnahmsweise" (...) "wenn sie nach der gesellschaftsvertraglichen Gestaltung maßgeblichen Einfluss ausüben können").

881 *Hirschmann*, Anteilseignerkontrolle, S. 115; *Dreher*, ZVersWiss 2006, Supplement, 375 (405) (zur Geschäftsleiterkontrolle); *Brüning*, in: Pielow, GewO, § 35 Rn. 20; ähnlich VGH Kassel, ZIP 2010, 2234 (2236): "Eine Unzuverlässigkeit kann sich dabei aus Tatsachen herleiten lassen, die in der Vergangenheit eingetreten sind, und die Behörde hat zu beurteilen, ob diese Tatsachen auf eine Unzuverlässigkeit in der Zukunft schließen lassen." Zu § 6 BörsG *vgl. Burgard*, WM 2011, 1973 (1974).

Zuverlässigkeit oder Vermutungen reichen für die Untersagung ebenso wenig aus, wie die schlichte Möglichkeit eines künftigen Fehlverhaltens.[882]

Nach Ansicht des VGH Kassel sollen allerdings "die Anforderungen an die Gewichtung einer in die Zukunft gerichteten Betrachtungsweise im Bereich der Aufsicht über die Finanzdienstleistungen im weitesten Sinne und insbesondere der Vorsorge vor Beeinträchtigungen des Bank- und Zahlungsmitteltransaktionsmarktes im Regelungsbereich der Aufsicht und der Kontrolle wesentlicher Beteiligungen geringer" sein, "als im Bereich der klassischen Gewerbeaufsicht".[883] Auch soll es nicht erforderlich sein, dass die Gefahr besteht, dass sich ein bestimmtes inkriminiertes Verhalten bei dem Gewerbetreibenden wiederholen wird.[884]

Umgekehrt dürfen trotz der geschützten Rechtsgüter und Gefahren richtigerweise auch keine überzogenen Anforderungen an die Wahrscheinlichkeit künftiger Verfehlungen gestellt werden.[885] Im Rahmen der Prognoseentscheidung sind auch entlastende Umstände zu berücksichtigen, etwa wenn aufsichtsrechtliche Versäumnisse nachträglich korrigiert wurden. Insofern ist es bedenklich, wenn der VGH Kassel in seiner Entscheidung in Sachen NordfinanzBank AG dies offen lässt und wenn überhaupt allenfalls im Ausnahmefall für möglich hält.[886]

Bei öffentlichen Übernahmeangeboten gehören zu den zu würdigenden Tatsachen auch die in der Angebotsunterlage enthaltenen zukunftsbezogenen Einschätzungen, Erwartungen, Prognosen, Absichten und Vorhaben, ungeachtet des Umstands, dass deren Richtigkeit, Eintritt bzw. Verwirklichung naturgemäß noch nicht feststeht.[887]

b) Volle gerichtliche Überprüfbarkeit

Beim Merkmal der fehlenden Zuverlässigkeit handelt es sich um einen unbestimmten Rechtsbegriff, bei dessen Prüfung der Behörde aber grundsätzlich kein Beurteilungsspielraum zukommt und dessen Anwendung gerichtlich in vollem Umfang nachprüfbar ist.[888]

---

882 *Vgl.* aus dem allgemeinen Gewerberecht *Brüning*, in: Pielow, GewO, § 35 Rn. 20; *Leisner*, GewArch. 2008, 225 (229).

883 VGH Kassel, ZIP 2010, 2234 (2238).

884 VGH Kassel, ZIP 2010, 2234 (2238).

885 *Vgl.* VGH Mannheim, DVBl. 1993, 1221 (zu § 35 GewO).

886 VGH Kassel, ZIP 2010, 2234 (2238).

887 *Burgard*, WM 2011, 1973 (1974) (zu § 6 BörsG).

888 *Vgl. Hirschmann*, Anteilseignerkontrolle, S. 100, 115 ff.; *Schwennicke*, in: Schwennicke/Auerbach, KWG, § 33 Rn. 35 (zu § 33 KWG); *Dreher*, ZVersWiss 2006, Supplement, 375 (386; 410 f.); *Kunz*, ZVersWiss 2006, 249 (264 f.) (jew. zur Geschäftsleiterkontrolle gem. § 7a Abs. 1 Satz 1 VAG); *Burgard*, WM 2011, 1973 (1974) (zu § 6 BörsG); a.A. aber *Köndgen*, in: Berger/Steck/Lübbehüsen, InvG, § 2a Rn. 7 (zu § 2a Abs. 1 InvG).

Für eine Einschätzungsprärogative beziehungsweise Prognosespielraum der Bundesanstalt ist bei der Anteilseignerkontrolle richtigerweise kein Raum.[889] Zwar sind durch die Rechtsprechung bestimmte eng umgrenzte Fallgruppen anerkannt, in denen der Behörde ausnahmsweise ein gerichtlich nicht voll überprüfbarer Beurteilungsspielraum einzuräumen ist. Namentlich wurde durch die Rechtsprechung ein Beurteilungsspielraum für bestimmte Prognoseentscheidungen und Risikobewertungen mit planerischem Einschlag anerkannt. Ferner wurde ein Beurteilungsspielraum für Bewertungen durch ein eigens geschaffenes, pluralistisch besetztes und weisungsfreies Gremium angenommen, bei dem es dem Gesetzgeber gerade darauf ankommt, dass die Entscheidung unter Berücksichtigung des persönlichen Eindrucks und der besonderen Sachkunde dieses Gremiums erfolgt und das Gericht diese Bewertung nicht durch eine eigene Bewertung ersetzen können soll.[890]

Bei der gewerberechtlichen Unzuverlässigkeitsprüfung wird für einen Beurteilungsspielraum ganz überwiegend kein Raum gesehen.[891] Nichts anderes kann auch für die Zuverlässigkeitsprüfung der Bundesanstalt im Rahmen von Inhaberkontrollverfahren gelten.[892] Insbesondere handelt es sich bei der Bundesanstalt trotz der dortigen Konzentration von Sachkompetenz nicht um ein unabhängiges Gremium, bei welchem es entsprechend der oben beschriebenen Fallgruppe gerechtfertigt wäre, durch die Annahme eines Beurteilungsspielraums die Bewertung der Bundesanstalt einer vollen richterlichen Kontrolle zu entziehen.[893]

c) Tatsachenbasis und Darlegungs- und Beweislast

Die Bundesanstalt muss wie bei den anderen Untersagungsgründen die Unzuverlässigkeit nicht positiv feststellen. Sie ist im Falle der Untersagung gestützt auf § 2c Abs. 1 Satz 1 Nr. 1 KWG nur gehalten, Tatsachen nachzuweisen, die einen entsprechenden Schluss zulassen.[894] Die fehlende Zuverlässigkeit darf aber nur auf

---

889 *Hirschmann*, Anteilseignerkontrolle, S. 100, 115 ff.; *Schwennicke*, in: Schwennicke/Auerbach, KWG, § 33 Rn. 35 (zu § 33 KWG).

890 Vgl. allgemein zur Lehre des Beurteilungsspielraums und den von der Rechtsprechung entwickelten Fallgruppen *Maurer*, Verwaltungsrecht, § 7 Rn. 31 ff.; *Kopp/Ramsauer*, VwVfG, § 40 Rn. 71 ff.; *Ruffert*, in: Knack/Henneke, VwVfG, § 40 Rn. 91 ff., 101.

891 St. Rspr. hinsichtlich der gewerberechtlichen Unzuverlässigkeit. *Vgl.* BVerwGE 121, 257 (261 f.) (zu § 29d Abs. 1 Nr. 1 LuftVG); VGH Kassel NVwZ-RR 1991, 146 (146); *Kopp/Ramsauer*, VwVfG, § 40 Rn. 81; *Brüning*, in: Pielow, GewO, § 35 Rn. 24.

892 *Winter*, Versicherungsaufsichtsrecht, S. 266 (zu § 104 VAG); a.A. *Köndgen*, in: Berger/Steck/Lübbehüsen, InvG, § 2a Rn. 7 (zu § 2a Abs. 1 InvG).

893 *Kunz*, ZVersWiss 2006, Supplement, 249 (265).

894 *Vgl.* VGH Kassel, ZIP 2010, 2234 (2236); *Schäfer*, in: Boos/Fischer/Schulte-Mattler, KWG, § 2c Rn. 9; *Süßmann*, in: Schwennicke/Auerbach, KWG, § 2c Rn. 17; Reischauer/Kleinhans, KWG, § 2c Rn. 11. *Vgl.* außerdem 3. Teil: G. III.

nachgewiesene Tatsachen gestützt werden.[895] Die materielle Beweislast für den Nachweis der die fehlende Zuverlässigkeit tragenden Tatsachen und die damit verbundene Prognose trägt die Bundesanstalt.[896] Allerdings weisen § 2c Abs. 1 Satz 2-4; Abs. 1a Satz 3 KWG und die Inhaberkontrollverordnung dem Erwerbsinteressenten gerade für die Zuverlässigkeitsprüfung umfangreiche Darlegungs- und Mitwirkungspflichten zu. Ergeben sich daraus Anhaltspunkte für das Vorliegen eines Untersagungsgrundes, ist es Sache des Erwerbsinteressenten, die belastenden Tatsachen zu erschüttern oder Tatsachen nachzuweisen, die seine Zuverlässigkeit belegen.[897]

d) Regelvermutung der Zuverlässigkeit

Nach den CEBS/CEIOPS/CESR-Leitlinien kann von der Integrität des Erwerbsinteressenten beziehungsweise dessen Vertreter im Allgemeinen ausgegangen werden, wenn eine Zuverlässigkeitsprüfung als Inhaber einer bedeutenden Beteiligung oder Geschäftsleiter eines Unternehmens des Finanzsektors durch die Aufsichtsbehörde bereits erfolgreich durchlaufen wurde oder der Erwerbsinteressent selbst ein beaufsichtigtes Unternehmen ist.[898] Dies gilt eingeschränkt auch für im Ausland beaufsichtigte Unternehmen beziehungsweise soweit bei ausländischen Behörden vergleichbare Zuverlässigkeitsprüfungen durchlaufen wurden. Dann kann nach den CEBS/CEIOPS/CESR-Leitlinien die Einschätzung der Auslandsbehörde der eigenen Zulässigkeitsprüfung zugrunde gelegt werden.[899]

In der Inhaberkontrollverordnung sind diese Tatbestände allerdings nicht ausdrücklich als Regelvermutung formuliert. Auf bereits durchlaufene Zuverlässigkeitsprüfungen hat der Anzeigepflichtige lediglich nach Maßgabe des § 8 Abs. 3 InhKontrollV die Aufsichtsbehörde hinzuweisen. Ferner wird zugunsten einer Reihe von Anzeigepflichtigen auf sonst für die Zuverlässigkeitsprüfung relevante Unterlagen ganz- oder teilweise verzichtet (*vgl.* § 16 InhKontrollV).

e) Anforderungsprofil

Die hohe Vertrauensempfindlichkeit der Branche bedingt, dass an die Zuverlässigkeit im Rahmen des Kreditwesengesetzes strenge Anforderungen zu

---

895 *Vgl.* 3. Teil: G. III. Außerdem *Schäfer*, in: Boos/Fischer/Schulte-Mattler, KWG, § 2c Rn. 9; sowie *Dreher*, ZVersWiss 2006, Supplement, 375 (386; 404); *Winter*, in FS Schirmer, 639 (645); *ders.*, Versicherungsaufsichtsrecht, S. 266 (jew. zu § 104 VAG).

896 CEBS/CEIOPS/CESR-Leitlinien, Rn. 25; *Dreher*, ZVersWiss 2006, Supplement, 375 (404 f.); *Hirschmann*, Anteilseignerkontrolle, S. 114 f.; *Winter*, in FS Schirmer, 639 (645); VG Frankfurt a.M., WM 2008, 782 (782); zu § 104 VAG: *Deckers*, in: Bähr, Versicherungsaufsichtsrecht, § 30 Rn. 36; für das allgemeine Gewerberecht *Heß*, in: Friauf, GewO, § 35 Rn. 53a; a.A. wohl *Kollhosser,* in: Prölss, VAG, § 104 Rn. 6.

897 VG Frankfurt a.M., WM 2008, 782 (782 f.); VGH Kassel, ZIP 2010, 2234 (2236); *Süßmann*, in: Schwennicke/Auerbach, KWG, § 2c Rn. 17; Reischauer/Kleinhans, KWG, § 2c Rn. 11.

898 CEBS/CEIOPS/CESR-Leitlinien, Rn. 47.

899 CEBS/CEIOPS/CESR-Leitlinien, Rn. 48.

stellen sind. Denn die Ausübung des Bankgeschäfts und das Erbringen von Finanzdienstleistungen bedingen zumeist die Entgegennahme fremder Gelder und Finanzinstrumente.[900] Nicht selten geht es um langfristige Vertragsverhältnisse und stehen erhebliche Vermögenswerte auf dem Spiel. Schließlich muss berücksichtigt werden, dass es sich beim Finanzsektor gesamtwirtschaftlich gesehen um einen äußerst sensiblen und in seiner Funktionsfähigkeit zu gewährleistenden Wirtschaftsbereich handelt.[901]

Umgekehrt ist vor einem Unzuverlässigkeitsrigorismus im Rahmen der Inhaberkontrolle zu warnen. Bezugspunkt der Zuverlässigkeitsprüfung ist nur die Rolle als Beteiligungsinhaber am konkreten Zielunternehmen und nicht die Führung der Geschäfte des Zielunternehmens.[902] Insbesondere ist zu berücksichtigen, dass die Inhaber bedeutender Beteiligungen und deren Geschäftsleiter in aller Regel weder rechtlich noch faktisch in die Geschäftsführung und Vertretung unmittelbar eingreifen können. Dies kann aus rechtlichen Gründen selbst bei einer Mehrheitsbeteiligung der Fall sein, etwa bei Zielunternehmen in der Rechtsform einer Aktiengesellschaft, bei denen der Vorstand die Geschäfte in eigener Verantwortung zu leiten hat (§ 76 Abs. 1 AktG). Dies bedeutet, dass der Vorstand grundsätzlich nicht an Weisungen anderer Gesellschaftsorgane und auch nicht an Weisungen von (Groß-) Aktionären gebunden ist.[903] Aber auch bei anderen Rechtsformen folgt nicht zuletzt aus dem aufsichtsrechtlichen Prinzip der Geschäftsleiterverantwortlichkeit, dass generellen Weisungsrechten der Gesellschafter und Aufsichtsorgane aufsichtsrechtliche Grenzen gesetzt sind.[904] Auch auf Kundengelder haben Inhaber bedeutender Beteiligungen und deren Vertreter keinen unmittelbaren Zugriff. Jede Einflussnahme von Gesellschaftern auf das Zielunternehmen wird damit durch die Geschäftsleiter des Zielunternehmens gefiltert. Die Geschäftsleiter des Zielunternehmens müssen ihrerseits zuverlässig und fachlich geeignet sein (*vgl.* § 33 Abs. 1 Satz 1 Nr. 2 und Nr. 4 KWG). Von ihnen kann und muss daher auch erwartet werden können, bei aufsichtsrechtlich unzulässiger Einflussnahme durch Inhaber bedeutender Beteiligungen die notwendigen Schlüsse zu ziehen, und sich diesen zu widersetzen.

Es ist daher weder erforderlich noch aufsichtsrechtlich geboten, an Inhaber bedeutender Beteiligungen und deren Vertreter bei der Zuverlässigkeit pauschal dieselben strengen Anforderungen zu stellen, wie an Geschäftsleiter von Instituten.

---

900 VG Frankfurt a.M., WM 2008, 782 (782 f.); *Erm*, in: Beck/Samm/Kokemoor, KWG, § 2c Rn. 48.

901 *Vgl.* 1. Teil: C. I. 2.

902 *Winter*, Versicherungsaufsichtsrecht, S. 265 (zu § 104 VAG); *Fischer*, in: Boos/Fischer/Schulte-Mattler, KWG, § 33 Rn. 80 (zu § 33 Abs. 1 Satz 1 Nr. 3 KWG).

903 *Hüffer*, AktG, § 76 Rn. 10 m.w.N. Zur Zulässigkeit von Zustimmungsvorbehalten *vgl.* § 111 Abs. 4 Satz 2 AktG.

904 *Vgl. Brogl*, in: Reischauer/Kleinhans, KWG, § 1 Rn. 240 ff; zu weitgehend allerdings *Schäfer*, in: Boos/Fischer/Schulte-Mattler, KWG, § 1 Rn. 153.

Dies gilt umso mehr, je geringer die tatsächlichen und rechtlichen Möglichkeiten der Einflussnahme des künftigen Anteilseigners sind.[905]

Daraus folgt, dass ein Automatismus zwischen vergangenheitsbezogener Betrachtung von Straftaten und Ordnungswidrigkeiten und zukunftsbezogener Unzuverlässigkeitsfeststellung nicht angebracht ist.[906] Insofern erscheint es jedenfalls missverständlich, wenn nach den CEBS/CEIOPS/CESR-Leitlinien die notwendige Integrität "the absence of negative records" implizieren soll.[907] Bedenklich sind auch die Ausführungen des VGH Kassel in der Rechtssache NordfinanzBank AG, wonach die Bundesanstalt "ohne Weiteres" auf die Unzuverlässigkeit des Betreffenden schließen können soll, wenn sich aus dem Inhalt der Anzeige Anhaltspunkte für eine Unzuverlässigkeit ergeben.[908] Ein derartiger Automatismus wäre vor dem Hintergrund des weit gezogenen Kreises von potentiell die Unzuverlässigkeit infrage stellenden Umständen rechtsstaatlich nicht haltbar. Sie würde dazu führen, eine Vielzahl von Personen und Unternehmen bereits wegen vergleichsweise geringfügiger Verstöße von Investitionen im Finanzsektor auszuschließen. Auf die durchzuführende Würdigung und Gewichtung der Indizien, welche generell geeignet sind, die Zuverlässigkeit infrage zu stellen, weisen die CEBS/CEIOPS/CESR-Leitlinien dann auch an anderer Stelle hin.[909]

5. Integrität

Eines der Hauptelemente des Zuverlässigkeitsbegriffs ist die Integrität der maßgeblichen Personen.

a) Verstöße gegen Straftatbestände

Auf die Unzuverlässigkeit kann aus dem Verstoß gegen einschlägige Strafvorschriften geschlossen werden.[910] Hinsichtlich der Indizwirkung und deren Stärke ist nach der Art des Verstoßes zu differenzieren.

Je schwerer die Straftat und je stärker der Bezug der Straftat zur gewerblichen Betätigung im Finanzsektor und zu den Aufgaben und Pflichten eines Inhabers einer bedeutenden Beteiligung ist, umso stärker ist auch die Indizwirkung. Wie in den CEBS/CEIOPS/CESR-Leitlinien aufgeführt, haben Verurteilungen wegen Straftaten im Zusammenhang mit Bank-, Finanzdienstleistungs-, Wertpapier- oder Versicherungsaktivitäten oder im Bereich des Kapitalmarktes, einschließlich

---

905 Zu § 104 VAG: *Deckers*, in: Bähr, Versicherungsaufsichtsrecht, § 30 Rn. 40.

906 *Fischer*, in: Boos/Fischer/Schulte-Mattler, KWG, § 33 Rn. 82 (zu § 33 Abs. 1 Satz 1 Nr. 3 KWG); *Dreher*, ZVersWiss 2006, Supplement, 375 (389) (zur Geschäftsleiterkontrolle nach dem VAG).

907 CEBS/CEIOPS/CESR-Leitlinien, Rn. 26.

908 VGH Kassel, ZIP 2010, 2234 (2236).

909 *Vgl.* v.a. CEBS/CEIOPS/CESR-Leitlinien, Rn. 30 f.

910 VG Frankfurt a.M., WM 2008, 782 (783); *Schäfer*, in: Boos/Fischer/Schulte-Mattler, KWG, § 2c Rn. 9; *Hirschmann*, Anteilseignerkontrolle, S. 103 f.; *Dreher*, ZVersWiss 2006, Supplement, 375 (388) (zur Geschäftsleiterkontrolle nach dem VAG); *Winter*, in FS Schirmer, 639 (645) (zu § 104 VAG).

Verstößen gegen Normen im Bereich Geldwäsche, Marktmanipulationsverboten, Insiderhandel und Wucher, besondere Bedeutung.[911] Besonders schwer wiegen ferner Straftaten gegen das Vermögen, im Bereich des Gesellschaftsrechts, des Insolvenzrechts und des Verbraucherschutzes sowie Wahrheits- und Urkundsdelikte.[912] Auch Kartellrechtsverstöße können gewichtig sein.[913]

Aber auch andere Straftaten können insbesondere bei einer Vielzahl von Verurteilungen Indizwirkung im Hinblick auf die Zuverlässigkeit des Erwerbsinteressenten haben.[914] Die zu einer Verurteilung führenden Tatsachen brauchen nicht zwingend im Rahmen einer gewerblichen Tätigkeit verwirklicht worden sein. Ein Zusammenhang zum Gewerbebetrieb muss allerdings insoweit bestehen, dass aus der eigentlich unternehmensunabhängigen Tatsache auf die Gefahr einer nicht ordnungsgemäßen Ausübung der Pflichten als Inhaber einer bedeutenden Beteiligung geschlossen werden kann.[915] Dies ist beispielsweise bei Verkehrsdelikten in der Regel nicht der Fall.[916] Insoweit ist bemerkenswert, dass die Inhaberkontrollverordnung hinsichtlich der im Hinblick auf Strafverfahren zu übermittelnden Informationen nicht nach der Art der Delikte differenziert. Sie fragt zunächst Strafverfahren wegen jedes Verbrechens oder Vergehens ab.[917]

Wie bereits ausgeführt, ist vor einem Automatismus zwischen Vorstrafen und Unzuverlässigkeit im Hinblick auf die erstrebte Stellung als Inhaber einer bedeutenden Beteiligung zu warnen. Dies gilt selbst bei vermeintlich einschlägigen Vorstrafen.[918] Die Bundesanstalt darf sich nicht auf die Feststellung einer Verurteilung beschränken, sondern ist gehalten, den der seinerzeitigen Verurteilung

---

911 CEBS/CEIOPS/CESR-Leitlinien, Rn. 27; *Fischer*, in: Boos/Fischer/Schulte-Mattler, KWG, § 33 Rn. 38, 82; *Schwennicke*, in: Schwennicke/Auerbach, KWG, § 33 Rn. 37 (jew. zu § 33 Abs. 1 Satz 1 Nr. 2 KWG); *Winter*, Versicherungsaufsichtsrecht, S. 267 (zu § 104 VAG).

912 *Fischer*, in: Boos/Fischer/Schulte-Mattler, KWG, § 33 Rn. 38 (zu § 33 Abs. 1 Satz 1 Nr. 2 KWG); *Erm*, in: Beck/Samm/Kokemoor, KWG, § 2c Rn. 48.

913 *Dreher*, ZVersWiss 2006, Supplement, 375 (389) (zur Geschäftsleiterkontrolle).

914 *Heß*, in: Friauf, GewO, § 35 Rn. 53 m.w.N.; krit. *Hirschmann*, Anteilseignerkontrolle, S. 104; *Leisner*, GewArch. 2008, 225 (231); *vgl.* auch CEBS/CEIOPS/CESR-Leitlinien, Rn. 30.

915 *Vgl. Dreher*, ZVersWiss 2006, Supplement, 375 (388) (zur Geschäftsleiterkontrolle).

916 *Dreher*, ZVersWiss 2006, Supplement, 375 (388) (zur Geschäftsleiterkontrolle); *Winter*, Versicherungsaufsichtsrecht, S. 267 (zu § 104 VAG); siehe aus der gewerberechtlichen Literatur auch *Heß*, in: Friauf, GewO, § 35 Rn. 57.

917 V*gl.* § 9 Abs. 1 Nr. 1 InhKontrollV.

918 Ebenso *Hirschmann*, Anteilseignerkontrolle, S. 104; *Fischer*, in: Boos/Fischer/Schulte-Mattler, KWG, § 33 Rn. 38 (zu § 33 Abs. 1 Satz 1 Nr. 2 KWG); *Leisner*, GewArch. 2008, 225 (231).

zugrundeliegenden Sachverhalt zu prüfen und auf seine Relevanz für die Unzuverlässigkeitsprognose zu würdigen.[919]

Auch laufende Ermittlungsverfahren können in die Gesamtbeurteilung der Zuverlässigkeit einfließen.[920] Damit ist keine Verletzung der Unschuldsvermutung nach der Europäischen Menschenrechtskonvention (Art. 6 Abs. 2 EMRK) verbunden, da diese Informationen im Rahmen der Inhaberkontrolle der Vorbereitung von ordnungsrechtlichen Entscheidungen über die künftige Zuverlässigkeit des Betroffenen und damit der Gefahrenabwehr dienen und die Maßnahmen keine strafrechtliche Ahndung begangenen Unrechts darstellen.[921] Anknüpfungspunkt ist auch hier allerdings nicht die Tatsache des Ermittlungsverfahrens, sondern der zu Grunde liegende Sachverhalt, und die Bundesanstalt muss auch hier die Tatsachen belegen, auf die sie Zweifel an der Zuverlässigkeit stützen will.

Außer Betracht zu lassen sind mangels hinreichendem Tatverdacht oder wegen eines Verfahrenshindernisses eingestellte oder mit einem Freispruch beendete Verfahren (*vgl.* § 9 Abs. 2 Satz 1 InhKontrollV, wonach diese in der Anzeige nicht offenzulegen sind).[922] Darüber hinaus darf nach richtiger Auffassung auch aus der Tatsache, dass nach §§ 153; 153a StPO Verfahren eingestellt wurden, nicht auf die Unzuverlässigkeit geschlossen werden,[923] da zu einer Einstellung nach §§ 153; 153a StPO nur der Verdacht eines strafbaren Verhaltens des Täters genügt und dem Täter die schuldhafte Begehung eines Vergehens gerade nicht nachgewiesen wurde.[924] Aus dem zu Grunde liegenden Sachverhalt und den gerichtlichen Feststellungen können sich allerdings Anhaltspunkte für Unzuverlässigkeit ergeben, die dann von der Bundesanstalt belegt werden müssen.[925]

Für die Indizwirkung und deren Stärke kommt es auch auf den seit der jeweiligen Verfehlung vergangen Zeitraum an. § 9 Abs. 2 Satz 3 InhKontrollV erlaubt es, Verfahren außer Betracht zu lassen, die mehr als fünf Jahre vor dem Beginn des Jahres liegen, in dem die Anzeige eingereicht wird. Eine bezogen auf den maßgeblichen Beurteilungszeitpunkt äußerste zeitliche Grenze der Verwertbarkeit ergibt sich, sofern eine getilgte oder zu tilgende Eintragung im Bundes-

---

919 *Fischer*, in: Boos/Fischer/Schulte-Mattler, KWG, § 33 Rn. 38; *Schwennicke*, in: Schwennicke/Auerbach, § 33 Rn. 37 (jew. zu § 33 Abs. 1 Satz 1 Nr. 2 KWG); *Winter*, Versicherungsaufsichtsrecht, S. 266 (zu § 104 VAG).

920 CEBS/CEIOPS/CESR-Leitlinien, Rn. 28; § 9 Abs. 1 Satz 1 Nr. 1 InhKontrollV.

921 *Vgl.* aus dem gewerberechtlichen Schrifttum *Brüning*, in: Pielow, GewO, § 35 Rn. 23c; *Heß*, GewArch. 2009, 89 (91).

922 *Fischer*, in: Boos/Fischer/Schulte-Mattler, KWG, § 33 Rn. 38 (zu § 33 Abs. 1 Satz 1 Nr. 2 KWG).

923 *Fischer*, in: Boos/Fischer/Schulte-Mattler, KWG, § 33 Rn. 38; *Schwennicke*, in: Schwennicke/Auerbach, § 33 Rn. 37 (jew. zu § 33 Abs. 1 Satz 1 Nr. 2 KWG).

924 *Vgl. Schoreit*, in: Karlsruher Kommentar StPO, § 153a Rn. 10.

925 *Fischer*, in: Boos/Fischer/Schulte-Mattler, KWG, § 33 Rn. 38 (zu § 33 Abs. 1 Satz 1 Nr. 2 KWG).

zentralregister besteht (*vgl.* § 51 BZRG).[926] Folgerichtig sieht § 9 Abs. 2 Satz 1 InhKontrollV vor, dass im Bundeszentralregister entfernte oder getilgte Strafverfahren nicht im Rahmen der Anzeige offengelegt werden müssen. Eine Gegenausnahme ergibt sich auch nicht aus § 52 Abs. 1 Nr. 4 BZRG. Die dort aufgeführte Berechtigung, getilgte oder zu löschende Eintragungen ausnahmsweise zu berücksichtigen, gilt nur für die Zulassung zu einem Beruf oder Gewerbe. Die Zuverlässigkeitsprüfung im Rahmen des Inhaberkontrollverfahrens ist zwar ähnlich gelagert, kann aber unter den Wortlaut des § 52 Abs. 1 Nr. 4 BZRG nicht subsumiert werden. Zwar drängt sich wegen der nicht unähnlichen Sachlage in derartigen Konstellationen eine Analogie auf. Die Vorschrift ist jedoch nach richtiger Ansicht als Ausnahmevorschrift nicht analogiefähig.[927]

Ausländische Strafverfahren sind mit den genannten Einschränkungen ebenfalls in die Zuverlässigkeitsbewertung einzubeziehen (*vgl.* auch § 9 Abs. 2 Satz 2 InhKontrollV).

b) Ordnungswidrigkeiten

Auch im Zusammenhang mit einer unternehmerischen Tätigkeit stehende Ordnungswidrigkeitsverfahren oder vergleichbare Verfahren nach einer anderen Rechtsordnung können als Indizien für eine Unzuverlässigkeit relevant sein.[928] Dagegen können Ordnungswidrigkeiten aus dem privaten Bereich grundsätzlich außer Betracht bleiben und müssen auch im Zuge der Anzeige nicht offengelegt werden (*vgl.* § 9 Abs. 1 Satz 2 Nr. 2 InhKontrollV).[929]

Die Indizwirkung der Ordnungswidrigkeiten ist umso stärker ist, je stärker der Zusammenhang mit dem Bank- und Finanzgewerbe und den Verpflichtungen eines Inhabers einer bedeutenden Beteiligung an einem regulierten Unternehmen ist. Besondere Bedeutung haben dabei anteilseignerbezogene Ordnungswidrigkeiten nach dem Kreditwesengesetz selbst. Dagegen wäre es zu eng, eine Indizwirkung nur bußgeldbewehrten Verpflichtungen aus der aufsichtsrechtlichen Verantwortlichkeit des Anteilseigners zuzusprechen.[930] Da aber Ordnungswidrigkeiten isoliert betrachtet zumeist nicht besonders schwerwiegend ins Gewicht fallen, werden sie allenfalls in Ausnahmefällen die Annahme einer Unzuverlässigkeit

---

926 *Fischer*, in: Boos/Fischer/Schulte-Mattler, KWG, § 33 Rn. 38; *Schwennicke*, in: Schwennicke/Auerbach, § 33 Rn. 37 (jew. zu § 33 Abs. 1 Satz 1 Nr. 2 KWG); *Hirschmann*, Anteilseignerkontrolle, S. 105; zu § 104 VAG: *Deckers*, in: Bähr, Versicherungsaufsichtsrecht, § 30 Rn. 31; *Winter*, Versicherungsaufsichtsrecht, S. 266 f. (zu § 104 VAG); aus dem allgemeinen Gewerberecht *Heß*, in: Friauf, GewO, § 35 Rn. 59.

927 *Vgl.* BVerwGE 101, 24; *Brüning*, in: Pielow, GewO, § 35 Rn. 23.

928 CEBS/CEIOPS/CESR-Leitlinien, Rn. 28; *Hirschmann*, Anteilseignerkontrolle, S. 105; *Dreher*, ZVersWiss 2006, Supplement, 375 (388 f.) (zur Geschäftsleiterkontrolle nachdem VAG); *Winter*, in FS Schirmer, 639 (645) (zu § 104 VAG).

929 *Vgl.* außerdem *Hirschmann*, Anteilseignerkontrolle, S. 105; *Winter*, Versicherungsaufsichtsrecht, S. 267 (zu § 104 VAG).

930 CEBS/CEIOPS/CESR-Leitlinien, Rn. 28 f.; a.A. *Hirschmann*, Anteilseignerkontrolle, S. 105.

rechtfertigen können, etwa wenn sich daraus ein "Hang zur Nichtbeachtung geltender Vorschriften" im unternehmerischen Bereich erkennen lässt.[931] Erst Recht gilt dies hinsichtlich laufender Ordnungswidrigkeitsverfahren. Bagatellverstöße sind generell nicht zu berücksichtigen.[932] In zeitlicher Hinsichtlich gelten die obigen Ausführungen zu Strafverfahren entsprechend (*vgl.* auch § 9 Abs. 2 Satz 3 InhKontrollV).

c) Verstöße gegen Aufsichtsrecht; aufsichtsrechtliche Maßnahmen und Verfahren; Tätigkeitsverbote

Eng verbunden mit den vorgenannten Tatbeständen sind Rechtsverstöße gegen sonstiges Aufsichtsrecht und die Einleitung aufsichtsrechtlicher Maßnahmen beziehungsweise abgeschlossene Verfahren und Sanktionen in der Vergangenheit. Auch diese Informationen werden durch die Inhaberkontrollverordnung abgefragt (*vgl.* § 9 Abs. 1 Satz 1 Nr. 4 InhKontrollV) und können in die Unzuverlässigkeitsprognose einfließen.

In diesem Zusammenhang ist auch von Behörden abgelehnten Lizenzanträgen oder dem Entzug bestehender aufsichtsrechtlicher oder sonstiger Gewerbeerlaubnisse besondere Aufmerksamkeit zu schenken. Ähnliches gilt für Entlassungen aus vertrauensrelevanten Positionen oder Gewerbeausübungsverbote.[933] Diese deuten nicht selten auf aufsichtsrechtliche Verstöße in der Vergangenheit hin.

Besondere Bedeutung im Rahmen der Zuverlässigkeitsprüfung haben vor allem wissentliche Verstöße gegen aufsichtsrechtliche Anzeigepflichten einschließlich Anzeigepflichten auf Grundlage der Beteiligungsrichtlinie.[934] Ferner hervorzuheben sind Verstöße gegen aufsichtsrechtliche Verpflichtungen als bedeutender Inhaber bereits bestehender bedeutender Beteiligungen. Es wäre im Regelfall allerdings überzogen, aus vereinzelt gebliebenen oder nicht-vorsätzlichen Verstößen gegen Anzeige- und ähnliche Pflichten in der Vergangenheit allein bereits auf eine generelle Unzuverlässigkeit zu schließen.[935] Dies gilt insbesondere, wenn der Anzeigepflichtige durch seine nachträgliche Anzeige nach § 2c Abs. 1 Satz 1 KWG zum Ausdruck bringt, dass er willens und in der Lage ist, die aufsichtsrechtlichen Anforderungen künftig zu erfüllen.[936]

---

931 *Schwennicke*, in: Schwennicke/Auerbach, KWG, § 33 Rn. 38 (zu § 33 Abs. 1 Satz 1 Nr. 2 KWG); generell ablehnend *Hirschmann*, Anteilseignerkontrolle, S. 104; *Dreher*, ZVersWiss 2006, Supplement, 375 (389) (zur Geschäftsleiterkontrolle nach dem VAG).

932 *Vgl. Schwennicke*, in: Schwennicke/Auerbach, KWG, § 33 Rn. 38; *Dreher*, ZVersWiss 2006, Supplement, 375 (389) (zur Geschäftsleiterkontrolle nach dem VAG).

933 § 9 Abs. 1 Satz 1 Nr. 5 InhKontrollV; CEBS/CEIOPS/CESR-Leitlinien, Rn. 29.

934 CEBS/CEIOPS/CESR-Leitlinien, Rn. 29.

935 *Wieland*, BB 2012, 1108 (1110).

936 Ebenso *Hirschmann*, Anteilseignerkontrolle, S. 105.

Bedenklich erscheint daher die Begründung der Entscheidung des VG Frankfurt a.M. aus dem Jahr 2007.[937] Dort hatte der Erwerbsinteressent im Fall eines mittelbaren Beteiligungserwerbs nach seinem Vorbringen von einer Anzeige abgesehen, nachdem sein Rechtsberater ihn dahingehend beraten hatte, dass eine Anzeigepflicht nicht bestehe. Mit Verweis auf den klaren Wortlaut des § 1 Abs. 9 KWG zu mittelbaren Beteiligungen hat der Erwerbsinteressent aus Sicht des Gerichts vorwerfbar seine indirekte Beteiligung verschwiegen. Nach Auffassung des VG Frankfurt a.M. rechtfertigt allein diese Tatsache als solche bereits die Annahme der Unzuverlässigkeit.[938] Auch im Fall der Investorengruppe Cobra wurde die Unzuverlässigkeit offenbar auch auf einen Verstoß der Anteilseigner der Beteiligungsgesellschaft Cobra gegen die Anzeigepflicht gestützt.[939]

In Anbetracht der weitreichenden Konsequenzen eines Unzuverlässigkeitsverdikts erscheint es zudem zweifelhaft, wenn nach den CEBS/CEIOPS/CESR-Leitlinien pauschal auch Hinweise darauf, dass der Erwerbsinteressent sich gegenüber Aufsichtsbehörden nicht "transparent, offen und kooperativ" verhielt, von den Behörden bei der Zuverlässigkeitsprüfung besonders berücksichtigt werden sollen.[940] Zwar sollte sich für den Anzeigepflichtigen transparentes, offenes und kooperatives Verhalten in der Vergangenheit positiv auf die Zuverlässigkeitsprognose auswirken. Solange aber umgekehrt das Verhalten des Antragstellers sich im Rahmen des rechtlich Zulässigen bewegt hat, erscheint es nicht gerechtfertigt, daraus Schlüsse auf seine mögliche Unzuverlässigkeit zu ziehen.

Ähnliches gilt auch für den von den CEBS/CEIOPS/CESR-Leitlinien angesprochenen Versuch, "sich einer aufsichtsrechtlichen Überprüfung als Inhaber einer

---

937 VG Frankfurt a.M., Beschluss v. 11. April 2007 – 1 G 755/07– BeckRS 2007 23136; krit. zu entsprechenden Fallkonstellationen auch *Fricke*, VersR 2002, 1078 (1082) (zu § 104 VAG); zustimmend aber *Kobabe*, in: Luz/Neus/Scharpf/Schneider/Weber, KWG, § 2c Rn. 30.

938 Weiter führt das VG Frankfurt a.M. aus: "Ob dies bei besonders schwierigen Rechtsfragen die Zuverlässigkeit infrage stellen könnte, mag dahingestellt bleiben. Im vorliegenden Fall war allein der Wortlaut des § 1 Abs. 9 KWG zur Kenntnis zu nehmen, was mit keinen besonderen Schwierigkeiten verbunden ist. Mit dem Begriff der Zuverlässigkeit in § 2b (jetzt: §2c) Abs. 1a Satz 1 Nr. 1 KWG ist im Übrigen kein Schuldvorwurf verbunden. Mangelnde Zuverlässigkeit liegt vielmehr immer schon dann vor, wenn ein Inhaber einer bedeutenden Beteiligung durch sein Verhalten zu erkennen gibt, dass er die gesetzlichen Rahmenbedingungen seines wirtschaftlichen Handelns nicht oder nur ungenügend kennt und auch nicht in der Lage ist, sich zuverlässigen Rechtsrat zu beschaffen. Denn in einem solchen Fall ist davon auszugehen, dass er – gewollt oder ungewollt – die gesetzlichen Rahmenbedingungen auch nicht beachten und folglich in rechtswidriger Weise operieren wird. Weder die Ag. noch die anderen Beteiligten des Kapitalmarktes können sich insofern auf den betreffenden Akteur verlassen. Eben das macht bereits in ausreichender Weise seine mangelnde Zuverlässigkeit aus. Den weiteren Gründen, auf die die Ag. das Urteil über die Unzuverlässigkeit des Herrn Z stützt, braucht deshalb nicht weiter nachgegangen werden."

939 *Vgl.* dazu 1. Teil: F.III. 2.

940 CEBS/CEIOPS/CESR-Leitlinien, Rn. 29.

bedeutenden Beteiligung zu entziehen".[941] Bestreitet der Antragsteller mit einer rechtlich nachvollziehbaren Rechtsauffassung die Anzeigepflicht, handelt es sich um ein legitimes Verhalten und es ist Sache der Behörde die Anzeige gegebenenfalls mit aufsichtsrechtlichen Mitteln zu erzwingen. Eine negative Zuverlässigkeitsprognose trägt ein derartiges Verhalten allerdings nicht.

d) Verstöße gegen steuerrechtliche Vorschriften; Steuerschulden

Wie im übrigen Gewerberecht können auch Verstöße gegen steuerrechtliche Vorschriften und Steuerrückstände auf die Unzuverlässigkeit schließen lassen.[942] Dies kann zum einen Indiz mangelnder wirtschaftlicher Leistungsfähigkeit sein, aber auch auf einen mangelnden Willen zur Einhaltung öffentlich-rechtlicher Pflichten schließen lassen. Die Indizwirkung wird aber im Hinblick auf die Schutzgüter der Anteilseignerkontrolle nur in Extremfällen ausreichend sein, um eine Unzuverlässigkeitsprognose zu tragen.[943] Zurückhaltung ist vor allem beim Rückschluss von Verstößen im privaten Bereich auf eine aufsichtsrechtliche Unzuverlässigkeit zu üben.[944] Zu weit geht es allerdings, Verstößen gegen steuerrechtliche Vorschriften mangels fehlenden Zusammenhangs zu den Schutzgütern der Anteilseignerkontrolle von vornherein jegliche Indizwirkung abzusprechen.[945]

e) Verstöße gegen sozialversicherungsrechtliche Pflichten

Indizwirkung kann auch Verstößen gegen sozialversicherungsrechtliche Pflichten zukommen.[946] Mangels eigener spezifischer sozialversicherungsrechtlicher Verpflichtungen von Inhabern bedeutender Beteiligungen im Bezug auf das Zielunternehmen, können derartige Verstöße allein im Regelfall keine Unzuverlässigkeitsprognose im Hinblick auf den Erwerbsinteressenten tragen.

---

941 CEBS/CEIOPS/CESR-Leitlinien, Rn. 29.

942 *Erm*, in: Beck/Samm/Kokemoor, KWG, § 2c Rn. 48; *Schwennicke*, in: Schwennicke/Auerbach, KWG, § 33 Rn. 39; *Burgard*, WM 2011, 1973 (1980) (zu § § 6 BörsG); aus der gewerberechtlichen Literatur *Brüning*, in: Pielow, GewO, § 35 Rn. 23; *Heß*, in: Friauf, GewO, § 35 Rn. 63 m.w.N.; krit. *Leisner*, GewArch. 2008, 225 (230 ff.).

943 Ähnlich *Winter*, in FS Schirmer, 639 (645); *ders.*, Versicherungsaufsichtsrecht, S. 267 f. (jew. zu § 104 VAG); *Erm*, in: Beck/Samm/Kokemoor, KWG, § 2c Rn. 48 ("führt nicht zwingend zur Annahme fehlender Zuverlässigkeit").

944 *Schwennicke*, in: Schwennicke/Auerbach, KWG, § 33 Rn. 39 (zu § 33 Abs. 1 Satz 1 Nr. 2 KWG); *Heß*, in: Friauf, GewO, § 35 Rn. 65 m.w.N.; *ders.*, GewArch. 2009, 89, 91 f.; weitergehend *Dreher*, ZVersWiss 2006, Supplement, 375 (390) (zur Geschäftsleiterkontrolle); *Leisner*, GewArch. 2008, 225 (230 ff.), die nur gewerbespezifische Verstöße gegen das Steuerrecht für berücksichtigungsfähig halten.

945 So aber *Hirschmann*, Anteilseignerkontrolle, S. 108 f.

946 *Burgard*, WM 2011, 1973 (1980) (zu § § 6 BörsG); *Heß*, in: Friauf, GewO, § 35 Rn. 68 m.w.N.; krit. *Dreher*, ZVersWiss 2006, Supplement, 375 (390) (zur Geschäftsleiterkontrolle); *Leisner*, GewArch. 2008, 225 (230 ff.).

f) Wirtschaftliche Lage; Vermögensverfall

Klassischerweise wird im Gewerberecht jedenfalls im sogenannten Vertrauensgewerbe die fehlende wirtschaftliche Leistungsfähigkeit als ein die Unzuverlässigkeit begründender Umstand angesehen.[947] Dies soll vor allem bei Gewerben gelten, zu deren Ausübung ausreichende finanzielle Mittel erforderlich sind oder bei denen mit Rücksicht auf die Eigenart des Geschäftsbetriebs, insbesondere die Verwaltung fremder Vermögen beziehungsweise treuhänderische Verwaltung von Geldern, eine besondere Vertrauenswürdigkeit verlangt werden muss oder es auf die wirtschaftliche Leistungsfähigkeit ankommt.[948]

Mit § 2c Abs. 1b Satz 1 Nr. 2 und Nr. 6 KWG bestehen bereits zwei spezielle Untersagungstatbestände, bei denen auch die Finanzlage des Erwerbsinteressenten eine Rolle spielt.[949] Inwieweit und unter welchen Voraussetzungen die fehlende wirtschaftliche Leistungsfähigkeit darüber hinaus als ein die Unzuverlässigkeit begründender Umstand herangezogen werden kann, ist zweifelhaft.

Die älteren Gesetzesmaterialien noch zu § 2b KWG (a.F.) gingen ursprünglich davon aus.[950] Im Rahmen des Inhaberkontrollverfahrens sind auch Informationen über Insolvenzverfahren und die Abgabe eidesstattlicher Versicherungen an die Aufsichtsbehörden zu übermitteln (*vgl.* § 9 Abs. 1 Satz 1 Nr. 5 InhKontrollV). Dabei deutet die systematische Stellung im Rahmen der Informationen zur Beurteilung der Zuverlässigkeit darauf hin, dass diese Informationen aus Sicht der Bundesanstalt zu Zwecken der Zuverlässigkeitsprüfung erhoben werden.

Hintergrund hierfür mag vor allem die Ansteckungsgefahr sein, die von einer Insolvenz oder Krise des Beteiligungsinhabers auf die Beteiligungsgesellschaft ausgehen kann.[951] Ferner kann der Vermögensverfall Indiz für die auch sonst fehlende Integrität und Sachkunde des Erwerbsinteressenten sein.

Ohne drohenden Verstoß gegen aufsichtsrechtliche Eigenmittelverpflichtungen oder Insolvenzstraftaten unter Beteiligung des Erwerbsinteressenten erscheint es aber nur schwer vorstellbar, dass eine fehlende wirtschaftliche Leistungsfähigkeit

---

947 *Vgl.* allgemein auch *Heß*, in: Friauf, GewO, § 35 Rn. 61; krit. *Leisner*, GewArch. 2008, 225 (231 f.); *Dreher*, ZVersWiss 2006, Supplement, 375 (390 f.) (zur Geschäftsleiterkontrolle).

948 *Vgl.* allgemein auch *Heß*, in: Friauf, GewO, § 35 Rn. 61; *ders.* GewArch. 2009, 89 (92); krit. *Dreher*, ZVersWiss 2006, Supplement, 375 (390 f.) (zur Geschäftsleiterkontrolle); *Leisner*, GewArch. 2008, 225 (231 f.).

949 *Vgl.* dazu unter 3. Teil: H. VI. und XI.

950 Begr. RegE zum Vierten KWG-Änderungsgesetz, BT-Drucks. 12/3377, S. 40, wonach hinsichtlich der Zuverlässigkeitsprüfung von Inhabern bedeutender Beteiligungen im Erlaubnisverfahren bei juristischen Personen u.a. "auf die wirtschaftliche Lage" abzustellen sei; krit. *Dreher*, ZVersWiss 2006, Supplement, 375 (390 f.) (zur Geschäftsleiterkontrolle im VAG). Zu § 104 Abs. 1 Satz 1 Nr. 1 2. Halbs. VAG (a.F.) *vgl. Weber-Rey/Baltzer*, WM 2006, 205 (212).

951 *Hirschmann*, Anteilseignerkontrolle, S. 107.

über § 2c Abs. 1b Satz 1 Nr. 2 und Nr. 6 KWG hinaus eine Unzuverlässigkeitsprognose nach § 2c Abs. 1b Satz 1 Nr. 1 KWG trägt.[952]

g) Kriminelle beziehungsweise nicht nachvollziehbare Beschaffung von Geldern

Nach § 2c Abs. 1b Satz 1 Nr. 1b 2. Halbs. KWG liegt ein Untersagungsgrund im Zweifel insbesondere dann vor, wenn Tatsachen die Annahme rechtfertigen, dass die für den Erwerb der Beteiligung verwendeten finanziellen Mittel durch eine objektive strafbare Handlung herrühren. Es handelt sich um ein gesetzliches Regelbeispiel, das sich so in der Beteiligungsrichtlinie nicht ausdrücklich findet. Nach der Gesetzesbegründung und Auffassung der Bundesanstalt handelt es sich dabei um einen Teil der Zuverlässigkeitsprüfung, ohne dass damit inhaltliche Unterschiede zur Beteiligungsrichtlinie bezweckt sind.[953]

Bereits in der Beschlussempfehlung und dem Bericht des Finanzausschusses zum Dritten Finanzmarktförderungsgesetz zu § 2b KWG (a.F.) wird darüber hinaus schon die nicht nachvollziehbare Beschaffung von Geldern als ein möglicher Grund für die Unzuverlässigkeit genannt.[954] Das VG Frankfurt a.M. in einer Entscheidung im Jahr 2008 zu § 2b KWG (a.F.) und ihm folgend das VGH Kassel haben im Fall NordfinanzBank die Untersagung des Beteiligungserwerbs gerade auf die fehlende Nachvollziehbarkeit der Herkunft der für den Beteiligungserwerb verwandten Finanzmittel gestützt.[955]

Dem ist im Hinblick auf die Zielsetzung der Erwerbskontrolle, den Gefahren von Geldwäsche- und Terrorismusfinanzierung entgegenzutreten, im Grundsatz zuzustimmen. Häufig wird daher bei fehlender Transparenz der Herkunft der Mittel bereits eine Untersagung des Erwerbsvorhabens aus formellen Gründen gemäß § 2c Abs. 1b Satz 2 KWG denkbar sein.

Die Inhaberkontrollverordnung verlangt demgemäß eine aussagekräftige, lückenlose Darstellung und geeignete, lückenlose Nachweise über das Vorhandensein und die wirtschaftliche Herkunft der Eigen- und Fremdmittel, die für den Erwerb eingesetzt werden sollen sowie die Vorlage der gesamten in diesem Zusammenhang geschlossenen Vereinbarungen und Verträge (§ 14 InhKontrollV).

Die Finanzaufsicht und Gerichte interpretierten die Darlegungspflichten zum Teil sehr weit. Bereits der Umstand, dass keine oder nur rudimentäre schriftliche Vereinbarungen und Zahlungsbelege über die Herkunft der für den Erwerb

---

952 I.E. schon *Hirschmann*, Anteilseignerkontrolle, S. 107.

953 Begr. RegE des Gesetzes zur Umsetzung der Beteiligungsrichtlinie, BT-Drucks. 16/10536, S. 18; Bundesanstalt, Jahresbericht 2010, S. 154.

954 Beschlussempfehlung und Bericht des Finanzausschusses zum Dritten Finanzmarktförderungsgesetz, BT-Drucks. 13/9874, S. 139; zustimmend Reischauer/Kleinhans, KWG, § 2c Rn. 12; zu § 104 VAG: *Deckers*, in: Bähr, Versicherungsaufsichtsrecht, § 30 Rn. 34.

955 VG Frankfurt a.M., WM 2008, 782 (783); zustimmend *Hammen*, WuB 2008, 583 (585) und *Brogl*, jurisPR-BKR 5/2008, Anm. 5; VGH Kassel, ZIP 2010, 2234 (2236 ff.); krit. *Waigel*, Deutsche und international Bankenaufsicht, 40 (53). *Vgl.* 1. Teil: F. III. 4.

verwandten Geldmittel existieren, soll danach einen Untersagungsgrund begründen.[956] Es darf jedoch nicht übersehen werden, dass es gelegentlich nicht möglich ist, die Mittelherkunft lückenlos nachzuweisen. Diese faktischen Hindernisse sollten im Einzelfall in die Ermessensentscheidung der Bundesanstalt einfließen. Vom Erwerbersinteressenten darf keine Dokumentation verlangt werden, zu deren Erstellung er aus rechtlichen oder tatsächlichen Gründen nicht in der Lage ist.[957]

Wie sich aus der Begründung des VGH Kassel im Fall NordfinanzBank AG ergibt, hielt der VGH Kassel ohne weitere Begründung offenbar die unmittelbar die Beteiligung erwerbende Aktiengesellschaft sogar für verpflichtet, über die Herkunft der ihr durch die Gesellschafter im Wege der Kapitalerhöhung zur Verfügung gestellten Mittel detailliert Auskunft zu geben. Im konkreten Fall brachten die beiden Aktionäre der Gesellschaft für die Kapitalerhöhung Darlehensrückzahlungsansprüche gegen Dritte Personen im Wege der Sachkapitalerhöhung ein.

Zu weit geht es allerdings, aus dem Urteil generell den Schluss zu ziehen, dass eine Gesellschaft die Pflicht hat, sich im Zuge einer Kapitalerhöhung oder sonstigen Finanzierungsmaßnahme, die der Finanzierung eines Beteiligungserwerbs dient, Nachweise über die Mittelbeschaffung der Gesellschafter einzuholen und der Aufsicht vorzulegen. Inwieweit die Darlegungslast reicht, ist vielmehr richtigerweise anhand der Umstände des Einzelfalls zu entscheiden. Gerade bei Publikumsgesellschaften mit einem weit gestreuten Gesellschafterkreis erscheint die Aufklärung der Herkunft der für die Kapitalerhöhung durch die Gesellschafter aufgebrachten Mittel für die Gesellschaft weder praktikabel noch aufsichtsrechtlich geboten. Schließlich dürfte es nicht selten schon an einer gesellschaftsrechtlichen Grundlage für ein derartiges Auskunftsverlangen der Gesellschaft fehlen. Ähnliches gilt für den Fall, dass zwar für den Erwerb Mittel aus einer vergangenen Kapitalerhöhung verwendet werden, diese aber in keinerlei spezifischem Zusammenhang mit dem Erwerbsvorhaben steht. Andernfalls wären Gesellschaften stets gezwungen, vorsorglich die Herkunft der ihnen im Zuge von Finanzierungsmaßnahmen zugeführten Mittel ins letzte aufzuklären, wenn sie den späteren Erwerb von bedeutenden Beteiligungen im Finanzsektor nicht ausschließen. Umgehrt ist aber richtig, dass sich ein Erwerber seiner Darlegungslast zur Mittelherkunft nicht etwa bereits dadurch entledigen kann, dass er eine Erwerbsgesellschaft zwischenschaltet, die er als Alleingesellschafter mit den entsprechenden Mitteln für den Erwerb ausstattet.

Ferner ist darauf hinzuweisen, dass zum Zeitpunkt des Entstehens der Anzeigepflicht die Mittelherkunft häufig noch gar nicht im Einzelnen feststeht. Dies gilt etwa, wenn für die Finanzierung des Erwerbsvorhabens noch eine externe Akquisitionsfinanzierung abgeschlossen werden soll. Häufig werden die damit

---

956 VGH Kassel, ZIP 2010, 2234 (2236 ff).

957 Zutreffend *Erm*, in: Beck/Samm/Kokemoor, KWG, § 2c Rn. 71.

verbundenen Verträge aus praktischen Gründen erst unmittelbar vor dem beabsichtigten Vollzug geschlossen. Dies ist bei der Beurteilung des Erwerbsvorhabens durch die Finanzaufsicht richtigerweise zu berücksichtigen und kann eine Untersagungsverfügung nicht rechtfertigen.[958]

Wurden die Mittel für den Erwerb rechtswidrig aufgebracht beziehungsweise verbleibt deren Herkunft auch nach der gebotenen Aufklärung ungeklärt, kann häufig zugleich ein Untersagungsgrund nach § 2c Abs. 1b Satz 1 Nr. 5 KWG vorliegen.

h) Fehlende wirtschaftliche Plausibilität der Investition

Die Gesetzesmaterialien und die Rechtsprechung sehen zudem in der fehlenden wirtschaftlichen Plausibilität der Investition einen Aspekt, der auf die Unzuverlässigkeit schließen lassen soll.[959]

Dabei kann es von vornherein nur um die offensichtlich fehlende wirtschaftliche Plausibilität gehen. Schließlich ist es nicht Aufgabe der Finanzaufsicht, nachzurechnen, ob sich ein Erwerb zu den geplanten Bedingungen lohnt oder nicht. So steht es jedermann frei, Anteile an einem Institut zu einem vermeintlich überhöhten Preis zu erwerben oder über die Gewinnerzielung hinaus strategische Ziele zu verfolgen, die wirtschaftlich nicht ohne weiteres sinnvoll erscheinen mögen. Die Aufgabe der Inhaberaufsicht ist es nicht, Anteilseigner vor wirtschaftlich vermeintlich unvorteilhaften Geschäften zu schützen. Ohne Hinzutreten weiterer Umstände wird etwa ein vermeintlich überhöhter Kaufpreis oder ein Verluste ausweisender Businessplan als im Wirtschaftsverkehr nicht zu missbilligende Verhaltensweise eine Unzuverlässigkeit des Erwerbsinteressenten schwerlich begründen können.[960]

Die offensichtlich fehlende wirtschaftliche Plausibilität kann aber ein Hinweis und Indiz für das Vorliegen sonstiger die Unzuverlässigkeit begründender Umstände sein.[961] Sie könnte insbesondere darauf hindeuten, dass der Erwerbsinteressent seine wahren Motive und Ziele des Erwerbsvorhabens nicht korrekt offengelegt hat oder kriminelle Aktivitäten verfolgt. Dann ist diesem Verdacht durch die Aufsicht nachzugehen und dieser mit Tatsachen zu erhärten.

Als ein Unterfall der fehlenden wirtschaftlichen Plausibilität wird durch den VGH Kassel auch die Gefahr einer "Ausschlachtung" oder Zerschlagung des Instituts

---

958 *Vgl.* zu den daraus sich ergebenen Konsequenzen für die Vorlagenpflichten nach § 14 InhKontrollV auch 3. Teil: C. VI. 7.

959 Beschlussempfehlung und Bericht des Finanzausschusses zum Dritten Finanzmarktförderungsgesetz, BT-Drucks. 13/9874, S. 139; VG Frankfurt a.M., WM 2008, 782 (783); VGH Kassel, 2234 (2236); zustimmend Reischauer/Kleinhans, KWG, § 2c Rn. 11; *Erm*, in: Beck/Samm/Kokemoor, KWG, § 2c Rn. 68; *Schäfer*, in: Boos/Fischer/Schulte-Mattler, KWG, § 2c Rn. 9.

960 Ebenso *Hirschmann*, Anteilseignerkontrolle, S. 111 ff.; *Winter*, Versicherungsaufsichtsrecht, S. 269 (zu § 104 VAG).

961 Ähnlich *Winter*, in: FS Schirmer, 639 (646).

gesehen.[962] Dabei bleibt schon unklar, warum es sich in derartigen Fällen um ein unplausibles Erwerbsvorhaben handeln soll. Dies gilt jedenfalls für den Fall, dass der Erwerbsinteressent diesen Plan gegenüber der Finanzaufsicht offen kommuniziert. Ferner kann es sich bei der Veräußerung von Unternehmensteilen und dem Abbau von Risikoaktiva und der damit verbundenen Freisetzung von aufsichtsrechtlichem Eigenkapital um legitime Investitionsstrategien handeln, die auch im Finanzsektor nicht per se als unzulässig eingeordnet werden können, soweit die aufsichtsrechtlichen, gesellschaftsrechtlichen und insolvenzrechtlichen Rahmenbedingungen berücksichtigt werden und die Belange der Kunden und Gläubiger gewahrt werden.[963] Der Verkauf von kritischen Vermögensgegenständen oder Geschäftsbereichen kann gerade in der Krise des Instituts sogar aufsichtsrechtlich erwünscht sein, um Risiken zu reduzieren oder abzuschirmen, die Eigenkapitalbasis zu stärken und die Überlebensfähigkeit der übrigen Unternehmensteile auch im Interesse der Stabilität des Finanzsystems und der Kunden und Gläubiger des Instituts zu erhalten. Die mit Unterstützung der Finanzaufsicht und des SoFFin vielfach praktizierten Rettungs- und Stabilisierungsstrategien der im Zuge der Finanzkrise in eine kritische Lage geratenen Kreditinstitute bilden hierfür ein eindrucksvolles Beispiel.

i) Krankhafte Störungen und Gründe im persönlichen Bereich

Denkbar ist auch, dass die Unzuverlässigkeit aus dem persönlichen Bereich folgt. Zu denken ist beispielsweise an schwere Alkoholabhängigkeit oder Drogensucht.[964]

6. Sachkunde und Erfahrung

a) Erfahrung und Sachkunde als Zuverlässigkeitselement nach der Beteiligungsrichtlinie

Die Einbeziehung von Erfahrung und Sachkunde als Prüfungskriterium für Inhaber bedeutender Beteiligungen und deren Geschäftsleiter wird durch die Beteiligungsrichtlinie gefordert. In den Erwägungsgründen wird ausgeführt, dass das "Kriterium der Zuverlässigkeit des interessierten Erwerbers, die Prüfung bedinge, ob Zweifel hinsichtlich der Integrität *und fachlichen Eignung* des interessierten Erwerbers bestehen und ob diese Zweifel begründet sind".[965]

Die CEBS/CEIOPS/CESR-Leitlinien konkretisieren dies weiter.[966] Dabei empfehlen die CEBS/CEIOPS/CESR-Leitlinien zum einen, die Erfahrung (*management competence*) des Anzeigepflichtigen zu untersuchen, die vor allem durch

---

962 VGH Kassel, ZIP 2010, 2234 (2236); ebenso *Erm*, in: Beck/Samm/Kokemoor, KWG, § 2c Rn. 68.

963 I.E. ebenso bereits *Hirschmann*, Anteilseignerkontrolle, S. 112 (Fn. 415).

964 *Vgl. Dreher*, ZVersWiss 2006, Supplement, 375 (392); *Fischer*, in: Boos/Fischer/Schulte-Mattler, KWG, § 33 Rn. 43 (zu § 33 KWG); *Heß*, in: Friauf, § 35 GewO Rn. 76 f. (zu § 35 GewO).

965 8. Erwägungsgrund Beteiligungsrichtlinie.

966 CEBS/CEIOPS/CESR-Leitlinien Rn. 39-42.

einschlägige Erfahrung im Hinblick auf den Erwerb und das Verwalten von Beteiligungen demonstriert werden könne.[967] Zum anderen fordern die CEBS/CEIOPS/CESR-Leitlinien Sachkunde (*technical competence*) im Hinblick auf die von der Zielgesellschaft getätigten Finanzgeschäfte. Diese soll durch einschlägige Erfahrung in der Führung und Verwaltung von Unternehmen des Finanzsektors als beherrschender Gesellschafter oder Geschäftsführer belegt werden können.[968]

b) Sachkunde und Erfahrung als Teil der Zuverlässigkeit beziehungsweise "anderer Grund" i.S.d. § 2c Abs. 1b Satz 1 Nr. 1 1. Halbs. KWG

Die Vorgaben der Beteiligungsrichtlinie hinsichtlich Erfahrung und Sachkunde sind auch bei der Auslegung und Anwendung des § 2c Abs. 1b Satz 1 Nr. 1 KWG in europarechtskonformer Weise zu berücksichtigen.

Die Rolle als Inhaber einer bedeutenden Beteiligung beinhaltet es, dass der Gesellschafter in der Lage ist, seine Gesellschafterrechte verantwortungsvoll auszuüben, damit verbundene aufsichtsrechtliche Pflichten zu erkennen und daran ausgerichtet nicht dem Interesse an einer soliden Führung des regulierten Unternehmens zuwiderzuhandeln. Dies setzt neben der persönlichen Integrität aber auch ein Mindestmaß an fachlichen Kenntnissen und Erfahrung voraus.

Anknüpfungspunkt für die Berücksichtigung hinreichender Erfahrung und Sachkunde könnte dabei auch im Rahmen des § 2c Abs. 1b Satz 1 Nr. 1 KWG der Zuverlässigkeitsbegriff sein.[969] So ist mangelnde Sachkunde im allgemeinen Gewerberecht ein Umstand, der traditionell die Unzuverlässigkeit begründenden kann.[970] Auch die Bundesanstalt und die unterinstanzliche Rechtsprechung hat fehlende Sachkunde in der Vergangenheit zur Begründung der Unzuverlässigkeit herangezogen.[971] Aus den genannten systematischen Gründen erscheint es allerdings sachgerechter, fehlende Sachkunde und Erfahrung als einen "anderen Grund" i.S.d. § 2c Abs. 1b Satz 1 Nr. 1 Alt. 2 KWG anzusehen, der dem Interesse einer soliden und umsichtigen Führung des Instituts widersprechen kann.

c) Bezugspunkt der Sachkunde und Erfahrung

Für Geschäftsleiter wird für die Eignung im Regelfall eine mehrjährige leitende Tätigkeit bei einem Institut von vergleichbarer Größe und Geschäftsart gefordert,

967 CEBS/CEIOPS/CESR-Leitlinien Rn. 39 f.

968 CEBS/CEIOPS/CESR-Leitlinien Rn. 39, 41.

969 Ablehnend aber *Hirschmann*, Anteilseignerkontrolle, S. 103.

970 *Vgl.* etwa *Brüning*, in: Pielow, GewO, § 35 Rn. 23; *Heß*, in: Friauf, GewO, § 35 Rn. 74 f. (jew. m.w.N.).

971 *Vgl.* VG Frankfurt a.M., Beschluss v. 11. April 2007 – 1 G 755/07, BeckRS 2007 23136,

die zum Teil sogar im Geltungsbereich des Kreditwesengesetzes ausgeübt sein muss.[972]

Bezugspunkt der Ermittlung der Sachkunde und Erfahrung im Rahmen der Inhaberkontrolle ist aber nicht die Geschäftsleitung eines Instituts, sondern die eines Inhabers einer bedeutenden Beteiligung an dem Zielunternehmen in seiner konkreten Gestalt.[973] Es wäre daher verfehlt, an die Sachkunde und Erfahrung von Inhabern bedeutender Beteiligungen dieselben fachlichen Anforderungen zu stellen wie an die Eignung von Geschäftsleitern von Instituten des Zielunternehmens, und diese einfach auch auf die Inhaberkontrolle zu übertragen.[974]

d) Anforderungen an die Erfahrung und Sachkunde

An die Sachkunde und Erfahrung von Inhabern bedeutender Beteiligungen und deren Geschäftsleiter dürfen im Rahmen der Anteilseignerkontrolle nach dem oben Gesagten keine überspannten Anforderungen gestellt werden.

Zu fordern ist allenfalls eine Grunderfahrung in geschäftlichen Dingen. Generell gilt, je komplexer, größer und aufsichtsrechtlich sensitiver die Aktivitäten des Zielunternehmens und je stärker die Einflussmöglichkeiten des Inhabers der bedeutenden Beteiligung sind, umso höher sind auch die Anforderungen an die Sachkunde und Erfahrung.[975]

Richtigerweise geht es im Regelfall zu weit, einschlägige Sachkunde und Erfahrung in der Führung von Beteiligungen gerade im Finanzsektor oder sogar in mit dem Zielunternehmen vergleichbaren Unternehmen des Finanzsektors zu fordern. Auch kann bei mehrjähriger Managementerfahrung im Wirtschaftsverkehr selbst ohne spezifischen Bezug zum Management von Beteiligungen von ausreichender Sachkunde und Erfahrung zur Führung und zum Management von Beteiligungen ausgegangen werden und somit fehlende spezifische Sachkunde und Erfahrung im Finanzsektor kompensiert werden.

Hinsichtlich der Sachkunde sind einschlägige Geschäftsleitererfahrung im Finanzsektor oder als Inhaber bedeutender Beteiligungen zweifellos geeignet, die für Inhaber bedeutender Beteiligungen an Instituten erforderlich Sachkunde zu belegen. Es wäre allerdings in der Regel unangemessen, spezifische bank- oder versicherungsbezogene Fachkenntnisse oder gar Geschäftsleitererfahrung in mit dem Zielunternehmen vergleichbaren Unternehmen des Finanzsektors als not-

---

972 *Vgl.* § 33 Abs. 2 Satz 2 KWG und *Bundesbank/Bundesanstalt*, Merkblatt über die Erteilung einer Erlaubnis zum Betreiben von Bankgeschäften gemäß § 32 Abs. 1 KWG (Stand: 31. Dezember 2007), S. 7, 14. Für den Versicherungsbereich *vgl.* auch § 7a Abs. 1 Satz 3 VAG.

973 *Winter*, Versicherungsaufsichtsrecht, S. 269 (zu § 104 VAG).

974 *Hirschmann*, Anteilseignerkontrolle, S. 101; *Neumann*, Die Aufsicht über Finanzkonglomerate, S. 197.

975 *Vgl.* CEBS/CEIOPS/CESR-Leitlinien, Rn. 44 ff.; *Dreher*, ZVersWiss 2006, Supplement, 375 (395).

wendige Eignungsvoraussetzung für Inhaber bedeutender Beteiligungen und deren Vertreter zu fordern.[976]

Im Vergleich zum Institut und deren Geschäftsleitern selbst ist der aufsichtsrechtliche Pflichtenkreis von Inhabern bedeutender Beteiligungen überschaubar und beschränkt. Anders als Geschäftsleiter eines Instituts muss der Inhaber bedeutender Beteiligungen nicht permanent und täglich aufsichtsrelevante Entscheidungen treffen, die zudem unmittelbare Auswirkungen auf die Kunden des Instituts und die dem Institut anvertrauten Vermögenswerte haben. Es kann auch ohne Branchenkenntnis und Erfahrung im Finanzsektor von bedeutenden Beteiligungsinhabern erwartet werden, dass diese sich gegebenenfalls unter Heranziehung geeigneter Berater die erforderliche Kenntnis von den mit ihrer Rolle als Inhaber bedeutender Beteiligungen verbundenen Pflichten verschaffen.

Dies gilt im Besonderen für angestrebte Minderheitsbeteiligungen und indirekte Beteiligungsverhältnisse. So soll auch nach den CEBS/CEIOPS/CESR-Leitlinien der Nachweis von *management competence* ausreichen, wenn der Erwerbsinteressent nicht die Rechtsmacht oder den Willen hat, Einfluss auf das Zielunternehmen auszuüben. Auch für reine Finanzbeteiligungen kann nach Auffassung der CEBS/CEIOPS/CESR-Leitlinien ein niedrigerer Maßstab für die Eignungsprüfung herangezogen werden.[977]

Dagegen soll nach den CEBS/CEIOPS/CESR-Leitlinien bei einem Kontrollerwerb und in Fällen, in denen die Beteiligung einen "starken Einfluss" (*strong influence*) ermöglicht, die Kontrolldichte bereits gesteigert sein. Als Beispiel für einen starken Einfluss wird dabei bereits eine Sperrminorität angesehen.[978] Jedenfalls soweit die gesteigerten Anforderungen auch auf Minderheitsgesellschafter Anwendung finden sollen, geht dies nach dem oben Gesagten zu weit.

Sofern der Erwerbsinteressent allerdings durch den Erwerb zu einer Finanzholding-Gesellschaft beziehungsweise gemischten Finanzholding-Gesellschaft i.S.d. § 1 Abs. 3a KWG werden würde, ist hinsichtlich der erforderlichen Sachkunde der Geschäftsleiter ohnehin § 2d Abs. 1 KWG auch im Anteilseignerverfahren zu beachten. Im Zuge des Gesetzes zur Fortentwicklung des Pfandbriefrechts wurden die Beaufsichtigung und Eingriffsmöglichkeiten bezüglich Finanzholding-Gesellschaften deutlich erweitert. Nach § 2d Abs. 1 KWG müssen Personen, die die Geschäfte einer Finanzholding-Gesellschaft oder einer gemischten Finanzholding-Gesellschaft führen, nunmehr zuverlässig sein und die für die zu führende Gesellschaft erforderliche fachliche Eignung haben. Entsprechendes gilt nach § 36 Abs. 3 Satz 1 KWG auch für deren Aufsichtsratsmitglieder. Anders als bei sonstigen Inhabern einer bedeutenden Beteiligung ist damit für Finanzholding-

976 Ebenso schon *Weber-Rey/Krezek*, NVersZ 2000, 105 (107); *Winter*, in: FS Schirmer, 639 (647); *Post*, Aufsicht über Unternehmensinhaber, S. 363 (jew. zu § 104 VAG); *Uwe H. Schneider*, BB 1989, 84 (86).

977 CEBS/CEIOPS/CESR-Leitlinien, Rn. 44 f.

978 CEBS/CEIOPS/CESR-Leitlinien, Rn. 46.

Gesellschaften ein Eignungserfordernis im Gesetz auch ausdrücklich positiv formuliert.[979] Aber auch für Geschäftsleiter von Finanzholding-Gesellschaften bestehen je nach Eigenart der Finanzholding-Gesellschaft nicht zwingend dieselben strengen Eignungsanforderungen, wie für Geschäftsleiter von Instituten. Vielmehr bezieht sich das Eignungserfordernis auch hier gerade auf die Führung einer Finanzholding-Gesellschaft.[980]

Entsprechend der Verwaltungspraxis zur Sachkundeprüfung von Verwaltungs- und Aufsichtsratmitgliedern von Instituten und Finanzholding-Gesellschaften im Rahmen des § 36 Abs. 3 Satz 1 KWG sollte es in Abhängigkeit von Größe und Komplexität des Zielunternehmens zudem ausreichend sein, die erforderlichen Kenntnisse auch durch Fortbildung zu erwerben, und zwar auch noch zeitnah nach Vollzug des Erwerbs.[981]

Kenntnisse der deutschen Sprache oder zumindest gute Englischkenntnisse, wie sie seitens der Bundesanstalt den Geschäftsleitern von Instituten abverlangt werden,[982] sind richtigerweise von den Organen von Inhabern bedeutender Beteiligungen nicht vorzuweisen. Zwar ist Deutsch nach wie vor im Außenverkehr mit Behörden (§ 23 VwVfG) und auch mit der Bundesanstalt die Amtssprache. Gleichwohl lassen sich Geschäftsführeraufgaben als Inhaber einer bedeutenden Beteiligung auch im Außenverkehr ohne Beherrschung der deutschen Sprache mit Hilfe von Dolmetschern und Übersetzern reibungslos erfüllen.[983]

Für die hier vertretene Ansicht einer zurückhaltenden Anwendung des Sachkunde- und Erfahrungskriteriums spricht nicht zuletzt folgende Kontrollüberlegung: Bankspezifische Fachkenntnisse oder gar einschlägige Geschäftsleitererfahrung von jedem Inhaber bedeutender Beteiligungen und deren gesetzlichen Vertretern zu verlangen, würde in letzter Konsequenz weite Teile des Kapitals und der Wirtschaft, aber auch der öffentlichen Hand, von der Inhaberschaft an Instituten

---

979 *Vgl. Wieland*, BB 2012, 1108 (1114). Entsprechendes gilt nach § 7a Abs. 3 VAG z.B. auch für Geschäftsleiter von Versicherungs-Holdinggesellschaften i.S.d. § 104a Abs. 2 Nr. 4 VAG und gemischte Finanzholding-Gesellschaften i.S.d. § 104k Nr. 3 VAG. *Vgl.* dazu *Dreher*, ZVersWiss 2006, Supplement, 375 (380).

980 Begr. RegE zum Gesetz zur Fortentwicklung des Pfandbriefrechts, BT-Drucks. 16/11130, S. 44; zu den Anforderungen an Geschäftsleiter von Versicherungs-Holdinggesellschaften *vgl. Dreher*, ZVersWiss 2006, Supplement, 375 (393 f) m.w.N.

981 *Vgl.* dazu *Bundesanstalt*, Merkblatt zur Kontrolle von Mitgliedern von Verwaltungs- und Aufsichtsorganen gemäß KWG und VAG v. 22. Februar 2010; *Lehrl*, BKR 2010, 485 (497).

982 *Bundesbank/Bundesanstalt*, Merkblatt über die Erteilung einer Erlaubnis zum Betreiben von Bankgeschäften gemäß § 32 Abs. 1 KWG (Stand: 31. Dezember 2007), S. 14.

983 *Vgl. Dreher*, ZVersWiss 2006, Supplement, 375 (398) (zur Geschäftsleiterkontrolle nach dem VAG).

ausschließen.[984] Dass dies weder aufsichtsrechtlich geboten noch gesetzgeberisch und politisch gewollt ist, liegt auf der Hand.

e) Zulässigkeit einer persönliche Differenzierung

Fraglich ist, ob bei mehrköpfigen Leitungsorganen jedes Mitglied der Geschäftsleitung des Inhabers einer bedeutenden Beteiligung über die gesamte Bandbreite an Erfahrung und Sachkunde verfügen muss oder ob es ausreicht, dass die Gremienmitglieder in ihrer Gesamtheit darüber verfügen. Letzteres würde darauf hinauslaufen, dass zwischen den Geschäftsleitern eine Differenzierung zulässig wäre.

Bereits bei Geschäftsleitern von Instituten und Versicherungsunternehmen wird eine solche Differenzierung des Anforderungsprofils bis zu einem gewissen Grad für zulässig erachtet.[985] Dies muss erst recht im Hinblick auf die Ge-schäftsleiter von Inhabern einer bedeutenden Beteiligung gelten, deren Aufgaben einen weitaus geringeren Bezug zu beaufsichtigten Tätigkeiten aufweisen als bei den Geschäftsleitern des Instituts. Es muss daher ausreichend sein, wenn die erforderliche Sachkunde und Erfahrung im Gesamtgremium vorhanden ist.

VI. Nichterfüllung von Aufsichtsanforderungen (§ 2c Abs. 1b Satz 1 Nr. 2 Alt. 1 KWG)

1. Überblick und Zweck

Die Bundesanstalt kann den beabsichtigten Erwerb ferner untersagen, wenn Tatsachen die Annahme rechtfertigen, dass das Zielinstitut infolge des Erwerbs nicht in der Lage sein oder bleiben wird, den Aufsichtsanforderungen zu genügen (§ 2c Abs. 1b Satz 1 Nr. 2 Alt. 1 KWG).

Der Tatbestand dient der Sicherung der aufsichtsrechtlichen Compliance des Zielunternehmens und soll vermeiden, dass das Zielunternehmen durch das Erwerbsvorhaben in einen erheblichen aufsichtsrechtlichen Verstoß getrieben wird.[986] Überschneidungen können sich dabei insbesondere mit § 2c Abs. 1b Satz 1 Nr. 6 KWG ergeben.

Trotz des Untersagungstatbestands dürfen dabei die Verantwortungskreise nicht grundsätzlich verschoben werden. Es ist primär die Verantwortung des Zielunternehmens selbst, die Einhaltung der aufsichtsrechtlichen Anforderungen auch bei einem Wechsel des Beteiligungsinhabers sicherzustellen.[987] Verstößt das Zielunternehmen nach Vollzug des Erwerbs gegen aufsichtsrechtliche Anfor-

---

984 Ähnlich *Weber-Rey/Krecek*, NVersZ 2000, 105 (107) (Fn. 15); *Winter*, FS Schirmer, 639 (647); *ders.*, Versicherungsaufsichtsrecht, S. 270 (zu § 104 VAG (a.F.)).

985 *Fischer*, in: Boos/Fischer/Schulte-Mattler, KWG, § 33 Rn. 56; für Geschäftsleiter von Versicherungsunternehmen *vgl. Dreher*, ZVersWiss 2006, Supplement, 375 (398 f.).

986 CEBS/CEIOPS/CESR-Leitlinien, Rn. 68.

987 *Vgl.* auch CESB/CEIOPS/CESR-Leitlinien, Rn. 69, wonach der Untersagungsgrund ergänzend (*complimentary*) zu den aufsichtsrechtlichen Befugnissen gegen das Zielunternehmens sein soll.

derungen, bleibt daher das Zielunternehmen der primäre Adressat für aufsichtsrechtliche Maßnahmen.[988]

2. Anwendungsfälle

a) Überblick

Beispielhaft für die aufsichtsrechtlichen Anforderungen nennt das Gesetz die aufgrund der Bankenrichtlinie, der Zweiten E-Geld-Richtlinie, der Finanzkonglomerate-Richtlinie und der Kapitaladäquanz-Richtlinie erlassenen Vorschriften. Von besonderer Bedeutung sind die Eigenmittelvorschriften gemäß § 10 ff. KWG und die Solvabilitätsverordnung (SolvV) sowie die Vorschriften zu den Großkreditgrenzen gemäß § 13 ff. KWG und die Großkredit- und Millionenkreditverordnung (GroMiKV).[989]

Auch Verstöße beziehungsweise drohende Verstöße durch das Institut gegen sonstiges Aufsichtsrecht infolge des Erwerbs können eine Untersagung nach § 2c Abs. 1b Satz 1 Nr. 2 KWG rechtfertigen. Inhaltlich geht der Untersagungstatbestand des § 2c Abs. 1b Satz 1 Nr. 2 KWG damit über die Beteiligungsrichtlinie hinaus, wo nur aufgrund der genannten Richtlinien vorgeschriebenes Aufsichtsrecht als Prüfungsmaßstab angelegt wird.[990] Dies erscheint vor dem Hintergrund des abschließenden Charakters der Beteiligungsrichtlinie nicht unbedenklich. Da die wesentlichen aufsichtsrechtlichen Vorgaben ohnehin auf detaillierten Richtlinienvorgaben beruhen, dürfte diese Diskrepanz aber nur selten praktisch relevant werden. Im Einzelfall kann allerdings aus europarechtlichen Gründen eine restriktive Auslegung des § 2c Abs. 1b Satz 1 Nr. 2 Alt. 1 KWG geboten sein, wenn der aufsichtsrechtliche Verstoß nicht auf einem Verstoß gegen die genannten Richtlinien beruht.

b) Drohender Verstoß gegen Pflichten als übergeordnetes Unternehmen

Ein denkbarer Anwendungsfall des § 2c Abs. 1b Satz 1 Nr. 2 Alt. 1 KWG ist der infolge des Erwerbs drohende Verstoß des Zielunternehmens gegen Vorschriften, die an die Rolle des Zielinstituts als übergeordnetes Unternehmen anknüpfen.

Dies sei am Beispiel der Eigenmittelvorschriften erörtert. Gemäß § 10 Abs. 1 Satz 1 i.V.m. § 10a KWG sind Institute nicht nur Gegenstand von Eigenmitteanforderungen auf Solo-Basis. Vielmehr müssen auch Institutsgruppen und Finanzholding-Gruppen im Interesse der Erfüllung ihrer Verpflichtungen gegenüber ihren

---

988 Je weiter man allerdings § 2c Abs. 1b Satz 1 Nr. 2 Alt. 1 KWG auslegt, um so eher kommen auch nach Vollzug des Erwerbs bei einem späteren Verstoß Maßnahmen gegen den Inhaber der bedeutenden Beteiligung gestützt auf § 2c Abs. 2 Satz 1 Nr. 1 KWG in Betracht. Auch dies ist ein Argument für ein grundsätzlich restriktives Verständnis der Vorschrift, will man vermeiden, dass Inhabern bedeutender Beteiligungen über die Hintertür eine Garantenstellung zur Einhaltung der aufsichtsrechtlichen Anforderungen durch das Zielinstitut auferlegt wird.

989 Vgl. auch CESB/CEIOPS/CESR-Leitlinien, Rn. 72.

990 *Vgl.* Art. 19a Abs. 1 lit. d) Bankenrichtlinie (n.F.).

Gläubigern, insbesondere im Interesse der Sicherheit der ihnen anvertrauten Vermögenswerte, angemessene Eigenmittel auf Gruppenebene vorhalten (*vgl.* § 10 Abs. 1 Satz 1 KWG). Verantwortlich für die Einhaltung der Eigenmittelanforderungen auf Gruppenebene ist gemäß § 10a Abs. 12 KWG das sogenannte übergeordnete Unternehmen.

Bei Finanzholding-Gruppen ist gemäß § 10a Abs. 3 Satz 4 KWG dasjenige gruppenangehörige Einlagenkreditinstitut oder Wertpapierhandelsunternehmen mit Sitz im Inland, das selbst keinem anderen gruppenangehörigen Institut mit Sitz im Inland nachgeordnet ist, als übergeordnetes Unternehmen einzustufen. Wird infolge des Erwerbs der Erwerbsinteressent zu einer Finanzholding-Gesellschaft i.S.d. § 1 Abs. 3a Satz 1 KWG, so kann dies dazu führen, dass das Zielunternehmen als unmittelbare Folge des Erwerbs gegen die für Finanzholding-Gruppen vorgeschriebenen Eigenmittelanforderungen verstößt, etwa weil der in den aufsichtsrechtlichen Konsolidierungskreis einzubeziehende Erwerber eine unzureichende Kapitalisierung aufweist. In diesem Fall ist der Untersagungsgrund nach § 2c Abs. 1b Satz 1 Nr. 2 Alt. 1 KWG gegeben. Zugleich kann auch der Untersagungsgrund nach § 2c Abs. 1b Satz 1 Nr. 6 KWG erfüllt sein.[991]

Entsprechendes gilt auch im Hinblick auf Großkreditgrenzen auf konsolidierter Basis (§§ 13b Abs. 1, 2 i.V.m. § 10a Abs. 12 KWG) und die Implementierung eines gruppenweiten Risikomanagements und von gruppenweiten Sicherungsmaßnahmen gegen Geldwäsche und Terrorismusfinanzierung (§§ 25a Abs. 1a; 25g Abs. 1 KWG), sofern das Zielunternehmen als übergeordnetes Unternehmen gilt.

c) Verstoß gegen Eigenmittelanforderungen auf Solo-Basis

Als unmittelbare Folge des Erwerbs kann es aber auch zu einer Veränderung der aufsichtsrechtlichen Eigenmittelziffern des Zielinstituts auf Solo-Basis kommen.

In diesem Zusammenhang sind die Pläne des Erwerbsinteressenten, insbesondere der von ihm für das Zielunternehmen entwickelte Geschäftsplan, von Bedeutung.[992] Ergibt sich aus dem Geschäftsplan beispielsweise ein geplanter Eigenmittelabzug durch den Erwerbsinteressenten nach Vollzug des Erwerbs, auf Grund dessen das Institut nicht mehr in der Lage sein wird, die aufsichtsrechtlichen Anforderungen zu erfüllen, so kann dies den Untersagungstatbestand erfüllen. Auch das geplante Abwälzen der Akquisitionskosten im Wege eines sogenannten *Debt push down* kann dazu führen, dass beim Zielunternehmen die aufsichtsrechtlichen Eigenmittel-

---

991 Entsteht durch den Erwerb dagegen eine Institutsgruppe unter Einbeziehung des Erwerbsinteressenten, weil es sich bei dem Erwerbsinteressenten um ein Institut im Sinne von § 1 Abs. 7a oder Abs. 7c KWG handelt, ist als Folge von § 10a Abs. 1 Satz 1 KWG der Erwerbsinteressent selbst das übergeordnete Unternehmen und verantwortlich für die Einhaltung der Eigenmittelanforderungen auf konsolidierter Basis. Droht die Institutsgruppe im Zuge des Erwerbs die gesetzlichen Eigenmittelanforderungen zu verfehlen, ist daher nicht der Untersagungsgrund nach § 2a Abs. 1b Satz 1 Nr. 2 KWG einschlägig. Eine Untersagung des Erwerbsvorhabens kann dann aber zumeist auf § 2a Abs. 1b Satz 1 Nr. 6 KWG gestützt werden. *Vgl.* dazu 3. Teil: H. XI.

992 CEBS/CEIOPS/CESR-Leitlinien, Rn. 70.

ziffern auf Solo-Basis nach dem Erwerb verfehlt werden und dadurch der Untersagungstatbestand verwirklicht wird.[993]

Denkbar sind zudem Fallkonstellationen, in denen sich infolge des Erwerbs das Rating des Zielunternehmens zu verschlechtern droht und damit der bisherige Business Plan des Zielunternehmens aus den Fugen gerät, etwa weil mit dem verschlechterten Rating ganze Geschäftsbereiche nicht oder nicht mehr ökonomisch betrieben werden können oder sich die Refinanzierungskosten des Zielunternehmens erheblich erhöhen. Dies kann etwa der Fall sein, wenn eine mit hohem Rating ausgestatte Mehrheitsgesellschafterin ihre Beteiligung an ein schlechter geratetes Unternehmen abgibt. In solchen Konstellationen wird das Zielunternehmen in der Vergangenheit vom positiven Rating der Muttergesellschaft profitiert haben. Fällt dieser positive Effekt mit Vollzug des Erwerbs weg, droht ohne gezielte Gegenmaßnahmen wie etwa Patronatserklärungen oder ein *Ring-fencing* das Rating des Zielunternehmens sich zwangsläufig zu verschlechtern. In diesem Zusammenhang können daher Zusagen des Erwerbsinteressenten zur Gewährung finanzieller Unterstützung im Falle künftiger Liquiditätsschwierigkeiten oder unzureichender Eigenmittel von Relevanz sein.[994] Häufig wird in den genannten Konstellationen zudem der Untersagungsgrund der fehlenden wirtschaftlichen Leistungsfähigkeit des Erwerbsinteressenten gemäß § 2c Abs. 1b Satz 1 Nr. 6 KWG in Betracht kommen. Solange allerdings im Zusammenhang mit dem Erwerb keine drohende Verschlechterung der bestehenden Eigenkapital- und Liquiditätsbasis des Zielinstituts belegt werden kann, können aus dem Fehlen derartiger Zusagen umgekehrt keine negativen Schlüsse für die Beurteilung des Erwerbsvorhabens gezogen werden.[995]

3. Kausalität zwischen Erwerbsvorhaben und Verstoß

§ 2c Abs. 1b Satz 1 Nr. 2 Alt. 1 KWG fordert ausdrücklich einen Kausalitätsbezug zwischen dem Erwerbsvorhaben und dem drohenden Verstoß des Zielinstituts gegen aufsichtsrechtliche Vorschriften ("infolge des Erwerbs"). Insoweit weicht die Formulierung des Untersagungstatbestandes im Kreditwesengesetz von der Beteiligungsrichtlinie ab, die lediglich darauf abstellt, dass das Zielinstitut "in der Lage sein und bleiben wird, den Aufsichtsanforderungen (…) zu genügen".

Die Klarstellung der Kausalitätsbeziehung zwischen Erwerb und drohendem Verstoß der Zielgesellschaft gegen Aufsichtsrecht durch den deutschen Gesetzgeber ist zu begrüßen. Aus der Historie der Beteiligungsrichtlinie ist nicht ersichtlich, dass Inhaber bedeutender Beteiligungen unabhängig vom Erwerbsvorhaben gleichsam und für alle Zukunft zum Garanten der aufsichtsrechtlichen Compliance des Zielinstituts gemacht werden sollten. Das Kausalitätserfordernis erscheint daher sachgerecht, mit den Zielen der Beteiligungsrichtlinie vereinbar und

---

993 Zur Unzulässigkeit eines *Debt push downs* bei Versicherungsunternehmen *vgl.* 1. Teil: F. I. 4. a).

994 *Vgl.* CEBS/CEIOPS/CESR-Leitlinien, Rn. 70; § 15 Abs. 3 Nr. 3 InhKontrollV.

995 *Vgl.* auch 3. Teil: H. XI. 2 c).

auch vor dem Hintergrund des Verhältnismäßigkeitsprinzips notwendig, um den Verantwortungsbereich zwischen dem Zielunternehmen selbst und den Inhabern bedeutender Beteiligungen für mögliche aufsichtsrechtliche Verstöße des Zielunternehmens klar abzugrenzen. Ausgehend hiervon ergeben sich im Hinblick auf den geforderten Kausalzusammenhang zwischen Erwerbsvorhaben und drohendem Aufsichtsrechtsverstoß auch keine durchgreifenden Zweifel an der Vereinbarkeit des § 2c Abs. 1b Satz 1 Nr. 2 Alt. 1 KWG mit der Beteiligungsrichtlinie.[996]

Der Erwerb muss daher zumindest mitursächlich für den drohenden aufsichtsrechtlichen Verstoß durch das Zielunternehmen sein. Dem gleichgestellt ist der Fall, dass sich ein bereits bestehender oder absehbarer aufsichtsrechtlicher Verstoß durch das Zielunternehmen infolge des Erwerbs weiter verstärkt, etwa weil die ohnehin nicht den gesetzlichen Vorgaben entsprechenden Eigenmittelziffern des Instituts als unmittelbare Folge des Erwerbs noch weiter unter die gesetzlichen Mindestvorgaben absinken würden. Würde der aufsichtsrechtliche Verstoß dagegen in gleicher Weise auch ohne den Erwerbsvorgang eintreten, rechtfertigt dies die Untersagung nach § 2c Abs. 1 Satz 1 Nr. 2 KWG nicht. Vielmehr ist es dann Sache der Aufsichtsbehörde, gegenüber dem Zielunternehmen die Einhaltung der aufsichtsrechtlichen Standards durchzusetzen und nötigenfalls entweder zu erzwingen oder entsprechende Sanktionen gegen das Zielunternehmen einzuleiten.

Nicht zuletzt wegen des erforderlichen Kausalitätszusammenhangs mit dem Beteiligungserwerb wird deutlich, dass der Untersagungsgrund des § 2c Abs. 1b Satz 1 Nr. 2 Alt. 1 KWG vor allem bei einem geplanten Kontrollerwerb von Bedeutung ist. Bei Minderheitsbeteiligungen dürfte der Tatbestand dagegen nur selten relevant werden.

VII. Intransparentes Beteiligungsgeflecht (§ 2c Abs. 1b Satz 1 Nr. 2 Alt. 2 KWG)

1. Überblick und Zweck

Als weiteren Tatbestand nennt § 2c Abs. 1b Satz 1 Nr. 2 Alt. 2 KWG den Umstand, dass das Zielinstitut durch die Begründung der bedeutenden Beteiligung mit dem Inhaber der bedeutenden Beteiligung in einen Unternehmensverbund eingebunden würde, der durch die Struktur des Beteiligungsgeflechts oder mangelhafte wirtschaftliche Transparenz eine wirksame Aufsicht über das Institut oder einen wirksamen Austausch von Informationen zwischen den zuständigen Stellen oder die Festlegung der Aufteilung der Zuständigkeiten zwischen diesen beeinträchtigt.

Der Untersagungstatbestand entspricht dabei nahezu wörtlich dem entsprechenden Untersagungstatbestand der Beteiligungsrichtlinie.[997] Bereits vor Umsetzung der

---

996 Auch die CEBS/CEIOPS/CESR-Leitlinien, Rn. 68, betonen den inneren Zusammenhang zwischen dem Erwerbsvorhaben und dem drohenden Aufsichtsrechtsverstoß durch das Zielunternehmen.

997 Art. 19a Abs. 1 lit. d) Alt. 2 Bankenrichtlinie (n.F.).

Beteiligungsrichtlinie gab es in § 2c Abs. 1a Satz 1 Nr. 2 KWG eine teilweise wortgleiche Regelung, so dass zur Auslegung auch auf älteres Schrifttum und Rechtsprechung zurückgegriffen werden kann.[998]

Die Vorschrift soll vermeiden, dass infolge des Erwerbs die effektive Beaufsichtigung des Zielunternehmens beeinträchtigt wird.[999] Besondere Bedeutung hat der Untersagungsgrund im Hinblick auf die Geldwäsche- und Terrorismusprävention, die gerade über intransparente Beteiligungsgeflechte erleichtert werden können.[1000] Ausreichend ist bereits eine Beeinträchtigung der Beaufsichtigung. Damit wird der Bundesanstalt die Beweisführung erheblich vereinfacht.[1001]

Nach Ansicht des VGH Kassel muss die Aufsichtsbehörde in diesem Zusammenhang prüfen, ob der oder die Anzeigepflichtigen Teil eines Beteiligungs- und Beziehungsgeflechts sind, das aus Sicht eines objektiven Dritten nicht nur hinsichtlich der Beteiligungs- und Beherrschungsstrukturen, sondern auch durch komplexe Transfers unter Einbeziehung mehrer, in diversen Ländern ansässiger Firmen und Personen bezüglich der Herkunft der für den Erwerb erforderlichen Gelder intransparent ist.[1002]

2. Anwendungsfälle

Hauptanwendungsfall des Untersagungstatbestandes sind komplizierte Schachtelstrukturen, die etwa unter Einsatz von Treuhand- oder Truststrukturen eine Zuordnung der aufsichtsrechtlichen Verantwortlichkeiten vereiteln und damit die Beaufsichtigung auch des Zielunternehmens beeinträchtigen können. Die Bundesanstalt muss auf Grund der in der Anzeige gemachten Angaben beurteilen können, welche verbundenen Unternehmen zu konsolidieren und in die Aufsicht einzu-

---

998 Aus der Rechtsprechung siehe insbesondere die Urteile des VG Frankfurt a.M., WM 2008, 782 ff. und des VGH Kassel, ZIP 2010, 2234 ff. in Sachen NordfinanzBank AG, in denen die Erwerbsuntersagung unter anderem auf § 2c Abs. 1a Nr. 2 KWG gestützt wurde.

999 CEBS/CEIOPS/CESR-Leitlinien, Rn. 68; *Erm*, in: Beck/Samm/Kokemoor, KWG, § 2c Rn. 72; *Deckers*, in: Bähr, Versicherungsaufsichtsrecht, § 30 Rn. 41 (zu § 104 VAG); zur Sicherung der effektiven Beaufsichtigung als einer der Zwecke der Inhaberkontrolle *vgl.* 1. Teil: C. III. 1.

1000 Beschlussempfehlung und Bericht des Finanzausschusses zum Dritten Finanzmarktförderungsgesetz , BT-Drucks. 13/9874, S. 139; Reischauer/Kleinhans, KWG, § 2c Rn. 14; *Kobabe*, in: Luz/Neus/Scharpf/Schneider/Weber, KWG, § 2c Rn. 31; *Erm*, in: Beck/Samm/Kokemoor, KWG, § 2c Rn. 73.

1001 Dazu wurde bereits im Zuge des Dritten Finanzmarktförderungsgesetzes der Wortlaut des Untersagungstatbestandes geändert. *Siehe* dazu Beschlussempfehlung und Bericht des Finanzausschusses zum Dritten Finanzmarktförderungsgesetz, BT-Drucks. 13/9874, S. 139; *Schäfer*, in: Boos/Fischer/Schulte-Mattler, KWG, § 2c Rn. 11; *Erm*, in: Beck/Samm/Kokemoor, KWG, § 2c Rn. 75; *Kobabe*, in: Luz/Neus/Scharpf/Schneider/Weber, KWG, § 2c Rn. 31.

1002 VGH Kassel, ZIP 2010, 2234 (2238).

beziehen sind.[1003] Gerade bei besonders komplexen und verschachtelten Strukturen besteht je nach Sachlage die Gefahr, dass Beteiligungen nicht mehr klar zugeordnet werden können beziehungsweise Unklarheit darüber entsteht, wer effektiv Einfluss auf die Geschicke der regulierten Untenehmen ausüben kann und daher gegebenenfalls einer Zuverlässigkeitsprüfung zu unterziehen ist. Gegenstand der Prüfung sind dabei nicht nur die gesellschaftsrechtlichen Beziehungen, sondern auch die nicht rechtlich abgesicherte Einbindung des Instituts in eine Unternehmensgruppe,[1004] wie z.B. über personelle Verflechtungen oder Trust-Strukturen.

Allerdings ist zu betonen, dass primär zunächst eine Aufklärung der Beteiligungsstrukturen durch die Aufsichtsbehörde zu erfolgen hat. Diese hat Vorrang vor einer vorschnellen Untersagung auf Grundlage des § 2c Abs. 1b Satz 1 Nr. 2 Alt. 2 KWG. Für diesen Zweck bestehen nach der Inhaberkontrollverordnung umfangreiche Informations- und Vorlagepflichten zur Gruppenstruktur (*vgl.* etwa § 11 InhKontrollV), die zunächst von der Aufsicht auszuwerten sind. Werden nach der Inhaberkontrollverordnung vorgeschriebene Informationen zur Gruppenstruktur durch den Anzeigepflichtigen nicht vorgelegt beziehungsweise nicht nachgereicht, kann bereits eine Untersagung aus formellen Gründen gemäß § 2c Abs. 1b Satz 2 KWG gerechtfertigt sein, ohne dass dazu § 2c Abs. 1b Satz 1 Nr. 2 Alt. 2 KWG bemüht werden muss.[1005] Nur wenn nach der gebotenen Aufklärung und trotz Erfüllung der Informations- und Vorlagepflichten nach der Inhaberkontrollverordnung die Gruppenstruktur intransparent bleibt, kann und muss § 2c Abs. 1b Satz 1 Nr. 2 Alt. 2 KWG zur Untersagung herangezogen werden.

Der Beschlussempfehlung und dem Bericht des Finanzausschusses zum Dritten Finanzmarktförderungsgesetz zufolge soll auch die "ständige Neustrukturierung der Beteiligung im laufenden Prüfungsverfahren" den Tatbestand erfüllen.[1006] Auch diesbezüglich hat allerdings die Bundesanstalt zunächst auf eine Aufklärung möglicher Unklarheiten im Rahmen des Inhaberkontrollverfahrens hinzuwirken. Bei Änderungen der Transaktionsstruktur wird in der Regel eine Pflicht zur

---

1003 *Schäfer*, in: Boos/Fischer/Schulte-Mattler, KWG, § 2c Rn. 13; *Erm*, in: Beck/Samm/Kokemoor, KWG, § 2c Rn. 75; *Kobabe*, in: Luz/Neus/Scharpf/Schneider/Weber, KWG, § 2c Rn. 31.

1004 Reischauer/Kleinhans, KWG, § 2 Rn. 14; *Kobabe*, in: Luz/Neus/Scharpf/Schneider/Weber, KWG, § 2c Rn. 31.

1005 *Vgl.* aber *Schäfer*, in: Boos/Fischer/Schulte-Mattler, KWG, § 2c Rn. 13; *Erm*, in: Beck/Samm/Kokemoor, KWG, § 2c Rn. 75, wonach der Tatbestand vor allem einschlägig sein soll, wenn keine ausreichenden Angaben über Unternehmensverbindungen der Zielgesellschaft mit dem Inhaber oder Unternehmensverbindungen des Inhabers mit anderen Unternehmen gemacht werden.

1006 Beschlussempfehlung und Bericht des Finanzausschusses zum Dritten Finanzmarktförderungsgesetz, BT-Drucks. 13/9874, S. 139; zustimmend Reischauer/Kleinhans, KWG, § 2c Rn. 14; *Erm*, in: Beck/Samm/Kokemoor, KWG, § 2c Rn. 73; *Kobabe*, in: Luz/Neus/Scharpf/Schneider/ Weber, KWG, § 2c Rn. 31.

Aktualisierung der Anzeige ausgelöst.[1007] Erfolgt diese nicht oder nicht rechtzeitig, rechtfertigt dies bereits eine Untersagung des Erwerbs aus formellen Gründen.

Ferner ist zu berücksichtigen, dass gerade der Beteiligungserwerb durch ausländische Finanzinvestoren oder durch Unternehmen außerhalb des Finanzsektors schon durch die ausländische Investorenbasis und die Notwendigkeit, Erträge aus der Beteiligung an eine ausländische Investorenbasis auszuschütten, zwangsläufig eine komplexe Beteiligungs- und Finanzierungsstruktur aufweist. Nicht selten ist dies auch durch eine steuerliche Optimierung des Investments bedingt, durch die etwa eine Mehrfachbesteuerung von Dividenden und Zinserträgen vermieden werden soll. Eine effektive Beaufsichtigung des Zielunternehmens werden diese komplexen Beteiligungsstrukturen im Regelfall aber nicht beeinträchtigen. Dies gilt insbesondere auch für die etablierten Beteiligungsstrukturen von Private Equity Investoren oder ausländischen Staatsfonds.

Auch der Umstand, dass in die Beteiligungsstruktur Unternehmen eingebunden sind, die selbst nicht einer Finanzaufsicht unterliegen, erschwert eine Aufsicht des Zielinstituts als solchem nicht in rechtlich maßgeblicher Weise. Völlig verfehlt ist es daher, wenn der VGH Kassel den Untersagungsgrund maßgeblich auf den Umstand stützt, dass "Unternehmen des produzierenden Gewerbes wie auch Handelsunternehmen in das Beziehungsgeflecht eingebunden" sind, "die keiner Aufsicht aus dem Bereich der Finanzdienstleistung (sic!) oder der Versicherungswirtschaft unterliegen" und dass die Erwerbsinteressenten die Mittel für den Erwerb "gerade aus diesem Bereich" generierten. Wäre diese Begründung richtig, wären Unternehmen außerhalb des Finanzsektors vom Erwerb bedeutender Beteiligungen praktisch abgeschnitten. Dies wird aber durch den Untersagungsgrund weder bezweckt noch ist dies aufsichtsrechtlich geboten.[1008]

VIII. Unzureichende Aufsicht über das Mutterinstitut (§ 2c Abs. 1b Satz 1 Nr. 3 KWG)

1. Überblick; Zweck

Als weiteren Untersagungsgrund nennt § 2c Abs. 1b Satz 1 Nr. 3 KWG den Umstand, dass das Institut durch die Begründung der bedeutenden Beteiligung Tochterunternehmen eines Instituts mit Sitz in einem Drittstaat würde, das im Staat seines Sitzes oder seiner Hauptverwaltung nicht wirksam beaufsichtigt wird oder dessen zuständige Aufsichtsstelle zu einer befriedigenden Zusammenarbeit mit der Bundesanstalt nicht bereit ist. Der Untersagungsgrund dient dazu, die konsolidierte Aufsicht unter Einbeziehung des Zielinstituts sicherzustellen.[1009] Diese ist nicht gewährleistet, wenn eine Beaufsichtigung des ausländischen Mutterinstituts nicht

---

1007 *Vgl.* 3. Teil:F. II.

1008 *Vgl. Wieland*, BB 2012, 1108 (1112).

1009 Zur Sicherung der effektiven Beaufsichtigung als einer der Zwecke der Inhaberkontrolle *vgl.* 1. Teil: C. III. 1.

gewährleistet ist oder die ausländische Aufsicht nicht mit der Bundesanstalt kooperiert.

Der Untersagungstatbestand war bereits vor Umsetzung inhaltsgleich im Kreditwesengesetz geregelt (*vgl.* § 2c Abs. 1a Satz 1 Nr. 3 KWG (a.F.)). In der Beteiligungsrichtlinie wird der Tatbestand allerdings nicht ausdrücklich als Untersagungstatbestand genannt. Bedenken gegen die Vereinbarkeit des Untersagungstatbestandes mit der Beteiligungsrichtlinie bestehen dennoch nicht. Es handelt es sich um einen Sonderfall des in Art. 19a Abs. 1 lit. d) Alt. 2 der Bankenrichtlinie genannten Untersagungstatbestands der Beeinträchtigung einer wirksamen Beaufsichtigung des Zielinstituts infolge des Erwerbs.[1010]

2. Anwendungsfälle

Hinsichtlich des Anwendungsbereichs der Vorschrift ist wichtig, dass eine Untersagung nach § 2c Abs. 1a Satz 1 Nr. 3 KWG von vornherein nur in Betracht kommt, wenn das Zielinstitut durch den Erwerb Tochterunternehmen eines *Instituts* i.S.d. § 1 Abs. 1b KWG werden würde.[1011] Damit fallen aus dem Anwendungsbereich des Untersagungsgrunds von vornherein solche Erwerbsinteressenten heraus, die nicht selbst als Kreditinstitut oder Finanzdienstleistungsinstitut zu qualifizieren sind oder durch ein solches kontrolliert werden. Die Vorschrift darf aber hinsichtlich ihres Regelungsgehalts nicht dahin missverstanden werden, dass Inhaber einer bedeutenden Beteiligung an einem Institut nur Institute sein könnten.

Ferner setzt die Regelung voraus, dass das Mutterinstitut in einem Drittstaat (*vgl.* § 1 Abs. 5a Satz 2 KWG) seinen Sitz hat. Auf Institute mit Sitz in der EU oder dem übrigen Europäischen Wirtschaftsraum ist die Regelung daher ebenfalls nicht anwendbar.[1012] Hier ist eine effektive Beaufsichtigung des Mutterinstituts und die Zusammenarbeit mit der ausländischen Behörde bereits durch europäisches Recht sichergestellt.

IX. Unzuverlässigkeit/Fehlende Eignung der künftigen Geschäftsleiter (§ 2c Abs. 1b Satz 1 Nr. 4 KWG)

1. Überblick; Zweck

Ein weiterer Untersagungsgrund ist die Unzuverlässigkeit oder fehlende fachliche Eignung des oder der künftigen Geschäftsleiter (*vgl.* § 2c Abs. 1b Satz 1 Nr. 4 KWG). Der Untersagungstatbestand findet sich in fast wortgleicher Fassung in der Beteiligungsrichtlinie.[1013]

1010 *Vgl.* dazu auch CEBS/CEIOPS/CESR-Leitlinien, Rn. 75.

1011 *Vgl.* auch Beschlussempfehlung und Bericht des Finanzausschusses zum Dritten Finanzmarktförderungsgesetz, BT-Drucks. 13/9874, S. 139, wonach der bisherige weitergehende wörtliche Bezug auf Unternehmen aller Art über das Regulierungsziel hinausgegangen sei.

1012 *Vgl.* Begr. RegE zum Vierten Finanzmarktförderungsgesetz, BT-Drucks. 14/8017, S. 115.

1013 *Vgl.* Art. 5 Abs. 3 Beteiligungsrichtlinie; Art. 19a Abs. 1 lit. b) Bankenrichtlinie (n.F.).

Die Vorschrift dient dazu, frühzeitig ungeeignete Geschäftsleiter zu identifizieren, die anlässlich des Erwerbs neu in die Geschäftsleitung des Zielunternehmens eintreten sollen. Auch dadurch sollen schädliche Einflussnahmen auf das Zielinstitut vermieden werden.[1014] Die Vorschrift ergänzt § 24 Abs. 1 Nr. 1 KWG, wonach auch das betroffene Institut selbst die Absicht einer Geschäftsleiterbestellung anzuzeigen hat. Sie entbindet das Zielinstitut aber nicht von der Anzeigepflicht nach § 24 Abs. 1 Nr. 1 KWG.

2. Anwendungsbereich

Der Untersagungstatbestand des § 2c Abs. 1b Satz 1 Nr. 4 KWG ist nur von Relevanz, soweit der Erwerbsinteressent beabsichtigt, unmittelbar im Zusammenhang mit dem Erwerb einen oder mehrere neue Geschäftsleiter im Zielinstitut zu ernennen oder eine entsprechende Ernennung zu veranlassen. Eine frühzeitige Eignungsprüfung kann auch für den Erwerbsinteressenten von zentraler Bedeutung sein, etwa wenn das Erwerbsvorhaben aus Sicht des Erwerbsinteressenten untrennbar mit der Ernennung einer bestimmten Person als Geschäftsleiter verbunden ist.

Beabsichtigt der Erwerbsinteressent keine Veränderungen der bisherigen Zusammensetzung der Geschäftsleitung des Zielinstituts, scheidet eine Unteragung nach § 2c Abs. 1b Satz 1 Nr. 4 KWG aus. In diesem Fall findet im Rahmen des Inhaberkontrollverfahrens grundsätzlich keine erneute Zuverlässigkeitsprüfung der bisherigen Geschäftsleiter statt.

Im Einzelfall kann aber das Erwerbsvorhaben der Bundesanstalt Anlass dazu bieten, die Eignung der bisherigen Geschäftsleiter erneut zu beurteilen. Dies ist etwa der Fall, wenn der Erwerbsinteressent mit Vollzug des Erwerbs die Geschäftstätigkeit um neue Tätigkeitsbereiche erweitern will. Die Bundesanstalt hat dann zu prüfen, ob die Sachkunde und Erfahrung der bisherigen Geschäftsleiter ausreicht, um auch diese neuen Tätigkeitsbereiche verantwortungsvoll zu führen. Ist dies nicht der Fall und hält der Erwerbsinteressent an seinen Plänen fest, kann dies dazu führen, dass das Erwerbsvorhaben nur unter Auflagen (etwa mit der Maßgabe, den bestehenden Umfang der Geschäftstätigkeit bis auf weiteres unverändert zu lassen) freigegeben werden kann. Genügt auch dies nicht, um dem Interesse an einer soliden Führung des Zielinstituts hinreichend Rechnung zu tragen, kann im Extremfall das Erwerbsvorhaben sogar untersagt werden. Zwar kann die Untersagung nach dem eindeutigen Wortlaut nicht auf § 2c Abs. 1a Satz 1 Nr. 4 KWG gestützt werden. Die Untersagung ist dann aber nach § 2c Abs. 1a Satz 1 Nr. 2 KWG gerechtfertigt, weil das Zielinstitut unter diesen Voraussetzungen nicht in der Lage bleiben wird, die Aufsichtsanforderungen zu erfüllen.

Der Begriff des Geschäftsleiters ist in § 1 Abs. 2 Satz 1 KWG legal definiert und erfasst in erster Linie die gesetzlichen Vertreter des Zielinstituts. Hinsichtlich der Kriterien zur Beurteilung der Zuverlässigkeit kann im Wesentlichen auf die zu

---

1014 Zum Schutz des Zielinstituts vor schädlicher Einflussnahme als einer der Zwecke der Inhaberkontrolle *vgl.* 1. Teil: C. III. 2.

§ 2c Abs. 1b Satz 1 Nr. 1 Alt. 1 KWG verwiesen werden,[1015] wobei allerdings im Hinblick auf die höheren Einwirkungsmöglichkeiten der Geschäftsleiter des regulierten Unternehmens strengere Maßstäbe an die Zuverlässigkeit zu stellen sind. Es findet zudem neben der Zuverlässigkeitsprüfung hinsichtlich der neuen Geschäftsleiter des Instituts eine uneingeschränkte Überprüfung der fachlichen Eignung statt. Erforderlich ist eine bankspezifische fachliche Eignung im Sinne von einschlägigen theoretischen und praktischen Fachkenntnissen sowie Leitungserfahrung, und zwar jeweils im Hinblick auf die konkret auszuübende Tätigkeit. Der Prüfungsmaßstab entspricht also § 33 Abs. 1 Satz 1 Nr. 2, Nr. 4 i.V.m. Abs. 2 KWG. Insoweit kann auf die Literatur hierzu verwiesen werden.[1016]

Mit dem Untersagungsgrund korrespondiert die Pflicht, gemäß § 8 Nr. 7 InhKontrollV zu erklären, ob und durch welche Personen beabsichtigt ist, Geschäftsleiter des Zielunternehmens auszutauschen. Ferner hat der Anzeigepflichtige hinsichtlich der Geschäftsleiterkandidaten Unterlagen zur Zuverlässigkeit beziehungsweise einen Lebenslauf vorzulegen (*vgl.* § 9 Abs. 1; § 10 Abs. 1 InhKontrollV i.V.m. § 8 Nr. 7 InhKontrollV).

Nicht von § 2c Abs. 1a Satz 1 Nr. 4 KWG erfasst wird ein beabsichtigter Austausch oder die Neuernennung von Aufsichtsratsmitgliedern. Diesbezüglich ist § 36 Abs. 3 Satz 1 KWG und die grundsätzlich nachlaufende Anzeigepflicht des Instituts gemäß § 24 Abs. 1 Nr. 15 KWG zu beachten.[1017] Soweit der Erwerbsinteressent hinsichtlich der Zusammensetzung der Aufsichtsorgane Veränderungen anstrebt, ist dies allerdings im Rahmen der Darstellung der strategischen Ziele und Pläne im Inhaberkontrollverfahren offenzulegen. Dies ergibt sich je nach angestrebter Beteiligungshöhe aus § 15 Abs. 1 Satz 7 Nr. 1, § 15 Abs. 2 Nr. 2 oder § 15 Abs. 3 Nr. 2 InhkontrollV. In diesem Fall mag es aus Sicht des Erwerbsinteressenten angezeigt sein, der Bundesanstalt bereits vorab die für Zuverlässigkeit und Sachkundeprüfung des neuen Aufsichtsrats notwendigen Information zu übersenden.

X. Geldwäsche/Terrorismusfinanzierung (§ 2c Abs. 1b Satz 1 Nr. 5 KWG)

1. Überblick und Zweck

Ein weiterer Untersagungsgrund für den beabsichtigten Erwerb ist ein Zusammenhang des Erwerbsinteressenten oder Erwerbsvorhabens mit Geldwäscheaktivitäten oder Terrorismusfinanzierung. Rechtfertigen Tatsachen die Annahme, dass beim

---

1015 *Vgl.* 3. Teil: H. V. 5.

1016 *Vgl.* etwa Reischauer/Kleinhans, KWG, § 33 Rn. 7 ff. m.w.N.; *Fischer*, in: Boos/Fischer/Schulte-Mattler, KWG, § 33 Rn. 39 ff.; *Schwennicke*, in: Schwennicke/Auerbach, KWG, § 33 Rn. 78 ff. Zur Geschäftsleiterkontrolle im Anwendungsbereich des VAG *vgl. Kunz*, ZVersWiss 2006, Supplement, 249 ff.; *Dreher*, ZVersWiss 2006, Supplement, 375 ff.

1017 *Siehe* hierzu auch das *Bundesanstalt,* Merkblatt zur Kontrolle von Mitgliedern von Verwaltungs- und Aufsichtsorganen gemäß KWG und VAG v. 22. Februar 2010; *Lehrl*, BKR 2010, 485 ff.

beabsichtigten Beteiligungserwerb ein Zusammenhang zu Geldwäsche oder Terrorismusfinanzierung wie in Art. 1 der Richtlinie 2005/60/EG näher definiert besteht, haben im Zusammenhang mit dem beabsichtigten Erwerb solche Aktivitäten in der Vergangenheit stattgefunden, wurden solche Straftaten versucht oder würde der Erwerb das Risiko solcher Verhaltensweisen erhöhen, so kann dies eine Untersagung des Erwerbs gemäß § 2c Abs. 1b Satz 1 Nr. 5 KWG rechtfertigen.

Der Untersagungstatbestand trägt damit einem der Hauptzwecke der Inhaberkontrolle Rechnung, nämlich den Missbrauch des Bank- und Finanzsystems zum Zwecke der Einschleusung inkriminierter Gelder beziehungsweise zur Finanzierung terroristischer Aktivitäten zu verhindern.[1018] Auch diesbezüglich handelt es sich um einen Untersagungsgrund, der ausdrücklich in der Beteiligungsrichtlinie geregelt ist.[1019] Das Kreditwesengesetz verlangt für die Untersagung dabei keinen vollen Nachweis des Geldwäscheverstoßes, sondern es genügt, dass konkrete Tatsachen die Annahme rechtfertigen, dass das Risiko solcher Aktivitäten erhöht werden könnte. Es ist dann Sache des Erwerbsinteressenten, im Rahmen des Inhaberkontrollverfahrens die Tatsachen oder die daraus zu ziehenden Schlüsse zu entkräften.

2. Anwendungsfälle

Hinsichtlich der Auslegung und Anwendung des Tatbestands geben die CEBS/CEIOPS/CESR-Leitlinien weitere konkretisierende Hinweise.[1020] Ferner kann ergänzend auf die Grundsätze und Empfehlungen der Financial Action Task Force (FATF) zurückgegriffen werden.[1021]

In Fällen des § 2c Abs. 1b Satz 1 Nr. 5 KWG dürften nicht selten gleichzeitig auch andere Untersagungstatbestände erfüllt sein, insbesondere die Zuverlässigkeit des Erwerbsinteressenten infrage stehen.[1022] Insofern ist bei Geldwäscheverstößen oder Terrorismusfinanzierung im Regelfall gleichzeitig der Untersagungsgrund des § 2c Abs. 1b Satz 1 Nr. 1 KWG verwirklicht. Der Tatbestand des § 2c Abs. 1b Satz 1 Nr. 5 KWG ist aber vor allem insoweit weiter, als es danach bereits ausreicht, dass sich im Zusammenhang mit dem Erwerb das Risiko von Geldwäsche und Terrorismusfinanzierung erhöht. Dies kann vor allem dann nahe liegen, wenn der Erwerbsinteressent seinen Sitz in einer Jurisdiktion hat, die keine mit den Grundsätzen der FATF im Wesentlichen konforme Geldwäschebekämpfungsstandards implementiert hat, insbesondere von der FATF als nicht kooperierend eingestuft wird.[1023]

1018 *Vgl.* 1. Teil: C. III. 5.

1019 *Vgl.* Art. 5 Abs. 3 Beteiligungsrichtlinie; Art. 19a Abs. 1 lit. e) Bankenrichtlinie (n.F.).

1020 *Vgl.* CEBS/CEIOPS/CESR-Leitlinien, Rn. 81 ff.

1021 *Vgl.* CEBS/CEIOPS/CESR-Leitlinien, Rn. 82.

1022 CEBS/CEIOPS/CESR-Leitlinien, Rn. 84 f.

1023 CEBS/CEIOPS/CESR-Leitlinien, Rn. 86; *Erm*, in: Beck/Samm/Kokemoor, KWG, § 2c Rn. 80.

Nach den CEBS/CEIOPS/CESR-Leitlinien soll eine Überprüfung des Erwerbsvorhabens im Hinblick auf den Untersagungsgrund nach § 2c Abs. 1b Satz 1 Nr. 5 KWG auch bei kleineren Investitionssummen und Beteiligungen erfolgen.[1024] Gegenstand der aufsichtsrechtlichen Überprüfung ist auch die Herkunft der Mittel für den Beteiligungserwerb.[1025] Diese soll lückenlos nachvollziehbar und dokumentiert sein.[1026] Ferner soll sichergestellt sein, dass die finanziellen Mittel für die Begleichung des Kaufpreises durch eine lückenlose Kette hinreichend beaufsichtigter Finanzinstitute geschleust werden.[1027] Dies spiegelt sich in den Vorlagepflichten nach § 14 InhKontrollV wider. Problematisch hieran ist, dass dies häufig erst nach Vollzug des Erwerbs beurteilt werden kann.[1028]

XI. Finanzielle Solidität des Erwerbsinteressenten (§ 2c Abs. 1b Satz 1 Nr. 6 KWG)

1. Überblick und Zweck

Im Zuge der Umsetzung der Beteiligungsrichtlinie kann der beabsichtigte Erwerb einer bedeutenden Beteiligung nunmehr auch dann untersagt werden, wenn "Tatsachen die Annahme rechtfertigen, dass der Anzeigepflichtige nicht über die notwendige finanzielle Solidität verfügt" (*vgl.* § 2c Abs. 1b Satz 1 Nr. 6 KWG). Nach § 2c Abs. 1b Satz 1 Nr. 6 2. Halbs. KWG soll dies insbesondere dann der Fall sein, "wenn der Anzeigepflichtige auf Grund seiner Kapitalausstattung oder Vermögenssituation nicht den besonderen Anforderungen gerecht werden kann, die von Gesetzes wegen an die Eigenmittel und die Liquidität eines Instituts gestellt werden".

Die Vorschrift findet ihre Grundlage in der Beteiligungsrichtlinie, welche die "finanzielle Solidität des interessierten Erwerbers, insbesondere in Bezug auf die Art der tatsächlichen und geplanten Geschäfte des Kreditinstituts, an dem der Erwerb beabsichtigt wird," als eines der Beurteilungskriterien explizit nennt.[1029]

Zweck des Untersagungstatbestandes des § 2c Abs. 1a Satz 1 Nr. 6 KWG ist es zu vermeiden, dass das Zielinstitut durch unzureichende Mittel des Beteiligungsinhabers in Folge des Erwerbs in eine finanzielle Schieflage gerät.[1030] Inwieweit die Vorschrift weitergehend bezweckt, dass nur solche Personen oder Unternehmen Inhaber einer bedeutenden Beteiligung sein dürfen, die willens und in der Lage sind, im Falle einer drohenden finanziellen Krise des Instituts Liquidität oder zusätzliche Eigenmittel zuzuführen, ist zweifelhaft.

1024 *Vgl.* CEBS/CEIOPS/CESR-Leitlinien, Rn. 88.

1025 CEBS/CEIOPS/CESR-Leitlinien, Rn. 90 f.; § 14 InhKontrollV.

1026 CESB/CEIOPS/CESR-Leitlinien, Rn. 91.

1027 *Vgl.* CESB/CEIOPS/CESR-Leitlinien, Rn. 90.

1028 *Vgl.* dazu 3. Teil: C. VI. 7.

1029 *Vgl.* Art. 19a Abs. 1 lit. c) Bankenrichtlinie (n.F.) .

1030 Ähnlich *Erm*, in: Beck/Samm/Kokemoor, KWG, § 2c Rn. 84, wonach die Vorschrift ein "Ausbluten" des Instituts verhindern möchte.

Vor Umsetzung der Beteiligungsrichtlinie enthielt § 2c KWG keinen entsprechenden Untersagungstatbestand. Allerdings fand sich in § 104 Abs. 1a Satz 1 Nr. 1 VAG (a.F.) als Regelbeispiel für die Unzuverlässigkeit bis zur Umsetzung der Beteiligungsrichtlinie zuletzt eine ähnliche Regelung, wonach der Erwerb einer bedeutenden Beteiligung an einem Versicherungsunternehmen wegen Unzuverlässigkeit untersagt werden konnte, wenn der Erwerber der bedeutenden Beteiligung nicht darlegen konnte, dass er über geeignete und ausreichende Mittel zur Umsetzung seiner geschäftlichen Pläne für die Fortsetzung und die Entwicklung der Geschäfte des Zielunternehmens verfügte.[1031] Anlass für die Einführung war die zunächst untersagte Veräußerung der Gerling Globale Rückversicherungs-AG und Ausgliederung auf eine GmbH mit gesetzlichem Mindestkapital, hinter der eine natürliche Person stand.[1032] Mit der Gesetzesänderung sollte nach den Gesetzesmaterialien vor allem die Möglichkeit geschaffen werden, einen Erwerb zu verhindern, der allein darauf abzielt, das Versicherungsunternehmen sofort zum Vorteil des Erwerbers und zu Lasten der Versicherungsnehmer zu zerschlagen.[1033] Die Vorschrift ist in der Folge vielfach weitergehend dahin

---

1031 § 104 Abs. 1 Satz 1 Nr. 1 2. Halbs. VAG in der bis zum 17. März 2009 geltenden Fassung. Eine ähnliche Regelung enthält ferner bis heute § 6 Abs. 2 Satz 1 Nr. 2 BörsG, der eine Untersagung erlaubt, falls durch den Erwerb die Durchführung und angemessene Fortentwicklung des Börsenträgers beeinträchtigt wird.

1032 *Vgl. Hasselbach/Förster*, VersR 2007, 1159 (1160 f.); *Deckers*, in: Bähr, Versicherungsaufsichtsrecht, § 30 Rn. 47 f.

1033 Im ursprünglichen Regierungsentwurf zur Änderung des § 104 VAG im Zuge der Vierten VAG-Novelle war sogar eine noch weitergehende Fassung vorgesehen. Danach sollte eine Untersagung auch dann möglich seine, wenn "der Erwerber aufgrund seiner Kapitalausstattung oder Vermögenssituation nicht den besonderen Anforderungen des Erstversicherungsunternehmens gerecht werden kann, die sich aus dessen Kapitalausstattung oder liquiden Mitteln ergeben, um die dauernde Erfüllbarkeit der Versicherungen aus den Versicherungsverträgen zu gewährleisten oder um Liquiditätsengpässe zu vermeiden". Dazu führt die Regierungsbegründung aus, das Versicherungskonzerne und -gruppen oft unter ähnlicher Firma im Geschäftsverkehr auftreten, um den einmal für ein oder mehrere Konzernunternehmen geschaffenen "guten Namen" für alle Konzernunternehmen zu nutzen. Daraus könne sich eine moralische Haftung aller Konzernunternehmen oder der Holding-Gesellschaft für ein in finanzielle Schwierigkeiten geratenes Konzern-Versicherungsunternehmen ergeben. Zumindest bestehe bei den Marktteilnehmern die Erwartung, dass geschlossen auftretende Unternehmen gegebenenfalls auf die Finanzkraft des Konzerns oder der Gruppe zurückgreifen könnten. Diese Markterwartungen, die sich bis zu einer Geschäftsgrundlage verfestigen könnten, könnten umgangen werden, wenn die Aktien eines finanziell notleidend gewordenen Konzern-Versicherungsunternehmens beispielsweise auf eine Gesellschaft übertragen werden könnten, die nur über die gesetzliche Mindestkapitalausstattung verfüge. Eine solche Verfahrensweise würde dem besonderen Vertrauen nicht gerecht, das die Versicherungsnehmer in die dauernde Erfüllbarkeit der vom Versicherungsunternehmen übernommenen Verpflichtungen haben. (*vgl.* BegrRegE zum Versicherungsänderungsgesetz, BT-Drucks. 15/3418, S. 21 f.). In der Folge gab der Gesetzgeber dieses weitgehende Verständnis auf und stellte für die Gesetz gewordene Fassung ausdrücklich klar, dass durch die Vorschrift kein über das Aktienrecht hinausgehender Haftungstatbestand geschaffen werden sollte

interpretiert worden, dass ganz allgemein der Erwerb ohne Absicht zur Weiterführung zum Zwecke der gewinnbringenden Weiterveräußerung, Zerschlagung oder Liquidation, letztlich also zu Spekulationszwecken, verhindert werden soll.[1034] Die Normierung des genannten Untersagungstatbestands war allerdings zunächst eine Besonderheit des Versicherungsaufsichtsgesetzes und wurde hinsichtlich des Beteiligungserwerbs an Instituten jedenfalls nicht ausdrücklich ins Kreditwesengesetz übernommen. Dagegen findet sich der Tatbestand auch nach Umsetzung der Beteiligungsrichtlinie als Regelbeispiel für die Unzuverlässigkeit in § 104 Abs. 1a Nr. 1 2. Halbs. VAG.

2. Anwendungsbereich

Hinsichtlich der an die Inhaber einer bedeutenden Beteiligung zu stellenden Anforderungen wirft die Regelung eine Reihe von Zweifelsfragen auf. Dies liegt nicht zuletzt an der bedenklichen Unbestimmtheit der Vorschrift durch Anknüpfung an den Begriff der "notwendigen finanziellen Solidität". Der Terminus findet im übrigen Kreditwesengesetz keine Entsprechung. Auch durch das Regelbeispiel in § 2c Abs. 1b Satz 1 Nr. 6 2. Halbs. KWG erhält der Begriff nur wenig zusätzliche Kontur. Umso wichtiger ist es, Fallgruppen herauszuarbeiten und die Grenzen des Tatbestands zu bestimmen.

a) Verstoß gegen Eigenmittel- und Liquiditätsvorschriften

Nach dem gesetzlichen Regelbeispiel des § 2c Abs. 1b Satz 1 Nr. 6 2. Halbs. KWG fehlt es an der notwendigen Solidität des Anzeigepflichtigen insbesondere, wenn er auf Grund seiner Kapitalausstattung oder Vermögenssituation nicht den besonderen Anforderungen gerecht werden kann, die von Gesetzes wegen an die Eigenmittel und die Liquidität eines Instituts gestellt werden.

Der Untersagungstatbestand ist insoweit inhaltlich eng mit § 2c Abs. 1b Satz 1 Nr. 2 Alt. 1 KWG verbunden. Während dieser in erster Linie auf die Solvabilität und Liquidität des Zielinstituts abstellt, zielt § 2c Abs. 1b Satz 1 Nr. 6 KWG vor allem auf die Solvabilität und Liquidität des Erwerbsinteressenten.[1035] Dies erfolgt aber nicht als Selbstzweck, sondern wird mit den von Gesetzes wegen zu erfüllenden Eigenmittel- und Liquiditätsanforderungen des Zielinstituts in Bezug gesetzt. Gerade bei einem beabsichtigten Kontrollerwerb sind aber beide Tatbestände kaum voneinander zu trennen und überschneiden sich.[1036]

Erfasst werden vor allem Fälle, in denen der Erwerbsinteressent infolge des Erwerbs in den aufsichtsrechtlichen Konsolidierungskreis des Zielinstituts fällt und infolge der unzureichenden Kapitalausstattung des Erwerbsinteressenten deswegen

---

(*vgl.* Beschlussempfehlung und Bericht des Finanzausschusses zum Versicherungsänderungsgesetz, BT-Drucks. 15/3976, S. 34).

1034 *Winter*, Versicherungsaufsichtsrecht, S. 269; *Fricke*, VersR 2005, 161 (170); zu Recht enger *Weber-Rey/Baltzer*, WM 2006, 205 (212); *Hasselbach/Förster*, VersR 2007, 1159 (1161 f.).

1035 *Vgl.* CEBS/CEIOPS/CESR-Leitlinien, Rn. 59.

1036 *Vgl.* CEBS/CEIOPS/CESR-Leitlinien, Rn. 59.

auf Ebene der Institutsgruppe beziehungsweise Finanzholding-Gruppe keine ausreichenden aufsichtsrechtlichen Eigenmittel bestehen (*vgl.* § 10 Abs. 1 Satz 1 KWG i.V.m. § 10a Abs. 1-3 KWG). Ein Fall des § 2c Abs. 1 Satz 1 Nr. 6 KWG liegt vor allem dann vor, wenn der Erwerbsinteressent als übergeordnetes Unternehmen für die aufsichtsrechtlichen Eigenmittelanforderungen auf Gruppenebene verantwortlich ist (*vgl.* § 10a Abs. 12 KWG). Ferner fallen hierunter Fälle, in denen aufgrund eines schwachen Ratings des Erwerbers auch das Rating des Zielinstituts beeinträchtigt und damit die bisherige oder geplante Geschäftstätigkeit des Instituts so gefährdet beziehungsweise die Refinanzierungskosten so erhöht werden, dass die Eigenmittel- beziehungsweise Liquiditätsanforderungen durch das Zielinstitut als Ergebnis des Erwerbs nicht mehr erfüllt werden können. Wie bereits ausgeführt, ist in solchen Konstellationen regelmäßig zugleich § 2c Abs. 1b Satz 1 Nr. 2 KWG erfüllt.

Nach den CEBS/CEIOPS/CESR-Leitlinien soll die Aufsichtsbehörde ferner untersuchen, ob die Finanzierungsstruktur für den Erwerb beziehungsweise die bestehenden Finanzbeziehungen zwischen dem Erwerbsinteressenten und dem Zielunternehmen zu Interessenkonflikten führen können, welche die Finanzstruktur des Zielunternehmens gefährden.[1037] Daher hat der Anzeigepflichtige mit der Anzeige auch mögliche Geschäftsbeziehungen zum Zielunternehmen und zu dessen Gesellschaftern und Organen sowie daraus resultierende Interessenkonflikte offenzulegen (*vgl.* § 12 Abs. 2; Abs. 5 InhKontrollV).

Ein weiterer Anwendungsfall des § 2c Abs. 1 Satz 1 Nr. 6 KWG sind Fallkonstellationen, in denen der Erwerbsinteressent, etwa als Institut i.S.d. § 1 Abs. 1b KWG, selbst Eigenmittel- oder Liquiditätsvorschriften unterliegt und der Erwerb zu einem Verstoß gegen diese Vorschriften führt oder ein solcher Verstoß infolge des Erwerbs droht. Auch hier muss die Bundesanstalt nicht den Vollzug des Erwerbs hinnehmen, sondern kann den Erwerb von vornherein untersagen.

b) Fehlende Mittel für den Erwerb

Unter notwendiger Solidität verstehen die CEBS/CEIOPS/CESR-Leitlinien auch die Fähigkeit des Erwerbsinteressenten, die Mittel für den Erwerb aufzubringen.[1038] Nach den CEBS/CEIOPS/CESR-Leitlinien soll die Aufsichtsbehörde den Erwerb unter anderem dann untersagen, wenn sie auf Grundlage der übermittelten Informationen zu dem Schluss kommt, dass der Erwerbsinteressent während des Erwerbsprozesses wahrscheinlich in finanzielle Schwierigkeit kommt.[1039]

Eine solche Auslegung erscheint nicht unplausibel. Zwar könnte man durchaus annehmen, dass die Frage der für den Erwerb erforderlichen Mittel zunächst eine eigene Angelegenheit des Erwerbsinteressenten ist, welche die Finanzaufsicht nicht zu interessieren hat. Dies gilt insbesondere für den Fall, dass die Gegenleistung

---

1037 CEBS/CEIOPS/CESR-Leitlinien, Rn. 61.

1038 CEBS/CEIOPS/CESR-Leitlinien, Rn. 57.

1039 CEBS/CEIOPS/CESR-Leitlinien, Rn. 60.

einem Dritten zu Gute kommt und im Rahmen des Erwerbs dem Zielunternehmen ohnehin keine Mittel zufließen sollen. Allerdings droht bei fehlenden Mitteln des Erwerbsinteressenten der Vollzug des Erwerbs zu scheitern. Dies kann auch aus aufsichtsrechtlicher Sicht problematisch sein. Es ist keineswegs so, dass bei Scheitern des Erwerbs alles "beim Alten" bleibt. Häufig liegt die Motivation des Veräußerungsvorhabens in der fehlenden Ertragsstärke oder strategischen Schwächen des Zielinstituts, das in den bisherigen Strukturen nicht mehr dauerhaft überlebensfähig erscheint. Durch das Erwerbsvorhaben sollen häufig Synergien gehoben oder eine strategische Neuausrichtung des Zielinstituts ermöglicht werden. Während des Veräußerungsverfahrens und dem Schwebezustands bis zum Vollzug des Erwerbs werden im Hinblick auf den erwarteten Zusammenschluss nicht selten strategische Entscheidungen, Personalentscheidungen und notwendige Investitionen (etwa in eine neue IT-Plattform) über Monate hinweg aufgeschoben. Scheitert das Erwerbsvorhaben am Ende wegen fehlender Mittel des Erwerbsinteressenten, besteht in einer solchen Gemengelage die Gefahr einer (weiteren) Destabilisierung des Zielinstituts, die auch aufsichtsrechtlich bedenklich sein kann. Ausgehend hiervon erscheint es legitim, der Aufsicht das Recht einzuräumen, bei unzureichenden Mitteln des Erwerbsinteressenten für den Beteiligungserwerb den Erwerb im Einzelfall von vornherein zu untersagen.

c) Fähigkeit zur finanziellen Unterstützung des Zielinstituts?

aa) Auswertung der Leitlinien und Gesetzesmaterialien

Sowohl die CEBS/CEIOPS/CESR-Leitlinien wie auch Gesetzesmaterialien zur Umsetzung der Beteiligungsrichtlinie gehen indessen bei der Auslegung des Merkmals der finanziellen Solidität erheblich über die bisher geschilderten Anforderungen hinaus.

Nach der Begründung des Regierungsentwurfs muss "der Anzeigepflichtige in der Lage sein, in Krisenfällen oder zur Vermeidung von Krisenfällen mit Blick auf die tatsächlichen oder geplanten Geschäfte des Unternehmens und damit eingebettet in ein schlüssiges Geschäftskonzept dem Unternehmen Eigenmittel oder Liquidität zur Verfügung zu stellen."[1040] Nach den CEBS/CEIOPS/CESR-Leitlinien dient das Beurteilungskriterium dazu festzustellen, ob "die finanzielle Solidität des Erwerbsinteressenten stark genug ist, eine solide und umsichtige Führung des Zielunternehmens auf absehbare Zeit (im Normalfall drei Jahre)" sicherzustellen.[1041] Die Aufsichtsbehörde soll den Erwerb untersagen, wenn sie auf Grundlage der übermittelten Informationen zu dem Schluss kommt, dass der Erwerbsinteressent nicht nur während des Erwerbsprozesses, sondern auch "auf absehbare Zukunft wahrscheinlich in finanzielle Schwierigkeit kommt".[1042]

1040 Begr. RegE des Gesetzes zur Umsetzung der Beteiligungsrichtlinie, BT-Drucks. 16/10536, S. 18; zustimmend *Erm*, in: Beck/Samm/Kokemoor, KWG, § 2c Rn. 84.

1041 CEBS/CEIOPS/CESR-Leitlinien, Rn. 58.

1042 CEBS/CEIOPS/CESR-Leitlinien, Rn. 60.

Demgemäß sieht *Erm* als weiteren Zweck der Vorschrift die Sicherung der langfristigen Entwicklungsperspektive für das Institut.[1043]

Anders als die Begründung zum Regierungsentwurf betonen die CEBS/CEIOPS/CESR-Leitlinien allerdings, dass dabei auch die Besonderheiten des Erwerbsinteressenten und des Erwerbs einzufließen haben und es für die Beurteilung des Kriteriums einen Unterschied macht, ob ein Kontrollerwerb oder ein Minderheitserwerb ohne Einfluss auf die Geschäftsleitung erfolgen soll.[1044] Die CEBS/CEIOPS/CESR-Leitlinien bringen damit zum Ausdruck, dass insoweit auch europarechtlich ein Spielraum besteht, bei passiven Minderheitsinvestments die genannten Kriterien nur eingeschränkt anzuwenden.[1045]

bb) Stellungnahme

Könnte dem Merkmal der finanziellen Solidität derart weite Bedeutung zugemessen werden, hätte dies enorme Auswirkungen. Über § 2c Abs. 1a Satz 1 Nr. 6 KWG würden Inhaber einer bedeutenden Beteiligung indirekt einem Erfordernis ausreichender materieller Kapitalisierung und Liquidität unterworfen. Zum anderen werden Inhaber bedeutender Beteiligungen bei einer solchen Regelung in eine Finanzierungsverantwortung für das Zielinstitut gedrängt.

De facto würde über die Inhaberstruktur eine Art zusätzlicher "Fallschirm" für strauchelnde Institute geschaffen. Gestützt auf im Rahmen der § 2c KWG-Anzeige abgeforderte Stützungszusagen könnte die Aufsicht im Krisenfall des Zielinstituts von den Inhabern bedeutender Beteiligungen eine Stärkung der Kapitalbasis oder eine Liquiditätszuführung einfordern. Kommt der Beteiligungsinhaber selbst in finanzielle Schwierigkeiten, hätte die Aufsicht die Möglichkeit, über § 2c Abs. 2 Satz 1 Nr. 1 KWG den Einfluss des bedeutenden Beteiligungsinhabers auszuschalten und über § 2c Abs. 2 Satz 4 KWG sogar eine Veränderung der Eigentümerstruktur zu erzwingen. Dies entspricht aber nicht den Zwecken der Inhaberkontrolle.[1046]

Ein derart weitgehendes Verständnis ist vor allem im Hinblick auf Inhaber von Beteiligungen unterhalb der Kontrollschwelle weder in der Sache zu rechtfertigen noch mit dem geltenden Recht vereinbar. Zwar sind starke Gesellschafter mit finanziellen Reserven, die die Geschäftstätigkeit eines regulierten Zielunternehmens absichern und finanziell stützen können und wollen, aufsichtsrechtlich wünschenswert. Warum aber auch ein Minderheitsgesellschafter oder gar ein nur kapitalmäßig beteiligter Gesellschafter ohne entsprechende Einflussmöglichkeiten auf die Geschäftspolitik des Zielunternehmens mit seiner Beteiligung derart weitgehenden Verpflichtungen unterliegen oder gar Finanzierungsverpflichtungen im Hinblick auf das Zielunternehmen übernehmen soll, ist

1043 *Erm*, in: Beck/Samm/Kokemoor, KWG, § 2c Rn. 84.

1044 CEBS/CEIOPS/CESR-Leitlinien, Rn. 58, 62 ff.

1045 Zu § 104 VAG: *Deckers*, in: Bähr, Versicherungsaufsichtsrecht, § 30 Rn. 40.

1046 *Vgl.* dazu 1. Teil: C. III.

nicht ersichtlich und entspricht auch nicht den ökonomischen Realitäten. Dies findet auch in der übrigen Rechtsordnung kein Vorbild. Dies gilt umso mehr, soweit es sich um kleinere Minderheitsbeteiligungen handelt. Die finanzielle Schieflage eines mit 10 % beteiligten Gesellschafters wird im seltensten Fall geeignet sein, auch das Zielinstitut in seiner Stabilität zu gefährden.

Aber auch für Kontrollbeteiligungen ist ein derart weites Verständnis der Vorschrift abzulehnen. In der Bankenkonsolidierungs- und Kapitaladäquanzrichtlinie sowie im Kreditwesengesetz, der Solvabilitätsverordnung und der Liquiditätsverordnung ist im Detail geregelt, welche Anforderungen an die Kapitalausstattung und Liquidität von Instituten gestellt werden. Über die konsolidierte Betrachtungsweise werden mit den Kategorien der Institutsgruppe und Finanzholding-Gruppe unter bestimmten Voraussetzungen auch Unternehmen für die Bestimmung der Angemessenheit der Eigenmittel auf Gruppenebene einbezogen, die selbst keinen aufsichtsrechtlichen Eigenmittelanforderungen unterliegen. Entstanden ist ein detailliertes, hochkomplexes und austariertes Regelwerk. Die Entscheidungen des Richtliniengebers und Gesetzgebers, welche Unternehmen aufsichtsrechtlichen Eigenmittel- und Liquiditätsvorschriften unterliegen und welche nicht, würde indirekt unterlaufen, würde man aus § 2c Abs. 1a Satz 1 Nr. 6 KWG herauslesen, dass Inhaber bedeutender Beteiligungen an Instituten losgelöst vom Erwerb ganz allgemein finanziell solide und in der Lage und Willens sein müssen, im Krisenfall dem Zielinstitut Mittel zuzuführen.

Es muss bezweifelt werden, dass der Richtliniengeber wie auch der deutsche Gesetzgeber (trotz der Ausführungen in den Materialien) bei dem Tatbestand des § 2c Abs. 1a Satz 1 Nr. 6 KWG diese weitreichende Bedeutung zumessen und das bestehende Regelwerk substantiell erweitern wollten. Die sehr weit erscheinenden Ausführungen in den Gesetzesmaterialien und den CEBS/CEIOPS/CESR-Leitlinien sind zu pauschal, um dem Tatbestand des § 2c Abs. 1a Satz 1 Nr. 6 KWG einen derart weiten Bedeutungsgehalt zuzuweisen. Dies gilt umso mehr, als gesellschaftsrechtlich grundsätzlich gerade keine Finanzierungsverantwortung der Gesellschafter gegenüber der Gesellschaft besteht. Eine Auslegung, die bedeutenden Gesellschaftern von Instituten eine solche Finanzierungsverantwortung zuweist, stellt einen elementaren Eingriff in die aufsichtsrechtliche- und gesellschaftsrechtliche Finanz- und Haftungsverfassung der Zielinstitute dar. Dies begegnet nicht zuletzt durch die Unbestimmtheit des Begriffs der "finanziellen Solidität" auch rechtsstaatlichen Bedenken und wäre mit dem aus dem Rechtsstaatsprinzip folgenden Grundsatz vom Vorbehalt des Gesetzes und dem Bestimmtheitsgebot kaum vereinbar.[1047]

Eine gesetzliche Verpflichtung des Inhabers einer bedeutenden Beteiligung, im Sinne einer Nachschusspflicht willens und in der Lage sein zu müssen, dem

1047 *Vgl.* zum Bestimmtheitsgebot im Rahmen der Eingriffsverwaltung *Grzeszick*, in: Maunz/Dürig, GG, Art. 20 Rn. 60. Zum aus dem Rechtsstaatsprinzip und den Grundrechten abgeleiteten Gesetzesvorbehalt *vgl.* etwa *Herzog/Grzeszick*, in: Maunz/Dürig, GG, Art. 20 Rn. 75 ff.

Zielinstitut im Krisenfall oder zur Vermeidung eine Krise Eigenmittel oder Liquidität zur Verfügung zu stellen, besteht daher nicht und kann auch nicht aus § 2c Abs. 1a Satz 1 Nr. 6 KWG abgeleitet werden.[1048] Ein Erwerbsinteressent ist insbesondere nicht *per se* verpflichtet, im Rahmen des Inhaberkontrollverfahrens gegenüber der Bundesanstalt oder dem Zielinstitut Unterstützungserklärungen zugunsten des Zielinstituts, etwa in Form von Garantien, Freistellungen, Patronatserklärungen oder Keep-well-Erklärungen abzugeben. Auf das Fehlen derartiger Finanzierungszusagen kann eine Untersagung des Erwerbs daher grundsätzlich nicht gestützt werden.

Wie sich nicht zuletzt aus dem Regelbeispiel in § 2c Abs. 1a Satz 1 Nr. 6 KWG ableiten lässt, sind die finanzielle Solidität des Erwerbsinteressenten und etwaige Stützungszusagen nur insoweit von Relevanz, als andernfalls der Erwerb einen Verstoß des Zielinstituts gegen gesetzlich fixierte Eigenmittel- oder Liquiditätsvorschriften zur Folge hätte oder als Folge des Erwerbs ein solcher Verstoß droht. Dies kann – wie ausgeführt – auch das Resultat einer schwachen Kapitalisierung des Erwerbsinteressenten sein, etwa wenn infolge des Erwerbs auch das Rating des Zielinstituts abzustürzen droht. In diesem Fall kann dann relevant sein, ob der Erwerbsinteressent willens und in der Lage ist, Garantie- oder Keep-well-Erklärungen bezüglich des Zielinstituts abzugeben und durch solche Erklärungen ein Absinken des Ratings zu vermeiden.

Gleiches gilt, wenn der Geschäftsplan des Erwerbsinteressenten für die Folgejahre die Zuführung weiteren Kapitals durch die Gesellschafter vorsieht und nur auf diese Weise ein Verstoß gegen gesetzliche Eigenkapitalziffern vermieden werden kann. Ist in diesem Fall der Erwerbsinteressent von vornherein nicht in der Lage oder bereit, entsprechende Finanzmittel aufzubringen und zum gegebenen Zeitpunkt zur Verfügung zu stellen, kann dies ausnahmsweise eine Untersagung nach § 2c Abs. 1a Satz 1 Nr. 6 KWG rechtfertigen. Insoweit muss der Erwerbsinteressent sich also an seinen eigenen Plänen festhalten lassen. Umgekehrt hat der Erwerbsinteressent die Möglichkeit, über die Wahl seiner Pläne hinsichtlich der Zielgesellschaft auch Einfluss auf den Umfang der erforderlichen Mittel zu nehmen.[1049]

Auch wenn § 2c Abs. 1a Satz 1 Nr. 6 KWG auf die "Kapitalausstattung oder Vermögenssituation" abstellt, ist der Erwerbsinteressent grundsätzlich frei darin, wie er die erforderlichen Mittel vorhält, solange etwaige gesellschaftsrechtliche oder aufsichtsrechtliche Eigenkapitalanforderungen gewahrt sind. Es ist also grundsätzlich ausreichend, wenn der Erwerbsinteressent über entsprechendes

---

1048 Zu § 104 Abs. 1b Satz 1 Nr. 6 VAG: *Deckers*, in: Bähr, Versicherungsaufsichtsrecht, § 30 Rn. 49 f.

1049 Zu § 104 Abs. 1a Satz 1 Nr. 1 VAG (a.F.) bereits *Hasselbach/Förster*, VersR 2007, 1159 (1162).; zu § 104 Abs. 1a Satz 1 Nr. 6 VAG *Deckers*, in: Bähr, Versicherungsaufsichtsrecht, § 30 Rn. 51 ff.

Fremdkapital verfügt.[1050] Ist die finanzielle Unterstützung erst in der Zukunft notwendig, muss es sogar genügen, wenn der Erwerbsinteressent aufgrund seiner Finanzsituation in der Lage ist, ohne größere Schwierigkeiten das erforderliche Eigen- bzw. Fremdkapital zu beschaffen.

d) Erwerb zu Zerschlagungs- oder Spekulationszwecken

Abzulehnen wäre eine Auslegung des § 2c Abs. 1b Satz 1 Nr. 6 KWG in Anlehnung an § 104 Abs. 1a Satz 1 Nr. 1 VAG (a.F.), wonach durch den Tatbestand verhindert werden soll, dass Institute ohne Absicht zur Weiterführung zum Zwecke der gewinnbringenden Weiterveräußerung, Zerschlagung oder Liquidation, also zu Spekulationszwecken, in andere Hände gehen.[1051]

Sofern sich der Erwerbsinteressent im Rahmen des geltenden Rechts bewegt, also insbesondere die Kundenrechte wahrt, nicht gegen insolvenzrechtliche oder gesellschaftsrechtliche Vorschriften verstößt und auch die Einhaltung der Eigenmittel- und Liquiditätsvorschriften durch das Zielunternehmen gesichert ist, handelt es sich – wie ausgeführt – um legitime und durch Art. 12; Art. 2 Abs. 1 GG geschützte Investitionsstrategien, die nicht mit dem Mittel der Anteilseignerkontrolle untergraben werden dürfen.

Der Erwerber ist also auch wegen § 2c Abs. 1a Satz 1 Nr. 6 KWG nicht verpflichtet, das Zielunternehmen im bisherigen Umfang weiterzuführen.[1052] Insbesondere einer Veräußerung von Vermögensgegenständen oder Geschäftsteilen oder der Einstellung von Geschäftsbereichen – etwa zum Abbau von Risikoaktiva und zur Freisetzung von Eigenkapital – steht die Vorschrift unter den genannten Voraussetzungen nicht entgegen.

1050 Zu § 104 Abs. 1a Satz 1 Nr. 1 VAG (a.F.) bereits *Hasselbach/Förster*, VersR 2007, 1159 (1162).

1051 *Vgl.* zu § 104 Abs. 1a Satz 1 Nr. 1 VAG (a.F.): *Winter*, Versicherungsaufsichtsrecht, S. 269; *Weber-Rey/Baltzer*, WM 2006, 205 (212); dagegen zu Recht *Hasselbach/Förster*, VersR 2007, 1159 (1161 f.); für eine Einzelfallprüfung *Deckers*, in: Bähr, Versicherungsaufsichtsrecht, § 30 Rn. 38. *Vgl.* zu § 2c KWG (a.F.) auch VGH Kassel, ZIP 2010, 2234 (2236), wonach die Gefahr einer "Ausschlachtung" oder Zerschlagung des Instituts die Unplausibilität des Erwerbsvorhabens und damit die Unzuverlässigkeit des Erwerbsinteressenten begründen können soll. *Vgl.* dazu auch 3. Teil H. V. 5. h).

1052 Dies gilt im Anwendungsbereich des Versicherungsaufsichtsgesetzes auch für § 104 Abs. 1b Satz 1 Nr. 6 VAG. *Vgl.* hierzu und zum Sonderfall sogenannter *Run-off*-Gesellschaften bereits *Hasselbach/Förster*, VersR 2007, 1159 (1161 ff.); *Deckers*, in: Bähr, Versicherungsaufsichtsrecht, § 30 Rn. 38. Teilweise anders ist die Rechtslage im Anwendungsbereich von § 6 Abs. 2 Nr. 2 BörsG, wo wegen der Beleihung mit der öffentlich-rechtlichen Betriebspflicht nach § 5 Abs. 1 BörsG einer Einstellung der Geschäftsaktivitäten engere Grenzen gesetzt sind. Auch dort ist aber eine enge Auslegung des Untersagungstatbestands geboten. *Vgl. Beck*, in: Schwark/Zimmer, Kapitalmarktrechts-Kommentar, § 6 BörsG Rn. 17; *Christoph*, WM 2004, 1856 (1858 f.).

XII. Sonderfall: Untersagung aufgrund Beschluss der Kommission (§ 2c Abs. 4 KWG)

Beschließt die Kommission nach Art. 151 Abs. 2 der Bankenrichtlinie oder Art. 15 Abs. 3 Satz 2 der Finanzmarktrichtlinie, dass die zuständigen Behörden der Mitgliedstaaten ihre Entscheidungen über bereits eingereichte oder künftige Anzeigen zum Erwerb von direkten oder indirekten Beteiligungen durch Erwerbsinteressenten aus einem bestimmten Drittstaat, durch den das Zielinstitut zu einem Tochterunternehmen eines Unternehmens in diesem Drittstaat würde, beschränken oder aussetzen müssen, hat auch die Bundesanstalt gemäß § 2c Abs. 4 Satz 1 KWG den Erwerb vorläufig zu untersagen oder zu beschränken.

Die Vorschrift ist im Kontext des Gegenseitigkeitsprinzips zu sehen, der Unternehmen aus Staaten des EU/EWR-Raums denselben Marktzutritt und dieselbe Inländerbehandlung sichern will, wie Drittstaat-Instituten im EU/EWR-Raum.[1053] Die vorläufige Untersagung oder Beschränkung darf zunächst drei Monate nicht überschreiten (§ 2c Abs. 4 Satz 2 KWG). Eine vom Rat beschlossene Fristverlängerung hat die Bundesanstalt zu beachten und die vorläufige Untersagung oder Beschränkung des Beteiligungserwerbs durch den Erwerbsinteressenten aus dem Drittstaat entsprechend zu verlängern.

I. Entscheidungsmöglichkeiten

I. Überblick

Ermittelt die Bundesanstalt Untersagungsgründe gegen das Erwerbsvorhaben, kann sie das Erwerbsvorhaben in ihrem Ermessen untersagen. Beabsichtigt die Bundesanstalt das Erwerbsvorhaben nicht zu untersagen, so kann sie den Beurteilungszeitraum verstreichen lassen oder durch Verwaltungsakt das Nichtbestehen von Untersagungsgründen feststellen. Die Behörde hat in diesem Fall ferner das Recht, die aufsichtsrechtliche Unbedenklichkeit des Erwerbsvorhabens durch den Erlass von Nebenbestimmungen zu sichern.

II. Untersagung des Erwerbs

1. Eingriffsvoraussetzungen

Bei Vorliegen von Untersagungsgründen ist die im Gesetz angelegte Entscheidung die Untersagung des beabsichtigten Erwerbs. Die Bundesanstalt darf den Erwerb nur während des Beurteilungszeitraums untersagen (§ 2c Abs. 1b Satz 4 KWG). Bei der Untersagung des Erwerbs handelt es sich um einen Verwaltungsakt i.S.d. § 35 Satz 1 VwVfG.[1054]

1053 *Gruson*, in: Gruson/Reisner, Regulation of Foreign Banks, Band 2, § 5.03[5][b][i]; *Kobabe*, in: Luz/Neus/Scharpf/Schneider/Weber, KWG, § 2c Rn. 62; Reischauer/Kleinhans, KWG, § 2c Rn. 27; *Erm*, in: Beck/Samm/Kokemoor, KWG, § 2c Rn. 114.

1054 *Erm*, in: Beck/Samm/Kokemoor, KWG, § 2c Rn. 65.

2. Ermessensentscheidung; Ermessensreduzierung auf Null?

Bei Vorliegen eines oder mehrerer Untersagungsgründe steht die Untersagung im Ermessen der Bundesanstalt (§ 2c Abs. 1b Satz 1 KWG: "kann"). Die Entscheidung der Aufsichtsbehörde ist nur auf Ermessensfehler gerichtlich überprüfbar.

Damit unterscheidet sich die Rechtsfolge teilweise von der Inhaberkontrolle im Rahmen des Erlaubnisverfahrens, wo im Hinblick auf die Inhaberkontrolle je nach Untersagungsgrund differenziert wird, ob die Erlaubnis als gebundene Entscheidung zwingend zu versagen ist (so gemäß § 33 Abs. 1 Satz 1 Nr. 3 KWG im Falle der Unzuverlässigkeit) oder die Versagung in das Ermessen der Aufsicht gestellt ist (§ 33 Abs. 3 KWG). Dagegen stellt § 36 Abs. 2 Nr. 3 KWG den Entzug der Erlaubnis auch für den Fall der nachträglich bekannt gewordenen Unzuverlässigkeit ebenso wie § 2c Abs. 1 Satz 1 KWG in das Ermessen der Bundesanstalt.

Zum Teil wird vertreten, dass sich im Falle der Unzuverlässigkeit des Erwerbsinteressenten das Ermessen der Behörde generell auf Null reduziere und damit nur die Untersagung ermessensfehlerfrei sei.[1055] Diese Ansicht findet jedoch im Gesetz keine Stütze.[1056] Richtig ist allerdings, dass bei Unzuverlässigkeit des Erwerbsinteressenten allenfalls in Ausnahmefällen Raum für eine Nichtuntersagung besteht, etwa wenn durch den Erlass von Nebenbestimmungen im Einzelfall die Gefahr eines schädlichen Einflusses auf das Zielinstitut weitgehend ausgeschlossen werden kann und die verbleibenden Gefahren im Vergleich zu den Gefahren für die Stabilität des Finanzsektors bei Scheitern des Erwerbs geringer sind.[1057] Ferner wäre es im Hinblick auf das Auswahlermessen in der Regel fehlerhaft, zwar nicht den beabsichtigten Erwerb zu untersagen, aber die fehlende Unzuverlässigkeit des Inhabers der bedeutenden Beteiligung zum Anlass zu nehmen, gemäß § 36 Abs. 2 Nr. 3 KWG die Erlaubnis des Zielinstituts aufzuheben. In derartigen Fällen kann sich daher das Ermessen der Behörde im Hinblick auf eine Untersagung des Erwerbsvorhabens ausnahmsweise auf Null reduzieren.[1058]

1055 So vor allem im versicherungsrechtlichen Schrifttum *Winter*, Versicherungsaufsichtsrecht, S. 283; *Bähr*, in: Fahr/Kaulbach, VAG, § 104 Rn. 22; *Mönnig*, Überwachung der Inhaber bedeutender Beteiligungen an Versicherungsunternehmen, S. 204 (jew. zu § 104 VAG).

1056 *Hirschmann*, Anteilseignerkontrolle, S. 171 f.

1057 Ein Beispiel hierfür wäre der Fall, dass die Unzuverlässigkeit eines Geschäftsleiters auch die Zuverlässigkeit des Erwerbsinterssenten in Frage stellt, der Alleingesellschafter des Erwerbsinteressenten aber gegenüber den Aufsichtsbehörden zusichert, den Geschäftsleiter innerhalb eines bestimmten Zeitraums abzuberufen und durch eine aus Sicht der Bundesanstalt und der Bundesbank zuverlässige Person zu ersetzen. In solchen Fällen ist zudem denkbar, dass die Bundesanstalt den Austausch des Geschäftsleiters durch eine Nebenbestimmung, etwa eine entsprechende Auflage zur Freigabeentscheidung, sichert.

1058 *Hirschmann*, Anteilseignerkontrolle, S. 171 f.; *Schieber*, Die Aufsicht über Finanzkonglomerate, S. 181.

3. Verhältnismäßigkeit

In der Praxis wichtigste Ermessensgrenze ist der Grundsatz der Verhältnismäßigkeit. Die Beachtung des Verhältnismäßigkeitsgrundsatzes ist Ausfluss des Rechtsstaatsprinzips und daher auch verfassungsrechtlich geboten.[1059] Dies gilt insbesondere, wenn wie hier Maßnahmen in die zumeist auch grundrechtlich geschützte Sphäre des Adressaten eingreifen.[1060] Nach dem Verhältnismäßigkeitsgrundsatz muss die Untersagung geeignet, erforderlich und angemessen sein.[1061]

a) Eignung

Die Eignung der Untersagung ist im Hinblick auf die mit der Durchführung der Maßnahme verfolgten Zwecke zu beurteilen. Im Hinblick auf den Zweck der Untersagung, das Zielinstitut und den Rechtsverkehr vor unzuverlässigen oder ungeeigneten Inhabern an regulierten Unternehmen zu schützen, kann es an der Eignung einer Untersagung des Erwerbsvorhabens keinen Zweifel geben.

b) Erforderlichkeit

Die Maßnahme muss weiterhin erforderlich sein. Die Untersagung ist nur erforderlich, wenn kein gleich geeignetes, aber milderes Mittel zur Verfügung steht, um die mit der Maßnahme verfolgten Ziele zu erreichen.

Die Behörde hat insbesondere die Möglichkeit, bei einer Nichtuntersagung des Erwerbsvorhabens die aufsichtsrechtliche Unbedenklichkeit des Erwerbs durch Nebenbestimmungen abzusichern. In Betracht kommen insbesondere Auflagen gegenüber den Anzeigepflichtigen, aber auch die Freigabe unter Bedingungen.[1062] Droht eine Untersagung des Erwerbs, ist es daher im Interesse des Anzeigepflichtigen, beispielsweise über Zusagen gegenüber der Bundesanstalt Möglichkeiten aufzuzeigen, durch die trotz des Untersagungsgrunds Gefahren für das Zielinstitut und den Rechtsverkehr vermieden werden können. Nach dem dritten Erwägungsgrund der Beteiligungsrichtlinie sollen die Behörden nicht daran gehindert werden, Zusagen des Erwerbsinteressenten zur Erfüllung von aufsichtsrechtlichen Anforderungen gemäß den Beurteilungskriterien der Richtlinie zu berücksichtigen, sofern dessen Rechte aus dieser Richtlinie dadurch nicht beeinträchtigt werden. Daraus folgt, dass die Behörden die Freiheit haben, nicht nur den Status Quo zum Zeitpunkt der Behördenentscheidung zu bewerten, sondern auch in die Zukunft gerichtete Zusagen mit in die Beurteilung einfließen zu lassen. Die Behörde hat die Möglichkeit, die Erfüllung dieser Zusagen dann mit Nebenbestimmungen abzusichern.

1059 Zur Ableitung des Verhältnismäßigkeitsgrundsatzes vor allem aus dem Rechtsstaatsprinzip *vgl. Sachs*, in: Sachs, GG, Art. 20 Rn. 146; .*Schulze-Fielitz*, in: Dreier, GG, Art. 20 Rn. 179.

1060 *Vgl.* dazu 3. Teil: I. II. 3 c).

1061 *Vgl. Ruffert*, in: Knack/Henneke, VwVfG, § 40 Rn. 73; *Sachs*, in: Sachs, GG, Art. 20 Rn. 149 ff.

1062 *Vgl.* dazu ausführlich 3. Teil: I. V.

Dies gilt auch im Hinblick auf die Untersagungsgründe gemäß § 2c Abs. 1b Abs. 1 Nr. 1 KWG (Unzuverlässigkeit) oder § 2c Abs. 1b Nr. 2 Alt. 2 (Einbindung in intransparentes Beteiligungsgeflecht, die eine wirksame Aufsicht beeinträchtigt). Zwar wird es gerade bei diesen Untersagungsgründen in der Regel nahe liegen, dass Zusagen des unzuverlässigen Erwerbsinteressenten oder die besonders intensive laufende Beaufsichtigung des Instituts im Vergleich zur Untersagung des Erwerbs nicht gleich effektive Maßnahmen darstellen, um die damit verbunden Gefahren zu bekämpfen, da gerade in diesen Fällen die Umgehung umfassender finanzaufsichtsrechtlicher Vorschriften zu besorgen ist. Umgekehrt geht es jedoch zu weit, wenn der VGH Kassel in der Entscheidung NordfinanzBank AG die Eignung derartiger Maßnahmen als die Erforderlichkeit ausschließendes milderes Mittel allgemein ausschließen will.[1063] So wäre die Auflage einer Abbestellung eines unzuverlässigen Geschäftsleiters bis zum Vollzug des Erwerbs zweifellos im Grundsatz geeignet, die Unzuverlässigkeit des Erwerbsinteressenten zu beseitigen und kann daher bei entsprechender Bereitschaft des Erwerbsinteressenten auch das mildere Mittel gegenüber der Erwerbsuntersagung darstellen.

Die Möglichkeit der Stimmrechtsuntersagung nach § 2c Abs. 2 Satz 1 KWG wird man nicht generell als milderes Mittel im Vergleich zur Untersagung des Erwerbsvorhabens werten können.[1064] Im Einzelfall kann der Vollzug der Transaktion mit Stimmausübungsverbot den Erwerbsinteressenten sogar wirtschaftlich stärker beeinträchtigen als die Untersagung selbst, bei der er zumeist auch von der Gegenleistung für den Anteilserwerb befreit werden dürfte. Ein im Vergleich zur Untersagung gleich effektives milderes Mittel stellt die Stimmrechtssuspendierung nur dann dar, wenn der Erwerbsinteressent über das Stimmrecht hinaus keine anderen signifikanten Einflussmöglichkeiten hat und der Stimmrechtsentzug auch mit dem aufsichtsrechtlichen Interesse der Zielgesellschaft und den wirtschaftlichen Interessen der übrigen Gesellschafter in Einklang steht.

c) Angemessenheit

Im Rahmen der Angemessenheit (auch Verhältnismäßigkeit im engeren Sinne) ist eine Güterabwägung zwischen den mit der Maßnahme verfolgten Vorteilen und den Nachteilen beim Adressaten vorzunehmen.

Für eine Untersagung des Erwerbs wird dabei regelmäßig die hohe Bedeutung der durch § 2c KWG geschützten Rechtsgüter sprechen.[1065] Für den Erwerbsinteressenten streitet dagegen vor allem die grundrechtlich geschützte Berufsausübungsfreiheit, die jedenfalls bei inländischen Erwerbsinteressenten über

---

1063 *Vgl.* VGH Kassel, ZIP 2010, 2234 (2239).

1064 So aber *Schäfer*, in: Boos/Fischer/Schulte-Mattler, KWG, § 2c Rn. 19; *Köndgen*, in: Berger/Steck/Lübbehüsen, InvG, § 2a Rn. 8 (zu § 2a InvG).

1065 *Vgl.* dazu im Einzelnen 1. Teil: C. III.

Art. 12 Abs. 1 GG ggf. i.V.m. Art. 19 Abs. 3 GG geschützt ist.[1066] Allerdings haben nach der Wertung des § 2c Abs. 1a Satz 1 KWG bei Vorliegen von Untersagungsgründen im Regelfall die geschützten Interessen des Erwerbsinteressenten hinter die mit der Vorschrift verfolgten Zwecke zurückzutreten (sogenanntes intendiertes Ermessen[1067]). Evident ist dies etwa im Fall des § 2c Abs. 1b Satz 1 Nr. 5 KWG, sofern der Erwerb im Zusammenhang mit Geldwäsche oder Terrorismusfinanzierung steht.

Umgekehrt gebietet die Schwere des mit der Untersagung verbundenen Eingriffs, dass von der Möglichkeit nur zurückhaltend und als *ultima ratio* Gebrauch gemacht wird. Soweit dies nicht bereits die Erforderlichkeit der Untersagung infrage stellt, wird die Bundesanstalt auch im Rahmen der Angemessenheit zu prüfen haben, ob die bei einer Nichtuntersagung des Erwerbs vom Beteiligungsinhaber ausgehenden Gefahren nicht durch Nebenbestimmungen so weit reduziert werden können, dass eine Untersagung unangemessen wäre. Zudem muss die Behörde in diesem Zusammenhang berücksichtigen, dass sie auch noch nachträglich die Möglichkeit hat, gegen den Inhaber der bedeutenden Beteiligung beziehungsweise das Zielunternehmen aufsichtsrechtlich vorzugehen, etwa wenn sich Bedenken an der Zuverlässigkeit und Eignung des Erwerbsinteressenten nachträglich verdichten sollten. Nach *Kobabe* kann im Einzelfall eine Untersagung des Erwerbsvorhabens trotz Vorliegen eines Untersagungsgrundes gerade bei einer angestrebten Kleinbeteiligung unverhältnismäßig sein, bei der unter Berücksichtigung des deutschen Gesellschaftsrechts regelmäßig ohnehin keine wesentlichen Einwirkungsmöglichkeiten auf das Zielunternehmen bestehen.[1068]

Auch wird die Bundesanstalt im Falle der Unzuverlässigkeit eines gesetzlichen Vertreters nur dann untersagen können, wenn zu befürchten ist, dass dieser die Stimmrechtsausübung des beteiligten Unternehmens maßgeblich beeinflussen kann. Davon ausgehend soll in einem mehrköpfigen Geschäftsführungsorgan ein unzuverlässiges Mitglied, in dessen Geschäftsbereich das Zielunternehmen nicht fällt, in der Regel kein ausreichender Untersagungsgrund sein, da diese Person von den anderen Mitgliedern überstimmt werden kann.[1069] Richtigerweise fehlt es dann schon auf der Tatbestandsebene an einer Unzuverlässigkeit des Erwerbsinteressenten.

1066 Zur Anwendbarkeit des Art. 12 Abs. 1 GG auf juristische Personen *vgl. Sachs*, in: Sachs, GG, Art. 19 Rn. 81; *Huber*, in: v. Mangoldt/Klein/Starck, GG, Art. 19 Abs. 3 Rn. 322 (jew. m.w.N.).

1067 Zum Begriff *vgl. Sachs*, in: Stelkens/Bonk/Sachs, VwVfG, § 40 Rn. 28 ff; *Ruffert*, in: Knack/Henneke, VwVfG, § 40 Rn. 37 f.

1068 *Kobabe*, in: Luz/Neus/Scharpf/Schneider/Weber, KWG, § 2c Rn. 35.

1069 So für den Fall der Stimmrechtsuntersagung gemäß § 2c Abs. 2 Satz 1 KWG ausdrücklich Begr. RegE zum Vierten KWG Änderungsgesetz, BT-Drucks. 12/3377, S. 28.

III. Ablauf des Beurteilungszeitraums ohne Untersagung des Erwerbs

Beabsichtigt die Bundesanstalt den Erwerb nicht zu untersagen, bedarf der geplante Erwerb umgekehrt nicht zwingend einer positiven Freigabe durch die Bundesanstalt. Läuft der Beurteilungszeitraum ab, ohne dass die Bundesanstalt den beabsichtigten Erwerb schriftlich untersagt hat, so kann der Erwerb vollzogen werden (§ 2c Abs. 1b Satz 6 Halbs. 1 KWG). Die Bundesanstalt hat aber in diesem Fall weiterhin die Befugnis, nachträglich Maßnahmen nach § 2c Abs. 2 KWG, insbesondere ein Stimmverbot, zu erlassen. Dies stellt § 2c Abs. 1b Satz 6 Halbs. 2 KWG ausdrücklich klar.[1070]

IV. Anspruch auf Bescheidung der Nichtuntersagung

Im Kreditwesengesetz ist nicht ausdrücklich geregelt, ob der Anzeigepflichtige einen Anspruch auf eine positive Bescheidung der Anzeige hat, wenn die Aufsichtsbehörde ihre Überprüfung abgeschlossen hat und keine Untersagungsgründe feststellen konnte. Die Beteiligungsrichtlinie legt den zuständigen Behörden eine solche positive Bescheidung nach Abschluss der Überprüfung zumindest dann nahe, wenn der Erwerbsinteressent darum ersucht.[1071]

Die Bundesanstalt ist üblicherweise bereit, schriftlich zu bestätigen, dass sie die Prüfung abgeschlossen hat und sich auf Grundlage der ihr vorliegenden Unterlagen ergeben hat, dass dem beabsichtigten Erwerb keine Versagungsgründe entgegenstehen. Richtigerweise wird man auch ohne ausdrückliche gesetzliche Verpflichtung der Bundesanstalt dem Anzeigepflichtigen sogar einen Rechtsanspruch auf eine derartige Bestätigung der Nichtuntersagung des beabsichtigten Erwerbs nach Abschluss der Prüfung durch die Bundesanstalt einräumen müssen. Ein solcher Anspruch leitet sich aus dem Umstand ab, dass die Nichtuntersagung Rechtswirkungen für den Anzeigepflichtigen hat, insbesondere der Erwerbsinteressent nach der hier vertretenen Ansicht ohne eine entsprechende Freigabe vor Ablauf des Beurteilungszeitraums am Vollzug des Erwerbs gehindert ist.[1072]

Ein derartiger Bescheid stellt eine verfahrensabschließende Maßnahme dar. Seiner Rechtsnatur nach handelt es sich als Maßnahme einer Behörde zur Regelung eines Einzelfalls mit Außenwirkung um einen Verwaltungsakt im Sinne von § 35 VwVfG. Soweit in Teilbereichen die Prüfung nicht vollständig abgeschlossen ist, enthalten derartige Schreiben regelmäßig einen oder mehrere "Vorbehalte". Dabei handelt es sich je nach Inhalt rechtlich um Nebenbestimmungen i.S.d. § 36 VwVfG.

Ein Freigabeschreiben entfaltet je nach Inhalt insbesondere die feststellende Regelungswirkung, dass auf Grundlage der bekannten Informationen keine Untersagungsgründe festgestellt werden konnten und die Behörde deswegen nicht

---

1070 Zur Bindungswirkung der Nichteruntersagung *vgl.* 1. Teil: D. IX. 1. c). Außerdem *Kobabe*, in: Luz/Neus/Scharpf/Schneider/Weber, KWG, § 2c Rn. 34.

1071 *Vgl.* 5. Erwägungsgrund Beteiligungsrichtlinie.

1072 *Vgl.* 3. Teil: G. III.

gegen das Erwerbsvorhaben einzuschreiten beabsichtigt. Gleichzeitig beendet das Freigabeschreiben den Beurteilungszeitraum der Bundesanstalt vorzeitig, so dass diese nicht mehr auf Grundlage des § 2c Abs. 1b Satz 1 KWG das Erwerbsvorhaben untersagen darf.

Vor Vollzug des Erwerbs hat die Bundesanstalt allerdings die Befugnis, die Freigabe unter den Voraussetzungen der §§ 48, 49 VwVfG nachträglich wieder aufzuheben. Die Bundesanstalt ist ferner durch das Freigabeschreiben nicht daran gehindert, auch nach Vollzug nach § 2c Abs. 2 Satz 1 KWG gegen den Inhaber der bedeutenden Beteiligung einzuschreiten, etwa wenn nachträglich Untersagungsgründe eintreten.[1073]

V. Nebenbestimmungen

Wie bereits ausgeführt, darf die Bundesanstalt die Entscheidung über die Nichtuntersagung mit Nebenbestimmungen verbinden.

1. Rechtsgrundlage

Die Befugnis zum Erlass von Nebenbestimmungen folgt aus § 36 Abs. 1 Alt. 2 VwVfG beziehungsweise § 36 Abs. 2 VwVfG. In Betracht kommen insbesondere Auflagen gemäß § 36 Abs. 2 Nr. 4 VwVfG.

2. Beispiele

Ein typischer Anwendungsfall für den Erlass von Nebenbestimmungen ist das Ausstehen von Registerauskünften im Zusammenhang mit der Zuverlässigkeitsprüfung einzelner gesetzlichen Vertreter des Anzeigepflichtigen. In der Praxis hat sich gezeigt, dass gerade derartige Registerauskünfte zeitaufwendig sein können und nicht selten einer schnellen, vorbehaltslosen Entscheidung entgegenstehen. Stellt der Anzeigepflichtige in diesem Fall, etwa durch eine entsprechende Zusage des Gesellschafters, sicher, dass im Falle eines negativen Ausgangs der Zuverlässigkeitsprüfung die betreffende Person unverzüglich abberufen wird, oder sichert der betroffene Geschäftsführer zu, sein Amt in diesem Fall niederzulegen, kann es im Einzelfall sachgerecht und sogar geboten sein, die Beurteilung des Erwerbsvorhabens vorzeitig abzuschließen. Die Freigabe kann dann mit einer entsprechenden Auflage oder einem Widerrufsvorbehalt versehen werden.

Gleiches gilt bei Zweifeln hinsichtlich der finanziellen Solidität des Erwerbers oder bei einem drohenden Verstoß des Zielinstituts gegen Eigenmittelvorschriften infolge des Erwerbs. Hier ist zum Beispiel denkbar, die Freigabe mit der Auflage zu erteilen, das Eigenkapital des Zielinstituts beziehungsweise Erwerbsinteressenten durch näher bezeichnete Maßnahmen bis zu einem bestimmten Zeitpunkt zu stärken oder bis zu einem bestimmten Zeitpunkt eine bestimmte Eigenkapitalquote zu erreichen.

1073 *Vgl.* zu den Einzelheiten 1. Teil: D. IX. 1. c).

3. Insbesondere: Auflage zur Anzeige des Vollzugs oder Nichtvollzugs

Häufigste Nebenbestimmung ist die Auflage, innerhalb einer bestimmten Frist den Vollzug beziehungsweise Nichtvollzug des beabsichtigten Vorhabens mit aussagekräftigen Nachweisen anzuzeigen. Ermächtigungsgrundlage hierfür ist § 2c Abs. 1b Satz 7 KWG. Die Bundesanstalt macht regelmäßig von dieser Befugnis Gebrauch. Die Bundesanstalt stellt so sicher, dass sie über den weiteren Verlauf des Erwerbsvorhabens unterrichtet bleibt.

Die Fristsetzung i.S.d. § 2c Abs. 1b Satz 7 KWG bedeutet jedoch nicht, dass der ins Auge gefasste Erwerb der Beteiligung nach Ablauf der Frist nicht mehr vorgenommen werden kann.[1074]

Allerdings ist die Behörde richtigerweise nicht daran gehindert die aufsichtsrechtliche Freigabe unter einen Widerrufsvorbehalt zu stellen, nach dem die aufsichtsrechtliche Freigabe widerrufen werden kann, sofern der Erwerb nicht innerhalb einer angemessenen Frist vollzogen wurde. Insoweit ist zu bedenken, dass sich nach Ablauf einer gewissen Zeit die Rahmenbedingungen für die Beurteilung des Erwerbsvorhabens durch mittlerweile eingetretene Entwicklungen in der Person des Erwerbers, des Zielunternehmens oder des wirtschaftlichen Umfelds so wesentlich geändert haben können, dass eine Neubewertung des Erwerbsvorhabens gerechtfertigt erscheint. Rechtsgrundlage für den Widerrufsvorbehalt ist § 36 Abs. 2 Nr. 3 VwVfG.

VI. Formelle Anforderungen an die Entscheidung

1. Anhörung

Im Falle einer geplanten Untersagung ist der Anzeigepflichtigen gemäß § 28 Abs. 1 VwVfG Gelegenheit zu geben, sich zu den für die Entscheidung erheblichen Tatsachen zu äußern. Eine Anhörung ist unter den Voraussetzungen des § 28 Abs. 2 VwVfG entbehrlich.

2. Begründung

Nach § 2c Abs. 1b Satz 4 KWG ist die Untersagung des Erwerbs zu begründen. Da es sich um eine Ermessensentscheidung handelt, sind nach § 39 Abs. 1 Satz 3 VwVfG in der Begründung insbesondere die Gesichtspunkte darzulegen, von denen sich die Behörde bei der Ausübung ihres Ermessens hat leiten lassen.

Eine kurze Begründung ist aber auch geboten, wenn die Bundesanstalt den Antrag positiv bescheidet. Dies ergibt sich aus § 39 Abs. 1 Satz 1 VwVfG. In der Begründung sind die wesentlichen, tatsächlichen rechtlichen Gründe mitzuteilen, die die Behörde zu ihrer Entscheidung bewogen haben.

1074 *Winter*, Versicherungsaufsichtsrecht, S. 284 (zu § 104 Abs. 1b Satz 7 VAG); *Hirschmann*, Anteilseignerkontrolle, S. 173.

Nach § 2c Abs. 1b Satz 5 Halbs. 1 KWG sind "Bemerkungen und Vorbehalte der für den Anzeigepflichtigen zuständigen Stellen" in der Entscheidung wiederzugeben. Damit dürften vor allem Anmerkungen der Bundesbank und der für die Beaufsichtigung des Anzeigepflichtigen zuständigen ausländischen Stellen zum Erwerbsvorhaben gemeint sein.

3. Rechtsbehelfsbelehrung

Die verfahrensabschließende Entscheidung ist mit einer Rechtsbehelfsbelehrung zu versehen. Allerdings macht die fehlende Rechtsbehelfsbelehrung den Verwaltungsakt nicht rechtswidrig, sondern führt nur zu Verlängerung der Rechtsbehelfsfristen (*vgl.* §§ 58; 70 Abs. 2 VwGO).

J. Sonstige Aufsichtsmittel, Sanktionen und Rechtsfolgen

I. Aufsichtsmittel nach § 2c Abs. 2 KWG

Die Bundesanstalt kann gemäß § 2c Abs. 2 KWG die Ausübung der Stimmrechte untersagen, die Ausübung auf einen Treuhänder übertragen und gegenüber dem Erwerber ein Verfügungsverbot verhängen und eine Veräußerungsanordnung erlassen, wenn die Voraussetzungen für eine Untersagungsverfügung nach § 2c Abs. 1b Satz 1 oder Satz 2 KWG vorliegen, der Erwerbsinteressent seiner Anzeigepflicht nach § 2c Abs. 1 Satz 1 oder Satz 6 KWG trotz Fristsetzung durch die Bundesanstalt nicht nachgekommen ist, oder den Erwerb oder die Erhöhung entgegen einer vollziehbaren Untersagungsverfügung vollendet hat.[1075]

II. Bußgeld (z.B. § 56 KWG)

Verstöße gegen § 2c KWG sind zum Teil als Ordnungswidrigkeit mit Bußgeld bewährt.

1. Rechtslage im Kreditwesengesetz

Ordnungswidrig handelt, wer vorsätzlich oder leichtfertig entgegen § 2c Abs. 1 Satz 1, 5 oder 6 KWG jeweils i.V.m. der Inhaberkontrollverordnung eine Anzeige nicht, nicht richtig, nicht vollständig oder nicht rechtzeitig erstattet. Gemäß § 56 Abs. 5 KWG kann ein Verstoß mit einer Geldbuße bis zu 150.000 Euro geahndet werden. Ordnungswidrig handelt ferner, wer vorsätzlich oder leichtfertig gegen eine vollziehbare Untersagung oder Anordnung nach § 2c Abs. 1b Satz 1 oder Abs. 2 Satz 1 KWG verstößt. Auch der Verstoß gegen die Anzeigepflichten nach § 2c Abs. 3 Satz 1 und Satz 4 KWG ist für Fälle des leichtfertigen oder vorsätzlichen Verstoßes als Ordnungswidrigkeit sanktioniert (*vgl.* § 56 Abs. 2 Nr. 4 KWG). Dagegen ist der Vollzug nach Anzeige aber vor Ablauf des Beurteilungszeitraums nicht als Ordnungswidrigkeit eingestuft.

Zuständige Verwaltungsbehörde im Sinne des § 36 Abs. 1 Nr. 1 OWiG ist die Bundesanstalt (*vgl.* § 60 KWG).

1075 Hinsichtlich der Eingriffsvoraussetzungen und Rechtsfolgen wird auf 1. Teil D. IX. verwiesen.

2. Parallelvorschriften

Die Sanktionierung von Anzeigeverstößen im Bereich des Kreditwesengesetzes als Ordnungswidrigkeit entspricht im Wesentlichen der Behandlung im Bereich der Versicherungsaufsicht und des Börsenrechts.[1076] Dagegen stellt im Investmentrecht nur der vorsätzliche oder leichtfertige Verstoß gegen eine vollziehbare Untersagungsanordnung bzw. Stimmrechtsbeschränkung nach § 2a Abs. 2 bzw. Abs. 4 Satz 1 InvG, nicht aber ein Verstoß gegen die Anzeigepflicht selbst eine Ordnungswidrigkeit dar.[1077] Im Zahlungsdiensteaufsichtsrecht wird durch den Gesetzgeber sogar ganz von der Möglichkeit einer Sanktionierung eines Anzeigepflichtverstoßes als Ordnungswidrigkeit abgesehen.

Plausible Gründe für eine unterschiedliche Sanktionierung von Verstößen gegen die Anzeigepflicht im Bereich des Investment- und Zahlungsdiensterecht im Vergleich zum Banken- und Versicherungssektor sind allerdings nicht ersichtlich.[1078]

III. Zivilrechtliche Folgen

Ein Verstoß gegen die Anzeigepflicht lässt die zivilrechtliche Wirksamkeit des Erwerbs unberührt. Insbesondere handelt es sich bei § 2c Abs. 1 Satz 1 KWG nicht um ein Verbotsgesetz i.S.d. § 134 BGB. Als Verbotsgesetze kommen nur solche Vorschriften in Betracht, bei denen sich das Verbot gerade gegen die Vornahme des Rechtsgeschäfts richtet, das heißt das Rechtsgeschäft als solches missbilligt wird.[1079] Dies ist bei einem Erwerb trotz Verstoß gegen die Anzeigepflicht nicht der Fall. Entsprechendes gilt auch im Falle eines Vollzugs vor Ablauf der Entscheidungsfrist.[1080]

Aber auch der Erwerb unter Verstoß gegen eine Untersagungsverfügung berührt die dingliche Wirksamkeit des Anteilserwerbs nicht.[1081] Dieses Ergebnis kann auch aus einem Umkehrschluss zu § 2c Abs. 2 Satz 1 Nr. 2 und Nr. 3 KWG geschlossen werden, welche die Wirksamkeit der Verfügung über die Anteile trotz Verstoß gegen die Anzeigepflicht oder Untersagungsverfügung voraussetzen.

1076 *Vgl.* § 144 Abs. 1a Satz 1 Nr. 2 und Nr. 4; Satz 2 Nr. 3 VAG; § 50 Abs. 1 Nr. 3; Abs. 2 Nr. 1b) BörsG.

1077 *Vgl.* § 143 Abs. 2 Nr. 1 InvG; *Köndgen*, in: Berger/Steck/Lübbehüsen, InvG, § 2a Rn. 3.

1078 Erklären kann man sich dies allenfalls mit einer im Vergleich zu Banken und Versicherern tendenziell geringeren Gefahr, die von Zahlungsinstituten ausgeht. Ferner mag diesbezüglich die Erwägung eine Rolle gespielt haben, dass Erwerbsanzeigen für Zahlungsinstitute anders als im übrigen Finanzsektor nicht auf europäischer Ebene vereinheitlicht sind. Gerade ausländischen Erwerbsinteressenten mag daher eine Anzeigepflicht nicht bekannt sein. Dem hätte allerdings auch auf der Anwendungsebene Rechnung getragen werden können.

1079 *Vgl.* nur *Sack*, in: Staudinger, BGB, § 134 Rn. 30.

1080 *Winter*, VersR 2000, 1453 (1459).

1081 *Kobabe*, in: Luz/Neus/Scharpf/Schneider/Weber, KWG, § 2c Rn. 37.

K. Rechtsschutz

I. Rechtsweg

Streitigkeiten im Zusammenhang mit einer Untersagung des Erwerbs durch die Bundesanstalt auf Grundlage des § 2c Abs. 1b Satz 1 und Abs. 2 Satz 1, Satz 4 KWG sind öffentlich-rechtliche Streitigkeiten nicht verfassungsrechtlicher Art, für die der Rechtsweg zu den Verwaltungsgerichten eröffnet ist (§ 40 Abs. 1 VwGO).[1082]

II. Sofortige Vollziehbarkeit (§ 49 KWG)

Maßnahmen der Bundesanstalt auf Grundlage des § 2c Abs. 1a und Abs. 2 Satz 1 KWG sind gemäß § 49 KWG sofort vollziehbar. Gemäß § 80 Abs. 2 Satz 1 Nr. 3 VwGO i.V.m. § 49 KWG haben Widerspruch und Anfechtungsklage daher keine aufschiebende Wirkung.

III. Widerspruch

Da es sich bei Untersagungsverfügungen um belastende Verwaltungsakte handelt, ist vor Einreichung einer Anfechtungsklage bei den Verwaltungsgerichten ein Widerspruchsverfahren durchzuführen (§§ 68 ff. VwGO). Zuständig für den Erlass des Widerspruchbescheids ist die Bundesanstalt selbst (*vgl.* § 73 Abs. 1 Satz 2 VwGO).[1083] Die Einlegung des Widerspruchs ist Voraussetzung für die Erhebung einer Anfechtungsklage gegen die Untersagung des Erwerbs (*vgl.* § 68 Abs. 1 Satz 1 VwGO).[1084]

IV. Anfechtungsklage

Statthafter gerichtlicher Rechtsbehelf gegen die Untersagung des Erwerbs beziehungsweise die Anordnung eines Stimmverbots ist die Anfechtungsklage (*vgl.* § 42 VwGO).[1085]

Die zwischenzeitliche Veräußerung der vom ursprünglichen Erwerbsvorhaben erfassten Anteile an einen Dritten soll nach Auffassung des VGH Kassel nicht zur Erledigung (§ 43 Abs. 2 VwVfG) der Untersagungsverfügung führen, sofern der Kläger weiter beabsichtigt, die Beteiligung zu erwerben.[1086] Sofern das Erwerbsvorhaben zwischenzeitlich aufgegeben wurde und damit eine Erledigung

---

1082 *Vgl. Lindemann*, in: Boos/Fischer/Schulte-Mattler, KWG, § 49 Rn. 1.

1083 *Vgl. Lindemann*, in Boos/Fischer/Schulte-Mattler, KWG, § 49 Rn. 2;

1084 Der Widerspruch ist nicht nach § 68 Abs. 1 Satz 2 VwGO entbehrlich, da es sich bei der Bundesanstalt nicht um eine oberste Bundesbehörde sondern eine Bundesoberbehörde handelt. Bundesoberbehörden nach Art. 87 Abs. 3 GG fallen nicht unter § 68 Abs. 1 Satz 2 VwGO (*vgl. Kopp/Schenke*, VwGO, § 68 Rn. 19).

1085 *Vgl.* VGH Kassel, ZIP 2010, 2234 (2235).

1086 *Vgl.* VGH Kassel, Urteil vom 6. Oktober 2010, 6 A 2227/08 (insoweit nicht in ZIP 2010, 2234 ff. abgedruckt).

eingetreten ist, kommt die Fortführung der Klage im Wege der Fortsetzungsfeststellungsklage gemäß § 113 Abs. 1 Satz 4 VwGO in Betracht.[1087]

Inwieweit Nebenbestimmungen zu einer Freigabe des Erwerbs isoliert anfechtbar sind, richtet sich nach allgemeinen Regeln.[1088]

V. Antrag auf Anordnung der aufschiebenden Wirkung

In der Praxis wird im Falle der Untersagung eines Erwerbsvorhabens oder bei Maßnahmen nach § 2c Abs. 2 KWG vor allem die Möglichkeit des einstweiligen Rechtschutzes von Bedeutung sein. Da Widerspruch und Anfechtungsklage gegen die Untersagungsentscheidung keine aufschiebende Wirkung haben, ist statthafter Rechtsbehelf gegen eine Untersagung des Erwerbs ein Antrag auf Anordnung der aufschiebenden Wirkung gemäß § 80 Abs. 2 Satz 1 Nr. 3 VwGO i.V.m. § 80 Abs. 5 VwGO.

VI. Klage- bzw. Antragsbefugnis

Klagebefugt bzw. antragsbefugt i.S.d. § 42 Abs. 2 VwGO ist nicht nur der unmittelbare Erwerbsinteressent als unmittelbarer Adressat der Erwerbsuntersagung. Auch mittelbar betroffene Erwerbsinteressenten, denen die Beteiligung im Falle des Erwerbs zuzurechnen wäre, können geltend machen in ihren eigenen subjektiven Rechten verletzt zu sein.[1089] Im Regelfall dürfte eine Erwerbsuntersagung ohnehin nicht nur an den unmittelbaren Erwerber, sondern auch an die übrigen Anzeigepflichtigen adressiert sein.

Beim Erwerbsinteressent lässt sich die Klagebefugnis dabei regelmäßig auf Art. 12 Abs. 1 GG stützen. Bei inländischen juristischen Personen folgt dies aus Art. 19 Abs. 3 GG.[1090] Richtigerweise können sich auch juristische Personen mit Sitz in einem EU/EEA-Mitgliedstaat auf diese Rechte berufen.[1091]

Klage- bzw. antragsbefugt gegen eine Untersagungsbefugnis ist ferner derVeräußerer der Beteiligung.[1092] Zwar ist dieser bei gesetzeskonformem Vorgehen der Behörde nicht Adressat der belastenden Maßnahme. Der Veräußerer

---

1087 VGH Kassel, Urteil vom 6. Oktober 2010, 6 A 2227/08 08 (insoweit nicht in ZIP 2010, 2234 ff. abgedruckt).

1088 *Vgl.* dazu *Schmidt-Kötters*, in: Posser/Wolff, VwGO, § 42 Rn. 29 ff. m.w.N.

1089 *Vgl.* VGH Kassel, Urteil vom 6. Oktober 2010, 6 A 2227/08.

1090 *Vgl. Sachs*, in: Sachs, GG, Art. 19 Rn. 81; *Huber*, in: v. Mangoldt/Klein/Starck, GG, Art. 19 Abs. 3 Rn. 322; *Remmert*, in: Maunz/Dürig, GG, Art. 19 Abs. 3 Rn. 102 (jew. m.w.N.).

1091 Zur grundsätzlichen Berufung durch juristische Personen mit Sitz in der EU/EEA auf Grundrechte *vgl. Jarass*, in: Jarass/*Pieroth*, GG, Art. 19 Rn. 21; *Sachs*, in: Sachs, GG, Art. 19 Rn. 55 jew. m.w.N. Zur Klagebefugnis von juristischen Personen aus Drittstaaten *vgl. Voland*, EuZW 2010, 132 (133 ff.) (zu § 53 AWV).

1092 In diese Richtung auch VGH Kassel, VersR 2003, 1153 (1154) ("Gerling") zu § 104 VAG und in einem Verfahren nach § 80 Abs. 5 VwGO. Allerdings hatte die Behörde die Untersagungsverfügung an den Veräußerer (!) gerichtet, so dass die Klagebefugnis bereits aus der Adressatenstellung gefolgert werden konnte.

ist jedoch unmittelbar in seiner Desinvestitionsentscheidung betroffen, die Beteiligung an den von ihm ausgewählten Erwerber und zu den ausgehandelten Bedingungen zu veräußern. Die Freiheit zur Desinvestition ist als Bestanteil des Eigentumsrechts verfassungsmäßig verbürgt.[1093] Weiterhin kann der Veräußerer in seiner Berufsfreiheit (Art. 12 Abs. 1 GG) bzw. Vertragsfreiheit als Bestandteil der allgemeinen Handlungsfreiheit (Art. 2 Abs. 1 GG) betroffen sein.[1094]

Dagegen dürfte dem Zielunternehmen selbst regelmäßig die Klage- bzw. Antragsbefugnis gegen eine Untersagungsanordnung fehlen, da dieses durch die Erwerbsuntersagung regelmäßig nur indirekt und reflexartig betroffen ist.[1095]

Ferner sind Rechtsbehelfe (etwa von Konkurrenten) zur Erzwingung einer Inhaberkontrolle oder Untersagung des Erwerbsvorhabens mangels Klage- bzw. Antragsbefugnis von vornherein unzulässig, da die Aufsicht auch bei der Inhaberkontrolle allein im öffentlichen Interesse tätig wird (*vgl.* § 4 Abs. 4 FinDAG).

VII. Sachliche und örtliche Zuständigkeit

Zuständig für gerichtliche Rechtsbehelfe ist das Verwaltungsgericht in Frankfurt a.M., und zwar auch soweit es um Entscheidungen der in Bonn sitzenden Bankenaufsicht geht (*vgl.* § 45 VwGO; § 52 Nr. 2 Satz 1 i.V.m. § 1 Abs. 3 Satz 1 FinDAG).

VIII. Maßgeblicher Zeitpunkt für die Beurteilung der Untersagungsgründe im Rahmen der gerichtlichen Kontrolle

Fraglich ist der maßgebliche Zeitpunkt für die Beurteilung der Rechtmäßigkeit einer Untersagungsverfügung durch das Gericht. Der maßgebliche Zeitpunkt für die Beurteilung der Sach- und Rechtslage im Rahmen einer Anfechtungsklage ist im Einzelnen umstritten.[1096] Während früher überwiegend auf den Zeitpunkt der letzten behördlichen Entscheidung abgestellt wurde, beurteilt die Rechtsprechung diese Frage heute vor allem nach dem materiellen Recht.[1097] Insbesondere bei Verwaltungsakten mit Dauerwirkung wird häufig auf den Zeitpunkt der letzten mündlichen Verhandlung abgestellt.[1098] Der VGH Kassel hat in seinem Urteil in Sachen NordfinanzBank AG im Rahmen des § 2c Abs. 1 Satz 1 KWG die Frage

---

1093 BVerfG, NJW 1999, 3769 (3771) = BVerfGE 100, 298 ("DAT/Altana").

1094 *Vgl. Seibt/Wollenschläger*, ZIP 2009, 833 (844); *Voland*, EuZW 2010, 132 (135) (jew. zur vergleichbaren Situation im Falle einer Untersagung nach § 53 AWV).

1095 *Vgl. Seibt/Wollenschläger*, ZIP 2009, 833 (844); *Voland*, EuZW 2010, 132 (133) (jew. zur vergleichbaren Situation im Falle einer Untersagung nach § 53 AWV).

1096 Zum Meinungsstand *vgl.* etwa *Kopp/Schenke*, VwGO, § 113 Rn. 29 ff.; *Schmidt*, in: Eyermann, VwGO, § 113 Rn. 45 ff. m.w.N.

1097 BVerwGE 97, 79 (81 f.); *Kopp/Schenke*, VwGO, § 113 Rn. 35 ff.; *Schmidt*, in Eyermann, VwGO, § 113 Rn. 45 m.w.N.

1098 BVerwGE 130, 262 ff; *Vgl. Kopp/Schenke*, VwGO, § 113 Rn. 43 f.

nach dem maßgeblichen Zeitpunkt für die Beurteilung der Rechtmäßigkeit des Verwaltungsaktes ausdrücklich offen gelassen.[1099]

Richtigerweise ist nicht die Sach- und Rechtslage zum Zeitpunkt der letzten behördlichen Entscheidung, sondern zum Zeitpunkt der letzten mündlichen Verhandlung vor dem Tatsachengericht entscheidend.[1100] Das Gericht hat also auch Umstände zu berücksichtigen, die zugunsten des Erwerbsinteressenten den Untersagungsgrund zwischenzeitlich haben entfallen lassen. Ein Abstellen auf den Zeitpunkt der letzten Behördenentscheidung würde zu dem kaum erträglichen Ergebnis führen, dass das Gericht die Erwerbsuntersagung aufrecht erhalten müsste, obwohl der Erwerb durch die Behörde zum Entscheidungszeitpunkt nicht mehr untersagt werden könnte. Umgekehrt vermeidet ein Abstellen auf die letzte mündliche Verhandlung die Situation, dass ein Erwerb durch Aufhebung der Untersagungsverfügung freigegeben wird, obwohl durch nachträglich eingetretene Umstände die aufsichtsrechtliche Eignung des Erwerbers zum Zeitpunkt der Entscheidung nicht mehr gegeben ist.

Insbesondere ist auf Entscheidungen nach § 2c Abs. 1b Satz 1 KWG die Judikatur des Bundesverwaltungsgerichts zu § 35 GewO nicht übertragbar, wonach es für die Zuverlässigkeitsfeststellung im Rahmen des § 35 GewO stets auf die letzte Verwaltungsentscheidung ankommt.[1101] Das Bundesverwaltungsgericht begründet dies im Rahmen der Gewerbeuntersagung nach § 35 GewO mit dem speziellen Wiedergestattungsverfahren gemäß § 35 Abs. 6 GewO, das andernfalls umgangen werde. Im Rahmen der Inhaberkontrollverfahren gibt es gerade kein dem § 35 Abs. 6 GewO vergleichbares Verfahren.

L. Vertraulichkeit und Informationsfreiheitsgesetz

I. Verschwiegenheitspflicht der Bundesanstalt

Hinsichtlich Anzeigen nach § 2c KWG gilt grundsätzlich die in § 9 Abs. 1 KWG normierte Verschwiegenheitspflicht der Bundesanstalt und ihrer Bediensteten und der weiteren in der Vorschrift genannten Personen.

II. Informationsfreiheitsgesetz

Bedeutsam für den Anzeigepflichtigen ist, ob der Erwerbsinteressent damit rechnen muss, dass Dritte Einsicht in die im Rahmen der Anzeige übermittelten Informationen nehmen können.

1. Überblick

Gemäß § 1 Abs. 1 IFG hat jedermann nach näherer Maßgabe des Informationsfreiheitsgesetz gegenüber Behörden des Bundes und sonstigen Bundesorganen und

---

1099 VGH Kassel, Urteil v. 6. Oktober 2010, 6 A 2227/08.

1100 Für die Geschäftsleiterkontrolle *Dreher*, ZVerWiss 2006, Supplement, 375 (411 f.); *allgemein vgl. Kopp/Schenke*, VwGO, § 113 Rn. 35 ff.; BVerwGE 97, 79 (81 f.).

1101 BVerwGE 65, 1 (2 ff.).

-einrichtungen, soweit sie öffentlich-rechtliche Verwaltungsaufgaben wahrnehmen, einen Anspruch auf Zugang zu amtlichen Informationen. § 1 Abs. 1 Satz 1 IFG erfasst auch die Bundesanstalt und die Deutsche Bundesbank, soweit sie Verwaltungsaufgaben wahrnehmen.[1102] Eine Bereichsausnahme für die Bundesanstalt und die Deutsche Bundesbank im Informationsfreiheitsgesetz wollte unlängst der Bundesrat herbeiführen.[1103] Der Vorstoß ist jedoch am Widerstand des Bundestags gescheitert.[1104]

Der Informationszugangsanspruch nach § 1 Abs. 1 IFG unterliegt keinen positiven materiell-rechtlichen Voraussetzungen.[1105] Anders als etwa für das Akteneinsichtsrecht nach § 29 Abs. 1 VwVfG ist die Geltendmachung eines rechtlichen oder auch nur berechtigten Interesses an der begehrten Information nicht erforderlich.[1106]

Das Zugangsrecht umfasst nicht nur Informationen, die von der Behörde selbst generiert wurden. Erfasst werden auch diejenigen Daten und Unterlagen, die der Behörde im Rahmen ihrer Aufsichtstätigkeit von den Marktteilnehmern oder sonstigen Dritten aufgrund gesetzlicher Verpflichtung oder freiwillig überlassen werden.[1107] Daher kommt auch hinsichtlich der im Rahmen von Inhaberkontrollverfahren übermittelten Informationen ein Informationszugangsanspruch Dritter in Betracht.

Der Informationsanspruch gilt jedoch nach dem Informationsfreiheitsgesetz nicht unbeschränkt. Im Rahmen von Inhaberkontrollverfahren kommen vor allem eine Beschränkung des Informationszuganges zum Schutz von besonderen öffentlichen Belangen gemäß § 3 Nr. 1d IFG, § 3 Nr. 4 IFG i.V.m. § 9 KWG, zum Zwecke des Schutzes personenbezogener Daten gemäß § 5 Abs. 1 Satz 1 IFG und zum Schutz von Betriebs- oder Geschäftsgeheimnissen gemäß § 6 IFG in Betracht.

2. Beschränkung nach § 3 Nr. 1d IFG

Regelmäßig keinen Erfolg hat die Berufung auf § 3 Nr. 1d IFG. Danach besteht ein Anspruch auf Informationszugang nicht, wenn das Bekanntwerden der Information nachteilige Auswirkungen auf Kontroll- oder Aufsichtsaufgaben der Finanz-, Wettbewerbs- und Regulierungsbehörden haben kann. Selbst wenn man mit der herrschenden Meinung § 3 Nr. 1d IFG auf die Bundesanstalt für anwendbar hält,[1108] sind für die Darlegung dieses Informationsverweigerungsgrundes hohe An-

---

1102 *Gurlit*, WM 2009, 773 (775).

1103 *Vgl. Gurlit*, WM 2009, 773 (774).

1104 *Vgl. Schoch*, NJW 2009, 2987 (2988); *Tolkmit/Schomerus*, NVwZ 2009, 568 (570 f.).

1105 VG Frankfurt, NVwZ 2008, 1384 (1385); Anwendungshinweise des Bundesministeriums des Inneren zum Informationsfreiheitsgesetz v. 21. November 2005 – V 5a – 130250, GMBl. S. 1346; *Wilsing/Paul*, BB 2009, 114 (114); *Sellmann*, WM 2006, 2293 (2294).

1106 VG Frankfurt, NVwZ 2008, 1384 (1385); *Wilsing*/Paul, BB 2009, 114 (114).

1107 *Gurlit*, WM 2009, 773 (776).

1108 So VGH Kassel, Beschluss v. 2. März 2010 – 6 A 1684/08, BeckRS 2010 46976; *Schoch*, NJW 2009, 2987 (2990); *Tolkmitt/Schomerus*, NVwZ 2009, 568 (569); a.A. *Möller/Wenninger*, ZHR 170 (2006), 455 (467); *Gurlit*, WM 2009, 773 (776).

forderungen zu stellen. Mit dieser Begründung lässt sich ein Zugangsgesuch nur dann ablehnen, wenn die konkrete Möglichkeit einer erheblichen und spürbaren Beeinträchtigung der Aufgabenerfüllung durch die Behörde als Folge der Ermöglichung des Zugangs zu bestimmten Unternehmens- oder drittbezogenen Informationen besteht. Die Gefährdungslage ist von der Bundesanstalt in Form einer nachvollziehbaren begründeten, durch konkrete Fakten untermauerten Prognose darzulegen.[1109]

Der pauschale Verweis darauf, dass die beaufsichtigten Institute beziehungsweise die anzeigepflichtigen Gesellschafter mit Blick auf die Gefahr einer Offenbarung an die Bundesanstalt zu übermittelnde Informationen auf das gesetzlich Unumgängliche beschränken könnten, genügt dazu nicht.[1110]

3. Beschränkung nach § 3 Nr. 4 IFG; § 9 KWG

Die in § 9 Abs. 1 KWG normierte Verschwiegenheitspflicht der Bundesanstalt, ihrer Bediensteten und der weiteren in der Vorschrift genannten Personen stellt eine durch Rechtsvorschrift geregelte Geheimhaltungspflicht im Sinne von § 3 Nr. 4 IFG dar. Mit dem Informationsfreiheitsgesetz sind die bereichsspezifischen Verschwiegenheitsvorschriften wie sie in § 9 KWG enthalten sind, für den Anwendungsbereich des Informationsfreiheitsgesetzes nicht außer Kraft gesetzt.[1111]

§ 9 KWG erfasst über die in der Bestimmung beispielhaft genannten Betriebs- und Geschäftsgeheimnisse hinaus sämtliche weiteren Tatsachen, deren Geheimhaltung im Interesse des Instituts oder eines Dritten liegt.[1112] Erfasst werden auch personenbezogene Daten. Insoweit beinhaltet § 9 KWG eine die allgemeinen Schutzbestimmungen in §§ 5 und 6 Satz 2 IFG verdrängende Spezialregelung.[1113] Im Rahmen von Inhaberkontrollverfahren hat vor allem dieser Informationsverweigerungsgrund einen beträchtlichen Anwendungsbereich. Ein erheblicher Teil der zu übermittelnden Informationen dürfte als Geschäftsgeheimnis einzuordnen sein. Dies gilt insbesondere für die Transaktions- und Finanzierungsdokumente, den Geschäftsplan und die strategischen Ziele des Investments. Detaillierte Lebensläufe und Straffreiheitserklärungen unterliegen als personenbezogene Informationen dem Geheimnisschutz.

1109 VGH Kassel, Beschluss v. 2. März 2010 – 6 A 1684/08, BeckRS 2010 46976; *Schoch*, NJW 2009, 2987 (2990); *Tolkmitt/Schomerus*, NVwZ 2009, 568 (569); a.A. *Möller/Wenninger*, ZHR 170 (2006), 455 (467); *Gurlit*, WM 2009, 773 (776).

1110 VGH Kassel, Beschluss v. 2. März 2010 – 6 A 1684/08, BeckRS 2010 46976.

1111 VGH Kassel, , Beschluss v. 2. März 2010 – 6 A 1684/08, BeckRS 2010 46976; VG Frankfurt a.M., NVwZ 2008, S. 1386 (1387).

1112 VGH Kassel, Beschluss v. 2. März 2010 – 6 A 1684/08, BeckRS 2010 46976; *Lindemann*, in: Boos/Fischer/Schulte-Mattler, KWG, § 9 Rn. 7.

1113 VGH Kassel, , Beschluss v. 2. März 2010 – 6 A 1684/08, BeckRS 2010 46976.

4. Beschränkung nach § 3 Nr. 4; Nr. 7 IFG

In der Praxis kann ferner versucht werden, sich die Verweigerungstatbestände nach § 3 Nr. 4 und § 3 Nr. 7 IFG zu Nutze zu machen. Unter § 3 Nr. 4 IFG fällt auch die berufliche Verschwiegenheitspflicht des Rechtsanwalts nach § 42a Abs. 2 BRAO. Vor diesem Hintergrund wird zum Teil empfohlen, sensible Unternehmensinformationen, an deren Nichtverbreitung das Unternehmen ein berechtigtes Interesse hat und die nicht schon Geschäfts- und Betriebsgeheimnisse im Sinne von § 9 KWG und § 6 Satz 2 IFG darstellen, durch Rechtsanwälte an die Bundesanstalt übermitteln zu lassen. Ferner sollten zur verfahrensrechtlichen Absicherung derartige Informationen mit dem Vermerk "vertraulich und der anwaltlichen Schweigepflicht unterliegend" gekennzeichnet werden.[1114]

Nach § 3 Nr. 7 IFG sind ferner vertraulich erhobene oder übermittelte Informationen vom Informationszugang ausgeschlossen, soweit das Interesse des Dritten an einer vertraulichen Behandlung zum Zeitpunkt des Antrages auf Informationszugang noch fortbesteht. Hierzu wird vertreten, dass Dritte in diesem Sinne nicht nur außen stehende Personen sein können, sondern auch solche Personen, die vertrauliche Informationen in einer Angelegenheit selbst übermitteln. Nach all dem sprechen gute Gründe dafür, dass sich Marktteilnehmer jedenfalls dann im Anwendungsbereich der Ausschlussnorm des § 3 Nr. 7 IFG bewegen, wenn ihre Informationen vertraulich an die Bundesanstalt übermittelt wurden und ihr Interesse an einer vertraulichen Behandlung im Zeitpunkt des Antrages auf Informationszugang noch fortbesteht.[1115] Anzeigepflichtigen ist daher auch vor diesem Hintergrund anzuraten, sensible Unternehmensinformationen als "vertraulich" zu kennzeichnen.[1116]

5. Verfahrensrechtliche Fragen

Anders als in vielen anderen Jurisdiktionen ist der Anzeigepflichtige nicht verpflichtet, vertrauliche und geheimhaltungspflichtige Informationen und Daten von sonstigen Informationen zu trennen.

Da bei einem Informationsgesuch die Belange des Anzeigepflichtigen und des Zielinstituts berührt sind, ist diesen gemäß § 8 Abs. 1 IFG schriftlich Gelegenheit zur Stellungnahme innerhalb eines Monats zu geben. Die dazu erforderlichen Anhaltspunkte für ein schutzwürdiges Interesse am Ausschluss des Informationszugangs sollten der Bundesanstalt regelmäßig evident sein. Es mag sich aber auch aus diesem Grund empfehlen, auf die Geheimhaltungsbedürftigkeit der übermittelten Informationen im Rahmen der Anzeige hinzuweisen.

Wird dem Antrag auf Informationszugang stattgegeben, kann sich der Anzeigepflichtige beziehungsweise das Zielinstitut gerichtlich mit der Anfechtungsklage

---

1114 *Vgl. Wilsing/Paul*, BB 2009, 114 (116).

1115 *Wilsing/Paul*, BB 2009, 114 (117).

1116 *Seelmann*, WM 2006, 2293 (2300); *Wilsing/Paul*, BB 2009, 114 (117).

zur Wehr setzen.[1117] Zur Sicherung der Verfahrensbeteiligung (§ 8 Abs. 1 IFG) kann ein Eilantrag nach § 123 Abs. 1 Satz 1 VWGO notwendig sein.[1118]

Im Rahmen des gerichtlichen Verfahrens entfällt nach herrschender Meinung die Pflicht zur Vorlage von Urkunden und Akten beziehungsweise zur Übermittlung elektronischer Dokumente, in denen sich nach dem Vortrag der Behörde vorwiegend Informationen befinden, die nach einem Gesetz oder ihrem Wesen nach geheim gehalten werden müssen, nur dann, wenn die zuständige oberste Aufsichtsbehörde entscheidet, dass die Vorlage der betreffenden Vorgänge beziehungsweise die Übermittlung der elektronischen Dokumente verweigert wird (*vgl.* § 99 Abs. 1 Satz 2 VWGO).[1119] Bei der Bundesanstalt wäre die Sperrerklärung vom Bundesministerium der Finanzen vorzulegen.[1120]

M. Verwaltungsgebühren

Für Amtshandlungen in Bezug auf den Erwerb bedeutender Beteiligungen können Verwaltungsgebühren anfallen. Die Einzelheiten richten sich nach § 14 des Gesetzes über die Bundesanstalt für Finanzdienstleistungsaufsicht (FinDAG) und die Verordnung über die Erhebung von Gebühren und die Umlegung von Kosten nach dem Finanzdienstleistungsaufsichtsgesetz (FinDAGKostV). Der Gebührenrahmen für die Untersagung des beabsichtigten Erwerbs einer bedeutenden Beteiligung oder ihrer Erhöhung bewegt sich zwischen 5.000 und 100.000 Euro.[1121]

Derselbe Gebührenrahmen gilt auch für die Untersagung der Ausübung von Stimmrechten und die Anordnung, dass über Anteile nur mit Zustimmung der Bundesanstalt verfügt werden darf.[1122]

Die Anzeige selbst löst dagegen keine Gebührenpflicht aus. Deswegen kann auch die Aufgabe des Erwerbsvorhabens nach Anzeige oder die Änderung der Anzeige keine Gebühr auslösen.

1117 *Schoch,* NJW 2009, 2987 (2992).

1118 *Schoch,* NJW 2009, 2987 (2992).

1119 VGH Kassel, Beschluss v. 2. März 2010 – 6 A 1684/08, BeckRS 2010 46976; a.A. *Schoch,* NJW 2009, 2987 (2993).

1120 VGH Kassel, Beschluss v. 2. März 2010 – 6 A 1684/08, BeckRS 2010 46976.

1121 *Vgl.* Nr. 1.1.3.1, Nr. 4.1.1.1, Nr. 4.2.3.2 und Nr. 6.9.1 der Anlage (Gebührenverzeichnis) der FinDAGKostV. So wurde im Urteil des VG Frankfurt a.M., WM 2008, 782 (783) eine vor allem mit der notwendigen Kontaktnahme mit der ausländischen Behörde, Internetrecherchen und der Prüfung englischsprachiger Unterlagen festgesetzte Gebühr in Höhe von 50.000 Euro für die Untersagung des Erwerbsvorhabens durch das VG Frankfurt a.M. als angemessen bestätigt.

1122 *Vgl.* Nr. 1.1.3.2, Nr. 4.1.1.2, Nr. 4.2.3.2, Nr. 6.9.2 der Anlage (Gebührenverzeichnis) der FinDAGKostV.

Zusammenfassung der wesentlichen Ergebnisse

1. Teil: Rechtlicher Rahmen, Ziele, Rechtfertigung und Bedeutung von Inhaberkontrollverfahren

A. Nationale Regelungen

(1) Die nationalen Vorschriften über finanzaufsichtsrechtliche Inhaberkontrollverfahren wurden zu Beginn der 90er Jahre des letzten Jahrhunderts erstmals in das deutsche Recht eingeführt.

(2) Zentrale nationale Normen der Anteilseignerkontrolle sind hinsichtlich des Erwerbs einer bedeutenden Beteiligung an Kreditinstituten und Finanzdienstleistungsunternehmen §§ 2c; § 1 Abs.9 KWG. Im Wesentlichen strukturgleiche Vorschriften bestehen mit §§ 104; 7a Abs. 2 Satz 3 VAG für Versicherungsunternehmen, Versicherungsholding-Gesellschaften und Pensionsfonds, §§ 2a; 2 Abs. 20 InvG für Kapitalanlagegesellschaften, §§ 11; 1 Abs. 9 ZAG für Zahlungsinstitute und E-Geld-Institute und § 6 BörsG für Börsenträger.

(3) Im Anwendungsbereich des Kreditwesengesetzes und des Versicherungsaufsichtsgesetzes konkretisiert die Inhaberkontrollverordnung Inhalt, Form und Verfahren der Anzeigen. Im Hinblick auf Zahlungsinstitute und E-Geld-Institute erfüllt diese Funktion die ZAG-Anzeigenverordnung, die weitgehend auf die Inhaberkontrollverordnung verweist. Für Kapitalanlagegesellschaften fehlt derzeit eine entsprechende Konkretisierung auf Verordnungsebene. Für Börsenträger bestehen zum Teil ergänzende landesrechtliche Verfahrensvorschriften.

B. Europäische Grundlagen

(1) Die nationalen Vorschriften zur Inhaberkontrolle gehen weitgehend auf die Vorgängerrichtlinien der Bankenrichtlinie und der Finanzmarktrichtlinie sowie die Versicherungsrichtlinien zurück.

(2) Die europäischen Vorgaben haben frühzeitig wesentliche Weichenstellungen für die weitere Rechtsentwicklung der Anteilseignerkontrolle gesetzt. Die Anzeigepflicht wird dem Erwerbsinteressenten als sachnächste Person auferlegt. Die Überprüfung des Erwerbsvorhabens erfolgt durch die für die Beaufsichtigung der Zielgesellschaft zuständigen nationalen Behörden und nimmt damit in Kauf, dass Erwerbsvorhaben, die sich auf Zielgesellschaften mit Beteiligungen an regulierten Unternehmen in mehreren Mitgliedstaaten beziehen, Inhaberkontrollverfahren in verschiedenen Mitgliedstaaten auslösen. Der europäische Rahmen gibt ferner eine vorlaufende Prüfung vor, um das Erwerbsvorhaben noch vor Vollzug auf seine aufsichtsrechtliche Unbedenklichkeit zu überprüfen und damit verbundene Gefahren ausschließen zu können.

(3) Der ursprüngliche europäische Regelungsrahmen konnte nicht verhindern, dass grenzüberschreitende Beteiligungsvorhaben im Finanzsektor durch die Aufsichtspraktiken einzelner Mitgliedstaaten immer wieder erschwert und aus sachwidrigen Gründen verhindert wurden.

(4) Eine grundlegende Überarbeitung der europäischen Bestimmungen zur Inhaberkontrolle erfolgte im Jahr 2007 durch die Beteiligungsrichtlinie. Die Beteiligungsrichtlinie harmonisiert sektorenübergreifend den europäischen Rahmen für die aufsichtsrechtliche Inhaberkontrolle von Kreditinstituten, Wertpapierfirmen und Unternehmen des Versicherungssektors. Die Beteiligungsrichtlinie will die Verfahrensdauer von Inhaberkontrollverfahren reduzieren, gibt den Mitgliedstaaten einen abschließenden Katalog von fünf Beurteilungskriterien zur Prüfung des Erwerbsvorhabens vor, verpflichtet die Mitgliedstaaten zur Veröffentlichung einer Liste der mit der Anzeige einzureichenden Informationen und macht Vorgaben zur Kooperation zwischen den nationalen Aufsichtsbehörden. Die Beteiligungsrichtlinie zielt nicht nur auf eine stärkere Harmonisierung der nationalen Vorschriften zur Inhaberkontrolle ab, sondern normiert erstmals zugleich einen Maximalstandard für finanzaufsichtsrechtliche Inhaberkontrollen, über den die Mitgliedstaaten nicht hinausgehen dürfen.

(5) Die gemeinsamen Leitlinien des Committee of European Banking Supervisors (CEBS), des Committee of European Insurance and Occupational Pensions Supervisors (CEIOPS) und des Committee of European Securities Regulators (CESR) konkretisieren die Anwendung und Auslegung der Beteiligungsrichtlinie und stellen an die Mitgliedstaaten gerichtete Empfehlungen zu deren Umsetzung und Anwendung auf.

(6) Die Beteiligungsrichtlinie ist nicht auf Zahlungsinstitute anwendbar, für die auch nach der Zahlungsdiensterichtlinie auf europäischer Ebene keine Pflicht zur Einführung nationaler Inhaberkontrollverfahren besteht. Dagegen sieht die Zweite E-Geld-Richtlinie eine Inhaberkontrolle nach dem Vorbild der Beteiligungsrichtlinie vor, auf deren Einführung die Mitgliedstaaten jedoch verzichten können.

(7) Für Kapitalanlagegesellschaften verweisen die OGAW IV-Richtlinie und deren Vorgängerrichtlinie auf die durch die Beteiligungsrichtlinie geänderten Vorschriften der Finanzmarktrichtlinie. Diese Vorgaben wurden durch den deutschen Gesetzgeber in § 2a InvG zunächst nur teilweise umgesetzt. Das Gesetz zur Umsetzung der OGAW IV-Richtlinie sieht nunmehr eine weitgehende inhaltliche Anpassung des § 2a InvG an § 2c KWG vor.

C. Zielsetzung und Rechtfertigung

(1) Die Inhaberkontrolle regulierter Unternehmen ist ein Element der besonderen öffentlich-rechtlichen Aufsicht über die Akteure des Finanzsektors.

(2) Allgemeine Ziele der Finanzaufsicht sind die Sicherung der Funktionsfähigkeit, Stabilität und Effizienz der Finanzmärkte, der Schutz in das

Vertrauen der Finanzmärkte, der Schutz von Kunden- und Gläubigern, und die Vermeidung des Missbrauchs des Finanzmarkts zu Zwecken der Geldwäsche und zur Finanzierung terroristischer Aktivitäten.

(3) Die Inhaberkontrolle erweitert den Kreis der traditionellen Adressaten der Finanzaufsicht über die regulierte Aktivitäten ausübenden Unternehmen und Finanzholding- und Versicherungsholding-Gesellschaften hinaus auf die Inhaber bedeutender Beteiligungen an beaufsichtigten Unternehmen. Die Inhaberkontrolle trägt damit der Erkenntnis Rechnung, dass von Anteilseignern Gefahren für die Solidität des regulierten Unternehmens ausgehen und deren Beaufsichtigung erschweren können.

(4) Inhaberkontrollverfahren dienen vor allem der Information der Aufsichtsbehörden über die Inhaberstruktur, dem Schutz des Zielunternehmens vor unzuverlässigen und ungeeigneten Anteilsinhabern, und damit der Sicherung der Solvenz und Funktionsfähigkeit des beaufsichtigten Zielunternehmens. Auch wenn die Inhaberkontrolle im öffentlichen Interesse erfolgt, dient sie damit indirekt auch dem Schutz der Kunden und Gläubiger der Zielunternehmen. Mit der Bekämpfung von Geldwäsche und Terrorismusfinanzierung verfolgt die Inhaberkontrolle daneben kriminalpolitische Ziele.

D. Systematische Einbettung in die Überwachung der Inhaberstruktur

(1) Inhaberkontrollverfahren sind nur eines von mehreren Elementen der Beaufsichtigung der Inhaberstruktur regulierter Gesellschaften des Finanzsektors.

(2) Bereits im Erlaubnisverfahren hat der Antragsteller, ähnlich wie im Erwerbskontrollverfahren, umfassende Informationen über die Inhaber bedeutender Beteiligungen beizubringen. Die Aufsichtsbehörden überprüfen vor allem Zuverlässigkeit und Eignung der Inhaber bedeutender Beteiligungen und deren gesetzlicher Vertreter. Mittels Passivanzeigen müssen regulierte Unternehmen die Finanzaufsicht in anlassbezogenen Einzelanzeigen und anlassunabhängig durch Sammelanzeigen über die Inhaberstruktur und deren Veränderung informieren. Ein weiteres zentrales Instrument der laufenden Inhaberkontrolle ist ein Informationsrecht der Aufsichtsbehörden gegenüber Inhabern bedeutender Beteiligungen, das mit entsprechenden Auskunfts-, Vorlage- und Duldungspflichten der Betroffenen korrespondiert. Inhaber bedeutender Beteiligungen müssen laufend Veränderungen ihrer Vertreter oder persönlich haftenden Gesellschafter sowie die Erhöhung, Reduzierung oder Aufgabe ihrer bedeutenden Beteiligungen anzeigen. Auch den Prüfer des Beteiligungsunternehmens treffen Anzeige-, Erläuterungs- und Mitteilungspflichten im Hinblick auf die Inhaberstruktur. Steuerbehörden, Staatsanwaltschaften und Gerichte haben im Hinblick auf Inhaber bedeutender Beteiligungen gegenüber der Bundesanstalt erweiterte Mitteilungsrechte und -pflichten.

(3) Die Bundesanstalt kann einem Beteiligungsinhaber die Ausübung der Stimmrechte am Beteiligungsunternehmen unter denselben Voraussetzungen untersagen wie den Erwerb einer bedeutenden Beteiligung. Der zeitliche Anwendungsbereich der Vorschrift ist nicht auf einen unmittelbaren Zusammenhang mit Erwerbsvorhaben beschränkt. Damit werden die Untersagungsgründe im Erwerberkontrollverfahren zugleich zu laufenden materiellen Anforderungen an bedeutende Beteiligungsinhaber. Die Bundesanstalt kann zudem Anteilsverfügungen an ihre Zustimmung binden und die Ausübung der Stimmrechte einem Treuhänder übertragen und diesen mit der Veräußerung der Beteiligung beauftragen.

(4) Eine Pflicht für Inhaber bedeutender Beteiligungen, im Krisenfall das regulierte Beteiligungsunternehmen finanziell zu unterstützen, besteht weder unter gesellschaftsrechtlichen noch unter aufsichtsrechtlichen Grundsätzen. Eine entsprechende Verpflichtung kann auch nicht mittelbar aus § 2c Abs. 1b Satz 1 Nr. 6 KWG und den Parallelvorschriften in anderen Aufsichtsgesetzen abgeleitet werden, wonach der Bundesanstalt Eingriffsbefugnisse zustehen, soweit der Inhaber einer bedeutenden Beteiligung nicht über die notwendige finanzielle Solidität verfügt.

(5) Dies wird hinsichtlich systemrelevanter Unternehmen zum Dilemma, bei denen die öffentliche Hand zu Stützungsmaßnahmen gezwungen ist, von denen indirekt auch die Beteiligungsinhaber profitieren. Der Gesetzgeber versucht dies durch neue Eingriffsmöglichkeiten in die Rechtsstellung von Anteilsinhabern an regulierten Unternehmen im Krisenfall zu kompensieren.

(6) Neben der gesetzlichen Inhaberkontrolle tritt für Unternehmen, die Mitglied eines gesetzlichen oder freiwilligen Einlagensicherungs- oder Anlegerentschädigungssystems sind, eine zweite Ebene der Inhaberkontrolle. Befugnisse der Organe der Sicherungssysteme und die Beurteilungskriterien ähneln der staatlichen Inhaberkontrolle durch die Bundesanstalt.

(7) Von ihrer Funktion und Zielrichtung sind die finanzaufsichtsrechtlichen Inhaberkontrollverfahren vor allem von kartellrechtlichen Fusionskontrollverfahren, Kontrollverfahren nach dem Außenwirtschaftsgesetz und kapitalmarktrechtlichen Anzeigepflichten nach dem Wertpapierhandelsgesetz und dem Wertpapiererwerbs- und Übernahmegesetz abzugrenzen. Diese Verfahren haben durchweg eine andere Zielrichtung und entbinden nicht von der Durchführung eines finanzaufsichtsrechtlichen Inhaberkontrollverfahrens. Auch die staatliche Sonderaufsicht über öffentlich-rechtliche Institute wird durch Inhaberkontrollverfahren nach dem Kreditwesengesetz nicht verdrängt.

E. Praktische Bedeutung

(1) Die praktische Bedeutung der finanzaufsichtsrechtlichen Inhaberkontrolle hat in den letzten Jahren stetig zugenommen. Hauptverantwortlich für diese Entwicklung sind die Erweiterung des Kreises regulierter Unternehmen sowie die zunehmende Konsolidierung und Internationalisierung des

Finanzsektors. Neue Akteure wie Private Equity Fonds, Finanzinvestoren und Sovereign Wealth Fonds stellen die aufsichtsrechtliche Praxis und die Anwendung der Vorschriften vor neue Herausforderungen. Der Umstand, dass die aufsichtsrechtliche Freigabe des Erwerbsvorhabens in M&A-Transaktionen regelmäßig durch die Parteien zu einer Vollzugsbedingung für den Anteilserwerb gemacht wird, macht den erfolgreichen Abschluss der Verfahren und deren Dauer zu einem zentralen Baustein für den erfolgreichen Abschluss der Transaktion.

(2) Trotz der hohen praktischen Bedeutung sind bisher nur wenige Fälle bekannt geworden, in denen die Bundesanstalt den beabsichtigten Erwerb an einem beaufsichtigten Unternehmen tatsächlich untersagt hat und es zur gerichtlichen Auseinandersetzungen hierüber kam. Einer der bisher prominentesten Fälle war der letztlich wieder aufgegebene Beteiligungserwerb der Finanzinvestorengruppe Cobra an der Commerzbank AG. Im Fall NordfinanzBank AG hatte im Oktober 2010 mit dem VGH Kassel erstmals ein Instanzgericht Gelegenheit, sich umfassend zu Fragen einer Erwerbsuntersagung im Rahmen des § 2c Abs. 1 Satz 1 KWG zu äußern. Zuletzt sorgte der am Widerstand der Finanzaufsicht gescheiterte Erwerb der KBC-Gruppe durch die indische Hinduja-Gruppe sowie der gescheiterte Verkauf der BHF-Bank an die LGT-Gruppe für Aufsehen.

2. TEIL: VORAUSSETZUNGEN UND DURCHFÜHRUNG VON INHABERKONTROLLVERFAHREN

A. Begriff der bedeutenden Beteiligung

(1) Zentraler Begriff für die Bestimmung der Anzeigepflicht ist der geplante Erwerb einer bedeutenden Beteiligung. Der Begriff der bedeutenden Beteiligung wird identisch in sämtlichen Aufsichtsgesetzen definiert. Eine bedeutende Beteiligung bezieht sich auf mindestens 10 % der Stimmrechte oder der Kapitalanteile oder auf die Möglichkeit, einen maßgeblichen Einfluss auf das Zielunternehmen auszuüben. Erfasst werden unmittelbare und mittelbare Beteiligungen.

(2) Der Begriff der bedeutenden Beteiligung geht auf den europäischen Begriff der qualifizierten Beteiligung zurück, der im Kreditwesengesetz allerdings hiervon abweichend verwendet wird.

(3) Zur Berechnung der Höhe der Stimmrechte verweisen die aufsichtsrechtlichen Vorschriften auf Berechnungs- und Zurechnungsvorschriften des WpHG. Der Verweis gilt auch für Beteiligungen an Zielunternehmen, die nicht kapitalmarktorientiert sind.

(4) Für die Berechnung der Gesamtzahl der Stimmrechte und des Kapitals (Nenner) ist eine gesellschaftsrechtliche Betrachtung maßgeblich. Heranzuziehen sind dabei abstrakte Maßstäbe. Bei der Berechnung der Gesamtzahl der Stimmrechte sind daher auch Stimmrechte zu berücksichtigen, die von der Zurechnung ausgeschlossen sind oder die einem Stimmverbot unterliegen. Ferner werden auch eigene Anteile der Zielgesellschaft berücksichtigt. Stimmrechtslose Vorzugsaktien sind nur bei der Berechnung des Gesamtkapitals einzubeziehen. Stille Beteiligungen und sonstige Hybridinstrumente bleiben selbst dann außer Betracht, wenn sie als aufsichtsrechtliches, handelsrechtliches oder steuerrechtliches Eigenkapital zu behandeln sind. Bei schwebenden Kapitalmaßnahmen hängt deren Berücksichtigung von den erwarteten Zeitpunkten des Vollzugs der Kapitalmaßnahme und des Beteiligungserwerbs ab. Den Erwerbsinteressent trifft eine Verpflichtung, die Gesamtzahl der Stimmrechte und des Kapitals zum erwarteten Vollzugszeitpunkt in Erfahrung zu bringen.

(5) Bei der Berechnung der individuellen Anzahl der Stimmrechte (Zähler) kommt es hinsichtlich unmittelbar gehaltener Anteile auf die dingliche Rechtslage an. Vorzugsaktien sind nur dann bei der Berechnung der Stimmrechtsquote zu berücksichtigen, sofern das Stimmrecht aufgelebt ist.

(6) Zuzurechnen sind dem Erwerbsinteressenten insbesondere von Tochterunternehmen gehaltene Stimmrechte. Eine Absorption der Stimmrechte findet nicht statt, so dass die von einem Tochterunternehmen gehaltenen Stimmrechte auch hinsichtlich einer möglichen Anzeigepflicht des Tochterunternehmens zu berücksichtigen sind. Die Stimmrechte werden in voller Höhe berücksichtigt, so dass eine Durchrechnung nicht stattfindet. Im Falle eines Treuhandverhältnisses sind die Stimmrechte grundsätzlich

sowohl dem Treugeber als auch dem Treunehmer anzurechnen. Im Falle einer Sicherungsübereignung der Anteile sind die Stimmrechte wie bei einer Verpfändung der Anteile grundsätzlich nur dem Sicherungsgeber anzurechnen, so dass bei Akquisitionsfinanzierungen die mit den Anteilen besicherte Bank keine Anzeigepflichten trifft.

(7) Der Verweis in der Definition der bedeutenden Beteiligung auf § 22 Abs. 1 Satz 1 Nr. 5 WpHG verstößt gegen die Vorgaben der Beteiligungsrichtlinie. Call-Optionen und Wandelschuldverschreibungen sind über § 1 Abs. 9 Satz 1 KWG erst dann zu berücksichtigen, wenn eine Entscheidung über die Ausübung des Options- oder Wandlungsrechts getroffen wurde. Bei Pflichtwandelanleihen besteht eine Anzeigepflicht erst, wenn der Erwerbsinteressent eine Entscheidung darüber getroffen hat, die Pflichtwandelanleihe auch zum Wandlungszeitpunkt zu halten.

(8) Hinsichtlich der Berechnung des Kapitalanteils gelten ähnliche Regeln. Von Tochterunternehmen gehaltene Kapitalanteile sind bereits nach § 1 Abs. 9 Satz 1 KWG zuzurechnen. Auch bei treuhänderisch gehaltenen Kapitalanteilen ergeben sich keine Unterschiede zur Behandlung von Stimmrechten. § 1 Abs. 9 Satz 2 KWG verweist allerdings nur für die Berechnung des Anteils der Stimmrechte auf die Zurechnungsvorschriften des Wertpapierhandelsgesetzes. Dennoch erscheint es sachgerecht, im Einzelfall die Wertungen des Wertpapierhandelsgesetzes für die Zurechnung mittelbar gehaltener Kapitalanteile heranzuziehen. Dies gilt insbesondere für zur Sicherheit übertragene Kapitalanteile, die allein dem Sicherungsgeber zuzurechnen sind.

(9) Auf die Haltedauer und den Bilanzausweis kommt es für die Anrechnung von Stimmrechten und Kapitalanteilen nicht an. Bei kurzfristigen Schwellenüberschreitungen kann jedoch aus Gründen der Verhältnismäßigkeit eine Beschränkung der Anzeigepflicht geboten sein. Auch erscheint es sachgerecht, in der Verwaltungspraxis zu §§ 21 ff. WpHG entwickelte Erleichterungen auf die Anzeigepflicht nach § 2c Abs. 1 Satz 1 KWG zu übertragen.

(10) Ausnahmen und Befreiungen von der Anrechnung beziehungsweise Zurechnung von Stimmrechten und Kapitalanteilen bestehen unter bestimmten Voraussetzungen für im Zuge des Emissionsgeschäfts gehaltene Anteile, im Rahmen der Finanzportfolioverwaltung, hinsichtlich des Handels-, Abrechnungs-, Abwicklungs- und Verwahrbestandes sowie für Market Maker. Bei in Sondervermögen von Kapitalanlagegesellschaften gehaltenen Anteilen gelten im Wesentlichen dieselben Anrechnungs- und Zurechnungsregelungen wie im Rahmen der kapitalmarktrechtlichen Anzeigepflichten.

(11) Handelt es sich beim Zielunternehmen um eine Personengesellschaft oder Kommanditgesellschaft auf Aktien, begründet auch der Erwerb der Stellung als persönlich haftender Gesellschafter eine bedeutende Beteiligung. Dies entspricht für persönlich haftende Gesellschafter von Personenhandels-

gesellschaften allerdings nicht der Verwaltungspraxis, die stattdessen persönlich haftende Gesellschafter als "Träger der Bankerlaubnis" einem Erlaubnisverfahren unterziehen will. Die bestehende Verwaltungspraxis ist mit der Weiterentwicklung der gesellschaftsrechtlichen Dogmatik zur Rechtsfähigkeit von Personengesellschaften nicht vereinbar und daher abzulehnen. Für die Höhe der Beteiligung kommt es auf das durch den Gesellschaftsvertrag vorgegebene Beteiligungsverhältnis an. Hinsichtlich Kommanditisten und Kommanditaktionären ist zur Bestimmung der bedeutenden Beteiligung auf die Beteiligung am Kapital der Gesellschaft abzustellen.

(12) Dem Begriff des maßgeblichen Einflusses zur Bestimmung einer bedeutenden Beteiligung kommt der Charakter eines Auffangtatbestandes zu. Hauptanwendungsfälle sind direkte Beteiligungen unterhalb der 10 %-Schwelle verbunden mit zusätzlichen über die Gesellschafterstellung hinausgehenden Einflussmöglichkeiten auf die Geschäftsführung des Zielunternehmens, indirekte Minderheitsbeteiligungen unterhalb einer Mutter-Tochter-Beziehung sowie Fallgestaltungen, bei denen eine intensive Einwirkungsmöglichkeit auch ohne das direkte oder indirekte Halten von Stimmrechten oder Anteilen am Kapital der Gesellschaft besteht. Aus Gründen der Rechtssicherheit und der weitreichenden Auswirkungen ist es unerlässlich, klare Kriterien zur Ausfüllung des Begriffs zu entwickeln. Die Bundesanstalt zieht gestützt auf die Gesetzesmaterialien § 311 Abs. 1 HGB zur Auslegung heran. Die widerlegliche Vermutung eines maßgeblichen Einflusses gemäß § 311 Abs. 1 Satz 2 HGB bei einer Beteiligung von 20 % oder mehr der Stimmrechte hat für unmittelbare Beteiligungen keine eigenständige Bedeutung. Bei mittelbaren Beteiligungen muss berücksichtigt werden, dass der maßgebliche Einfluss von einem Konzernunternehmen ausgehen muss. Richtigerweise ist es daher für einen maßgeblichen Einfluss i.S.d. § 1 Abs. 9 Satz 1 KWG nicht ausreichend, dass der maßgebliche Einfluss auf ein Mutterunternehmen der Zielgesellschaft ausgeübt werden kann.

(13) Zur weiteren Konkretisierung des Begriffs des maßgeblichen Einflusses zieht die Bundesanstalt ferner IAS 28 heran. Indizien für einen maßgeblichen Einfluss sind danach die Zugehörigkeit von Repräsentanten des Erwerbsinteressenten zum Geschäftsführungs- oder Aufsichtsorgans des Beteiligungsunternehmens, die Teilnahme an Entscheidungsprozessen, wesentliche Geschäftsvorfälle mit dem Beteiligungsunternehmen, der Austausch von Führungspersonal und die Bereitstellung von bedeutenden technischen Informationen. Dabei sind auch die konkrete Gesellschafterstruktur, Rechtsform und Organisationsverfassung der Zielgesellschaft zu berücksichtigen. Während eine Vertretung in der Geschäftsführung des Zielunternehmens einen maßgeblichen Einfluss nahe legt, ist bei der Anwendung der übrigen Indizien Zurückhaltung geboten. Insbesondere kann aus einer Repräsentanz im Aufsichtsrat richtigerweise nicht automatisch auf

die Möglichkeit der Ausübung eines maßgeblichen Einflusses geschlossen werden.

(14) Die Praxis der Zurechnung von Anteilen in Beteiligungsketten in anderen Mitgliedstaaten weicht trotz der vereinheitlichen europäischen Vorgaben teils erheblich von der Rechtslage in Deutschland ab. Dies gilt insbesondere hinsichtlich Minderheitsbeteiligungen an Muttergesellschaften des Zielunternehmens, die in vielen Jurisdiktionen "durchgerechnet" werden und eine bedeutende Beteiligung am Zielunternehmen begründen sollen. Durch die nationale Zersplitterung werden auch die Kosten derartiger Inhaberkontrollverfahren ganz erheblich erhöht. Im Regelfall zwingt die unterschiedliche Verwaltungspraxis dazu, in den fraglichen Jurisdiktionen lokal Rechtsrat einzuholen. Das Ziel einer EU/EWR-weiten Vereinheitlichung der Voraussetzungen für finanzaufsichtsrechtliche Inhaberkontrollverfahren und deren Beschleunigung wird daher an einer zentralen Stelle verfehlt. Diese Praxis verstößt richtigerweise gegen europäisches Recht.

B. Erwerbsabsicht

(1) Maßgeblicher Auslöser für die Erwerbsanzeige ist nach § 2c Abs. 1 Satz 1 KWG die Bildung einer Absicht zum Erwerb einer bedeutenden Beteiligung. Der Begriff des Erwerbs bezieht sich auf die dingliche Komponente des Erwerbs der Stimmrechte oder Anteile. Das Merkmal des Erwerbs umfasst neben dem rechtsgeschäftlichen Erwerb auch gesetzliche Erwerbstatbestände und Anteilsveränderungen ohne Zutun des Anzeigepflichtigen.

(2) Maßgeblicher Zeitpunkt für die Erwerbsabsicht ist dabei grundsätzlich die Entscheidung der entscheidungsbefugten Organe des Erwerbsinteressenten zu einem hinreichend konkretisierten Erwerbsvorhaben. Dies wird auch durch eine Auswertung der Beteiligungsrichtlinie gestützt, die nunmehr ausdrücklich auf die Entscheidung zum Erwerb abstellt. Ansichten, die den Zeitpunkt der Anzeigepflicht beim rechtsgeschäftlichen Erwerb etwa auf den Beginn der *Due Diligence* oder den Abschluss eines *Letter of Intent* vorverlagern, sind abzulehnen. Spätester Zeitpunkt für die Bildung der Erwerbsabsicht ist der Abschluss des schuldrechtlichen Geschäfts über den Anteilserwerb (*Signing*).

(3) Auf indirekte und gesetzliche Erwerbsvorgänge sind hinsichtlich der Bildung der Erwerbsabsicht die Grundsätze zum rechtsgeschäftlichen Erwerb zu übertragen. Bei Erwerbsvorgängen ohne Zutun des Erwerbers wird die Anzeigepflicht spätestens mit dem Vollzug des Erwerbs ausgelöst. Auf die Kenntnis oder das Kennen müssen des Erwerbers kommt es nur für die Frage an, wann eine Anzeige noch als rechtzeitig gewertet werden kann.

C. Zeitpunkt der Anzeigepflicht

(1) Die Anzeige ist unverzüglich nach Bildung der Erwerbsabsicht einzureichen.

(2) Die erhöhte Formalisierung des Verfahrens als Folge der Umsetzung der Beteiligungsrichtlinie führt dazu, dass der angemessene Zeitraum zur Vorbereitung der Anzeige länger zu bemessen ist als früher. Nicht selten wird die Vorbereitung der Anzeige mehrere Wochen in Anspruch nehmen. Ausgehend hiervon empfiehlt es sich in der Regel, die Aufsichtsbehörden bereits vor Einreichen der formellen Anzeige informell über das Erwerbsvorhaben in Kenntnis zu setzen.

D. Anzeigepflichtige Personen

(1) Der Kreis der anzeigepflichtigen Personen und Unternehmen unterliegt keinen Beschränkungen oder Ausnahmen. Neben natürlichen Personen, juristischen Personen des Privatrechts und Personenhandelsgesellschaften sind auch BGB-Außengesellschaften und zumindest teilrechtsfähige öffentlich-rechtliche Körperschaften und Anstalten zur Anzeige verpflichtet. Gleiches gilt bei einer entsprechenden Einflussnahmemöglichkeit auch für persönlich haftende Gesellschafter von Personengesellschaften.

(2) Will eine Unternehmensgruppe über ein Tochterunternehmen eine bedeutende Beteiligung erwerben, sind grundsätzlich sämtliche Unternehmen in der Beteiligungskette anzeigepflichtig.

E. Erfasste Zielunternehmen

(1) Der Kreis der Zielunternehmen, bei denen die Absicht zum Beteiligungserwerb eine Anzeigepflicht auslöst, umfasst auch Institute ohne Erlaubnis und öffentlich-rechtliche Institute.

(2) In territorialer Hinsicht wird die Anzeigepflicht in Deutschland nur hinsichtlich inländischer Institute ausgelöst. Dagegen sind die nationalen Inhaberkontrollvorschriften nicht auf ausländische Unternehmen mit inländischer Zweigniederlassung anwendbar. Dies gilt auch bei inländischen Niederlassungen von Instituten aus Drittstaaten.

(3) Nicht von der Anzeigepflicht erfasst wird der Beteiligungserwerb an Finanzholding-Gesellschaften. Bei Zielunternehmen in einem schwebenden Erlaubnisverfahren kommt es für die Frage der Anzeigepflicht darauf an, ob mit der Erlaubniserteilung vor Vollzug des Erwerbs zu rechnen ist. Ist dies nicht der Fall, so erfolgt die Inhaberkontrolle im Rahmen des Erlaubnisverfahrens.

3. Teil: Ablauf, Durchführung und Verfahrensab schluss von Inhaberkontrollverfahren

A. Zuständigkeit

(1) Bei Instituten als Zielunternehmen ist die Anzeige bei der Bundesanstalt und der Bundesbank einzureichen. Die Bundesanstalt ist die allein nach außen gegenüber dem Anzeigepflichtigen agierende Behörde und nur die Bundesanstalt hat die Befugnis, den Erwerb zu untersagen.

(2) Vor allem wenn es sich beim Erwerbsinteressenten um ein im EU/EWR-Raum lizenziertes Unternehmen handelt, sind im Verfahren auch die Aufsichtsbehörden des Herkunftsstaates zu beteiligen.

(3) Eine förmliche Anhörungspflicht besteht nur bei der geplanten Untersagung des Erwerbs.

B. Anwendbare Verfahrensvorschriften

Das Verfahren richtet sich beim geplanten Erwerb einer bedeutenden Beteiligung an Instituten nach dem Kreditwesengesetz, der Inhaberkontrollverordnung und ergänzend nach dem Verwaltungsverfahrens-gesetzes des Bundes.

C. Inhalt, Form und Sprache der zu übermittelnden Informationen, Dokumente und Erklärungen

(1) Infolge der Umsetzung der Beteiligungsrichtlinie sind Anzeigen im Inhaberkontrollverfahren deutlich formeller geworden. Der Umfang der mit der Anzeige beizubringenden Dokumente und Erklärungen hat sich deutlich erhöht. Für die Anzeige sind zwingend die als Anlage zur Inhaberkontrollverordnung zur Verfügung gestellten Formulare zu verwenden. Für in fremder Sprache verfasste Dokumente und Erklärungen sind grundsätzlich beglaubigte Übersetzungen beizubringen.

(2) Zu den zu übermittelnden Dokumenten und Erklärungen gehören allgemeine, in der Inhaberkontrollverordnung näher spezifizierte Angaben zum Anzeigepflichtigen und dessen gesetzliche und satzungsmäßige Vertreter. Dies beinhaltet Erklärungen zur Zuverlässigkeit und einen Lebenslauf. Offenzulegen sind ferner die Konzernstruktur und mögliche Interessenkonflikte. Außerdem sind Auskünfte zur Finanzlage und Bonität sowie zur Finanzierung des Erwerbs und sämtliche im Zusammenhang mit dem Erwerb geschlossene Vereinbarungen zu übermitteln. Ferner umfasst die Anzeige Informationen über die mit dem Erwerb verfolgten strategischen Ziele, die beabsichtigte Einflussnahme auf das Zielunternehmen und zur Bereitschaft und Fähigkeit, das Zielunternehmen falls notwendig mit weiterem Kapital zu stützen. Im Falle eines Kontrollerwerbs beinhaltet dies auch einen Geschäftsplan mit einem dreijährigen Planungshorizont.

(3) Hinsichtlich des Umfangs der zu übermittelnden Informationen und Erklärungen gibt es eine Reihe von in der Person des Anzeigepflichtigen begründeten Erleichterungen. Dies gilt insbesondere, wenn es sich beim Anzeigepflichtigen um öffentlich-rechtliche Körperschaften oder Anstalten oder selbst der Aufsicht unterliegende Unternehmen aus dem EU/EWR-Raum handelt. Erleichterungen bestehen in Beteiligungsketten ferner für Zwischengesellschaften. Darüber hinaus können hinsichtlich bestimmter Dokumente, Informationen und Erklärungen und deren Form nicht selten im Einzelfall Erleichterungen und Befreiungen unter dem Gesichtspunkt der Verhältnismäßigkeit geboten sein.

(4) Der Katalog der zu übermittelnden Information und Erklärungen orientiert sich an komplexen Beteiligungsvorhaben und verzögert und erschwert damit auch von vornherein aufsichtsrechtlich unbedenkliche Erwerbsvorhaben. *De lege ferenda* erscheint es überlegenswert, sich bei Inhaberkontrollverfahren am zweistufigen Prüfungsverfahren im Kartellrecht bestehend aus einer formlosen Vorprüfung und der Möglichkeit der Durchführung eines förmlichen Hauptprüfungsverfahrens zu orientieren. Zudem sollte sich der nationale Gesetzgeber dazu entschließen, über die bestehenden personenbezogenen Erleichterungen hinaus auch generell der Bundesanstalt die Möglichkeit einzuräumen, im Einzelfall auf bestimmte Unterlagen und Erklärungen zu verzichten, wenn diese für die aufsichtsrechtliche Prüfung nicht erforderlich sind.

D. Vollständigkeit und Eingangsbestätigung

(1) Der Lauf des Beurteilungszeitraums wird nur durch eine vollständige Anzeige ausgelöst. Die Bundesanstalt hat den Eingang der vollständigen Anzeige umgehend dem Anzeigepflichtigen zu bestätigen.

(2) Dabei ist ein formelles Verständnis des Vollständigkeitskriteriums zu Grunde zu legen. Vollständigkeit ist also nicht mit Entscheidungsreife gleichzusetzen. Dennoch führt das Abstellen auf eine vollständige Anzeige dazu, dass sich der Lauf der Entscheidungsfrist gerade bei komplexen Erwerbsvorhaben oder bei der Beteiligung von ausländischen Erwerbsinteressenten erheblich hinauszögern kann.

E. Entscheidungsfrist

(1) Der Beurteilungszeitraum für die Prüfung des Erwerbsvorhabens beträgt maximal 60 Arbeitstage ab dem Datum des Schreibens, mit dem die Bundesanstalt die Vollständigkeit der Anzeige bestätigt hat.

(2) Fordert die Bundesanstalt formell und schriftlich weitere Informationen an, so ist die Entscheidungsfrist bis zum Eingang der angeforderten Informationen bei der Bundesanstalt gehemmt. Auch im Fall einer Hemmung beträgt der Beurteilungszeitraum aber maximal 80 Arbeitstage und im Falle von Anzeigepflichtigen außerhalb des EU/EWG-Raumes und

nicht einer Finanzaufsicht unterliegenden Erwerbsinteressenten maximal 90 Arbeitstage.

F. Auswirkungen von Änderungen der übermittelten Informationen und der Transaktionsstruktur

(1) Ändern sich nachträglich die in den eingereichten Unterlagen und Erklärungen gemachten Angaben, so hat der Anzeigepflichtige die betroffenen Dokumente unverzüglich aktualisiert bei den zuständigen Behörden einzureichen. Zu einer Verlängerung des Beurteilungszeitraums führt dies grundsätzlich nicht.

(2) Änderungen des Erwerbsvorhabens sind abzugrenzen von der Aufgabe des ursprünglichen Erwerbsvorhabens. Das bisherige Erwerbsvorhaben gilt als aufgegeben, wenn als Folge der Änderung des Vorhabens nunmehr höhere Beteiligungsschwellen überschritten werden sollen oder der Anzeigepflichtige anders als bisher geplant durch den geplanten Erwerb die Kontrolle über das Zielunternehmen erlangen würde. Hintergrund für diese gesetzliche Fiktion ist, dass bei Überschreitung der angegebenen Schwellen eine höhere Prüfungsintensität geboten ist und sich neue oder veränderte Rechtsfragen stellen können.

G. Vollzugsverbot vor formeller Entscheidung

(1) Vor Umsetzung der Beteiligungsrichtlinie wurde überwiegend angenommen, dass der Anzeigepflichtige das Recht hatte, den beabsichtigten Erwerb auch während der damals dreimonatigen Frist der Bundesanstalt zur Untersagung des Erwerbs zu vollziehen.

(2) Nach den Änderungen durch das Gesetz zur Umsetzung der Beteiligungsrichtlinie deutet der Wortlaut auf ein Vollzugsverbot während des Beurteilungszeitraums hin. Davon scheint auch die Bundesanstalt auszugehen.

H. Beurteilungskriterien und Untersagungsgründe

(1) Die Beurteilungskriterien und Untersagungsgründe sind durch die Beteiligungsrichtlinie abschließend vorgegeben. Die CEBS/CEIOPS/CESR-Leitlinien geben Empfehlungen für die Auslegung und Anwendung der Beurteilungskriterien durch die Mitgliedstaaten. Die Beurteilungskriterien sind nicht schematisch anzuwenden. Im Hinblick auf das konkrete Erwerbsvorhaben, die angestrebte Beteiligungshöhe und Einflussnahme sowie die Art des Zielunternehmens ist insbesondere der Proportionalitätsgrundsatz zu beachten.

(2) Der deutsche Gesetzgeber hat die Beteiligungsrichtlinie nicht wortgleich umgesetzt. Damit ist ausweislich der Gesetzesbegründung aber keine inhaltliche Abweichung vom Katalog der Beurteilungskriterien der Beteiligungsrichtlinie bezweckt.

(3) Die Beweislast für das Vorliegen von Untersagungsgründen hat die Behörde. Allerdings trifft den Anzeigepflichtigen über die Vorlagepflichten nach der Inhaberkontrollverordnung eine umfassende Darlegungslast. Auch genügt es für die Untersagung bereits, dass Tatsachen die Annahme rechtfertigen, dass ein Untersagungsgrund vorliegt. Der Erwerbsinteressent hat dann die Möglichkeit, die belastenden Tatsachen zu entkräften oder andere Tatsachen nachzuweisen, die mögliche Untersagungsgründe ausräumen.

(4) Reicht der Anzeigepflichtige keine vollständige Anzeige ein oder erfüllt er die Nachforderungswünsche der Aufsichtsbehörde nicht hinreichend, kann dies bereits eine Untersagung aus formellen Gründen rechtfertigen. Gleiches gilt, wenn der Anzeigepflichtige überhaupt keine Erwerbsanzeige einreicht.

(5) Zentrales Beurteilungskriterium für das Erwerbsvorhaben ist die Zuverlässigkeit des Erwerbsinteressenten und seiner gesetzlichen und satzungsmäßigen Vertreter beziehungsweise persönlich haftenden Gesellschafter.

(6) Das Kreditwesengesetz enthält keine Definition, wann ein Erwerbsinteressent als unzuverlässig anzusehen ist. Auch gibt es nur wenige Präzedenzfälle, die den Zuverlässigkeitsbegriff im Rahmen der Inhaberkontrolle konturieren könnten. Mit der Rechtsprechung ist von einer Unzuverlässigkeit des Erwerbsinteressenten auszugehen, wenn vom Erwerbsinteressenten ein Verhalten gezeigt wird, das ein Vertrauen in die verantwortungsbewusste Wahrnehmung der aus der Gesellschafterposition resultierenden Einflussnahmemöglichkeiten auf das Institut nicht rechtfertigt. Als Auslegungshilfe können dabei zumindest als Ausgangspunkt der allgemeine gewerberechtliche Zulässigkeitsbegriff und die Auslegungskriterien für die Bewertung der Zuverlässigkeit in anderen Vorschriften des Kreditwesengesetzes herangezogen werden. Dies gilt insbesondere hinsichtlich der Zuverlässigkeitsprüfung von Inhabern bedeutender Beteiligungen während des Erlaubnisverfahrens gemäß § 33 Abs. 1 Satz 1 Nr. 3 KWG.

(7) Die Zuverlässigkeitskontrolle bezieht sich bei juristischen Personen nicht nur auf die gesetzlichen und satzungsmäßigen Vertreter des Anzeigepflichtigen, sondern auch auf den Erwerbsinteressenten selbst. Bei Personengesellschaften sind Bezugspunkte der Zuverlässigkeitsprüfung neben der Personengesellschaft selbst nur die persönlich haftenden Gesellschafter, nicht aber Kommanditisten.

(8) Die Zuverlässigkeitsbewertung der Aufsichtsbehörde ist uneingeschränkt gerichtlich überprüfbar. Ein Beurteilungsspielraum der Behörde besteht nicht.

(9) Wegen der Vertrauensempfindlichkeit sind an die Zuverlässigkeit einerseits strenge Anforderungen zu stellen. Allerdings ist umgekehrt vor einem Zuverlässigkeitsrigorismus zu warnen. Bei der Zuverlässigkeitsprüfung ist auf die künftige Rolle des Anzeigepflichtigen als Inhaber einer bedeutenden

Beteiligung und den damit verbundenen Pflichtenkreis abzustellen. Dabei ist zu berücksichtigen, dass der aufsichtsrechtliche Pflichtenkreis als Inhaber einer bedeutenden Beteiligung beschränkt ist und damit insbesondere keine Geschäftsleiteraufgaben oder die Entgegennahme von Kundengeldern verbunden ist.

(10) Zentrales Element für die Beurteilung der Zuverlässigkeit ist die Integrität. Diese kann vor allem durch vergangene Verstöße gegen einschlägige Straftatbestände oder Ordnungswidrigkeiten infrage gestellt sein. Die Indizwirkung derartiger Verstöße hängt unter anderem von der Art und Schwere der Verfehlung und dem seit dem Verstoß vergangenen Zeitraum ab. Auch bei Straftaten und Ordnungswidrigkeiten ist allerdings durch die Aufsichtsbehörde in jedem Einzelfall zu überprüfen, ob von dem zugrundeliegenden Sachverhalt tatsächlich eine Indizwirkung ausgeht, welche die künftige Einhaltung der Pflichten als Anteilseigner infrage stellt. Dies wird jedenfalls bei Ordnungswidrigkeiten ohne Zusammenhang zu einer unternehmerischen Tätigkeit in der Regel nicht der Fall sein.

(11) Indizwirkung können ferner vergangene Verstöße gegen aufsichtsrechtliche Vorschriften und aufsichtsrechtliche Maßnahmen und Sanktionen entfalten. Zu denken ist insbesondere an vorwerfbare Verstöße gegen Anzeigepflichten aus § 2c Abs. 1 Satz 1 KWG. Die Bundesanstalt und Rechtsprechung tendiert dazu, die Unzuverlässigkeit bereits mit einem einzigen vorwerfbaren Verstoß gegen eine entsprechende Anzeigepflicht zu begründen. Dies erscheint überzogen.

(12) Zurückhaltung ist auch bei der Indizwirkung von vergangenen Verstößen gegen steuerrechtliche und sozialversicherungsrechtliche Pflichten und Steuerschulden geboten. Als weitere Indizien für eine Unzuverlässigkeit werden Tätigkeitsverbote, ein Vermögensverfall, krankhafte Störungen und Gründe im persönlichen Bereich und die kriminelle Herkunft der für die Finanzierung des Erwerbs verwandten Mittel genannt.

(13) Soweit die Unzuverlässigkeit auf die fehlende wirtschaftliche Plausibilität oder die nicht nachvollziehbare Beschaffung der für den Erwerb der Beteiligung verwendeten finanziellen Mittel gestützt wird, ist vor einer Untersagung der Sachverhalt durch die Bundesanstalt mit den gebotenen Mitteln aufzuklären. Legt der Anzeigepflichtige nicht der Inhaberkontrollverordnung entsprechende oder auf Verlangen der Bundesanstalt nachgeforderte Dokumente vor, kann eine Untersagung bereits aus formellen Gründen gerechtfertigt sein.

(14) Weiteres Element der Zuverlässigkeitsprüfung ist die Erfahrung und Sachkunde des Anzeigepflichtigen. Aus einer systematischen Auslegung der Vorschriften und dem Sinn und Zweck des Kriteriums ist zu schließen, dass damit keine bankfachliche Eignung im Sinne einer Geschäftsleitererfahrung in einem Institut vergleichbarer Art und Größe gemeint sein kann. Bezugspunkt der Eignungsprüfung ist auch hier der Pflichtenkreis als Inhaber einer bedeutenden Beteiligung. Auch kann nicht gefordert werden,

dass der Anzeigepflichtige Erfahrung im Management von vergleichbaren Beteiligungen im Finanzsektor gesammelt hat. Ferner ist zu berücksichtigen, dass der Pflichtenkreis als Inhaber einer bedeutenden Beteiligung nicht so komplex ist, dass der Anzeigepflichtige die Kenntnis der Pflichten durch externen Rechtsrat einholen könnte. Auf die fehlende Sachkunde und Erfahrung wird daher eine Untersagung nur in extremen Ausnahmefällen gestützt werden können.

(15) Weitere Untersagungsgründe sind Tatsachen, welche die Annahme rechtfertigen, dass das Zielunternehmen infolge des Erwerbs nicht in der Lage sein oder bleiben wird, den Aufsichtsanforderungen zu genügen. Wichtigster Anwendungsfall sind Verstöße gegen die Eigenmittelvorschriften der Bankenrichtlinie und Finanzmarktrichtlinie oder ein drohender Absturz des Ratings der Zielgesellschaft, das die Überlebensfähigkeit und Einhaltung der Eigenmittelziffern durch das Zielinstitut infrage stellt. Der Untersagungsgrund kann aber nur dann herangezogen werden, wenn eine Kausalität zwischen dem Erwerb und dem drohenden Verstoß der aufsichtsrechtlichen Pflichten durch das Zielinstitut besteht.

(16) Die Untersagung kann auch auf den Umstand gestützt werden, dass das Zielinstitut durch die Begründung der bedeutenden Beteiligung in einen Unternehmensverbund eingebunden würde, der durch die Struktur des Beteiligungsgeflechts oder mangelhafte wirtschaftliche Transparenz eine wirksame Aufsicht über das Institut oder einen wirksamen Austausch von Informationen zwischen den zuständigen Stellen oder die Festlegung der Aufteilung der Zuständigkeiten zwischen diesen beeinträchtigt. Der Untersagungsgrund dient vor allem der Geldwäsche- und Terrorismusprävention. Eine Untersagung kommt erst in Betracht, wenn eine Aufklärung der Beteiligungsstruktur im Rahmen des Inhaberkontrollverfahrens erfolglos blieb.

(17) Eng damit verbunden ist eine Untersagung aufgrund des Umstandes, dass das Institut durch die Begründung der bedeutenden Beteiligung Tochterunternehmen eines Instituts mit Sitz in einem Drittstaat würde, das im Staat seines Sitzes oder seiner Hauptverwaltung nicht wirksam beaufsichtigt wird oder dessen zuständige Aufsichtsstelle zu einer befriedigenden Zusammenarbeit mit der Bundesanstalt nicht bereit ist. Der Untersagungsgrund dient dazu, die konsolidierte Aufsicht unter Einbeziehung des Zielinstituts sicherzustellen.

(18) Der Erwerb kann ferner untersagt werden, wenn die künftigen Geschäftsleiter nicht zuverlässig oder ausreichend fachlich geeignet sind. Die Vorschrift dient dazu, frühzeitig nicht geeignete Geschäftsleiter zu identifizieren, die anlässlich des Erwerbs neu in die Geschäftsleitung des Zielunternehmens eintreten sollen. Der Untersagungstatbestand ist nur von Relevanz, soweit der Erwerbsinteressent beabsichtigt, unmittelbar im Zusammenhang mit dem Erwerb einen oder mehrere neue Geschäftsleiter im Zielinstitut zu ernennen oder eine entsprechende Ernennung zu veranlassen.

(19) Ein weiterer Untersagungsgrund für den beabsichtigten Erwerb ist ein Zusammenhang des Erwerbsvorhabens mit Geldwäsche oder Terrorismusfinanzierung. Rechtfertigen Tatsachen die Annahme, dass beim beabsichtigten Beteiligungserwerb ein Zusammenhang zu Geldwäsche oder Terrorismusfinanzierung wie in Art. 1 der Richtlinie 2005/60/EG näher definiert besteht, haben im Hinblick auf den beabsichtigten Erwerb solche Aktivitäten in der Vergangenheit stattgefunden, wurden solche Straftaten versucht oder würde der Erwerb das Risiko solcher Verhaltensweisen erhöhen, so kann dies eine Untersagung des Erwerbs rechtfertigen. Gegenstand der aufsichtsrechtlichen Überprüfung ist insbesondere die Herkunft der Mittel für den Beteiligungserwerb.

(20) Im Zuge der Umsetzung der Beteiligungsrichtlinie kann der beabsichtigte Erwerb einer bedeutenden Beteiligung nunmehr auch dann untersagt werden, wenn Tatsachen die Annahme rechtfertigen, dass der Anzeigepflichtige nicht über die notwendige finanzielle Solidität verfügt. Dies soll insbesondere dann der Fall sein, wenn der Anzeigepflichtige auf Grund seiner Kapitalausstattung oder Vermögenssituation nicht den besonderen Anforderungen gerecht werden kann, die von Gesetzes wegen an die Eigenmittel und die Liquidität eines Instituts gestellt werden. Der Untersagungstatbestand ist insoweit inhaltlich eng mit § 2c Abs. 1b Satz 1 Nr. 2 Alt. 1 KWG verbunden. Während dieser in erster Linie auf die Solvabilität und Liquidität des Zielinstituts abstellt, zielt § 2c Abs. 1b Satz 1 Nr. 6 KWG vor allem auf die Solvabilität und Liquidität des Erwerbsinteressenten. Zur notwendigen Solidität gehört auch die Fähigkeit des Erwerbsinteressenten, die Mittel für den Erwerb aufzubringen. Zu weit geht es, aus dem Untersagungstatbestand eine gesetzliche Verpflichtung des Inhabers einer bedeutenden Beteiligung abzuleiten, willens und in der Lage zu sein, dem Zielinstitut im Krisenfall oder zur Vermeidung eine Krise Eigenmittel oder Liquidität zur Verfügung zu stellen. Ein Erwerbsinteressent ist insbesondere nicht per se verpflichtet, im Rahmen des Inhaberkontrollverfahrens gegenüber der Bundesanstalt oder dem Zielinstitut Unterstützungserklärungen zugunsten des Zielinstituts, etwa in Form von Garantien, Freistellungen, Patronatserklärungen oder Keep-well-Erklärungen, abzugeben. Aus dem Fehlen derartiger Finanzierungszusagen kann eine Untersagung des Erwerbs daher grundsätzlich nicht gestützt werden. Die finanzielle Solidität des Erwerbsinteressenten und etwaige Stützungszusagen sind nur insoweit von Relevanz, als der Erwerb andernfalls einen Verstoß des Zielinstituts gegen gesetzlich fixierte Eigenmittel- oder Liquiditätsvorschriften zur Folge hätte oder als Folge des Erwerbs ein solcher Verstoß droht. Dies ist etwa der Fall, wenn der Geschäftsplan des Erwerbsinteressenten für die Folgejahre die Zuführung weiteren Kapitals durch die Gesellschafter vorsieht und nur auf diese Weise ein Verstoß gegen gesetzliche Eigenkapitalziffern vermieden werden kann. Ist in diesem Fall der Erwerbsinteressent von vornherein nicht in der Lage oder bereit, entsprechende Finanzmittel aufzubringen und zum gegebenen Zeitpunkt zur

Verfügung zu stellen, kann dies ausnahmsweise eine Untersagung nach § 2c Abs. 1a Satz 1 Nr. 6 KWG rechtfertigen. Insoweit muss der Erwerbsinteressent sich also an seinen eigenen Plänen festhalten lassen. Umgekehrt hat der Erwerbsinteressent die Möglichkeit, über die Wahl seiner Pläne hinsichtlich der Zielgesellschaft auch Einfluss auf den Umfang der erforderlichen Mittel zu nehmen. Abzulehnen ist dagegen eine Auslegung, wonach durch den Tatbestand verhindert werden soll, dass das Zielunternehmen zu Spekulationszwecken in andere Hände gerät, solange dabei keine Verstöße gegen aufsichtsrechtliche Bestimmungen drohen.

I. Entscheidungsmöglichkeiten

(1) Die Bundesanstalt kann nach Eingang der Anzeige und Abschluss der Prüfung das Erwerbsvorhaben bei Vorliegen von Untersagungsgründen innerhalb des Beurteilungszeitraums untersagen. Die Untersagung liegt für sämtliche Untersagungsgründe im Ermessen der Behörde. Eine generelle Ermessensreduzierung auf Null bei Vorliegen bestimmter Untersagungsgründe besteht nicht. Wichtigste Ermessensgrenze ist der Verhältnismäßigkeitsgrundsatz. Zweifel an der Verhältnismäßigkeit einer Untersagung können vor allem unter dem Gesichtspunkt der Erforderlichkeit und Angemessenheit der Maßnahme bestehen. Daran kann es fehlen, wenn die mit einer Nichtuntersagung verbundenen Gefahren durch Zusagen des Beteiligungsinhabers und Nebenbestimmungen zum Freigabebescheid hinreichend reduziert werden können.

(2) Beabsichtigt die Bundesanstalt das Erwerbsvorhaben nicht zu untersagen, so kann sie den Beurteilungszeitraum verstreichen lassen oder durch Verwaltungsakt das Nichtbestehen von Untersagungsgründen feststellen. Die Behörde hat in diesem Fall ferner das Recht, die aufsichtsrechtliche Unbedenklichkeit des Erwerbsvorhabens durch den Erlass von Nebenbestimmungen zu sichern.

(3) Vor einer Untersagung ist der Anzeigepflichtige anzuhören. Eine verfahrensabschließende Entscheidung ist von der Behörde zu begründen.

J. Sonstige Aufsichtsmittel, Sanktionen und Rechtsfolgen

(1) Nach Vollzug des Erwerbs kommt unter denselben Voraussetzungen wie für eine Untersagung des Beteiligungserwerbs der Erlass eines Stimmverbots, eines Veräußerungsverbots, die Übertragung der Stimmrechte auf einen Treuhänder und die Anordnung der Veräußerung der Beteiligung in Betracht.

(2) Verstöße gegen die Anzeigepflichten oder gegen eine Untersagungsanordnung sind als Ordnungswidrigkeit mit Bußgeld bewehrt. Die zivilrechtliche Wirksamkeit des Erwerbs der Beteiligung wird nicht berührt.

K. Rechtsschutz

Gegen eine Untersagungsanordnung ist der Rechtsweg zu den Verwaltungsgerichten eröffnet. Widerspruch und Anfechtungsklage haben keine aufschiebende Wirkung. Im einstweiligen Rechtsschutz ist ein Antrag auf Anordnung der aufschiebenden Wirkung gemäß § 80 Abs. 2 Satz 1 Nr. 3 VwGO i.V.m. § 80 Abs. 5 VwGO der statthafte Rechtsbehelf. Zuständig ist das VG Frankfurt a.M. Maßgeblicher Zeitpunkt für die Beurteilung der Rechtmäßigkeit der Maßnahme im gerichtlichen Verfahren ist der Zeitpunkt der letzten mündlichen Verhandlung.

L. Vertraulichkeit und Informationsfreiheitsgesetz

Hinsichtlich Anzeigen nach § 2c KWG und der in diesem Zusammenhang übermittelten Unterlagen ist die Bundesanstalt zur Verschwiegenheit verpflichtet. Anzeigen nach § 2c KWG sind nicht generell vom Anwendungsbereich des Informationsfreiheitsgesetzes ausgeschlossen. Geheimnisschutz besteht aber hinsichtlich Betriebs- und Geschäftsgeheimnissen und personenbezogenen Informationen. Damit ist in der Regel ein Großteil der mit einer Anzeige übermittelten Informationen einem Anspruch auf Offenlegung gemäß § 1 Abs. 1 IFG entzogen.

M. Verwaltungsgebühren

Für die Untersagung eines Beteiligungsvorhabens fallen Verwaltungsgebühren bis zu EUR 100.000 an. Die Einreichung der Anzeige selbst löst keine Verwaltungsgebühren aus

*****

Frankfurter wirtschaftsrechtliche Studien

Herausgegeben von
Theodor Baums, Andreas Cahn und Katja Langenbucher

Band 1 Tomas Brinkmann: Unternehmensinteresse und Unternehmensrechtsstruktur. Aufgaben und Grenzen eines normativen Regulativs unternehmenspolitischer Prozesse. 1983.

Band 2 Rüdiger Hahn: Behinderungsmißbräuche marktbeherrschender Unternehmen. Eine Untersuchung der Beeinträchtigung von Wettbewerb und Marktstruktur durch horizontalen Nichtleistungswettbewerb als Gegenstand der Mißbrauchaufsicht nach § 22 Abs. 4 S. 2 Nr. 1 GWB. 1984.

Band 3 Peter Buchmann: Registerpublizität und Gläubigerschutz bei der Einmann-Gesellschaft. 1984.

Band 4 Christian Joerges/Eugen Hiller/Knut Holzscheck/Hans-W. Micklitz: Vertriebspraktiken im Automobilersatzteilsektor. Ihre Auswirkungen auf die Interessen der Verbraucher. 1985.

Band 5 Annette Boerner: Die Haftung des herrschenden Kommanditisten. 1985.

Band 6 Dirk H. Mahler: Rechtsmißbrauch und einstweiliger Rechtsschutz bei Dokumentenakkreditiven und "Akkreditiven auf erstes Anfordern": Eine rechtsvergleichende Untersuchung. 1986.

Band 7 Brigitte Kratz: Ausländische Eingriffsnorm und inländischer Privatrechtsvertrag. 1986.

Band 8 Dimitris Tsibanoulis: Die genossenschaftliche Gründungsprüfung. 1987.

Band 9 Jürgen Braun: Rechtsfragen des Transport-Unfall-Informations- und Hilfeleistungs-Systems der deutschen chemischen Industrie. 1987.

Band 10 Thomas Pfeiffer: Die Bedeutung des privatrechtlichen Immissionsschutzes. Eine Untersuchung zu §§ 1004, 906 BGB. 1987.

Band 11 Michael Bothe/Josef Brink/Christian Kirchner/Albrecht Stockmayer: Rechtsfragen der internationalen Verschuldungskrise. Voraussetzungen, Formen und Verfahren internationaler Umschuldungsmaßnahmen und Umschuldungsvereinbarungen. 1988.

Band 12 Felix Dörr: Die fehlerhafte GmbH. 1989.

Band 13 Rolf Trittmann: Anwendungsprobleme des Haager Beweisübereinkommens im Rechtshilfeverkehr zwischen der Bundesrepublik und den Vereinigten Staaten von Amerika. Exklusive Regelung zur Überbrückung der Unterschiede zwischen dem kontinental-europäischen und anglo-amerikanischen Zivilprozeßrechtssystem? 1989.

Band 14 Margaretha Sudhof: Dreieckige Rechtsverhältnisse im Wirtschaftsverwaltungsrecht - Am Beispiel von Konkurrentenklagen. 1989.

Band 15 Michael Weigel: Schriftformklauseln in Allgemeinen Geschäftsbedingungen. 1989.

Band 16 Hans-Peter Schröder: Der sichere Weg bei der Vertragsgestaltung. 1990.

Band 17 Matthias Haas: Haftungsfreizeichnungsklauseln in Allgemeinen Geschäftsbedingungen. Eine rechtsdogmatische und ökonomische Analyse. 1991.

Band 18 Andreas Hahn: Instandhaltungsverträge. Begriffe, Einordnung, Rechtsfolgenbestimmung, Auswirkung auf die Kautelarpraxis. 1991.

Band 19 Jürgen Götz: Der Entherrschungsvertrag im Aktienrecht. 1991.

Band 20 Friedrich Wächtershäuser: Das Gesellschaftsrecht des internationalen Joint Ventures. 1992.

Band 21 Christina Escher-Weingart: Nutzungsausfall als Schaden und sein Ersatz. 1993.

Band 22 Jean-Claude Zerey: Rechtliche Probleme der Finanzierung von *Leveraged Buyouts* und *Tender Offers* durch Banken in den USA und in der Bundesrepublik Deutschland. Eine rechtsvergleichende Studie über die Rolle der Banken bei Unternehmenskontrolltransaktionen in den USA und in der Bundesrepublik Deutschland. 1994.

Band 23 Markus Bauer: Gläubigerschutz durch eine formelle Nennkapitalziffer - Kapitalgesellschaftsrechtliche Notwendigkeit oder überholtes Konzept? Eine rechtsvergleichende Untersuchung der Gläubigerschutzkonzepte des amerikanischen und deutschen Kapitalgesellschaftsrechts. 1995.

Band 24 Marion Vollmann: Minderheitenschutz im aktienrechtlichen Beschlußmängelrecht. Eine Bestandsaufnahme und Vorschläge zu einer rechtspolitischen Reform. 1997.

Band 25 Lydia Klose-Mokroß: Gläubigerschutz im Kapitalgesellschaftsrecht am Beispiel der Lehre von der verdeckten Sacheinlage. 1997.

Band 26 Stephan Aubel: Der vereinfachte Bezugsrechtsausschluß. Aktionärs- und Gesellschaftsinteressen beim vereinfachten Bezugsrechtsausschluß nach Maßgabe des § 186 Absatz 3 Satz 4 AktG. 1998.

Band 27 Kurt Peter Dittrich: Die Privatplazierung im deutschen Kapitalmarktrecht. Eine Untersuchung der Vorschriften des Auslandinvestmentgesetzes, des Wertpapier-Verkaufsprospektgesetzes und des Gesetzes über Kapitalanlage-Gesellschaften unter Berücksichtigung des Rechts der Vereinigten Staaten von Amerika und des Vereinigten Königreichs. 1998.

Band 28 Viola Sailer: Aktienrechtliche Minderheitskompetenzen zwischen Mißbrauch und unternehmerischer Entscheidungsfreiheit. 1999.

Band 29 Marc Zimmerling: Kapitalerhaltung und Konzernfinanzierung. Eine Untersuchung der kapitalerhaltungsrechtlichen Problematik aufsteigender Sicherheiten im Konzern. 1998.

Band 30 Joachim Wichert: Die Finanzen der Kommanditgesellschaft auf Aktien. 1999.

Band 31 Kerstin Andrea Müller: Produktverantwortung und ihre Durchsetzung. Eine kartellrechtliche Beurteilung von Selbstverpflichtungen im Umweltrecht aus deutscher und europäischer Sicht unter besonderer Berücksichtigung der Altautoentsorgung. 1999.

Band 32 Bettina Friedrich: Konvergenzen im Gesellschaftsrecht. Recht-Fertigung durch Status- und Befundsicherung. 2000.

Band 33 Rudolf Lemke: Haftungsrechtliche Fragen des Ratingwesens – ein Regelungsproblem? 2000.

Band 34 Klaus R. Roller: Die Vergütung des Aufsichtsrats in Abhängigkeit vom Aktienkurs. 2000.

Band 35 Bettina Bokelmann: Personelle Verflechtungen über Aufsichtsräte. Aufsichtsratsmitglieder mit hauptberuflicher Vorstandsfunktion. 2000.

Band 36 Kai-Uwe Steck: Regulierung von US-amerikanischen Investmentgesellschaften (Investment Companies). Unter besonderer Berücksichtigung des National Securities Markets Improvement Act of 1996 (NSMIA) und anderer aktueller Rechtsanpassungen. 2000.

Band 37 Kristofer Bott: Wissenszurechnung bei Organisationen. 2000.

Band 38 Ursula Lenzen: Unerlaubte Eingriffe in die Börsenkursbildung. 2000.

Band 39 Martin Schulz: Verfassungsrechtliche Vorgaben für das Kollisionsrecht in einem Gemeinsamen Markt. Eine rechtsvergleichende Untersuchung zu den Grenzen einzelstaatlicher Anknüpfungsmethoden im internationalen Vertrags-, Delikts- und Gesellschaftsrecht am Beispiel der Vereinigten Staaten von Amerika. 2000.

Band 40 Maximilian Koch: Diversifizierung und Vorstandskompetenzen. 2001.

Band 41 Corrado Wohlwend: Die Hauptversammlung im Wandel der Kommunikationsformen. 2001.

Band 42 Michael Rozijn: Der Unternehmensmaklervertrag. Zur Anwendung des allgemeinen Maklervertragsrechts auf Mergers & Acquisitions-Dienstleistungen. 2001.

Band 43 Konstantinos N. Kyriakakis: Die Überwachung einer US-amerikanischen Aktiengesellschaft durch institutionelle Anleger. 2002.

Band 44 Uta Fredebeil: Aktienemissionen. Das underwriting agreement (der Übernahmevertrag) und seine spezifischen Klauseln. 2002.

Band 45 Michaela G. Döbler: Die Einführung des WTO-weiten Erschöpfungsgrundsatzes in das Markenrecht der EU und der USA. 2002.

Band 46 Jan Liersch: Regulierung des Blockhandels an den organisierten Aktienmärkten der Vereinigten Staaten, Großbritanniens und Deutschlands. 2002.

Band 47 Sascha Lotze: US-amerikanisches Kapitalmarktrecht und Internet. Aufsichts- und haftungsrechtliche Fragen des Internet-Einsatzes bei Wertpapieremissionen und im Wertpapierhandel. 2002.

Band 48 Boris Trautmann: Die Konkurrenz von Haftpflicht- und Versicherungsanspruch. Ein Beitrag zur ökonomischen Analyse des Rechts unter Berücksichtigung von Unsicherheit und Verhaltensanomalien. 2002.

Band 49 Matthias Möller: Rechtsformen der Wagnisfinanzierung. Eine rechtsvergleichende Studie zu den USA und zu Deutschland. 2003.

Band 50 Heiner Feldhaus: Die Eignung zur erheblichen Kursbeeinflussung bei der Ad-hoc-Publizität. Eine rechtsvergleichende und interdisziplinäre Untersuchung unter Berücksichtigung der europarechtlichen Vorgaben. 2003.

Band 51 Matthias Janke: Gesellschaftsrechtliche Treuepflicht. Neubewertung der richterrechtlichen Generalklausel im Rahmen einer rechtsvergleichenden und ökonomischen Analyse. 2003.

Band 52 Katrin Thoma: Eigengeschäfte des Vorstands mit der Aktiengesellschaft. Eine vergleichende Untersuchung zum englischen, U.S.-amerikanischen und deutschen Recht. 2003.

Band 53 Mathias Stöcker: Rechtsfragen grenzüberschreitender Unternehmenszusammenschlüsse – unter besonderer Berücksichtigung des Falles Daimler/Chrysler – 2003.

Band 54 Otto Korte: Zur mißbräuchlichen Wahrnehmung der aktienrechtlichen Anfechtungsbefugnis. 2003.

Band 55 Wilhelm Wilderink: Die Auflösung, die Übertragung und die Verschmelzung von In vestmentfonds. 2003.

Band 56 Anja Birkenkämper: Rechtsfragen feindlicher Übernahmen. Jurisitische Nachlese zum Fall Krupp/Thyssen. 2003.

Band 57 Manuel Lorenzo Alonso: Die Neuausrichtung der Zwischenstaatlichkeitsklausel der Art. 81, 82 EG. Folgen der neuesten Entwicklungen des Gemeinschaftsrechts für die Zwischenstaatlichkeitsklausel – unter besonderer Berücksichtigung des Bankenbereichs. 2003.

Band 58 Dirk Kocher: Kapitalgesellschaft & Co. KG in Finnland. Eine Untersuchung zur Frage der Übertragbarkeit der deutschen Grundtypenvermischung auf das finnische Recht. 2003.

Band 59 Ruiting Qin: Parteiautonomie: Eine rechtsvergleichende Untersuchung. Versuch zur Entwicklung einer Gerechtigkeitsjurisprudenz im IPR. 2003.

Band 60 René Runte: Walter Julius Derenberg – Leben und Werk. 2004.

Band 61 Udo Prinz: Umstrukturierung durch *Schemes of Arrangement* mit Gesellschaftern im englischen Recht. – Ein Vorbild? 2004.

Band 62 Rainer Schmitz: Die Haftung des Vorstands gegenüber den Aktionären. Eine rechtsvergleichende Untersuchung nach deutschem und US-amerikanischem Recht. 2004.

Band 63 York Oehlschläger: Die typische und atypische stille Beteiligung an einer Aktiengesellschaft. Möglichkeiten und Grenzen der Gestaltung für die stille Gesellschaft zwischen Personengesellschaftsrecht, Aktienrecht, Konzernrecht und Umwandlungsrecht. 2004.

Band 64 Stefan Klein: Die Rechtsstellung auswärtiger Gesellschaften im deutschen und US-amerikanischen Recht. Ein Beitrag zur Neuausrichtung des deutschen internationalen Gesellschaftsrechts unter besonderer Berücksichtigung des Europäischen Gemeinschaftsrechts. 2004.

Band 65 Knut Sauer: Haftung für Falschinformation des Sekundärmarktes. 2004.

Band 66 Michael Senger: Bankenaufsicht, Unternehmensverbindungen und Bankengruppen. 2004.

Band 67 Maximilian Rittmeister: Gewährleistung beim Unternehmenskauf. Die Gewährleistungshaftung des Verkäufers bei einem Unternehmenskauf seit In-Kraft-Treten des Schuldrechtsmodernisierungsgesetzes. 2005.

Band 68 Ole Ziegler: Der Anteilserwerb am Kapitalmarkt nach der Schuldrechtsreform. 2005.

Band 69 Maia Tacheva: Rechtsbehelfe des Käufers im Warenkaufrecht. Eine rechtsvergleichende Untersuchung des Übereinkommens der Vereinten Nationen über Verträge über den internationalen Warenkauf (CISG), des englischen Sale of Goods Act, des bulgarischen Kaufrechts und des deutschen Kaufrechts vor und nach dem Schuldrechtsmodernisierungsgesetz. 2005.

Band 70 Michael Lange: Rechtsfragen der Finanzierung eines feindlichen Übernahmeangebotes. Am Beispiel der großen Publikumsgesellschaft nach US-amerikanischem und deutschem Recht. 2005.

Band 71 Niklas Dieterich: Outsourcing bei Kapitalanlagegesellschaften. 2005.

Band 72 Julia Sernetz: Derivate und Corporate Governance. Kompetenzen und Pflichten des Vorstands von Aktiengesellschaften beim Einsatz von Derivaten. 2006.

Band 73 Marcel Polte: Aktiengattungen. Eine rechtsvergleichende Untersuchung zum deutschen, US-amerikanischen und englischen Recht. 2005.

Band 74 Jens Bornscheid: Stapled Stock (Verbundaktien). 2006.

Band 75 Robert F. Thoma: Der Wettbewerb um Stimmen im US-amerikanischen und deutschen Aktienrecht. 2006.

Band 76 Markus Lauer: Gemeinsam geführte Unternehmen im Bilanz- und Gesellschaftsrecht. 2006.

Band 77 Arne Christian Lawall: Die virtuelle Holding nach deutschem Aktienrecht. 2006.

Band 78 Marcel Barth: Schadensberechnung bei fehlerhafter Kapitalmarktinformation. 2006.

Band 79 Dirk Reidenbach: Aktienanalysten und Ratingagenturen – Wer überwacht die Überwacher? 2006.

Band 80 Jochen Herr: Neue EU-Wettbewerbsregeln für Technologietransfer-Vereinbarungen. 2006.

Band 81 Simon Markus Beck: Kritik des Eigenkapitalersatzrechts. Zugleich ein Beitrag zur Stärkung des insolvenzrechtlichen Gläubigerschutzes. 2006.

Band 82 Emrullah Kervankiran: Haftungsbeschränkung im türkischen Gesellschaftsrecht. Ein Rechtsvergleich. 2007.

Band 83 David C. Donald: Der Einfluss der Wertpapierabwicklung auf die Ausübung von Aktionärsrechten. Eine Untersuchung der Entstehungsgeschichte und Auswirkungen des U.S.-amerikanischen „Indirect Holding System“. 2008.

Band 84 Mathias Eisen: Haftung und Regulierung internationaler Rating-Agenturen. 2007.

Band 85 Nina Bogenschütz: Neuausrichtung des Eigenkapitalbegriffs. Dogmatische Überlegungen im Lichte hybrider Finanzierungen. 2008.

Band 86 Hans-Jürgen Schmitt: Das Geldwäsche-Risikomanagement der Kreditinstitute. 2008.

Band 87 Daniel Komo: Grenzüberschreitende Zusammenschlüsse britischer und deutscher Unternehmen. 2008.

Band 88 Stefan Rothweiler: Der Informationsfluss vom beherrschten zum herrschenden Unternehmen im Gesellschafts- und Kapitalmarktrecht. 2008.

Band 89 Stefan Berg: Kreditderivate im deutschen Privatrecht. 2008.

Band 90 Christian Fischer: Rechtsfragen grenzüberschreitender Übernahmeangebote. 2008.

Band 91 Volker Konopatzki: Funktionsauslagerung bei Kreditinstituten. Gesellschaftsrechtlicher und bankenaufsichtsrechtlicher Rahmen. 2008.

Band 92 Nicolas A. Ostler: Stimmrecht ohne Beteiligungsinteresse. Erwerb und Ausübung des Aktienstimmrechts ohne das Vermögensinteresse an der Beteiligung. 2010.

Band 93 Stefan Brass: Hedgefonds als aktive Investoren. Rechtliche Schranken und rechtspolitische Vorschläge. 2010.

Band 94 Ulrike Blömer: Grenzüberschreitende Sachverhalte im Bankenaufsichtsrecht. 2010.

Band 95 Emanuel H. F. Ballo: Die AGB-Kontrolle von Kreditverträgen in der Akquisitionsfinanzierung. Eine Untersuchung am Beispiel des *Senior Multicurrency Term and Revolving Facilities Agreement*. 2010.

Band 96 Mathias Neumann: Gerüchte als Kapitalmarktinformationen. Die kapitalmarktrechtliche Behandlung von Informationen mit unsicherem Wahrheitsgehalt. 2011.

Band 97 Maren Gräfe: Squeeze-outs nach deutschem, französischem und spanischem Gesellschaftsrecht. Eine ökonomische und rechtsvergleichende Analyse unter Berücksichtigung der europäischen Rechtsentwicklung. 2011.

Band 98 Carsten Lammers: Der Prüfungsausschuss des Aufsichtsrats nach dem Sarbanes-Oxley Act und dem BilMoG. Zum Spannungsverhältnis zwischen US-amerikanischem Kapitalmarktrecht, europäischen Vorgaben und deutschem Aktienrecht. 2011.

Band 99 Andreas Wieland: Inhaberkontrollverfahren. Die Anteilseignerkontrolle beim Erwerb bedeutender Beteiligungen an Unternehmen des Finanzsektors. 2012.

www.peterlang.de

www.ingramcontent.com/pod-product-compliance
Ingram Content Group UK Ltd.
Pitfield, Milton Keynes, MK11 3LW, UK
UKHW021124041026
8980IPUK00026B/321

9 783631 638972